NOMOSEINFÜHRUNG

Prof. Dr. Klaus Vieweg [Hrsg.]
Friedrich-Alexander-Universität Erlangen-Nürnberg

Prof. Dr. Michael Fischer [Hrsg.]
Friedrich-Alexander-Universität Erlangen-Nürnberg

Wirtschaftsrecht

Grundlagen

2. Auflage

**Zitiervorschlag: **Bearbeiter, in: Vieweg/Fischer, Wirtschaftsrecht, Teil ... Rn. ....

Die Deutsche Nationalbibliothek verzeichnet diese Publikation in der Deutschen Nationalbibliografie; detaillierte bibliografische Daten sind im Internet über http://dnb.d-nb.de abrufbar.

ISBN 978-3-8487-7297-1 (Print)
ISBN 978-3-7489-1313-9 (ePDF)

2. Auflage 2023
© Nomos Verlagsgesellschaft, Baden-Baden 2023. Gesamtverantwortung für Druck und Herstellung bei der Nomos Verlagsgesellschaft mbH & Co. KG. Alle Rechte, auch die des Nachdrucks von Auszügen, der fotomechanischen Wiedergabe und der Übersetzung, vorbehalten.

Vorwort zur zweiten Auflage

Die Dynamik, die sowohl die Wirtschaft als auch das Wirtschaftsrecht kennzeichnet, erfordert die turnusmäßige Aktualisierung unseres Lehrbuchs. Drei Jahre nach der gut aufgenommenen ersten Auflage haben die Autorinnen und Autoren ihre Beiträge nun auf den aktuellen Stand gebracht

Unser Lehrbuch ist zwar aus dem universitären Unterricht entwickelt worden. Es ist jedoch ebenfalls für das Lehrprogramm der wirtschaftsrechtlichen Studiengänge mit Bachelor- und Masterabschluss an anderen Hochschulen geeignet.

Für Kritik und Anregungen – gern auch per E-Mail – sind wir nach wie vor dankbar.

Erlangen im Oktober 2022   *Klaus Vieweg / Michael Fischer*

Inhaltsübersicht

Vorwort zur zweiten Auflage   5

Herausgeber, Autorinnen und Autoren   29

Teil 1: Zur Einführung: Wirtschaftsrecht (Thomas Regenfus / Klaus Vieweg)

§ 1   Begriff   31

§ 2   Rechtsgebiete   32

§ 3   Regelungsgeber und Regelungsebenen   33

§ 4   Funktionen   33

§ 5   Wirtschaftssysteme und -modelle   34

§ 6   Kennzeichen   36

Teil 2: Wirtschaftsverträge (Dörte Mang / Lucas Bliesze)

§ 1   Einleitung   37

§ 2   Vertragsmanagement   39

§ 3   Relevante Regelungsinhalte im Einzelnen   46

§ 4   Ausgewählte kodifizierte Wirtschaftsverträge   54

§ 5   Ausgewählte nicht-kodifizierte Wirtschaftsverträge   57

Teil 3: Kapitalgesellschaftsrecht (Thomas Regenfus)

§ 1   Einführung   87

§ 2   Gesellschaft mit beschränkter Haftung   90

§ 3   Aktiengesellschaft   120

§ 4   Kapitalmarktrechtliche Vorgaben für börsengehandelte Wertpapiere   139

Teil 4: Handelsbilanzrecht (Michael Fischer)

§ 1	Einführung	149
§ 2	Rechtsquellen	150
§ 3	Bilanzbegriff	152
§ 4	Bilanzielles Grundverständnis	154
§ 5	Handelsrechtlicher Jahresabschluss	159
§ 6	Fundamentalprinzipien ordnungsgemäßer Bilanzerstellung	164

Teil 5: Kartellrecht (Sebastian Egger / Klaus Vieweg)

§ 1	Einführung	201
§ 2	Begriff, Funktion, Regelungsbereich und Struktur	202
§ 3	Entwicklung	206
§ 4	Rechtsgrundlagen	207
§ 5	Behörden und Gerichte	208
§ 6	Ausgangspunkt: Der relevante Markt	210
§ 7	Verbot wettbewerbsbeschränkender Vereinbarungen und Verhaltensweisen (Kartellverbot)	216
§ 8	Verbot des Missbrauchs von Marktmacht	227
§ 9	Fusionskontrolle	237
§ 10	Prüfungsschema für Unterlassungs-, Beseitigungs- und Schadensersatzansprüche	243

Teil 6: Wettbewerbsrecht (Klaus Vieweg / Sebastian Egger)

§ 1	Begriff und Funktion	245
§ 2	Rechtsgrundlagen und Regelungsbereich	246
§ 3	Voraussetzungen eines Wettbewerbsverstoßes (§§ 2–7 UWG)	248
§ 4	Rechtsfolgen eines Wettbewerbsverstoßes (§§ 8–10 bzw. § 19 UWG)	269
§ 5	Prüfungsschema bei Wettbewerbsverstößen	270

Teil 7: Insolvenzrecht (Sebastian Egger)

§ 1	Einführung	273
§ 2	Begriff und Funktion	274
§ 3	Entwicklung, Rechtsgrundlagen und Struktur	275
§ 4	Eröffnung und Ablauf des Insolvenzverfahrens	278
§ 5	Beteiligte des Insolvenzverfahrens und Begriff der Insolvenzmasse	286
§ 6	Rechtswirkungen der Insolvenzeröffnung	293
§ 7	Behandlung schwebender Rechtsverhältnisse	296
§ 8	Anreicherung und Bereinigung der Insolvenzmasse	301
§ 9	Feststellung der Insolvenzforderungen, Verwertung und Verteilung der Insolvenzmasse	309
§ 10	Beendigung des Insolvenzverfahrens	312
§ 11	Restschuldbefreiung	313
§ 12	Insolvenzplan	314
§ 13	Besondere Verfahren: Eigenverwaltung und Verbraucherinsolvenzverfahren	316

Teil 8: Gewerblicher Rechtsschutz (Klaus Vieweg / Isolde Hannamann)

§ 1	Einführung	321
§ 2	Marken- und Kennzeichenrecht	325
§ 3	Patent- und Gebrauchsmusterrecht	343
§ 4	Eingetragenes Design und Gemeinschaftsgeschmacksmuster	355

Teil 9: Urheberrecht (Angelika Moser / Klaus Vieweg)

§ 1	Einleitung	363
§ 2	Schutzgegenstand: das Werk	366
§ 3	Berechtigter: der Urheber	370
§ 4	Inhalt und Schranken	370
§ 5	Das Urheberrecht im Rechtsverkehr	385
§ 6	Verwandte Schutzrechte	388
§ 7	Schutzdauer	388
§ 8	Folgen einer Rechtsverletzung	388
§ 9	Prüfungsschema: § 97 Abs. 1 und 2 UrhG	389

Teil 10: Europäisches Wirtschaftsrecht (Sigrid Lorz)

§ 1	Grundlagen	391
§ 2	Europäische Grundfreiheiten	394
§ 3	Europäisches Wettbewerbsrecht	399
§ 4	Rechtsangleichung im europäischen Binnenmarkt	404
§ 5	Gemeinsame Handelspolitik	406
§ 6	Europäische Wirtschafts- und Währungsunion	409

Teil 11: Internationales Wirtschaftsrecht (Sigrid Lorz)

§ 1	Grundlagen	413
§ 2	Welthandelsrecht	417
§ 3	Internationales Investitionsschutzrecht	423
§ 4	Internationales Währungs- und Finanzrecht	427

Inhaltsübersicht

TEIL 12: UNTERNEHMENSSTEUERRECHT (MICHAEL FISCHER)

§ 1	Vielsteuersystem des Steuerstaates	431
§ 2	Besteuerung des Einzelunternehmers	444
§ 3	Besteuerung der Körperschaften, insbes. Kapitalgesellschaften	450
§ 4	Die Besteuerung der Personen(handels)gesellschaft und ihrer Gesellschafter	463
§ 5	Gewerbesteuer	472
Stichwortverzeichnis		477

Inhalt

Vorwort zur zweiten Auflage   5

Herausgeber, Autorinnen und Autoren   29

Teil 1: Zur Einführung: Wirtschaftsrecht (Thomas Regenfus / Klaus Vieweg)

§ 1	Begriff	31
§ 2	Rechtsgebiete	32
§ 3	Regelungsgeber und Regelungsebenen	33
§ 4	Funktionen	33
§ 5	Wirtschaftssysteme und -modelle	34
§ 6	Kennzeichen	36

Teil 2: Wirtschaftsverträge (Dörte Mang / Lucas Bliesze)

§ 1   **Einleitung**   37

§ 2   **Vertragsmanagement**   39
- I. Fluss-Diagramm zur Entwicklung eines Vertrags   40
- II. Vorüberlegungen   40
  1. Vertragstyp   40
  2. Beteiligte – Anzahl, Struktur und Beziehungen   42
  3. Grenzen der Vertragsgestaltung   43
- III. Vertragsplanung   43
  1. Struktur und Aufbau   43
  2. Vertragsinhalt – Grundgerüst mit Checkliste   45
- IV. Vertragsverhandlungen   45
- V. Vertragsdurchführung   46

§ 3   **Relevante Regelungsinhalte im Einzelnen**   46
- I. Vorvertragliche Regelungen (→ Checkliste vor 1.)   46
- II. Präambel (→ Checkliste 1.1.)   47
- III. Rubrum (→ Checkliste 1.2.)   47
- IV. Vertragsgegenstand (→ Checkliste 1.3.)   47
- V. Definitionen (→ Checkliste 1.4.)   48
- VI. Inhalte der Leistungen (→ Checkliste 2.)   48
- VII. Nebenpflichten (→ Checkliste 3.)   49
- VIII. Sicherung der Leistungen (→ Checkliste 4.)   49
- IX. Allgemeine Sicherungsinstrumente (→ Checkliste 4.3.)   49
- X. Vertragsdurchführung (→ Checkliste 5.)   50
- XI. Rechtswahl (→ Checkliste 6.1.)   50

XII.	Gerichtsstand (→ Checkliste 6.2.)	51
XIII.	Schieds- oder Mediationsverfahren (→ Checkliste 6.3.)	52
XIV.	(Schrift-)Formerfordernis (→ Checkliste 6.4.)	53
XV.	Salvatorische Klausel (→ Checkliste 6.5.)	53
XVI.	Währung (→ Checkliste 6.6.)	53
XVII.	Anlagen (→ Checkliste 7.) und Vertragsausgang (→ Checkliste 8.)	53

§ 4 Ausgewählte kodifizierte Wirtschaftsverträge — 54
- I. Kaufvertrag, §§ 433 ff. BGB — 54
  1. Allgemeines — 54
  2. Grundstruktur Kaufvertrag mit Checkliste — 55
- II. Werkvertrag, §§ 631 ff. BGB — 55
  1. Gesetzliche Regelung — 55
  2. Sonstige Regelungen — 56
  3. Grundstruktur Werkvertrag allgemein mit Checkliste — 57

§ 5 Ausgewählte nicht-kodifizierte Wirtschaftsverträge — 57
- I. Leasingvertrag — 57
  1. Vertragsgestaltung — 58
  2. Zusammenfassende Checkliste zum Leasingvertrag — 62
- II. Telekommunikationsvertrag — 62
  1. Vertragsgestaltung — 64
  2. Zusammenfassende Checkliste zum Telekommunikationsvertrag — 70
- III. Cloud-Computing-Vertrag — 70
  1. Vertragsgestaltung — 71
  2. Zusammenfasssende Checkliste zum Cloud-Computing-Vertrag — 79
- IV. Forschungs- und Entwicklungsvertrag — 80
  1. Vertragsgestaltung — 80
  2. Zusammenfassende Checkliste zum F&E-Vertrag — 84

TEIL 3: KAPITALGESELLSCHAFTSRECHT (THOMAS REGENFUS)

§ 1 Einführung — 87

§ 2 Gesellschaft mit beschränkter Haftung — 90
- I. Allgemeines — 90
- II. Gründung — 93
  1. Gründungsverfahren — 93
     a) Abschluss eines Gesellschaftsvertrags — 93
     b) Bestellung der Gesellschaftsorgane — 94
     c) Aufbringung des Stammkapitals — 94
        aa) Bargründung — 94
        bb) Sachgründung — 95
        cc) Verdeckte Sacheinlagen, § 19 Abs. 4 u. 5 GmbHG — 95
        dd) Verzug und Nichterfüllung der Einlagepflicht — 96
     d) Anmeldung zum Handelsregister — 97
     e) Prüfung durch das Registergericht — 97

		2. Rechtslage während der Gründungsstadien	97
		a) Vorgründungsgesellschaft	97
		b) Vor-GmbH – Verhältnis zur „fertigen" GmbH	98
		aa) Entstehung der Vor-GmbH	98
		bb) Vertretung der Vor-GmbH	99
		cc) Haftung im Stadium der Vor-GmbH	100
		dd) Haftung der GmbH nach Eintragung	103
		c) Vergleich der wesentlichen Merkmale der Vorgründungsgesellschaft, der Vor-GmbH und der GmbH	104
		3. Vorrats- und Mantelgründung	105
		4. Gründungsmängel	106
	III.	Mitgliedschaft	107
		1. Erwerb und Übertragung	107
		2. Inhalt (Rechte, Pflichten, Haftung)	108
		3. Beendigung	111
	IV.	Organe	112
		1. Geschäftsführer	113
		2. Gesellschafterversammlung	114
		3. Aufsichtsrat	115
	V.	Finanzverfassung	116
		1. Kapitalerhaltung	116
		2. Kapitalerhöhung und Kapitalherabsetzung	117
		3. Gewinnverwendung	118
	VI.	Beendigung und Liquidation	118
	VII.	Sonderform: Unternehmergesellschaft (UG) haftungsbeschränkt	119
§ 3	Aktiengesellschaft		120
	I.	Allgemeines	120
	II.	Gründung	121
		1. Verfahren	122
		a) Einfache Gründung	122
		b) Qualifizierte Gründung	124
		2. Verdeckte Sacheinlagen und Nachgründung	124
		3. Rechtslage während der Gründungsstadien	125
		4. Gründungsmängel	125
	III.	Aktionär	125
		1. Erwerb der Aktionärsstellung	125
		2. Inhalt: Rechte, Pflichten, Haftung	126
		3. Beendigung der Aktionärsstellung	128
	IV.	Organe	128
		1. Vorstand	129
		2. Aufsichtsrat	131
		3. Hauptversammlung	132
	V.	Finanzverfassung	134
		1. Kapitalerhaltung	135
		2. Kapitalerhöhung und Kapitalherabsetzung	135
		a) Kapitalerhöhung (§§ 182 ff. AktG)	136
		aa) Effektive Kapitalerhöhung	136
		bb) Nominelle Kapitalerhöhung durch Gesellschaftsmittel	137

		b) Kapitalherabsetzung (§§ 222 ff. AktG)	137
		3. Gewinnverwendung	138
	VI.	Beendigung und Liquidation	138
	VII.	Sonderform: Kommanditgesellschaft auf Aktien	138
§ 4	**Kapitalmarktrechtliche Vorgaben für börsengehandelte Wertpapiere**		139
	I.	Unternehmensfinanzierung durch Wertpapiere	139
	II.	Regelungsziele	139
		1. Bedeutung der Information über die betroffenen Unternehmen	139
		2. Funktionsschutz und Individualschutz	140
	III.	Rechtsquellen, sachlicher und räumlicher Anwendungsbereich	140
	IV.	Regelungen zu Insiderinformationen	141
		1. Begriffe	141
		a) Insiderinformation	141
		b) Insider	142
		2. Verbot der Ausnutzung von Insiderinformationen	142
		3. Insiderüberwachung	143
		4. Verpflichtung zur Veröffentlichung relevanter Informationen (Ad-hoc-Mitteilungen)	144
	V.	Verbot von Marktmanipulation	145
	VI.	Sanktionen	146

Teil 4: Handelsbilanzrecht (Michael Fischer)

§ 1	**Einführung**		149
§ 2	**Rechtsquellen**		150
§ 3	**Bilanzbegriff**		152
§ 4	**Bilanzielles Grundverständnis**		154
	I.	„Denken in Bilanzen"	154
	II.	Erfolgsneutrale Geschäftsvorfälle	154
	III.	Erfolgswirksame Geschäftsvorfälle	155
	IV.	Eigenkapitalrelevante Geschäftsvorfälle ohne Gewinnauswirkung	156
	V.	Bilanzierungsanlässe	156
§ 5	**Handelsrechtlicher Jahresabschluss**		159
	I.	Funktionen des Einzelabschlusses	159
	II.	Systematik der §§ 238 ff. HGB	160
	III.	Buchführung und Inventar	160
	IV.	Aufstellungsverpflichtung	162
	V.	Sanktionen bei Buchführungsverstößen	163
	VI.	Generalnormen des Jahresabschlusses	164
§ 6	**Fundamentalprinzipien ordnungsgemäßer Bilanzerstellung**		164
	I.	Theoretische Grundlagen	164
	II.	Kodifizierte GoB	165

III.	Nicht kodifizierte GoB	169
	1. Personelle Zurechnung von Vermögensgegenständen	169
	2. Schwebende Geschäfte	171
	3. Gewinnrealisierung	172
IV.	Vorschriften zum Bilanzansatz	173
	1. Vermögensgegenstand	173
	2. Immaterielle Vermögensgegenstände	176
	3. Aktive Rechnungsabgrenzungsposten	178
	4. Geschäfts- bzw. Firmenwert	179
	5. Korrekturen zu Passiva	179
	6. Verbindlichkeiten	180
	7. Rückstellungen	180
	a) Systematik	180
	b) Rückstellungen mit Verbindlichkeitscharakter	181
	c) Drohende Verluste aus schwebenden Geschäften	183
	8. Passive Rechnungsabgrenzungsposten	184
	9. Eigenkapital	185
	a) Begriff	185
	b) Einzelkaufmann	185
	c) Personenhandelsgesellschaften	186
	d) Kapitalgesellschaften	188
V.	Bewertung	191
	1. Bewertungsgrundsätze	191
	2. Anschaffungskosten	193
	3. Herstellungskosten	195
VI.	Gewinn- und Verlustrechnung	196
VII.	Anhang	198
VIII.	Lagebericht	199

Teil 5: Kartellrecht (Sebastian Egger / Klaus Vieweg)

§ 1	Einführung	201
§ 2	Begriff, Funktion, Regelungsbereich und Struktur	202
§ 3	Entwicklung	206
§ 4	Rechtsgrundlagen	207
§ 5	Behörden und Gerichte	208
	I. Behörden	208
	II. Gerichte	209
§ 6	Ausgangspunkt: Der relevante Markt	210
	I. Der sachlich relevante Markt	210
	1. Angebotsmarkt	211
	2. Nachfragemarkt	211
	II. Der räumlich relevante Markt	212
	III. Der zeitlich relevante Markt	212

17

IV.	Beispiele	212
	1. Sachlich relevante Märkte	212
	a) Angebotsmarkt	212
	b) Nachfragemarkt	213
	2. Räumlich begrenzte Märkte	214
	3. Abschließendes Beispiel: Übertragungsrechtemarkt der Fußball-Bundesliga aus Sicht der Fernsehsender	214

§ 7 Verbot wettbewerbsbeschränkender Vereinbarungen und Verhaltensweisen (Kartellverbot) — 216

- I. Verhältnis von europäischem und nationalem Kartellverbot — 216
- II. Überblick über Voraussetzungen und Legalausnahmen des Art. 101 AEUV — 217
  1. Adressaten der Verbotsnorm — 217
  2. Vereinbarungen oder aufeinander abgestimmte Verhaltensweisen und Beschlüsse — 218
     - a) Vereinbarungen oder aufeinander abgestimmte Verhaltensweisen — 218
     - b) Beschlüsse — 219
  3. Spürbare Beeinträchtigung des Wettbewerbs (Wettbewerbsbeschränkung) — 219
     - a) Wettbewerbsbeschränkung — 219
     - b) Bezwecken oder Bewirken der Wettbewerbsbeschränkung — 220
     - c) Spürbarkeit der Wettbewerbsbeschränkung — 220
  4. Spürbare Beeinträchtigung des Handels zwischen den Mitgliedstaaten (Zwischenstaatlichkeitsklausel) — 222
  5. Legalausnahmen nach Art. 101 Abs. 3 AEUV — 223
     - a) Einzelfreistellungen — 223
     - b) Gruppenfreistellungen — 223
  6. Ungeschriebene Ausnahmen vom Verbotstatbestand — 224
- III. Nationale Vorschriften — 224
- IV. Rechtsfolgen und Verfahren — 225
  1. Rechtsfolgen eines Kartellverstoßes — 225
  2. Verfahren — 226
- V. Zusammenfassung: Übersicht zum Kartellverbot — 226

§ 8 Verbot des Missbrauchs von Marktmacht — 227

- I. Verhältnis von europäischem und nationalem Kartellrecht — 227
- II. Überblick über die Voraussetzungen des Art. 102 AEUV — 228
  1. Normadressat: Unternehmen — 228
  2. Beherrschende Stellung auf dem relevanten Markt — 228
     - a) Prüfungsreihenfolge und Definition — 228
     - b) Einzelfallfaktoren — 229
       - aa) Marktstrukturanalyse — 229
       - bb) Unternehmensstrukturanalyse — 230
       - cc) Marktverhalten — 230
     - c) Beherrschung durch mehrere Unternehmen / Nachfrageseite / Wesentlicher Teil des Gemeinsamen Marktes — 230
  3. Missbräuchliche Ausnutzung — 231
     - a) Beispiele für den Ausbeutungsmissbrauch — 231
     - b) Beispiele für den Behinderungsmissbrauch (und Mischformen) — 232

Inhalt

		4. Spürbare Beeinträchtigung des Handels zwischen den Mitgliedstaaten (Zwischenstaatlichkeitsklausel)	233
		5. Objektive Rechtfertigung?	233
	III.	Nationales Missbrauchs- sowie Diskriminierungs- und Behinderungsverbot	233
		1. Missbrauchsverbot nach § 19 GWB	233
		2. Missbräuchliches Verhalten von Unternehmen mit überragender marktübergreifender Bedeutung für den Wettbewerb, § 19a GWB	234
		3. Diskriminierungs- und Behinderungsverbot nach § 20 GWB iVm § 19 Abs. 1, 2 GWB	235
		a) Unternehmen mit relativer Marktmacht	235
		b) Unbillige Behinderung oder Diskriminierung	236
	IV.	Rechtsfolgen und Verfahren	236
	V.	Zusammenfassung: Verbot des Missbrauchs von Marktmacht	236

§ 9 Fusionskontrolle 237
    I. Verhältnis europäischer und deutscher Fusionskontrolle 237
    II. Europäische Fusionskontrolle 238
        1. Aufgreiftatbestand 238
            a) Zusammenschlüsse von Unternehmen 238
            b) Gemeinschaftsweite Bedeutung 239
        2. Eingriffstatbestand 239
        3. Verfahrensfragen 239
    III. Deutsche Fusionskontrolle 240
        1. Aufgreiftatbestand 240
            a) Zusammenschlüsse von Unternehmen 240
            b) Schwellenwerte, Abgrenzung zur europäischen Fusionskontrolle 240
        2. Eingriffstatbestand 241
        3. Verfahrensfragen 241
    IV. Zusammenfassung: Fusionskontrolle 242

§ 10 Prüfungsschema für Unterlassungs-, Beseitigungs- und Schadensersatzansprüche 243
    I. Kartellrechtlicher Verstoß 243
    II. Aktivlegitimation 243
    III. Passivlegitimation 243
    IV. Anspruchsspezifische zusätzliche Voraussetzungen 244

Teil 6: Wettbewerbsrecht (Klaus Vieweg / Sebastian Egger)

§ 1 Begriff und Funktion 245

§ 2 Rechtsgrundlagen und Regelungsbereich 246

§ 3 Voraussetzungen eines Wettbewerbsverstoßes (§§ 2–7 UWG) 248
    I. Geschäftliche Handlung (§ 2 Abs. 1 Nr. 2 UWG) 248
    II. Unzulässigkeit / Unlauterkeit 250
        1. Stets unzulässige geschäftliche Handlungen – die Schwarze Liste (§ 3 Abs. 3 iVm Anhang zum UWG) 250

		2. Unlauterkeit	251
		a) Beispieltatbestände (§§ 3a-6 UWG)	252
		aa) Mitbewerberschutz (§ 4 UWG)	252
		bb) Schutz des Verbrauchers und der sonstigen Marktteilnehmer (§ 4a UWG)	255
		cc) Irreführung nach §§ 5, 5a, 5b UWG	258
		dd) Vergleichende Werbung (§ 6 UWG)	265
		ee) Rechtsbruchtatbestand des § 3a UWG	268
		b) Die Generalklauseln des § 3 UWG	268
		c) Unzumutbare Belästigung (§ 7 UWG)	268
§ 4	Rechtsfolgen eines Wettbewerbsverstoßes (§§ 8–10 bzw. § 19 UWG)		269
§ 5	Prüfungsschema bei Wettbewerbsverstößen		270

TEIL 7: INSOLVENZRECHT (SEBASTIAN EGGER)

§ 1	Einführung	273
§ 2	Begriff und Funktion	274
§ 3	Entwicklung, Rechtsgrundlagen und Struktur	275
§ 4	Eröffnung und Ablauf des Insolvenzverfahrens	278

		I. Zulässigkeitsvoraussetzungen	279
		1. Zuständigkeit des Gerichts	279
		2. Insolvenzfähigkeit des Schuldners	280
		3. Antragsberechtigung des Antragstellers (§ 13 Abs. 1 S. 2 InsO)	280
		a) Antragsrechte und -pflichten des Schuldners (§ 15 InsO)	280
		b) Besondere Zulässigkeitsvoraussetzungen für Gläubigeranträge (§ 14 InsO)	281
	II.	Begründetheit	281
		1. Eröffnungsgrund	282
		a) Zahlungsunfähigkeit (§ 17 InsO)	282
		b) Drohende Zahlungsunfähigkeit (§ 18 InsO)	283
		c) Überschuldung (§ 19 InsO)	283
		2. Kostendeckende Masse	283
	III.	Vorläufige Sicherungsmaßnahmen	284
		1. Vorläufiger Insolvenzverwalter	284
		2. Weitere Sicherungsmaßnahmen	285
		3. Vorläufige Eigenverwaltung	286
	IV.	Verfahrenseröffnung	286

§ 5	Beteiligte des Insolvenzverfahrens und Begriff der Insolvenzmasse	286

	I.	Die Verfahrensbeteiligten	286
		1. Der Insolvenzverwalter	287
		a) Rechtsnatur, Ernennung und Aufsicht	287
		b) Haftung	287

	2.	Die Gläubiger	289
		a) Insolvenzgläubiger und ihre Organisation	290
		b) Massegläubiger	291
		c) Aus- und Absonderungsberechtigte	292
		aa) Aussonderungsberechtigte	292
		bb) Absonderungsberechtigte	292
II.	Die Insolvenzmasse		293

§ 6 Rechtswirkungen der Insolvenzeröffnung 293
I. Persönliche Auswirkungen auf den Schuldner 293
II. Vermögensrechtliche Auswirkungen 294
    1. Übergang der Verwaltungs- und Verfügungsbefugnis 294
    2. Prozessuale und vollstreckungsrechtliche Konsequenzen und Folgen für die Aufrechnung 295
III. Verfahrenseröffnung aus Sicht des Insolvenzverwalters und der Gläubiger 296

§ 7 Behandlung schwebender Rechtsverhältnisse 296
I. Ausgrenzung einseitig vollständig erfüllter Verträge 297
II. Grundsatz: Wahlrecht des Insolvenzverwalters (§ 103 InsO) 297
    1. Teilerfüllung bei Ablehnung der Erfüllung 298
    2. Teilerfüllung bei Erfüllungsverlangen 298
III. Beschränkungen des Wahlrechts 298
    1. Kauf unter Eigentumsvorbehalt 299
        a) Insolvenz des Vorbehaltskäufers (§ 107 Abs. 2 InsO) 299
        b) Insolvenz des Vorbehaltsverkäufers (§ 107 Abs. 1 InsO) 299
    2. Vormerkungsgesicherte Ansprüche 299
    3. Miet- und Pachtverträge 299
    4. Dienst- und Arbeitsverhältnisse 301

§ 8 Anreicherung und Bereinigung der Insolvenzmasse 301
I. Anreicherung der Insolvenzmasse – Insolvenzanfechtung 302
    1. Deckungsanfechtung 303
        a) Kongruente Deckung (§ 130 InsO) 303
        b) Inkongruente Deckung (§ 131 InsO) 304
    2. Unmittelbar benachteiligende Rechtshandlungen 305
    3. Vorsätzliche Benachteiligung 305
        a) Anfechtungsmöglichkeit nach § 133 Abs. 1 InsO 305
        b) Verträge mit nahestehenden Personen nach § 133 Abs. 4 InsO 307
    4. „Schenkungsanfechtung" 307
    5. Rückzahlung an Gesellschafter 308
    6. Bargeschäftsprivileg 308
II. Bereinigung der Insolvenzmasse 309

§ 9 Feststellung der Insolvenzforderungen, Verwertung und Verteilung der Insolvenzmasse 309
I. Feststellung der Insolvenzforderungen 309
II. Verwertung und Verteilung der Masse 310
    1. Aussonderung 311
    2. Absonderung 311

	3. Befriedigung der Massegläubiger	312
§ 10	Beendigung des Insolvenzverfahrens	312
§ 11	Restschuldbefreiung	313
	I. Zulässigkeitsvoraussetzung und Verfahrensgang	313
	II. Finale Entscheidung über die Restschuldbefreiung	314
§ 12	Insolvenzplan	314
	I. Aufstellung des Insolvenzplans	315
	II. Annahme und Bestätigung des Insolvenzplans	315
	III. Wirkungen des bestätigten Plans	316
§ 13	Besondere Verfahren: Eigenverwaltung und Verbraucherinsolvenzverfahren	316
	I. Eigenverwaltung	316
	1. Anordnung, Aufhebung und Verfahrensbesonderheiten	317
	2. Eigenverwaltung im Eröffnungsverfahren	317
	II. Verbraucherinsolvenzverfahren	318
	1. Verfahrensbesonderheiten bei Antrag des Schuldners	319
	2. Verfahrensbesonderheiten bei Gläubigeranträgen	320

Teil 8: Gewerblicher Rechtsschutz
(Klaus Vieweg / Isolde Hannamann)

§ 1	Einführung	321
§ 2	Marken- und Kennzeichenrecht	325
	I. Begriff, Funktion, Bedeutung und Regelungsbereiche	325
	II. Entwicklung, Rechtsgrundlagen, Struktur und Bezug zu anderen Schutzrechten	325
	III. Schutzgegenstand	327
	IV. Arten	327
	V. Materielle und formelle Voraussetzungen	327
	1. Allgemeine materielle Voraussetzungen	327
	a) Markenfähigkeit (§ 3 MarkenG)	327
	b) Keine absoluten Schutzhindernisse	328
	2. Besondere Voraussetzungen der Registermarke (§ 4 Nr. 1 MarkenG)	329
	a) Besondere materielle Voraussetzungen	329
	aa) Klare und eindeutige Bestimmung des Schutzgegenstands (§ 8 Abs. 1 MarkenG)	329
	bb) Keine absoluten Schutzhindernisse (§ 8 Abs. 2 Nrn. 1–3, 14 MarkenG)	329
	cc) Bedeutung relativer Schutzhindernisse	330
	b) Formelle Schutzvoraussetzungen	330
	3. Besondere Voraussetzungen der Benutzungsmarke (§ 4 Nr. 2 MarkenG)	330
	a) Verkehrsgeltung	331
	b) Maßgeblicher Zeitpunkt	331
	4. Besondere Voraussetzungen der notorisch bekannten Marke (§ 4 Nr. 3 MarkenG)	331

VI.	Berechtigter	332
VII.	Rechtsinhalt	332
	1. Verbietungsrecht	332
	a) Benutzung der Marke im geschäftlichen Verkehr ohne Zustimmung des Inhabers	332
	aa) Beschränkung auf den geschäftlichen Verkehr	333
	bb) Markenmäßigkeit	333
	b) Die einzelnen Kollisionstatbestände	334
	aa) Identitätsschutz (§ 14 Abs. 2 S. 1 Nr. 1 MarkenG)	334
	bb) Verwechslungsschutz (§ 14 Abs. 2 S. 2 Nr. 2 MarkenG)	334
	cc) Bekanntheitsschutz (§ 14 Abs. 2 S. 1 Nr. 3 MarkenG)	336
	c) Schranken des Schutzes	336
	2. Benutzungsrecht	338
VIII.	Die Marke im Rechtsverkehr	338
IX.	Ende des Schutzes	338
X.	Folgen einer Rechtsverletzung	339
XI.	Sonstige Kennzeichen	339
	1. Schutz geschäftlicher Bezeichnungen (§§ 1 Nr. 2, 5 Abs. 1 MarkenG)	339
	a) Geschützte Unternehmenskennzeichen (§ 5 Abs. 2 MarkenG)	339
	b) Werktitel (§ 5 Abs. 3 MarkenG)	340
	c) Rechtsinhalt	340
	2. Schutz geographischer Herkunftsangaben (§§ 1 Nr. 3, 126 ff. MarkenG)	341
	3. Unionsmarke	341
	4. Gewährleistungsmarke	342
XII.	Prüfungsschema § 14 Abs. 5 MarkenG (Unterlassungsanspruch)	342

§ 3 Patent- und Gebrauchsmusterrecht 343

I.	Begriffe, Funktionen und Regelungsbereiche	343
II.	Entwicklung, Rechtsgrundlagen, Struktur und Bezug zu anderen Schutzgesetzen	343
III.	Schutzgegenstand und materielle Schutzvoraussetzungen	346
	1. Erfindung auf dem Gebiet der Technik	346
	a) Allgemeine Voraussetzungen	346
	b) Erfasste Kategorien	347
	2. Schutzfähigkeit	347
	a) Patentfähigkeit	347
	aa) Neuheit (§ 3 PatG)	347
	bb) Erfinderische Tätigkeit (§ 4 PatG)	347
	cc) Gewerbliche Anwendbarkeit (§ 5 PatG)	348
	b) Gebrauchsmusterfähigkeit	348
	aa) Neuheit (§ 3 GebrMG)	348
	bb) Erfinderischer Schritt	348
	3. Ausnahmen von der Schutzfähigkeit	349
IV.	Formelle Schutzvoraussetzungen	349
	1. Patentrecht	349
	2. Gebrauchsmusterrecht	349
V.	Berechtigter	350
	1. Recht auf das Schutzrecht (§ 6 PatG, § 13 Abs. 3 GebrMG)	350

	2.	Anspruch auf Erteilung bzw. Eintragung des Schutzrechts (§ 7 Abs. 1 PatG, § 13 Abs. 3 GebrMG)	350
VI.	Inhalt des Schutzrechts		351
	1.	Erfinderpersönlichkeitsrecht	351
	2.	Ausschließlichkeitsrecht	351
		a) Benutzungsrecht	351
		b) Verbietungsrecht	351
	3.	Schutzbereich und Schutzumfang	352
	4.	Schranken des Schutzes	353
VII.	Patent und Gebrauchsmuster im Rechtsverkehr		353
VIII.	Ende des Schutzes		354
IX.	Folgen einer Rechtsverletzung		354
X.	Prüfungsschema § 139 Abs. 1 PatG, § 24 Abs. 1 GebrMG (Unterlassungsanspruch)		354

§ 4 Eingetragenes Design und Gemeinschaftsgeschmacksmuster — 355

I.	Begriffe, Funktionen und Regelungsbereich		355
II.	Entwicklung, Rechtsgrundlagen, Struktur und Bezug zu anderen Schutzgesetzen		355
III.	Schutzgegenstand und materielle Schutzvoraussetzungen		357
	1.	Eingetragenes Design	358
	2.	Neuheit	358
	3.	Eigenart	358
	4.	Ausschluss vom Designschutz	359
IV.	Berechtigter		359
V.	Formelle Schutzvoraussetzungen		359
VI.	Rechtsinhalt		360
	1.	Designerpersönlichkeitsrecht	360
	2.	Benutzungsrecht (§ 38 Abs. 1 S. 1 Alt. 1, S. 2 DesignG)	360
	3.	Verbietungsrecht (§ 38 Abs. 1 S. 1 Alt. 2 DesignG)	360
	4.	Schranken des Schutzes	361
VII.	Das eingetragene Design im Rechtsverkehr		361
VIII.	Schutzdauer		361
IX.	Ende des Schutzes		361
X.	Folgen einer Rechtsverletzung		361
XI.	Besonderheiten des Gemeinschaftsgeschmacksmusters		362
XII.	Prüfungsschema § 42 Abs. 1 DesignG (Unterlassungsanspruch)		362

Teil 9: Urheberrecht (Angelika Moser / Klaus Vieweg)

§ 1 Einleitung — 363

I.	Begriff und Funktion	363
II.	Entwicklung, Rechtsgrundlagen, Struktur und Verhältnis zu anderen Schutzgesetzen	363

Inhalt

§ 2	Schutzgegenstand: das Werk	366
§ 3	Berechtigter: der Urheber	370
§ 4	Inhalt und Schranken	370
	I. Urheberpersönlichkeitsrecht	370
	II. Verwertungsrechte	371
	1. Systematik	371
	2. Die einzelnen Verwertungsrechte	372
	a) Körperliche Verwertung	372
	aa) Vervielfältigungsrecht (§§ 15 Abs. 1 Hs. 2 Nr. 1, 16 UrhG)	372
	bb) Verbreitungsrecht (§§ 15 Abs. 1 Hs. 2 Nr. 2, 17 UrhG)	373
	cc) Ausstellungsrecht (§§ 15 Abs. 1 Hs. 2 Nr. 3, 18 UrhG)	374
	b) Unkörperliche öffentliche Wiedergabe	375
	aa) Vortrags-, Aufführungs- und Vorführungsrecht (§§ 15 Abs. 2 S. 2 Nr. 1, 19 UrhG)	375
	bb) Recht der öffentlichen Zugänglichmachung (§§ 15 Abs. 2 S. 2 Nr. 2, 19a UrhG)	375
	cc) Senderecht (§§ 15 Abs. 2 S. 2 Nr. 3, 20 UrhG)	376
	dd) Recht der Wiedergabe durch Bild- u. Tonträger (§§ 15 Abs. 2 S. 2 Nr. 4, 21 UrhG)	376
	ee) Recht der Wiedergabe von Funksendungen und von öffentlicher Zugänglichmachung (§§ 15 Abs. 2 S. 2 Nr. 5, 22 UrhG)	376
	III. Schranken durch gesetzlich erlaubte Nutzungen	376
	1. § 44a UrhG (vorübergehende Vervielfältigungshandlungen)	377
	2. § 45 UrhG (Rechtspflege und öffentliche Sicherheit)	378
	3. § 45a UrhG (behinderte Menschen)	378
	4. § 46 UrhG (Sammlungen für den religiösen Gebrauch)	379
	5. § 47 UrhG (Schulfunksendungen)	379
	6. § 48 UrhG (Öffentliche Reden)	379
	7. § 49 Abs. 1 UrhG (Zeitungsartikel, Rundfunkkommentare und Nachrichten)	379
	8. § 50 UrhG (Berichterstattung über Tagesereignisse)	380
	9. § 51 UrhG (Zitate)	380
	10. § 52 UrhG (Öffentliche Wiedergabe)	380
	11. § 53 UrhG (Vervielfältigungen zum privaten und sonstigen eigenen Gebrauch)	381
	12. § 55 UrhG (Vervielfältigung durch Sendeunternehmen)	381
	13. § 55a UrhG (Benutzung eines Datenbankwerkes)	381
	14. § 56 UrhG (Vervielfältigung und öffentliche Wiedergabe in Geschäftsbetrieben)	381
	15. § 57 UrhG (unwesentliches Beiwerk)	382
	16. § 58 UrhG (Werbung für die Ausstellung und den öffentlichen Verkauf von Werken)	382
	17. § 59 UrhG (Werke an öffentlichen Plätzen)	382
	18. § 60 UrhG (Bildnisse)	383
	19. § 60a UrhG (Unterricht und Lehre)	383
	20. § 60b UrhG (Unterrichts- und Lehrmedien)	383
	21. § 60c UrhG (Wissenschaftliche Forschung)	383

22. § 60d UrhG (Text- und Data Mining)		383
23. § 60e UrhG (Bibliotheken)		384
24. § 60f UrhG (Archive, Museen, Bildungseinrichtungen)		384
25. §§ 60g und 60h UrhG		384

§ 5	Das Urheberrecht im Rechtsverkehr	385
I.	Verkehrsfähigkeit des Urheberrechts an sich	385
II.	Nutzungsrechte und Urhebervertragsrecht	385
III.	Verwertungsgesellschaften	386

§ 6	Verwandte Schutzrechte	388

§ 7	Schutzdauer	388

§ 8	Folgen einer Rechtsverletzung	388

§ 9	Prüfungsschema: § 97 Abs. 1 und 2 UrhG	389

Teil 10: Europäisches Wirtschaftsrecht (Sigrid Lorz)

§ 1	Grundlagen	391
I.	Die Idee des europäischen Binnenmarktes	391
II.	Gegenstand des Europäischen Wirtschaftsrechts	392
III.	Akteure im Europäischen Wirtschaftsrecht	393

§ 2	Europäische Grundfreiheiten	394
I.	Überblick	394
II.	Warenverkehrsfreiheit	395
III.	Arbeitnehmerfreizügigkeit	396
IV.	Niederlassungsfreiheit	397
V.	Dienstleistungsfreiheit	398
VI.	Kapital- und Zahlungsverkehrsfreiheit	398

§ 3	Europäisches Wettbewerbsrecht	399
I.	Kartellrecht	400
II.	Recht der staatlichen Beihilfen	402
III.	Vergaberecht	403

§ 4	Rechtsangleichung im europäischen Binnenmarkt	404

§ 5	Gemeinsame Handelspolitik	406
I.	Grundlagen	406
II.	Abschluss von Handels- und Investitionsschutzabkommen	407
III.	Handelspolitische Schutzinstrumente gegen Dumping und Subventionen	408

§ 6	Europäische Wirtschafts- und Währungsunion	409
I.	Wirtschaftsunion	409
II.	Währungsunion	410

Inhalt

Teil 11: Internationales Wirtschaftsrecht (Sigrid Lorz)

§ 1	Grundlagen	413
	I. Begriff des Internationalen Wirtschaftsrechts	413
	II. Rechtsquellen des Internationalen Wirtschaftsrechts	413
	III. Akteure im Internationalen Wirtschaftsrecht	415
	IV. Leitprinzipien der internationalen Wirtschaftsordnung	416
§ 2	Welthandelsrecht	417
	I. Das System der WTO	417
	II. Warenhandel unter dem GATT	418
	III. Dienstleistungshandel unter dem GATS	420
	IV. Geistiges Eigentum unter dem TRIPS	421
	V. Streitbeilegung in der WTO	422
	VI. Internationales Kaufrecht	422
§ 3	Internationales Investitionsschutzrecht	423
	I. Rechtsgrundlagen des Investitionsschutzes	423
	II. Schutzstandards in Investitionsschutzabkommen	424
	III. Streitbeilegung durch internationale Schiedsgerichte	426
§ 4	Internationales Währungs- und Finanzrecht	427
	I. Der Internationale Währungsfonds	427
	II. Die Weltbankgruppe	428

Teil 12: Unternehmenssteuerrecht (Michael Fischer)

§ 1	Vielsteuersystem des Steuerstaates	431
	I. Einleitung	431
	II. Rechtsquellen	433
	III. Tatbestandsmäßigkeit der Besteuerung	436
	1. Steueranspruch des Einzelsteuergesetzes	436
	2. Tatbestandsmerkmale	436
	IV. Gegenstand des Unternehmenssteuerrechts	438
	V. Dualismus des Unternehmenssteuerrechts	440
	VI. Unternehmenssteuerrecht und Steuerpolitik	443
§ 2	Besteuerung des Einzelunternehmers	444
	I. Einleitung	444
	II. Gewinneinkünfte, insbesondere gewerbliche Einkünfte	445
	1. Selbstständigkeit	445
	2. Gewinnerzielungsabsicht	445
	3. Ausnahme: Private Vermögensverwaltung	446
	4. Gewinnermittlung und steuerrechtlicher Gewinnbegriff	447
	5. Nichtabziehbare Betriebsausgaben	448
	III. Betriebsveräußerung und Betriebsaufgabe	449
	1. Betriebsveräußerung (§ 16 Abs. 1 S. 1 Nr. 1 EStG)	449
	2. Betriebsaufgabe (§ 16 Abs. 3 EStG)	450

§ 3 Besteuerung der Körperschaften, insbes. Kapitalgesellschaften 450
- I. Prinzipien der Körperschaftsteuer und Körperschaftsteuersystem 450
- II. Steuerpflicht 452
- III. Einkommensermittlung 454
- IV. Körperschaftsteuertarif 456
- V. Bezüge und Gewinne iSd § 8b KStG 457
- VI. Verdeckte Gewinnausschüttung und verdeckte Einlage 458
    - 1. Verdeckte Gewinnausschüttung (vGA) 458
    - 2. Verdeckte Einlage (§ 8 Abs. 3 Sätze 3 bis 6 KStG) 460
- VII. Verlustabzug und § 8c KStG 461
- VIII. Organschaft 461

§ 4 Die Besteuerung der Personen(handels)gesellschaft und ihrer Gesellschafter 463
- I. Einleitung 463
- II. Transparenzprinzip 463
- III. Mitunternehmerschaft 464
    - 1. Abgrenzung zur vermögensverwaltenden Personengesellschaft 464
    - 2. Begriff des Mitunternehmers 465
    - 3. Erzielung gewerblicher Einkünfte 465
        - a) Originär gewerbliche Tätigkeit (§ 15 Abs. 1 S. 1 Nr. 2, Abs. 2 EStG) 465
        - b) Teilweise gewerbliche Einkünfte (§ 15 Abs. 3 Nr. 1 EStG) 466
        - c) Gewerblich geprägte Personengesellschaft (§ 15 Abs. 3 Nr. 2 EStG) 466
    - 4. Gewinnermittlung und Bestandteile der Einkünfte der Mitunternehmerschaft 467

§ 5 Gewerbesteuer 472
- I. Einleitung 472
- II. Gegenstand der Gewerbesteuer 472
- III. Bemessungsgrundlage 473
- IV. Verlustverrechnung 474
- V. Gewerbesteueranrechnung gem. § 35 EStG 475

Stichwortverzeichnis 477

Herausgeber, Autorinnen und Autoren

Lucas **Bliesze**	Dipl.-Jur. (Univ.), M.Sc. (TCD), wiss. Mitarbeiter, Hamburg
Sebastian **Egger**	Dr., Notar, Hof
Michael **Fischer**	Prof. Dr., Lehrstuhl für Steuerrecht, Friedrich-Alexander-Universität Erlangen-Nürnberg
Isolde **Hannamann**	Dr., Richterin am Oberlandesgericht, München
Sigrid **Lorz**	Prof. Dr., Lehrstuhl für Bürgerliches Recht, Medizinrecht, Deutsches und Internationales Zivilprozessrecht, Universität Greifswald
Dörte **Mang**	Dipl.-jur. oec. Univ., Assessorin, Braunschweig
Angelika **Moser**	Dr., Richterin am Amtsgericht, Nürnberg
Thomas **Regenfus**	apl. Prof. Dr. habil., Richter am Oberlandesgericht, Lehrbeauftragter an der Friedrich-Alexander-Universität Erlangen-Nürnberg
Klaus **Vieweg**	Prof. Dr., Lehrstuhl für Bürgerliches Recht, Rechtsinformatik, Technik- und Wirtschaftsrecht (bis 2016), Friedrich-Alexander-Universität Erlangen-Nürnberg

Teil 1: Zur Einführung: Wirtschaftsrecht

Thomas Regenfus / Klaus Vieweg

§ 1 Begriff	31	§ 4 Funktionen	33
§ 2 Rechtsgebiete	32	§ 5 Wirtschaftssysteme und -modelle	34
§ 3 Regelungsgeber und Regelungsebenen	33	§ 6 Kennzeichen	36

Einen ersten Überblick und Einstieg in das komplexe und vielfältige Wirtschaftsrecht gewinnt man, wenn man sich – nach begrifflichen Abgrenzungen (§ 1) – die dazugehörigen Rechtsgebiete (§ 2), die Regelungsgeber und Regelungsebenen (§ 3), die generellen und die rechtsgebietsspezifischen Funktionen (§ 4), die verschiedenen Wirtschaftssysteme und -modelle (§ 5) sowie die Kennzeichen des Wirtschaftsrechts (§ 6) verdeutlicht.

§ 1 Begriff

Der Begriff „Wirtschaftsrecht" wird unterschiedlich verwendet. Über lange Zeit war er programmatisch geprägt und wurde als (Teil-)Rechtsordnung mit eigenen Methoden und Prinzipien verstanden, die der Umsetzung wirtschaftspolitischer Vorstellungen dienen sollten. Heute wird unter dem Begriff „Wirtschaftsrecht" zum Teil die Summe der Rechtsnormen und -institute verstanden, die die gesamtwirtschaftliche Ordnung verwirklichen sollen. Für das „Recht der Wirtschaftsordnung" steht die Frage im Vordergrund, ob die gesamtwirtschaftliche Ordnung auf der Privat- oder auf der Planwirtschaft aufbauen soll. 1

In der Schwerpunktausbildung im Jurastudium wird der Begriff „Wirtschaftsrecht" zumeist mit einem weiteren Bedeutungsinhalt verwendet. Umfasst ist danach die Gesamtheit der Regelungen, die das Wirtschaftsleben betreffen, also insbesondere das wirtschaftliche Geschehen (Produktion, Handel, Information, Service etc), die Beziehungen der daran Beteiligten (Produzenten, Verkäufer, Dienstleister, Verbraucher etc) sowie den rechtlichen Rahmen, der das Wirtschaften ermöglichen (Grundrechte etc) und Missbräuche sowie Schäden vermeiden soll (zB Kartellverbot, Schadensersatzpflichten). 2

Das Wirtschaftsrecht ist in seiner Vielfalt und Breite ein Spiegel der technischen Entwicklung, der politischen Systeme mit ihren unterschiedlichen Zielen und Instrumenten sowie der jeweiligen gesellschaftlichen Wertungen. 3

Innerhalb des Wirtschaftsrechts werden – insofern den traditionellen 3-Säulen-Ansatz aufgreifend – das private Wirtschaftsrecht, das öffentliche Wirtschaftsrecht (auch als Wirtschaftsverwaltungsrecht bezeichnet) und das Wirtschaftsstrafrecht unterschieden. Dabei bestehen Wechselbezüglichkeiten, wie das Beispiel der öffentlich-rechtlichen Produktsicherheit und der zivil- und strafrechtlichen Produkthaftung zeigt. Ebenso bestehen Verbindungen zum europäischen und internationale Wirtschaftsrecht. Klarstellend sei erwähnt, dass der Begriff „Wirtschaftsprivatrecht", der vor allem für Lehrbücher der Wirtschaftswissenschaften verwendet wird, den Schwerpunkt auf die Grundmechanismen des Vertragsschlusses und des Schuldrechts legt. Das private Wirtschaftsrecht setzt die entsprechende Kenntnis bereits voraus. 4

§ 2 Rechtsgebiete

5   Entsprechend dem weiten Begriffsverständnis des Wirtschaftsrechts haben zahlreiche gesetzliche Regelungen einen Wirtschaftsbezug, mit dem sie zum Wirtschaftsrecht gerechnet werden können. Die folgende Übersicht listet die Rechtsgebiete auf, die in den Rechtswissenschaftlichen Fakultäten und Fachbereichen in der Bundesrepublik Deutschland den „Schwerpunktbereich Wirtschaftsrecht" (Stand: 2015) bilden.

6   In der folgenden Grafik sind die Rechtsgebiete grau unterlegt, die in diesem Buch – zumindest im wesentlichen Teil – dargestellt werden.

Rechtsgebiete in den wirtschaftsrechtlichen Schwerpunktbereichen der Rechtswissenschaftlichen Fakultäten und Fachbereiche	
Aktienrecht	Musterrecht
Arbeitsrecht allgemein	Musikrecht
Außenwirtschaftsrecht	Neue/Moderne Vertragstypen
Bankrecht	Öffentliches Wirtschaftsrecht
Beihilfenrecht	Patentrecht
Bilanzrecht	Presserecht
Bildrecht	Recht des geistigen Eigentums
Börsenrecht	Rechtsvergleichung
Datenschutzrecht	Regulierungsrecht
E-Commerce-Recht	Rundfunkrecht
Energierecht	Schiedsgerichtsbarkeit/Streitbeilegung
Filmrecht	Steuerrecht
Finanzdienstleistungen/Finanzrecht	Subventionsrecht
Gesellschaftsrecht	Technikrecht
Gewerblicher Rechtsschutz	Telekommunikationsrecht
Gewerberecht	Telemedienrecht
Handelsrecht	Titelrecht
Immaterialgüterrecht allgemein	Urheberrecht
Informationsrecht	UN/CISG
Insolvenzrecht	Unternehmensnachfolge
Internetrecht	Unternehmensrecht allgemein
Investitionsrecht	Umwandlungsrecht
IPR	Umweltrecht
IT-Recht	Verbraucher (Schutz)Recht
Kapitalgesellschaftsrecht	Verfahrensrecht
Kapitalmarktrecht	Vergaberecht
Kartellrecht/ Anti Trust	Verlagsrecht
Kennzeichenrecht	Versicherungs(vertrags)recht
Kinorecht	Vertragsgestaltung/Vertragsrecht
Konzernrecht	Vertriebsrecht
Kreditsicherheitsrecht	Werberecht
Lauterkeitsrecht	Welthandelsrecht/Wirtschaftsvölkerrecht
Lizenzvertragsrecht	Wertpapierrecht
M&A Unternehmenskauf	Wirtschaftsstrafrecht/Strafrecht
Markt und Wettbewerbsrecht	Wirtschaftsverfassungsrecht
Markenrecht	Wirtschaftsverwaltungsrecht
Medienrecht	

§ 3 Regelungsgeber und Regelungsebenen

Traditionell war das Wirtschaftsrecht Gegenstand von Rechtsnormen des Bundesrechts. Dem Bund steht hier eine konkurrierende Gesetzgebungskompetenz (Bürgerliches Recht, Art. 74 Abs. 1 Nr. 1 GG, Recht der Wirtschaft, Art. 74 Abs. 1 Nr. 11; Verhütung von Missbrauch wirtschaftlicher Machtstellung, Art. 74 Abs. 1 Nr. 16 GG) zu, von der er weitgehend Gebrauch gemacht hat. Für einzelne Bereiche (Währungsrecht, Zollrecht, Verkehr, Post) steht ihm die ausschließliche Kompetenz zu (Art. 73 Nrn. 4–7 GG). Landesrechtliche Bestimmungen haben nur im Bereich des „Wirtschaftsverwaltungsrechts" und in den Bereichen der unternehmerischen Betätigung der öffentlichen Hand Bedeutung.

7

Im Zuge der europäischen Einigung und der Herstellung des Binnenmarktes wurden zahlreiche Materien des privaten Wirtschaftsrechts harmonisiert. Unmittelbare Regelungen finden sich zum Kartell- und Beihilferecht, soweit der gemeinsame Markt berührt ist. Darüber hinaus wurden frühzeitig Richtlinien zur Sicherung gleicher Standards in den Mitgliedstaaten erlassen. In jüngerer Zeit sind auch abschließende Regelungen durch Verordnungen (zB MarktmissbrauchsVO) anzutreffen.

8

Auf internationaler Ebene besitzt das WTO-Übereinkommen mit den drei wesentlichen Säulen GATT, GATS und TRIPS die größte Bedeutung.[1] Hinzu kommen Instrumentarien zum Internationalen Investitionsschutz sowie das Internationale Währungs- und Finanzrecht. Aufgrund des völkerrechtlichen Hintergrunds spielen die staatlichen Akteure hier eine größere Rolle. Die Unternehmen können nur in bestimmten Situationen selbst subjektive Rechte gegen andere Staaten durchsetzen.

9

§ 4 Funktionen

Die Funktionen des Wirtschaftsrechts bestimmen sich nach der Wirtschaftsordnung, in Deutschland deshalb nach der (sozialen) Marktwirtschaft. Vier **Hauptfunktionen** lassen sich unterscheiden:

10

- die Förderfunktion,
- die Schutzfunktion,
- die Ausgleichsfunktion,
- die Ordnungsfunktion.

Die **Förderfunktion** besteht in der Ermöglichung und Gewährleistung eines freien Handels. Sie ist in der Marktwirtschaft eine Kernfunktion des deutschen Wirtschaftsrechts.

11

Die **Schutzfunktion** ergibt sich aus der sozialen Ausrichtung der Marktwirtschaft. So soll Machtkonstellationen entgegen gewirkt werden, die bei völlig freiem Spiel der Marktkräfte entstehen würden. Wirtschaftsrecht hat damit auch die Funktion, Schwächere zu schützen. Im Grundgesetz hat dies seinen Niederschlag in der Sozialbindung des Eigentums (Art. 14 Abs. 2 GG) gefunden. Auch Art. 104b Abs. 1 Nr. 1

12

---

[1] Zu der World Trade Organization (WTO), dem General Agreement on Tariffs and Trade (GATT), dem General Agreement on Trade in Services (GATS), und dem Agreement on Trade-Related Aspects of Intellectual Property Rights (TRIPS) siehe Teil 11 „Internationales Wirtschaftsrecht".

und Art. 109 Abs. 2 GG (gesamtwirtschaftliches Gleichgewicht im Rahmen der Haushaltspolitik) lassen sich hier einordnen.

13 Die **Ausgleichsfunktion** des Wirtschaftsrechts ergibt sich aus einer Kombination fördernder und regulierender gesetzlicher Vorschriften mit Wirtschaftsbezug. Man kann dies als regulierende/steuernde Ermöglichung und Gewährleistung wirtschaftlicher Selbstregulierung – kurz: regulierte Selbstregulierung – bezeichnen. Wirtschaftsrecht hat selbstverständlich die Funktion, die auch im Wirtschaftsleben unvermeidbaren Interessenkonflikte angemessen zu lösen. Dazu gehört zum Beispiel der Ausgleich von Informationsimparitäten durch die Verpflichtung zur Transparenz.

14 Die **Ordnungsfunktion** des Wirtschaftsrechts als Rechtsrahmen spiegelt sich in der Rechtssicherheit wider. Sie ist eine wichtige Grundlage erfolgreichen Wirtschaftens.

15 Um wirtschaftsrechtliche Probleme zu verstehen, empfiehlt sich folgende **Verfahrensweise**: Am besten verdeutlicht man sich in einem ersten Schritt die Interessen der Beteiligten (Stakeholder) und die der Allgemeinheit, ermittelt in einem zweiten Schritt die maßgeblichen rechtlichen Regelungen und – in einem dritten Schritt – deren Zwecke und Funktionen. In einem vierten Schritt erfolgt dann die konkrete Rechtsanwendung (Subsumtion). Dabei sind die gesetzlich geregelten Instrumente/Mittel zur Erfüllung der Funktionen (Lizenzen, Ansprüche auf Beseitigung, Unterlassung, Schadensersatz etc) besonders in den Blick zu nehmen.

§ 5 Wirtschaftssysteme und -modelle

16 Üblicherweise werden als Grundmodelle die Verkehrswirtschaft/Marktwirtschaft und die Zentralverwaltungswirtschaft/Planwirtschaft einander gegenüber gestellt. Ansatz des **marktwirtschaftlichen Modells** ist es, dezentral den Marktteilnehmern, insbesondere den Unternehmen, die relevanten Entscheidungen zu überlassen. Neben der Bestimmung, wie die wichtigsten Ressourcen – Boden, Kapital und Arbeit – eingesetzt werden sollen, ist zentral die Frage, welche Produkte und Dienstleistungen wann, mit welcher Qualität und zu welchen Preisen angeboten werden sollen, um einen möglichst hohen Ertrag zu erzielen. Für diese Entscheidungen ist das konkrete/aktuelle bzw. das erwartete Verhalten der Marktgegenseite – die Nachfrage – in den Blick zu nehmen.

17 Ansatz der **Planwirtschaft** ist hingegen, dass eine zentrale staatliche Instanz über den Einsatz der Ressourcen, über Zeit, Qualität und Umfang der Güterproduktion und die für diese Güter zu zahlenden Preise entscheidet. Mit diesem Ansatz sind ein großes Maß an Bürokratie, eine Kumulation der Bedarfs- und Produktionsprognosen und damit als verbreitete Konsequenzen Fehlallokationen und schwerfällige Anpassungsprozesse verbunden.

18 Diese beiden Systemkonzeptionen stellen nur die Extrempole dar, zwischen denen eine Vielzahl von Erscheinungsformen denkbar ist und in der Praxis auch realisiert wird. Insbesondere schließt eine Grundentscheidung für ein marktwirtschaftliches System nicht aus, dass der Staat lenkend und regelnd eingreift. Hier ist etwa an Zugangsschranken zu denken, die sich insbesondere auf einzelne Branchen/Tätigkeiten beziehen können. So ist auch in grundsätzlich marktwirtschaftlichen Systemen verbreitet, dass für einzelne Bereiche, wie zB die „Daseinsvorsorge", die Betätigung staatlichen Akteuren vorbehalten ist oder der Zugang zu einer Betätigung am Bedarf ausgerichtet ist. Damit soll rein marktwirtschaftlichen Entwicklungen, etwa der Konzentration

der Unternehmen auf ertragreiche Tätigkeitsbereiche und deren Rückzug aus nicht kostendeckend arbeitenden Bereichen, entgegen gewirkt werden. So soll aus sozialen Erwägungen eine ausreichende Versorgung der gesamten Bevölkerung/des gesamten Staatsgebiets gewährleistet werden (Beispiel: Postdienstleistungen in dünn besiedelten Gebieten). Damit zusammenhängend ist zu entscheiden, ob staatliche Unternehmen (dh solche, die unmittelbar von staatlichen Körperschaften betrieben werden oder sich als privatrechtliche Personen in der Hand staatlicher Körperschaften befinden) in Konkurrenz zu „echten" Privaten treten sollen. Regulierungen können auch das Wettbewerbsgeschehen selbst betreffen: In welchem Maß soll das Konkurrieren um den Kunden oder die Verdrängung von Konkurrenten dem freien Spiel der Kräfte überlassen sein? Eine „freie Marktwirtschaft in Reinform", bei der ua jegliche planwirtschaftliche Elemente, staatliche Kontrolle und Marktregulierung fehlen, ist daher praktisch nicht anzutreffen.

Die „soziale Marktwirtschaft" – das in der Bundesrepublik Deutschland herrschende Konzept – verbindet die Vorteile einer freien Marktwirtschaft (gute Versorgung mit allen nachgefragten Gütern, Anreiz zur Nutzung der wirtschaftlichen Leistungsfähigkeit) mit Mechanismen, die deren Nachteile (Gefahr eines ruinösen Wettbewerbs, Konzentration und missbräuchliche Ausnutzung wirtschaftlicher Macht, negative Auswirkungen der Marktprozesse auf sozial schwache Bevölkerungsteile) vermeiden oder abmildern sollen. Hierzu bedarf es Eingriffe des Staates, indem dieser die Konjunktur (zyklusabhängig) fördert oder dämpft (vgl. § 1 StabG), den Wettbewerb regelt und mit einem Sozialsystem einen Mindest-Lebensstandard derer gewährleistet, die (wegen fehlender Qualifikation, mangelnden Arbeitsplatzangebots, Krankheit, Alter) am Markt nicht ein ausreichendes Einkommen erzielen können.

Das Bundesverfassungsgericht[2] vertritt den Standpunkt, dass das Grundgesetz keine Festlegung auf ein bestimmtes Wirtschaftssystem enthält, sondern dem Gesetzgeber eine erhebliche Ermessens- und Gestaltungsfreiheit einräumt. Er hat bei der Rechtsetzung jedoch die für die jeweilige Materie maßgeblichen Bestimmungen des Grundgesetzes zu beachten, allen voran die Grundrechte, die insbesondere die Privatautonomie, die Berufs- und Unternehmensfreiheit, die Vereinigungsfreiheit, die Koalitionsfreiheit und des Privateigentum garantieren. Vorgaben entfalten ferner die Sozialbindung des Eigentums, das Sozialstaatsprinzip und das Ziel eines gesamtwirtschaftlichen Gleichgewichts im Rahmen der Haushaltspolitik (Art. 104b Abs. 1 Nr. 1, Art. 109 Abs. 2 GG). Hieraus folgt im Ergebnis, dass eine andere als eine freiheitliche Wirtschaftsordnung nicht im Einklang mit der Verfassung stehen würde. Innerhalb des relativ weiten Rahmens sind jedoch Veränderungen zu einem eher liberalen oder eher regulierten System hin zulässig.

Die Förderung des Wirtschaftsverkehrs war Ausgangspunkt der europäischen Einigung (EWG-, Euratom-, EGKS-Vertrag) und bildet auch nach der zwischenzeitlich auf zahlreiche weitere Bereiche ausgedehnten Integration weiterhin ein Kernstück. Art. 3 Abs. 3 EUV erklärt die in „hohem Maße wettbewerbsfähige soziale Marktwirtschaft" zum Ziel der Union. Im gemeinsamen Binnenmarkt werden die Grundfreiheiten des Waren-, Personen-, Dienstleistungs- und Kapitalverkehrs verwirklicht (vgl. Art. 26 Abs. 2, Art. 28 ff., 46 ff. AEUV). Zur Absicherung dieser Freiheiten und zur Verhinderung von protektionistischen Maßnahmen einzelner Mitgliedstaaten oder wettbe-

---

2 BVerfGE 4, 7 (17 f.); 50, 290 (339 ff.).

werbsschädlicher Konzentrationen auf europäischer Ebene bestehen Regelungen zum Kartell- und Beihilferecht (Art. 101 ff. AEUV). Dem Primärrecht ist damit eine klare Zielbestimmung iS einer Systementscheidung zugunsten einer freien und von Wettbewerb geprägten Wirtschaftsordnung zu entnehmen.

§ 6 Kennzeichen

22 Etwas vergröbernd lassen sich für das Wirtschaftsrecht die folgenden **Kennzeichen** ausmachen: Komplexe Querschnittsmaterie, Dynamik, erhebliches Konfliktpotential, erheblicher Regelungsbedarf, Spannungsverhältnis zwischen privatautonomer Gestaltungsfreiheit und gesetzlichen Vorgaben, Konzept regulierter Selbstregulierung.

23 Beim Wirtschaftsrecht handelt es sich erstens um eine **komplexe Querschnittsmaterie**. Sie umfasst alle drei intradisziplinären „Fachsäulen" (Zivilrecht, Strafrecht, Öffentliches Recht) und wird gestaltet von Regelungsgebern auf praktisch allen Ebenen (von den Kommunen und den Bundesländern über den Bund bis zur Europäischen Union und den völkerrechtlichen Regelungsgebern). Entsprechend dem grenzüberschreitenden Handel gewinnen die europa- und internationalen Regelungsebenen zunehmende Bedeutung.

24 Zweitens ist das Wirtschaftsrecht durch eine **Dynamik** gekennzeichnet, die ihrerseits durch die dynamischen Entwicklungen in Technik, Gesellschaft und Politik begründet ist (Beispiel: Digitalisierung, Internet und Industrie 4.0). Damit fließen die sich wandelnden gesellschaftlichen und politischen Wertungen in die Regelungen ein.

25 Drittens ist das Wirtschaftsrecht durch ein **erhebliches Konfliktpotential** gekennzeichnet, das insbesondere bei gegenläufigen Interessen und unausgewogenen Machtkonstellationen virulent wird.

26 Hieraus resultiert viertens ein **erheblicher Regelungsbedarf**, der durch eine entsprechende Regelungsvielfalt und -dichte gedeckt wird.

27 Das in der sozialen Marktwirtschaft bestehende **Spannungsverhältnis zwischen privatautonomer Gestaltungsfreiheit und zu beachtenden gesetzlichen Vorgaben** – das fünfte Kennzeichen – lässt sich – als sechstes Kennzeichen – als Konzept **regulierter Selbstregulierung** beschreiben.

Teil 2: Wirtschaftsverträge[*]

Dörte Mang / Lucas Bliesze

§ 1 Einleitung	37	§ 4 Ausgewählte kodifizierte Wirtschaftsverträge	54
§ 2 Vertragsmanagement	39	§ 5 Ausgewählte nicht-kodifizierte Wirtschaftsverträge	57
§ 3 Relevante Regelungsinhalte im Einzelnen	46		

§ 1 Einleitung

Der **Begriff** „Wirtschaftsverträge" umfasst alle Verträge, die im Zusammenhang mit wirtschaftlich relevanten Tätigkeiten stehen. Sie spiegeln als bindendes Element der Trias Technik – Wirtschaft – Recht technisch-wirtschaftliche Entwicklungen wider. Darüber hinaus sollen sie aufgetretene und erwartete zwischenmenschliche Konflikte aufgreifen und Strategien zu deren Vermeidung und/oder Lösung anbieten.

Einige Wirtschaftsverträge – etwa der Tausch – sind wohl so alt wie die Menschheit. Für andere ergab sich der Bedarf erst durch den technischen Fortschritt und durch neue Geschäftsmodelle, wie die zunehmende Digitalisierung und globale Vernetzung des produzierenden Gewerbes (Stichwort Industrie 4.0). Die in diesem Umfeld zu schließenden Verträge sind häufig in hohem Maße komplex und noch nicht kodifiziert.

Die ökonomische Relevanz von Verträgen fand 2016 durch die Vergabe des Nobelpreises für Wirtschaft besondere Anerkennung.[1] Aus Sicht der Ökonomie haben Verträge den Zweck, den erwarteten Nutzen beider Parteien zu vergrößern. Ressourcen sollen anhand des Maßstabs der Allokationseffizienz verteilt und die Zusammenarbeit einzelner Akteure durch Verhaltenssteuerung mittels Angleichung von Einzelinteressen gefördert werden. Dies soll opportunistisches Verhalten der Parteien, welche in der Ökonomik als (begrenzt) rationale Eigennutzenmaximierer beschrieben werden, vermeiden. Effizienzstörungen nach Vertragsschluss (z. B. *moral hazard*) sind in der Vertragsgestaltung durch Instrumente vorzubeugen, die die Beobachtbarkeit und Verifizierbarkeit des Verhaltens der Parteien gewährleisten und ihre Interessen angleichen. Im Übrigen dienen Verträge der Risikoverteilung, weshalb im Rahmen der Vertragsgestaltung die Bestimmung des *cheapest cost avioder*, *cheapest insurer* und ggf. des *cheapest risk bearer* von Bedeutung ist. Effiziente Verträge setzen Informationssymmetrie der Parteien voraus, so dass bei der Konzeption eines Vertrages unbedingt der Informationsstand der Beteiligten zu reflektieren und ggf. durch Aufklärungspflichten oder andere Instrumente abzusichern ist (Stichwort: *adverse selection*). Allerdings sind auch damit einhergehende Transaktionskosten im Blick zu behalten, das ökonomische Ideal des vollständigen Vertrags steht unter dem Vorbehalt zunehmender Vertragsab-

---

[*] Mit wertvoller Unterstützung bei der Vorauflage von Daniel Wagner durch Vorüberlegungen und zum Leasingvertrag (Rn. 60 ff.) sowie von Christine Settgast und Jonas Sommer insbes. zum Telekommunikations- (Rn. 73 ff.) bzw. Cloud-Computing-Vertrag (Rn. 89 ff.).
[1] Siehe https://www.nobelprize.org/prizes/economics/2016/summary/ (zuletzt abgerufen am 20.5.2022).

schlusskosten, so dass abzuwägen ist, ob das einschlägige dispositive Gesetzesrecht nicht die effizientere Alternative ist.[2]

4 Die wirtschaftliche Globalisierung begünstigt den Abschluss internationaler Verträge. Das Vertragsumfeld von Wirtschaftsverträgen ist längst nicht mehr nur national-autonom zu betrachten. Vielmehr können auch Vorgaben des harmonisierten Rechts innerhalb der Europäischen Union (EU), Rechtsordnungen anderer Länder und ggf. internationale Übereinkommen einzubeziehen sein.[3] Dies betrifft insbes. vertragliche Aspekte des „digitalen Binnenmarkts"[4]. Aus Platzgründen stehen im Folgenden Wirtschaftsverträge[5] über nach deutschem Recht zu beurteilende Sachverhalte im Fokus.

5 Die Wechselwirkungen der **Trias Technik – globalisierte Wirtschaft – (Vertrags-)Recht** lassen sich am Beispiel der „*Blockchain*-Technologie" veranschaulichen. Dabei handelt es sich ursprünglich um eine dezentrale Datenbank, in der protokollierte Transaktionen miteinander verkettet und durch die Nutzung kryptografischer Funktionen (*Hash*-Funktionen)[6] fälschungssicher abgelegt werden. Blockchains können entsprechend auch für neue Anwendungsfelder wie die Verifikation vorher definierter Vertragsbedingungen im Rahmen sog. *Smart Contracts* eingesetzt werden.[7] Dies ermöglicht bei Bedingungseintritt einen teilweise oder vollständig automatisierten Vollzug des Vertrags. Beispielsweise kann bei Zahlung eines bestimmten Betrags, verifizierter Echtheit eines Produkts, Eintritt eines Versicherungsfalls oder der Einhaltung eines Service Levels (Rn. 78, 104 ff.) die Auszahlung eines bestimmten Betrags, der Beginn bzw. die Beendigung einer Nutzungsberechtigung oder das Öffnen bzw. Schließen elektronischer Türschlösser ausgelöst werden.[8] Aufgrund der Automatisierung unter Verzicht auf eine zentrale Instanz kann die Vertragsabwicklung weltweit insgesamt effizienter und der Vertragsschluss auch unter Unbekannten erfolgen.

6 Der Teil „Wirtschaftsverträge" soll das Gespür für die Relevanz der Interessenlage und Konfliktpotentiale schärfen und damit Know-how verschaffen, Wirtschaftsverträge kritisch beurteilen und gestalten zu können. Die **Interessenlage** ist bspw. durch folgende Aspekte geprägt:

- Kosten- bzw. Risiko-Nutzen-Abwägungen,
- subjektive Wertungen der Beteiligten,
- Zeitdauer,
- zur Verfügung stehende Alternativen,
- wirtschaftlich-soziale Machtposition,
- Prognose hinsichtlich der technischen und wirtschaftlichen Entwicklungen,

---

2 Zu alledem *Schäfer/Ott*, Lehrbuch der ökonomischen Analyse des Zivilrechts, 6. Aufl. 2021, S. 471 ff., 500 ff.; *Schmolke*, Vertragstheorie und ökonomische Analyse des Vertragsrechts in: Towfigh/Petersen, Ökonomische Methoden im Recht, 2. Aufl. 2017, S. 131 ff.
3 Vgl. dazu Teil 10 (Europäisches Wirtschaftsrecht) und Teil 11 (Internationales Wirtschaftsrecht).
4 S. dazu „Mitteilung der Kommission an das Europäische Parlament, den Rat, den Europäischen Wirtschafts- und Sozialausschuss und den Ausschuss der Regionen Strategie für einen digitalen Binnenmarkt für Europa", COM/2015/0192 final.
5 Dieses Kapitel beschränkt sich auf Austauschverträge, eingehend zum Vertragsmanagement bei Gesellschaftsverträgen s. Heussen/Pischel/*Wegmann/Knesebeck*, Handbuch Vertragsverhandlung und Vertragsmanagement, 5. Aufl. 2021, Teil 3.6.
6 *Kaulartz/Heckmann*, CR 2016, 474 (475 f.).
7 Dazu eingehend Leupold/Wiebe/Glossner/*Kaulartz*, IT-Recht, 4. Aufl. 2021, Teil 9.5 Rn. 2 ff.
8 *Kaularzt/Heckmann*, CR 2016, 618 (619 f.); vgl. auch *Schrey/Thalhofer*, NJW 2017, 1431 und *Heckelmann*, NJW 2018, 504 (504 f.).

- zu berücksichtigende Interessen Dritter sowie
- die Sprache und insbes. Fachbegriffe im Kontext des jeweiligen Rechtskreises.

Als Ausgangspunkt dient ein vertragstypenübergreifendes Grundgerüst mit Checkliste für das Vertragsmanagement und die relevanten Regelungsinhalte (Rn. 8 ff. und Rn. 23 ff.). Diesem allgemeinen Grundgerüst werden zunächst als bekannte Beispiele des BGB der Kaufvertrag und der Werkvertrag zugeordnet (Rn. 54 ff.). Auch hinsichtlich der nicht-kodifizierten Wirtschaftsverträge muss aus Raumgründen eine Auswahl erfolgen. Erörtert werden die wesentlichen Regelungsinhalte und Spezifika folgender Verträge: Leasing-Vertrag, Cloud-Computing-Vertrag, Telekommunikationsvertrag sowie Forschungs- und Entwicklungsvertrag (Rn. 60 ff.). Hilfreich sind bei beiden Kategorien Vertragsmuster, in die praktische Erfahrungen und antizipierte Probleme eingeflossen sind. Die Darstellungsreihenfolge vom Allgemeinen zum Speziellen (deduktiv) entspricht einem verbreiteten Lernverhalten. Wer einen induktiven Ansatz bevorzugt, sollte mit den Rn. 54 ff. und Rn. 60 ff. – evtl. bekannten Vertragstypen – beginnen und sich anschließend den Rn. 8 ff. und Rn. 23 ff. widmen.

Zur Vertiefung (Rn. 5):
Smart Contracts und *Blockchains*: *Kaulartz*, CR 2016, 474; *Kaulartz*, in *Leupold/Wiebe/Glossner*, IT-Recht, 4. Aufl. 2021, Teil 9.5; *Maume/Maute/Fromberger* (Hrsg.), Rechtshandbuch Kryptowerte, 2020, insbes. Kapitel 1 und 2.

§ 2 Vertragsmanagement

Vertragsmanagement bezeichnet den organisatorischen **Gesamtprozess** von der Planung über die Verhandlungen bis hin zum Controlling eines Vertrags.[9] Aufgabe der Kautelar- oder Vertragspraxis ist es, einen rechtlichen Rahmen zur möglichst vollständigen Realisierung der Ziele der Parteien zu schaffen. Dazu sind nicht nur gegenwärtige Informationen zum Sachziel sowie der Wille und die Interessen der Parteien zu ermitteln, sondern auch potenzielle Konfliktherde und Risiken zu erkennen, um diesen vertraglich vorzubeugen und insbes. durch einen Interessenausgleich ex ante eine sog. Störfallvorsorge zu treffen.

---

9 Dazu Heussen/Pischel/*Heussen*, Handbuch Vertragsverhandlung und Vertragsmanagement, 5. Aufl. 2021, Teil 1.2 Rn. 1.

I. Fluss-Diagramm zur Entwicklung eines Vertrags[10]

8a

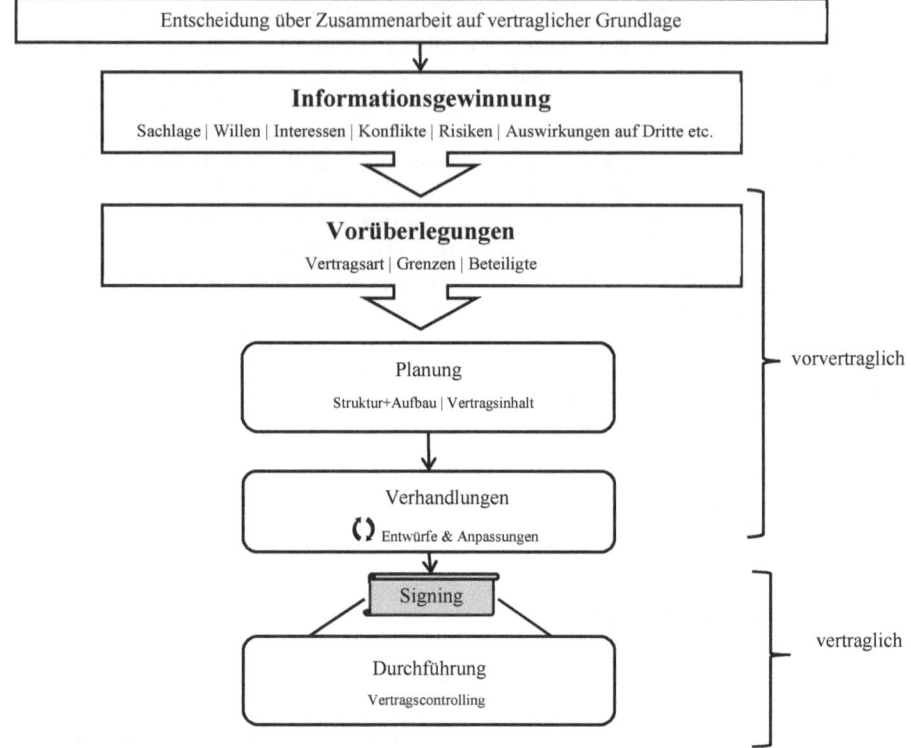

Abbildung 1: Fluss-Diagramm zur Entwicklung eines Vertrags

II. Vorüberlegungen

1. Vertragstyp

9 Zentraler Aspekt vertragsplanerischer Überlegungen ist die **rechtliche Qualifikation** des Vertrags. Diese steckt den rechtlichen Rahmen der Vertragsgestaltung ab. Sie gibt insbes. Aufschluss über zwingendes und abdingbares Recht. Der geeignete Vertragstyp kann sich häufig schon aus den im BGB kodifizierten, typischen Verträgen (z. B. Kaufvertrag) oder aus internationalen Abkommen (z. B. Übereinkommen der Vereinten Nationen über Verträge über den internationalen Warenkauf, UN- oder Wiener Kaufrecht; *United Nations Convention on Contracts for the International Sale of Goods* [CISG]) ergeben. Ist die Vertragsart unionsrechtlich determiniert (z. B. Verbrauchsgüterkauf), sind EU-Rechtsakte (insbes. Verordnungen und Richtlinien) und die Rechtsprechung des Europäischen Gerichtshofs (EuGH) zu berücksichtigen. Wegen der **Vertragsfreiheit** als wesentliches Element der Privatautonomie besteht jedoch grds. kein Typenzwang. So haben sich im Laufe der Zeit zahlreiche neue Vertragstypen entwickelt und verfestigt (sog. verkehrstypische Verträge, z. B. Leasing, Franchising,

---

[10] Folgend dem Verständnis von Vertragsmanagement von Heussen/Pischel/*Heussen*, Handbuch Vertragsverhandlung und Vertragsmanagement, 5. Aufl. 2021, Teil 1.2 Rn. 1.

Sponsoring).[11] Daneben kann zwischen – die Terminologie ist nicht immer einheitlich – sog. typengemischten, atypischen und typenfremden Verträgen unterschieden werden.[12]

Die **Einordnung des Vertrags** ist unter Berücksichtigung der Umstände des Einzelfalls vorzunehmen. Die Vorgehensweise unterscheidet sich je nach Vertragstyp. Besonders relevant sind die Absorptions- und die Kombinationstheorie. Maßgebliche Bedeutung hat dabei der (ausdrückliche oder mutmaßliche) Parteiwille, wie er im Vertragszweck zum Ausdruck kommt. Als Faustformeln gelten: Wird bei einem kodifizierten Vertrag zur Hauptleistung eine zusätzliche Nebenleistung hinzugefügt, die nur untergeordnete Bedeutung besitzt (z. B. Montageverpflichtung beim Sachkauf), sind die Regeln anzuwenden, die für die Hauptleistung gelten; Vorschriften zu Verträgen, die für die hinzukommende Pflicht gelten würden, sind nur ergänzend heranzuziehen, wenn dies mit Zweck und Eigenart des Gesamtvertrags vereinbar ist (Absorptionstheorie).[13] Schuldet eine Seite demgegenüber mehrere typenverschiedene, gleichgewichtige Leistungen, sind im Fall einer Pflichtverletzung die Regelungen heranzuziehen, die bei einem Vertrag über (allein) eine solche Pflicht gelten würden (Kombinationstheorie).[14]

In der folgenden Grafik sind die hier dargestellten Verträge grau unterlegt.

---

11 BeckOGK-BGB/*Herresthal*, 1.4.2022, § 311 Rn. 80 mit zahlreichen Beispielen (Rn. 80.1).
12 Zu atypischen und typengemischten Verträgen s. MüKoBGB/*Emmerich*, 9. Aufl. 2022, § 311 Rn. 26 ff.
13 Vgl. MüKoBGB/*Emmerich*, 9. Aufl. 2022, § 311 Rn. 34.
14 Vgl. MüKoBGB/*Emmerich*, 9. Aufl. 2022, § 311 Rn. 29.

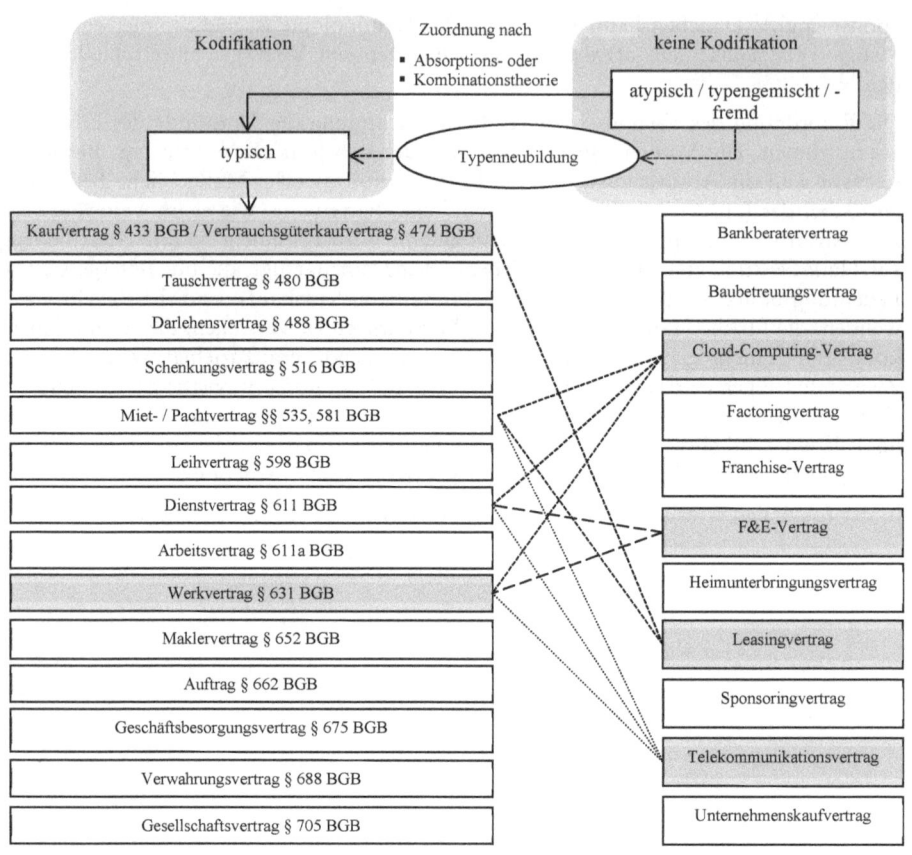

Abbildung 2: Vertragstypen

2. Beteiligte – Anzahl, Struktur und Beziehungen

11 Grundsätzlich zu bedenken sind die Anzahl der Beteiligten und ihre Beziehungen zueinander. Diese können hierarchisch ausgestaltet sein (z. B. beim Franchising). Liegen – bei einem Mindestmaß an Selbstorganisation – keine hierarchischen Strukturen vor, werden die Beziehungen unter dem Stichwort *Business Networks* diskutiert. Zu den Vorhaben, die im Rahmen von Business Networks realisiert werden, gehören u. a. (projektbezogene) Kooperationen, der Verkauf von Überkapazitäten an Network-Mitglieder insbes. zur Vermeidung von Kapazitätsüberschüssen (sog. *linked productions*) und der Austausch von Waren, Dienstleistungen oder Wissen innerhalb eines Netzes.[15]

12 Als Mehrparteienverhältnis birgt ein Business Network ein verhältnismäßig großes Konfliktpotential, das im Rahmen des Vertragsmanagements gesondert zu berücksichtigen ist, hier aber aus Platzgründen nicht dargestellt werden kann. Ohne zum Business Network zu werden, kann es sich bei einer Mehrheit von Beteiligten auch um stark verwobene – indes rechtlich selbstständige – bilaterale Vertragsverhältnisse handeln

---

[15] Dazu *Krebs/Jung*, in: Jung/Krebs/Teubner, Business Networks Reloaded, 2015, S. 118 sowie *Peris*, in: Festschrift Hopt I, S. 2901.

(z. B. „Lieferkette" bestehend aus Hersteller, Großhändler, Einzelhändler und Verbraucher).

3. Grenzen der Vertragsgestaltung

Neben der Beteiligtenanzahl und der Beteiligungsstruktur sind zudem die Eigenschaften der Parteien zu berücksichtigen. Bei besonderer Schutzbedürftigkeit einer Partei aufgrund ihres unterlegenen Informationsstands oder ihrer geringeren Marktmacht unterliegt die Vertragsgestaltung ggf. speziellen Voraussetzungen.

Dabei ist vornehmlich die **Beteiligung von Verbrauchern** i. S. v. § 13 BGB als schwächere Marktteilnehmer zu nennen, sog. B2C-Bereich (*Business to Consumer*).[16] Für Verbraucherverträge i. S. v. § 310 Abs. 3 BGB und besondere Vertriebsformen (z. B. außerhalb von Geschäftsräumen geschlossene Verträge, Fernabsatzverträge und Verträge im elektronischen Geschäftsverkehr) enthalten die §§ 312 ff. BGB Sonderregelungen. Produktbezogene Sonderreglungen enthalten zudem die unlängst eingefügten §§ 327 ff. BGB für Verbraucherverträge über digitale Produkte. Jenseits der materiellrechtlichen Besonderheiten obliegen dem Unternehmer gegenüber dem Verbraucher oftmals zahlreiche Informationspflichten, die in der Vertragsgestaltung von kaum zu unterschätzender Bedeutung sind – verwiesen sei nur auf die Folgen einer fehlenden oder fehlerhaften Widerrufsbelehrung.[17] Die Rechtsprechung des BGH, wonach bei natürlichen Personen grds. von der Verbrauchereigenschaft auszugehen ist,[18] legt dem Unternehmer insofern das Risiko auf, ein Handeln des Vertragspartners zu gewerblichen oder selbstständigen beruflichen Zwecken darlegen und beweisen zu müssen – von daher ist eine gewisse Vorsicht bei der Vertragsgestaltung angebracht, wenn der Kundenkreis potenziell auch Verbraucher beinhaltet. Im Massengeschäft – begrenzt auch im B2B-Bereich (*Business to Business*) – schützt zudem das Recht der Allgemeinen Geschäftsbedingungen (AGB; §§ 305 ff. BGB) vor Übervorteilung und begrenzt insofern privatautonome Gestaltungsspielräume. Als verhandlungsmächtigere Partei ist deshalb eine gewisse Sensibilität für ein mögliches Vorliegen von AGB (§ 305 Abs. 1 BGB) angezeigt. Die mit einer Skalierung einhergehenden praktischen und ökonomischen Vorteile werden allerdings – zumindest bei Massengeschäften – den Verlust an rechtsgeschäftlicher Gestaltungsmacht aufwiegen.

Demgegenüber gelten außerhalb des Anwendungsbereichs der zuvor genannten Vorschriften lediglich die **allgemeinen Grenzen** privatautonomer Vertragsgestaltung, namentlich die Verbote der Gesetzes- und Sittenwidrigkeit (§§ 134, 138 BGB) sowie der Grundsatz von Treu und Glauben (§ 242 BGB).

III. Vertragsplanung

1. Struktur und Aufbau

Struktur und **Aufbau** des Vertrags unterliegen keinen starren Vorgaben. Im Interesse der Nachvollziehbarkeit und einer möglichst reibungslosen Durchführung des Ver-

---

16 S. aber § 513 BGB, der im Darlehensrecht die Schutzvorschriften für Verbraucherdarlehen auch auf Existenzgründer erstreckt.
17 S. z. B. § 356 Abs. 3 BGB. In Rn. 72 werden für den Finanzierungsleasingvertrag unter Verbraucherbeteiligung exemplarisch einige Informationspflichten näher dargestellt. Für weitere Details muss auf die Literatur zum Verbraucherschutzrecht verwiesen werden.
18 BGH, NJW 2009, 3780 (Rn. 11) m. Anm. *Faust*, JuS 2010, 254.

tragsverhältnisses ist aber die Wahrung einiger allgemeiner Grundprinzipien ratsam. Zu diesen gehören:

- visuelle Übersichtlichkeit,
- inhaltliche Verständlichkeit und Vollständigkeit,
- Konsistenz und
- Widerspruchsfreiheit.

Zudem empfiehlt sich eine degressive Vorgehensweise vom Relevanten zum Nebensächlichen.

17 Auch aus rechtlicher Sicht ergibt sich keine zwingende, jedoch eine zweckmäßige **Abfolge** der Vertragsinhalte. So sind vor Sanktionen von Vertragspflichtverletzungen die Vertragspflichten selbst darzulegen. Außerdem ist darauf zu achten, dass bei Verwendung eines die Unterschriften der Parteien enthaltenden Vertragsausgangs dieser den Abschluss des Dokuments markiert.

18 Direkten Einfluss auf die Vertragsgestaltung können hingegen **Formvorschriften** mit Aufklärungs-, Beweis-, Kontroll- und/oder Warnfunktion haben. Allgemeine Regelungen zu Formvorgaben enthalten die §§ 126–129 BGB; Rechtsfolgen von Formverstößen regelt § 125 S. 1 BGB. Wenngleich im rechtsgeschäftlichen Verkehr grds. Formfreiheit herrscht (*arg. e contrario*. § 125 BGB), sieht das BGB im Besonderen Teil des Schuldrechts für bestimmte Verträge Formvorschriften vor.

Art	Beispiele
Textform nach § 126b BGB	· § 356a I BGB: Widerrufserklärung in bestimmten Fällen · § 558a I BGB: Mieterhöhung
Schriftform nach § 126 BGB (ggf. unter Ausschluss der elektronischen Form gem. § 126a BGB)	· § 492 BGB: Verbraucherdarlehensvertrag · §§ 550, 568 BGB: Mietvertrag / Kündigung · §§ 780 f. BGB: Schuldversprechen / Schuldanerkenntnis
öffentliche Beglaubigung nach § 129 BGB	· § 29 I 1 GBO: Eintragungsunterlagen
notarielle Beurkundung nach § 128 BGB i. V. m. Beurkundungsgesetz (BeurkG)	· § 518 BGB: Schenkungsversprechen · § 311b BGB: Grundstückskaufvertrag

↓ zunehmender Formzwang ↓

Abbildung 3: Formvorschriften

19 Außerhalb der exemplarisch aufgezählten gesetzlichen Formerfordernisse – und damit von besonderem Interesse für die Gestaltung von Wirtschaftsverträgen – können sich die Parteien einem sog. gewillkürten Formzwang (§ 127 BGB; dazu Rn. 50) unterwerfen.

2. Vertragsinhalt – Grundgerüst mit Checkliste[19]

Angesichts der Vielfalt von Wirtschaftsverträgen und ihrer unterschiedlichen Regelungs- und Gestaltungsbedürfnisse lassen sich allgemeingültige Aussagen bezüglich des Vertragsinhalts nur bedingt treffen. Die folgende Systematisierung möglicher Inhalte ergibt ein vertragstypenübergreifendes Grundgerüst mit einer Checkliste (→ Checkliste). Dieses kann sowohl zur Gestaltung als auch zur Prüfung eines Vertrags herangezogen werden.

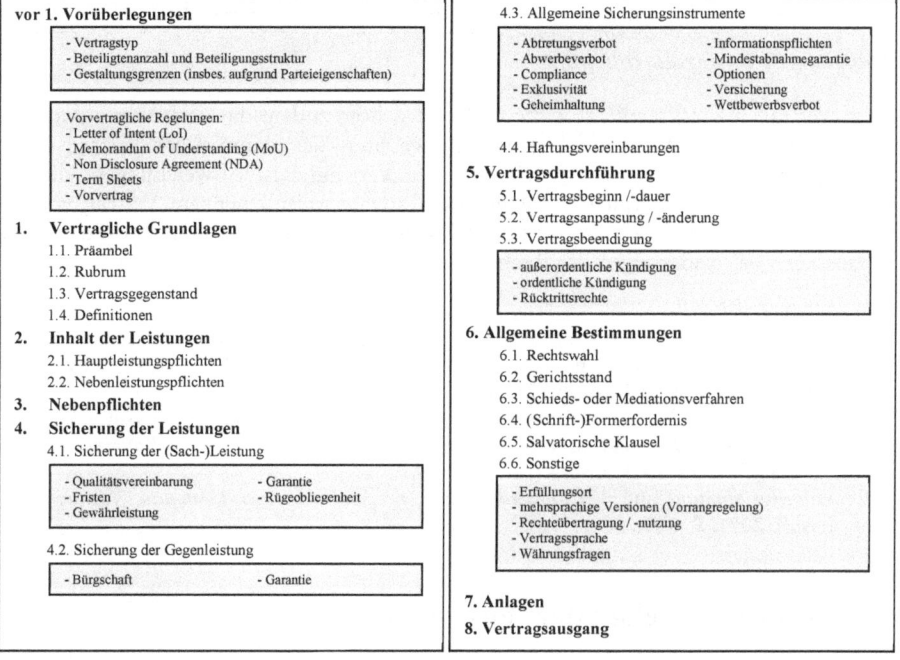

Abbildung 4: Vertragsinhalt – Typenübergreifendes Grundgerüst mit Checkliste

IV. Vertragsverhandlungen

Der Unterzeichnung des Vertrags (*Signing*) kann ein komplexes Stadium von Vertragsverhandlungen vorausgehen. Die Wahl der jeweils erfolgversprechendsten Verhandlungsstrategie hängt u. a. vom Verhandlungsstil und -typen der Beteiligten, ihren Interessen, ihrer Verhandlungsposition und -macht und den ihnen zustehenden Verhandlungsspielräumen ab. Auch die Atmosphäre kann Einfluss auf die Verhandlung und ihren Verlauf nehmen.

---

[19] In Anlehnung an Module in Heussen/Pischel/*Heussen/Pischel*, Handbuch Vertragsverhandlung und Vertragsmanagement, 6. Aufl. 2021, Teil 2.2 Rn. 64 ff. und *Imbeck*, ebenda, Teil 3.5 Rn. 1 ff.

V. Vertragsdurchführung

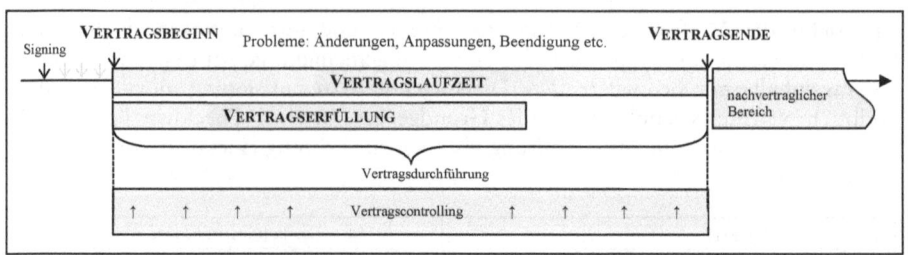

Abbildung 5: Vertragsdurchführung

22 Zum Vertragsmanagement im weiteren Sinne gehört zudem das sog. Vertragscontrolling.[20] Ein wichtiger Bestandteil ist die Überwachung der planmäßigen Vertragsdurchführung im Hinblick auf die Erreichung des Vertragsziels. Abweichungen, die sich anhand eines Soll-Ist-Vergleichs ergeben, sind idealerweise einem im Vertrag vorgesehenen Mechanismus zuzuführen und zu korrigieren. Handlungsbedarf kann darüber hinaus auch bei Änderungen der Rechtslage entstehen.

Zur Vertiefung (Rn. 8 ff.):
Grundlagen: Heussen/Pischel (Hrsg.), Handbuch Vertragsverhandlung und Vertragsmanagement, 5. Aufl. 2021, insbes. Teil 1, 2 und 3; *Schmitt/Ulmer*, Wirtschaftsverträge rechtssicher gestalten, 2010; *Müssig*, Wirtschaftsprivatrecht, 23. Aufl. 2022.
Verbrauchervertragsrecht: Tamm/Tonner/Brönneke (Hrsg.), Verbraucherrecht, 3. Aufl. 2020.
Verhandlungstypen und *-strategien, Einbeziehung von AGB, Sicherungsmittel*: Kamanabrou, Vertragsgestaltung, 5. Aufl. 2019, insbes. § 2, § 3 und § 5.
Informationsgewinnung und *Vertragsverhandlungen*: Aderhold/Koch/Lenkaitis, Vertragsgestaltung, 4. Aufl. 2021, S. 40 ff., 66 ff.

§ 3 Relevante Regelungsinhalte im Einzelnen

23 Die folgende Darstellung knüpft an die Grafik in Rn. 20 (Vertragstypenübergreifendes Grundgerüst mit Checkliste) an. Der konkrete Bezug wird durch → Checkliste markiert.

I. Vorvertragliche Regelungen (→ Checkliste vor 1.)

24 Insbesondere im Rahmen komplexer Vertragsvorhaben empfiehlt es sich, eine den Vertrag vorbereitende, schriftliche Erklärung über die Absicht eines Vertragsschlusses abzufassen (Absichtserklärung). Geläufige – häufig synonym verwandte – Begriffe sind insofern der sog. *Letter of Intent* (LoI) oder das *Memorandum of Understanding* (MoU). Während der LoI eine einseitige Bekundung beinhaltet, wird das MoU zumeist für bi- oder multilaterale Erklärungen der Vertragsparteien gewählt. *Term Sheets* stellen die Eckpunkte (*terms*) des angestrebten Vertrags zusammen und zeichnen sich deshalb regelmäßig durch eine entsprechend höhere Regelungsdichte aus.

---

20 Ausführlich Heussen/Pischel/*Heussen/Pischel*, Handbuch Vertragsverhandlung und Vertragsmanagement, 5. Aufl. 2021, Teil 2.5 Rn. 1 ff.

IV. Vertragsgegenstand (→ Checkliste 1.3.)

Regelungsinhalte können sein:

- Verhandlungszweck,
- Vertragsschlussabsicht,
- Verbot von Parallelverhandlungen (Exklusivität),
- Verpflichtung zu Vorinvestitionen,
- Haftungsvereinbarungen und/oder -ausschlüsse,
- ggf. allgemeine Bestimmungen und
- Vertraulichkeit/Geheimhaltung.

Die Absichtserklärung hat in der Regel keine rechtliche Bindungswirkung. Teilweise wird die Unverbindlichkeit aus Klarstellungsgründen explizit festgehalten (z. B. als *non binding MoU*). LoI, MoU und Term Sheet begründen ein vorvertragliches Schuldverhältnis i. S. v. §§ 241 Abs. 2, 311 Abs. 2 BGB. Entsprechend erwachsen aus ihnen vorvertragliche Pflichten, wie die Pflicht zur Förderung des Vertragsabschlusses und von den Umständen des Einzelfalls abhängige Rücksichtnahmepflichten; Rechtsgrundlage für die Haftung wegen Pflichtverletzung ist die *culpa in contrahendo* (§§ 311 Abs. 2, 241 Abs. 2, 280 Abs. 1 BGB). Die Auslegung der Erklärungen der Parteien nach dem objektiven Empfängerhorizont (§§ 133, 157 BGB) kann u. U. schon einen hinreichenden Rechtsbindungsbindungswillen ergeben und damit ihre Rechtsverbindlichkeit bedeuten. In diesem Fall gilt bei Zuwiderhandlungen grds. das allgemeine Leistungsstörungsrecht; insbes. die Schadensersatzhaftung nach den §§ 280 ff. BGB.

II. Präambel (→ Checkliste 1.1.)

Immer häufiger steht vor dem eigentlichen Vertragstext eine sog. Präambel. Sie umschreibt die Vertragsparteien samt ihren Tätigkeiten näher und zeigt deren Motive, Absichten, den Zweck und das Ziel des Vertrags auf, ohne den Vertragsinhalt vorwegzunehmen. Grundsätzlich dient die Präambel sowohl den Vertragsparteien als auch Dritten als Auslegungshilfe, die insbes. bei der Schließung von Lücken i. R. d. ergänzenden Vertragsauslegung von Bedeutung ist. Die Selbstdarstellung der Vertragsparteien kann darüber hinaus Einfluss auf den zugrunde zu legenden Haftungsmaßstab gem. § 276 BGB nehmen und im Übrigen sowohl eine Vertrauensgrundlage bilden, deren Verletzung Schadensersatzansprüche (§§ 311 Abs. 2, 241 Abs. 2, 280 Abs. 1 BGB) auslöst, als auch Umstände enthalten, die zur Geschäftsgrundlage werden können und deren Veränderung eine Vertragsanpassung oder gar -aufhebung (§ 313 BGB) nach sich ziehen kann.

III. Rubrum (→ Checkliste 1.2.)

Das Rubrum enthält die Bezeichnung der Vertragsparteien inklusive gesetzlicher Vertretungsverhältnisse, rechtsgeschäftlicher Vollmachten sowie ggf. Registernummern. Besondere Bedeutung kommt der eindeutigen Identifikation der Vertragspartner bei der Beteiligung von (internationalen) Organisationen oder Unternehmensgruppen mit komplexen Strukturen zu.

IV. Vertragsgegenstand (→ Checkliste 1.3.)

Maßgebend für das Vertragsmanagement ist der Vertragsgegenstand. Entsprechend den im BGB kodifizierten Vertragstypen ergibt sich folgende grobe Unterteilung:

Sachüberlassung		Dienstleistung	Sonstige (insbes. Sicherungsverträge)
endgültig	zeitweise	· Dienstleistung · Behandlung · Werkleistung · Makler · Auftrag · Verwahrung	· Bürgschaftsvertrag (§§ 765 ff. BGB) · Schuldversprechen / Schuldanerkenntnis (§§ 780 ff. BGB) · Vergleich (§ 779 BGB)
· Kauf · Tausch · Schenkung	· Miete / Pacht · Leihe · Darlehen · Teilzeitwohnrecht (§§ 481 ff. BGB)		

Abbildung 6: Vertragsgegenstand

V. Definitionen (→ Checkliste 1.4.)

30 Die Aufnahme präziser Definitionen wiederkehrender – insbes. technischer oder fremdsprachiger – Begriffe zu Beginn des Vertrags verschlankt den Vertragstext und dient der Rechtssicherheit, Übersichtlichkeit und Einheitlichkeit.

VI. Inhalte der Leistungen (→ Checkliste 2.)

31 Die Bedeutung der Leistungsbeschreibung bei der Vertragsgestaltung ist kaum zu überschätzen. Insbesondere bestimmen die Leistungen den Vertragstyp, also die rechtliche Qualifikation des Vertrags, woraus sich wiederum die an den Vertrag gestellten rechtlichen Anforderungen ergeben (s. o. Rn. 9 ff.).

32 Eine möglichst detaillierte und abschließende **Beschreibung der Leistungen** deckt folgende Punkte ab:

- Leistungsart und ggf. -güte (andernfalls ist bei Sachleistung gem. § 243 Abs. 1 BGB eine Sache „mittlerer Art und Güte" geschuldet),
- Leistungsumfang,
- Leistungsmodalitäten,
- Leistungsvorbehalte und
- Leistungszeit.[21]

33 Es liegt im Ermessen der Vertragspartner, die zu erbringende Leistung in Hauptleistungspflichten und in die Hauptleistung vorbereitende, ermöglichende oder sichernde Nebenleistungspflichten einzuteilen. In beiden Fällen liegen Verpflichtungen vor, deren Erfüllung unmittelbar (ggf. schieds-)gerichtlich durchgesetzt werden kann; werden sie verletzt, bleibt der Leistungserfolg aus.

34 **Nebenleistungspflichten** können bspw. als

- Hinweispflichten,
- Leistungstreuepflichten,
- Mitwirkungspflichten und

---

[21] Eingehend dazu Heussen/Pischel/*Imbeck*, Handbuch Vertragsverhandlung und Vertragsmanagement, 5. Aufl. 2021, Teil 3.4 Rn. 224 ff.

IX. Allgemeine Sicherungsinstrumente (→ Checkliste 4.3.)

- gewisse Informations- und Aufklärungspflichten (z. B. beim Franchising eine Pflicht, über die erzielten Umsätze zu berichten, um daraus das Entgelt errechnen zu können)

vereinbart werden.

In diesem Zusammenhang kann es angezeigt sein, eine sog. *Force majeur* Klausel aufzunehmen, die im Falle – näher zu definierender – Akte höherer Gewalt zur Hemmung der Leistungspflicht(en) führt. Andernfalls bleibt es bei den gesetzlichen Regelungen der §§ 275, 313 f. BGB.

VII. Nebenpflichten (→ Checkliste 3.)

Von den Nebenleistungspflichten sind die leistungsunabhängigen Neben- bzw. Schutz- oder Rücksichtnahmepflichten gem. § 241 Abs. 2 BGB zu unterscheiden. Sie dienen dem Schutz der Rechte, Rechtsgüter und Interessen der Vertragspartner. Im Gegensatz zu den Leistungspflichten sind sie regelmäßig nicht selbstständig einklagbar. Die Erfüllung / Erfüllbarkeit der Leistung bleibt von einer Nebenpflichtverletzung grds. unberührt; die §§ 320 ff. BGB – inkl. der Einrede des nicht erfüllten Vertrags – finden insoweit keine Anwendung. Nebenpflichten sind sowohl während der Vertragslaufzeit als auch im vor- und nachvertraglichen Bereich zu bedenken und ggf. explizit festzuhalten sowie bei Bedarf mit besonderen Sanktionen (Vertragsstrafe, Verschärfung des Verschuldensmaßstabs aus § 276 BGB etc.) zu belegen. Im vorvertraglichen Bereich können Nebenpflichten aufgrund von Beratung, Aufklärung, Erkundigung oder Ermittlung entstehen. Weiterer Betreuungs- und Informationsaufwand kann sich ergeben, wenn das Vertragsende nach der vollständigen Vertragserfüllung liegen soll (Rn. 21). Nach Vertragsende können bestimmte Vertragselemente entsprechend fortwirken (bspw. in Bezug auf Schutzrechte, den Datenschutz oder sonstige allgemeine Sicherungsinstrumente als Ge- bzw. Verbote [dazu sogleich Rn. 39]).

VIII. Sicherung der Leistungen (→ Checkliste 4.)

Regelungen der Leistungssicherung begleiten die Leistungsinhalte. Sie können sowohl Fälle der Leistungsstörung als auch anderweitiger Pflichtverletzungen abdecken. Eine Unterteilung kann anhand der Interessen des jeweiligen Sicherungsnehmers erfolgen. Ist die zu sichernde Leistung auf Zahlung eines Geldbetrags gerichtet, spricht man von Kreditsicherheiten. Typischerweise wird insofern zwischen Personalsicherheiten (zusätzliches Haftungs*subjekt*, z. B. Schuldbeitritt, Bürgschaft) und Realsicherheiten (besonderes Haftungs*objekt*, z. B. Pfandrecht, Hypothek, Grundschuld) unterschieden. Generell gilt, dass das zu sichernde Leistungsinteresse und der Wert der Sicherheit in einem angemessenen Verhältnis stehen müssen; im Übrigen sind potenzielle Abhängigkeitsverhältnisse und die Interessen anderer Sicherungsnehmer zu reflektieren. Ansonsten droht das Verdikt der Sittenwidrigkeit gem. § 138 BGB.[22]

IX. Allgemeine Sicherungsinstrumente (→ Checkliste 4.3.)

Neben dem Interesse an den vertraglich versprochenen Leistungen, können weitere Interessen der Parteien einer besonderen Sicherung bedürfen. Abhängig von den Um-

---

22 Zur Sittenwidrigkeit von Angehörigenbürgschaften s. BGH, NJW 2000, 1182; zur Übersicherung und Gläubigergefährdung s. MüKoBGB/*Armbrüster*, 9. Aufl. 2021, § 138 Rn. 170 ff.

ständen des Einzelfalls bietet sich hier die Vereinbarung besonderer Nebenleistungs- oder Nebenpflichten an.

39 So können die Parteien ein- oder zweiseitige Geheimhaltungs- oder Verschwiegenheitspflichten im Vertrag oder bereits im Vorfeld des Vertrags mittels sog. *Non Disclosure Agreements* (NDA) regeln. Sie dienen dem angemessenen Schutz von Informationen, Daten, Know-how sowie Betriebs- und Geschäftsgeheimnissen außerhalb bestehender Schutzrechte. Sie sind jeweils möglichst genau zu bestimmen. Im Vorfeld können sie sich darüber hinaus auf die Umstände der Vertragsverhandlungen und bestimmte Verhandlungsthemen beziehen; für die Zeit nach Vertragsende sollten sie die Rückgabe/Vernichtung erfasster Informationsträger etc. regeln. Um Schadensnachweis- und Beweisschwierigkeiten zu begegnen, ist es ratsam, Verstöße gegen Geheimhaltungspflichten mit einer Vertragsstrafe nach § 339 BGB zu belegen. Gesetzliche Geheimhaltungsverpflichtungen bleiben unberührt.[23] Hinzu treten verschiedene – jeweils im Einzelfall auf Zulässigkeit zu überprüfende, insbes. zur Unterlassung verpflichtende – Klauseln. So kann dem Gläubiger die Abtretung von Ansprüchen an Dritte untersagt werden (sog. *no assignment*; vgl. § 399 Alt. 2 BGB). Im Verhältnis mit Vertragspartnern angelsächsischer Rechtsordnungen (Stichwort: *last shot rule*) kann zudem die Abwehr der AGB der Gegenseite aufzunehmen sein. Per Abwerbeverbot kann die Abwerbung von Kunden des anderen Vertragsteils untersagt werden. Die Exklusivität kann über Klauseln gestärkt werden, die die Vertragsparteien einzig zur gegenseitigen Belieferung und damit Abnahme – ggf. verknüpft mit einer Mindestabnahmemenge o. ä. – verpflichten. Eine Wettbewerbsklausel schließt die Aufnahme vergleichbarer Tätigkeiten aus. Generell gilt auch hier, dass insbes. bei der Sicherung der Interessen des verhandlungsmächtigeren Vertragspartners eine erhöhte Sensibilität für die Interessen des anderen Teils angezeigt ist.[24]

X. Vertragsdurchführung (→ Checkliste 5.)

40 Detaillierte Regelungen zur Durchführung des Vertrags sollten die gesamte Vertragslaufzeit umfassen und in vertragschronologischer Reihenfolge abgearbeitet werden.

XI. Rechtswahl (→ Checkliste 6.1.)

41 Die Rechtswahl spielt insbes. bei Verträgen mit grenzüberschreitendem Bezug eine Rolle. Aufgrund der Parteiautonomie gilt grds. **Rechtswahlfreiheit**. An seine Grenzen stößt die Rechtswahl bei zwingendem Recht.

42 Treffen die Parteien keine oder eine unzulässige Rechtswahl kommt die Anwendbarkeit des Übereinkommens der Vereinten Nationen über Verträge über den internationalen Warenkauf (*United Nations Convention on Contracts for the International Sale of Goods* [CISG], UN- oder Wiener Kaufrecht) als sog. Einheitsrecht in Frage. In den Anwendungsbereich des CISG fallen Kauf- und Werklieferungsverträge, bei denen der Schwerpunkt auf dem Kaufelement liegt; auf Verträge über Waren zum persönlichen Gebrauch, Gebrauch in der Familie oder im Haushalt findet es grds. keine Anwendung. Da die Regelungen des CISG dispositiv sind, ist für den konkreten Vertrag vorab zu prüfen, ob sie vorteilhaft(er) oder sie entweder in ihren Voraussetzungen

---

23 S. im Einzelnen Teil 6 (Wettbewerbsrecht), § 4.
24 Zur Sittenwidrigkeit aufgrund von einer unangemessenen Einschränkung der wirtschaftlichen Entscheidungsfreiheit eingehend MüKoBGB/*Armbrüster*, 9. Aufl. 2021, § 138 Rn. 113 ff.

XII. Gerichtsstand (→ Checkliste 6.2.)

oder Rechtsfolgen abzuändern sind bzw. ob ihre Anwendung gänzlich ausgeschlossen werden sollte (vgl. Art. 6 CISG).

Das CISG ist Bestandteil der deutschen Rechtsordnung. Es gilt daher innerhalb seines sachlichen, räumlichen und persönlichen Anwendungsbereichs auch bei Wahl deutschen Rechts bzw. Verweisung in deutsches Recht.[25]

Bei Nichtanwendbarkeit oder Ausschluss des CISG und Regelungslücken durch seine Abänderung/Abweichung ohne anderweitige Rechtswahl gilt die Rom I-Verordnung für vertragliche Schuldverhältnisse in Zivil- und Handelssachen (vgl. Art. 25 Rom I bzw. Art. 3 Nr. 2 EGBGB). Soweit nicht vorrangige Regelungen eingreifen, richtet sich die Bestimmung des anwendbaren Rechts nach Art. 4 Rom I (sog. Vertragsstatut).

Anknüpfung des Art. 4 Rom I

Abs. 1	sachnächstes Recht für:	
	Kaufverträge über Mobilien	Franchise- und Vertriebsverträge
	Dienstleistungsverträge	Kaufverträge im Rahmen von Versteigerungen
	Verträge über dingliche Rechte an Immobilien	Verträge über Finanzdienstleistungen
	Miet- und Pachtverträge über Immobilien	
Abs. 2	Recht des Staats des gewöhnlichen Aufenthalts / der Hauptniederlassung bzw. – im Falle juristischer Personen und Gesellschaften – der Hauptverwaltung (Art. 19 I 1 Rom I) der die **vertragscharakteristische Leistung** erfüllenden Partei	
Abs. 3	Recht eines anderen als nach Abs. 1 und 2 berufenen Staats mit **offensichtlich engerer Verbindung**	
Abs. 4	Recht des Staats mit **engster Verbindung**	

bei Verbraucherbeteiligung (Art. 6 Rom I)

Recht des Staats des **gewöhnlichen Aufenthalts** des Verbrauchers

Abbildung 7: Art. 4 Rom I

XII. Gerichtsstand (→ Checkliste 6.2.)

Der Gerichtsstand regelt die örtliche Gerichtszuständigkeit für die Erhebung einer Klage. Die vertragliche Bestimmung des Gerichtsstands (sog. **Prorogation**) unterliegt aus Gründen des Beklagtenschutzes Einschränkungen. Zulässig sind Gerichtsstandsvereinbarungen nach § 38 Abs. 1 ZPO für Geschäfte mit

- Kaufleuten,
- juristischen Personen des öffentlichen Rechts oder
- öffentlich-rechtlichen Sondervermögen.

Außerhalb dieser Möglichkeiten ist zu eruieren, welcher Gerichtsstand eröffnet wäre, ob dieser den parteilichen Interessen entspricht und inwieweit eine ggf. angezeigte Prorogation zulässig ist. Grundsätzlich gilt der allgemeine Gerichtsstand (§§ 12 ff. ZPO). Besteht ein besonderer Gerichtsstand, kann die Klage auch bei einem anderen als dem nach § 12 ZPO zuständigen Gericht erhoben werden (z. B. Gerichtsstand des Erfüllungsorts aus § 29 ZPO). Ein – ausnahmsweise bestehender – ausschließlicher Gerichtsstand geht allen nicht-ausschließlichen Gerichtsständen vor (z. B.

---

25 Zum CISG s. auch Teil 11 (Internationales Wirtschaftsrecht), § 2.

dinglicher Gerichtsstand gem. § 24 ZPO). Hier ist eine Gerichtsstandsvereinbarung nicht zulässig (§ 40 Abs. 2 Nr. 2 ZPO).

46 Die Gerichtszuständigkeit innerhalb der EU richtet sich grds. nach der Verordnung des Europäischen Parlaments und Rates über die gerichtliche Zuständigkeit und die Anerkennung und Vollstreckung von Entscheidungen in Zivil- und Handelssachen (EuGVVO oder Brüssel Ia-VO)[26]. Im Verhältnis zur Schweiz, zu Norwegen und zu Island gilt das inhaltlich angeglichene Übereinkommen von Lugano von 2007[27]; in Bezug zu Dänemark gilt ein gesondertes Abkommen zur Anwendung der Bestimmungen der Brüssel Ia-VO. Grundsätzlich besitzen die Parteien hinsichtlich des Gerichtsstands Wahlfreiheit. Wie auch auf nationaler Ebene bestehen jedoch Einschränkungen bei Verbraucher- sowie Versicherungs- und Arbeitsverträgen (Art. 10 ff. Brüssel Ia-VO) und ausschließlichen Gerichtsständen (Art. 24 Brüssel Ia-VO).

XIII. Schieds- oder Mediationsverfahren (→ Checkliste 6.3.)

47 Die Parteien können spezielle Verfahrensvorschriften zur **außergerichtlichen Streitbeilegung** vor einem (inter-)nationalen Schiedsgericht einfügen. § 1029 ZPO gibt dabei die **Schiedsklausel** im Vertrag oder die sog. **Schiedsabrede** – als eigenständige Vereinbarung – als Möglichkeiten vor. Als Vorteile eines schiedsgerichtlichen Verfahrens werden insbes. genannt:

- Wahl eines – auch nicht-staatlichen – Rechts (z. B. UNIDROIT),
- Wahl bzw. Bildung eines sog. Tribunals mit spezifischen Fachkenntnissen,
- Wahl der Verfahrenssprache (insbes. Englisch),
- Vertraulichkeit,
- Flexibilität,
- kürzere Verfahrensdauer,
- geringere Verfahrenskosten sowie
- Endgültigkeit und Vollstreckbarkeit des Schiedsspruchs auch im Ausland. Grundlage hierfür ist die New Yorker Konvention von 1958.[28]

48 Diese Vorzüge im Vergleich zu einem „gewöhnlichen" Gerichtsverfahren gehen jedoch mit gewissen Nachteilen bzw. Risiken einher.[29] Vor allem für den Fall einer Vereinbarung des Schiedsverfahrens *anstelle* des ordentlichen Rechtswegs ist deshalb eine kritische Zweckmäßigkeitsprüfung angezeigt.

49 Mit einer Mediationsklausel kann die Konsultation eines Mediators für zu bestimmende Fälle vorgeschrieben werden. Er fungiert als Vermittler zwischen den Parteien, § 2

---

[26] Verordnung (EU) Nr. 1215/2012 des Europäischen Parlaments und des Rates vom 12.12.2012 über die gerichtliche Zuständigkeit und die Anerkennung und Vollstreckung von Entscheidungen in Zivil- und Handelssachen, ABl. L 351 vom 20.12.2012, S. 1 ff.
[27] Das Beitrittsgesuch des Vereinigten Königreichs vom 8.4.2020 hat die Europäische Kommission durch Mitteilung der Kommission an das Europäische Parlament und den Rat v. 4.5.2021, Bewertung des Ersuchens des Vereinigten Königreichs Großbritannien und Nordirland um Beitritt zum Lugano-Übereinkommen von 2007, COM(2021) 222 final abgelehnt, s. dazu eingehend *Kohler*, ZEuP 2021, 781.
[28] New Yorker Übereinkommen über die Anerkennung und Vollstreckung ausländischer Schiedssprüche vom 10.6.1958.
[29] Eingehend zu Vor- und Nachteilen von Schiedsvereinbarungen Heussen/Pischel/*Ponschab*, Handbuch Vertragsverhandlung und Vertragsmanagement, 5. Aufl. 2021, Teil 3.9 Rn. 93.

MediationsG. Seine Einigungsvorschläge sind – im Gegensatz zu einem Schiedsspruch (§ 1055 ZPO) – nicht bindend, § 1 Abs. 2 MediationsG.

XIV. (Schrift-)Formerfordernis (→ Checkliste 6.4.)

Die Funktionen der **Schriftform** legen es nahe, nicht nur den Vertrag schriftlich zu schließen, sondern auch Vertragsänderungen und -ergänzungen per Schriftformklausel dem Schriftformerfordernis zu unterstellen (sog. gewillkürtes Formerfordernis). Im Zweifel sollen formlos getroffene Vereinbarungen jedoch als stillschweigende Aufhebung des Formerfordernisses interpretiert werden können.[30] Wenn das nicht gewollt ist, empfiehlt es sich, die Schriftform auch für die Änderung der Schriftformklausel selbst und die Vertragsaufhebung vorzusehen (sog. qualifizierte oder doppelte Schriftformklausel).[31]

XV. Salvatorische Klausel (→ Checkliste 6.5.)

Mit einer **salvatorischen Klausel** kann die gesetzliche Vermutung der Gesamtnichtigkeit aus § 139 BGB entkräftet und stattdessen bestimmt werden, dass die Nichtigkeit einer Klausel die Wirksamkeit des Vertrags im Übrigen nicht berührt. Sie sollte mit einer Regelung einhergehen, die bestimmt, wie entstandene Vertragslücken zu schließen sind (Ersetzungsklausel).[32]

XVI. Währung (→ Checkliste 6.6.)

Im internationalen Handelsverkehr empfiehlt sich die Festlegung der **Währung**, in der Zahlungspflichten zu erfüllen sind. Vermieden werden damit Unklarheiten bzgl. der Tragung des Wechselkursrisikos. Die Parteien können sich auch darauf einigen, eine digitale, nicht staatlich beglaubigte „Währung" – mit schuldbefreiender Wirkung – einzusetzen (teilw. als „Kryptowährungen" bezeichnet). Ein Beispiel mit großer Praxisrelevanz sind *Bitcoins*. Hierbei handelt es sich um digitale Einheiten eines dezentralen Währungssystems. Im Gegensatz zu physischen Einheiten liegen sie in Form elektronischer Daten vor, deren Preis sich einzig durch Angebot und Nachfrage auf dem Markt ergibt. Als Vorteile mit Bitcoins vollzogener Transaktionen gelten ihre Anonymität sowie geringe Transaktionskosten.[33]

XVII. Anlagen (→ Checkliste 7.) und Vertragsausgang (→ Checkliste 8.)

Anlagen sind ein vertragsgestalterisches Instrument, um Vertragsbestandteile aus Gründen der Übersichtlichkeit aus dem Vertragstext auszulagern. Die Leistung konkretisierende Ausführungen, Pläne, Zeichnungen, Fotos, Listen etc. bilden jedoch nur dann eine Einheit mit dem Vertragstext und sind wirksame Vertragsbestandteile, wenn ihre Inbezugnahme sichergestellt ist. Beispielsweise kann im Vertragstext auf eine spezifische Anlage verwiesen oder die Anlage dem die Unterschriften der Parteien enthaltenden Vertragsausgang (→ Checkliste 8.) vorangestellt werden. An dieser Stelle

---

30 Grüneberg/*Ellenberger*, 81. Aufl. 2022, BGB § 125 Rn. 19.
31 Grüneberg/*Ellenberger*, 81. Aufl. 2022, BGB § 125 Rn. 19; Heussen/Pischel/*Imbeck*, Handbuch Vertragsverhandlung und Vertragsmanagement, 5. Aufl. 2021, Teil 3.4 Rn. 325 mit Formulierungsvorschlag.
32 Heussen/Pischel/*Imbeck*, Handbuch Vertragsverhandlung und Vertragsmanagement, 5. Aufl. 2021, Teil 3.4 Rn. 327 mit Formulierungsvorschlag.
33 *Kuhlmann*, CR 2014, 691.

können auch Informationspflichten aus dem Verbraucherschutzrecht, bspw. Musterwiderrufsbelehrungen, erfüllt werden (s. z. B. für den Leasingvertrag Rn. 72).

Zur Vertiefung (Rn. 23 ff.):
Allgemein zur Gestaltung von Austauschverträgen: *Heussen/Pischel* (Hrsg.), Handbuch Vertragsverhandlung und Vertragsmanagement, 5. Aufl. 2021, Teil. 3.4.
Kreditsicherungsrecht: *Bülow*, Recht der Kreditsicherheiten, 10. Aufl. 2021.
Know-how-Schutz: *Ann/Loschelder/Grosch* (Hrsg.), Praxishandbuch Know-how-Schutz, 2010, S. 180.
CISG und *ROM I-Verordnung*: *Junker*, Internationales Privatrecht, 4. Aufl. 2022.
Vertragsgestaltung bei internationalen Verträgen: *Reithmann/Martiny* (Hrsg.), Internationales Vertragsrecht, 9. Aufl. 2021.
Wirtschaftsmediation: *Risse*, Wirtschaftsmediation, 2. Aufl. 2022.
Bitcoin: *Kuhlmann*, CR 2014, 691.

§ 4 Ausgewählte kodifizierte Wirtschaftsverträge

I. Kaufvertrag, §§ 433 ff. BGB

1. Allgemeines

54 Der **Kaufvertrag** ist der Klassiker unter den kodifizierten Vertragstypen. Er ist vom Inhalt her bekannt und in den §§ 433 ff. BGB geregelt. Einige Änderungen ergaben sich im Zuge der zunehmenden Harmonisierung des Kaufrechts durch europäische Richtlinien, z. B. der Verbraucherrechte-Richtlinie[34] oder der jüngst umgesetzten Warenkaufrichtlinie[35].

55 Neben dem Sachkauf kann sich der Kauf auch auf unkörperliche Gegenstände (z. B. Softwarelizenzen, Forderungen, Patente) beziehen. Von besonderer wirtschaftlicher Relevanz ist der Unternehmenskauf (Teilgebiet von *Mergers & Acquisitions* [M&A]) nach §§ 433, 453 Abs. 1 S. 1 BGB. Im Hinblick auf den Vertragsgegenstand kann zwischen einem *Asset Deal* – Übertragung aller die Unternehmung ausmachenden Einzelgegenstände – und einem *Share Deal* – Übertragung der Anteile an einer Gesellschaft durch den Unternehmensträger – unterschieden werden.[36]

---

[34] Richtlinie 2011/83/EU des Europäischen Parlaments und des Rates vom 25.10.2011 über die Rechte der Verbraucher, ABl. L 304 vom 22.11.2011, S. 64.
[35] Richtlinie 2019/771/EU des Europäischen Parlaments und des Rates vom 20.5.2019 über bestimmte vertragsrechtliche Aspekte des Warenkaufs, zur Änderung der Verordnung (EU) 2017/2394 und der Richtlinie 2009/22/EG sowie zur Aufhebung der Richtlinie 1999/44/EG, ABl. L 136 vom 22.5.2019, S. 28.
[36] *V. Hoyenberg*, in: Münchener Vertragshandbuch, Band 2: Wirtschaftsrecht I, 8. Aufl. 2020, S. 80 f.

2. Grundstruktur Kaufvertrag mit Checkliste

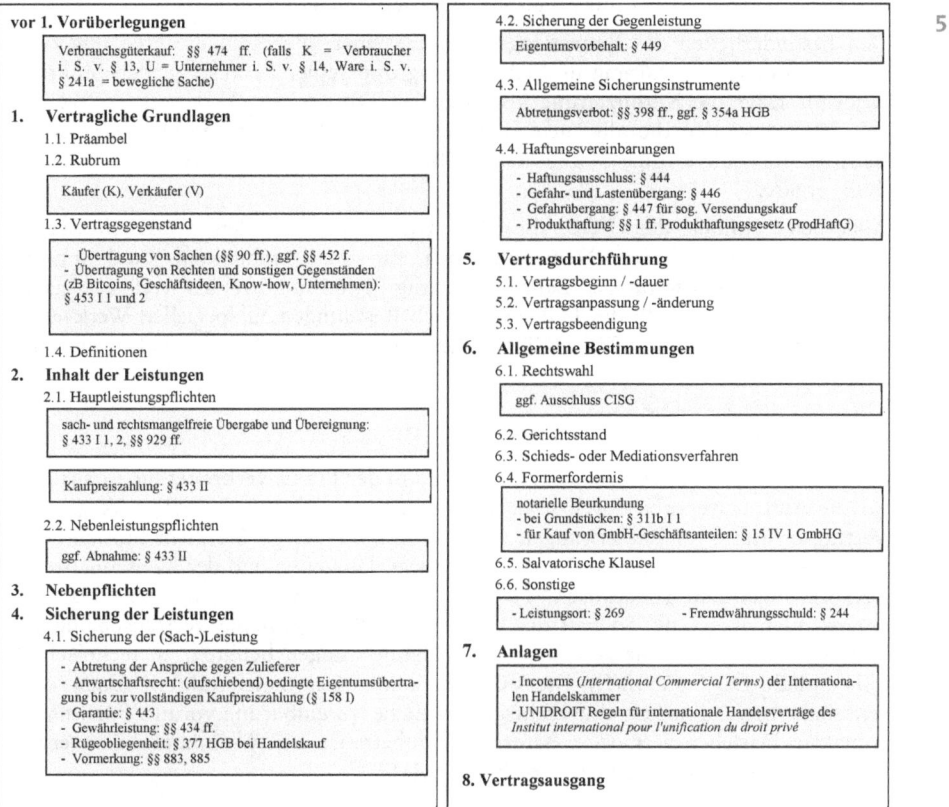

Abbildung 8: Grundstruktur Kaufvertrag mit Checkliste

Zur Vertiefung (Rn. 54 f.):
Zum Unternehmenskauf: Korch, JuS 2018, 521.
Dazu und zum Immobilienkauf: Münchener Vertragshandbuch, Band 2: Wirtschaftsrecht I, 8. Aufl. 2020, S. 1 ff. und Band 5: Bürgerliches Recht I, 8. Aufl. 2020, S. 1 ff.

II. Werkvertrag, §§ 631 ff. BGB

1. Gesetzliche Regelung

Im BGB finden sich Regelungen zu den **Werkverträgen** in §§ 631–650o. Der Anwendungsbereich der §§ 631 ff. BGB umfasst die Herstellung oder Veränderung be- und unbeweglicher Sachen – inklusive der in der Regel auf eine weitaus längere Erfüllungszeit angelegten Herstellung von Bauwerken – und anderer durch Arbeit oder Dienstleistung herbeizuführender Erfolge (z. B. Reparaturen, Übersetzungen, Taxifahrten, Internetauftritte, Layouts / sonstige Designs, Cloud-Computing [dazu Rn. 89 ff.], Restaurationen, Individualsoftware, Frisuren, sportliche und künstlerische Darbietungen, F&E [dazu Rn. 105 ff.]). Die Erfolgsabhängigkeit des Vergütungsanspruchs ist zugleich Abgrenzungskriterium zum Dienstvertrag nach §§ 611 ff. BGB und dessen auf das bloße Tätigwerden beschränkte Leistung. Im Gegensatz zum Kaufrecht ist das Werkvertragsrecht bisher nur punktuell unionsrechtlich determiniert.

57 Den Besonderheiten des **Bauvertrags** im Sinne einer interessengerechten und ökonomisch sinnvollen Gestaltung und Abwicklung und seiner herausragenden praktischen Relevanz trägt die Kodifizierung als spezieller Typus eines Werkvertrags Rechnung. Seit 2018[37] werden die allgemeinen Regeln für Werkverträge durch besondere Vorschriften für Bauverträge (§§ 650a ff. BGB) und Verbraucherbauverträge (§§ 650i ff. BGB) ergänzt.

58 Außerdem enthält das BGB spezielle Regelungen für den Pauschalreisevertrag (§§ 651a-651y) und seit Neuestem auch für den Architekten- und Ingenieur- (§§ 650p-650t) sowie für den Bauträgervertrag (§§ 650u-650v) als werkvertragsähnliche Verträge. Außerhalb des BGB finden sich Regelungen zu speziellen Werkvertragstypen bspw. in den §§ 383 ff. HGB für den Kommissions-, Fracht- und Speditionsvertrag.

2. Sonstige Regelungen

59 Bei der Vereinbarung von Bauleistungen wird in der Praxis verbreitet die (ursprünglich für die Auftragsvergabe durch staatliche Stellen entwickelte) dreiteilige Vergabe- und Vertragsordnung für Bauleistungen (VOB) zugrunde gelegt. Sie dient hinsichtlich der meist erheblichen Kosten, der Länge der Vertragslaufzeiten und der Konsequenzen von Verzögerungen und „Baupfusch"-Fällen der praxisgerechteren und die §§ 631 ff. BGB ergänzenden Regelung. So hält die VOB in Teil B (Allgemeine Vertragsbedingungen, VOB/B) Klauseln für die Ausführung von Bauleistungen bereit; u. a. technische Details enthält Teil C (VOB/C). Die VOB hat keinen Gesetzescharakter.[38] Entsprechend setzt ihre Anwendbarkeit eine rechtsgeschäftliche Vereinbarung voraus. Für Immobilienmakler, Darlehensvermittler, Bauträger, Baubetreuer und Wohnimmobilienverwalter gilt die Makler- und Bauträgerverordnung (MaBV).

---

37 Gesetz zur Reform des Bauvertragsrechts, zur Änderung der kaufrechtlichen Mängelhaftung, zur Stärkung des zivilprozessualen Rechtsschutzes und zum maschinellen Siegel im Grundbuch- und Schiffsregisterverfahren, BGBl. I 2017 Nr. 23, S. 969.
38 MüKoBGB/*Busche*, 8. Aufl. 2020, § 650a Rn. 22.

I. Leasingvertrag

3. Grundstruktur Werkvertrag allgemein mit Checkliste

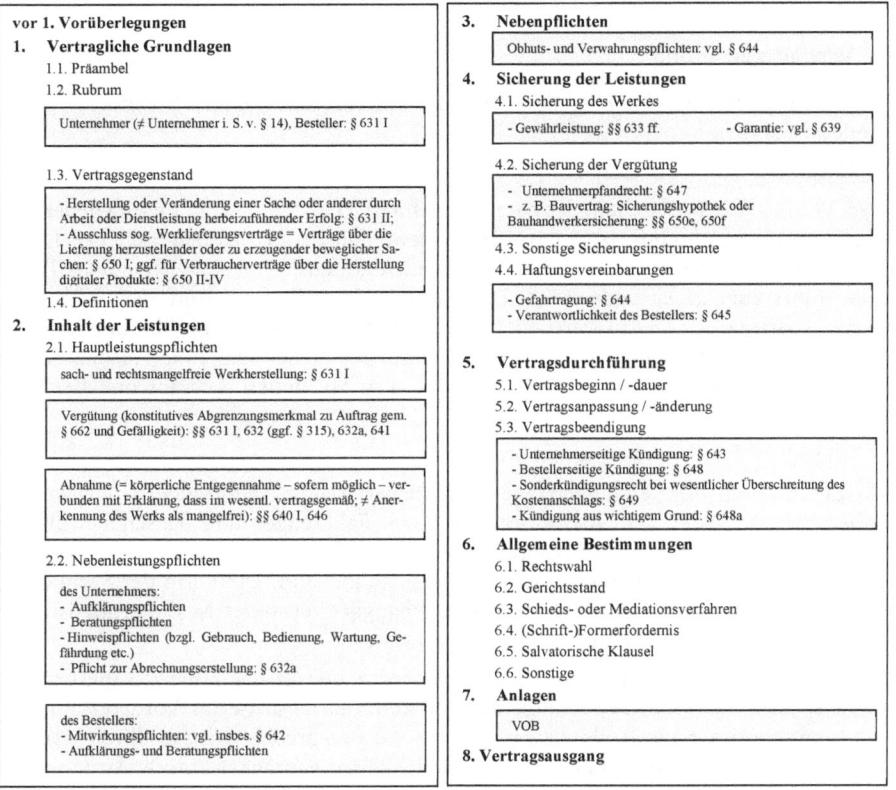

Abbildung 9: Grundstruktur Werkvertrag allgemein mit Checkliste

Zur Vertiefung (Rn. 56 ff.):

Regelungsinhalte: *Herrmann*, in: *Schmitt* (Hrsg.), Praxishandbuch Gestaltung von Wirtschaftsverträgen, 2015, S. 189–208.
Bauvertrag allgemein und *VOB-Vertrag*: *Busche*, in: Münchener Kommentar zum BGB, Band 6: Schuldrecht – Besonderer Teil III, 8. Aufl. 2020, § 650a Rn. 1 ff., 22 ff.
VOB-Bauvertrag und *BGB-Bauwerkvertrag*: Münchener Vertragshandbuch, Band 5: Bürgerliches Recht I, 8. Aufl. 2020, S. 878 ff., S. 892 ff.

§ 5 Ausgewählte nicht-kodifizierte Wirtschaftsverträge

I. Leasingvertrag

Das Leasing ist eine Art der **Wirtschaftsgütervermietung**, die bei geringer Kapitalbindung eine hohe Flexibilität bietet, um auf technische und wirtschaftliche Entwicklungen zu reagieren. Hinzu kommen steuerliche Vorteile, so z. B. die Abzugsfähigkeit von Leasingraten als den Gewinn mindernde Betriebsausgaben auf Seiten des Leasingnehmers. Es stellt mithin ein attraktives Finanzierungsmodell bereit und ist von erheblicher volkswirtschaftlicher Bedeutung.[39]

1. Vertragsgestaltung

61 Beim Leasingvertrag (im Folgenden: LV) ist auf folgende Punkte besonderes Augenmerk zu richten:[40]

→ Checkliste 1.2. Rubrum:

Der Vertrag wird zwischen dem Leasingnehmer (LN) und dem Leasinggeber (LG) geschlossen. Regelmäßig treten weitere Akteure hinzu. So bedient sich der LG zur Beschaffung der Leasingsache oftmals eines Lieferanten oder Herstellers. Seine Einbindung führt zum „**Leasingdreieck**". Lieferanten, Hersteller etc. sind zwar grds. keine Vertragspartner des Leasingvertrags zwischen LN und LG, ihre Einbindung kann sich jedoch auf die Gestaltung des Vertragsverhältnisses auswirken. Eine Ausnahme stellt das sog. Hersteller-Leasing dar, bei dem zwischen Hersteller/Lieferant und LG Personenidentität besteht.

62 → Checkliste 1.3. Vertragsgegenstand:

Charakteristisch für Leasingverträge ist die Überlassung einer Sache, wobei insofern nahezu alle Konsum- und Investitionsgüter von Fahrzeugen und Maschinen über Informationstechnik (IT; z. B. Computerleasing bei Computerwaren als Leasingsache) bis hin zu Immobilien denkbare Vertragsgegenstände sind. Die Form der Sachüberlassung ist von der Sach- und Interessenlage abhängig. Verbreitet ist die grobe Unterteilung in Finanzierungsleasing und Operating Leasing.[41]

Beim **Finanzierungsleasing** steht das Interesse des LN an der Finanzierung einer zumeist speziell auf seine Bedürfnisse angepassten Leasingsache im Vordergrund. Dem LG kommt primär die Rolle als Finanzierer zu. Entsprechend ist es durch feste und längere Grundmietzeiten ohne Lösungsmöglichkeiten geprägt. Mangels Austauschbarkeit (sog. Fungibilität) der Leasingsache scheidet eine Wiedervermietung in der Regel aus.

Das **Operating Leasing** dient hingegen vornehmlich der Befriedigung zeitweiliger betrieblicher Interessen des LN. Die kurzen, oft variablen Grundmietzeiten bzw. niedrigschwelligen Lösungsmöglichkeiten ermöglichen es dem LN, bspw. stetig die neueste Technik einzusetzen. Der einzelne Leasingvertrag deckt die betriebsgewöhnliche Nutzungsdauer der Leasingsache nicht voll ab. Bis zum völligen Ausschöpfen der Nutzungsdauer der Leasingsache vermietet der LG die Leasingsache zumeist mehrfach (*second hand leasing*). Entsprechend kommt das Operating Leasing vor allem für substituierbare Leasingsachen in Betracht.

---

39 Detaillierte empirische Daten zum Leasing stellt der Bundesverband Deutscher Leasing-Unternehmen unter https://bdl.leasingverband.de/leasing/marktzahlen/leasing-markt bereit (zuletzt abgerufen am 10.5.2022) bereit. Danach tätigte die deutsche Leasingbranche im Jahr 2021 Investitionen i. H. v. 72 Mrd. Euro und 40 % der hierzulande neuzugelassenen PKW sind Leasingfahrzeuge.
40 Die Darstellung knüpft an die Grafik in Rn. 20 (Vertragsübergreifendes Grundgerüst mit einer Checkliste) an. Der konkrete Bezug wird durch → Checkliste markiert.
41 *Stolterfoht*, in: Münchener Vertragshandbuch, Band 2: Wirtschaftsrecht I, 8. Aufl. 2020, S. 963.

I. Leasingvertrag

Eine weitere Form ist bspw. das sog. *sale and lease back*. Nach Verkauf der Leasingsache – bspw. an eine Leasinggesellschaft – least der LN die Sache zurück. So reduziert der LN sein Anlagevermögen und erhöht seine Liquidität.[42]

Eine Unterscheidung kann zudem anhand der Amortisation erfolgen, die Einfluss auf die Ausgestaltung – Voll- oder Teilamortisation – der zu treffenden Regelungen hat.[43]

	Interesse des LN	Fungibilität der Leasingsache	Grundmietzeit	Amortisation	Lösungsmöglichkeit vom LV
Finanzierungsleasing	Finanzierung	–	lang	voll	schwer
Operating Leasing	Sachüberlassung	+	kurz	teilweise	leicht

Abbildung 10: Vergleich Finanzierungs- und Operating Leasing

→ **Checkliste 2.1. Hauptleistungspflichten:**

Zu den Hauptleistungen gehört die Sachüberlassung für die vereinbarte Zeit (sog. Grundmietzeit), die synallagmatisch mit der Zahlung der Leasingraten verknüpft ist. Grundsätzlich stellt sich das Leasing damit als entgeltlicher Gebrauchsüberlassungsvertrag i. S. eines sog. **atypischen Mietvertrags** (§§ 535 ff. BGB) dar.[44] Beim Finanzierungsleasing treten weitere Leistungsbestandteile hinzu, die zur Berücksichtigung von Sondervorschriften führen können. Steht der LG als Unternehmer (§ 14 BGB) einem Verbraucher-LN (§ 13 BGB) gegenüber, können zusätzlich die Vorschriften über sonstige entgeltliche Finanzierungshilfen (§ 506 Abs. 2 BGB) einschlägig sein, die u. A. mit mannigfaltigen Informationspflichten einhergehen (s. Rn. 72). In Einzelfällen können zudem die Vorschriften über verbundene Verträge i. S. v. § 358 BGB relevant werden. Nach Ausübung einer sog. Kaufoption (→ Checkliste 4.3.) können darüber hinaus die kaufrechtlichen Regelungen aus §§ 433 ff. BGB Anwendung finden.

→ **Checkliste 2.2. Nebenleistungspflichten:**

Nebenleistungspflichten sind je nach Leasingform entsprechend einer **interessengerechten Risikotragung** aufzunehmen bzw. (ggf. analog) anwendbare Vorschriften des Mietrechts abzuändern.

	Sachnähe	Soll-Risikoverteilung		
		Sachrisiko (Untergang, Beschädigung)	Investitionsrisiko	Kreditrisiko
Finanzierungsleasing	LN	LN	LN	LG
Operating Leasing	LG	LG	LG	–

Abbildung 11: Überblick Risikotragung

---

42 *Stolterfoht*, in: Münchener Vertragshandbuch, Band 2: Wirtschaftsrecht I, 8. Aufl. 2020, S. 965, 1067.
43 S. dazu auch die Begriffsdefinitionen in Steuererlassen des Bundesministeriums für Finanzen (BMF).
44 Grüneberg/*Weidenkaff*, 81. Aufl. 2022, BGB Einf v § 535 Rn. 38.

Ein praktisch wichtiges Beispiel bildet die Reparatur-, Wartungs- und Instandhaltungspflicht aus § 535 Abs. 1 S. 2 BGB. Grundsätzlich trifft den LG als Vermieter die Pflicht zur Erhaltung der Leasingsache. Der aufgezeigten Risikotragung beim Finanzierungsleasing entspricht jedoch eine Überwälzung auf den LN. Weitere Pflichten können sein: Verschaffungspflicht des LG sowie Abnahme- und Rückgabepflichten (vgl. § 546 BGB) des LN.

65 → **Checkliste 3. Nebenpflichten:**

Wegen des Investitionsrisikos des LN bei gleichzeitig bestehendem Kreditrisiko des LG sind Versicherungspflichten zu erwägen. Insbesondere kann der LN dazu verpflichtet werden, sich gegen Untergang, Verlust oder Beschädigung der Leasingsache zu versichern, z. B. mittels einer Kfz-Kaskoversicherung.[45]

66 → **Checkliste 4.1. Leistungssicherung:**

Grundsätzlich stehen dem LN gegen den LG mietrechtliche Gewährleistungsansprüche und -rechte aus § 535 Abs. 1 S. 2 und §§ 536 ff. BGB zu. Im Leasingdreieck kommen kaufvertragliche Gewährleistungs- und Haftungsansprüche und -rechte des LG gegen den Lieferanten (im Falle werkvertraglicher Beziehung gegen den Hersteller) hinzu. Da sich der LG auf seine Finanzierungsfunktion beschränken will, wird der LN auf die Geltendmachung der Ansprüche gegen den Lieferanten verwiesen (Stichwort: Sachnähe und Beteiligungsstruktur, dazu Rn. 62): Zum einen kann sich der LG von seinen mietrechtlichen Pflichten freizeichnen und dem LN zum Ausgleich seine kaufrechtlichen Gewährleistungsrechte umfassend und unbedingt abtreten (Abtretungskonstruktion). Eine Alternative stellt die Ermächtigungslösung dar: Der LG ermächtigt den LN zur Geltendmachung seiner kaufrechtlichen Gewährleistungsrechte gegen den Lieferanten. Die Ansprüche verbleiben somit beim LG, der bis zur Durchsetzung durch den LN weiterhin zur Geltendmachung im eigenen Namen berechtigt bleibt.[46]

67 → **Checkliste 4.2. Gegenleistungssicherung:**

Eine gewisse Sicherung besitzt der LG bereits dadurch, dass er Eigentümer der Leasingsache ist. Darüber hinaus könnte z. B. beim Hersteller-Leasing eines Elektrofahrzeugs zur Sicherung der Zahlung der Leasingraten das Recht des LG aufgenommen werden, bei Zahlungsverzug das Aufladen der Antriebsbatterie zu unterbinden.[47] Möglich wäre dies bspw. über das Mobilfunknetz und mit einer entsprechenden Regelung in einem *Smart Contract* (Rn. 5).

68 → **Checkliste 4.3. Allgemeine Sicherungsinstrumente:**

Der Leasingvertrag kann verschiedene Optionen vorsehen:

- Verlängerungsoption bzgl. Grundmietzeit und
- Kaufoption als Recht auf Eigentumserwerb mit Ablauf der Grundmietzeit unter Anrechnung bereits gezahlter Leasingraten. Alternativ kann ein Andienungsrecht des LG vorgesehen werden.

Die genannten Instrumente können erhebliche steuerrechtliche Konsequenzen – insbes. für die wirtschaftliche Zurechnung der Leasingsache und die steuerrechtskonforme

---

45 *Stolterfoht*, in: Münchener Vertragshandbuch, Band 2: Wirtschaftsrecht I, 8. Aufl. 2020, S. 1055.
46 Vgl. *Beckmann*, in: H. Beckmann/Scharff, Leasingrecht, 4. Aufl. 2015, § 3 Rn. 6 ff.
47 *Hucko*, Akkuleasing für Elektroautos. Ausgeliehen und abgewürgt, Spiegel Online vom 28.10.2013, http://www.spiegel.de/auto/aktuell/elektroauto-renault-kann-aufladen-der-batterie-stoppen-a-930066.html (zuletzt aufgerufen am 10.5.2022).

I. Leasingvertrag

Abbildung des Leasingvertrags im Jahresabschluss sowohl des LG als auch des LN – haben. Für die genaue Ausgestaltung sind daher die Steuererlasse des Bundesministeriums für Finanzen (BMF) heranzuziehen.

→ Checkliste 4.4. Haftungsvereinbarungen: 69

Für Finanzierungsleasingverträge bietet sich eine von § 535 Abs. 1 BGB abweichende Haftungsregelung nach dem Vorbild der §§ 446 f. BGB – Sachrisiko für zufälligen Untergang/zufällige Verschlechterung – zulasten des LN an (→ Rn. 62).

→ Checkliste 5.2. Vertragsanpassung: 70

Entsprechend der (Voll-)Amortisation sollte aufgrund der §§ 315 f. BGB – Bestimmung nach billigem Ermessen – insbes. beim Finanzierungsleasing eine Mietzinsanpassung erfolgen. Ihre Wirksamkeit beurteilt sich nach dem Gesetz über das Verbot der Verwendung von Preisklauseln bei der Bestimmung von Geldschulden (PreisklauselG).

→ Checkliste 5.3. Vertragsbeendigung: 71

Ein ordentliches Kündigungsrecht kommt dem LN grds. nur beim Operating Leasing zu; beim Finanzierungsleasing würde dies dem Interesse des LG an der Vollamortisation zuwiderlaufen. Obwohl das Sachrisiko beim LN liegt, wird diesem insbes. beim Kfz-Leasing indes ein außerordentliches Kündigungsrecht für den Fall des Untergangs, Totalschadens oder Diebstahls eingeräumt und dem LG ein entsprechender Ausgleichszahlungsanspruch an die Hand gegeben. Daneben kann dem LG ein außerordentliches Kündigungsrecht für Fälle der erheblichen Gefährdung der geleasten Sache oder der Verletzung von Rechten durch den LN zugestanden werden (vgl. § 543 BGB). Die Rechtsfolgen der Kündigung entsprechen denen des Mietrechts (z. B. Entschädigungsanspruch des LG gegen den LN aus § 546a BGB).

Bei Verbraucherbeteiligung kann ein Finanzierungsleasingvertrag ggf. auch durch Widerruf nach §§ 506 Abs. 2 S. 1, Abs. 2, 495 BGB beendet werden.

→ Checkliste 7. Anlagen: 72

Als Anlage können Allgemeine Leasing Bedingungen (ALB) angefügt werden. Im Übrigen sind bei Finanzierungsleasingverträgen unter Verbraucherbeteiligung die Vorschriften über entgeltliche Finanzierungshilfen (§§ 506 ff. BGB) zu beachten.[48] Für die Vertragsgestaltung sind hier unmittelbar relevant die in Art. 247 § 12 EGBGB vorgesehenen Pflichtangaben, §§ 506 Abs. 1 S. 1, 492 Abs. 2 BGB. Dazu gehört insbes. eine Belehrung über das Widerrufsrecht aus §§ 506 Abs. 1 S. 1, 495 Abs. 1 BGB, Art. 247 § 12 Abs. 1, § 6 Abs. 2 EGBGB. Hilfreich sind insofern die Anlagen 4-7 zum EGBGB. Das gerade Gesagte gilt entsprechend, wenn es sich um einen verbundenen Vertrag i.S.v. §§ 358 ff. BGB handelt.

---

[48] Zum Finanzierungsleasing als sonstige Finanzierunghilfe MüKoBGB/*Schürnbrand/Weber*, 8. Aufl. 2019, § 506 Rn. 31.

2. Zusammenfassende Checkliste zum Leasingvertrag

72a

vor 1. Vorüberlegungen	4. Sicherung der Leistungen
atypischer Mietvertrag	4.1. Sicherung der Leistung
	- mietrechtliche Gewährleistung: §§ 536 ff. - kaufvertragliche Gewährleistung / Haftung - Abtretungskonstruktion / Ermächtigungslösung
1. Vertragliche Grundlagen 1.1. Präambel 1.2. Rubrum	4.2. Sicherung der Gegenleistung 4.3. Sonstige Sicherungsinstrumente
- Leasingnehmer (LN), Leasinggeber (LG) - Leasingdreieck	Optionen: Verlängerung, Kauf (Steuerrecht)
1.3. Vertragsgegenstand	4.4. Haftungsvereinbarungen
- Überlassung der Leasingsache - Arten: Finanzierungsleasing – Operating Leasing	ggf. zulasten Leasingnehmer bei Finanzierungsleasing
1.4. Definitionen	**5. Vertragsdurchführung**
2. Inhalt der Leistungen 2.1. Hauptleistungspflichten	5.1. Vertragsbeginn / -dauer 5.2. Vertragsanpassung / -änderung
Überlassung für Grundmietzeit	Mietzinsanpassung
Zahlung der Leasingraten	5.3. Vertragsbeendigung
2.2. Nebenleistungspflichten	- ordentliche Kündigung - Widerruf
- Verschaffungspflicht - Abnahme- und Rückgabepflicht - Reparatur-, Wartungs-, Instandhaltungspflicht	**6. Allgemeine Bestimmungen** 6.1. Rechtswahl 6.2. Gerichtsstand 6.3. Schieds- oder Mediationsverfahren
3. Nebenpflichten	6.4. (Schrift-)Formerfordernis 6.5. Salvatorische Klausel 6.6. Sonstige
Versicherungspflicht	**7. Anlagen**
	Allgemeine Leasingbedingungen (ALB)
	8. Vertragsausgang

Abbildung 12: Zusammenfassende Checkliste zum Leasingvertrag

Zur Vertiefung (Rn. 60 ff.):
Allgemein und *Hersteller-Leasing*: *Martinek*, Moderne Vertragstypen, Band I: Leasing und Factoring, 1991, Band II: Franchising, Know-how-Verträge, Management- und Consultingverträge, 1992; Münchener Vertragshandbuch, Band 2: Wirtschaftsrecht I, 8. Aufl. 2020, S. 943 ff., S. 1032 ff.
Finanzierungsleasing und *Vertragsformulare*: *Beckmann, H./Scharff*, Leasingrecht, 4. Aufl. 2015; *Pierson*, JuS 2021, 8; *Löhning/Gietl*, JuS 2009, 491.

II. Telekommunikationsvertrag

73 Der deutsche Telekommunikationsmarkt wurde 1996 liberalisiert. Zuvor hatte die Deutsche Bundespost – bzw. die u. a. aus ihr im Zuge der Postreform 1994 hervorgegangene Deutsche Telekom – eine Monopolstellung inne.[49] Die Öffnung des Marktes ebnete den Weg für neue Arten von Telekommunikationsverträgen (im Folgenden: TKV). Insbesondere konnten fortan Endkunden Verträge mit verschiedenen Anbietern von Telekommunikationsleistungen schließen. Von den ca. 38 Mio. Telefonanschlüssen/-zugängen ins Festnetz, die die Bundesnetzagentur 2020 verzeichnete, entfielen ca.

---

[49] *Paschke*, Medienrecht, 3. Aufl. 2009, § 2 E. Rn. 83.

54 % auf Wettbewerber der Deutschen Telekom.[50] Gleichsam tragen der Fortschritt elektronischer Medien und das reiche Angebot digitaler Inhalte zur Leistungsvielfalt von TKV bei. Früher war die Sprachkommunikation über Leitungen (z. B. Festnetz) oder Funk (z. B. Mobilfunk) von herausragender Bedeutung, während heute die Datenübertragung für die Internetnutzung über diese Kanäle zunehmend im Mittelpunkt des Interesses steht. Allgemein kann in der Telekommunikationsbranche ein hohes Maß an Standardisierung und Skalierung beobachtet werden, was sich in rechtlicher Hinsicht in einer hohen praktischen Bedeutung der AGB-rechtlichen Inhaltskontrolle niederschlägt.[51]

Eine Besonderheit des TKV liegt darin, dass es sich beim Telekommunikationsmarkt aufgrund seiner Leitungs- bzw. Netzgebundenheit um einen regulierten Markt handelt. Im Gegensatz zu den anderen vorgestellten Wirtschaftsverträgen unterfällt der TKV daher insoweit dem öffentlichen Wirtschaftsrecht,[52] als namentlich das Telekommunikationsgesetz (TKG) relevante Aspekte für die wirtschaftliche Betätigung in dieser Branche als auch Vertragsinhalte vorgibt und damit die Vertragsgestaltung prägt. Beispielsweise müssen Unternehmen, die über „beträchtliche Marktmacht" verfügen, mit Regulierungsbefugnissen der Bundesnetzagentur (BNetzA) und damit in Verbindung stehend der Möglichkeit von Verpflichtungszusagen vertraut sein (vgl. Teil 2 Marktregulierung des TKG). Gegebenenfalls müssen Unternehmen, die von der BNetzA zur Versorgung mit Telekommunikationsdiensten verpflichtet worden sind, die Vorschriften zur Sicherung der Grundversorgung beachten (vgl. Teil 9 des TKG zu Recht auf Versorgung mit Telekommunikationsdienstleistungen – vormals „Universaldienstleistungen").[53] Betreffend das Verhältnis zwischen Telekommunikationsanbieter (TK-Anbieter) zu Endnutzern statuiert das TKG zudem (Neben-)Pflichten und korrespondierende Rechte (vgl. z. B. Teil 3 des TKG zu Kundenschutz).

74

Das TKG ist in hohem Maße durch europarechtliche Vorgaben geprägt. Unlängst ergaben sich umfassende und grundlegende Änderungen durch das sog. Telekommunikationsmodernisierungsgesetz[54], das die – ihrerseits verschiedene Richtlinien zusammenfassende und modernisierende – Richtlinie (EU) 2018/1972 über den europäischen Kodex für die elektronische Kommunikation umsetzt.[55] Die folgende Darstellung möchte einige grundlegende Aspekte der Vertragsgestaltung unter dem Einfluss des TKG – stellvertretend für das öffentliche Wirtschaftsrecht – aufzeigen, erhebt aber keinen Anspruch auf Vollständigkeit.

---

50 Zahlen für 2020; erwartete Anschlüsse in 2021: ca. 38,61 Mio. mit einem Wettbewerberanteil von ca. 55 %. Tätigkeitsbericht 2020/2021, Bericht gemäß § 195 Abs. 1 Telekommunikationsgesetz, Stand: Dezember 2021, S. 36, abrufbar unter: https://www.bundesnetzagentur.de/SharedDocs/Mediathek/Berichte/2021/TTB2020.pdf?__blob=publicationFile&v=1 (zuletzt abgerufen am 30.5.2022).
51 S. eingehend zur Inhaltskontrolle von TKV BeckOK BGB/*H. Schmidt*, 62. Ed. 1.5.2022, § 307 Rn. 127.
52 Zum Medienrecht als Querschnittsmaterie siehe *Paschke*, Medienrecht, 3. Aufl. 2009, § 1 A., insbes. Rn. 1–4; Wandtke/Ohst/*Pohle*, Praxishandbuch Medienrecht, Band 5: IT-Recht, 3. Aufl. 2014, § 10 Rn. 192 ff.
53 S. dazu *Huber*, MMR 2022, 85.
54 Gesetz zur Umsetzung der Richtlinie (EU) 2018/1972 des Europäischen Parlaments und des Rates vom 11.12.2018 über den europäischen Kodex für die elektronische Kommunikation (Neufassung) und zur Modernisierung des Telekommunikationsrechts vom 23.6.2021, BGBl. I, S. 1858.
55 Richtlinie (EU) 2018/1972 des Europäischen Parlaments und des Rates vom 11.12.2018 über den europäischen Kodex für die elektronische Kommunikation, ABl. L 321 vom 17.12.2018, S. 36.

1. Vertragsgestaltung

75 Bei TKV sind folgende Aspekte besonders wichtig:[56]

→ Checkliste 1.2. Rubrum:

Infolge der Liberalisierung des TK-Markts sind mehrere Kombinationen aus TK-Anbieter (§ 3 Nr. 1 TKG) und -kunde (TK-Nutzer (§ 3 Nr. 41 TKG) denkbar. Es kann dabei zwischen Verträgen im Vorleistungsbereich und solchen im Endnutzerbereich unterschieden werden.[57]

So kann ein Endnutzer (§ 3 Nr. 13 TKG) beim Telefon- und Internetvertrag die Anschluss- und die Verbindungsleistung von unterschiedlichen TK-Anbietern beziehen; in diesem Fall stehen mehrere Verträge nebeneinander.[58] Beim Mobilfunkvertrag erhält er demgegenüber beide Leistungen von einem TK-Anbieter – dem Mobilfunkanbieter –, so dass entsprechend nur ein Vertrag vorliegt.[59] Die Verbindungsleistung kann einmalig mittels *call-by-call* bzw. *internet-by-call* oder dauerhaft als *Preselection* erfolgen.

Weitere Akteure können hinzutreten. Diese können Erfüllungsgehilfen (§ 278 BGB) des TK-Anbieters sein, derer er sich zur Leistungserfüllung gegenüber dem Nutzer bedient (z. B. bei Übertragung über ausländische Netze bei Grenzüberschreitungen [Stichwort: *Roaming*]).[60] Demgegenüber stehen Dritte, bspw. sog. Mehrwertdiensteanbieter, mit denen der Nutzer einen eigenen Vertrag schließt (z. B. über Auskunfts- oder Vermittlungsleistungen). Ein echtes Mehrparteienverhältnis entsteht in keinem dieser Fälle. Da die Abrechnung der Mehrwertdienste durch den Teilnehmernetzbetreiber erfolgt, kann dieser jedoch auch im originären Vertragsverhältnis zu berücksichtigen sein.[61] Regelmäßig werden Anbieter interpersoneller Telekommunikationsdienste (§ 3 Nr. 24 TKG) im Rahmen eines „gewöhnlichen" TKV ebenfalls als Dritte zu bewerten sein.[62]

76 → Checkliste 1.3. Vertragsgegenstand:

Gemäß TKG umfasst der Begriff der Telekommunikation den technischen Vorgang des Aussendens, Übermittelns und Empfangens von Signalen mittels Telekommunikationsanlagen (§ 3 Nr. 59 TKG). Vertragsgegenstand kann das entgeltliche Erbringen von vielfältigen Diensten über Telekommunikationsnetze (TK-Dienste, § 3 Nr. 61 TKG) sein. Das im Vergleich zum alten TKG stärker an der Funktionsweise der Kommunikation ausgerichtete TKG unterteilt TK-Dienste in § 3 Nr. 61 in Internetzugangsdienste, interpersonelle Telekommunikationsdienste, die einen direkten interpersonellen und interaktiven Informationsaustausch ermöglichen, ohne dass es auf die verwendete Technik ankommt (§ 3 Nr. 24 TKG), z. B. Telefonie, E-Mail- oder Messenger-Dienste, und Dienste, die ganz oder überwiegend in der Übertragung von Signalen bestehen. Je nach Art des TK-Dienstes sind verschiedene Vorschriften des TKG zu beachten. Ist ein TK-Dienst ein sog. Mischdienst, umfasst also neben Signalaussendung, -übermittlung oder -empfang auch die Zurverfügungstellung von Inhalten (sog. Telemedien,

---

[56] Die Darstellung knüpft an die Grafik in Rn. 20 (Vertragsübergreifendes Grundgerüst mit einer Checkliste) an. Der konkrete Bezug wird durch → Checkliste markiert.
[57] Auer-Reinsdorff/Conrad/*Assion*, Handbuch IT- und Datenschutzrecht, 3. Aufl. 2019, § 31 Rn. 104.
[58] Wandtke/Ohst/*Pohle*, Praxishandbuch Medienrecht, Band 5: IT-Recht, 3. Aufl. 2014, § 4 Rn. 80 ff.
[59] Wandtke/Ohst/*Pohle*, Praxishandbuch Medienrecht, Band 5: IT-Recht, 3. Aufl. 2014, § 4 Rn. 86.
[60] *Schuster*, CR 2006, 444 (446).
[61] Eingehend dazu *Redeker*, IT-Recht, 7. Aufl. 2020, Rn. 1156 ff.
[62] Für diese gilt seit der TKG-Novelle von 2021 nunmehr ebenfalls das TKG (§ 3 Nr. 61 b)), Hoeren/Sieber/Holznagel/*Roos*, Handbuch Multimedia-Recht, 58. EL März 2022, Teil 12 B. VI. 2, Rn. 67.

vgl. § 1 Telemediengesetz [TMG]) kommt zusätzlich zum TKG auch das TMG zur Anwendung.[63]

In technischer Hinsicht können TK-Dienste über Leitungen (Festnetz bisher über Kupfer- und zunehmend über Glasfaserkabel), Funk (Mobilfunk), Breitbandkabelnetz oder Satellit erbracht werden.[64] Das Internet nutzt keinen eigenen Kanal, sondern setzt sich aus verschiedenen Kanälen zusammen und übermittelt in Pakete aufgeteilte Inhalte mittels sog. Internet Protokolle (IP).[65] Eine Sonderform stellt die Sprachkommunikation in Form einer Datenübertragung dar. Ein prominentes Beispiel dafür ist das *Voice over Internet Protocol* (VoIP).[66] Die damit beschriebene Internettelefonie erfolgt mittels sog. Paketvermittlung: Die Information wird hier in einzelne Pakete aufgeteilt, die dem Empfänger übermittelt und von ihm sodann wieder zusammengesetzt werden. Anders als bei der Leitungsvermittlung i. R. d. Festnetztelefonie erfolgt die Verbindung der Nutzer nicht über eine ihnen exklusiv zugeteilte Leitung. Vielmehr werden die Pakete getrennt über alle verfügbaren Leitungen und sog. Netzknoten übertragen.[67]

→ **Checkliste 1.4. Definitionen:** 77

Technische Fachbegriffe sind möglichst genau zu definieren und mit Messgrößen (Verbindungsdauer in z. B. Minuten, Datenrate in Mbit/s oder Gbits/s und aufgeteilt in *up- und downstream*, Bitfehlerrate, Verfügbarkeit etc.) zu hinterlegen.

→ **Checkliste 2.1. Hauptleistungspflichten:** 78

TKV können grob in **Anschlussverträge**, die die Verbindungsherstellung ermöglichen, und **Verbindungsverträge** zur Herstellung und Entgegennahme von Verbindungen unterteilt werden. Beide Elemente müssen dabei nicht notwendigerweise miteinander verbunden sein (bspw. Telefonie oder SMS über Mobilfunk), sondern Verbindungen können auch anschlussunabhängig über das Internet (bspw. Messengerdienste) erfolgen. Derartige sog. OTT-I-Dienste wurden mit der TKG-Novelle nun explizit dem TKG unterstellt, § 3 Nr. 37 und 40 TKG.[68] Als Orientierung für die Zuordnung der in Rede stehenden Leistung dient die folgende Übersicht, wobei Unsicherheiten bzgl. der Verbindungsleistung zugunsten eines Dienstvertrags gem. §§ 611 ff. BGB und gegen die Annahme eines geschuldeten Erfolgs i. S. v. § 631 BGB sprechen:[69]

---

[63] BeckOK InfoMedienR/*Martini*, 36. Ed. 1.2.2021, TMG § 1 Rn. 11a. In einem solchen Fall ist entscheidend, ob der Übermittlungsvorgang (Anwendungsbereich TKG) oder der Inhalt der übermittelten Nachricht (Anwendungsbereich TMG) Gegenstand des Interesses ist, s. *Meier/Bertram*, N&R 2022, 87 (89).
[64] Vgl. *Schuster*, CR 2006, 444 (445).
[65] *Schuster*, CR 2006, 444 (445).
[66] *Paschke*, Medienrecht, 3. Aufl. 2009, § 2 F. Rn. 95.
[67] *Schuster*, CR 2006, 444 (445).
[68] Eingehend zu interpersonellen Telekommunikationsdiensten *Meier/Bertram*, N&R 2022, 88 und *Moench*, NVwZ 2021, 1652 (1653).
[69] Wandtke/Ohst/*Pohle*, Praxishandbuch Medienrecht, Band 5: IT-Recht, 3. Aufl. 2014, § 4 Rn. 75 ff.; ausführlich zum Vertragstyp und dem TK-Vertrag als Vertrag sui generis: *Schuster*, CR 2006, 444 (447 ff.).

Anschluss		
· Zurverfügungstellung einer physischen Verbindungsleitung (Festnetz) · (entgeltliche) Zurverfügungstellung von SIM-Karte für Netzzugang (Mobilfunk) · Überlassung von TK-Infrastruktur/Hardware (Router, Splitter etc.)	→ Gebrauchsüberlassung -	Mietvertrag (§§ 535 ff. BGB)
· Überlassung von TK-Infrastruktur/Hardware, ggf. unter Eigentumsvorbehalt bis zur vollständigen Kaufpreiszahlung bis Laufzeitende	→ Verschaffung -	Kaufvertrag (§§ 433 ff. BGB)
Verbindung		
· Herstellung der Verbindung durch Teilnehmernetzbetreiber (Festnetz, Mobilfunk) · Zeitabhängige Datenübertragung zur Zustellung ein- und abgehender Sprachverbindungen (Internet)	→ Leistung -	Dienstvertrag (§ 611 ff. BGB)
· Herstellung der Verbindung durch sonstigen TK-Anbieter (Festnetz) · Volumenabhängige Datenübertragung zur Zustellung ein- und abgehender Sprachverbindungen (Internet) · Zustellung von Datenpaketen	→ Erfolg -	Werkvertrag (§§ 631 ff. BGB)

Abbildung 13: Telekommunikationsvertrag – Typen

Es können mannigfaltige weitere dienstspezifische Leistungsbestandteile hinzutreten, bspw.

- die Zurverfügungstellung einer festen Rufnummer, bei Unternehmer-Endnutzern die Zuteilung einer festen IP-Adresse,
- die Nutzung bestimmter Dienste (z. B. Roaming),
- die Abrechnung von Mehrwertdiensten,
- der Support oder
- die Zusammenschaltung (*Originierung*), der Transit von fremdem Netz in Drittnetz oder die Zustellung aus fremdem Netz an Endkunden (*Terminierung*) bei Beteiligung mehrerer Netzbetreiber.

Der Zugang des TK-Nutzers ist als sog. passiver Netzabschlusspunkt festgelegt (§ 73 Abs. 1 TKG). Eine Pflicht, den sich dahinter befindenden Router vom Anbieter zu beziehen, darf nicht mehr vereinbart werden, § 73 Abs. 3 TKG. Vielmehr besteht eine gesetzliche Routerwahlfreiheit, die den Wettbewerb fördern und der IT-Sicherheit dienlich sein soll. Bei der praktischen Vertragsgestaltung ist § 66 TKG zu beachten, der Verträge betrifft, die neben einem Internetzugangsdienst oder bestimmten Formen eines interpersonellen TK-Dienstes, weitere, ansonsten nicht dem TKG unterfallende

Leistungsbestandteile beinhaltet. Auch auf diese werden dann bestimmte, dem Kundenschutz dienende Vorschriften des TKG erstreckt.[70]

Die detaillierte Beschreibung der Leistung, insbes. hinsichtlich ihrer Quantität und Qualität, erfolgt in sog. *Service Level Agreements (SLA)*, die dem Vertragstext aufgrund ihres Umfangs i. d. R. als Anlage beigefügt sind (Rn. 88).

Die Gegenleistung kann als Grundentgelt für einen bestimmten Zeitraum zuzüglich leistungs-, volumen- oder zeitabhängiger Entgelte[71] oder als pauschale *Flatrate* ausgestaltet sein. Gegebenenfalls kommen einmalige Entgelte für die Bereitstellung oder andere Dienstleistungen hinzu. Die Fälligkeit der Gegenleistung tritt beim *Post-Paid*-Vertrag nach Inanspruchnahme der TK-Leistung ein, während beim *Pre-Paid*-Vertrag der TK-Nutzer in Vorleistung geht.[72] In Bezug auf Preise und Entgelte und – allgemeiner – Informationen zur Kostenkontrolle bestehen an verschiedene Zeitpunkte anknüpfende Informationspflichten. Zum Beispiel sind Preise und Entgelte zu veröffentlichen; hierüber ist vor Abgabe der Vertragserklärung durch den Verbraucher zu informieren (vgl. § 52 Abs. 1 Nr. 1 TKG, § 55 Abs. 1 und 2 TKG i. V. m. Anhang VIII Teile A und B der Richtlinie (EU) 2018/1972).

→ Checkliste 2.2. Nebenleistungspflichten: 79

Eine besondere Mitwirkungspflicht des TK-Nutzers besteht darin, den Anschluss vor Angriffen, speziell vor unbefugter Benutzung[73] etc., entsprechend dem Stand der Technik zu schützen. Zudem trifft ihn bei der Entstörung eine Mitwirkungspflicht (§ 58 Abs. 1 S. 3 TKG).

→ Checkliste 3. Nebenpflichten: 80

Die §§ 51 ff. TKG legen Anbietern im Sinne eines effektiven Kundenschutzes diverse Nebenpflichten auf. Zu beachten ist, dass hierzu auch vorvertragliche Pflichten gehören, wie z. B. Informationspflichten (§§ 54, 55 TKG), und die Pflicht zur Verfügungstellung einer Vertragszusammenfassung (§ 54 Abs. 3 TKG)[74]. Zu den gesetzlichen Nebenpflichten[75] des TK-Anbieters – bzw. korrespondierenden Ansprüchen des TK-Nutzers – zählen ferner der Anspruch auf Erteilung eines Einzelverbindungsnachweises (§ 65 TKG) sowie die Pflicht, wichtige Informationen und Dienstemerkmale (Mindestniveaus der Dienstequalität, ggf. Nutzungsbeschränkungen) zu veröffentlichen (§ 52 Abs. 1 und 2 TKG). Die Vorschriften zum Kundenschutz sind nicht dispositiv (§ 71 Abs. 1 TKG). Weitere Nebenpflichten zum nummernspezifischen Kundenschutz finden sich in §§ 109 ff. TKG. Für Verbraucherverträge sind zudem die Informationspflichten aus §§ 312 ff. BGB zu beachten.[76]

Im Gegenzug treffen den Nutzer bestimmte Hinweis- und Mitteilungspflichten bei Änderungen persönlicher Daten sowie bei Kenntnisnahme von Zugangsdaten durch Unberechtigte.[77]

---

70 BeckOK InfoMedienR/*Kiparski*, 36. Ed. 1.2.2022, TKG2021 § 66 Rn. 18.
71 *Schuster*, CR 2006, 444 (447).
72 Wandtke/Ohst/*Pohle*, Praxishandbuch Medienrecht, Band 5: IT-Recht, 3. Aufl. 2014, § 6 Rn. 115 ff.
73 Vgl. Wandtke/Ohst/*Pohle*, Praxishandbuch Medienrecht, Band 5: IT-Recht, 3. Aufl. 2014, § 6 Rn. 149.
74 Eingehend zur Vertragszusammenfassung *Sodtalbers*, MMR 2022, 87.
75 Dazu ausführlich Wandtke/Ohst/*Pohle*, Praxishandbuch Medienrecht, Band 5: IT-Recht, 3. Aufl. 2014, § 5 Rn. 104 ff.
76 Auer-Reinsdorff/Conrad/*Assion*, Handbuch IT- und Datenschutzrecht, 3. Aufl. 2019, § 31 Rn. 135.
77 Wandtke/Ohst/*Pohle*, Praxishandbuch Medienrecht, Band 5: IT-Recht, 3. Aufl. 2014, § 6 Rn. 153.

81 → Checkliste 4.1. Leistungssicherung:

Der TK-Anbieter hat über Entschädigungs- und Erstattungsregelungen im Falle der Nichteinhaltung vereinbarter Dienstequalitäten oder unangemessener Reaktion des Anbieters auf Sicherheitsvorfälle, -bedrohungen oder -lücken zu informieren (§ 55 Abs. 1 Nr. 1 TKG i. V. m. Anhang VIII Teil A Nr. 4 der Richtlinie (EU) 2018/1972). Für bestimmte Leistungsstörungen wurden i. R. d. TKG-Novelle mit § 58 Abs. 3, 4 und § 59 Abs. 4 TKG pauschalierte Entschädigungsansprüche geschaffen.[78] Abweichungen in der Übertragungsgeschwindigkeit können gem. § 57 Abs. 4 TKG im Übrigen ein Recht zur Minderung oder außerordentlichen Kündigung begründen.

82 → Checkliste 4.2. Gegenleistungssicherung:

Besondere Anforderungen gelten gem. § 61 Abs. 4–6 TKG für die Zurückbehaltung der TK-Leistung durch den TK-Anbieter im Falle des Zahlungsverzugs des TK-Nutzers oder einer missbräuchlichen Nutzung (sog. Sperre).

83 → Checkliste 4.4. Haftungsvereinbarungen:

Die Sätze 1–3 des § 70 TKG geben Haftungshöchstgrenzen des TK-Anbieters vor; Satz 5 eröffnet die Vertragsgestaltung betreffend der Haftung gegenüber Endnutzern, die keine Verbraucher sind.

84 → Checkliste 5.1. Vertragsbeginn/-dauer:

Für Verträge mit Verbrauchern gilt grds. eine anfängliche Erstlaufzeit von höchstens zwei Jahren; ferner muss für bestimmte Produktkategorien auch mind. eine Variante mit einer anfänglichen Laufzeit von höchstens zwölf Monaten angeboten werden (§ 56 Abs. 1 TKG). Der TK-Anbieter hat über die Vertragsdauer und Bedingungen für eine Verlängerung zu informieren (§ 55 Abs. 1 TKG i. V. m. Anhang VIII Teil A Nr. 3 der Richtlinie (EU) 2018/1972 bzw. § 55 Abs. 2 TKG i. V. m. Anhang VIII Teil B Abs. 1 Nr. 3 der Richtlinie (EU) 2018/1972).

85 → Checkliste 5.3. Vertragsbeendigung:

In der Regel handelt es sich bei einem TKV um ein Dauerschuldverhältnis, das jedenfalls ordentlich und fristgebunden (ggf. zum Ende einer vereinbarten Mindestlaufzeit) und bei Vorliegen eines wichtigen Grundes auch fristlos außerordentlich (§ 314 BGB) gekündigt werden kann. In diesem Zusammenhang enthält das TKG einige Sonderregelungen. § 56 Abs. 3 S. 1 TKG sieht ein fristgebundenes Kündigungsrecht bei stillschweigender Vertragsverlängerung im Falle einer nicht rechtzeitigen Kündigung vor. Besondere Bestimmungen für die außerordentliche Kündigung bei Leistungsstörungen enthält § 57 Abs. 4 TKG. Bei einseitigen und einseitig vorbehaltenen Vertragsänderungen sieht § 57 Abs. 1 TKG ein Recht zur fristlosen Kündigung vor und § 60 TKG regelt die praktisch relevante Fallgruppe des Umzugs (zur Kündigung s. § 60 Abs. 2 TKG). Ferner gewährt § 230 Abs. 5 TKG beiden Parteien ein Sonderkündigungsrecht für vor dem 1.12.2021 geschlossene Bezugsverträge über die Belieferung von Gebäuden oder in den Gebäuden befindlichen Wohneinheiten mit Telekommunikationsdiensten.

In jedem Fall trifft den TK-Anbieter die Pflicht, über die Bedingungen für eine Kündigung des Vertrags (inkl. eventueller Kündigungsgebühren und ggf. Bedingungen für

---

[78] Eingehend dazu *Ungerer*, ZIP 2022, 979.

II. Telekommunikationsvertrag

die Kündigung des Bündelvertrags oder von dessen Bestandteilen) zu informieren, § 55 Abs. 1 TKG i. V. m. Anhang VIII Teil A Nr. 3 der Richtlinie (EU) 2018/1972 bzw. § 55 Abs. 2 TKG i. V. m. Anhang VIII Teil B Abs. 1 Nr. 3 der Richtlinie (EU) 2018/1972. Die Pflicht, TK-Nutzer ausreichend zu informieren, trifft die TK-Anbieter auch bei Anbieterwechsel gem. § 59 TKG.

→ **Checkliste 6.3. Schiedsverfahren:** 86

Bei Streitigkeiten über bestimmte Regelungen kann der Verbraucher-Endnutzer bei der Schlichtungsstelle Telekommunikation der BNetzA die Einleitung eines Schlichtungsverfahrens beantragen (vgl. § 68 TKG).

→ **Checkliste 6.6. Datenschutz:** 87

Spezielle Datenschutzbestimmungen für TKV enthalten §§ 165 ff. TKG und das unlängst verabschiedete Telekommunikation-Telemedien-Datenschutz-Gesetz (TT-DSG)[79].[80]

→ **Checkliste 7. Anlagen:** 88

Neben den Service Level kann die Anlage auch die Pflichtinformationen nach dem TKG – soweit dies die jeweils einschlägigen Anforderungen an die Transparenz und insbes. die Art und Weise der Bereitstellung oder Veröffentlichung erfüllt – und weitere Inhalte enthalten.[81]

---

79 Zum TTDSG s. *Wünschelbaum*, NJW 2022, 1561.
80 Auf europäischer Ebene wird derzeit der Vorschlag für eine Verordnung des Europäischen Parlaments und des Rates über die Achtung des Privatlebens und den Schutz personenbezogener Daten in der elektronischen Kommunikation und zur Aufhebung der Richtlinie 2002/58/EG (Verordnung über Privatsphäre und elektronische Kommunikation) erörtert, COM(2017) 10 final, 2017/0003 (COD).
81 Vgl. hierzu auch die Ausführungen zum SLA i. R. v. CCV (Rn. 104 ff.).

2. Zusammenfassende Checkliste zum Telekommunikationsvertrag

vor 1. Vorüberlegungen	4.2. Sicherung der Gegenleistung

1. Vertragliche Grundlagen
1.1. Präambel
1.2. Rubrum
   [TK-Anbieter und TK-Nutzer]
1.3. Vertragsgegenstand
   [TK-Dienste für Signalaussendung, -übermittlung / -empfang: Internetzugangsdienste, interpersonelle Telekommunikationsdienste, Dienste, die ganz oder überwiegend in der Übertragung von Signalen bestehen: § 3 Nr. 61 TKG]
1.4. Definitionen
   [technische Fachbegriffe]
2. Inhalt der Leistungen
2.1. Hauptleistungspflichten
   [Service Level Agreements (SLA)]
   [*Pre-* und *Post-Paid*]
2.2. Nebenleistungspflichten
   [Mitwirkungspflichten: z. B. Schutzpflichten]
3. Nebenpflichten
   [seitens TK-Anbieter:
   - (vor-)vertragliche Pflichten des TK-Anbieters zugunsten Kundenschutz: §§ 51 ff. TKG
   - nummernspezifische Pflichten des TK-Anbieters: §§ 109 ff. TKG]
   [seitens TK-Nutzer:
   Hinweis- und Mitteilungspflichten]
4. Sicherung der Leistungen
4.1. Sicherung der Leistung
   [Entschädigungs- und Erstattungsregelungen: §§ 55, 58, 59 TKG]
	[Sperre: § 61 IV-VI TKG]
	4.3. Sonstige Sicherungsinstrumente
	4.4. Haftungsvereinbarungen
	   [Höchstgrenzen: § 70 TKG]
	5. Vertragsdurchführung
	5.1. Vertragsbeginn / -dauer
	   [(max.) Laufzeit: § 56 TKG]
	5.2. Vertragsanpassung / -änderung
	5.3. Vertragsbeendigung
	   - Dauerschuldverhältnis: § 314 BGB
	   - Kündigung: §§ 56 III, 57 IV, 57 I, 60, 230 V TKG
	   - Informationspflichten: §§ 55, 59 TKG
	6. Allgemeine Bestimmungen
	6.1. Rechtswahl
	6.2. Gerichtsstand
	6.3. Schieds- oder Mediationsverfahren
	   [Schlichtungsverfahren: § 68 TKG]
	6.4. (Schrift-)Formerfordernis
	6.5. Salvatorische Klausel
	6.6. Sonstige
	   [Datenschutz: §§ 165 ff. TKG; TTDSG]
	7. Anlagen
	   [Service Level Agreements (SLA) unter Berücksichtigung von Pflichtangaben aus TKG]
	8. Vertragsausgang

Abbildung 14: Zusammenfassende Checkliste zum Telekommunikationsvertrag

Zur Vertiefung (Rn. 73 ff.):
Allgemein (zum TKG vor Telekommunikationsmodernisierungsgesetz 2021): Kühling/Schall/ Biendl, Telekommunikationsrecht, 2. Aufl. 2014; *Paschke*, Medienrecht, 3. Aufl. 2009; *Neumann/Koch*, Einführung Telekommunikationsrecht, 2. Aufl. 2013.
Zum novellierten TKG: Gersdorf/Paal (Hrsg.), BeckOK Informations- und Medienrecht, 36. Ed. 1.5.2022; *Käßler*, ZWE 2022, 58.
Zu interpersonellen Kommunikationsdiensten: Piltz/Quiel, CR 2022, 263; *Meier/Bertram*, N&R 2022, 87; *Moench*, NVwZ 2021, 1652.
Vertragstypologie, Pflichten des Anbieters/Kunden: Pohle, in: *Wandtke/Ohst* (Hrsg.), Praxishandbuch Medienrecht, Band 5: IT-Recht, 3. Aufl. 2014, Kapitel 2: Telekommunikationsrecht, §§ 4 ff.

III. Cloud-Computing-Vertrag

Der Cloud-Computing-Vertrag (im Folgenden: CCV) ist ein Musterbeispiel eines modernen Wirtschaftsvertrags. Gemäß der auch in Deutschland geläufigen Definition des US-amerikanischen *National Institute of Standards and Technology* (NIST) ermöglicht das Cloud Computing den universellen, komfortablen und bedarfsgerechten Netzwerkzugriff auf einen gemeinsamen Pool konfigurierbarer Ressourcen (z. B.

III. Cloud-Computing-Vertrag

Netzwerke, Server, Speicher, Anwendungen und Dienstleistungen); ohne dass es einer umfassenden Interaktion des Cloud-Anbieters bedarf, können die Ressourcen mit minimalem Verwaltungsaufwand schnell bereitgestellt und freigegeben werden.[82]

Für die Vertragsgestaltung ergeben sich aufgrund der Komplexität erhebliche Herausforderungen. So ist bspw. bei technischen Störungen häufig die Identifikation der konkreten Störungsquelle und damit die Regelung angemessener vertraglicher Konsequenzen schwierig. Dazu kommen oftmals grenzüberschreitende Sachverhalte mit diversen Akteuren sowie ein Vertragsgegenstand, der sich stetig weiterentwickelt, und trotz Parallelen zu verschiedenen „klassisch-analogen" Vertragstypen gleichwohl keinem dieser vollständig entspricht.[83]

Bei Anwendbarkeit von deutschem Recht sind bei der Vertragsgestaltung die zumeist recht strengen Anforderungen des AGB-Rechts von Bedeutung, da CCV typischerweise einen hohen Grad an Standardisierung aufweisen.[84] CCV mit Verbraucherbeteiligung unterfallen zudem der unlängst verabschiedeten Richtlinie über bestimmte vertragsrechtliche Aspekte der Bereitstellung digitaler Inhalte und digitaler Dienstleistungen[85] sowie in ihrer Umsetzung den §§ 327 ff. BGB und ggf. zahlreichen Spezialregelungen des Besonderen Schuldrechts (vgl. insbes. §§ 516a, 548b, 578b, 580a, 620, 650 BGB, s. § 327 Abs. 2 S. 2 Nr. 1 BGB).[86]

1. Vertragsgestaltung

Beim CCV ist insbes. auf folgende Punkte besonderes Augenmerk zu richten:[87]

→ **Checkliste 1.2. Rubrum:**

Der CCV wird zwischen dem Cloud-Kunden als Auftraggeber und dem Cloud-Anbieter (auch *Service-Provider*) als Auftragnehmer geschlossen. Im Vertragsumfeld können weitere Akteure auftreten, so z. B. Softwarehersteller, denen sich der Auftragnehmer bedient. Sie stellen sich aus Cloud-Kundensicht als Subanbieter oder Dritte dar (s. § 278 BGB) und werden i. d. R. nicht Vertragspartner des Kunden.

→ **Checkliste 1.3. Vertragsgegenstand:**

Vertragsgegenstand ist die bedarfsgerechte Bereitstellung von bzw. der Zugriff auf Ressourcen. Das NIST schreibt dem Cloud-Computing fünf essenzielle Kriterien zu und teilt es in drei *Service Models* und vier *Deployment Models* (Service- und Bereitstellungsmodelle) ein.[88]

---

82 Mell/Grance, The NIST Definition of Cloud Computing. Recommendations of the National Institute of Standards and Technology, NIST Special Publication 800–145, September 2011, p. 2.
83 Vgl. zu den Kernelementen von CCV Auer-Reinsdorff/Conrad/*Strittmatter*, Handbuch IT- und Datenschutzrecht, 3. Aufl. 2019, § 22 Rn. 4.
84 Auer-Reinsdorff/Conrad/*Strittmatter*, Handbuch IT- und Datenschutzrecht, 3. Aufl. 2019, § 22 Rn. 10.
85 Richtlinie (EU) 2019/770 des Europäischen Parlaments und des Rates v. 20.5.2019 über bestimmte vertragsrechtliche Aspekte der Bereitstellung digitaler Inhalte und digitaler Dienstleistungen, ABl. Nr. L 936, S. 1, dazu *Spindler/Sein*, MMR 2019, 415.
86 BeckOGK-BGB/*Fries*, 1.7.2022, § 327 Rn. 10.
87 Die Darstellung knüpft an die Grafik in Rn. 20 (Vertragsübergreifendes Grundgerüst mit einer Checkliste) an. Der konkrete Bezug wird durch → Checkliste markiert.
88 NIST Special Publication 800–145, p. 2 et seq.

Zu diesen **essenziellen Kriterien** zählen:[89]

- *on-demand self-service*: bedarfsgerechte „Selbstbedienung" an den abrufbereiten Leistungen,
- *broad network access*: Zugriff auf Netzwerk über standardisierte Schnittstellen,
- *resource pooling*: Bündelung physischer oder virtueller Ressourcen im Multi-Tenancy-Modell,
- *rapid elasticity*: elastische Bereitstellung und Freigabe von – aus Cloud-Kundensicht unendlichen – Ressourcen entsprechend momentanem Bedarf (sog. Skalierbarkeit) und
- *measured service*: automatische Steuerung und Optimierung durch in verschiedenen Maßeinheiten (z. B. Bandbreite, Rechenkapazität) gemessene Ressourcennutzung, die überwacht, kontrolliert und berichtet werden kann, insbes. zur transparenten Abrechnung in Anspruch genommener Leistungen.

---

[89] NIST Special Publication 800–145, p. 2; Borges/Meents/*Krcmar*, Cloud Computing, 2016, Kapitel 1 § 2 Rn. 32.

III. Cloud-Computing-Vertrag

CCV
- **Servicemodelle (service models)**

Software as a Service (SaaS)	Bereitstellung von **Software** zur Nutzung durch Cloud-Kunden (z. B. Mailingdienst)	Geschäfts- und Privatkunden

Platform as a Service (PaaS)	Bereitstellung von **Plattformen** als Umgebung (z. B. Programmbibliotheken)	Geschäftskunden (z. B. Anwendungsentwickler)

Infrastructure as a Service (IaaS)	Bereitstellung von **IT-Ressourcen** (Rechenleistung, Speicher, Netze)	Geschäftskunden (z. B. IT-Betriebe und -dienstleister)

- **Bereitstellungsmodelle (deployment models)**

Private Cloud: einzelne Nutzer oder Organisationen und deren exklusive Nutzung

Public Cloud: Öffentlichkeit

Community Cloud: spezifische Nutzergruppe oder Gruppe von Organisationen

Hybrid Cloud: Mischform aus zwei oder mehr Modellen

Abbildung 15: Vertragsmodelle in Anlehnung an The NIST Definition of Cloud Computing, NIST Special Publication 800–145, p. 2 et seq.

→ Checkliste 1.4. Definitionen:

Begriffe wie Verfügbarkeit, Fehler/Mangel, Betriebs-, Geschäfts-, Wartungs- und Entstörzeit sind je nach Verwendung präzise zu definieren (Rn. 104) und mit Messgrößen (Minuten, Terabyte etc.) zu hinterlegen. Als terminologische Grundlage kann die Norm Informationstechnik – Cloud Computing – Übersicht und Vokabular des Deutschen Instituts für Normung (DIN) dienen.[90]

---

[90] DIN ISO/IEC 17788: 2016–04.

94 → Checkliste 2.1. Hauptleistungspflichten:

Je nach Abstraktionsstufe des Servicemodells kann das Cloud-Computing verschiedene Leistungen umfassen, die entsprechend ihrer rechtlich relevanten Charakteristika gruppiert werden können.[91] Als typengemischter Vertrag unterliegen die einzelnen Vertragsteile regelmäßig verschiedenen Regimen des Besonderen Schuldrechts,[92] die seit kurzem teilweise auch Spezialregelungen für Verbraucherverträge über digitale Produkte enthalten[93]. Im Grundsatz überwiegt bei SaaS-Modellen der mietrechtliche Charakter, während bei PaaS und IaaS dienst- oder werkvertragliche Elemente im Vordergrund stehen.[94] Eine nähere Orientierung ermöglicht die folgende Übersicht:

■ (entgeltliche, befristete) Überlassung/Nutzung der Software ■ Bereitstellung von Ressourcen	Mietvertrag[95] (§§ 535 ff. BGB)
■ Installation der Software/eines zuvor erworbenen Software-Updates ■ Implementierung/Anpassung der Software ■ Erstellung von Backups ■ Migration auf neue Softwareversion	Werkvertrag (§§ 631 ff. BGB)
■ Bereitstellung von Rechenleistung ■ Pflege, Update o. Ä. von Software/Systemen ■ Support bei Nutzung der Cloud	Dienstvertrag (§§ 611 ff. BGB)

Abbildung 16: Cloud-Computing-Vertrag – Hauptleistungspflichten

Die Qualität und Quantität der Leistung beschreiben *Service Level Agreements* (SLA) (Rn. 104).

Je nach Art der Leistungen kann sich die Vergütung z. B. nach bereitgestellter oder in Anspruch genommener Zeit, Speichergröße oder anderen Parametern richten. Die Vergütung kann als Vorauszahlung eines Fixpreises für einen bestimmten Zeitraum (*Flatfee-* oder Flatratemodell) ausgestaltet oder an den tatsächlichen Verbrauch geknüpft sein (*pay as you go* oder *pay per use*). In der Vertragspraxis sind Mischformen verbreitet.[96]

95 → Checkliste 2.2. Nebenleistungspflichten:

Auf Seiten des Cloud-Kunden sollten die Nebenleistungspflichten insbes. darauf abzielen, die für die Leistungserbringung notwendigen Rahmenbedingungen zu schaffen. So kann es angezeigt sein, dem Cloud-Kunden verschiedene Mitwirkungspflichten aufzuerlegen. Er kann dazu verpflichtet werden, seine aktuelle IT-Umgebung zu beschreiben, dem Cloud-Anbieter Zugang und Zugriff zu Räumlichkeiten o. Ä. zu gewähren, ihn über Schwierigkeiten und Probleme zu unterrichten und konkrete Ansprechpersonen

---

[91] *Meyer-Spasche*, HMD 275 (2010), 71; *Nägele/Jacobs*, ZUM 2010, 281 (284).
[92] Vgl. BGH, NJW 2007, 2394 (2395, Rn. 21).
[93] S. dazu oben Rn. 90.
[94] Auer-Reinsdorff/Conrad/*Strittmatter*, Handbuch IT- und Datenschutzrecht, 3. Aufl. 2019, § 22 Rn. 31 ff. m. w. N.
[95] Zur grds. Einordnung eines sog. ASP-Vertrages (*application service providing* zur Bereitstellung von Softwareanwendungen und damit verbundener Dienstleistungen) als Mietvertrag siehe BGH, NJW 2007, 2394.
[96] BITKOM, Cloud Computing – Was Entscheider wissen müssen, S. 52 f.

zu benennen.[97] Sind zur Ausübung sog. Beistellungen des Cloud-Kunden erforderlich (z. B. Bereitstellung von Daten in einem bestimmten Format), ist eine entsprechende Pflicht zu statuieren.[98]

Je nach Modell und Leistungsumfang sind auf Cloud-Anbieter-Seite Unterrichtungs- und ggf. Instruktionspflichten z. B. im Umgang mit neuen Versionen oder Updates festzulegen.

→ Checkliste 3. Nebenpflichten:

Ein sehr wichtiger Regelungspunkt ist die IT-Sicherheit mit den – sich teils überschneidenden – Komponenten Datenschutz, Datensicherheit, Datenintegrität und Daten- und Systemverfügbarkeit.

Charakteristisch für das Cloud-Computing ist das sog. *Multi-Tenancy*-Modell (auch Multi- bzw. Mehrmandantenfähigkeit), d. h. Nutzer teilen sich dieselbe, ggf. über mehrere Server verteilte Hardware- und Softwareplattform. Im Gegensatz zu bspw. dem herkömmlichen IT-Outsourcing oder Application Service Providing (ASP, dazu Rn. 94) steht dem Kunden keine dedizierte Hardware zur Verfügung. In Bezug auf ASP wird demgegenüber von *Single Tenancy* gesprochen.[99]

Je nach Bereitstellungs- und Servicemodell ergeben sich daraus besondere Gefahren für die IT-Sicherheit, insbes. ausgehend von Dritten. Beispielsweise spielt die IT-Sicherheit bei *Public Clouds*, die von der Öffentlichkeit bzw. einer großen Gruppe (z. B. einer gesamten Branche) genutzt werden, eine tendenziell größere Rolle als bei *Private Clouds*.[100]

Für die *Datensicherheit* kann dem Cloud-Anbieter daher die Pflicht zum Ergreifen entsprechender Sicherungsmaßnahmen aufzuerlegen sein (z. B. Sicherungskopien, Backups).[101]

Der *Datenschutz* soll die Vertraulichkeit der Daten sichern. *Sedes materiae* ist auf einfachgesetzlicher Ebene das Bundesdatenschutzgesetz (BDSG). Das BDSG wurde im Zuge des Inkrafttretens der europäischen Datenschutz-Grundverordnung (DSGVO)[102] novelliert, die ab dem 25.5.2018 den unionsrechtlichen Rechtsrahmen für den Umgang mit personenbezogenen Daten vorgibt. Nach wie vor gestaltet das BDSG insbes. das vom BVerfG 1983 entwickelte Grundrecht auf informationelle Selbstbestimmung[103] und das 2008 konkretisierte Grundrecht auf Gewährleistung der Vertraulichkeit und Integrität informationstechnischer Systeme[104] als Ausprägungen des allgemeinen Persönlichkeitsrechts aus Art. 2 Abs. 1 i. V. m. Art. 1 GG aus und regelt die Zulässigkeit der Erhebung, Verarbeitung und Nutzung personenbezogener Daten. Für den Cloud-Anbieter in Form eines privatrechtlichen Akteurs sind grds. die Regelungen betreffend nicht-öffentliche Stellen (vgl. § 1 Abs. 1 S. 2 BDSG) relevant.

---

97 Borges/Meents/*Meents*, Cloud Computing Rechtshandbuch, 2016, Kapitel 2 § 4 Rn. 69.
98 Vgl. Auer-Reinsdorff/Conrad/*Strittmatter*, Handbuch IT- und Datenschutzrecht, 3. Aufl. 2019, § 22 Rn. 92.
99 *Nägele/Jacobs*, ZUM 2010, 281; vgl. Leupold/Wiebe/Glossner/*James*, IT-Recht, 4. Aufl. 2021, Teil 11.1 Rn. 14 und Teil 11.2 Rn. 3 f.
100 Leupold/Wiebe/Glossner/*James*, IT-Recht, 4. Aufl. 2021, Teil 11.1 Rn. 14 und Teil 11.2 Rn. 34.
101 Regelm. wird eine solche Pflicht auch bei Fehlen einer ausdrücklichen Vereinbarung anzunehmen sein, s. LG Duisburg, MMR 2014, 735.
102 Verordnung (EU) 2016/679 des Europäischen Parlaments und des Rates vom 27.4.2016 zum Schutz natürlicher Personen bei der Verarbeitung personenbezogener Daten, zum freien Datenverkehr und zur Aufhebung der Richtlinie 95/46/EG (Datenschutz-Grundverordnung), ABl. L 119 vom 4.5.2016, S. 1.
103 BVerfGE 65, 1.
104 BVerfGE 120, 274.

Besondere Schwierigkeiten ergeben sich bei grenzüberschreitenden Sachverhalten. Insbesondere kommt es auf das Bestehen eines sog. angemessenen Datenschutzniveaus an. Während für EU- und EWR-Mitgliedstaaten dieses im Wege der Harmonisierung des Datenschutzrechts durch die DSGVO gegeben ist, bedarf es bei Cloud-Computing-Verträgen mit Bezug zu Drittländern einer gesonderten Interessenabwägung und eines entsprechenden Angemessenheitsbeschlusses der Kommission (vgl. Art. 45 DSGVO).

Im Verhältnis zu anderen Staaten außerhalb der EU bzw. des EWR empfiehlt sich der Rückgriff auf Standardvertragsklauseln (z. B. von der Europäischen Kommission beschlossene Standardvertragsklauseln für die Übermittlung personenbezogener Daten an Drittländer).[105] Die Einzelheiten sind komplex, wie die Diskussion um die *Safe Harbor*-Grundsätze und das vom EuGH unlängst gekippte *Privacy Shield* für das Verhältnis zu den USA zeigen.[106]

Bei entsprechend starker Verhandlungsposition kann dem Cloud-Anbieter eine Zertifizierungspflicht auferlegt werden. Zur Realisierung kämen bspw. die aus dem Technologieprogramm Trusted Cloud des (damaligen) Bundesministeriums für Wirtschaft und Energie (BMWi) hervorgegangenen Zertifizierungen *Trusted Cloud Label*[107] oder *Trusted Cloud Datenschutz-Profil für Cloud Dienste* (TCDP)[108] in Frage. Des Weiteren empfiehlt sich die Bezugnahme auf technische Normen und andere Regelwerke.[109]

Bei der Beteiligung von Dritt- und Subanbietern, denen sich der Cloud-Anbieter zur Erfüllung seiner Leistung bedient, sollte sichergestellt werden, dass auch diese die vertraglichen Regelungen und gesetzlichen Verpflichtungen einhalten. Auf Seiten des Cloud-Anbieters ergeben sich ggf. weitere Pflichten (z. B. die Einholung von Rechten bzgl. der Software).

97 → Checkliste 4.1. Leistungssicherung:

Je nachdem, welcher Leistungsbestandteil in Frage steht, sind bzgl. der Gewährleistung besondere vertragliche Regelungen zu treffen. Insbesondere ist auszuführen, wann ein zur Inanspruchnahme des Cloud-Anbieters berechtigender Mangel vorliegt. Bei werkvertraglichen Leistungen (z. B. Installation von Software) ist darüber hinaus bspw. die für den Übergang der Gefahr vom Cloud-Anbieter auf den Cloud-Kunden (§ 644 BGB) und für die Fälligkeit der Vergütung ausschlaggebende Abnahme i. S. v. § 640 BGB zu konkretisieren.[110]

98 → Checkliste 4.3. Allgemeine Sicherungsinstrumente:

Die Geheimhaltungsklausel sollte sich neben den üblichen Inhalten (Rn. 39) auch auf im Rahmen des Cloud-Dienstes verarbeitete Daten des Cloud-Kunden erstrecken.

---

105 S. Durchführungsbeschluss (EU) 2021/914 der Kommission vom 4.6.2021 über Standardvertragsklauseln für die Übermittlung personenbezogener Daten an Drittländer gemäß der Verordnung (EU) 2016/679 des Europäischen Parlaments und des Rates, Abl. L 199 vom 7.6.2021, S. 31.
106 S. dazu EuGH, NJW 2015, 3151 (Schrems I) und EuGH, NJW 2020, 2613 (Schrems II).
107 Der zugrundeliegende „Kriterienkatalog Services 2.0" ist unter www.trusted-cloud.de/artikel/listung-auf-trusted-cloud abrufbar (zuletzt abgerufen am 1.6.2022).
108 www.tcdp.de (zuletzt abgerufen am 1.6.2022).
109 Eingehend Auer-Reinsdorff/Conrad/*Strittmatter*, Handbuch IT- und Datenschutzrecht, 3. Aufl. 2019, § 22 Rn. 175.
110 Bei Beteiligung eines Verbrauchers sind gem. § 650 Abs. 2 S. 2 BGB an Stelle der zuvor genannten Vorschriften die §§ 327 ff. BGB anzuwenden.

→ **Checkliste 4.4. Haftungsvereinbarungen:**

Aufgrund des potenziell großen Umfangs drohender Schäden sind zudem Haftungsbeschränkungen – sowohl für die Haftung des Cloud-Anbieters ggü. dem Cloud-Anwender als auch des Cloud-Anwenders ggü. dem Cloud-Anbieter – zu erwägen. Dabei sind die im BGB vorgesehenen Grenzen zu beachten, bspw. § 309 Nr. 7 BGB.[111]

Die Berührungspunkte mit dem Urheberrecht sowohl auf Seiten des Cloud-Anbieters (urheberrechtswidrige Bereitstellung von Software) als auch auf Seiten des Cloud-Kunden (urheberrechtswidrige Dateneinstellung) gebieten klare Regelungen zur Haftungsfreistellung von Ansprüchen Dritter im Innenverhältnis. Darüber hinaus kommen Regelungen zu Nutzungsrechten (§§ 31 ff. UrhG ggf. i. V. m. §§ 69a ff. UrhG für Computerprogramme) und Schutzrechten (§§ 70 ff. UrhG) im Zusammenhang mit der Einräumung von Lizenzen in Betracht.[112]

→ **Checkliste 5.2. Vertragsanpassung/-änderung:**

Für Änderungen der Leistungen während der Laufzeit kann ein *Change Management* implementiert werden. Es führt Änderungsvorschläge bzw. -gesuche des Cloud-Kunden (*Change Requests*) einem standardisierten Prozess zu, um deren effiziente Umsetzung – ohne gravierende Störungen des Cloud-Dienstes – zu ermöglichen und die Flexibilität des Cloud-Dienstes zu wahren. Der Vertrag sollte auf die Auswirkungen der Änderung sowie die Tragung entstehender Mehrkosten eingehen.[113]

→ **Checkliste 5.2. Vertragsbeendigung:**[114]

Ein weitergehender Regelungsbedarf besteht für die Zeit nach Vertragsbeendigung. Hier kann im Rahmen eines Exitmanagements die Datenherausgabe/-löschung durch den Cloud-Anbieter und ihr Export aus der Cloud durch den Cloud-Kunden, Migrationsunterstützung und – vorübergehende – Leistungserbringung ggf. mit entsprechenden Fristen geregelt werden.[115]

→ **Checkliste 6.1. Rechtswahl:**

Für CCV ist eine Vielzahl an Konstellationen – Cloud-Anbieter im Ausland, Cloud-Kunde im Ausland, Infrastruktur der Hardware im Ausland – mit grenzüberschreitendem Bezug denkbar. Deshalb enthalten CCV nahezu durchgängig eine Rechtswahlklausel.[116]

Fehlt eine solche Klausel, gilt Folgendes: Für den mietvertraglichen Teil des CCV betreffende Fragen (z. B. bezüglich der Online-Nutzung von Ressourcen) beruft Art. 4 Abs. 2 Rom I grds. das Recht des gewöhnlichen Aufenthalts bzw. der Hauptverwaltung des Cloud-Anbieters zur Anwendung.[117] Cloud-Leistungen, die werkvertraglichen Charakter haben, ordnet das Unionsrecht dem Dienstleistungsvertrag zu und beruft entsprechend Art. 4 Abs. 1 lit. b Rom I das Recht des Staates, in dem der Cloud-Anbieter seinen gewöhnlichen Aufenthalt hat, zur Anwendung. Für etwaige Ur-

---

111 Dazu Auer-Reinsdorff/Conrad/*Strittmatter*, Handbuch IT- und Datenschutzrecht, 3. Aufl. 2019, § 22 Rn. 127.
112 Eingehend zu urheberrechtlichen Fragen bei CCV Leupold/Wiebe/Glossner/*Stögmüller*, IT-Recht, 4. Aufl. 2021, Teil 11.4.3 Rn. 8 ff.
113 BITKOM, Cloud Computing – Was Entscheider wissen müssen, S. 44; Kompetenzzentrum Trusted Cloud, Leitfaden – Vertragsgestaltung beim Cloud Computing, S. 15.
114 BITKOM, Cloud Computing – Was Entscheider wissen müssen, S. 56 ff.
115 Auer-Reinsdorff/Conrad/*Strittmatter*, Handbuch IT- und Datenschutzrecht, 3. Aufl. 2019, § 22 Rn. 164 f.
116 Auer-Reinsdorff/Conrad/*Strittmatter*, Handbuch IT- und Datenschutzrecht, 3. Aufl. 2019, § 22 Rn. 80.
117 Leupold/Wiebe/Glossner/*Stögmüller*, IT-Recht, 4. Aufl. 2021, Teil 11.4.3 Rn. 35.

heberrechtsverletzungen schließt Art. 14 Abs. 2 der Rom-II-Verordnung für außervertragliche Schuldverhältnisse eine vertragliche Rechtswahl aus. Dem Schutzlandprinzip folgend kommt das Recht des Staates zur Anwendung, in dem der Schutz beansprucht wird (Art. 8 Abs. 1 Rom II),[118] also bspw. in dem die urheberrechtswidrige Softwarenutzung erfolgte. Besonderheiten gelten bei Verbraucherverträgen.

103 → **Checkliste 6.6. Sonstige:**

Um den Anforderungen des Datenschutzes gerecht zu werden und Rechtsklarheit zu schaffen, ist der Ort der Datenverarbeitung aufzunehmen. Je nach Einordnung des Cloud-Computing als sog. Auftragsdatenverarbeitung, können weitere Pflichten in Bezug auf die Datenverarbeitungen zu berücksichtigen sein.[119]

Unter Umständen trifft eine Vielzahl zwischen dem Cloud-Anbieter und -Kunden geschlossener Vereinbarungen aufeinander: originärer CCV, ggf. eigenständige Vereinbarungen (Vorvertrag, NDA etc.) sowie produktspezifische besondere Geschäftsbedingungen oder Anlagen. Um Widersprüche zu vermeiden und Regelungslücken zu schließen, ist zweckmäßigerweise eine Normenhierarchie festzulegen.

104 → **Checkliste 7. Anlagen:**

Die Quantität und Qualität der Cloud-Leistung können in *SLA* in Form sog. *Service Level* festgesetzt werden.[120] Einen wichtigen Regelungspunkt bilden Verfügbarkeitszusagen. Der Regelung von Verfügbarkeiten bzgl. dem Mietrecht unterfallender Leistungen setzt das gesetzliche Leitbild aus § 535 BGB Grenzen. Es geht von einer unbeschränkten Verfügbarkeit der gemieteten (Cloud-)Leistung aus, so dass pauschale Einschränkungen der AGB-rechtlichen Inhaltskontrolle im Zweifel nicht standhielten. Rechtssicherer ist die Angabe der Verfügbarkeit in Prozentwerten mit Bezug auf bestimmte Abrechnungszeiträume (z. B. eine Verfügbarkeit von 99,9 % oder 95,5 % pro Kalendermonat).[121]

Im Zusammenhang mit Verfügbarkeiten sind insbes. auch Entstörzeiten (z. B. Reaktions- und Fehlerbehebungszeiten) und Wartungszeiten zu berücksichtigen und entsprechend einzubeziehen.

Aufgrund der Problematik des Schadensnachweises stellt die Sanktion von Schlechtleistung einen weiteren wichtigen Regelungspunkt dar. Als Möglichkeiten stehen insbes. Die Vertragsstrafe (§§ 339 ff. BGB), der pauschalierte Schadensersatz oder eine pauschalierte Minderung zur Verfügung. Letztere sieht bei Unterschreiten des vereinbarten *Service Levels* eine Minderung der Gegenleistung um einen fixen Betrag vor (sog. *Service Credits*).[122] Für dienstvertragliche Leistungsteile kann diese verschuldensunabhängige – und damit dem Dienstvertragsrecht fremde – Minderung an § 307 Abs. 1 Nr. 1 BGB scheitern.

---

118 *Nägele/Jacobs*, ZUM 2010, 281 (283).
119 Vgl. insbes. § 62 BDSG und Art. 28 DSGVO, eingehend dazu Leupold/Wiebe/Glossner/*Hartung*, IT-Recht, 4. Aufl. 2021, Teil 11.4.2 Rn. 42 ff.
120 S. Auer-Reinsdorff/Conrad/*Strittmatter*, Handbuch IT- und Datenschutzrecht, 3. Aufl. 2019, § 22 Rn. 105 und Leupold/Wiebe/Glossner/*Stögmüller*, IT-Recht, 4. Aufl. 2021, Teil 11.4.3 Rn. 58 ff.
121 *Meyer-Spasche*, HMD 275 (2010), 71 (72).
122 Leupold/Wiebe/Glossner/*Stögmüller*, IT-Recht, 4. Aufl. 2021, Teil 11.4.3 Rn. 66.

III. Cloud-Computing-Vertrag

2. Zusammenfasssende Checkliste zum Cloud-Computing-Vertrag

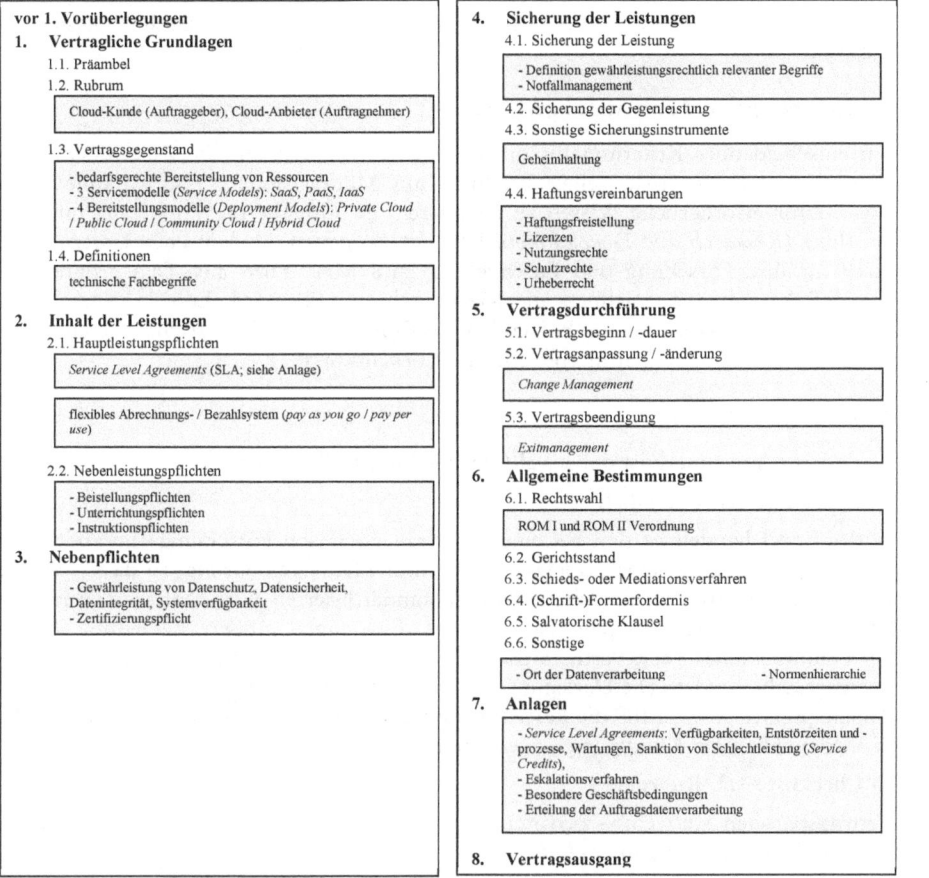

Abbildung 17: Zusammenfassende Checkliste zum Cloud-Computing-Vertrag

Zur Vertiefung (Rn. 89 ff.):

Allgemein: BITKOM (Hrsg.), Cloud Computing – Was Entscheider wissen müssen., 2010; *Meyer-Spasche*, HMD 275 (2010), 71; *Kompetenzzentrum Trusted Cloud*. Arbeitsgruppe „Rechtsrahmen des Cloud Computing" (Hrsg.), Leitfaden – Vertragsgestaltung beim Cloud Computing Nr. 3, März 2014, abrufbar unter: https://www.trusted-cloud.de/sites/default/files/ap_3_vertragsleitfaden.pdf; Leitfaden Haftungsrisiken beim Cloud Computing Nr. 10, April 2015, abrufbar unter: https://www.trusted-cloud.de/sites/default/files/ap_10_leitfaden_haftungsrisiken.pdf (*Sicherung der Leistung*); Arbeitspapier – Lizensierungsbedarf beim Cloud Computing Nr. 2, November 2012, abrufbar unter: https://www.trusted-cloud.de/sites/default/files/arbpap_2_lizensierungsbedarf.pdf (*Urheberrecht*); *Auer-Reinsdorff/Conrad* (Hrsg.), Handbuch IT- und Datenschutzrecht, 3. Aufl. 2019, § 22 Cloud Computing; *Borges/Meents* (Hrsg.), Cloud Computing. Rechtshandbuch, 2016, insbes. Kapitel 2 § 4 Rn. 3 ff. (*Vertragsmodelle*), Rn. 45 ff. (*Vertragstypen*), Rn. 155 f. (*Reaktions-/Fehlerbehebungszeiten*), Rn. 204 (*Datensicherung*), Rn. 228 ff. (*Exitmanagement*).

Allgemein und *Datenschutz* und *urheberrechtliche Aspekte*: *Leupold/Wiebe/Glossner* (Hrsg.), IT-Recht, 4. Aufl. 2021, Teil 11. Cloud Computing; *Nägele/Jacobs*, ZUM 2010, 281 (*Urheberrecht*).

Mangel u. a. bei Software, Datensicherung und *Datenverlust: Beckmann* in: *Beckmann* H./ *Scharff*, Leasingrecht, 4. Aufl. 2015, S. 390–397.
Vertragsgestaltung mit Beispielen und Mustertexten: Söbbing (Hrsg.), Handbuch IT-Outsourcing, 4. Aufl. 2015.

IV. Forschungs- und Entwicklungsvertrag

105 Ein entscheidendes Kriterium für die Konkurrenz- und damit die Zukunftsfähigkeit eines Unternehmens bzw. seiner Produkte am Markt ist der Grad an Innovation. Das hierfür erforderliche Wissen zu generieren, ist Aufgabe der Forschung und Entwicklung (*Research and Development* [R&D]). So gaben die deutschen Unternehmen 2019 für ihre Forschung und Entwicklung 75,8 Mrd. Euro aus. Den größten Teil an F&E-Ausgaben verzeichnete die Kfz-Branche mit 28 Mrd. Euro.[123] Forschungs- und Entwicklungsverträge (im Folgenden: F&E-Vertrag; *R&D Agreement*) dienen dem rechtssicheren Transfer der hierbei erlangten Erkenntnisse.

1. Vertragsgestaltung

106 Besonderes Augenmerk ist dabei auf folgende Punkte[124] zu richten:[125]

→ Checkliste 1.1. Präambel:

In der Regel handelt es sich bei einem Vertrag über eine Forschungs- und/oder Entwicklungsleistung um eine projektbezogene Individualvereinbarung, so dass – im Gegensatz zu den zuvor behandelten, zumeist standardisierten Wirtschaftsverträgen – die AGB-Kontrolle von geringerer Relevanz ist. Eine umso größere Bedeutung kommt der Präambel eines F&E-Vertrags zu. Hier sollte die Verpflichtung zur Zielerreichung herausgestellt werden. Die Darlegung der Parteiinteressen und ihrer Erwartungen kann Anhaltspunkte sowohl für die kartellrechtliche Zulässigkeit des Vertrags als auch für die Möglichkeit der Kündigung aus wichtigem Grund geben.

107 → Checkliste 1.2. Rubrum:

Vertragsparteien sind ein – privater, gewerblicher oder öffentlicher – Auftraggeber (AG) und ein Auftragnehmer (AN).

108 → Checkliste 1.3. Vertragsgegenstand:

Grundsätzlich kann sich der Vertragsgegenstand auf

- die Forschung,
- die Entwicklung oder
- die Forschung und Entwicklung beziehen.

Aufgrund der Komplexität und Individualität von F&E-Vorhaben ist der Vertragsgegenstand möglichst detailliert im Rahmen von entsprechend zu benennenden Anlagen (Rn. 117) festzuhalten.

---

123 S. Erhebungen im Auftrag des Bundesministeriums für Bildung und Forschung von der Wissenschaftsstatistik im Stifterverband, abrufbar unter: https://www.stifterverband.org/fue-facts-2019 (zuletzt abgerufen am 9.5.2022).
124 Ausführliche Mustervereinbarungen des damaligen BMWi (jetzt BMWK), insbes. zu F&E-Verträgen zwischen Wissenschaft und Wirtschaft, sind abrufbar unter: https://www.bmwk.de/Redaktion/DE/Publikationen/Technologie/mustervereinbarungen-fuer-forschungs-und-entwicklungskooperationen.html (zuletzt abgerufen am 9.5.2022).
125 Die Darstellung knüpft an die Grafik in Rn. 20 (Vertragsübergreifendes Grundgerüst mit einer Checkliste) an. Der konkrete Bezug wird durch → Checkliste markiert.

→ Checkliste 2.1. Hauptleistungspflichten:

Die Leistungsbeschreibung hat insbes. klarzustellen, ob eine reine Forschungsleistung – die aufgrund der ihr innewohnenden Ungewissheit bzgl. des Erreichens des Ziels dem Dienstleistungsrecht (§§ 611 ff. BGB) unterliegt – oder ein dem Werkvertragsrecht (§§ 631 ff. BGB) unterfallender Entwicklungserfolg geschuldet ist.

Weitere Pflichten können sich je nach Art der Zusammenarbeit ergeben. Eine grobe Unterscheidung kann zwischen einem F&E-Auftrag und einer F&E-Kooperation erfolgen. Der **Auftrag** beschreibt einen Vertrag, in dessen Rahmen der AG die Forschung oder Entwicklung an einen AN übergibt und das Ergebnis nach Durchführung des Vertrags übernimmt. Eine **Kooperation** beschreibt die Zusammenarbeit zum effektiven Erreichen des Forschungs- / Entwicklungsziels insbes. durch gemeinsames Nutzen von Know-how und anderer Ressourcen unter anteiliger Kostentragung. Sie kann verschiedene Formen annehmen (z. B. *Joint Venture*), die je nachdem spezialgesetzliche Überprüfungen erfordern. So ist bspw. bei im Wettbewerb stehenden Parteien (horizontale Kooperation) an das Kartellrecht – wettbewerbsbeschränkende Abreden – zu denken.[126]

In diesem Zusammenhang sind auch die Regelungen zur Vergütung und ihrer Fälligkeit zu bedenken. Die Vergütungsregelung ist entscheidend von den (wirtschaftlichen) Interessen und der Ausgestaltung des F&E-Vertrags (Rn. 108) abhängig. Geläufige Modelle von Vergütungsvereinbarungen sind: Für Forschungsarbeiten die Kostenerstattung mit limitierter Obergrenze und der Festpreis; für erfolgsgebundene Vertragsleistungen eignen sich Festpreisvergütungen ohne Kostenüberprüfungsrecht durch den AG.[127] Zum Austarieren des Vorfinanzierungsrisikos des AN können ein sofort fälliges *up front payment* und/oder Abschlagszahlungen für abgeschlossene Teile (sog. *Milestones*; vgl. § 632a BGB) vereinbart und entsprechende Zahlungspläne aufgestellt werden.[128] Sofern vorweggenommene Forschungs-/ Entwicklungsarbeiten des AN aufgrund bereits vorhandenen Know-hows oder vorhandener Erfindungen für die Vertragsdurchführung wesentlich sind (z. B. Verkürzung der Forschungsdauer), können Einmalzahlungen vereinbart werden.[129]

Ohne gesonderte Regelung entsteht der Vergütungsanspruch beim Forschungsvertrag – unabhängig vom Erfolg – mit der vertragsmäßigen Durchführung der Forschungsarbeiten. Bei werkvertraglichem Einschlag entsteht er dagegen erst mit Erreichen des vertragsmäßigen Forschungs- bzw. Entwicklungserfolgs und der Abnahme des Werks (erfolgsabhängige Vergütung; §§ 631 f., 641 Abs. 1 S. 1 BGB).

---

[126] S. Teil 5 (Kartellrecht), § 7.
[127] *Möffert*, in: Münchener Vertragshandbuch, Band 3: Wirtschaftsrecht II, 8. Aufl. 2020, S. 69 f.
[128] *Möffert*, in: Münchener Vertragshandbuch, Band 3: Wirtschaftsrecht II, 8. Aufl. 2020, S. 102 f.
[129] *Möffert*, in: Münchener Vertragshandbuch, Band 3: Wirtschaftsrecht II, 8. Aufl. 2020, S. 69.

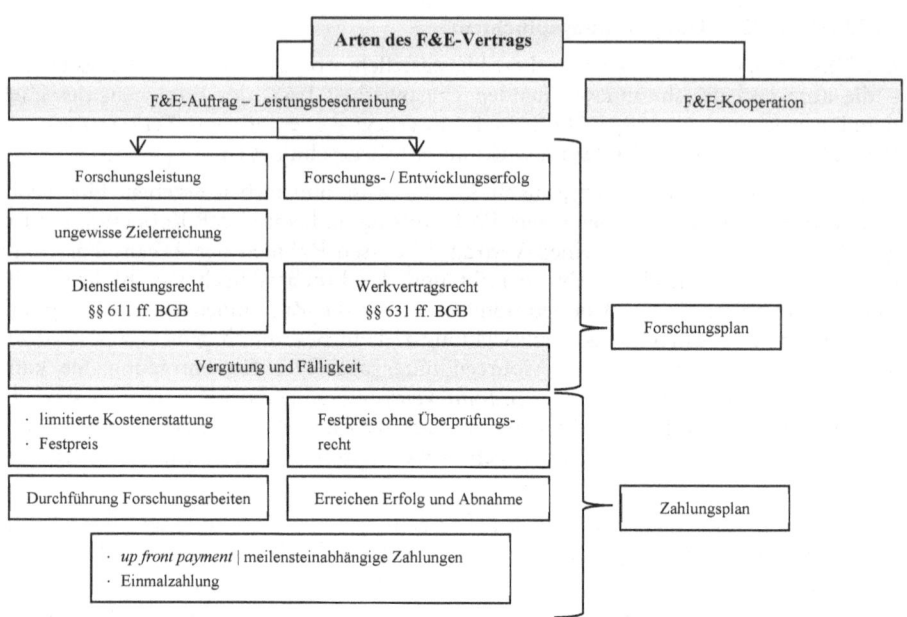

Abbildung 18: Forschungs- und Entwicklungsvertrag – Typen

110 → **Checkliste 2.2. Nebenleistungspflichten:**

Je nach Ausgestaltung des F&E-Vertrags können folgenden Pflichten in Betracht zu ziehen sein:

- Mitwirkungspflichten (z. B. Zurverfügungstellung der Räumlichkeiten oder anderer Infrastruktur durch AG),
- Informationspflichten (und -rechte) und
- Nachschusspflichten im Zusammenhang mit der Kostentragung.

111 → **Checkliste 3. Nebenpflichten:**

Zum Schutz vor insbes. Reputationsschäden sollte ergänzend eine Pflicht zur sog. *Compliance* statuiert werden, z. B. zur Einhaltung eines *Codes of Conduct / Ethics*.[130] Daneben können weitere Pflichten in Bezug auf Schutzrechte, Erfindungen u. Ä. notwendig sein.

112 → **Checkliste 4.1. Leistungssicherung:**

Für Entwicklungsverträge greift die werkvertragsrechtliche Gewährleistung nach §§ 633 ff. BGB. Im Falle langer Vertragslaufzeiten können Erleichterungen zugunsten des AN durch Freistellungs- und Entschädigungsregelungen angezeigt sein. Bei der Entwicklung eines Werks können zudem Modifikationen des Nacherfüllungsrechts oder eine Verlängerung der Rügeobliegenheit (grds. gem. § 640 Abs. 2 BGB bei Abnahme) und der Verjährung erwogen werden.

---

130 Z. B. TUM Research Code of Conduct, abrufbar unter: https://www.tum.de/die-tum/die-universitaet/satzungen-und-leitlinien (zuletzt abgerufen am 9.5.2022).

Im Gegensatz dazu kennt das Dienstvertragsrecht grds. kein besonderes Gewährleistungsrecht.[131] Bei Forschungsverträgen haftet der AN für Sorgfaltspflichtverletzungen nach § 280 Abs. 1 BGB, bspw. bei Abweichungen vom vereinbarten Projektablauf, im Zweifel für Vorsatz und jede Fahrlässigkeit (§ 276 Abs. 1 S. 1 BGB). Eine Orientierungshilfe für die Bestimmung der im Verkehr erforderlichen Sorgfalt bieten technische Normen, wie z. B. die DIN-Normen auf nationaler Ebene, die CEN- oder CENELEC-Normen auf europäischer Ebene und die ISO-Normen auf internationaler Ebene.

→ Checkliste 4.3. Allgemeine Sicherungsinstrumente: 113

Der technische und zeitliche Innovationsvorsprung des AG spielt im Forschungs- und Entwicklungsbereich eine herausragende Rolle. Der AN ist daher zur Geheimhaltung der während der Vertragsdurchführung gewonnenen bzw. erzielten Ergebnisse und Erkenntnisse zu verpflichten und eine Weitergabe – jedenfalls ohne Zustimmung – grds. auszuschließen. Gleiches gilt für Betriebs- und Geschäftsgeheimnisse, die durch das die Richtlinie (EU) 2016/943 umsetzende Gesetz zum Schutz von Geschäftsgeheimnissen (GeschGehG) ausdrücklich geschützt sind.[132] Eine zweiseitige Geheimhaltungsverpflichtung kann entstandene – und u. U. erst noch zum Schutzrecht anzumeldende – Erfindungen und erfolgte Schutzrechtsanmeldungen umfassen. Mitarbeitende und Subauftragnehmer des AN sind in die projektspezifischen Geheimhaltungsverpflichtungen einzubeziehen. Zudem ist die Dauer der nachvertraglichen Geheimhaltungspflicht festzulegen.

Gegebenenfalls ist ein Hinweis auf bereits bestehende (Alt-)Schutzrechte (z. B. Marken, Patente) des AN aufzunehmen.

→ Checkliste 5.1. Vertragsbeginn/-dauer: 114

Für Verträge mit langen Vertragslaufzeiten sollte ein Termin- / Zeitplan mit Projektetappen (*Milestones*) vorgesehen werden (auch Rn. 117).

→ Checkliste 6.2. Gerichtsstand: 115

Für Patentstreitsachen i. S. v. § 143 Abs. 1 PatG besteht ein ausschließlicher Gerichtsstand.

→ Checkliste 6.6. Sonstige: 116

Je nach Ergebnis der Forschung und Entwicklung ist der Umgang mit etwaigen Neu- und bestehenden Altrechten sowie Vertragserfindungen zu regeln, z. B. die Anmeldung gewerblicher Schutzrechte und ihre Nutzung, Verwertung, Aufrechterhaltung, Verteidigung und Durchsetzung inkl. der jeweiligen Kostentragung. Den rechtlichen Rahmen geben u. a. das Marken-, Patent- und Urheberrecht (MarkenG, PatG, UrhG) sowie das Gesetz über Arbeitnehmererfindungen (ArbnErfG) vor.[133]

Weiterhin können sich Regelungen zu schutzwürdigem und -fähigem Know-how empfehlen. Der Begriff des Know-how ist nicht einheitlich definiert. Er kann bspw. praktische Kenntnisse und Erfahrungen erfassen als auch sich auf nicht-öffentliches, wirtschaftlich wertvolles Wissen beziehen. Unter Berücksichtigung des durch das

---

131 S. allerdings nun die §§ 327 ff. BGB, die für Verbraucherverträgen über digitale Dienstleistungen (§ 327 Abs. 2 S. 2 BGB) in § 327i BGB ein spezielles Gewährleistungsregime vorsehen.
132 Vgl. auch Teil 6 (Wettbewerbsrecht), § 4.
133 S. Teil 8 (Gewerblicher Rechtsschutz) und Teil 9 (Urheberrecht).

GeschGehG bestehenden Schutzes von dort erstmals gesetzlich definierten Geschäftsgeheimnissen, sollten der Inhalt und Umfang vertraglich genau definiert werden.[134]

Für Lizenzvereinbarungen (z. B. in Form von Technologietransfervereinbarungen zur exklusiven Nutzung bestimmter Technologien) ist u. a. das Vertragsgebiet zu benennen. Zu beachten gilt ferner, dass die Vertragsgestaltung eine wettbewerbsbeschränkende Wirkung haben kann. Insofern sind die kartellrechtlichen Grenzen und die Inanspruchnahme von Freistellungsmöglichkeiten zu prüfen (vgl. Art. 101 Abs. 3 AEUV).

→ Checkliste 7. Anlagen:

Die wichtigste Funktion der Anlage eines F&E-Vertrags ist die Beschreibung des Vertragsgegenstands sowie des Leistungs- und Arbeitsprogramms samt Kalkulation und Finanzierung, bspw. im Rahmen eines Forschungsplans. Zur Sicherung eines erfolgreichen Projektmanagements sind zudem Regelungen zu Zuständigkeiten, zur Kommunikation, zu Kontrollmechanismen, zu Abweichungen / Nichteinhaltungen / Änderungen (z. B. aufgrund aufgetretener technischer oder wissenschaftlicher Probleme oder neu gewonnener Erkenntnisse) und deren Konsequenzen (z. B. Zusatzvergütung) aufzunehmen.

2. Zusammenfassende Checkliste zum F&E-Vertrag

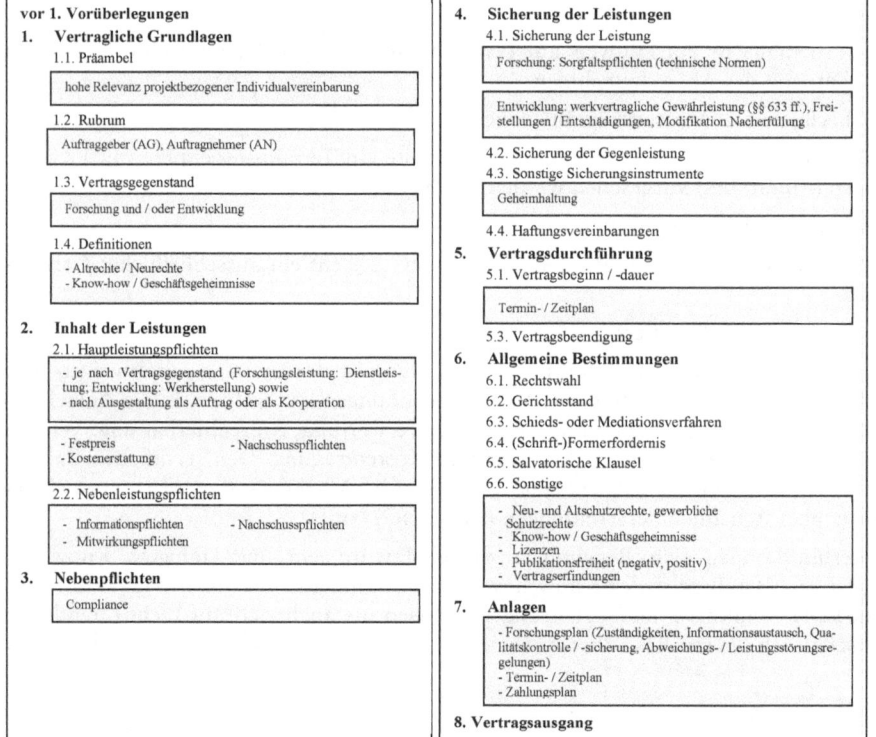

Abbildung 19: Zusammenfassende Checkliste zum Forschungs- und Entwicklungsvertrag

---

134 S. o. Rn. 113.

Zur Vertiefung (Rn. 105 ff.):

Allgemein: Winzer, Forschungs- und Entwicklungsverträge, 2. Aufl. 2011; *Hasselblatt* (Hrsg.), Münchener AnwaltsHandbuch, Gewerblicher Rechtsschutz, 5. Aufl. 2017; *Rosenberger* (Begr.)/ *Wündisch* (Hrsg.), Verträge über Forschung und Entwicklung, 3. Aufl. 2017.

Forschungsvertrag: Münchener Vertragshandbuch, Band 3: Wirtschaftsrecht II, 8. Aufl. 2020, S. 53 ff.

Entwicklungsvertrag: Münchener Vertragshandbuch, Band 3: Wirtschaftsrecht II, 8. Aufl. 2020, S. 89 ff.

Joint Venture: *Fett/Spiering* (Hrsg.), Handbuch Joint Venture, 2. Aufl. 2015.

Schutzrechte, insbes. *Vertragserfindungen, Altschutzrechte* und *Vertragsmuster*: *Rosenberger* (Begr.)/*Wündisch* (Hrsg.), Verträge über Forschung und Entwicklung, 3. Aufl. 2017., S. 81 ff., S. 347 ff.

Know-how-Schutz: *Ann/Loschelder/Grosch* (Hrsg.), Praxishandbuch Know-how-Schutz, 2010, S. 180 ff.

F&E-Auftrag und -Kooperation insbes. hinsichtl. *Kartellrecht*: *Ann/Loschelder/Grosch* (Hrsg.), Praxishandbuch Know-how-Schutz, 2010, S. 222 ff.

Geheimhaltungsvereinbarungen: *Ann/Loschelder/Grosch* (Hrsg.), Praxishandbuch Know-how-Schutz, 2010, S. 604 ff.

Ausführliche Mustervereinbarungen des damaligen BMWi zu insbes. *F&E-Kooperationen zwischen Wissenschaft und Wirtschaft* abrufbar unter: https://www.bmwk.de/Redaktion/DE/Publikationen/Technologie/mustervereinbarungen-fuer-forschungs-und-entwicklungskooperationen.html (zuletzt abgerufen am 9.5.2022).

Teil 3: Kapitalgesellschaftsrecht

Thomas Regenfus

§ 1 Einführung................................	87	§ 4 Kapitalmarktrechtliche Vorgaben für	
§ 2 Gesellschaft mit beschränkter Haftung ..	90	börsengehandelte Wertpapiere	139
§ 3 Aktiengesellschaft	120		

§ 1 Einführung

Bei den gesellschaftsrechtlichen Vorlesungen werden üblicherweise Personengesellschaftsrecht und Kapitalgesellschaftsrecht unterschieden. Schwerpunkt des Kapitalgesellschaftsrechts ist das GmbH-Recht und das Aktienrecht. Neben der GmbH und der AG zählen zu den Kapitalgesellschaften auf nationaler Ebene noch die Genossenschaft (eG), die Kommanditgesellschaft (KGaA) und die Unternehmergesellschaft (haftungsbeschränkt). Auf europäischer Ebene kommen im Wesentlichen die Societas Europaea (SE) als „europäische AG", die Societas Cooperativa Europaea (SCE) als „europäische Genossenschaft" und die Societas Privata Europaea (SPE) als „europäische GmbH" in Betracht. Der Vorteil einer solch supranationalen Gesellschaftsform besteht, abgesehen vom psychologischen Effekt, ein international agierendes Unternehmen zu sein, darin, wegen der europaweit gleichen Rechtsform Fusionen und Neugründungen von Zweigniederlassungen vereinfacht durchführen zu können. Hintergrund dieser europäischen Gesellschaftsformen ist die Harmonisierung des Gesellschaftsrechts in der Europäischen Union, die im Art. 50 Abs. 2 lit. g AEUV dem Europäischen Parlament, dem Rat und der Kommission übertragen wurde und durch Richtlinien und Verordnungen (Art. 352 AEUV) umgesetzt wird. Der europarechtliche Einfluss hat aber auch die wesentlichen Gesetzesreformen im deutschen Kapitalgesellschaftsrecht geprägt, allen voran das Gesetz zur Modernisierung des GmbH-Rechts und zur Bekämpfung von Missbräuchen im Jahr 2008 (MoMiG). So führte beispielsweise das extensive Verständnis der Niederlassungsfreiheit (Art. 54 AEUV) zu einem Vordringen der englischen Limited. Um dem entgegenzuwirken, wurde die „Mini-GmbH", die UG (haftungsbeschränkt) eingeführt. Mit dem zunehmenden Einfluss des Europarechts stellen sich indes vermehrt neue Fragen, etwa die nach der Zulassung der Typenkombination verschiedener nationaler Gesellschaftsformen (zB Limited & Co. KG).

Der Gesetzgeber verwendet den Begriff „Kapitalgesellschaft" nicht. Mit ihm werden solche Gesellschaften in Form juristischer Personen bezeichnet, die bei ihrer Gründung ein bestimmtes Haftungskapital aufweisen müssen, an denen die Gesellschafter durch Gesellschaftsanteile beteiligt sind, aus denen bestimmte Rechte und Pflichten erwachsen. Gemeinsames Kennzeichen der Kapitalgesellschaften ist weiterhin, dass sie selbst nicht handlungsfähig sind, sondern sich bei der Willensbildung und -ausführung ihrer Organe bedienen müssen.

Das Kapitalgesellschaftsrecht ist im Wesentlichen im GmbHG und im AktG geregelt, aber eng verzahnt mit anderen Rechtsgebieten, wie etwa der Insolvenzordnung (vgl. §§ 15a, 19 InsO), dem Kapitalmarktrecht (WpHG und WpÜG) sowie dem Steuerrecht.

4 Bei der Wahl der geeigneten Gesellschaftsform sind Ausgangspunkt meist folgende Fragen:
- Welcher Zweck soll verfolgt werden?
- Wer sind die Gründer?
- Welche Gründungsvoraussetzungen bestehen?
- Wie soll das Kapital aufgebracht werden?
- Welche Organisationsstruktur passt am besten?
- Wie wird gehaftet?

5 In einem ersten Schritt ist zu klären, ob die zukünftigen Gesellschafter Personen sind, die sich gegenseitig vertrauen, auch selbst Leitungsfunktionen übernehmen wollen und bereit sind, persönlich zu haften. Weiterhin spielt eine Rolle, ob ein überschaubarer Kapitalbedarf besteht. In dieser Konstellation passt in der Regel eine Personengesellschaft[1] besser. Als Alternative ist zu erwägen, ob die Gesellschafter persönlich nicht bzw. nur mit dem eingesetzten Kapital haften sollen, ob für die Aktivitäten der Gesellschaft ein größerer Kapitalbedarf besteht, und ob die handelnden Personen keine Gesellschafter sein müssen. Dies spricht für eine körperschaftliche Struktur und Rechtsform, deren Grundform der eingetragene Verein (§§ 21 ff. BGB) ist.

---

[1] Das Recht der Personengesellschaften wurde durch das am 1.1.2024 in Kraft tretende Gesetz zur Modernisierung des Personengesellschaftsrechts (MoPeG) vom 10.8.2021, BGBl. 2021, I, S. 3436, umfassend novelliert. Einen Überblick zum Inhalt liefern Hermanns, DNotZ 2022, 3 ff.; Heckschen, AnwBl. 2022, 30 ff.

§ 1 Einführung

Personengesellschaften

- Person des Gesellschafters maßgeblich
- grds. persönliches Vertrauen
- Mitgliedschaft nicht frei übertragbar und vererblich
- persönliche Haftung der Gesellschafter
- Einstimmigkeitsprinzip
- formloser GesVertrag, Gründung und Rechtsfähigkeit daher sofort möglich

GbR

Gründung zu jedem erlaubten Zweck möglich
keine Eintragung (d.h. schnelle Gründung)
einstimmige Geschäftsführung nach außen
bei Tod eines Gesellschafters grds. Auflösung (wenn keine Fortsetzungsklausel)
Gefahr: persönlich unbeschränkte Haftung
Nach- und Vorteile ggüb. Gesellschaften des HGB (keine Prokura, etc.)

oHG

wie GbR, nur qualifizierter Zweck oder Eintragung ins Handelsregister
grds. Einzelvertretungsmacht
bei Tod eines Gesellschafters Fortbestand

KG

wie OHG; aber: Haftung einzelner Gesellschafter kann beschränkt werden (Außenwirkung auf den Rechtsverkehr ggf. ungünstig)

PartG

Zusammenschluss der Angehörigen freier Berufe

EWiV

Möglicher Zweck: Erleichterung der wirtschaftl. Tätigkeit ihrer Mitglieder bei grenzüberschreitendem Bezug (Hilfestellung)

Stille Gesellschaft

idR kein Auftreten des stillen Gesellschafters nach außen

Kapitalgesellschaften und andere Körperschaften

- Person des Gesellschafters nicht im Vordergrund
- Mitgliedschaft grds. frei übertragbar/vererblich
- Fremdorganschaft
- Willensbildung nach Mehrheitsprinzip
- Rechtsfähigkeit grds. erst mit Eintragung ins Handelsregister, ggfs. notarielle Beurkundung des Gesellschaftsvertrags nötig
- keine persönliche Haftung der Mitglieder

Verein (e.V)

meist kulturell, sozial, karitativ geprägt (gemeinnützig); idR nicht für wirtschaftliche Zwecke, da staatl. Verleihung notwendig (restriktiv)

AG

für Großprojekte mit hohem Kapitalbedarf
Gesellschaftsanteile fungibel, daher:
über Börse erleichterte Kapitalgenerierung möglich, da (welt-)weites Publikumsfeld erreichbar
Satzungsstrenge
Gründung zu jedem erlaubten Zweck möglich

GmbH

weitgehend autonome Gestaltung möglich
Haftung beschränkt auf Stammkapital, kein Börsenhandel

UG (haftungsbeschränkt)

Pendant zur Limited, Haftungsmasse nur mind. 1 €, sonst ähnlich GmbH

eG

Zweck: gegenseitige Förderung der Mitglieder (keine Gewinnerzielung – Altruismus)

Graphik Personengesellschaften – Kapitalgesellschaften und andere Körperschaften

6 Einen Eindruck von der Bedeutung vermitteln die folgenden Zahlen (nach: Statistisches Jahrbuch 2019, Zahlen für 2017):
- AG (einschl. KGaA und SE): 8.159
- GmbH (einschl. UG (haftungsbeschränkt)): 576.240
- GbR (soweit umsatzsteuerpflichtig), oHG und PartG: 273.945
- KG (einschl. GmbH & Co. KG): 164.038
- Erwerbs- und Wirtschaftsgenossenschaften: 5.530

7 Die folgende Darstellung nimmt die GmbH und die AG in den Blick und stellt jeweils die zentralen Aspekte – Gründung, Mitgliedschaft, Organe, Finanzverfassung – dar. Wegen des sachlichen Zusammenhangs mit der AG werden in diesem Teil auch die kapitalmarktrechtlichen Vorgaben für börsengehandelte Wertpapiere behandelt.

Zur Vertiefung (Rn. 4 ff.):
Barbara Grunewald, Gesellschaftsrecht, 2020; *Jens Koch*, Gesellschaftsrecht, 2021; *Christine Windbichler*, Gesellschaftsrecht, 2017; Christian Förster, Gesellschaftsrecht, 2016; *Ingo Saenger*, Gesellschaftsrecht, 2020; *Martin Henssler/Lutz Strohn*, Gesellschaftsrecht, 2020; *Adolf Baumbach/Alfred Hueck*, GmbHG, 2021; *Marcus Lutter/Peter Hommelhoff*, GmbH-Gesetz, 2020; Münchener Kommentar zum GmbHG, 4. Auflage 2022; *Jens Koch*, Aktiengesetz, 2022; Münchener Kommentar zum Aktiengesetz, 5. Auflage.

§ 2 Gesellschaft mit beschränkter Haftung

I. Allgemeines

8 Die Gesellschaft mit beschränkter Haftung (GmbH) ist eine juristische Person mit eigener Rechtspersönlichkeit (§ 13 Abs. 1 GmbHG). Gläubigern der GmbH steht, von den Ausnahmefällen der Durchgriffshaftung auf die Gesellschafter abgesehen, nur das Gesellschaftsvermögen als Haftungsmasse zur Verfügung (§ 13 Abs. 2 GmbHG). Die GmbH wird gem. § 35 Abs. 1 GmbHG durch den Geschäftsführer, der nicht zwingend Gesellschafter sein muss (Grundsatz der Fremdorganschaft, § 6 Abs. 3 S. 1 GmbHG), gerichtlich und außergerichtlich vertreten. Sie ist Formkaufmann (§ 13 Abs. 3 GmbHG iVm § 6 HGB).

9 Die gesetzliche Konzeption geht – im Gegensatz zur Aktiengesellschaft – von einer personalistischen Struktur aus, also einer Kapitalgesellschaft mit einem kleinen Kreis untereinander bekannter Gesellschafter. Zum Ausdruck kommt dies zB in der zwar möglichen, aber erschwerten Umlauffähigkeit der GmbH-Anteile. So gestattet § 15 Abs. 1 GmbHG zwar eine Veräußerung von Geschäftsanteilen durch Abtretung, doch ist für diese die notarielle Beurkundung erforderlich (§ 15 Abs. 3 GmbHG). Die personalistische Struktur äußert sich insbes. in dem weitgehend privatautonom gestaltbaren Gesellschaftsvertrag (= Satzung) und im Fehlen eines dem Aktiengesetz vergleichbaren Regelungskomplexes über Schutzbestimmungen für die Gesellschafter. Aufgrund des persönlichen Vertrauens gibt es auch kein zwingend notwendiges System der „Checks and Balances" wie bei der Aktiengesellschaft, deren Organe Vorstand, Aufsichtsrat und Hauptversammlung gegenseitige Aufsichts- und Kontrollbefugnisse haben. Fakultativ kann die GmbH zwar einen Aufsichtsrat installieren (§ 52 GmbHG). Sie muss aber lediglich einen Geschäftsführer und einen Gesellschafter haben.

I. Allgemeines

Die sog. Ein-Mann-GmbH besteht nur aus einem Gesellschafter. In der Praxis wird dieses Modell bei kleinen und mittelständischen Unternehmen sowie dann gewählt, wenn besonders risikobehaftete Unternehmenssparten als Tochtergesellschaften ausgegliedert werden, weiterhin aber unter dem faktischen Einfluss des Mutterkonzerns stehen sollen.

10

Der vom Gesetzgeber gesehene Regelungsbedarf hat seinen Niederschlag im GmbHG gefunden. Dessen Struktur zeigt die folgende Grafik.

11

Teil 3 § 2 Gesellschaft mit beschränkter Haftung

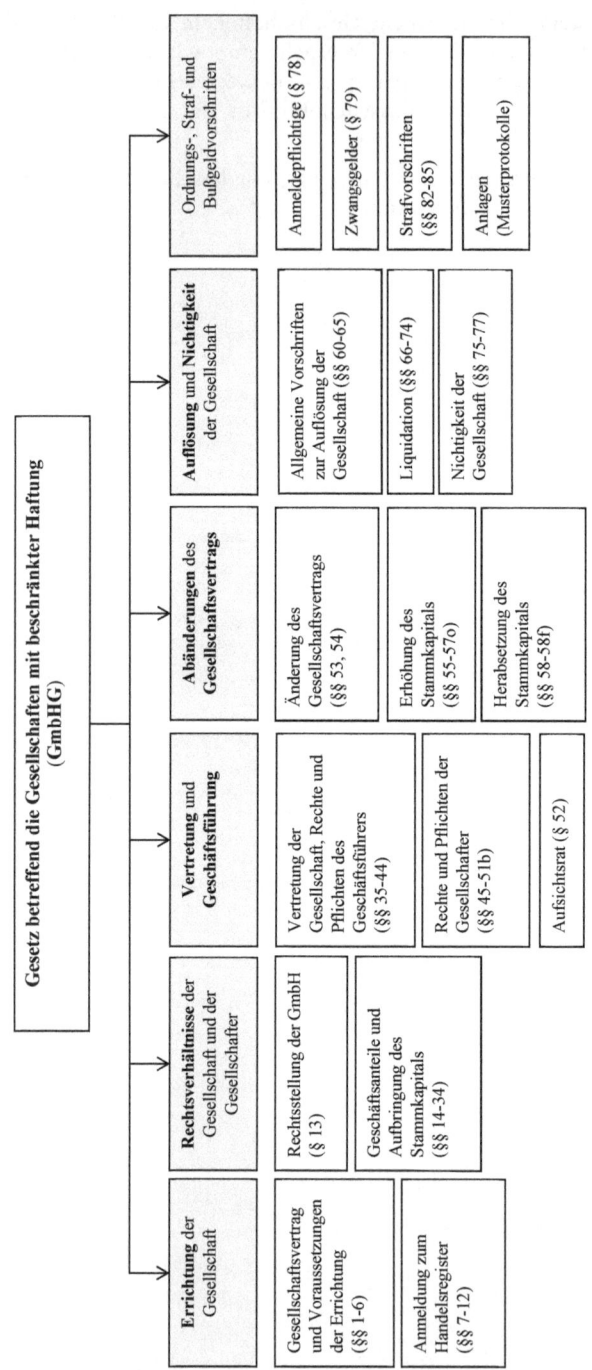

II. Gründung

Die Gründung der GmbH vollzieht sich gesetzlich vorgesehen im Wesentlichen in fünf Schritten:

- Abschluss des Gesellschaftsvertrags
- Bestellung der Geschäftsorgane
- Aufbringung des Stammkapitals
- Prüfung durch das Registergericht
- Anmeldung zum Handelsregister

Dabei durchläuft die Gesellschaft zwei oder drei Stufen, die vor allem für die Haftung der im jeweiligen Stadium begründeten Verbindlichkeiten wichtig sind (Vorgründungsgesellschaft – Vor-GmbH – GmbH).

§ 2 Abs. 1a GmbHG erlaubt ein vereinfachtes Gründungsverfahren, wenn die Gesellschaft nicht mehr als drei Gesellschafter und nur einen Geschäftsführer haben soll, indem auf das Musterprotokoll gem. Anlage zum GmbHG zurückgegriffen wird. Der Vorteil liegt in einem Beschleunigungseffekt, da durch die Standardisierung des Musterprotokolls der Beratungsbedarf und der Prüfungsaufwand verringert werden. Die Möglichkeit zur privatautonomen Ausgestaltung der Satzung ist dabei erheblich eingeschränkt (§ 2 Abs. 1a S. 3 GmbHG).

1. Gründungsverfahren

a) Abschluss eines Gesellschaftsvertrags

Notwendiger Inhalt und Form des Gesellschaftsvertrags ergeben sich aus §§ 1–4 GmbHG. Die GmbH darf zu jedem zulässigen Zweck gegründet werden (§ 1 GmbHG), was neben wirtschaftlichen auch ideelle Zwecke umfasst (zur gGmbH unten § 2 V. 3.). Die GmbH darf daher keine gesetzes- oder sittenwidrigen Zwecke verfolgen oder einen Unternehmensgegenstand haben, für den aufgrund spezialgesetzlicher Bestimmungen (zB § 8 ApothekenG, § 7 Abs. 1 VAG) die Rechtsform der GmbH unzulässig ist. Gründer können natürliche und juristische Personen, Personenhandelsgesellschaften (oHG und KG) sowie auch Gesamthandsgemeinschaften wie die GbR oder die Erbengemeinschaft sein (vgl. § 18 Abs. 1 GmbH).

Ein wesentlicher Vorteil der GmbH gegenüber der AG ist die Möglichkeit, den Inhalt der Satzung – soweit es nicht deren notwendigen Inhalt (§ 3 GmbHG) betrifft – privatautonom zu gestalten (§ 45 Abs. 2 GmbHG). Vorgegeben sind nur folgende Inhaltsangaben: Firma (§ 3 Abs. 1 Nr. 1 iVm § 4 GmbHG, §§ 18, 30 HGB), Sitz (§§ 3 Abs. 1 Nr. 1, 4a GmbHG), Gegenstand des Unternehmens (§ 3 Abs. 1 Nr. 2 GmbHG). Der Unternehmensgegenstand sollte möglichst präzise gefasst werden, um das Risiko einer Ablehnung der Eintragung durch das Registergericht (§ 9c GmbHG) und die Gefahr einer Innenhaftung wegen Überschreitung der Vertretungsbefugnisse (vgl. § 37 Abs. 1 GmbHG) zu reduzieren. Fehlt der Zusatz „GmbH" oder „Gesellschaft mit beschränkter Haftung", kann dies eine Haftung der Handelnden oder der scheinbar Vertretenen nach Rechtsscheingrundsätzen nach sich ziehen. Das Stammkapital muss mindestens 25.000 EUR betragen (§ 3 Abs. 1 Nr. 3, § 5 GmbHG). Es wird in Geschäftsanteile zerlegt, die jeder Gesellschafter gegen Zahlung einer vertraglich festgesetzten Einlage übernimmt (§ 3 Abs. 1 Nr. 3, 4 iVm §§ 5, 14 GmbHG).

17 Im Vorfeld des Gesetzes zur Modernisierung des GmbH-Rechts und zur Bekämpfung von Missbräuchen vom 23.10.2008 (MoMiG, in Kraft seit 1.11.2008) wurde zwar eine Absenkung des Mindeststammkapitals auf 10.000 EUR diskutiert, letztlich aber verworfen und stattdessen die „UG (haftungsbeschränkt)" in § 5a GmbHG eingeführt. Soll die GmbH nur eine bestimmte Zeit existieren oder sollen weitergehende Verpflichtungen der Gesellschafter gegenüber der Gesellschaft begründet werden, muss dies im Gesellschaftsvertrag geregelt sein (§ 3 Abs. 2 GmbHG).

18 Die Errichtung der Satzung bedarf der notariellen Form (§ 2 Abs. 1 GmbHG). Dasselbe gilt für ihre Änderung (§ 53 Abs. 2 GmbHG). Das am 1.8.2022 in Kraft getretene Gesetz zur Ergänzung der Regelungen zur Umsetzung der Digitalisierungsrichtlinie und zur Änderung weiterer Vorschriften (DiRUG) eröffnet die Möglichkeit, die notarielle Beurkundung des Gesellschaftsvertrags mittels Videokommunikation und qualifizierter elektronischer Signatur vorzunehmen (§ 2 Abs. 3 GmbHG). Bis 1.8.2023 gilt dies allerdings nur, wenn die Gründung ohne Sacheinlagen erfolgt. § 2 Abs. 2 GmbHG gestattet eine Vertretung bei der Unterzeichnung unter der Voraussetzung einer notariell beglaubigten oder errichteten Vollmacht; auch hier genügt nun eine Beurkundung per Videokonferenz.

b) Bestellung der Gesellschaftsorgane

19 Die GmbH muss zwingend mindestens zwei Organe besitzen: die Gesellschafterversammlung als oberstes Willensbildungsorgan (§§ 46 ff. GmbHG) und den Geschäftsführer als Handlungsorgan (§ 6 Abs. 1 GmbHG), dessen persönliche Anforderungen sich aus § 6 Abs. 2 GmbHG ergeben.

20 Die Funktion des Geschäftsführers kann – anders als bei Personengesellschaften – bei der GmbH als Kapitalgesellschaft auch von Nichtgesellschaftern übernommen werden (§ 6 Abs. 3 S. 1 GmbHG, sog. **Grundsatz der Fremdorganschaft**). Die Gesellschafter haben die Wahl, den Geschäftsführer bereits in der Satzung zu benennen oder durch einfache Beschlussfassung zu bestellen. Diese Entscheidung hat unter Umständen weitreichende Bedeutung. Im ersten Fall gelten bei nachträglicher Änderung (bspw. bei Abberufung und Neubestellung des Geschäftsführers) die Vorschriften über Satzungsänderungen, insbesondere notarielle Beurkundung und ¾-Mehrheit (§ 53 Abs. 2 S. 1 GmbHG), wohingegen bei einfacher Beschlussfassung gem. §§ 46 Nr. 5, 47 GmbHG die einfache Stimmenmehrheit ausreicht.

c) Aufbringung des Stammkapitals

21 Weiteres Erfordernis der Eintragung ist die (teilweise) Aufbringung des in der Satzung vorgesehenen Stammkapitals. Dies kann durch Bar- oder Sachgründung geschehen; problematisch sind verdeckte Sacheinlagen.

aa) Bargründung

22 Gesetzlicher Regelfall der Einlagenerbringung ist die Bargründung (Umkehrschluss aus § 5 Abs. 4 S. 1 GmbHG). Hierbei müssen gem. § 7 Abs. 2 GmbHG von jedem Geschäftsanteil mindestens ¼ des Nennbetrags und insgesamt mindestens die Hälfte des Mindeststammkapitals, also 12.500 EUR, so einbezahlt werden, dass das Kapital der GmbH zur freien Verfügung steht (§ 8 Abs. 2 S. 1 GmbHG). Nach allgemeiner Meinung kann die Verpflichtung zur Bareinlageleistung analog § 54 Abs. 3 AktG

durch Anweisung auf ein Konto der Vor-GmbH erfüllt werden. Da den Gläubigern der GmbH grds. nur das Gesellschaftsvermögen zur Verfügung steht (§ 13 Abs. 2 GmbHG), können die Gesellschafter von der Einlagenleistung nicht befreit werden (§ 19 Abs. 2 GmbHG). Kann ein Gesellschafter die Einlage nicht erbringen und der Fehlbetrag auch nicht durch Verkauf des Geschäftsanteils gedeckt werden, haften die übrigen Gesellschafter gem. § 24 S. 1 GmbHG im Verhältnis ihrer Anteile.

bb) Sachgründung

§ 5 Abs. 4 GmbHG eröffnet unter besonderen Voraussetzungen die Möglichkeit der Sachgründung. Hierzu müssen der Gegenstand der Sacheinlage und der Nennbetrag des Geschäftsanteils, auf den sich die Sacheinlage bezieht, in der Satzung festgesetzt werden. Außerdem ist ein detaillierter Sachgründungsbericht anzufertigen, in dem die Angemessenheit der Leistung dargelegt wird; dies wird vom Registergericht besonders geprüft (§§ 8 Abs. 1 Nr. 5, 9c Abs. 1 S. 2 GmbHG). Die eingebrachte „Sache" muss aus Gläubigerschutzgründen einen ermittelbaren Vermögenswert besitzen und der Gesellschaft gänzlich zur freien Verfügung stehen (§§ 7 Abs. 3, 8 Abs. 2 S. 1 GmbHG). Hierzu müssen bspw. die Sache übereignet oder die Forderung abgetreten werden. Dienstleistungen können nicht als Sacheinlage erbracht werden (§ 27 Abs. 2 Hs. 2 AktG analog). Zeitpunkt für die Bewertung ist die Anmeldung der Gesellschaft zur Eintragung in das Handelsregister (§ 9 Abs. 1 GmbHG). Den sacheinlageleistenden Gesellschafter trifft daher das Risiko, dass eine Sache, die vor der Eintragung eingebracht wird, während der unter Umständen längeren Anmeldungsphase an Wert verliert. Er muss dann gegebenenfalls die Differenz in Höhe des momentanen Werts und des angegebenen Werts begleichen, sog. „Bardeckungspflicht". Bei Falschangaben drohen nach § 9a Abs. 1, Abs. 2 GmbHG (ggf. in Verbindung mit § 823 Abs. 2 BGB) Schadensersatzpflichten der GmbH im Innenverhältnis gegen ihre Gesellschafter sowie strafrechtliche Folgen (§ 82 Abs. 1 Nr. 2 GmbHG).

23

cc) Verdeckte Sacheinlagen, § 19 Abs. 4 u. 5 GmbHG

Da das Registergericht die Prüfung in der Regel auf die vorgelegten Nachweise und Versicherungen beschränkt (eine routinemäßige Einforderung weiterer Nachweise ist aufgrund der dadurch entstehenden Verzögerungen unzulässig), besteht die Gefahr, dass die Gesellschafter verdeckte Sacheinlagen erbringen. Beispielsweise wird zwischen GmbH und Gesellschafter ein Kaufvertrag über einen Gegenstand geschlossen und anschließend die Kaufpreisforderung mit der Einlagenschuld verrechnet. Allgemein formuliert liegt eine verdeckte Sacheinlage vor, wenn eine Geldeinlage bei wirtschaftlicher Betrachtung und aufgrund einer im Zusammenhang mit der Übernahme der Geldeinlage getroffenen Abrede vollständig oder teilweise als Sacheinlage zu bewerten ist (§ 19 Abs. 4, Abs. 5 GmbHG). Es müssen also folgende objektive und subjektive Merkmale erfüllt sein:

24

Merkmale einer verdeckten Sacheinlage:

(1) **Objektiver Tatbestand:**

    (a) Vorliegen einer **vereinbarten Bareinlage**

    (b) Vorliegen eines **Umgehungsgeschäfts**

    (c) **Enger, zeitlicher Zusammenhang** zwischen a) und b)

(2) Subjektiver Tatbestand:
Umgehungsabrede

25 Ein Umgehungsgeschäft liegt vor, wenn die beiden wesentlichen Gläubigerschutzmerkmale der Sacheinlage ausgeschaltet werden, nämlich die Werthaltigkeitskontrolle und die Registerpublizität. Der Wert der Sacheinlage würde bei korrektem Vorgehen zum einen in einem Sachgründungsbericht festgehalten und (wenn auch eingeschränkt) durch das Registergericht kontrolliert werden (§§ 5 Abs. 4 S. 2, § 9c Abs. 1 S. 2 GmbHG) und zum anderen wäre der Gegenstand der Sacheinlage in der Satzung festgehalten (§ 5 Abs. 4 S. 1 GmbHG). Der enge zeitliche Zusammenhang wird nach der Rechtsprechung[2] bei ungefähr sechs Monaten gesehen. Bereits der Gesetzeswortlaut des § 19 Abs. 4 S. 1 GmbHG verlangt zusätzlich zum Schutz derjenigen Gesellschafter, die eine Bareinlage erbringen und kurze Zeit danach der Gesellschaft einen Gegenstand verkaufen, ohne dies vor der Einlagenleistung bestimmt zu haben, noch eine entsprechende Abrede (bei der Ein-Mann-Gründung: Absicht). Dies ist erforderlich, damit Gesellschaftern nicht ein Nachteil daraus erwächst, wenn sie „normale" Rechtsgeschäfte mit der Gesellschaft tätigen. Da dieses subjektive Kriterium allerdings schwer zu beweisen ist, wird es bei Vorliegen eines engen zeitlichen Zusammenhangs vermutet.

26 Eine verdeckte Sacheinlage zieht weder die Unwirksamkeit des Vertrags über die Sacheinlage noch die der Rechtshandlungen zu ihrer Ausführung nach sich (§ 19 Abs. 4 S. 2 GmbHG). Nach Eintragung der Gesellschaft erfolgt kraft Gesetzes eine Anrechnung des Wertes des verdeckt eingelegten Vermögensgegenstandes auf die fortbestehende Leistungspflicht (§§ 19 Abs. 4 S. 3, 4 GmbHG). In Höhe der Differenz zwischen Einlageverpflichtung und Wert des eingebrachten Gegenstands wird der Gesellschafter also nicht von seiner Schuld befreit, sondern muss gem. § 9 GmbHG den fehlenden Wert (ggfs. erneut) aufbringen. Für den Wert trifft dabei den Gesellschafter die Beweislast (§ 19 Abs. 1 S. 5 GmbHG), was der Gesellschaft zugutekommt. Zusätzlich verbleiben zum Schutz der Gesellschaft die §§ 9a, 24 GmbHG.

27 § 19 Abs. 5 GmbHG bildet einen Auffangtatbestand für Rechtsgeschäfte, die nicht unter die verdeckte Sacheinlage fallen, wirtschaftlich aber einer Rückzahlung entsprechen. Besonders in den Fällen des „Hin-und-Her-Zahlens" wird der Gesellschafter nur dann von seiner Einlagepflicht befreit, wenn (nicht „soweit"; hier gilt das Alles-oder-Nichts-Prinzip) die GmbH einen fälligen und vollwertigen Rückgewähranspruch gegen den Gesellschafter hat.[3]

28 Da Dienstleistungen keine Sacheinlagen sein können, ist die Vereinbarung entgeltlicher Dienstleistungen nicht an § 19 Abs. 4 GmbHG zu messen. Soweit der Gründer nicht Mittel für seine Zwecke „reserviert", liegt auch kein Fall des § 19 Abs. 5 GmbHG vor.[4]

dd) Verzug und Nichterfüllung der Einlagepflicht

29 Anspruchsgrundlage der Gesellschaft gegen ihre Gesellschafter für die Erbringung der Einlagepflicht ist § 14 GmbHG; der Anspruch wird durch die Gesellschafterversammlung geltend gemacht (§ 46 Nr. 2 GmbHG). Gerät ein Gesellschafter mit der Einlagen-

---

2 BGH, NJW 1996, 1286, 1288, mwN.
3 BGH, NJW 2009, 2375, 2377.
4 BGH, NJW 2009, 2375, 2377; bestätigt für die AG durch BGH, NJW 2010, 1747.

leistung in Verzug oder bleibt es bei der Nichterfüllung, ergeben sich die Rechtsfolgen aus §§ 20–25 GmbHG.

d) Anmeldung zum Handelsregister

Nach Bestellung der Organe und Aufbringung des Mindestkapitals melden sämtliche Geschäftsführer die Gesellschaft zur Eintragung in das Handelsregister an (§§ 7 Abs. 1, 78 GmbHG iVm § 8 HGB). Der erforderliche Inhalt der Anmeldung richtet sich nach § 8 GmbHG. Insbesondere müssen – in elektronischer Form (§ 8 Abs. 5 GmbHG iVm § 12 Abs. 2 HGB). – der Gesellschaftsvertrag, eine vollständige Gesellschafterliste, die Unterlagen der Sachgründung und die Versicherung abgegeben werden, dass die in § 7 Abs. 2 u. 3 GmbHG bezeichneten Leistungen bewirkt sind und sich in der freien Verfügung der Geschäftsführer befinden. Angegeben werden müssen auch eine inländische Geschäftsanschrift sowie Art und Umfang der Vertretungsbefugnis der Geschäftsführer (§ 8 Abs. 4 GmbHG).

Bei Falschangaben greift auch hier die Schadensersatzpflicht des § 9a GmbHG.

e) Prüfung durch das Registergericht

Das Registergericht prüft die ordnungsgemäße Errichtung § 9c Abs. 1 GmbHG in formeller und materieller Hinsicht, bevor es die Eintragung vornimmt. Zur formellen Prüfpflicht gehören insbesondere die Überprüfung der notariellen Beurkundung der Satzung und die ordnungsgemäße Anmeldung. Die materielle Prüfpflicht beinhaltet unter anderem die Prüfung der Wirksamkeit der Satzung und die Erbringung der Einlagenleistungen.

2. Rechtslage während der Gründungsstadien

Bei der Gründung durchläuft die GmbH zwei bzw. drei wichtige Phasen. Erst mit der Eintragung in das Handelsregister entsteht die GmbH als solche (§ 11 Abs. 1 GmbHG). Da bereits während des längeren Zeitraums der Gründung oftmals Geschäfte für die spätere GmbH getätigt werden, stellt sich insbesondere die Frage, wer für diese Verbindlichkeiten einstehen muss, da § 13 Abs. 2 GmbHG erst für die „fertige" GmbH gilt.

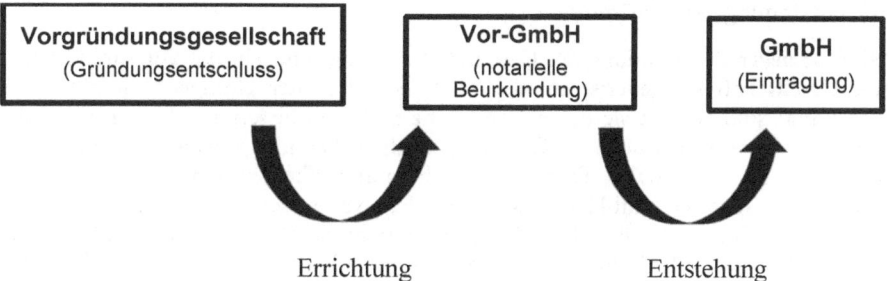

a) Vorgründungsgesellschaft

Mit dem Entschluss der späteren Gesellschafter, eine GmbH zu errichten, wird – Rechtsbindungswille vorausgesetzt) – (konkludent) ein Gesellschaftsvertrag geschlossen, der den Zweck hat, eine GmbH zu gründen. Damit entsteht zunächst eine reine Innen-GbR iSv §§ 705 ff. BGB. Soweit die späteren Gesellschafter sich verpflichten wollen, die GmbH zu gründen, bedarf – um eine Umgehung des § 2 GmbHG zu verhindern – bereits der Gesellschaftsvertrag der GbR der notariellen Beurkundung. Unterbleibt diese, kommen die Regeln zur fehlerhaften Gesellschaft[5] zur Anwendung.

35 Tätigt die Vorgründungsgesellschaft Rechtsgeschäfte, liegt eine teilrechtsfähige Außen-GbR vor; betreibt sie ein Handelsgewerbe, ist sie oHG (§ 1 Abs. 2 HGB). Diese Differenzierung ist wichtig, weil davon die Vertretung abhängt: Bei der GbR liegt Gesamtvertretung vor (§§ 709, 710, 714 BGB), wohingegen die oHG grds. durch jeden Gesellschafter einzeln vertreten werden kann (§ 125 HGB). Außerdem kann die Geschäftsführungsbefugnis und die daraus resultierende Vertretungsmacht bei der GbR beschränkt werden, während bei der oHG eine Beschränkung der Vertretungsmacht im Außenverhältnis unwirksam wäre (§ 126 Abs. 2 HGB).

36 Für Verbindlichkeiten haften bei wirksamer Vertretung die GbR und die oHG selbst und über § 128 HGB (bei GbR: analog) die Gesellschafter. Bei unwirksamer Vertretung verbleibt eine Haftung nach §§ 177 ff. BGB. Die Handelndenhaftung des § 11 Abs. 2 GmbHG setzt dagegen nach hM nicht bereits im Vorgründungsstadium ein, sondern erst mit Errichtung der Vor-GmbH.[6]

37 Mit Zweckerreichung (notarielle Beurkundung des Gesellschaftsvertrags) endet die Gesellschaft (§ 726 BGB). Eine Übertragung der Aktiva und Passiva (Rechte und Pflichten der GbR/oHG) auf die Vor-GmbH findet dabei in der Regel nicht statt; mangels Identität zwischen den beiden Gebilden kommt es insbesondere nicht zu einem automatischen Übergang.

38 Im Stadium der Liquidation bleibt die GbR/oHG weiter bestehen (§ 733 BGB), so dass auch die akzessorische Haftung der Gesellschafter gem. § 128 HGB für zuvor begründete Verbindlichkeiten fortbesteht. Die einzige Möglichkeit, die Pflichten (Passiva) auf die Vor-GmbH zu verlagern, besteht in einer rechtsgeschäftlichen Schuldübernahme gem. §§ 414 ff. BGB, die der Zustimmung der Gläubiger bedarf. Die Rechte (Aktiva) der Vorgründungsgesellschaft können hingegen durch die Gesellschafter selbst übertragen werden.

b) Vor-GmbH – Verhältnis zur „fertigen" GmbH

aa) Entstehung der Vor-GmbH

39 Mit notarieller Beurkundung des Gesellschaftsvertrags entsteht die Vor-GmbH. Sie ist eine Gesellschaft sui generis, auf die die Vorschriften der „fertigen" GmbH analog anwendbar sind, soweit sie deren Eintragung nicht voraussetzen oder sonst mit dem Umstand, dass sie sich noch im Gründungsstadium befindet, unvereinbar sind. Sie ist rechtsfähig und kann daher Träger von Rechten und Pflichten sein; sie ist ferner identisch mit der späteren GmbH, dh Aktiva und Passiva müssen nicht übertragen werden. Mit der Eintragung in das Handelsregister spricht das Gesetz von der „GmbH als solcher" (§ 11 Abs. 1 GmbHG). Die Vor-GmbH endet nur dann und wird liquidiert,

---

5 Koch, Gesellschaftsrecht, § 33 Rn. 28 f.
6 Ausdrückliche Aufgabe der Handelndenhaftung im Vorgründungsstadium durch BGH NJW 1984, 2164; Henssler/Strohn/Schäfer, GmbHG § 11 Rn. 50; Baumbach/Hueck/Fastrich, GmbHG, § 11 Rn. 50; ferner, BGH NJW 1984, 2164; BGH, NJW 2004, 2519, 2520;; dem gegenüber kritisch Roth/Altmeppen/Roth, GmbHG, § 11 Rn. 73 f.

wenn die Gesellschafter die Eintragung nicht mehr verfolgen, wenn das Registergericht die Eintragung endgültig ablehnt, wenn über das Vermögen der Vor-GmbH das Insolvenzverfahren eröffnet wird oder wenn der Gesellschaftsvertrag aus wichtigem Grund gekündigt wird (§ 723 Abs. 1 S. 2, 3 Nr. 1 BGB analog).

bb) Vertretung der Vor-GmbH

Die Vor-GmbH wird analog §§ 35, 37 GmbHG von ihrem Geschäftsführer vertreten. Nach hM folgt aus der Identität zwischen Vor-GmbH und GmbH, dass der Geschäftsführer auch dann die Vor-GmbH vertritt, wenn er bei Vertragsschluss nur im Namen der GmbH auftritt, indem er bspw. den Zusatz „GmbH in Gründung" weglässt.[7] Der Umfang der Vertretungsmacht ist bei der „fertigen" GmbH gem. § 37 Abs. 1 GmbHG durch den Gesellschaftsvertrag beschränkt. Für das Stadium der Vor-GmbH bedeutet dies entsprechend, dass die Vertretungsmacht auf Maßnahmen beschränkt ist, mit denen der Gründungszweck verwirklicht werden soll. Der Geschäftsführer darf daher nur solche Geschäfte tätigen, die für die Eintragung der Gesellschaft notwendig sind (bei der Sachgründung also auch Rechtshandlungen, die zum Erhalt der Sacheinlagen nötig sind), nicht jedoch die werbende Tätigkeit aufnehmen. Damit die Gesellschaft schon vor Eintragung für den späteren Betrieb wichtige Rechtsgeschäfte tätigen kann, können die Gründer indes die Vertretungsmacht des Geschäftsführers explizit oder konkludent erweitern. Dies kann nach Rechtsprechung des BGH[8] durch einstimmige Ermächtigung oder durch Niederlegung im Gesellschaftsvertrag erfolgen, wobei eine notarielle Beurkundung gem. § 2 GmbHG nicht erforderlich ist, da diese Regelung keine permanente Änderung der Satzung mit sich bringt, sondern zeitlich auf das Stadium der Vor-GmbH begrenzt wird.

40

Umstritten ist die Anwendbarkeit des § 37 Abs. 2 GmbHG auf die Vor-GmbH. Nach dieser Bestimmung wirkt sich zum Schutz des Rechtsverkehrs, der keinen Einblick in die innenrechtlichen Beziehungen der GmbH hat, eine Beschränkung der Vertretungsmacht im Außenverhältnis – wie bspw. bei der oHG (§ 126 Abs. 2 HGB) und der Prokura (§ 50 HGB) – grds. nicht aus (Ausnahme: Grundsätze über den Missbrauch der Vertretungsmacht). Dieser Schutzzweck soll nach einer Ansicht auch für die Vor-GmbH gelten, zumal auf die Vor-GmbH die Vorschriften der GmbH analoge Anwendung finden, soweit sie deren Eintragung nicht voraussetzen. Nach Rechtsprechung und hM ist die Anwendung des § 37 Abs. 2 GmbHG jedoch nicht mit dem Gründungsstadium vereinbar, da die Vor-GmbH in der Regel nicht die Aufnahme des vollen Geschäftsbetriebs zum Ziel hat und sich vor allem für die Gründungsgesellschafter – die in diesem Stadium einer unbeschränkten Haftung unterliegen – ein erhebliches Risiko ergäbe.[9] Dies gilt umso mehr wegen der Möglichkeit der Fremdorganschaft, dh der Personenverschiedenheit von Gesellschafter und Geschäftsführer. Da die Ver-

41

---

7 BGH NJW-RR 1990, 220, 220; Baumbach/Hueck/Fastrich, GmbHG, § 11 Rn. 18 mwN; iE auch Roth/Altmeppen/Roth, GmbHG, § 11 Rn. 28 f., Rn. 48; aA Blath/Michalski, GmbHG, § 11 Rn. 133, 62 f.; Scholz/Schmidt, GmbHG, § 11 Rn. 93.
8 BGHZ 17, 385; BGHZ 45, 338; BGHZ 53, 210; BGH NJW 1978, 1978.
9 Roth/Altmeppen/Roth, GmbHG, § 11 Rn. 46; Baumbach/Hueck/Fastrich, GmbHG, § 11 Rn. 19; Henssler/Strohn/Schäfer, GmbHG, § 11 Rn. 25, auch dazu, dass zum Schutz des Rechtsverkehrs auch für eine Anwendung des § 37 Abs. 2 GmbHG auf die Vor-GmbH plädiert wird; vgl. dazu auch MüKo-GmbHG/Merkt, § 11 Rn. 61 mwN.

tragspartner ausreichend durch § 11 Abs. 2 GmbHG, bzw. § 179 BGB geschützt sind, bedürfe es nicht der analogen Anwendung des § 37 Abs. 2 GmbHG.[10]

cc) Haftung im Stadium der Vor-GmbH

42 Da die Vor-GmbH Träger von Rechten und Pflichten ist, haftet sie für ihre Verbindlichkeiten zunächst selbst. Da in diesem Stadium die Aufbringung des Stammkapitals aber noch nicht sichergestellt ist und die Privilegierung des § 13 Abs. 2 GmbHG noch nicht greift, kann Bedarf nach einer persönlichen Haftung der Gesellschafter bzw. Geschäftsführer bestehen, wenn die Vor-GmbH ihre Pflichten gegenüber den Vertragspartnern nicht mehr erfüllen kann.

43 Das GmbH-Recht kennt diesbezüglich zwei weitere besondere Haftungsinstitute, zum einen die sog. Verlustdeckungshaftung und zum anderen die Handelndenhaftung gem. § 11 Abs. 2 GmbHG, die das Risiko der Misswirtschaft vor Eintragung weitgehend verringern. Die Verlustdeckungshaftung wird durch das Institut der Vorbelastungshaftung (= Unterbilanzhaftung) ergänzt, die aber erst nach Eintragung der Vor-GmbH, also im Stadium der „fertigen" GmbH, zum Tragen kommt.

(1) Verlustdeckungshaftung

44 Die Verlustdeckungshaftung sichert das Risiko, dass die Vor-GmbH nicht zur Eintragung gelangt. Sie bezweckt, dass die Gesellschafter das Risiko der unbegrenzten Haftung tragen sollen, wenn sie den Eintragungsprozess hinauszögern oder wirtschaftlich ungünstige Geschäfte vor Eintragung tätigen. Stellen die Gesellschafter ihre Eintragungsbemühungen ein oder verweigert das Registergericht endgültig die Eintragung, haften die Gesellschafter in unbegrenzter Höhe für bis dahin entstandene Verluste grundsätzlich gegenüber der Gesellschaft (ausnahmsweise auch den Dritten, (siehe Rn. 74). Die Gesellschaft muss allerdings wirksam vertreten worden sein, da die Verlustdeckungshaftung idR ein Anspruch der Vor-GmbH gegen ihre Gesellschafter ist. Ist sie nicht wirksam vertreten worden, bleibt die Möglichkeit des § 11 Abs. 2 GmbHG.

45 Ob die Gesellschafter im Innenverhältnis oder im Außenverhältnis haften, ist umstritten. Für eine gesamtschuldnerische Außenhaftung führt eine Ansicht[11] den Rechtsgedanken des § 128 HGB an: Da eine GmbH noch nicht entstanden sei, verbleibe es bei den Grundsätzen der Vorgründungsgesellschaft. Rechtsprechung und hM nehmen dagegen eine anteilige Haftung nur gegenüber der Gesellschaft (Innenhaftung) an,[12] um einen Gleichlauf mit der Vorbelastungshaftung zu erzielen. Die Haftungsquote bestimme sich nach dem Verhältnis des einzelnen Gesellschaftsanteils zu den anderen Gesellschaftsanteilen. Mit dieser Lösung vermeide man auch einen Wettlauf der Gläubiger um die Verwirklichung der Haftung.

---

10 So iE auch Lutter/Hommelhoff/Bayer, GmbHG § 11 Rn. 14; Roth/Altmeppen/Roth, GmbHG § 11 Rn. 47; UHL/Ulmer/Habersack, GmbHG, § 11 Rn. 68; aA Blath/Michalski, GmbHG, § 11 Rn. 63.
11 Früher ständige Rechtsprechung: BGHZ 65, 378, 382; BGHZ 72, 45, 49f.; BGHZ 80, 182, 183f.; BGH WM 1980, 955; obiter auch in BGHZ 86, 122, 125f.; BGHZ 91, 148, 152; BGH NJW 1983,2822.
12 BGHZ 134, 333; BAG NJW 1996, 3165; 1997, 3331; 2000, 2915, 2917; BSG ZIP 2000, 494, 496; BFH NJW 1998, 2926; Baumbach/Hueck/Fastrich, GmbHG, § 11 Rn. 24; krit. dazu Lutter/Hommelhoff/Bayer, GmbHG, § 11 Rn. 22.

Übereinstimmend wird jedoch in folgenden Fällen eine gesamtschuldnerische Außenhaftung analog § 128 HGB abgenommen:

- sog. unechte Vor-GmbH: Die Gesellschafter hatten von Anfang an nicht den Willen, eine Eintragung herbeizuführen, bzw. haben den Willen zur Eintragung endgültig aufgegeben, und führen trotzdem die Geschäfte fort, statt die Gesellschaft zu liquidieren. Der Grund der Außenhaftung liegt darin, dass die Gesellschaft dann mehr einer GbR/oHG ähnelt und gerade nicht mehr einer Vor-GmbH, die als Zwischenstadium zur GmbH dient.
- vermögenslose Gesellschaft
- Vor-GmbH hat nur einen Gläubiger
- Ein-Personen-Vor-GmbH

In den drei zuletzt genannten Konstellationen lässt sich die Außenhaftung aus Erwägungen der Praktikabilität und der Prozessökonomie damit begründen, dass sich die für die Vollstreckung gegen den/die Gesellschafter erforderliche Pfändung des Verlustdeckungsanspruchs gem. §§ 829, 835 ZPO als unnötiger Zwischenschritt darstellt. Bei der Ein-Personen-Vor-GmbH kommt es zusätzlich auf eine anteilige Innenhaftung mangels mehrerer Gesellschafter nicht an, da bei Liquidation das Vermögen dem einzigen Gesellschafter zufällt. Auch in diesen Fällen spricht aber gegen eine Außenhaftung, dass – abgesehen von der Variante, dass es nur einen Gläubiger gibt – die Gefahr eines „Gläubigerwettlaufs" besteht.

In den Fällen der anteiligen Innenhaftung kommt bei Ausfall eines Gesellschafters § 24 GmbHG analog zur Anwendung. Dies wird mit dem Gedanken des Verkehrsschutzes und der Gefahr begründet, den Anspruch durch das Einstellen vermögensloser Gesellschafter zu konterkarieren.[13] Die Gesellschafter tragen damit das Risiko, für weit mehr als ihren eigenen Anteil einstehen zu müssen.

Zusammenfassend lassen sich folgende **Merkmale der Verlustdeckungshaftung** festhalten:

1. Voraussetzungen
   a) Eintragung gescheitert
   b) Bestehen einer wirksamen Verbindlichkeit der Gesellschaft
2. Rechtsfolge
   a) e.A.: gesamtschuldnerische Außenhaftung
      h.M.: anteilige Innenhaftung (sofern nicht Ausnahme)
   b) persönliche, unbegrenzte Haftung

(2) Handelndenhaftung

Eine Handelndenhaftung gem. § 11 Abs. 2 GmbHG wird nur in der Phase der Vor-GmbH (nicht: Vor-Gründungs-GmbH) ausgelöst. Sie setzt ein, wenn vor Eintragung im Namen der Gesellschaft rechtsgeschäftlich gehandelt wurde. Schuldner ist nur der „Handelnde", dh in erster Linie der Geschäftsführer oder der als solcher Auftretende. Eine Haftung der Gründungsgesellschafter ist ebenfalls möglich; sie tritt jedoch nicht bereits dadurch ein, dass sie der Aufnahme des Geschäftsbetriebs zugestimmt haben, sondern erst dann, wenn sie das getätigte Rechtsgeschäft konkret veranlasst haben.

---

13 MüKo-GmbHG/Merkt, § 11 Rn. 78.

51 Strittig ist zum einen, ob die Haftung voraussetzt, dass gerade im Namen der künftigen GmbH gehandelt wurde.[14] Da heute von einer Identität der Vor-GmbH mit der GmbH ausgegangen wird, sollte auf ein solches Erfordernis konsequenterweise verzichtet werden; ausreichend ist daher, dass das Handeln erkennbar für die künftige GmbH oder die Vorgesellschaft erfolgte.

52 Zum anderen ist umstritten,[15] ob der Handelnde nur dann gem. § 11 Abs. 2 GmbHG haftet, wenn er ohne Vertretungsmacht handelte oder ob diese Haftung auch in den Fällen der wirksamen Vertretung gilt. Die Frage ist deshalb schwer zu beantworten, weil der ursprüngliche Normzweck – die Straffunktion, die ein Handeln für die noch nicht eingetragene GmbH verhindern sollte – seit langer Zeit als überholt gilt. Da die Gründer die Arbeit des Registergerichts nicht beeinflussen können, lässt sich die Haftung auch nicht mit der Druckfunktion, die sie zu einem beschleunigten Handeln veranlassen sollte, erklären. Die Sicherungsfunktion, die den Normzweck im Schutz von Gläubigern sieht, die in der Gründungsphase mit der Vor-Gesellschaft kontrahiert haben und denen keine juristische Person als Schuldner gegenübersteht, hat durch die Etablierung der Vorbelastungs- und der Unterbilanzhaftung relativiert: Bei wirksamer Vertretung steht den Gläubigern ein Haftungssubjekt in Gestalt der Vor-GmbH (und ggf. später der GmbH) zur Verfügung, die wiederum ein Schadensersatzanspruch gegen ihre Gesellschafter besitzt. Bedarf nach einer Haftung bestehe daher nur, wenn die Vertretungsmacht überschritten wurde oder fehlte. Jedoch lässt sich auch mit diesen Überlegungen § 11 Abs. 2 GmbH nicht vollständig erklären, da sich aus § 179 BGB eine Haftung des falsus procurator ohnehin ergeben würde. Die Legitimation der Handelndenhaftung ist daher darin zu sehen, dass in der Zeit bis Eintragung noch keine Prüfung durch das Registergericht stattgefunden hat und die Kapitalerhaltungsvorschriften noch nicht gelten, so dass die Kapitalgrundlage noch nicht gewährleistet ist. Zudem entlastet sie den Gläubiger von der – uU schwierigen – Beurteilung, ob die handelnde Person von den Gründern zu dem Handeln ermächtigt haben; entsprechendes gilt bei undurchsichtiger Gründung.[16]

53 Anerkannt ist heute, dass die Handelndenhaftung weitgehend erlischt, wenn die Gesellschaft eingetragen wird. Eine Ausnahme gilt jedoch für die Fälle, in denen die handelnde Person keine Vertretungsmacht besessen oder diese überschritten hat, weil es dann dazu käme, dass überhaupt niemand haftet.

54 Rechtsfolge der Handelndenhaftung ist eine unbegrenzte, persönliche und solidarische Außenhaftung. In den Genuss der Haftung gelangen nur außenstehende Dritte, nicht jedoch Mitgesellschafter, da sich der Schutzzweck auf die Sicherheit des Rechtsverkehrs im Stadium der Vor-GmbH beschränkt.

55 Daneben wird bei fehlender Vertretungsmacht die Anwendung des § 179 BGB durch § 11 Abs. 2 GmbHG als lex specialis verdrängt, so dass das Wahlrecht zwischen Erfüllung und Haftung nicht besteht; soweit der Dritte das Fehlen der Vertretungsmacht kannte, wird jedoch (im Ergebnis wie in § 179 Abs. 3 BGB) § 11 Abs. 2 GmbHG teleologisch reduziert.

---

14 MüKo-GmbHG/Merkt, § 11 Rn. 132; Baumbach/Hueck/Fastrich, GmbHG, § 11 Rn. 48.
15 MüKo-GmbHG/Merkt, § 11 Rn. 133.
16 Vgl. zu den einzelnen Auffassungen zum Zweck der Handlendenhaftung und deren Wandel Roth/Altmeppen/Roth, GmbHG, § 11 Rn. 21 f.; Baumbach/Hueck/Fastrich, GmbHG, § 11 Rn. 45; MüKo-GmbHG/Merkt, § 11 Rn. 114 ff.; Beuthien, GmbHR 2013, 1.

Zusammenfassend lassen sich folgende **Merkmale der Handelndenhaftung** festhalten: 56
1. **Voraussetzungen**
   a) Abschluss eines Rechtsgeschäfts der Gesellschaft
   b) Handelnder
   c) str., ob Handeln im Namen der Gesellschaft erforderlich
   d) str., ob Handeln ohne Vertretungsmacht erfasst
   e) vor Eintragung
   f) str., ob Eintragung scheitern muss
   g) außenstehender Gläubiger
2. **Rechtsfolge**
   → persönliche, unbegrenzte, solidarische Außenhaftung

dd) Haftung der GmbH nach Eintragung

Nach Eintragung entsteht die GmbH als solche (e contrario § 11 Abs. 1 GmbHG). 57
Damit endet grundsätzlich die persönliche Haftung der Gesellschafter; den Gläubigern steht nur noch das Gesellschaftsvermögen als Haftungsmasse zur Verfügung (§ 13 Abs. 2 GmbHG). Dies bedeutet zwar nicht, dass die Gläubiger stets davon ausgehen dürfen, dass wenigstens das Stammkapital vorhanden ist, da dieses auch durch ordnungsgemäße Geschäftstätigkeit aufgezehrt werden kann. Es besteht jedoch ein berechtigtes Interesse daran, dass wenigstens bei Eintragung das angegebene Stammkapital einmal vollständig aufgebracht wurde und nicht „vorbelastet" ist. Ist dies nicht der Fall, hat die GmbH einen Anspruch gegen ihre Gesellschafter auf Einzahlung der Differenz in Höhe der Unterbilanz (Differenz Gesellschaftsvermögen ./. Stammkapital), sog. **Vorbelastungs-/Unterbilanzhaftung** (analog § 9 GmbHG).

Die Vorbelastungshaftung setzt die Eintragung der GmbH voraus und löst damit die 58
Verlustdeckungshaftung ab. Sie setzt voraus, dass eine Verbindlichkeit der Gesellschaft besteht, dh der Geschäftsführer muss sie wirksam vertreten haben. Besteht dann eine Unterbilanz, haften die Gesellschafter persönlich und unbegrenzt. Im Gegensatz zur Verlustdeckungshaftung, die in einigen Fällen auch zu einer Außenhaftung führen kann, ist die Vorbelastungshaftung stets eine anteilige Innenhaftung der Gesellschafter gegenüber der GmbH. Auch hier ist das Risiko aber nicht auf den eigenen Anteil beschränkt, da insofern § 24 GmbHG analoge Anwendung findet.

Zusammenfassend lassen sich folgende **Merkmale der Vorbelastungshaftung** festhalten: 59
1. **Voraussetzungen**
   a) Eintragung
   b) Verbindlichkeit der Gesellschaft
   c) Bestehen einer Unterbilanz
2. **Rechtsfolgen**
   a) anteilige Innenhaftung
   b) persönliche, unbegrenzte Haftung

Teil 3 § 2 Gesellschaft mit beschränkter Haftung

BEISPIEL ZUR DIFFERENZIERUNG VERLUSTDECKUNGS- UND VORBELASTUNGSHAFTUNG:
Eine Gesellschaft hat ein satzungsmäßiges Stammkapital von 40.000 €. Das Aktivvermögen beträgt 10.000 €. Sie hat ferner Verbindlichkeiten in Höhe von 25.000 €. In welcher Höhe haften die Gesellschafter, wenn die Vor-GmbH nicht eingetragen wird bzw. wenn die Eintragung erfolgt?

Eintragung erfolgt nicht: Nach den Grundsätzen der Verlustdeckungshaftung schulden die Gesellschafter den Ausgleich der Differenz zwischen dem Aktivvermögen und den Verbindlichkeiten: 10.000 € – 25.000 € = – 15.000 €

Eintragung erfolgt: Hier greift die Vorbelastungshaftung. Die Gesellschafter schulden dann Ausgleich der gesamten Unterbilanz, also der Differenz zwischen dem Vermögen zum Zeitpunkt der Eintragung und dem satzungsmäßigem Stammkapital: (10.000 € – 25.000 €) – 40.000 € = – 55.000 €

c) Vergleich der wesentlichen Merkmale der Vorgründungsgesellschaft, der Vor-GmbH und der GmbH

	Vorgründungsgesellschaft	Vor-GmbH	GmbH
Entstehung	Entschluss, eine GmbH zu gründen (Zweck § 726 BGB)	Notarielle Beurkundung Aber: Keine Vor-GmbH bei Aufgabe der Eintragungsabsicht	Eintragung ins Handelsregister
Rechtsnatur	GbR bzw. oHG	sui generis	Juristische Person (§ 13 Abs. 1 GmbHG)
Rechtsfähigkeit	GbR: Teilrechtsfähig, wenn Auftreten nach außen oHG: Rechtsfähig	Rechtsfähig	Rechtsfähig (§ 13 Abs. 1 GmbHG)
Innenbeziehungen	GbR: §§ 705 ff. BGB oHG: §§ 105, 109 ff. HGB	Bestimmt durch Gesellschaftsvertrag und -zweck	Gesellschaftsvertrag; GmbHG
Außenbeziehungen	GbR: §§ 714 ff. BGB oHG: §§ 123 ff. HGB	Wie bei der GmbH wird die Vertretungsmacht durch Gesellschaftszweck begrenzt (str)	§§ 35, 37 GmbHG
Gesellschafterhaftung	GbR: §§ 128 ff. HGB analog oHG: §§ 128 ff. HGB	Bei fehlender Eintragung: Verlustdeckungshaftung	bei Eintragung, aber Unterbilanz: Unterbilanzhaftung (Vorbelastungshaftung) § 9

	Vorgründungs-gesellschaft	Vor-GmbH	GmbH
Handelnden-haftung	–	§ 11 Abs. 2 GmbHG (str.)	GmbHG analog, sonst § 13 Abs. 2 GmbHG –
Beendigung / Liquidation	GbR: §§ 726 ff. BGB oHG: §§ 131 ff. HGB → Auflösung wegen Zweckerreichung bei notarieller Beurkundung	Beendigung durch Eintragung Liquidation: §§ 730 ff. BGB oder §§ 66 ff. GmbHG (str.)	§§ 60 ff. GmbHG
Übergang der Rechte und Pflichten	–	Kein automatischer Übergang der Rechte und Pflichten der Vorgründungsgesellschaft, da keine Identität, allenfalls §§ 414 ff. BGB	Übergang aller Rechte und Pflichten der Vor-GmbH, da Identität

3. Vorrats- und Mantelgründung

Aufgrund der uU langen Zeitdauer des Gründungsvorgangs einer GmbH besteht in der Praxis häufig das Bedürfnis, diesen Zeitraum abzukürzen, indem man eine bereits bestehende GmbH kauft. Dies kann durch die sog. Vorrats- oder Mantelgründung verwirklicht werden. Bei der Vorratsgründung wird eine GmbH nur zum Zwecke des späteren Verkaufs gegründet und dann durch Zweckänderung umgewidmet. In der Zwischenzeit bleibt sie passiv und verwaltet nur ihr eigenes Vermögen. Bei der Mantelgründung hingegen wird eine GmbH, die bereits einmal im Rechtsverkehr aktiv war und deren Geschäftsbetrieb nun stillgelegt ist, reaktiviert.

Besonders im letztgenannten Fall besteht die Gefahr der Umgehung der Gründungsvorschriften, insbesondere der Kapitalaufbringungsregeln. Während die Vorratsgesellschaft das Stammkapital in der Regel unangerührt lässt, ist die Gefahr des Missbrauchs bei Mantelgründungen ungleich höher, da durch den Kauf „alter Mäntel" meist kapitalschwache oder vermögenslose Gesellschaften erneut in den Rechtsverkehr gelangen.

Aus diesem Grund hat der BGH zunächst solche Gründungen als unzulässig erachtet. Mittlerweile ist die Zulässigkeit offener Vorrats- und Mantelgründungen jedoch allgemein anerkannt, um die Gründungsphase zu beschleunigen.[17] Umstritten ist nur, in welchem Umfang die Gründungsvorschriften Anwendung finden und welche Rechtsfolgen bei Missachtung entstehen. Die Rechtsprechung sieht in den Fällen der Vorrats- und Mantelgründung eine „wirtschaftliche Neugründung" in Abgrenzung zur bloßen Umstrukturierung oder Sanierung, bei denen ein noch aktives Unternehmen in irgend-

---

[17] BGHZ 117, 323.

einer Art und Weise wirtschaftlich fortgeführt wird (bspw. durch Umgestaltung, Erweiterung, Einschränkung der bisherigen Tätigkeit).[18] Starkes Indiz für eine wirtschaftliche Neugründung ist eine Aufgabe des bisherigen Geschäftsbetriebs. Dann seien sämtliche Gründungsvorschriften, die die Kapitalaufbringung und registergerichtliche Kontrolle betreffen, analog anwendbar. Insbesondere sind die Anzeige der Neugründung und die Versicherung gem. § 8 Abs. 2 iVm § 7 Abs. 2 u. 3 GmbHG abzugeben. Ebenso soll der Geschäftsführer analog § 11 Abs. 2 GmbHG haften, wenn die Gesellschafter der Aufnahme der Geschäftstätigkeit vor Offenlegung der Neugründung nicht zugestimmt haben. In der Praxis besteht daher immer das Problem, ob Sanierung oder Neugründung vorliegt.

64 Streitig war, ob für Vorrats- und Mantelgründungen nicht nur die Vorbelastungshaftung, sondern auch die Verlustdeckungshaftung greift. Der BGH hat sich der Ansicht angeschlossen, dass die Gesellschafter nicht mehr zeitlich unbegrenzt für sämtliche Verbindlichkeiten haften, die nach der Wiederaufnahme der Geschäfte entstehen.[19] Sie haften nur noch nach den Grundsätzen zur Vorbelastungshaftung auf einen Ausgleich der Unterbilanz, die zum Zeitpunkt des Auftretens nach außen besteht. Grund hierfür sei, dass anders als bei der rechtlichen Neugründung einer GmbH, bei der wirtschaftlichen Neugründung bereits eine GmbH existent war, auf die bis zu ihrer Liquidation § 13 Abs. 2 GmbHG Anwendung findet. Der Rechtsverkehr sei daher nicht in gleichem Maße schutzwürdig.

4. Gründungsmängel

65 Ist der Gesellschaftsvertrag nichtig, kann dies bis zur Eintragung nach den allgemeinen Regeln über die Unwirksamkeit von Willenserklärungen geltend gemacht werden (bspw. §§ 125, 134, 138, 119 ff. BGB). Es kommen dann die Grundsätze der fehlerhaften Gesellschaft zur Anwendung.[20] Nach diesen führt eine Nichtigkeit zum Schutze der übrigen Gesellschafter und der Gläubiger, die auf das Bestehen einer wirksamen Gesellschaft vertrauen, grundsätzlich nur zu einem mit ex nunc wirkenden Kündigungsrecht, nicht aber einer Rückabwicklung ex tunc. Nach Abschluss der Eintragung und Beendigung des Stadiums der Vor-GmbH besteht grundsätzlich Bestandsschutz. Bestehende Mängel werden – von Ausnahmefällen abgesehen – geheilt und nicht mehr berücksichtigt. Nur bei gravierenden Mängeln (vgl. § 75 GmbHG) kann durch Nichtigkeitsklage die Liquidation initiiert werden.

Zur Vertiefung:

Zur Gründung und zur Haftung in den verschiedenen Gründungsphasen (Rn. 15 ff.): *Christian Förster*, Gesellschaftsrecht, 2016, Kapitel 9, S. 163–170; *Ingo Saenger*, Gesellschaftsrecht, 2020, § 17, Rn. 725–751; *Carsten Schäfer* in Henssler/Strohn, Gesellschaftsrecht, 2020, § 11 GmbHG, Rn. 4–40; *Hueck/Fastrich* in Baumbach/Hueck, GmbH-Gesetz, 22. Auflage, 2021, § 11 Rn. 6–67; *Marcus Lutter*, Haftungsrisiken bei der Gründung einer GmbH, JuS 1998, 1073–1080; *Katja Langenbucher*, Grundfälle zum Recht der GmbH, JuS 2004, 387–390; *Volker Beuthien*, Wer sind die Handelnden? Warum und wie lange müssen sie haften? – Zu Sinn, Inhalt, Reichweite und Dauer der Handelndenhaftung, GmbHR 2013, 1

Zur Sacheinlage usw. (Rn. 23 ff.): BGHZ 180, 38 „Quivive" m. Anm. *Häublein* DNotZ 2009, 771–776; *Sebastian Herrler*, Verdeckte Sacheinlagen (§ 19 Abs. 4 GmbHG), Hin- und Herzahlen

---

18 Ständige Rspr. seit BGHZ 155, 318, 324; bestätigt durch BGH NJW 2010, 1459; BGHZ 192, 341.
19 BGHZ 192, 341.
20 Koch, Gesellschaftsrecht, § 5 Rn. 7; MüKo-GmbHG/Heinze, § 2 Rn. 169 f.

(§ 19 Abs. 5 GmbHG) sowie Dienstleistungen des Gesellschafters (Quivive) im System der Kapitalaufbringung der GmbH, JA 2009, 529–534
Zur Vorrats- und Mantelgründung (Rn. 61 ff.): BGHZ 192, 341; *Goette*, DStR 2004, 461 ff.; *Walla*, Jura 2012, 451–458

III. Mitgliedschaft

1. Erwerb und Übertragung

Gesellschaftsanteile können auf fünf verschiedene Arten erworben werden:

- Übernahme als Gründungsgesellschafter bei **Gründung** (§ 5 Abs. 2 S. 2 GmbHG)
- Erwerb durch **Rechtsgeschäft** mit vorherigem Gesellschafter (§ 15 GmbHG iVm §§ 413, 398 BGB)
- Erwerb **von Todes wegen** (§ 15 GmbHG)
- **Teilung** nach Beschluss der Gesellschafterversammlung (§ 46 Nr. 4 GmbHG)
- Partizipation an einer **Kapitalerhöhung** (§ 55 Abs. 1 GmbHG)

66

Da Gesellschafteranteile durch Rechtsgeschäft veräußert werden können, besteht die Gefahr, dass – entgegen dem Grundgedanken einer GmbH – das persönliche Vertrauen der Gesellschafter untereinander tangiert wird. Das Gesetz schützt daher die verbleibenden Gesellschafter, indem an die Veräußerung bestimmte Voraussetzungen geknüpft werden. So bedarf gem. § 15 Abs. 3 u. 4 GmbH sowohl das schuldrechtliche Verpflichtungsgeschäft als auch der dingliche Abtretungsvertrag der notariellen Form, wobei gem. § 15 Abs. 4 S. 2 GmbHG ein formunwirksamer Kausalvertrag durch wirksame Abtretung geheilt wird. Besonderen Schutz verleiht § 15 Abs. 5 GmbHG, der erlaubt, in der Satzung weitere Voraussetzungen für die Abtretung aufzustellen, sog. Vinkulierung. In der Praxis wird meist die Zustimmung durch Mehrheitsbeschluss verlangt. Möglich ist auch der vollständige Ausschluss der Veräußerung; den Gesellschaftern muss dann allerdings ein Austritt aus wichtigem Grund zugestanden werden, da eine dauerhafte Bindung an die Gesellschaft unzumutbar wäre.

67

Die Gesellschafter gelten gem. § 16 Abs. 1 S. 1 GmbHG im Verhältnis zur GmbH erst dann als Gesellschafter, wenn sie in die Gesellschafterliste eingetragen sind und diese dem Handelsregister überreicht wird (§§ 8 Abs. 1 Nr. 3, 40 Abs. 1 GmbHG). Wird diese nach einem Gesellschafterwechsel oder -ausschluss nicht aktualisiert, besteht gem. § 16 Abs. 3 GmbHG die Möglichkeit, den Geschäftsanteil gutgläubig vom Nichtberechtigten zu erwerben.

68

Beim Tod eines Gesellschafters fällt der Gesellschaftsanteil in den Nachlass; sind mehrere Erben vorhanden, wird er Teil des gesamthänderischen Vermögens der Erbengemeinschaft. Anders als bei den Personengesellschaften kommt es somit nicht zu einer Sondererbfolge. Dies ergibt sich aus § 18 GmbHG, der voraussetzt, dass eine Mitberechtigung am Gesellschaftsanteil bestehen kann. Wollen die Gesellschafter verhindern, dass eine Erbengemeinschaft die Gesellschafterstellung ausübt, können sie dies durch Bestimmungen in der Satzung verhindern (Einziehungsklauseln unter Beachtung des § 34 GmbHG oder Abtretungsklauseln).

69

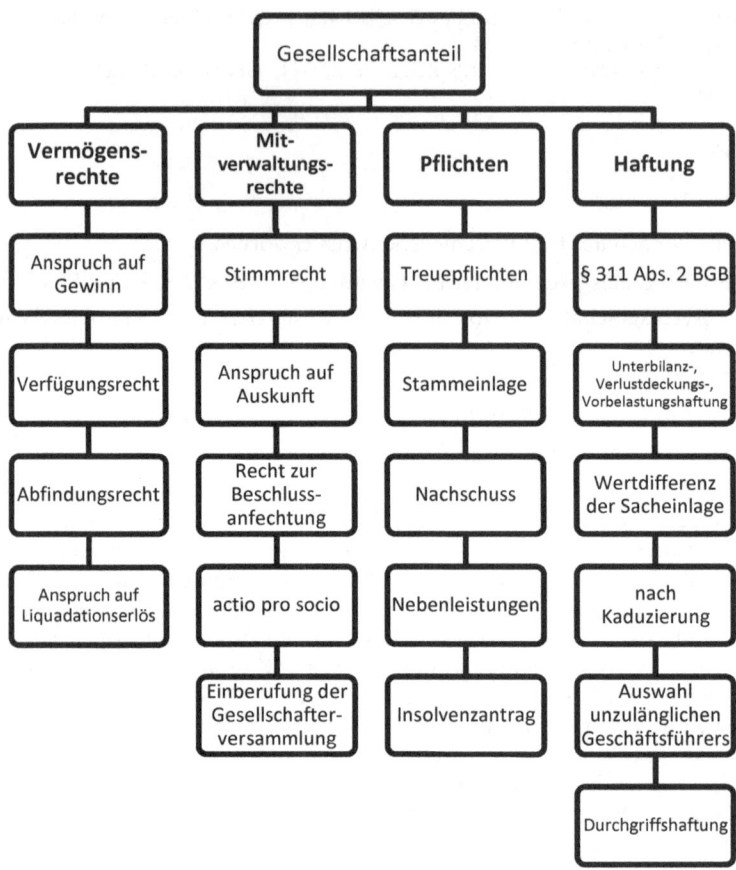

2. Inhalt (Rechte, Pflichten, Haftung)

70 Der Inhaber eines Gesellschaftsanteils hat zum einen Vermögens- und Mitverwaltungsrechte, zum anderen treffen ihn bestimmte Pflichten und – bei deren Verletzung – Haftungsrisiken. Für die Stellung als Gesellschafter ist die Gesellschafterliste maßgeblich.

71 Die **Vermögensrechte** beinhalten insbesondere:
- anteiligen Anspruch auf erzielten Gewinn (§ 29 Abs. 1, Abs. 3 GmbHG) soweit die Satzung keine Abweichung dergestalt trifft, dass Gewinnrücklagen gebildet werden oder der Gewinn vorgetragen wird (§ 29 Abs. 2 GmbHG).
- Verfügungsrecht über den Anteil (§ 15 GmbHG)
- Abfindungsrecht bei Ausscheiden (vgl. § 738 BGB)
- Anspruch auf Liquidationserlös (§ 72 GmbHG)

72 Die **Mitverwaltungsrechte** erstrecken sich im Wesentlichen auf:
- anteiliges Stimmrecht (§ 47 Abs. 2 GmbHG) soweit gem. § 45 Abs. 2 GmbHG nichts Abweichendes bestimmt ist und keine Kollisionsgefahr zwischen Gesellschaftsinteresse und Gesellschafterinteresse besteht (§ 47 Abs. 4 GmbHG).

III. Mitgliedschaft

- zwingender Anspruch auf Auskunft (§§ 51a Abs. 1, Abs. 3, 51b GmbHG) wenn hierdurch keine Gefahr besteht, dass die Informationen zu gesellschaftsfremden Zwecken verwendet werden und die GmbH dadurch einen Nachteil erleiden würde.
- Recht zur Anfechtung von Gesellschafterbeschlüssen analog §§ 241 ff. AktG
- actio pro socio: Auch Minderheitsgesellschafter können ohne die sonst erforderliche Mehrheit iSd § 47 Abs. 1 GmbHG klageweise verlangen, dass die übrigen Gesellschafter ihre Gesellschafterpflichten einhalten. Dies resultiert aus der Treuepflicht zur Gesellschaft und dient dem Schutz vor einer möglichen „Vetomacht" eines Mehrheitsgesellschafters.[21] Das Klagerecht der Gesellschafter ist wiederum durch die Treuepflicht begrenzt.[22]
- Besitzen Minderheitsgesellschafter mindestens 10 % des Stammkapitals, können sie zudem eine Gesellschafterversammlung einberufen lassen (§ 50 Abs. 1 GmbHG).

Den Gesellschafter treffen zugleich folgende wesentliche **Pflichten**: 73

- Treuepflichten gegenüber der Gesellschaft und den anderen Gesellschaftern. Diese sind aufgrund des der GmbH immanenten Vertrauensverhältnisses stärker ausgeprägt als bei der AG. Treuepflichten können etwa eine Zustimmung zu Satzungsänderungen verlangen, wenn dies für das Fortbestehen der GmbH notwendig ist. Außerdem sind die Gesellschafter grundsätzlich gleich zu behandeln. Wegen der Satzungsautonomie hindert dies die Gesellschafter aber nicht, bestimmten Gesellschaftern Vorzüge oder Sonderstellungen einzuräumen.
- Die Gesellschafter müssen ihre Stammeinlage erbringen und diese bei der GmbH belassen (§§ 14, 19 GmbHG).
- Möglich ist auch eine zusätzliche Nachschusspflicht, wenn dies in der Satzung bestimmt wird (§§ 26 ff. GmbHG). Wird dieser Beschluss nachträglich gefasst, ist allerdings die Zustimmung aller Gesellschafter notwendig (§ 53 Abs. 3 GmbHG).
- Die Satzung kann die Erbringung weiterer Nebenleistungen regeln (§ 3 Abs. 2 GmbHG).
- Im Falle der Insolvenz einer Gesellschaft müssen die Gesellschafter bei Führerlosigkeit die Insolvenz anmelden (§ 15a InsO).

Abweichend vom Grundsatz des § 13 Abs. 2 GmbHG ergibt sich in bestimmten Fällen für den Gesellschafter eine **Haftung gegenüber der GmbH** (= Innenhaftung). Der Schutz der Beschränkung auf das Gesellschaftsvermögen wird dann durchbrochen, wenn dies zum Nachteil der GmbH oder der Gläubiger missbraucht wird und daher kein Schutzbedürfnis der Gesellschafter besteht. Dabei mündet nicht jede Pflichtverletzung in eine Haftung aus § 280 Abs. 1 BGB iVm dem Mitgliedschaftsverhältnis, da sonst jede fahrlässige Pflichtverletzung wegen des vermuteten Vertretenmüssens sanktioniert würde. 74

- Gesellschafter haften gegenüber Dritten nach allgemeinen Grundsätzen, bspw. aus culpa in contrahendo (§ 311 Abs. 2 BGB), Rechtsscheinhaftung, eigenen vertraglichen Verpflichtungen oder aus Delikt.

---

21 Hierzu näher BGHZ 25, 47, 49; BGH NJW 1973, 2198, 2199; Windbichler, Gesellschaftsrecht, § 7 Rn. 6; vertiefend Grunewald, Die Gesellschafterklage in der Personengesellschaft und der GmbH, 1990; Mock, JuS 2015, 590.
22 Vgl. (zur actio pro socio im Recht der Personengesellschaft) BGH NZG 2019, 702.

- Unterbilanz- und Verlustdeckungshaftung (analog § 9 GmbHG) und Handelndenhaftung (§ 11 Abs. 2 GmbHG)
- Haftung, wenn die Sacheinlage im Zeitpunkt der Anmeldung zur Eintragung der GmbH nicht den ausgewiesenen Wert erreicht oder falsche Gründungsangaben abgegeben wurden (§ 9 bzw. § 9a GmbHG).
- Haftung nach Kaduzierung (§ 21 Abs. 3 GmbHG)[23]
- Überlassen die Gesellschafter vorsätzlich oder grob fahrlässig die Führung der Geschäfte einer Person, die nicht gem. § 6 Abs. 2 GmbHG Geschäftsführer sein darf, haften sie für den daraus entstehenden Schaden (§ 6 Abs. 5 GmbHG, Haftung wegen Auswahlverstoßes).
- **Ausnahmsweise** haftet der Gesellschafter gegenüber den Gläubigern im Außenverhältnis (**Durchgriffshaftung** – gestützt auf §§ 826, 242 BGB). Den Gläubigern wird dann ein direkter Zugriff auf das Privatvermögen der Gesellschafter eröffnet. Im Wesentlichen haben hierzu Rechtsprechung und Lehre folgende **Fallgruppen** gebildet:
  - **Strohmanngeschäfte**: Hier wird ein vermögensloser Gesellschafter vorgeschoben, der von den Hintermännern als „Marionette" benutzt wird, um wirtschaftliche Spekulationen zu tätigen.
  - **Aschenputtelgesellschaften**: Die Muttergesellschaft gründet eine Tochter-GmbH, auf die alle Risiken des eigenen Betriebs ausgelagert werden, während sämtliche Vorteile sofort abgezogen werden. Es verbleibt dann nur eine vermögensschwache und insolvenzgefährdete GmbH.
  - Gesellschafter **verschleiern** bewusst die prekäre **Finanzlage** trotz Offenbarungspflicht.
  - Durch eine undurchsichtige Buchführung kommt es zu einer **Vermögensvermischung** des Vermögens der GmbH und des Gesellschafters, so dass die aktuelle Kapitaldecke der GmbH nicht feststellbar ist.
  - Sehr umstritten ist, ob die **bewusste materielle Unterkapitalisierung für den verfolgten Zweck** eine Fallgruppe des § 826 BGB darstellt. Hier wird ein geringes Stammkapital gewählt, das zwar den Mindestbetrag von 25.000 EUR erreicht, doch werden damit wirtschaftliche Großprojekte riskiert. Eine Haftung wird von der hM[24] jedoch (noch) abgelehnt, da der Gläubigerschutz sonst zu weit ausgedehnt würde. Außerdem sei das Stammkapital im Handelsregister einsehbar. Gläubiger, die mit einer GmbH Geschäfte tätigen, wüssten um die Risiken, mit einer GmbH Geschäfte einzugehen. Zudem würde dies zu einer erheblichen Unsicherheit und damit zur Konterkarierung der gesetzlich geforderten Höhe von 25.000 EUR führen. Dies werde auch durch die Einführung der „UG (haftungsbeschränkt)", die lediglich ein Stammkapital von 1 EUR erfordert, bestätigt. Zuletzt hat der BGH in der „Gamma"-Entscheidung[25] offen gelassen, ob die bewusste Unterkapitalisierung eine Fallgruppe des § 826 BGB darstellt.
- Als weitere Fallgruppe des § 826 BGB gilt die **Existenzvernichtungshaftung**. Hintergrund ist die Gefahr, dass der GmbH Vermögen entzogen wird, ohne dass das

---

23 Zur Kaduzierung siehe § 2 III. 3.
24 Einen Überblick über den Streitstand bietet Scholz/Bitter, GmbHG, § 13 Rn. 143 ff.; Koch, Gesellschaftsrecht, § 35 Rn. 29; Saenger, Gesellschaftsrecht, § 17 Rn. 805, jeweils mwN.
25 BGHZ 176, 204.

Stammkapital angegriffen wird. Dann versagt nämlich der Schutz der §§ 30, 31 GmbHG. In den Entscheidungen „Bremer Vulkan"[26] und „Trihotel"[27] hat der BGH die Voraussetzungen der Existenzvernichtungshaftung konkretisiert. So muss in das Gesellschaftsvermögen eingegriffen werden, ohne dass eine adäquate Gegenleistung zurückfließt. Hierdurch muss die GmbH in Insolvenz fallen oder eine bereits bestehende Insolvenz verstärkt werden. Hinzu kommt als Voraussetzung das vorsätzliche Handeln der Gesellschafter in sittenwidriger Weise. Dieses liegt darin, dass das Gesellschaftsvermögen unter Umständen, die das Verhalten aber sittenwidrig erscheinen lassen, geschädigt wird. Als Rechtsfolge resultiert eine **Innenhaftung**, da die GmbH, in deren Vermögen eingegriffen wurde, selbst die Geschädigte ist. Gläubiger sind hierdurch nur mittelbar betroffen. Regelmäßig wird dieser Anspruch durch den Insolvenzverwalter geltend gemacht.

3. Beendigung

Die Mitgliedschaft kann auf verschiedene Art und Weise enden. Wird die Gesellschaft **aufgelöst** und **liquidiert**, verlieren naturgemäß alle Gesellschafter ihre Stellung. Auch durch **Veräußerung** (Abtretung), **Tod** des Gesellschafters oder **Austritt** aus der Gesellschaft endet die Mitgliedschaft. Ein Austritt aus der Gesellschaft setzt jedoch voraus, dass der Gesellschafter seine Einlagepflicht voll erfüllt hat, damit die Gläubiger in der Gründungsphase hinreichend geschützt sind.

Daneben gibt es Möglichkeiten, einen Gesellschafter **ohne dessen Willen** – durch Ausschluss – aus der Gesellschaft zu drängen. Um ungerechtfertigte Ausschlüsse und Drucksituationen bei Gesellschafterversammlungen zu vermeiden, setzt dies bestimmte Umstände und Gründe voraus:

Eine Möglichkeit liegt in der **Kaduzierung** des Geschäftsanteils (§ 21 GmbHG). Leistet der Gesellschafter die Einzahlung der Einlage nicht rechtzeitig oder kommt er seiner Nachschusspflicht (§ 28 GmbHG) nicht nach, wird der Anteil – unter Einhaltung der Verfahrensvoraussetzungen – eingezogen. Dies soll im Interesse der Gesellschaft und der übrigen Gesellschafter die vollständige Einzahlung des Stammkapitals gewährleisten. Erleidet die Gesellschaft durch den Einzug einen Ausfall, haftet der Ausgeschlossene für den daraus entstehenden Schaden (§ 21 Abs. 3 GmbHG). Weiterhin können unter bestimmten Voraussetzungen die Rechtsvorgänger des Anteils haftbar gemacht werden (§ 22 GmbHG) oder der Anteil versteigert werden (§ 23 GmbHG).

Gem. § 34 GmbHG können **Geschäftsanteile eingezogen** werden (**Amortisation**). Diese Möglichkeit muss allerdings in der Satzung niedergelegt sein, ebenso wie die Voraussetzungen des Einzugs, die zudem vor dem Erwerb des einzuziehenden Anteils bestimmt sein müssen (§ 34 Abs. 2 GmbHG). Zum Schutz von Minderheitsgesellschaftern müssen Satzungsänderungen, die diese Voraussetzungen nachträglich modifizieren, von allen Gesellschaftern genehmigt werden. Der eingezogene Anteil wächst den übrigen Gesellschaftern im Verhältnis ihrer Anteile an.

Als ultima ratio kann auch ein Gesellschafter **aus wichtigem Grund** ausgeschlossen werden (Grundgedanke der § 737 BGB, § 140 HGB, § 68 GenG). Auf dieses Rechtsinstitut muss zurückgegriffen werden, wenn eine Einziehungsregelung gem. § 34 GmbHG nicht vereinbart wurde und die Gesellschaft von einem Gesellschafter gra-

---

26 BGHZ 149, 10.
27 BGHZ 173, 246.

vierend durch persönliche oder verhaltensbedingte Umstände geschädigt wird. Der Ausschluss erfolgt durch Klage analog § 140 HGB.

80 Scheidet der Gesellschafter aus der GmbH aus, erhält er (sofern nichts anderes geregelt ist) einen **Abfindungsanspruch**. Dessen Erfüllung darf allerdings nicht das Stammkapital gefährden (§§ 34 Abs. 3, 30 Abs. 1 GmbHG).

Zur Vertiefung (Rn. 66 ff., 74):

Zur Mitgliedschaft und insbesondere Haftungsfragen: *Raiser/Veil*, Recht der Kapitalgesellschaften, 6. Auflage, 2015, §§ 37–40; *Christian Förster*, Gesellschaftsrecht, 2016, Kapitel 9, S. 170 – 175; *Ingo Saenger*, Gesellschaftsrecht, 2020, § 17, Rn 752 – 767 und Rn 805 – 810; *Dirk Verse* in Hensller/Strohn, Gesellschaftsrecht, 2016, § 13 GmbHG, Rn 11- 69; *Markus Peifer*, Die persönliche Haftung der Gesellschafter einer GmbH, JuS 2008, 490; *Michal Kort*, Die Einziehung von GmbH-Geschäftsanteilen im Lichte der aktuellen BGH-Rechtsprechung, DB 2016, 2098
Zum existenzvernichtenden Eingriff BGHZ 176, 204 „GAMMA" = JuS 2008, 939 m. Anm. K. Schmidt; BGHZ 173, 246 = NJW 2007, 2689 „Trihotel"; *Jonas Hermann/Niclas von*

Die Höhe wird entweder in der Satzung festgelegt oder durch den Verkehrswert des Anteils bestimmt.

Zur Vertiefung:

Zur Mitgliedschaft und insbesondere Haftungsfragen (Rn. 66 ff.): *Raiser/Veil*, Recht der Kapitalgesellschaften, 6. Auflage, 2015, §§ 37–40; *Christian Förster*, Gesellschaftsrecht, 2016, Kapitel 9, S. 170–175; *Ingo Saenger*, Gesellschaftsrecht, 2020, § 17, Rn. 752–767 und Rn. 805–810; *Dirk Verse* in Hensller/Strohn, Gesellschaftsrecht, 2020, § 13 GmbHG, Rn. 11–69; *Markus Peifer*, Die persönliche Haftung der Gesellschafter einer GmbH, JuS 2008, 490; *Michal Kort*, Die Einziehung von GmbH-Geschäftsanteilen im Lichte der aktuellen BGH-Rechtsprechung, DB 2016, 2098
Zum existenzvernichtenden Eingriff (Rn. 74): BGHZ 176, 204 „GAMMA" = JuS 2008, 939 m. Anm. K. Schmidt; BGHZ 173, 246 = NJW 2007, 2689 „Trihotel"; *Jonas Hermann/Niclas von Woedtke*, Haftung von Gesellschaftern für Verbindlichkeiten einer GmbH – Grenzen des existenzvernichtenden Eingriffs, BB 2012, 2255; *Prütting*, Existenzvernichtungshaftung – Der lange Weg bis Trihotel, JuS 2019, 409–414

IV. Organe

81 Die GmbH ist als juristische Person selbst nicht handlungsfähig. Willensbildung und Auftreten nach Außen erfolgen daher durch ihre Organe. Zwingend erforderlich sind die Bestellung eines Geschäftsführers (§§ 35 ff. GmbHG) und die Gesellschafterversammlung (§§ 45 ff. GmbHG). Fakultativ kann ein Aufsichtsrat gebildet werden (§ 52 GmbHG).

Folgendes Schaubild verdeutlicht die Organisationsverfassung einer typischen GmbH: 82

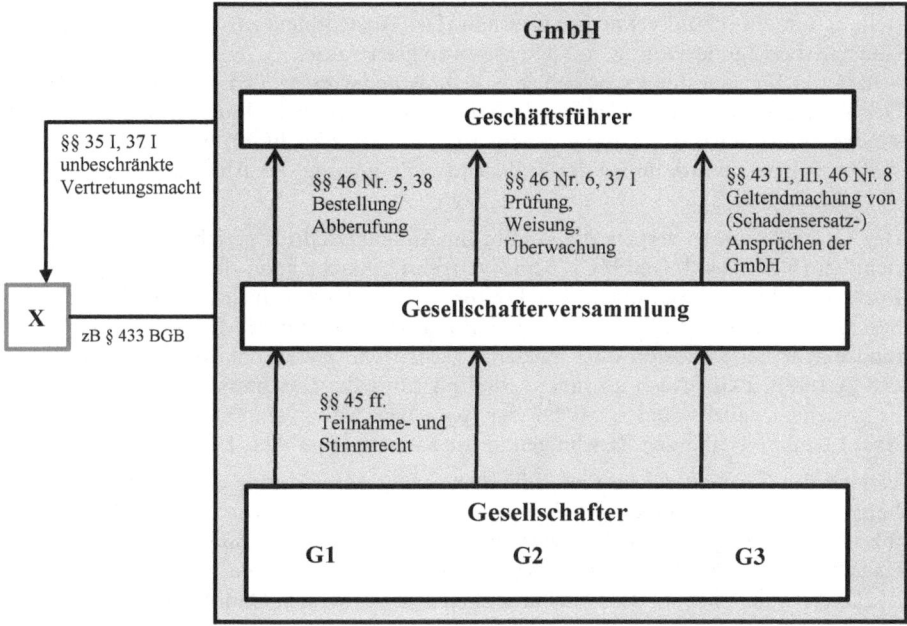

1. Geschäftsführer

Die Regelungen über den Geschäftsführer sind im Wesentlichen in den §§ 35 ff. GmbHG festgelegt. Seine Kompetenzen können in der Satzung näher definiert werden (§ 45 Abs. 1 GmbHG). 83

Die **Bestellung** erfolgt entweder durch Ernennung im Gesellschaftsvertrag oder per einfachem Gesellschafterbeschluss (§ 6 Abs. 3 S. 2 GmbHG). Bei einer Satzungsregelung bedarf jede Änderung in der Person des Geschäftsführers einer Satzungsänderung, die eine Dreiviertel-Mehrheit erfordert. Bei einfachem Gesellschafterbeschluss (§§ 46 Nr. 5, 47 Abs. 1 GmbHG) genügt hingegen einfache Stimmenmehrheit. Da das GmbHG vom Grundsatz der Fremdorganschaft geprägt ist, muss – im Gegensatz zum Personengesellschaftsrecht – der Geschäftsführer nicht zugleich Gesellschafter sein (§ 6 Abs. 3 S. 1 GmbHG). Weitere Voraussetzungen in der Person des Geschäftsführers regelt § 6 Abs. 1, Abs. 2 GmbHG. Der Geschäftsführer muss auf allen Geschäftsbriefen angegeben werden (§ 35a GmbHG). 84

Der **Widerruf der Bestellung** ist – im Gegensatz zur AG – jederzeit möglich (§ 38 Abs. 1 GmbHG), kann aber im Gesellschaftsvertrag auf wichtige Gründe beschränkt werden (§ 38 Abs. 2 GmbHG). 85

Ändert sich die Person des Geschäftsführers, „muss" dies in das Handelsregister eingetragen werden (§ 39 Abs. 1 GmbHG). Vergleichbar mit der Prokura (§ 53 Abs. 1 HGB) hat dies allerdings keine konstitutive Wirkung, sondern nur deklaratorischen Charakter. Die unterbleibende Eintragung ist daher keine Wirksamkeitsvoraussetzung für die Änderung. Es besteht aber die Gefahr der Haftung nach Rechtsscheingrundsätzen gem. § 15 HGB. 86

87 Von der Bestellung zu trennen ist die **Anstellung** des Geschäftsführers. Während die Bestellung zum Organ ein gesellschaftsrechtlicher Akt ist, handelt es sich bei der Anstellung um ein schuldrechtliches Geschäft. Der Anstellungsvertrag ist in der Regel ein Geschäftsbesorgungsvertrag mit Dienstleistungscharakter (§§ 675, 611 ff. BGB) und – mangels Weisungsunterworfenheit – kein Arbeitsvertrag (§ 5 Abs. 1 S. 3 ArbGG). Der Anstellungsvertrag endet grundsätzlich nicht mit dem Widerruf der Bestellung, sondern muss separat gekündigt werden (§§ 620 ff., 626 BGB), es sei denn, der Anstellungsvertrag wurde unter der auflösenden Bedingung der Abberufung geschlossen (§ 158 Abs. 2 BGB).

88 Der Geschäftsführer **vertritt** die GmbH im **Außenverhältnis** gerichtlich und außergerichtlich (§ 35 Abs. 1 GmbHG). Seine Vertretungsmacht kann dabei zum Schutze des Rechtsverkehrs – vergleichbar zur Prokura (§ 50 HGB) – nicht im Außenverhältnis beschränkt werden (§ 37 Abs. 2 GmbHG; unechte Ausnahme: Missbrauch der Vertretungsmacht bei Kollusion oder Evidenz). Ergänzend gelten die Stellvertretungsregeln der §§ 164 ff. BGB. Auch im **Innenverhältnis** führt der Geschäftsführer die Geschäfte. Er unterliegt dabei – anders als bei der AG – den Weisungen der Gesellschafter (§ 37 Abs. 1 GmbHG) und den Regelungen in der Satzung (§ 45 Abs. 1 GmbHG).

89 Verletzt der Geschäftsführer seine **Pflichten** (bspw. Missachtung der Beschränkung der Vertretungsmacht im Innenverhältnis), kann dies zu einer Haftung gem. § 43 GmbHG führen. Diese Haftungsnorm privilegiert den Geschäftsführer und ist deshalb lex specialis zu § 280 Abs. 1 BGB. Die sog. Business Judgement Rule (vgl. § 93 Abs. 1 S. 1 AktG) dient dem Schutz des Geschäftsführers, der in seinem Handlungsspielraum – bei risikoreichen unternehmerischen Entscheidungen – sonst zu stark eingeschränkt wäre. Daneben finden sich weitere speziellere Haftungsnormen (vgl. etwa §§ 9a Abs. 1, 31 Abs. 6, 40 Abs. 3, 64 Abs. 1 S. 3, 82, 85 GmbHG, § 15a Abs. 1 InsO, § 826 BGB). Darüber hinaus verbleibt die allgemeine zivilrechtliche Außenhaftung (bspw. § 179 BGB, §§ 280 Abs. 1, 311 Abs. 2, 241 Abs. 2 BGB, §§ 823 ff. BGB). Aus einem Umkehrschluss zu § 43 Abs. 3 S. 3 GmbHG ergibt sich, dass bei Befolgung eines entsprechenden Gesellschafterbeschlusses keine Haftung eintritt. Die Gesellschafter können auch per Beschluss den Geschäftsführer entlasten und auf die Geltendmachung von Ersatzansprüchen verzichten (vgl. § 46 Nr. 5, 8 GmbHG).

2. Gesellschafterversammlung

90 Die Gesellschafterversammlung ist gem. § 48 GmbHG das **Willensbildungsorgan** der GmbH. Sämtliche Gesellschafter sind teilnahme- und stimmberechtigt. Enthält der Gesellschaftsvertrag keine abweichende Regelung, ist sie zuständig, die wesentlichen Entscheidungen (im Innenverhältnis) zu treffen (vgl. § 46 GmbHG). Darüber hinaus ist allgemein anerkannt, dass die Gesellschafterversammlung, zusätzlich zu § 46 GmbHG, eine **Kernkompetenz für Grundlagenentscheidungen** besitzt (bspw. Satzungsänderungen, Kapitalerhöhungen, -herabsetzungen).

91 Die Gesellschafterversammlung wird gem. § 49 Abs. 1 GmbHG durch den Geschäftsführer einberufen; hierzu ist er in den im Gesetz genannten Fällen sowie immer dann verpflichtet, wenn es das dringende Interesse der Gesellschaft gebietet (§ 49 Abs. 2 GmbHG). Ein zwingender Einberufungsgrund liegt nach § 49 Abs. 3 GmbHG vor, wenn sich aus der Jahresbilanz oder aus einer im Laufe des Geschäftsjahres aufgestellten Bilanz ergibt, dass die Hälfte des Stammkapitals verloren ist. Darüber hinaus können gem. § 50 Abs. 1 GmbHG Minderheitsgesellschafter, die mindestens 10 % der

Anteile an der GmbH halten, unter Angabe des Zwecks und der Gründe die Einberufung verlangen.

Gem. §§ 48 Abs. 1, 47 GmbHG **entscheidet** die Gesellschafterversammlung **durch Beschluss**, wobei die Mehrheit der abgegebenen Stimmen genügt. Eine Mindestbeteiligungsquote oder bestimmte Mehrheitsverhältnisse können durch den Gesellschaftsvertrag festgelegt werden. Außerdem sieht in einigen Fällen das Gesetz eine bestimmte qualifizierte Mehrheit vor (bspw. Satzungsänderung, § 53 Abs. 2 S. 1 GmbHG). Die Versammlung muss nicht zwingend bei gleichzeitiger Präsenz entscheiden: Sie kann zum einen durch schriftliche Abgabe der Stimmen beschließen (§ 48 Abs. 2 GmbHG). Zum anderen eröffnet das DiRUG seit 1.8.2022, Versammlungen fernmündlich oder mittels Videokommunikation abzuhalten, wenn sämtliche Gesellschafter einverstanden sind (§ 48 Abs. 1 S. 2 GmbHG); auf diese Weise werden auch einstimmige Satzungsänderungen möglich sein (ab 1.8.2023, vgl. § 53 Abs. 3 GmbHG). Betrifft die Beschlussfassung die Entlastung oder Befreiung des Gesellschafters von einer Verbindlichkeit, die Vornahme eines Rechtsgeschäfts mit dem Gesellschafter oder einen Rechtsstreit mit diesem, besteht für den betroffenen Gesellschafter ein **Stimmverbot** (§ 47 Abs. 4 GmbHG). Damit werden eine Interessenkollision und die Gefahr vermieden, dass Mehrheitsgesellschafter unberechtigte Vorteile aus ihrer Stellung heraus zulasten der GmbH, der Gläubiger und anderer Mitgesellschafter ziehen. 92

Als einer der wesentlichen Unterschiede zur AG hat die Gesellschafterversammlung einer GmbH **direkten Weisungseinfluss auf die Geschäftsführung** (vgl. § 37 Abs. 1 GmbHG). Zwar ist sie kein Vertretungsorgan, kann aber durch ihre innenrechtliche Weisungsbefugnis maßgeblichen Einfluss auf die Geschäftstätigkeit nehmen. 93

Von der Gesellschafterversammlung gefasste **Beschlüsse** sind **grundsätzlich analog dem AktG** (§§ 241 ff. AktG) **wirksam**, selbst wenn der Beschluss fehlerhaft ist. Dier Rechtsverkehr, aber auch der Geschäftsführer sollen darauf vertrauen dürfen, dass die Beschlüsse rechtmäßig sind. Fehlerhafte Beschlüsse sind daher im Regelfall nicht per se nichtig, sondern müssen angefochten werden. 94

3. Aufsichtsrat

Anders als bei der AG, besteht bei der GmbH grundsätzlich kein Zwang, einen Aufsichtsrat zu bilden. Gem. § 52 Abs. 1 GmbHG kann aber ein sog. **fakultativer Aufsichtsrat** durch Regelung in der Satzung bestellt werden. Auf ihn finden dann bestimmte Vorschriften des AktG analog Anwendung, wenn nicht die Satzung etwas Abweichendes regelt (§ 52 Abs. 1 GmbHG). Der fakultative Aufsichtsrat macht insbesondere bei einer größeren GmbH Sinn, um bspw. die Überwachung der Geschäftsführung sicher zu stellen (§ 52 Abs. 1 GmbHG, § 111 Abs. 1 AktG analog). 95

Aus mitbestimmungsrechtlichen Regelungen kann sich allerdings ergeben, dass **zwingend** ein sog. **obligatorischer Aufsichtsrat** bestellt werden muss (bei Betriebsgrößen mit mehr als 500, 1.000 oder 2.000 Arbeitnehmern; vgl. § 1 Abs. 1 DrittelbG, § 3 Abs. 1 MontanMitbestG, §§ 6 Abs. 1, 1 Abs. 1 MitbestG. 96

Zur Vertiefung:
Zur Organisation der GmbH (Rn. 81 ff.): *Raiser/Veil*, Recht der Kapitalgesellschaften, 6. Auflage, 2015, §§ 41–45; *Ingo Saenger*, Gesellschaftsrecht, 2020, § 17, Rn. 771–790; *Martin Peltzer*, Vorstand und Geschäftsführung als Leitungs- und gesetzliches Vertretungsorgan der Gesellschaft,

JuS 2008, 348–353; *Philipp Rüppell/Petra Hoffmann*, Abberufung und Kündigung eines (Gesellschafter-)Geschäftsführers aus wichtigem Grund, BB 2016, 645–651
Zur Haftung des Geschäftsführers (Rn. 89): *Peter Kindler*, Grundfragen der Geschäftsführerhaftung in der GmbH, Jura 2006, 364–369; *Sarah Röck*, Gesellschafter- und Geschäftsführerhaftung in der GmbH – Bilanzielle Betrachtungsweise und Existenzvernichtung, Jura 2013, 118–128; *Felix Steffek*, Die Innenhaftung von Vorständen und Geschäftsführern – Ökonomische Zusammenhänge und rechtliche Grundlagen, JuS 2010, 295–300; *Herbert Zech*, Haftung der Geschäftsführer einer GmbH gegenüber deren Gläubigern, JA 2009, 769–772; *Henning-Alexander Seel*, Rechtsstellung des GmbH-Geschäftsführers – Worauf ist zu achten?, JA 2009, 446
Zur actio pro socio (Rn. 72): Sebastian Mock, Die Gesellschafterklage (actio pro socio), JuS 2015, 590–596

V. Finanzverfassung

97 Mit Gründung der GmbH sind die Gesellschafter verpflichtet, das satzungsmäßig festgelegte Stammkapital durch Einlagenleistung aufzubringen (§ 14 GmbHG). Da es keine gesetzliche Regelung gibt, die die dauerhafte Verfügbarkeit dieses Betrages garantiert, gibt es als Ausgleich dafür, dass den Gläubigern grundsätzlich nur das Gesellschaftsvermögen haftet (vgl. § 13 Abs. 2 GmbHG), Vorschriften, die die Kapitalerhaltung, -erhöhung und -herabsetzung regeln. Außerdem ist die Gewinnverwendung normiert.

1. Kapitalerhaltung

98 Die wesentlichen Grundsätze der Kapitalerhaltung regeln §§ 30, 31 GmbH. Grundgedanke ist, dass das zur Erhaltung des Stammkapitals erforderliche Vermögen der GmbH nicht an die Gesellschafter ausgezahlt werden darf und bei Zuwiderhandlung der Gesellschaft erstattet werden muss. Nicht geschützt ist das Stammkapital hingegen vor einer Verwendung im normalen Geschäftsbetrieb. Gläubiger können also nicht davon ausgehen, dass ihnen das Stammkapital in voller Höhe als Haftungsmasse zur Verfügung steht. Ihrem Schutzbedürfnis wird insofern Rechnung getragen, als die Geschäftsführer bei Zahlungsunfähigkeit oder Überschuldung Insolvenzantrag stellen müssen (§ 15a InsO).

99 Gem. § 30 Abs. 1 GmbHG darf das Gesellschaftsvermögen nicht an die Gesellschafter ausbezahlt werden, wenn dadurch das Stammkapital angegriffen wird. Damit eine Zuwendung unter das **Verbot des § 30 Abs. 1 GmbHG** fällt, müssen folgende **Voraussetzungen** erfüllt sein:

- Zuwendung an den Gesellschafter,
- auf Basis des Gesellschaftsverhältnisses,
- Herbeiführung/Vertiefung einer Unterbilanz.

100 Eine **Zuwendung an den Gesellschafter** liegt sowohl bei Barleistungen als auch bei Leistungen anderer Art vor, die wirtschaftlich das Gesellschaftsvermögen verringern (bspw. verdeckte Zuwendungen). Der Begriff der Auszahlung ist daher weit zu verstehen. § 30 Abs. 1 S. 2, 3 GmbHG nimmt bestimmte Zuwendungen aus, insbesondere solche, die durch einen vollwertigen Gegenleistungsanspruch gedeckt sind oder die Rückgewähr eines Gesellschafterdarlehens betreffen. Allerdings ist stets zu prüfen, ob ein Umgehungstatbestand vorliegt, der im Ergebnis zu einer wirtschaftlichen Schlechterstellung der Gesellschaft führt und damit einer Auszahlung nach § 30 Abs. 1 S. 1 GmbHG gleich steht. Die Haftung setzt grundsätzlich voraus, dass der Gesellschafter

im Zeitpunkt der Begründung der Verpflichtung Anteile der Gesellschaft hält, nicht notwendigerweise im Zeitpunkt der Durchführung des Geschäfts. Darüber hinaus stehen die Fälle gleich, in denen nur mittelbar an den Gesellschafter geleistet wird oder Dritte, die mit dem Gesellschafter rechtlich oder persönlich verbunden sind, Leistungen empfangen. Darüber hinaus werden Zuwendungen erfasst, die zwar erst nach Ausscheiden aus der Gesellschaft entstehen, aber mit dem Ausscheiden unmittelbar in Zusammenhang stehen.

Gesellschafterdarlehen („upstream loans") dürfen zwar grundsätzlich zurückbezahlt werden. Hier ist jedoch wegen des Vollwertigkeitsgebots in § 30 Abs. 1 GmbHG besonders darauf zu achten, dass die Darlehen zu marktüblichen Konditionen gewährt wurden (bspw. Verzinsung, Sicherung, Ratenkonditionen). 101

Die Auszahlung muss auf **Basis des Gesellschaftsverhältnisses** erfolgt sein (causa societatis). Sie muss dazu ihre Wurzeln im Gesellschaftsverhältnis haben, also nicht im Rahmen einer Drittbeziehung, bei der der Gesellschafter wie ein unabhängiger Dritter der Gesellschaft gegenübersteht (objektiver Drittvergleich). Erlaubt ist es daher zB, wenn der Gesellschafter im Interesse der GmbH einen Vermögensgegenstand überträgt und die Vertragskonditionen marktüblich sind; es macht dann keinen Unterschied, ob eine Unterbilanz von einem Dritten oder von dem Gesellschafter herbeigeführt wird. 102

Eine **Herbeiführung oder Vertiefung einer Unterbilanz** ist regelmäßig gegeben, wenn der Betrag angetastet wird, der zum Erhalt des Stammkapitals erforderlich ist. 103

Wird gegen diese **Voraussetzungen verstoßen**, muss der Gesellschafter die **Leistung** der GmbH **zurückgewähren** (§ 31 Abs. 1 GmbHG). Ein Verschulden des Gesellschafters ist dabei unerheblich. § 31 Abs. 2 GmbHG schützt aber den gutgläubigen Gesellschafter insofern, als er die Erstattung verweigern kann, wenn die Gläubiger der GmbH aus dem verbleibendem Gesellschaftsvermögen befriedigt werden können. Der Anspruch entfällt nicht dadurch, dass das Stammkapital zwischenzeitlich anderweitig aufgefüllt ist; maßgeblich ist der Zeitpunkt der Vornahme der Auszahlung. Ist der betroffene Gesellschafter zahlungsunfähig, müssen die übrigen Gesellschafter anteilig den fehlenden Betrag ersetzen (§ 31 Abs. 3 S. 1 GmbHG). Von der Verpflichtung zur Rückgewähr kann nicht befreit werden; die Verjährung tritt erst nach zehn Jahren ein (§ 31 Abs. 4, Abs. 5 GmbHG). Der Schutz der GmbH und der Gläubiger wird darüber hinaus durch einen Schadensersatzanspruch gegen die Geschäftsführer erweitert, die in der Regel daran als Vertretungsorgane mitgewirkt haben (§ 43 Abs. 3 GmbHG). 104

2. Kapitalerhöhung und Kapitalherabsetzung

Die GmbH hat die Möglichkeit, das Stammkapital zu erhöhen (vgl. §§ 55 ff. GmbHG) oder herabzusetzen (vgl. §§ 58 ff. GmbHG). Dies erfolgt gem. §§ 53, 54, 3 Abs. 1 Nr. 3 GmbHG durch Satzungsänderung. 105

Bei der **Kapitalerhöhung** finden über die Verweisungsnormen §§ 56, 56a GmbHG die wesentlichen Vorschriften zur Erbringung der Einlagepflicht Anwendung. Die Kapitalerhöhung kann so ausgestaltet werden, dass der Nennbetrag bestehender Anteile erhöht wird, oder dass neue Anteile gebildet werden (§ 57h GmbHG). Die Kapitalerhöhung läuft dabei ähnlich wie die erstmalige Aufbringung des Stammkapitals ab. Im Hinblick auf Bezugsrecht und Bezugsrechtsausschluss (§ 186 AktG), Kapitalerhöhung durch „genehmigtes Kapital" (§ 55a GmbHG) sowie Umwandlung von Rücklagen (§ 57c GmbHG) entspricht die Rechtslage der zum Aktienrecht. Eine Kapitalerhöhung 106 ist zudem unter den jeweils genannten Voraussetzungen in der Form des „genehmigten Kapitals" (§ 55a GmbHG) und durch Umwandlung von Rücklagen in Stammkapital (§ 57c GmbHG) möglich.

107 Strenge Regeln gelten für die **Herabsetzung des Stammkapitals**. Gem. § 58 GmbHG müssen insbesondere die Gläubiger der Gesellschaft informiert und ihre Zustimmung eingeholt werden. Forderungen von Gläubigern, die nicht zustimmen, müssen zunächst befriedigt werden. Darüber hinaus darf der Mindestbetrag von 25.000 EUR nicht unterschritten werden (§§ 58 Abs. 2, 5 Abs. 1 GmbHG). Gerät die GmbH in wirtschaftliche Schwierigkeiten, sieht das Gesetz in den §§ 58a ff. GmbHG ein vereinfachtes Verfahren zur Kapitalherabsetzung vor.

3. Gewinnverwendung

108 Die Gesellschafterversammlung hat über die Verwendung des Gewinns spätestens acht, bzw. (bei einer kleinen GmbH) elf Monate nach Ablauf des Geschäftsjahres einen Beschluss zu fassen (§§ 46 Nr. 1, 42a Abs. 2 GmbHG). Sofern der Gesellschaftsvertrag nichts anderes vorsieht, kann der Gewinn innerhalb der Grenzen des § 30 GmbHG in Rücklagen umgewandelt oder an die Gesellschafter ausbezahlt werden (§ 29 Abs. 2 u. 1 GmbHG).

109 Abweichende Vorgaben ergeben sich bei der „gemeinnützigen GmbH" (oft abgekürzt als gGmbH). Diese genießt steuerrechtliche Vergünstigungen; Voraussetzung ist jedoch ua, dass die Gewinne der gemeinnützigen Tätigkeit zugutekommen müssen, was Ausschüttungen verbietet.

Zur Vertiefung:
Zur Finanzverfassung generell (Rn. 97 ff.): *Raiser/Veil*, Recht der Kapitalgesellschaften, 6. Auflage, 2015, §§ 46–50; *Ingo Saenger*, Gesellschaftsrecht, 2020, § 17, Rn. 791–812.
Zur Kapitalerhaltung (Rn. 98 ff.): *Guido Eusani*, Systematik der neuen Kapitalerhaltung bei der GmbH, Jura 2009, 502–507

VI. Beendigung und Liquidation

110 Liegt ein Auflösungsgrund gem. §§ 60 – 62 GmbHG vor, wird die GmbH aufgelöst. Kommt es zwischen den Gesellschaftern zu schweren Zerwürfnissen oder kann der Gesellschaftszweck nicht mehr erreicht werden, können die Gesellschafter durch **Auflösungsklage** die Beendigung der GmbH durch Urteil erwirken (§§ 61 Abs. 1, 60 Abs. 1 Nr. 3 GmbHG). Solche Auflösungsgründe sind aber zum Schutze der Gesellschafter restriktiv auszulegen. In besonderen Fällen kann auch **Nichtigkeitsklage** erhoben werden (§§ 75 ff. GmbHG). Die Wirkungen der Nichtigkeit treten aber wegen der erfolgten vorläufigen Existenz und Teilnahme am Rechtsverkehr nur eingeschränkt ex tunc ein, insbesondere bleiben Rechtsgeschäfte mit Dritten wirksam (§ 77 Abs. 2 GmbHG). Weitere wichtige Auflösungsgründe sind ein Gesellschafterbeschluss (Nr. 2), die Eröffnung des Insolvenzverfahrens (Nr. 4) und die Ablehnung der Insolvenzeröffnung mangels Masse (Nr. 5).

111 Die Auflösung führt zunächst lediglich dazu, dass die Gesellschaft in das Stadium der Abwicklung (Liquidation) eintritt (§§ 66 ff. GmbHG); Liquidatoren sind die bisherigen Geschäftsführer, soweit nichts anderes bestimmt ist. Zum Erlöschen (Vollbeendigung) kommt es grundsätzlich erst, wenn die Liquidation abgeschlossen und dies gem. § 74 Abs. 1 S. 2 GmbHG ins Handelsregister eingetragen ist. Ist objektiv noch Vermögen

vorhanden, besteht die Gesellschaft trotz Löschung fort; es hat dann eine Nachtragsliquidation zu erfolgen (entsprechend § 66 Abs. 5 GmbHG). Lediglich im Fall des § 60 Abs. 1 Nr. 7 GmbHG (Vermögenslosigkeit) kommt es nicht zu einer Liquidation; die Beendigung tritt ein, wenn die GmbH tatsächlich vermögenslos ist und die Löschung eingetragen ist.

VII. Sonderform: Unternehmergesellschaft (UG) haftungsbeschränkt

§ 5a GmbHG ermöglicht auch kapitalschwachen Personen, eine der GmbH vergleichbare Kapitalgesellschaft zu gründen. Das MoMiG entsprach damit dem Druck, der durch die Verbreitung von „Limiteds", einer englischen Unternehmensrechtsform mit dem Mindeststammkapital von einem Britischen Pfund, entstand. 112

Als Ausgleich für das geringe Stammkapital (das nur einen Euro betragen muss, §§ 5a Abs. 1, 5 Abs. 2 u. 1 GmbHG) gelten bei der UG allerdings spezielle Gläubigerschutzvorschriften. So muss die „Unternehmergesellschaft haftungsbeschränkt" diese Eigenschaft durch einen Zusatz im Namen dem Rechtsverkehr deutlich machen (§ 5a Abs. 1 GmbHG, **Transparenzgebot**). Das Kapital muss in voller Höhe einbezahlt sein und kann nicht durch Erbringung von Sacheinlagen erfolgen (§ 5a Abs. 2 GmbHG). Jahresüberschüsse müssen (teilweise) zum Aufbau des Mindeststammkapitals einer GmbH verwendet werden (§ 5a Abs. 3 u. Abs. 5 GmbHG). Wird durch entsprechende Kapitalerhöhungen der Betrag von 25.000 EUR erreicht, kann die UG haftungsbeschränkt zu einer regulären GmbH werden. 113

§ 3 Aktiengesellschaft

I. Allgemeines

114 Die Aktiengesellschaft ist – ebenso wie die GmbH – eine **juristische Person** (§ 1 Abs. 1 AktG). Sie ist eine Kapitalgesellschaft; ihren Gläubigern **haftet nur das Gesellschaftsvermögen** (§ 1 Abs. 1 S. 2 AktG). Wie bei der GmbH wird dieser Grundsatz allerdings dann durchbrochen, wenn ein Missbrauchstatbestand vorliegt.

115 Die Anteile am Gesellschaftskapital (Grundkapital) mit den entsprechenden Mitgliedschaftsrechten sind in Aktien verbrieft. Wesentlicher Unterschied zur GmbH ist die **gesteigerte Umlauffähigkeit der Aktien.** Hierdurch wird eine Fluktuation der Gesellschafter erleichtert. Das flexible Kaufen und Verkaufen der Aktien führt dazu, dass die Aktionäre nicht in dem Maße untereinander bekannt sind wie bei der GmbH. Der Grundsatz des persönlichen Vertrauens nimmt also bei der AG weitaus kleineren Raum ein. Demgemäß ist die AG als „**Publikumsgesellschaft**" und „**Kapitalsammelbecken**" geeigneter als die GmbH, wirtschaftliche Großprojekte zu stemmen. Durch den Zugang zum Kapitalmarkt (§ 3 Abs. 2 AktG) gelingt es der AG besser als der GmbH, Kapital – auch von Kleinanlegern – zu sammeln und Investoren bei Kapitalerhöhungen zu gewinnen.

116 Die Satzung der AG ist im Gegensatz zur GmbH nur eingeschränkt privatautonom gestaltbar (§ 23 Abs. 5 AktG). Diese **Satzungsstrenge** kommt vor allem in der Vielzahl an Regelungen zum Ausdruck, die einen Interessenausgleich zwischen den Beteiligten gewährleisten sollen. So bedarf es Schutzmechanismen zwischen Großaktionären und Kleinaktionären. Während Großaktionäre in der Regel Einfluss auf die Geschäftstätigkeit der AG nehmen wollen, richtet sich das primäre Interesse der Kleinaktionäre meist auf die Kapitalanlage, dh auf die Steigerung des Aktienwertes und/oder die Dividendenausschüttungen. Ebenso muss das „**System of Checks and Balances**", also die Kontrolle und die Aufgaben der Organe (Vorstand, Aufsichtsrat, Hauptversammlung), detailliert geregelt sein.

117 Der vom Gesetzgeber gesehene Regelungsbedarf kommt in Struktur und Inhalt des AktG zum Ausdruck. Siehe hierzu die folgende Grafik.

II. Gründung

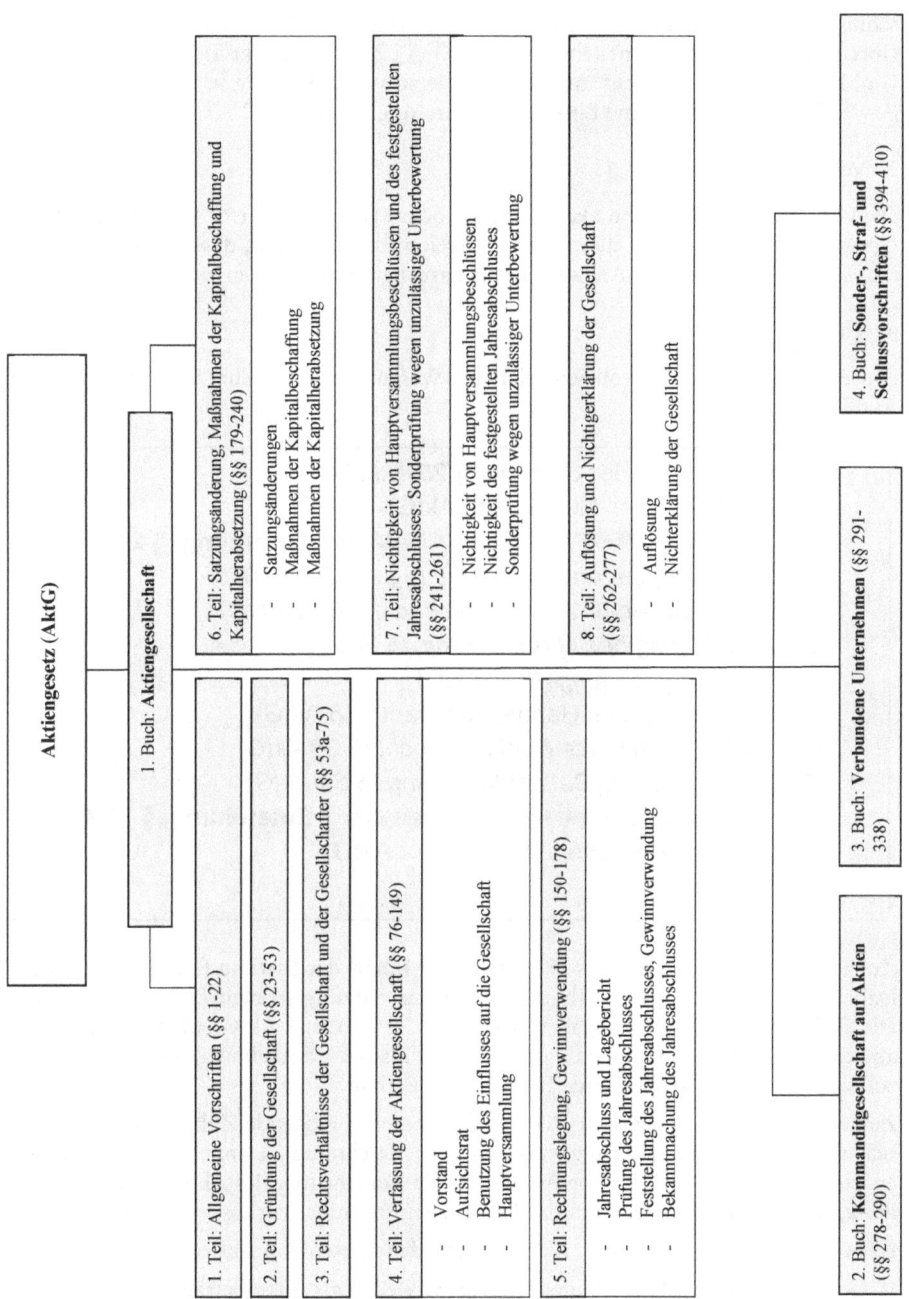

II. Gründung

Die Gründung der AG und die dabei auftretenden Rechtsfragen weisen **viele Parallelen zur Gründung einer GmbH** auf. So entsteht mit dem (konkludenten) Gründungsent-

118

schluss eine Vorgründungsgesellschaft. Nach notarieller Feststellung der Satzung und Übernahme aller Aktien entsteht die Vor-AG (§§ 28, 23, 29 AktG). Ebenso wie bei der GmbH entsteht die „fertige" AG als solche erst mit Eintragung in das Handelsregister (§ 41 AktG). Ebenso ist eine Ein-Mann-Gründung möglich (§ 2 AktG).

1. Verfahren

119 Die Gründung der AG kann als „einfache" oder als „qualifizierte" Gründung erfolgen. Der Unterschied zwischen diesen Möglichkeiten besteht darin, dass bei der qualifizierten Gründung zusätzliche Angaben in die Satzung aufgenommen werden müssen.

a) Einfache Gründung

120 Die einfache Gründung vollzieht sich im Wesentlichen in **zehn Schritten** (§§ 23–53 AktG).

> 1. Feststellung der *Satzung (§ 23 AktG)*
> 2. *Zeichnung* der Aktien (§ 29 AktG)
> → **Errichtung, § 29 AktG**
> 3. Bestellung der ersten *Organe (§§ 30, 31 AktG)*
> 4. Erstellung eines *Gründungsberichts (§ 32 AktG)*
> 5. *Aufbringung* des Grundkapitals (§ 36a AktG)
> 6. *Gründungsprüfung (§ 33 AktG)*
> 7. *Anmeldung* zum Handelsregister (§ 36 AktG)
> 8. *Prüfung* durch das *Registergericht (§ 38 AktG)*
> 9. *Eintragung* und *Bekanntmachung (§ 39 AktG)*
> → **Entstehung, § 41 AktG**
> 10. *Ausgabe* der Aktien (§ 41 Abs. 4 AktG)

121 Zunächst legen die Gründer (§ 28 AktG), den **Inhalt der Satzung** fest (§§ 2, 23 AktG). Dabei gilt das eingangs erwähnte Prinzip der **Satzungsstrenge** (§ 23 Abs. 5 AktG). Die Gründer müssen die Vorgaben des § 23 Abs. 2–Abs. 4 AktG einhalten und dürfen abweichende oder zusätzliche Regelungen nur insoweit aufnehmen, als das Gesetz dies zulässt oder keine abschließende Bestimmung enthält.

122 Zugleich übernehmen die Gründer jeweils eine entsprechende Zahl Aktien, indem sie sich verpflichten, die Einlage zu erbringen (= **Zeichnung**). Damit ist die **Gesellschaft errichtet (Vor-AG)**. Auf die Vor-AG finden die Vorschriften des AktG analoge Anwendung, soweit eine Eintragung in das Handelsregister nicht vorausgesetzt ist.

123 Das Gesetz sieht in den §§ 8 ff. AktG **verschiedene Arten von Aktien** vor:
- Gem. § 8 Abs. 1 AktG können Aktien entweder als **Nennbetrags-** oder als **Stückaktien** emittiert werden (eine Mischung beider Formen ist nicht zulässig). Nennbetragsaktien müssen auf mindestens 1 EUR lauten (§ 8 Abs. 2 AktG), wobei sich der Anteil am Grundkapital nach dem Verhältnis des Nennwertes zum Grundkapi-

II. Gründung

tal richtet (§ 8 Abs. 4 AktG). Stückaktien haben keinen Nennbetrag und sind am Grundkapital quotal nach der Zahl der Aktien beteiligt (§ 8 Abs. 3, Abs. 4 AktG).

- Gem. § 10 AktG ist zwischen **Namens-** und **Inhaberaktien** zu differenzieren. Wird die Aktie vor vollständiger Einlagenleistung ausgegeben, muss sie auf den Namen lauten (§ 10 Abs. 2 AktG), damit der Schuldner der Einlagepflicht einfacher bestimmt werden kann. Namensaktien berechtigen die in der Aktie genannte Person oder deren Rechtsnachfolger. Die (zur Erhöhung der Beteiligungstransparenz nur noch eingeschränkt zulässigen)[28] Inhaberaktien (vgl. § 10 Abs. 1 AktG nF) berechtigen den jeweiligen „Besitzer" der Aktienurkunde.

- Hinsichtlich des Umfangs der Mitgliedschaftsrechte können **Stamm-** oder **Vorzugsaktien** ausgegeben werden (§ 11 AktG). Stammaktien bilden den Regelfall. Den Inhabern von Vorzugsaktien können Privilegien (zB Bevorzugung bei der Verteilung des Gewinns) eingeräumt werden. Im Gegenzug gewähren sie kein Stimmrecht (§§ 12, 139 AktG).

Im Anschluss daran **bestellen** die Gründer einen **Abschlussprüfer** und einen **temporären Aufsichtsrat**, der den ersten **Vorstand** bestellt (§ 30 Abs. 1, Abs. 4 AktG). Diese ersten Aufsichtsratsmitglieder dürfen dabei nicht länger als bis zur Beendigung der Hauptversammlung im Amt bleiben, die über die Entlastung für das erste Voll- oder Rumpfgeschäftsjahr beschließt. 124

Über den Fortgang der Gründung fertigen die Gründer dann einen **Gründungsbericht** an (§ 32 AktG), um die Gründungsprüfung (§§ 33–35 AktG) und die registergerichtliche Prüfung (§ 38 AktG) zu erleichtern. 125

Vor Anmeldung zum Handelsregister müssen auf die in der Zeichnung übernommenen Aktien **Einlagen geleistet** werden (§ 36a AktG). Bei Bareinlagen muss – parallel zur Rechtslage bei der GmbH – mindestens ein Viertel des geringsten Ausgabebetrags ordnungsgemäß einbezahlt werden und dem Vorstand zur freien Verfügung stehen (§§ 36a Abs. 1, 36 Abs. 2, 54 Abs. 3 AktG). Sacheinlagen müssen vollständig geleistet werden (§ 36a Abs. 2 AktG). 126

Danach **prüfen** die Mitglieder des Vorstands und des Aufsichtsrats (sowie gegebenenfalls Gründungsprüfer) den Hergang der **Gründung** (§§ 33–34 AktG) und fertigen einen schriftlichen Bericht – den sog. Prüfungsbericht – an. 127

Sind die erforderlichen Einlagen geleistet, kann die Gesellschaft zum Handelsregister **angemeldet** werden (§ 36 Abs. 2, Abs. 1 AktG). Die inhaltlichen Anforderungen regeln §§ 37, 37a AktG. 128

Anschließend folgt die **Prüfung durch das Registergericht**, ob die Gesellschaft ordnungsgemäß errichtet und angemeldet wurde (§ 38 AktG). Der Umfang der Prüfung erstreckt sich sowohl auf **formelle** (Einhaltung der formellen Gründungsvorschriften) als auch **materielle** (Vereinbarkeit der Satzung mit dem Gesetz) **Prüfpflichten.** Dabei ist die materielle Überprüfung auf die in § 38 Abs. 4 AktG aufgeführten Fehler beschränkt. 129

Mit der **Eintragung** in das Handelsregister **entsteht die AG** (§§ 39, 41 AktG) und erlangt hierdurch ihre Rechtsfähigkeit (§ 1 AktG). Die Bekanntmachung erfolgt elektronisch gem. § 10 HGB. 130

---

28 Vgl. RegBegr. BT-Drs. 18/4349, 15 f.; vgl. Koch, Aktiengesetz, § 10 Rn. 5 f.

131 Als letzter Schritt werden die Aktien an die Gründer ausgegeben (§ 41 Abs. 4 S. 1 AktG). Ein Ausgabe vor Eintragung führt zu deren Nichtigkeit (§ 41 Abs. 4 S. 2 AktG).

b) Qualifizierte Gründung

132 Mit den Vorschriften über die qualifizierte Gründung begegnet der Gesetzgeber der Situation, dass bestimmten Personen Vorteile gewährt werden, die zulasten der späteren AG, anderer Aktionäre oder Dritter gehen. Dies soll nicht vollständig ausgeschlossen werden, muss aber in der Satzung publiziert werden. Betroffen sind vor allem folgende Abreden:

- **Sondervorteile** (§ 26 Abs. 1 AktG)
  Jedem Aktionär oder Dritten eingeräumte Sondervorteile (nicht-) vermögensrechtlicher Natur, die mit der Gründung in Zusammenhang stehen (bspw. Gewinnvorrechte, Rechte zum Bezug von Waren oder Kontrollrechte).
- **Gründungsaufwand** (§ 26 Abs. 2 AktG)
  Zahlungen an Aktionäre oder Dritte für Gründungshilfen
- **Sacheinlagen** (§ 27 AktG)
  Hinsichtlich der (verdeckten) Sacheinlagen gilt der gleiche Regelungsmechanismus wie bei der GmbH. Ergänzend hierzu sei auf die §§ 31, 32 Abs. 2, 33 Abs. 2 Nr. 4, 34 Abs. 1 Nr. 2, Abs. 2, 36 Abs. 2, 36a Abs. 2, 38 Abs. 2 AktG verwiesen, die hinsichtlich der Sachgründung spezielle Voraussetzungen regeln.

2. Verdeckte Sacheinlagen und Nachgründung

133 Ähnlich wie bei der GmbH besteht auch bei der AG die Gefahr der Umgehung der Vorschriften über Sacheinlagen, wenn durch Rechtsgeschäfte mit der AG eine Bareinlage – bei wirtschaftlicher Betrachtung – als Sacheinlage anzusehen ist (Beispiel: AG und Aktionär schließen einen Kaufvertrag über einen Gegenstand; anschließend wird die Kaufpreisforderung mit der Einlagenschuld verrechnet). Dieser Gefahr beugt zum einen § 27 Abs. 3 u. 4 AktG (gleichlautend mit § 19 Abs. 4 u. 5 GmbHG) vor. Zum anderen ist in den §§ 52, 53 AktG ein zusätzlicher Schutzmechanismus installiert, nach dem bestimmte Rechtsgeschäfte in den ersten zwei Jahren nach Gründung der Zustimmung der Hauptversammlung bedürfen (§ 52 Abs. 1 AktG). Daneben fordert § 52 AktG eine Reihe weiterer Voraussetzungen, die an das Verfahren der Sachgründung angelehnt sind:

- Vertrag der AG mit Gründern oder Aktionären, die 10 % des Grundkapitals halten (§ 52 Abs. 1 AktG)
- über Vermögensgegenstände (§ 52 Abs. 1 AktG)
- Vertragsvolumen mehr als 10 % des Grundkapitals (§ 52 Abs. 1 AktG)
- in den ersten zwei Jahren seit Eintragung (§ 52 Abs. 1 AktG)
- Prüfung und Nachgründungsbericht des Aufsichtsrats (§ 52 Abs. 3 AktG)
- Prüfung durch Gründungsprüfer (§ 52 Abs. 4 AktG)
- Zustimmung der Hauptversammlung mit Dreiviertelmehrheit (§ 52 Abs. 1 u. 5 AktG)
- Eintragung in das Handelsregister (§ 52 Abs. 1 u. 6 AktG)

- grds. Schriftform (§ 52 Abs. 2 AktG)
- kein laufendes Geschäft der AG, kein Erwerb in der Zwangsvollstreckung, kein Erwerb an der Börse (§ 52 Abs. 9 AktG)

Wird gegen diese Vorschrift verstoßen, regelt § 53 AktG die Haftung für daraus entstandene Schäden der AG.

3. Rechtslage während der Gründungsstadien

Während das Gründungsverfahren an einigen Punkten erheblich von dem der GmbH abweicht, kann bezüglich der Rechtslage während der Gründungsstadien und der Problematik um die Vorrats- und Mantelgründung im Wesentlichen auf die Ausführungen zum GmbH-Recht verwiesen werden (s. o. § 2 II. 3.).

Die Gründung einer AG vollzieht sich ebenso wie die der GmbH in **drei Gründungsphasen**. Ausgehend hiervon bedürfen die Gläubiger bzw. die anderen Gründer des Schutzes vor Missachtung oder Umgehung der Gründungsvorschriften durch Haftung der an der Gründung beteiligten Personen. Die wichtigen Institute der **Verlustdeckungs-** und der **Vorbelastungshaftung** finden (analog § 9 GmbHG) Anwendung, ebenso wie die **Handelndenhaftung** (§ 41 Abs. 1 S. 2 AktG). Darüber hinaus bestehen Schadensersatzpflichten gem. §§ 46–49 AktG (sog. Gründerhaftung) und § 823 Abs. 2 BGB iVm § 399 AktG, § 826 BGB für Pflichtverletzungen im Gründungsstadium.

4. Gründungsmängel

Erkennt das Registergericht Fehler im Gründungsverfahren, lehnt es die Eintragung ab (§ 38 AktG). Nach Eintragung der AG genießt die AG – ebenso wie die GmbH – grundsätzlich Bestandsschutz durch Heilung der Fehler. Lediglich bei schweren Satzungsmängeln kommt eine Nichtigkeitsklage gem. § 275 AktG in Betracht.

Zur Vertiefung:
Zur Gründung der AG (Rn. 118 ff.): *Ingo Saenger*, Gesellschaftsrecht, 2020, § 15 Rn. 526–546; *Raiser/Veil*, Recht der Kapitalgesellschaften, 6. Auflage 2015, § 10; *Knut Werner Lange*, Grundzüge des Rechts der Aktiengesellschaft, JURA 2016, 33
Zu den Gestaltungsmöglichkeiten nach der Aktienrechtsnovelle 2016 (Rn. 123, 132): *Wälzholz/Graf Wolfskeel v. Reichenberg*, MittBayNot 2016, 197–207; *Matthias Söhner*, Die Aktienrechtsnovelle 2016, ZIP 2016, 151

III. Aktionär

Die Aktionäre sind „Eigentümer" der Aktiengesellschaft, wobei ihr Mitgliedschaftsrecht in der Aktie verkörpert ist. Die Mitgliedschaft beginnt mit dem Erwerb der Aktionärsstellung und endet mit deren Verlust.

Wie bei der GmbH resultieren aus der Mitgliedschaft verschiedene Rechte und Pflichten, die – im Gegensatz zur GmbH – aufgrund der Satzungsstrenge (§ 23 Abs. 5 AktG) größtenteils gesetzlich vorgegeben sind.

1. Erwerb der Aktionärsstellung

Auch der Erwerb der Mitgliedschaft als Aktionär entspricht weitgehend dem bei der GmbH. So können Aktien erstmals bei der **Gründung** der AG erworben werden (§§ 28, 2 AktG). Weiterhin ist eine Übernahme neuer Aktien bei **Kapitalerhöhungen** möglich (§§ 185 ff. AktG) oder die Erlangung durch **Erbfall** oder **rechtsgeschäftlichen Erwerb**.

141 Bei rechtsgeschäftlichem Erwerb ist zwischen Inhaber- und Namensaktien zu unterscheiden. Sind die Aktien als **Inhaberpapiere** ausgestaltet, werden sie gem. §§ 929 ff. BGB übereignet; die §§ 793 ff. BGB finden auf sie Anwendung. Das Recht aus dem Papier folgt daher dem Recht am Papier. Alternativ ist die Übertragung durch Abtretung gem. §§ 413, 398 BGB möglich. **Namenspapiere** werden durch Abtretung der Rechte und Übertragung der Urkunde (§§ 413, 398, 952 Abs. 2 BGB) oder per Indossament übertragen (§ 68 Abs. 1 AktG). Gem. dem aufgrund Verweisung anwendbaren Art. 16 Abs. 2 WechselG ist insoweit ein gutgläubiger Erwerb von Namenspapieren möglich. Namensaktien sind gem. § 67 Abs. 1 AktG im Aktienregister zu führen. Eine Eintragung ist bei der Übertragung aber keine konstitutive Voraussetzung. Allerdings gilt im Verhältnis zur Gesellschaft als Aktionär nur, wer als solcher eingetragen ist (§ 67 Abs. 2 AktG). Weiterhin können Namenspapiere **vinkuliert** werden (§ 68 Abs. 2 AktG), indem eine Übertragung an die Zustimmung von Vorstand, Aufsichtsrat oder Hauptversammlung gebunden ist. Dies ist eine effektive Möglichkeit, sog. **feindliche Übernahmen zu verhindern**.

2. Inhalt: Rechte, Pflichten, Haftung

142 Ebenso wie bei der GmbH ist die Stellung als Aktionär mit Rechten, Pflichten und einer potenziellen Haftung verknüpft. Aufgrund der unterschiedlichen Struktur ergeben sich jedoch einige Besonderheiten.

143 Das **Recht auf Gleichbehandlung** des Aktionärs ist stärker ausgeprägt als bei einer GmbH (§ 53a AktG). Unterschiedliche Behandlungen dürfen daher nur erfolgen, wenn es einen sachlich gerechtfertigten Grund gibt.

144 Die **Vermögensrechte** beinhalten insbesondere:

- einen **Gewinnanspruch** (§ 58 Abs. 4 AktG), es sei denn, dieser ist durch Gesetz, Satzung oder Beschluss der Hauptversammlung ausgeschlossen. Gem. §§ 172, 173 AktG wird zunächst der Jahresabschluss festgestellt. Die Hauptversammlung beschließt danach über die Verwendung des Bilanzgewinns (§ 174 Abs. 1 AktG). Eine weitere Einschränkung erfährt der Gewinnanspruch durch die Pflicht, eine gesetzliche Rücklage zu bilden (§ 150 AktG) und die Möglichkeit, dass die Satzung bestimmt, gewisse weitere Jahresüberschüsse in Gewinnrücklagen einzustellen.
- ein **Verfügungsrecht** über den Anteil (vgl. § 68 AktG)
- einen Anspruch auf den **Liquidationserlös** nach Auflösung und Liquidation der AG (§ 271 AktG)
- ein **Bezugsrecht** bei Kapitalerhöhungen (§ 186 AktG).

145 Die **Mitverwaltungsrechte** erstrecken sich im Wesentlichen auf Angelegenheiten der Hauptversammlung, da sie das „Organ der Aktionäre" ist:

- Als Ausprägung des Minderheitenschutzes haben 5 % der Aktionäre ein **Einberufungsrecht** auch unabhängig von den zwingenden Gründen (§ 122 Abs. 1 AktG). Sie können ferner Tagesordnungspunkte festlegen (§ 122 Abs. 2 AktG), sofern dies nicht rechtsmissbräuchlich ist.
- Bei Einberufung der Hauptversammlung haben die Aktionäre grundsätzlich **Teilnahme-, Rede-** und **Stimmrechte** (§§ 134 ff. AktG). Das Stimmrecht wird gem.

§ 134 Abs. 1 AktG nach Aktiennennbeträgen bzw. bei Stückaktien nach deren Zahl ausgeübt, jedoch erst nach vollständiger Einlagenleistung (§ 134 Abs. 2 AktG). In der Praxis wird den depotführenden Kreditinstituten oftmals die Ausübung des Stimmrechts eingeräumt (§§ 135, 134 Abs. 3 AktG). Das Stimmrecht ist bei Vorzugsaktien ohne Stimmrecht (§ 139 AktG) ausgeschlossen, ferner, wenn der Beschluss eine persönliche Interessenkollision hervorruft (§ 136 AktG).

- Aktionären steht in der Hauptversammlung gem. § 131 Abs. 1 S. 1, Abs. 3 AktG ein **Auskunftsrecht** zu Fragen zu, die mit Gegenständen der Tagesordnung in Zusammenhang stehen. Der Vorstand darf die Auskunft nur in den im Gesetz aufgezählten Fällen verweigern; gem. § 132 AktG kann der Aktionär durch einen Antrag auf Entscheidung durch das Gericht eine Überprüfung herbeiführen. Außerdem kann bei fehlerhafter Verweigerung ein damit zusammenhängender Beschluss gem. §§ 243 ff. AktG angefochten werden.
- Das **Anfechtungsklagerecht** gem. §§ 243 ff. AktG unterliegt keiner Mindestbeteiligung (§ 245 Nr. 1 AktG), sondern kann von jedem Aktionär ausgeübt werden.
- Die Aktionäre können sich in dem Verfahren nach §§ 147, 148 AktG **ermächtigen lassen, Schadensersatzansprüche** gegen Gründer, Vorstands- oder Aufsichtsratsmitglieder **geltend zu machen**. Darüber hinaus wird für eine actio pro socio wegen des abschließenden Charakters dieser Regelung und des Umstands, dass im Aktienrecht die Zuständigkeitsordnung von den Mitgliedern losgelöst ist, überwiegend kein Raum gesehen.

Um die Handlungsfähigkeit der AG während der Beschränkungen aufgrund der Corona-Pandemie aufrechtzuerhalten, gestattete § 1 Abs. 1 GesRuaCOVBekG befristet, Hauptverhandlungen auch dann im Wege elektronischer Kommunikation nach § 118 Abs. 1 S. 2 AktG durchzuführen, wenn die Satzung diese Möglichkeit nicht vorsah. Eine Verstetigung der Regelung ist geplant; sie soll mit einer Vorverlagerung von Informations- und Entscheidungsprozessen einhergehen.[29]

Den Aktionär treffen insbesondere folgende **Pflichten**:

- Hauptpflicht der Aktionäre ist die **Leistung der Einlagen** (§ 54 Abs. 1 AktG), von der gem. § 66 Abs. 1 AktG nicht befreit werden kann. Geleistete Einlagen dürfen auch **nicht zurückgewährt** werden (§ 57 Abs. 1 AktG).
- Jeden Aktionär treffen **Treuepflichten** gegenüber der AG und den Mitaktionären. Diese sind bei der AG aufgrund der Kompetenzverteilung zwischen Aktionären, Vorstand und Aufsichtsrat schwächer ausgeprägt als bei der GmbH, die mehr auf dem Prinzip des persönlichen Vertrauens beruht. Dennoch gebietet die mitgliedschaftliche Stellung, auf die Interessen der AG und der Mitaktionäre Rücksicht zu nehmen. So können sich nach dem „Girmes"-Urteil[30] sogar Minderheitsaktionäre schadensersatzpflichtig machen, wenn sie eine gebotene Sanierung durch Ausübung ihres Stimmrechts verhindern. Je größer der Einfluss auf die AG ist, desto intensiver wird daher die Treuepflicht.
- Die nach § 55 Abs. 1 AktG möglichen **Nebenpflichten** bei vinkulierten Namensaktien haben in der Praxis nur geringe Bedeutung.

146

---

29 Vgl. den Regierungsentwurf vom 17.4.2022.
30 BGHZ 129, 136 = BGH NJW 1995, 1739, 1741 f., mit Anm. Altmeppen.

147 Die **Haftung** des Aktionärs ist im Vergleich zur GmbH stark eingeschränkt. Im Grundsatz haftet nur das Vermögen der AG (§ 1 Abs. 1 S. 2 AktG). Nur im Ausnahmefall haften die Aktionäre selbst, etwa im Fall der verbotenen Einflussnahme auf Vorstand, Aufsichtsrat, Prokuristen oder Handlungsbevollmächtigte (§ 117 AktG). Darüber hinaus haftet der Aktionär bei nicht erlaubter Rückgewähr seiner Einlage (§ 62 Abs. 1 AktG).

148 Die Rechtsprechung zur sog. Existenzvernichtungshaftung aus § 826 BGB gilt für die Aktionäre der AG entsprechend den Ausführungen zur GmbH (s. o. § 2 III. 2.).

3. Beendigung der Aktionärsstellung

149 Die Mitgliedschaft als Aktionär endet parallel zur GmbH auch mit Auflösung der Gesellschaft (§ 262 AktG), mit Veräußerung der Aktien, mit Tod des Aktionärs, mit Kaduzierung (§ 64 AktG), mit Einziehung (§ 237 AktG) oder mit Ausschluss aus wichtigem Grund (analog § 737 BGB, § 140 HGB).

150 Daneben besteht die aktienrechtliche Besonderheit des **„Squeeze-Out"** (§§ 327a ff. AktG). Besitzt ein Aktionär mindestens 95 % der Aktien, kann die Hauptversammlung übrigen Minderheitsaktionäre durch Beschluss zwingen, ihre Anteile auf den Mehrheitsaktionär zu übertragen. Ihnen ist als Ausgleich eine angemessene Barabfindung zu gewähren, (§§ 327a Abs. 1 S. 1, 327b AktG). Ziel dieser Regelung ist, den Geschäftsbetrieb zu vereinfachen und zu verhindern, dass Hauptversammlungsbeschlüsse durch Minderheitsaktionäre torpediert werden.

Zur Vertiefung:
Zur Treuepflicht (Rn. 146): BGHZ 83, 122 „Holzmüller"; BGHZ 129, 136 „Girmes"; *Jochem Reichert*, Die Treuebindung der Aktionärsmehrheit in Sanierungsfällen, NZG 2018, 134–142
Zur actio pro socio (Rn. 145): *Sebastian Mock*, Die Gesellschafterklage (actio pro socio), JuS 2015, 590–596

IV. Organe

151 Die AG ist als juristische Person nicht handlungsfähig, so dass sie zur Willensbildung und deren Ausführung ihrer Organe bedarf. Diese sind zwingend der Vorstand (§§ 76 ff. AktG), der Aufsichtsrat (§§ 95 ff. AktG) und die Hauptversammlung (§§ 118 ff. AktG). Sie stehen sich in einem System der **„Checks and Balances"** gegenüber, da sie neben ihren jeweiligen Aufgaben immer die Tätigkeiten des anderen Organs kontrollieren. Insgesamt wird also statt einer Hierarchie eine Machtbalance angestrebt, wobei die Hauptversammlung als Forum der Aktionäre (= Eigentümer der AG) die finale Entscheidungskompetenz beispielsweise hinsichtlich der Geltendmachung von Schadensersatzansprüchen (§ 147 AktG) oder der Entlastung des Vorstands und des Aufsichtsrats (§ 119 Abs. 1 Nr. 3 AktG) innehat.

IV. Organe

Folgendes Schaubild verdeutlicht die **Organisationsverfassung** einer AG: 152

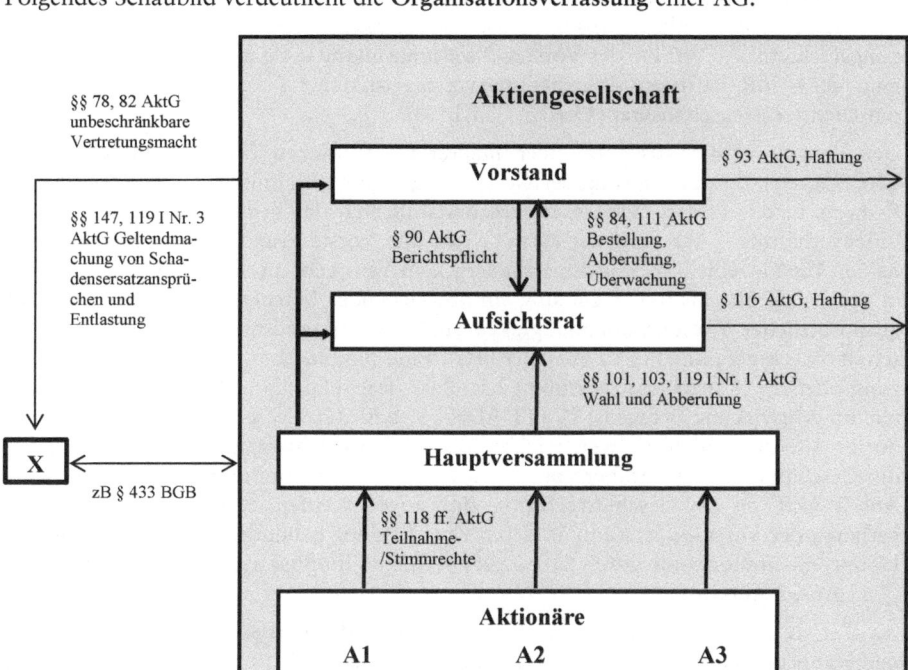

Zusätzlich zu dieser gegenseitigen Kontrolle haben der Vorstand und der Aufsichtsrat gem. § 161 AktG jährlich eine Erklärung zum sog. **Corporate Governance Kodex**[31] abzugeben. Diese „Regeln guter Unternehmensführung" werden von einer Regierungskommission unter Berücksichtigung der nationalen und internationalen Entwicklungen erarbeitet und vom Bundesministerium der Justiz und für Verbraucherschutz bekannt gemacht. Sie stellen nichtverbindliche Verhaltensempfehlungen für eine Aktiengesellschaft dar; jedoch müssen sich Vorstand und Aufsichtsrat bei Nichtbeachtung erklären, warum sie nicht eingehalten wurden. Verstoßen Vorstand oder Aufsichtsrats dagegen, kann dies eine Haftung nach §§ 93, 116 AktG zur Folge haben. Eine Außenhaftung wird dagegen abgelehnt.[32] 153

1. Vorstand

Der Vorstand **leitet** die AG unter eigener Verantwortung (§ 76 AktG), **führt die Geschäfte** (§ 77 AktG) und hat eine **unbeschränkbare, gesetzliche Vertretungsmacht** (§§ 78, 82 AktG). Ähnlich wie der Geschäftsführer einer GmbH ist er demzufolge für das Auftreten der AG im Rechtsverkehr verantwortlich. Dagegen ist er nicht an Weisungen der Hauptversammlung oder des Aufsichtsrates gebunden. 154

Die Vorstandsmitglieder werden gem. § 84 Abs. 1 AktG vom Aufsichtsrat für höchstens fünf Jahre **bestellt**, eine wiederholte Bestellung ist möglich. Der Aufsichtsrat kann 155

---

31 Abrufbar unter www.dcgk.de.
32 Koch, AktG, § 161 Rn. 28 f.; Münch. HdB GesR IV/Hoffmann-Becking, § 34 Rn. 26 mwN.

die Ernennung widerrufen, wenn ein wichtiger Grund vorliegt (§ 84 Abs. 3 S. 1 AktG). Von der Bestellung abzugrenzen ist die zivilrechtliche **Anstellung**, die das Beschäftigungsverhältnis regelt. Da der Vorstand weisungsunabhängig ist, ist er kein Arbeitnehmer; der – idR befristete – Anstellungsvertrag ist daher Geschäftsbesorgungsvertrag mit Dienstvertragscharakter (§§ 675, 611 BGB).

156 Der Vorstand kann aus einer oder mehreren natürlichen Personen bestehen (§ 76 Abs. 2 AktG), die zur Führung der Geschäfte geeignet sein müssen (§ 76 Abs. 3 AktG). Es herrscht das Prinzip der **Gesamtgeschäftsführung**, das heißt, Beschlüsse sind – im Innenverhältnis – nur dann wirksam, wenn alle Vorstandsmitglieder dafür gestimmt haben. Um einzelnen Vorstandsmitgliedern kein Vetorecht an die Hand zu geben, wird in der Praxis oftmals in der Satzung ein abweichendes Beschlussvotum geregelt. Trotz **grundsätzlicher Weisungsunabhängigkeit** sind die Vorstandsmitglieder an den Gesellschaftszweck gebunden (§ 82 Abs. 2 AktG). Eine Bindung besteht auch, wenn die Satzung oder der Aufsichtsrat bestimmt hat, dass der Aufsichtsrat bei gewissen Geschäften zur Mitwirkung befugt ist (§ 111 Abs. 4 S. 2 AktG). Diese Mitwirkungsbefugnisse dürfen allerdings nicht so weit reichen, dass der Aufsichtsrat als „zweiter Vorstand" die Geschäftsführung mitübernimmt. Auch die Hauptversammlung kann gem. § 119 Abs. 2 AktG in die Geschäftsführung einbezogen werden, wenn der Vorstand dies verlangt; der Vorstand ist dann an deren Entscheidung gebunden. Im Übrigen kann die Hauptversammlung nur durch Satzungsänderungen Einfluss auf den Vorstand nehmen (§ 82 Abs. 2 AktG).

157 Zu den **weiteren Aufgaben** des Vorstands gehören die Vorbereitung und Ausführung der Hauptversammlung (§ 83 AktG) und die Berichterstattung gegenüber dem Aufsichtsrat (§ 90 AktG). In dieser sind insbesondere die weitere Geschäftspolitik, die Rentabilität der AG und der momentane wirtschaftliche Stand zu erläutern. Ferner trifft ihn die Pflicht der Buchführung und der Einrichtung eines Frühwarnsystems, das unternehmensgefährdende Entwicklungen rechtzeitig erkennt (§ 91 AktG). Gerät die AG in eine wirtschaftliche Schieflage, trifft ihn auch die Pflicht, die Hauptversammlung einzuberufen oder Zahlungen einzustellen (§ 92 AktG).

158 Die **Haftung** des Vorstands ist in § 93 Abs. 2 AktG geregelt. Verletzt der Vorstand seine Pflichten, ist er der Gesellschaft gesamtschuldnerisch zum Schadensersatz verpflichtet. § 93 Abs. 3 AktG regelt beispielhaft, wann eine solche Ersatzpflicht besteht. So dürfen beispielsweise keine Einlagen an die Aktionäre zurückgewährt oder Zinsen und Gewinne ausbezahlt werden, wenn nicht das Gesetz dies gestattet. Nach § 93 Abs. 1 AktG gilt generell, dass das Vorstandsmitglied die Sorgfalt eines ordentlichen und gewissenhaften Geschäftsleiters einhalten muss. Gem. § 93 Abs. 1 S. 2 AktG liegt keine Pflichtverletzung vor, wenn der Vorstand die Entscheidung vernünftigerweise fällen durfte. Diese sog. „**business judgement rule**" schützt den Vorstand vor dem erhöhtem Haftungsrisiko, bei jeder riskanten wirtschaftlichen Entscheidung dafür einstehen zu müssen. Da das Vorstandsmitglied keine direkte Gewinnbeteiligung besitzt, muss ihm im Gegenzug ein Spielraum eingeräumt werden, der wirtschaftlich risikobehaftete, aber unternehmerisch sinnvolle Aktionen zulässt, ohne in die Haftungsfalle zu geraten. Eine Haftung scheidet ferner aus, wenn die Handlung des Vorstands auf einem rechtmäßigen Beschluss der Hauptversammlung beruht (§ 93 Abs. 4 S. 1 AktG), der Vorstand also die Entscheidungskompetenz der Hauptversammlung übertragen hat (§ 119 Abs. 2 AktG). Der Entlastung als solcher kommt, wie § 120 Abs. 2 S. 2 AktG klarstellt, nicht die Wirkung eines Verzichts zu.

Die Vorstandsmitglieder trifft gem. § 88 Abs. 1 AktG ein **Wettbewerbsverbot**, bei dessen Missachtung und Verletzung die AG Schadensersatz fordern oder die Übertragung der Rechte aus dem Geschäft auf die AG verlangen kann (§ 88 Abs. 2 AktG, sog. Eintrittsrecht). Dieser Regelung entspringt auch das Institut der **Geschäftschancenlehre**, das den Vorständen verbietet, für die Gesellschaft günstige Geschäfte im eigenen Namen abzuschließen. Neben der Haftung nach § 93 Abs. 2 AktG besteht auch die Haftung nach § 117 Abs. 2 AktG, bei der der Vorstand gesamtschuldnerisch haftet, wenn er sich von Dritten hat beeinflussen lassen und dies zum Schaden der AG führte. Ferner bestehen die **allgemeinen zivil-** und **strafrechtlichen Haftungsinstitute** (auch im Außenverhältnis), die bei der GmbH zur Haftung des Geschäftsführers führen. 159

2. Aufsichtsrat

Im Gegensatz zur GmbH muss bei der AG ein Aufsichtsrat bestehen (§ 30 Abs. 1 AktG). Er ist primär das **Kontrollorgan** der Aktionärsgesamtheit und soll die Geschäftsführung des Vorstands überwachen (§ 111 Abs. 1 AktG). Dies entspringt dem Gedanken, dass die Hauptversammlung, insbesondere bei großen börsennotierten Unternehmen, nur unzureichend in der Lage ist, selbst die Kontrolle des Vorstands zu übernehmen. Um die Überwachung zu gewährleisten, hat der Aufsichtsrat umfassende Einsichts- und Prüfungsrechte (§ 111 Abs. 2 AktG). Damit korrespondiert die Pflicht des Vorstands zum Bericht und zur Vorlage des Jahresabschlusses (§§ 90, 170 AktG). Der Aufsichtsrat kann jederzeit die Hauptversammlung einberufen, wenn es das Wohl der AG erfordert (§ 111 Abs. 3 AktG). Von der Geschäftsführung ist er allerdings grundsätzlich ausgeschlossen (§ 111 Abs. 4 AktG). 160

Vorstandsmitgliedern gegenüber vertritt der Aufsichtsrat die Gesellschaft (§ 112 AktG, zB Abschluss des Anstellungsvertrags, gerichtliche Verfolgung von Schadensersatzansprüchen). 161

Die **Bestellung** des Aufsichtsrats erfolgt durch die Hauptversammlung (§§ 101 Abs. 1 S. 1, 119 Abs. 1 Nr. 1 AktG). Aufsichtsratsmitglied kann nur eine natürliche, unbeschränkt geschäftsfähige Person sein (§ 100 Abs. 1 AktG). Bei börsennotierten mitbestimmungspflichtigen Gesellschaften muss der Frauen- und Männeranteil jeweils mindestens 30 % betragen (§ 96 Abs. 2 AktG). Um Interessenkollisionen zu vermeiden, dürfen bestimmte Personen, insbesondere Vorstandsmitglieder, nicht dem Aufsichtsrat angehören (§§ 100 Abs. 2 S. 1, 105 Abs. 1 AktG). Dies geht jedoch nicht so weit, dass eine völlige Unabhängigkeit gewährleistet sein muss. Insbesondere dürfen Aufsichtsratsmitglieder unter den Voraussetzungen des § 100 Abs. 2 AktG in anderen (Kapital-)Gesellschaften dem Vorstand oder Aufsichtsrat angehören. Fachliche Kompetenzen werden grundsätzlich nicht vorausgesetzt; lediglich bei der kapitalmarktorientierten AG (§ 100 Abs. 5 AktG iVm § 264d HGB) muss demgegenüber ein unabhängiges Aufsichtsratsmitglied über Sachverstand auf den Gebieten Rechnungslegung oder Abschlussprüfung verfügen, um die Tätigkeiten des Vorstands besser kontrollieren zu können. Der Aufsichtsrat muss gem. § 95 S. 1 AktG aus mindestens drei Mitgliedern bestehen, wobei die Satzung eine höhere Zahl innerhalb der Höchstgrenzen festlegen kann (§ 95 S. 2–4 AktG). Im Geltungsbereich der Mitbestimmungsgesetze können sich weitere Abweichungen ergeben (§ 95 S. 5 AktG). 162

Die **Amtszeit** des einzelnen Aufsichtsratsmitglieds **endet** entweder mit Zeitablauf (§ 102 AktG) oder durch Abberufung (§ 103 AktG). 163

164 Der Aufsichtsrat gibt sich selbst eine **Geschäftsordnung**, die die „innere Ordnung" regelt (§ 107 AktG). Gerade bei größeren Aktiengesellschaften kann es sinnvoll sein, Ausschüsse zu bilden, die sich bestimmten Fragen widmen und so die Kontrollpflichten effektiv erfüllen (§ 107 Abs. 3 AktG). Gem. § 110 Abs. 1 AktG kann jedes Aufsichtsratsmitglied unter Angabe des Zwecks und der Gründe die **Einberufung** binnen zwei Wochen verlangen. In den Sitzungen fasst der Aufsichtsrat seine Entscheidungen mit einfacher Mehrheit durch Beschluss (§§ 108, 109 AktG). Er ist beschlussfähig, wenn die Hälfte der gesetzlichen oder der durch die Satzung festgelegten Mitgliederzahl anwesend ist, soweit die Satzung nichts Abweichendes regelt (§ 108 Abs. 2 AktG). Bei persönlichen Interessenkollisionen darf ein Aufsichtsratsmitglied analog § 34 BGB nicht an der Beschlussfassung teilnehmen.

165 Strittig ist die Folge **rechtswidriger Beschlüsse**. Während fehlerhafte Beschlüsse der Hauptversammlung nur in Ausnahmefällen nichtig sind und lediglich angefochten werden können (§§ 241 ff. AktG), sollen nach hM fehlerhafte Beschlüsse des Aufsichtsrats stets nichtig sein.[33] Gegen eine analoge Anwendung der §§ 241 ff. AktG spricht der eindeutige Wortlaut. Außerdem ist die Interessenlage anders. Die von der Hauptversammlung gefassten Beschlüsse sind von einem größeren Vertrauen der Aktionäre hinsichtlich der Wirksamkeit getragen als Beschlüsse des Aufsichtsrats.

166 Aufsichtsratsmitglieder müssen sich in ähnlichem Umfang verantworten wie Mitglieder des Vorstands (§§ 116, 93 AktG). Wichtig ist, dass dem Aufsichtsrat dann, wenn nach seinem Dafürhalten durchsetzbare Schadensersatzansprüche gegen Vorstandsmitglieder bestehen, ein Ermessen hinsichtlich der Verfolgung nicht eingeräumt ist. Die Verschwiegenheitspflicht ist bereits dem Wesen als Kontrollorgan immanent, wird aber in § 116 S. 2 AktG nochmals besonders erwähnt, ebenso wie die Haftung bei Festsetzung einer unangemessenen Vergütung für den Vorstand (§ 116 S. 3 AktG). Die bereits erwähnten Grundsätze der Haftung wegen verbotener Einflussnahme (s. o. § 3 III. 2.) gelten auch für den Aufsichtsrat (§ 117 AktG).

3. Hauptversammlung

167 Die Hauptversammlung ist das **Willensbildungsorgan der Aktionäre** (§ 118 Abs. 1 S. 1 AktG) und **oberstes Kontrollgremium** (§§ 119, 147 AktG). Sie ist zwar nicht das oberste Beschlussorgan, da sie auf die Geschäftsführung nur Einfluss nehmen darf, wenn der Vorstand dies verlangt (§ 119 Abs. 2 AktG). Als letzte Kontrollinstanz ist sie aber entscheidungsbefugt über die Entlastung von Vorstand und Aufsichtsrat (§§ 119 Abs. 1 Nr. 3, 120 AktG) bzw. über die Geltendmachung von Schadensersatzansprüchen gegen Vorstand und Aufsichtsrat (§ 147 AktG). Die Entlastung stellt nur eine Billigung der Verwaltung dar, beinhaltet jedoch nicht einen Verzicht auf Schadensersatzansprüche (§ 120 Abs. 2 S. 2 AktG). Eine Verweigerung der Entlastung kommt aber einem Vertrauensentzug gleich und stellt daher einen Abberufungsgrund gem. § 84 Abs. 3 S. 2 Var. 3 AktG dar. Die **Kompetenzen** der Hauptversammlung sind insbesondere in § 119 Abs. 1 AktG geregelt. Daneben gibt es weitere wichtige Fälle, in denen die Hauptversammlung zuständig ist, zB Gründungsgeschäfte iSd § 52 AktG und Satzungsänderungen (§ 179 AktG).

---

33 BGHZ 122, 342, 347; BGH NZG 2000, 945, 946; BGH NZG 2013, 456, 458; Koch, AktG, § 108 Rn. 26; MüKo-AktG/Habersack, § 108 Rn. 73 ff.

Daneben besteht eine **ungeschriebene Zuständigkeit** der Hauptversammlung für sog. Grundlagenentscheidungen, die zwar formal durch die Vertretungsmacht des Vorstands gedeckt sind, aber so stark in die Rechte der Aktionäre eingreifen, dass der Vorstand vernünftigerweise nicht annehmen darf, dies ohne die Zustimmung Hauptversammlung tun zu dürfen. In den Urteilen „Holzmüller"[34] und „Gelatine"[35] hat dies der BGH beispielsweise für den Verkauf wichtiger Unternehmensteile angenommen, wenn mehr als 50 % des Unternehmens betroffen sind. Allgemein betrifft dies Maßnahmen, die so tief in die Mitgliedsrechte der Aktionäre und deren im Anteilseigentum verkörpertes Vermögensinteresse eingreifen, dass diese Auswirkungen an die Notwendigkeit einer Satzungsänderung heranreichen. Um die Organisationsstruktur der AG nicht zu gefährden, ist diese Ausnahme jedoch restriktiv anzuwenden.

168

Die Hauptversammlung wird in den durch das Gesetz oder die Satzung im Einzelnen bestimmten Fällen **einberufen** oder wenn es das Wohl der Gesellschaft erfordert (§ 121 AktG). Die Einberufung erfolgt idR durch den Vorstand (§ 121 Abs. 2 AktG). Insbesondere zum Schutze von Minderheitsaktionären können diese, soweit sie 1/20 des Grundkapitals besitzen, ebenfalls eine Einberufung verlangen (§ 122 Abs. 1 AktG). Um eine ausreichende Vorbereitung auf die Sitzung zu ermöglichen, darf die Hauptversammlung erst 30 Tage nach Einberufung abgehalten werden (§ 123 Abs. 1 AktG).

169

Die **Beschlussfassung** erfolgt durch einfache Stimmenmehrheit (§ 133 AktG), wenn nicht das Gesetz oder die Satzung eine andere Mehrheit fordern. Gerade bei Beschlüssen mit besonderer Tragweite fordert das Gesetz oftmals eine Dreiviertelmehrheit. Grundsätzlich gewährt jede Aktie ein Stimmrecht (§§ 134 Abs. 1 S. 1, 12 AktG). Einschränkungen bestehen bei den stimmrechtslosen Aktien (vgl. §§ 12 Abs. 1 S. 2, 139 Abs. 1 AktG), ferner darin, dass bei einer nichtbörsennotierten AG die Satzung das Stimmrecht durch Festsetzung eines Höchstbetrages deckeln kann (§ 134 Abs. 1 S. 2 AktG). In der Praxis wird von dieser Möglichkeit Gebrauch gemacht, wenn der Einfluss eines Mehrheitsaktionärs auf die AG in Grenzen gehalten werden soll. Das Stimmrecht lebt gem. § 134 Abs. 2 AktG erst mit vollständiger Einlagenleistung auf und kann durch einen Bevollmächtigten ausgeübt werden (§§ 134 Abs. 3, 129 Abs. 3 AktG). Bedeutung erlangt dies durch die Bankenstimmrechte (§ 135 AktG), die die Kleinaktionäre im Depotvertrag oftmals der depotführenden Bank übertragen. Grund hierfür ist die ansonsten sehr geringe Teilnahme der Aktionäre in der Hauptversammlung.

170

Die **Folge rechtswidriger Hauptversammlungsbeschlüsse** regeln §§ 241 ff. AktG. Grundsätzlich sind fehlerhafte Beschlüsse nur dann nichtig, wenn ein Nichtigkeitsgrund gem. §§ 241, 250, 253, 256 AktG vorliegt und nicht geheilt wird (§ 242 AktG). In allen anderen Fällen bleibt der Beschluss wirksam, kann aber angefochten werden (§§ 243 ff. AktG).

171

Nichtig sind Hauptversammlungsbeschlüsse, wenn sie an einem besonders gravierenden Fehler leiden, der deshalb automatisch zur Unwirksamkeit führen muss. Die Nichtigkeitsgründe sind zwar formal enumerativ geregelt (vgl. §§ 241, 250, 253, 256 AktG), jedoch ermöglicht § 241 Nr. 3 AktG als Generalklausel eine darüber hinausgehende Überprüfung. Geltend gemacht werden Nichtigkeitsmängel durch die Nichtigkeitsklage (§ 249 AktG).

172

---

34 BGHZ 83, 122.
35 BGHZ 159, 30.

173 **Anfechtbare** Hauptversammlungsbeschlüsse werden durch die Anfechtungsklage angegriffen (§ 246 AktG). Folgende **Voraussetzungen** müssen dabei erfüllt sein:
- **Zuständigkeit** (§ 246 Abs. 3 AktG)
  Für die Klage ist das Landgericht am Sitz der AG zuständig; idR entscheidet dort eine Kammer für Handelssachen.
- **Anfechtungsfrist** (§ 246 Abs. 1 AktG)
  Die Klage muss innerhalb eines Monats ab Beschlussfassung erhoben werden.
- **Anfechtungsgegner** (§ 246 Abs. 2 AktG)
  Anfechtungsgegner ist die Gesellschaft, die durch den Vorstand und den Aufsichtsrat vertreten wird, wenn ein Aktionär klagt.
- **Anfechtungsbefugnis** (§ 245 AktG)
  Anfechtungsbefugt sind alle Aktionäre, sowie die Vorstands- und Aufsichtsratsmitglieder. In der Praxis hatte sich durch die Möglichkeit, dass grundsätzlich jeder Aktionär klagen kann, das Problem der sog. „räuberischen Aktionäre" ergeben. Durch die Einlegung eines Widerspruchs und Erhebung der Anfechtungsklage konnte man die Beschlüsse der Hauptversammlung blockieren und die AG in ein – oftmals längeres – Gerichtsverfahren zwingen. Ziel war dabei häufig nicht, den Beschluss für unwirksam erklären zu lassen, sondern die Erwartung, die AG würde den Kläger durch Zahlung eines Geldbetrages zur Rücknahme der Klage bewegen, um den Beschluss der Hauptversammlung in das Register eintragen und die damit verbundene Maßnahme realisieren zu können. Der Gesetzgeber hat darauf mit der Einführung des § 246a AktG reagiert. In bestimmten Fällen kann die AG feststellen lassen, dass die erhobene Klage einer Registersperre nicht entgegensteht. Die AG riskiert allerdings eine Schadensersatzpflicht, wenn sich die Anfechtungsklage später als begründet erweist (§ 246 Abs. 4 AktG).
- **Anfechtungsgrund** (§ 243 AktG)
  Grundsätzlich stellt jeder Gesetzesverstoß einen tauglichen Anfechtungsgrund dar (§ 243 Abs. 1 AktG).
- Keine **Bestätigung** (244 AktG)

Zur Vertiefung:
Zur Stellung des Vorstands (Rn. 154 ff.): *Martin Peltzer*, Vorstand und Geschäftsführung als Leitungs- und gesetzliches Vertretungsorgan der Gesellschaft, JuS 2008, 348–353
Zum Einberufungsverlangen der Aktionäre (Rn. 169): *Thomas Halberkamp/Olaf Gierke*, Das Recht der Aktionäre auf Einberufung einer Hauptversammlung, NZG 2004, 494–502
Zur Zustimmungsbedürftigkeit der Hauptversammlung (Rn. 168): BGHZ 83, 122 „Holzmüller"; BGHZ 159, 30 „Gelatine"; *Friedwart Becker/Claus-Henrik Horn*, Ungeschriebene Aktionärsrechte nach Holzmüller und Gelatine, JuS 2005, 1067–1070; *Holger Fleischer*, Ungeschriebene Hauptversammlungszuständigkeiten im Aktienrecht: Von „Holzmüller" zu „Gelatine", NJW 2004, 2335–2339

V. Finanzverfassung

174 Mit Übernahme der Aktien verpflichten sich die Aktionäre zur Leistung der Einlagen (§ 54 Abs. 1 AktG). Von dieser Pflicht kann nicht befreit werden (§ 66 AktG). Ebenso wie bei der GmbH besteht bei der AG wegen der beschränkten Haftung auf das Gesellschaftsvermögen (§ 1 Abs. 1 S. 2 AktG), das Bedürfnis, einbezahltes Kapital grundsätzlich bei der AG zu belassen, um den Gläubigern eine Haftungsmasse zur

Verfügung zu stellen. Wird das Grundkapital im ordnungsgemäßen Geschäftsverkehr aufgebraucht, besteht keine Nachschusspflicht.

Einen wesentlichen praktischen Aspekt nimmt die Kapitalerhöhung insbesondere bei börsennotierten Aktiengesellschaften ein (§§ 182 ff. AktG). Wird zur Durchführung von Großprojekten oder zur Rettung aus einer drohenden Insolvenz Liquidität benötigt, kann unter bestimmten Voraussetzungen durch Emission neuer Aktien ein positiver „Cashflow" generiert werden, wenn Alt- oder Neuaktionäre diese übernehmen wollen. Ebenso ist eine Kapitalherabsetzung möglich.

175

Neben den Grundsätzen der Kapitalerhaltung regeln die §§ 150 ff. AktG die Verwendung des Gewinns.

176

1. Kapitalerhaltung

Um den Gläubigern die Haftungsmasse nicht entziehen zu können, haben die Aktionäre **grundsätzlich nur** einen **Anspruch auf Ausschüttung des Bilanzgewinns** (§§ 57 Abs. 3, 59 AktG). In der Praxis wird dieser jedoch stark eingeschränkt oder gar auf null reduziert, um Gewinnrücklagen bilden oder neue Investitionen tätigen zu können. Vorgaben können sich aus dem Gesetz, der Satzung oder einem Hauptversammlungsbeschluss gem. §§ 58 Abs. 4 u. 3, 174 AktG ergeben.

177

Die **Einlagen** dürfen grundsätzlich **nicht zurückgewährt** werden (§ 57 Abs. 1 S. 1 AktG). § 57 Abs. 1 S. 2–4 AktG nimmt einzelne Fälle von diesem Verbot aus, insbesondere Leistungen, die der Erfüllung eines vollwertigen Anspruchs gegen den Aktionär dienen, die Rückgewähr von Aktionärsdarlehen bzw. Darlehen, die einem solchen wirtschaftlich entsprechen. Insofern ist § 57 Abs. 1 S. 2–4 AktG Parallelvorschrift zu § 30 Abs. 1 S. 2, 3 GmbHG. Eine Verschärfung gegenüber der GmbH besteht aber insofern, als das Verbot des § 57 Abs. 1 S. 1 AktG sämtliche Zahlungen und nicht nur solche erfasst, die den Bestand des Stammkapitals gefährden (vgl. § 30 Abs. 1 S. 1 GmbHG).

178

Die in der Praxis relevanten sog. **verdeckten Gewinnausschüttungen, Leistungen an Dritte** und **Gesellschafterdarlehen** werden wie bei der GmbH behandelt (s. o. Rn. 100).

179

Ein Verstoß gegen § 57 AktG hat zur Folge, dass die empfangenen Leistungen zurückzugewähren sind (§ 62 AktG). Gutgläubigkeit schützt den Empfänger nur bei Dividenden (§§ 174, 59 AktG). Nach hM[36] bleiben das Kausal- und Erfüllungsgeschäft aber wirksam, da § 57 AktG nur den Vermögensschutz der Gläubiger bezweckt und sich andernfalls Wertungswidersprüche hinsichtlich Entreicherung und Verjährung ergäben.

180

Neben der Rückgewährpflicht besteht auch ein Schadensersatzanspruch gegenüber den handelnden Organen (§ 93 bzw. §§ 116, 93 AktG).

181

2. Kapitalerhöhung und Kapitalherabsetzung

Die Aktiengesellschaft hat die Möglichkeit, das Grundkapital zu erhöhen (§§ 182 ff. AktG, oder herabzusetzen (§§ 222 ff. AktG). Bei beiden Mechanismen sind bestimmte Beteiligte besonders zu schützen. Wird das Grundkapital erhöht, besteht die Gefahr, dass der Einfluss der Altaktionäre geschmälert und ihr eingesetztes Kapital verwässert wird, da sich ihre vormalige Beteiligungsquote reduziert. Um dem entgegenzuwirken,

182

---

36 BGHZ 196, 312; Koch, AktG, § 32 Rn. 32; Henssler/Strohn/Lange, Gesellschaftsrecht, § 57 AktG Rn. 19 mwN.

gewährt § 186 AktG grundsätzlich den Altaktionären ein vorzugsweises Bezugsrecht. Bei einer Kapitalherabsetzung hingegen wird die den Gläubigern zur Verfügung stehende Haftungsmasse verkleinert. Ihrem Schutz dient § 225 AktG.

Im Einzelnen:

a) Kapitalerhöhung (§§ 182 ff. AktG)

183 Bei der Kapitalerhöhung (= KE) wird das in der Satzung bestimmte Grundkapital angehoben. Dies kann auf verschiedene Art und Weise geschehen. Bei der effektiven Kapitalerhöhung wird Vermögen von außen in die AG gebracht. Die nominelle Kapitalerhöhung erfolgt durch Einsatz von Gesellschaftsmitteln.

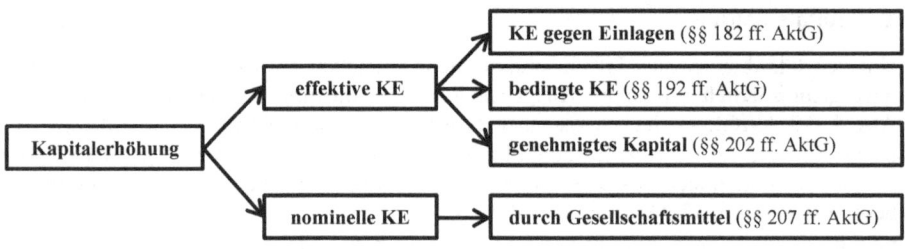

aa) Effektive Kapitalerhöhung

184 Die effektive KE kann auf drei Arten erfolgen: als KE gegen Einlagen, als bedingte KE und als genehmigtes Kapital.

185 Die **KE gegen Einlagen** (§§ 182 ff. AktG) wird von der Hauptversammlung beschlossen und durch Ausgabe neuer Aktien ausgeführt (§ 182 Abs. 1 AktG). Um einen effektiven Gläubigerschutz zu gewährleisten, findet bezüglich der Einlagenleistungspflicht eine weitgehende Verweisung auf die Gründungsvorschriften statt (vgl. §§ 183, 183a, 184 Abs. 2 u. 3, 188 Abs. 2 S. 1 AktG).

186 Jeder Altaktionär hat grundsätzlich ein vorrangiges **Bezugsrecht** in Höhe seines bisherigen Anteils am Grundkapital (§ 186 Abs. 1 AktG). Eine Bezugspflicht (Nachschusspflicht) besteht nicht (§ 54 Abs. 1 AktG). Möchte die AG bestimmte Investoren gewinnen, kann sie unter bestimmten Voraussetzungen das Bezugsrecht der Altaktionäre ausschließen (§ 186 Abs. 3 u. 4 AktG). Seit der „Kali + Salz"-Entscheidung des BGH[37] ist zudem in materieller Hinsicht eine sachliche Rechtfertigung erforderlich.[38]

187 Eine **bedingte Kapitalerhöhung** (§§ 192 ff. AktG) liegt vor, wenn die Erhöhung des Grundkapitals nur insoweit durchgeführt werden soll, als von einem Umtausch- oder Bezugsrecht Gebrauch gemacht wird, das die AG auf die neuen Aktien einräumt. Diese Form der KE soll nur zu den in § 192 Abs. 2 AktG bestimmten Zwecken erfolgen.

188 Die Satzung kann den Vorstand für höchstens fünf Jahre nach Eintragung der AG ermächtigen, das Grundkapital bis zu einem bestimmten Nennbetrag durch Ausgabe neuer Aktien gegen Einlagen zu erhöhen (§ 202 Abs. 1 AktG, sog. **genehmigtes Kapital**). Das gleiche gilt für einen satzungsändernden Beschluss (§ 202 Abs. 2 AktG). Diese

---

[37] BGHZ 71, 40.
[38] BGHZ 136, 133, 139; bekräftigt durch BGHZ 164, 241; BGHZ 164, 249; Koch, AktG § 186 Rn. 25; MüKo-AktG, § 186 Rn. 89; Schmidt/Lutter/Veil, AktG. § 186 Rn. 34.

Form der Kapitalerhöhung hat den Vorteil, dass sie schneller abzuwickeln ist als die anderen Formen.

bb) Nominelle Kapitalerhöhung durch Gesellschaftsmittel

Die KE **durch Gesellschaftsmittel** (§§ 207 ff. AktG) führt zwar zu einer nominellen Erhöhung des Grundkapitals. Da von außen aber kein Kapital hinzugeführt wird, sondern nur bestehendes Kapital umgewandelt wird, ist diese Form nicht geeignet, zusätzliche Liquidität zu beschaffen. Sinn und Zweck kann darin liegen, gebildete Gewinnrücklagen den Grundsätzen der Kapitalerhaltung (§§ 57 ff. AktG) zu unterwerfen. Die Voraussetzungen des Beschlusses und der Anmeldung entsprechen im Wesentlichen der KE gegen Einlagen (§ 207 Abs. 2 S. 1 AktG).

189

b) Kapitalherabsetzung (§§ 222 ff. AktG)

Die Kapitalherabsetzung kann auf **drei Arten** erfolgen: die ordentliche (§§ 222 ff. AktG) und die vereinfachte Kapitalherabsetzung (§§ 229 ff. AktG) sowie die Kapitalherabsetzung durch Einziehung von Aktien (§§ 237 ff. AktG). Die Kapitalherabsetzung folgt im Wesentlichen den Verfahrensabläufen der Kapitalerhöhung.

190

Die **ordentliche Kapitalherabsetzung** ist das Pendant zur KE gegen Einlagen. Sie dient dazu, Grundkapital, das nicht mehr in dieser Höhe benötigt wird, freizusetzen und den Vorschriften der Kapitalerhaltung zu entziehen. Das Grundkapital wird daher effektiv herabgesetzt. Der in § 225 AktG vorgesehene Mechanismus zum Gläubigerschutz gewährleistet dabei, dass Forderungen, die vor der Eintragung des Beschlusses begründet wurden, befriedigt werden müssen oder Sicherheit zu leisten ist, wenn die Gläubiger sich innerhalb von sechs Monaten melden. Auszahlungen an die Aktionäre dürfen erst nach Ablauf dieser Frist und Befriedigung oder Sicherheitsgewährung geleistet werden (§ 225 Abs. 2 AktG).

191

Die **vereinfachte Kapitalherabsetzung** darf nur zum Ausgleich von Wertminderungen, zur Deckung von Verlusten oder zur Einstellung von Beträgen in Kapitalrücklagen durchgeführt werden (§ 229 Abs. 1 u. 2 S. 1 AktG). Zweck dieses Verfahrens ist die Sanierung im Fall der Unterbilanz. Hat eine AG beispielsweise ein angegebenes Grundkapital von 200.000 EUR, aber nur ein Vermögen von 75.000 EUR, besteht eine Unterbilanz in Höhe von 125.000 EUR. Dies würde zwar nicht zur Nachschusspflicht führen, doch dürfte keine Ausschüttung des Bilanzgewinns an die Aktionäre erfolgen, da diese Gewinne nun zunächst zum Ausgleich der Unterbilanz verwendet werden müssen. Je größer die Differenz zwischen Grundkapital und tatsächlichem Kapital ist, desto eher kann daher ein Bedürfnis bestehen, das Grundkapital herabzusetzen und die AG auf diesem Wege zu sanieren.

192

Die Schutzvorschrift des § 225 AktG findet gem. § 229 Abs. 3 AktG keine Anwendung, da die Gläubiger nicht schutzbedürftig sind. Der AG wird bei der vereinfachten Kapitalherabsetzung kein Kapital entzogen, sondern dieses wird nur nominell herabgesetzt. Damit einher geht das Zahlungs- und Gewinnausschüttungsverbot der §§ 230, 233 AktG.

193

Die **Einziehung von Aktien** erfolgt zwangsweise oder nach Erwerb durch die AG (§ 237 Abs. 1 AktG). Der zwangsweise Einzug ist zum Schutze der Aktionäre gem. § 237 Abs. 1 S. 2 AktG nur durch Bestimmung in der Satzung zulässig. Im Ergebnis wird wie bei der ordentlichen Kapitalherabsetzung das zur Verfügung stehende Kapital

194

verringert, so dass auch hier der Gläubigerschutz Anwendung findet (§§ 237 Abs. 2 S. 1, 225 AktG), es sei denn, die Gläubiger werden nicht benachteiligt (§ 237 Abs. 3 AktG).

3. Gewinnverwendung

195 Über die Verwendung des Bilanzgewinns entscheidet die Hauptversammlung, die an den Jahresabschluss gebunden ist (§§ 174 Abs. 1, 172, 173 AktG). Der Gewinn kann als Dividende ausgeschüttet werden (§ 58 Abs. 4 AktG); möglich ist auch die Bildung von Gewinnrücklagen oder eines Gewinnvortrags für das nächste Geschäftsjahr (§ 58 Abs. 3 S. 1 AktG), wenn nicht die Satzung eine andere zulässige Verwendung vorsieht (§ 58 Abs. 3 S. 2 AktG).

Zur Vertiefung (Rn. 182 ff.):
Zu Kapitalerhaltung und Einlagenrückgewähr: BGHZ 196, 312 m. Anm. *K. Schmidt*, JuS 2013, 738–739; *Körber/Kliebisch*, Das neue GmbH-Recht, JuS 2008, 1041–1049; *Alexander-Roger Börner*, Die Rechtsfolgen des Verstoßes gegen das Verbot der Einlagenrückgewähr nach § 57 AktG, JURA 2015, 75–77

VI. Beendigung und Liquidation

196 Die Beendigung der AG vollzieht sich wie bei der GmbH in **zwei Schritten: Auflösung und Liquidation.**

197 Zunächst wird die Gesellschaft **aufgelöst**, wenn ein entsprechender Grund (zB Beschluss der Hauptversammlung, Eröffnung des Insolvenzverfahrens) vorliegt (§ 262 AktG). Zu beachten ist auch hier, dass zum Schutze der Aktionäre und des Rechtsverkehrs nur schwerwiegende Satzungsmängel eine Nichtigkeitsklage begründen können (vgl. §§ 275 ff. AktG). Mängel führen also nicht automatisch zur Auflösung nach §§ 262 ff. AktG.

198 Im Anschluss an die Auflösung erfolgt die **Liquidation**, wenn nicht über das Gesellschaftsvermögen ein Insolvenzverfahren eröffnet wird (§ 264 Abs. 1 AktG) oder die AG fortgeführt wird (§ 274 AktG). Die Vorstandsmitglieder als Abwickler (§ 265 AktG) fordern die Gläubiger auf, ihre Ansprüche anzumelden und beenden die laufenden Geschäfte (§§ 267, 268 AktG). Das nach Tilgung der Verbindlichkeiten verbleibende Vermögen wird nach Ablauf des Sperrjahres an die Aktionäre ausgekehrt (§§ 271, 272 AktG).

VII. Sonderform: Kommanditgesellschaft auf Aktien

199 Die Kommanditgesellschaft auf Aktien (KGaA) ist eine besondere Form der KG (§ 278 AktG). Sie zeichnet sich dadurch aus, dass mindestens ein Gesellschafter den Gläubigern unbeschränkt haftet und die übrigen Gesellschafter an dem in Aktien zerlegten Grundkapital beteiligt sind, ohne persönlich zu haften (vergleichbar mit Kommanditisten). Daher bestimmt sich auch das Rechtsverhältnis des persönlich haftenden Gesellschafters nach den Vorschriften des Komplementärs einer KG gem. § 278 Abs. 2 AktG i.V. m. § 161 HGB. Im Übrigen finden die Vorschriften über die AG Anwendung (§ 278 Abs. 3 AktG).

§ 4 Kapitalmarktrechtliche Vorgaben für börsengehandelte Wertpapiere

I. Unternehmensfinanzierung durch Wertpapiere

Die Ausgabe von **Aktien** ermöglicht einer Vielzahl von Investoren eine Beteiligung und damit die Beschaffung von Eigenkapital in großem Umfang. Die Aktionäre (= Anleger) können die Anteile über eine Börse erwerben und veräußern (Fungibilität), wobei der Preis (Börsenkurs) vom jeweils aktuellen Wert des Unternehmens einschließlich der künftigen Gewinnerwartung abhängt. Dies ist Folge davon, dass die Aktionäre unmittelbar am Unternehmenswert und dessen Gewinn bzw. Verlust partizipieren.

Eine ähnliche Situation besteht für andere Wertpapiere wie zB **Inhaberschuldverschreibungen** (§§ 793 ff. BGB; relevant ferner das Schuldverschreibungsgesetz – SchVG). Mit Inhaberschuldverschreibungen nimmt das emittierende Unternehmen – in Betracht kommen alle Personen- und Kapitalgesellschaften – Fremdkapital auf (Aufnahme von Gelddarlehen iSd §§ 488 ff. BGB). Für den Anleger besteht bei der gewöhnlichen Schuldverschreibung ein (rechtlich unbedingter) Anspruch auf eine laufende feste Verzinsung und auf Rückerstattung des Darlehensbetrags nach Laufzeitende. Der Gläubiger trägt allerdings das Risiko, dass der Schuldner aufgrund seiner wirtschaftlichen Situation nicht in der Lage ist, diesen Verpflichtungen nachzukommen (**Ausfall-/Insolvenzrisiko**). Nachrangdarlehen zeichnen sich dadurch aus, dass die Ansprüche nur dann erfüllt werden müssen, wenn hierdurch nicht ein Insolvenzfall ausgelöst wird, also nach Befriedigung anderer Fremdkapitalgläubiger noch ausreichend Kapital zur Erfüllung dieser Ansprüche vorhanden ist (zur Behandlung im Insolvenzfall vgl. Teil 5 Insolvenzrecht). Insoweit können derartige Darlehen – je nach Ausgestaltung – wie Eigenkapital zu behandeln sein. Begeben werden können ferner **Wandel- und Gewinnschuldverschreibungen** (Legaldefinition in § 221 AktG) sowie **Genussscheine**, welche schuldrechtliche aktionärstypische Ansprüche auf Beteiligung am Gewinn und/oder am Liquidationserlös begründen, ohne Mitwirkungs- und Kontrollrechte zu vermitteln. Auch diese Wertpapiere sind jeweils frei veräußerbar, insbesondere über eine Börse, bei der Angebot und Nachfrage zusammengeführt werden. Der Preis („Kurs") bestimmt sich dabei nach den vorliegenden Kauf- und Verkaufsangeboten, deren Höhe aufgrund der genannten rechtlichen und tatsächlichen Abhängigkeit der verbrieften Ansprüche von der Vermögens- und Ertragslage des emittierenden Unternehmens stark von diesen Umständen beeinflusst ist. Soweit die Zahlung von Zinsen und/oder die Rückzahlung des Kapitals gefährdet erscheinen, ist daher eine Veräußerung idR nur mit einem entsprechenden Abschlag (Risikoprämie) möglich.

Zu diesen klassischen Formen von Wertpapieren kommen zahlreiche moderne Formen, namentlich die Derivate, hinzu. Bei Derivaten handelt es sich um Termingeschäfte oder Differenzgeschäfte auf Wertpapiere, Waren, Devisen etc (vgl. § 1 Abs. 11 S. 4 KWG).

II. Regelungsziele

1. Bedeutung der Information über die betroffenen Unternehmen

Für den Anleger, der ein Wertpapier erwerben oder veräußern will, ist von erheblicher Bedeutung, wie es um das Unternehmen steht, weil dies den Wert der Aktie als Anteilsrecht oder der Schuldverschreibung als verbrieften Rückzahlungsanspruch beeinflusst.

Hat der Anleger einen Informationsvorsprung bzgl. positiver Umstände, kann er dies ausnutzen, indem er die Papiere „billiger" erwirbt, weil die übrigen Marktteilnehmer die Situation noch weniger günstig einschätzen und den Wert daher niedriger ansetzen. Umgekehrt kann er, wenn er exklusiv über negative Umstände informiert ist, diesen Vorsprung ausnutzen, die Papiere abzustoßen, bevor dieses Wissen allgemein bekannt wird und daher ein Kursrückgang einsetzt.

2. Funktionsschutz und Individualschutz

204 Sowohl aus Sicht des einzelnen Anlegers als auch der Volkswirtschaft besteht ein erhebliches Interesse, solche Praktiken zu verhindern, und das Funktionieren der Kapitalmärkte, an denen Wertpapiere und Derivate gehandelt werden, sicherzustellen. Für die kapitalsuchenden Unternehmen ist die Möglichkeit, sich über Kapitalmärkte zu finanzieren, von maßgeblicher Bedeutung, da hierdurch eine von Banken unabhängige Finanzierung eröffnet wird. Ein funktionierender Finanzmarkt bewirkt auch, dass – wie aus makroökonomischer Sicht vorzugswürdig – das vorhandene Kapital jeweils dort eingesetzt wird, wo die gesamtwirtschaftlich sinnvollste Nutzung stattfindet, was sich darin äußert, dass die größten Gewinne zu erzielen sind. Diese Allokationsfunktion ist aber beeinträchtigt, wenn die Risiken der einzelnen Anlagen für die Marktteilnehmer nicht hinreichend transparent sind. Für den einzelnen Anleger können sich ebenfalls erhebliche Vermögensnachteile ergeben, wenn andere unter Ausnutzung von nur ihnen zugänglichen Informationen Wertpapiere erwerben bzw. veräußern können. Müsste er befürchten, dass Informationsasymmetrien von einzelnen Marktteilnehmern ausgenutzt und Praktiken der beschriebenen Art uneingeschränkt stattfinden könnten, würde er von einer entsprechenden Investition Abstand nehmen, da das Risiko nicht mehr kalkulierbar wäre.

III. Rechtsquellen, sachlicher und räumlicher Anwendungsbereich

205 Der deutsche Gesetzgeber hat daher seit 1994 in Umsetzung europarechtlicher Vorgaben (zB RL 2003/6/EG) in den §§ 12 ff. WpHG Regelungen geschaffen, die verbieten, Wissen um relevante Umstände für eigene Geschäfte einzusetzen oder unzutreffende Informationen zu streuen, um andere Personen zu einem (zu billigen) Verkauf oder (zu teurem) Kauf zu bewegen. Seit dem 3.7.2016 gelten vergleichbare Regelungen unmittelbar aufgrund der VO (EU) Nr. 596/2014 (MarktmissbrauchsVO, Market Abuse Regulation – „MAR"); § 15 WpHG enthält lediglich noch ergänzende Regelungen. Die zu den §§ 12 ff. WpHG entwickelten Grundätze können jedoch für die Auslegung der MAR herangezogen werden.

206 In den sachlichen Anwendungsbereich der einzelnen Bestimmungen fallen Finanzinstrumente (insbes. Wertpapiere und Derivate), die an einer Börse oder an einem vergleichbaren organisierten Markt oder einem multilateralen Handelssystem gehandelt werden (vgl. Art. 2 Abs. 1 MAR), ferner CO_2-Emissionszertifikate.

207 Nach dem Marktortprinzip ist lediglich erforderlich, dass dieser Handel des betroffenen Finanzinstruments an einem Handelsplatz innerhalb der EU erfolgt, nicht aber, dass das Verhalten innerhalb dieses Gebietes vorgenommen wird (Art. 2 Abs. 3 u. 4 MAR).

IV. Regelungen zu Insiderinformationen

1. Begriffe

a) Insiderinformation

Als Insiderinformation bezeichnet Art. 7 Abs. 1 lit. a) MAR jede **präzise Information**, die direkt oder indirekt einen **Emittenten oder** ein **Finanzinstrument betrifft**, noch nicht öffentlich bekannt und geeignet ist, bei öffentlichem Bekanntwerden den Börsen- oder Marktpreis der Papiere erheblich zu beeinflussen. Maßstab für diese „Kursrelevanz" ist, ob ein verständiger Anleger die Information bei seiner Anlageentscheidung berücksichtigen würde; da hierzu auf die ex-ante-Sicht abzustellen ist, ist unerheblich, ob es tatsächlich zu einer Auswirkung kommt. Keine Insiderinformationen sind bloße Bewertungen, die aufgrund öffentlich bekannter Informationen erarbeitet wurden, es sei denn, die Bewertung stammt von einem anerkannten Marktkommentator oder einer Institution, die die Preise beeinflussen kann.[39]

208

Zu den Insiderinformation zählen zum einen unternehmensinterne Umstände (Vorstands- und Aufsichtsratsbeschlüsse, Abschluss von Verträgen, Kapazitätsauslastung, personelle Veränderungen in Schlüsselpositionen, Kapitalherabsetzungen oder -erhöhungen, Erfindungen und Entdeckungen), zum anderen bestimmte unternehmensexterne Umstände, sofern sie spezifischen Bezug gerade zu dem bestimmten Emittenten aufweisen und so über allgemeine Marktdaten hinausgehen. Wegen des Normzwecks und der bewusst weiten Fassung muss dabei ausreichend sein, dass der Umstand in der Sphäre eines Tochterunternehmens des Konzerns eingetreten ist.

209

Besondere Schwierigkeiten kann das Tatbestandsmerkmal „präzise Information" aufwerfen. Die MAR kodifiziert hier im Wesentlichen die Rechtsprechung des EuGH in der Sache Geltl. /. Daimler.[40] Soweit noch nicht sicher ist, ob das Ereignis eintritt, ist maßgeblich, ob der Eintritt vernünftigerweise erwartet werden kann (Art. 17 Abs. 2 MAR). Dies wurde angenommen, sobald der Eintritt des Umstands oder Ereignisses tatsächlich erwartet werden kann, was eine Wahrscheinlichkeit von „50 % + x" bedeutet. Liegt ein mehrstufiger (gestreckter) Entscheidungsprozess vor – praktisch oftmals dann, wenn eine endgültige Wirksamkeit eines Vertrags etc erst noch die Zustimmung des Aufsichtsrats erforderlich – ist die Relevanz auch für jede einzelne Zwischenstufe separat und losgelöst vom Endergebnis zu prüfen („doppelte Prüfungspflicht", vgl. Art. 17 Abs. 3 S. 2, Abs. 3 MAR): Eine Pflicht zur Ad-hoc-Mitteilung (dazu unten Rn. 220 ff.) kann sich sowohl wegen der jeweils erreichten Zwischenstufe als auch wegen des Wahrscheinlich-Werdens des Endereignisses ergeben. Bloßen Plänen und Absichten zB hinsichtlich personeller Veränderungen kommt, solange sie nicht den engen persönlichen Bereich der betroffenen Person verlassen haben, kein präziser Informationsgehalt zu, so dass eine Veröffentlichungspflicht noch nicht besteht.[41] Dies kann im Einzelfall dazu führen, dass eine Veröffentlichungspflicht besteht, bevor der unternehmensinterne Entscheidungsprozess abgeschlossen ist. Damit können die Unternehmensorgane zu einer Entscheidungsfindung in der Öffentlichkeit gezwungen sein und „vollendete Tatsachen geschaffen" werden. Dies ist jedoch aufgrund des Normzwecks, alle Anleger hinsichtlich ihres Informationsstands gleichzustellen, hinzu-

210

---

[39] Vgl. ErwGrd. 28.
[40] EuGH, Urt. v. 28.6.2012, C-19/11 = EuZW 2012, 708; nachfolgend BGH, NJW 2013, 2114.
[41] Vgl. EuGH, Urt. v. 28.6.2012, C-19/11 = EuZW 2012, 708; nachfolgend BGH, NJW 2013, 2114; Jens Ekkenga, NZG 2013, 1081.

nehmen. Der Emittent kann sich allerdings damit verteidigen, er hätte die Veröffentlichung gem. Art. 17 Abs. 4 MAR zulässigerweise aufschieben können (unten 2.; Fall des rechtmäßiges Alternativverhaltens).

211 Als Reaktion auf die zeitweise verbreitete Praxis, Ad-hoc-Mitteilungen für bloße PR-Mitteilungen zu missbrauchen, verbot § 15 Abs. 2 WpHG, Informationen als oder in Ad-hoc-Mitteilungen zu verbreiten, die die Voraussetzungen nicht erfüllen. Auf diese Weise soll eine Verwirrung durch eine Überflutung von Informationen vermieden werden. Ebenfalls der Transparenz diente § 15 Abs. 1 S. 6 WpHG, nach dem in Ad-hoc-Meldungen nur solche Kennzahlen genannt werden dürfen, die üblich sind und einen Vergleich mit den zuletzt genutzten Kennzahlen ermöglichen. Diese Anforderungen lassen sich nunmehr im Kern aus dem Verbot manipulativer Informationen (Art. 12 Abs. 1 lit. c) MAR) und den Geboten des Art. 17 Abs. 1 MAR ableiten.

b) Insider

212 Auch im Bereich der MAR kann – obgleich sie diese Begriffe nicht verwendet – zwischen dem sog. Primär- und dem sog. Sekundärinsider unterschieden werden. Primärinsider sind die in Art. 8 Abs. 4 S. 1 lit. a) bis c) genannten Personen, denen gemeinsam ist, dass sie bestimmungsgemäß mit Insiderinformationen in Kontakt kommen, sowie die an kriminellen Handlungen Beteiligten. Demgegenüber gelangen Sekundärinsider als Unbeteiligte zufällig an Insiderinformationen (zB Arbeitnehmer in der Poststelle oder bei irrtümlichem internen Mailversand); sie sind gem. Art. 8 Abs. 4 S. 2 MAR nur unter der weiteren Voraussetzung Insider, dass ihnen bekannt ist oder bekannt sein muss, dass es sich um eine Insiderinformation handelt.

2. Verbot der Ausnutzung von Insiderinformationen

213 Art. 14 lit. a) MAR verbietet, **Wertpapiergeschäfte** unter Ausnutzung von Insiderinformationen auf eigene oder fremde Rechnung zu **tätigen**; dem steht die Stornierung oder Änderung bereits erteilter Aufträge gleich. Dies gilt auch für einen entsprechenden Versuch. Dabei wird unterstellt, dass eine Insiderinformation genutzt wurde, wenn sie im Zeitpunkt des Auftrags bekannt war; der Insider kann diese Vermutung widerlegen. Ein Mittel hierzu ist insbesondere die Trennung der Abteilungen, die über Informationen verfügen, und der, die Wertpapieraufträge erteilen („Chinese Walls", vgl. Art. 9 Abs. 1 MAR).

214 Flankiert wird das Verbot eigener Geschäfte durch die weiteren Bestimmungen in Art. 14 MAR, die Vorfeldtatbestände darstellen. So dürfen Insiderinformationen auch nicht dadurch fruchtbar gemacht werden, dass **Dritte** zum Kauf oder Verkauf von Insiderpapieren **veranlasst** werden (lit. b); vgl. auch Art. 8 Abs. 3), oder sie „unbefugt" iSv Art. 10 an andere Personen **weitergegeben** werden (lit. c). Eine unbefugte Weitergabe liegt nach der früheren Rechtsprechung des EuGH[42] (deren weitere Maßgeblichkeit die Materialien zur MAR offen lassen) nicht vor, wenn sie in engem Zusammenhang mit der Arbeitsausübung oder Aufgabenerfüllung steht, hierzu unerlässlich und verhältnismäßig ist. Erfasst von dieser Ausnahme ist damit der innerbetriebliche (ggf. auch konzerninterne) Informationsfluss ebenso wie die Konsultation externer Berater (Rechtsanwälte, Unternehmensberater).

---

[42] EuGH, Urt. v. 22.11.2005, C-384/02 = EuGH NJW 2006, 133; Baumbach/Hopt/Kumpan, VO (EU) Nr. 596/2014, Art. 10 Rn. 2 mwN.

3. Insiderüberwachung

Die Verbote des Art. 14 MAR weisen keine personelle Beschränkung auf, betreffen somit jeden, der über eine Insiderinformation verfügt. Besondere Relevanz kommt allerdings den Personen zu, die aufgrund ihrer Tätigkeit im emittierenden Unternehmen typischerweise über Insiderinformationen verfügen. Durch eine effiziente Überwachung dieser Personen bzw. der von ihnen getätigten Geschäfte soll zum einen die Einhaltung der Insiderverbote sichergestellt werden, um die Marktintegrität und das Vertrauen der Anleger in eine realistische Preisbildung zu stärken. Zum anderen kann das Handelsverhalten dieser idR besser informierten Personen als Indikator für andere Marktteilnehmer von Interesse sein. Sie bzw. von ihnen getätigte Geschäfte („director's dealings") unterliegen daher als Präventivmaßnahme den Meldepflichten der Art. 18 f. MAR.

215

Um Insider und von ihnen begangene Verstöße schnell feststellen und die Einhaltung der Vorgaben effizient überwachen zu können, haben Emittenten die in ihrer Sphäre tätigen Insider in einer sog. Insiderliste gem. Art. 18 MAR zu **erfassen** (Überwachungs- und Repressionsfunktion). Diese Personen sind ferner über ihre besonderen Pflichten zu **belehren** (Präventionsfunktion). Zum Zweck der Entlastung gelten für kleine und mittlere Unternehmen Erleichterungen (Art. 18 Abs. 6 MAR n.F.).

216

Der Erwerb oder die Veräußerung, ebenso das Verpfänden oder Verleihen von Wertpapieren ist gem. Art. 19 MAR innerhalb von drei Geschäftstagen anzuzeigen, wenn die handelnde Person in dem Unternehmen, das die Papiere begeben hat bzw. auf das sich die Derivate beziehen, „Führungsaufgaben" wahrnimmt, was stets die Mitglieder des Vorstands und des Aufsichtsrats, ggf. aber auch andere Mitarbeiter umfasst, soweit sie zu selbstständigen strategischen Entscheidungen befugt sind (Art. 3 Abs. 1 Nr. 25 MAR). Die Mitteilungspflicht gilt auch, wenn das Aktiengeschäft von einer Person aus der persönlichen Umgebung des Insiders oder durch ein von ihm kontrolliertes Unternehmen unternommen wird (vgl. Art. 3 Abs. 1 Nr. 26 MAR), was ua Umgehungen verhindern soll. Der Verdacht, dass eine exklusiv erlangte Information ausgenutzt wurde, besteht allerdings nicht, wenn sich das Handelsvolumen auf einem niedrigen Niveau bewegt, weshalb Käufe bzw. Verkäufe bis maximal 5.000 EUR pro Kalenderjahr ausgenommen sind (Art. 19 Abs. 8 MAR; zur Möglichkeit einer Anhebung auf 20.000 EUR vgl. Abs. 9). Die danach erforderliche Mitteilung durch den Erwerber bzw. Veräußerer hat zunächst gegenüber dem Emittenten und der Aufsichtsbehörde zu erfolgen. Der Emittent hat daraufhin unverzüglich, spätestens innerhalb von zwei Geschäftstagen, die Öffentlichkeit wie bei einer Insiderinformation über das Geschäft zu unterrichten (Art. 19 Abs. 3 MAR).

217

Personen mit Führungsaufgaben ist ferner untersagt, in einem 30-tägigen Zeitraum vor der Ankündigung eines Zwischenberichts oder eines Jahresabschlussberichts Geschäfte mit Papieren des Unternehmens oder Derivaten zu tätigen („closed periods"). Hiervon kann der Emittent unter bestimmten Voraussetzungen dispensieren (Art. 19 Abs. 11 u. 12 MAR).

218

Um nachvollziehen zu können, wer – ggf. unter Verletzung der og Pflichten – Wertpapiere erworben oder veräußert hat, müssen die Wertpapierhandelsunternehmen (idR depotführende Banken) die Identität der sie beauftragenden Personen festhalten und sechs Jahre lang speichern (§ 16 WpHG). Ferner kann die Bundesanstalt für Finanzdienstleistungsaufsicht (BaFin) im Fall eines konkreten Verdachts nach Maßgabe des

219

§ 4 WpHG anordnen, dass Verbindungsdaten über den Fernmeldeverkehr (auch im Intranet) aufbewahrt und gespeichert werden.

4. Verpflichtung zur Veröffentlichung relevanter Informationen (Ad-hoc-Mitteilungen)

220 Um der Gefahr zu begegnen, dass Informationen ausgenutzt werden, solange sie noch nicht bekannt sind, verpflichtet der Gesetzgeber die betroffenen Unternehmen, kursrelevante konkrete Informationen unverzüglich zu veröffentlichen (sog. Ad-hoc-Mitteilungen, Art. 17 MAR, früher § 15 WpHG).

221 Nach Art. 17 Abs. 1 MAR sind Insiderinformationen vom Emittenten grundsätzlich **so bald wie möglich** zu veröffentlichen. Dies hat in einer Weise zu geschehen, bei der die Öffentlichkeit schnell auf sie zugreifen und sie korrekt und rechtzeitig bewerten kann; hierzu ist ein System iSd der sog. Transparenzrichtlinie (2004/109/EG) und zudem die Website des Emittenten zu nutzen. Im Inland ansässige Emittenten haben ferner die Information zur Speicherung im Unternehmensregister zu übermitteln und dies der BaFin mitzuteilen (§ 15 WpHG nF).

222 Von erheblicher Bedeutung ist die Regelung in § 17 Abs. 4 MAR (früher § 15 Abs. 3 WpHG), nach der die Veröffentlichung der Information zurückgestellt werden darf, wenn (1.) dies zum **Schutz der berechtigten Interessen des Emittenten** erforderlich ist, (2.) eine Irreführung der Öffentlichkeit nicht zu befürchten ist und (3.) gewährleistet ist, dass die Information nicht an Dritte gelangt. Um festzustellen, ob die berechtigten Interessen des Emittenten eine Zurückhaltung der Information verlangen, sind die gefährdeten Interessen des Emittenten gegen die Interessen der Kapitalmarktteilnehmer an einer realistischen Börsenpreisbildung gegeneinander abzuwägen. Geeignete Gründe können zB die Sicherung aussichtsreicher Sanierungschancen, eines geordneten Wechsels von Vorstandsmitgliedern, laufende Übernahmeverhandlungen oder eine geordnete Entscheidungsfindung sein; letzteres hat Bedeutung, wenn die Zustimmung eines Organes (insbesondere des Aufsichtsrats) noch aussteht, soweit eine solche aufgrund der Unternehmensverfassung erforderlich ist. Die Insiderinformationen dürfen vor der Veröffentlichung nur Personen bekannt gemacht werden, die selbst den Insiderpflichten unterliegen. Bei Gerüchten wird unter bestimmten Voraussetzungen (Vertraulichkeitslücke, vorangegangene missverständliche Äußerungen) eine Pflicht des Emittenten angenommen, diese zu kommentieren. Ist die Herkunft eines Gerüchts unklar oder dieses nicht substantiiert und ohne besondere Autorität, bedarf es keiner Stellungnahme. Stets gilt allerdings, dass das eigene Verhalten (zB Dementi) keine Irreführung der Öffentlichkeit bewirken darf. Zudem kann das Bevorstehen einer Publikation, die ein Gerücht mitteilt oder aufgreift, eine Insiderinformation sein. **Fällt der Geheimhaltungsgrund weg** oder sind die weiteren Bedingungen nicht mehr erfüllt, ist die Mitteilung – ggf. unter Berücksichtigung zwischenzeitlicher Entwicklungen – unverzüglich **nachzuholen**. Um der Aufsichtsbehörde eine Prüfung zu ermöglichen, ob die Ad-hoc-Mitteilung zulässigerweise zurückgestellt wurde, sind dieser zudem die Gründe, auf die der Aufschub gestützt wurde, mitzuteilen. Weitergehend kann bei Kredit-/Finanzinstituten die Offenlegung einer Insiderinformation (insbes. über Liquiditätsschwierigkeiten oder die Absicht, Liquiditätshilfen in Anspruch zu nehmen) zurückgestellt werden, wenn dadurch öffentliche Interessen gefährdet würden; die Zurückstellung bedarf hier der Zustimmung der Aufsichtsbehörde (Art. 17 Abs. 5 u. 6 MAR).

Den dritten Tatbestand, der eine Pflicht zur sofortigen Veröffentlichung auslöst, stellt nach Art. 17 Abs. 7 MAR der Fall dar, dass eine Weitergabe im normalen Geschäftsgang iSv Art. 10 MAR erfolgt ist, der **Informierte** aber **nicht zur Verschwiegenheit verpflichtet** ist.

V. Verbot von Marktmanipulation

Komplettiert wird der Schutz der Marktintegrität durch das in Art. 1 iVm Art. 16 MAR angeordnete Verbot von Marktmanipulationen (einschließlich entsprechender Versuche).

Unzulässig ist, unrichtige oder irreführende Angaben zu machen oder Umstände zu verschweigen, soweit dadurch auf den Börsen- oder Marktpreis eingewirkt werden kann (**informationsgestützte Manipulationen**, Art. 12 Abs. 1 lit. c) MAR). Eine unrichtige Angabe liegt vor, wenn sie inhaltlich nicht der Wahrheit entspricht. Da sich ein Werturteil grundsätzlich einer Nachprüfung entzieht und daher weder richtig noch falsch sein kann, kann ein solches grundsätzlich nicht Grundlage einer unrichtigen Angabe sein; anderes gilt im Ausnahmefall, dass die Bewertung vor dem Hintergrund allgemein zugänglicher oder vom Täter gegebener Informationen nicht mehr als vertretbar anzusehen ist. Irreführende Angaben liegen zum einen vor, wenn bewertungserhebliche Informationen unvollständig weitergegeben werden, so dass sich ein falsches Bild ergibt, zum anderen, wenn sie zwar vollständig und richtig sind, ihre Darstellung aber geeignet ist, einem nicht unerheblichen Teil des (verständigen) Anlegerpublikums eine falsche Vorstellung über deren Gehalt zu vermitteln.

Verboten ist auch eine indirekte Manipulation, insbes., indem Geschäfte vorgenommen oder Aufträge erteilt werden, aus denen andere Marktteilnehmer unzutreffende Schlüsse über die Angebots- bzw. Nachfragelage ziehen oder die das Preisniveau künstlich verändern können (**handels- und handlungsgestützte Manipulationen**, Art. 12 Abs. 1 lit. a), b) MAR).[43] Da bestimmte Praktiken dieser Art von den Marktteilnehmern akzeptiert sein können, kommt dieses Verbot nach Art. 13 nicht zur Anwendung, wenn der Marktteilnehmer legitime Gründe hat, das Verhalten nach vernünftigem Ermessen erwartet werden kann und von der BaFin anerkannt wurde. Generell nicht erfasst und damit zulässig sind ferner Rückkaufprogramme und Kursstabilisierungsmaßnahmen, die den Vorgaben des maßgeblichen EU-Rechts entsprechen (Art. 3 Abs. 2 MAR).

Im Hinblick darauf, dass verbreitet Geschäfte auf Basis von Referenzwerten (wie dem EURIBOR- oder dem LIBOR-Zinssatz) abgewickelt werden oder sich Derivate auf diesen beziehen, verbietet Art. 12 Abs. 1 lit. d) MAR auch Manipulationen im Hinblick auf diese Werte, insbes., indem Ausgangsdaten nicht korrekt übermittelt werden. Als subjektives Merkmal muss in den Fällen der lit. c) und d) hinzukommen, dass der Täter zumindest bedingt vorsätzlich handelt, was Kenntnis oder Für-möglich-halten der maßgeblichen Umstände erfordert. Eine weitergehende Manipulations-, Schädigungs- oder Bereicherungsabsicht ist auch hier nicht notwendig.

---

43 Zu Beispielen Bayram/Meier, WM 2018, 1295 ff.

VI. Sanktionen

228 Als Sanktion für eine Verletzung der Pflicht zur Veröffentlichung von Insiderinformationen und des Verbots, darin falsche Tatsachen zu verbreiten, ordnen §§ 97, 98 WpHG eine **Schadensersatzpflicht** an. Ersatzberechtigt wegen unterbliebener Mitteilungen gem. § 97 WpHG ist, wer entweder Wertpapiere nach dem Zeitpunkt, in dem die Ad-hoc-Mitteilung hätte erfolgen müssen, erworben hat und sie bei Bekanntwerden der Information noch besaß (Nr. 1), oder wer diese zuvor erworben hatte und zu einem Zeitpunkt veräußert, in dem die Ad-hoc-Mitteilung hätte erfolgen müssen (Nr. 2). Unter entsprechenden Voraussetzungen besteht nach § 98 WpHG ein Vertrauensschutz dessen, der auf die Richtigkeit einer objektiv unwahren Ad-hoc-Mitteilung vertraut hat. Bei beiden Ansprüchen wird das Verschulden vermutet, wobei einfache Fahrlässigkeit anspruchsausschließend wirkt (vgl. jeweils Abs. 2). Abs. 5 verbietet jeweils den Emittenten, Regressansprüche gegen Vorstandsmitglieder im Voraus zu erlassen oder zu ermäßigen.

229 Die europäischen Rechtsakte geben den Mitgliedstaaten lediglich vor, verwaltungsrechtliche und ggf. strafrechtliche Sanktionen anzuordnen. Dem ist der Bundesgesetzgeber in den §§ 119 ff. WpHG (§§ 38 ff. WpHG aF) nachgekommen, die – differenzierend danach, ob vorsätzliches oder leichtfertiges Verhalten vorliegt – Straf- und Ordnungswidrigkeitentatbestände enthalten. Die für das WpHG aF hM,[44] dass dessen kapitalmarktrechtliche Regelungen lediglich im öffentlichen Interesse die Lauterkeit und Integrität des Marktes sicherstellen sollen und Individuen allenfalls reflexartigen Schutz vermitteln, so dass sie keine Schutzgesetze iSv § 823 Abs. 2 BGB darstellen, wird daher auch für die MAR aufrechtzuerhalten sein. Schadensersatzansprüche kommen daher über §§ 97, 98 WpHG hinaus nur aufgrund von § 826 BGB in Betracht.

230 Um die Aufdeckung von Verstößen nicht durch drohende Sanktionen für die Informanten zu gefährden, sieht Art. 32 MAR Maßnahmen zum Schutz von Whistleblowern vor.[45]

Zur Vertiefung:
Zu Unternehmensfinanzierung und Kapitalmarkt allgemein (Rn. 200 ff.): *Hanno Merkt/Oliver Rossbach*, Zur Einführung – Kapitalmarktrecht, JuS 2003, 217–224; *Hanno Merkt/Jens-Hinrich Binder*, Kapitalmarktrecht als Gegenstand des Studiums im Schwerpunktbereich – Grundlagen, Inhalte, Perspektiven, Jura 2006, 683–692; *Renner/Hesselbarth*, Grundzüge der Unternehmensfinanzierung, JuS 2014, 11–15
Zur MAR (Rn. 205 ff.): *Dörte Poelzig*, Insider- und Manipulationsverbot im neuen Marktmissbrauchsrecht, NZG 2016, 528–538; *Bernd Graßl*, Die neue Marktmissbrauchsverordnung der EU, DB 2015, 2066–2072; *Rüdiger Veil*, Europäisches Insiderrecht 2.0 – Konzeption und Grundfragen der Reform durch MAR und CRIM-MAD, ZBB 2014, 85–96
Zu den Insiderregelungen und zur Ad-hoc-Publizität (Rn. 208 ff.): EuGH, Urt. v. 28.6.2012, C-19/11 (Geltl ./. Daimler); BGH, Urt. v. 23.4.2013, II ZB 7/09 (Geltl ./. Daimler); BGH, Beschl. v. 10.7.2018 – II ZB 24/14 (CorealCredit Bank); BGH, Beschl. v. 17.12.2020, II ZB 31/14 (Hypo Real Estate); EuGH, Urt. v. 15.03.2022, C-302/20 (AMF); *Joachim Kretschmer*, Das Verbot des Insiderhandels im Wertpapierhandelsgesetz, Jura 2012, 380–385 (auch zu den strafrechtlichen Aspekten); *Dirk Zetsche*, Normaler Geschäftsgang und Verschwiegenheit als

---

44 BGHZ 192, 91 Rn. 25 ff. = NJW 2012, 1800; LG Stuttgart ZIP 2014, 726, 727; MüKoBGB/Wagner, § 823 Rn. 509; aA Mock in Kölner WpHG, § 20a Rn. 475 ff.; differenzierend Hopt/Kumpan in: Schimansky/Bunte/Lwowski, Bankrechts-Handbuch, § 107 Rn. 4 f.; vertiefend dazu: Micha Cless, Unionsrechtliche Vorgaben für eine zivilrechtliche Haftung bei Marktmissbrauch (im Erscheinen).
45 Vgl. dazu Helm, BB 2018, 1538 ff.; Bierschink, AG 2017, 207 f.; Fleischer/Schmolke, NZG 2012, 361 ff.

Kriterien für die Weitergabe transaktionsbezogener Insiderinformationen an Arbeitnehmer, NZG 2015, 817–824; *Katja Langenbucher*, Zum Begriff der Insiderinformation nach dem Entwurf für eine Marktmissbrauchsverordnung, NZG 2013, 1401–1406; *Sebastian Seibold*, Der Fall Götze – Transfermarkt und Ad-hoc-Publizität, NZG 2013, 809–813; *Jens Ekkenga*, Individuelle Entscheidungsprozesse im Recht der Ad-hoc-Publizität, Sieben Thesen zum Fall Geltl/Daimler/Schrempp, NZG 2013, 1081–1087; *Lars Klöhn*, Ad-hoc-Publizität und Insiderverbot nach „Lafonta", NZG 2015, 809–817; *Holger Fleischer/Klaus Ulrich Schmolke*, Gerüchte im Kapitalmarktrecht, AG 2007, 841–854; *Janine Oelkers/Ludwig Griebl*, Ad-hoc-Publizität – mehrstufige Entscheidungsprozesse auf dem Transfermarkt, Jura 2014, 497–506; *Hans Achenbach*, Neue Sanktionen im Finanzmarktrecht – alte und neue Zweifelsfragen, wistra 2018, 13–21; *Rüdiger Meixner*, Das Zweite Finanzmarktnovellierungsgesetz, ZAP 2017, 911–916; *Heinz-Dieter Assmann*, Information über die bevorstehende Veröffentlichung eines Marktgerüchts als unberechtigte Offenlegung einer Insiderinformation, AG 2022, 390–396

Teil 4: Handelsbilanzrecht

Michael Fischer

§ 1 Einführung	149	§ 5 Handelsrechtlicher Jahresabschluss	159
§ 2 Rechtsquellen	150	§ 6 Fundamentalprinzipien ordnungsgemä-	
§ 3 Bilanzbegriff	152	ßer Bilanzerstellung	164
§ 4 Bilanzielles Grundverständnis	154		

§ 1 Einführung

Die Bilanz ist ein Zahlenwerk. Sie bildet wirtschaftliche Sachverhalte als **Bilanzpositionen** ab. Sind am Bilanzstichtag nicht nur liquide Mittel vorhanden, müssen diese mit einem Geldbetrag bewertet werden. Das Bilanzrecht regelt, welche wirtschaftlichen Sachverhalte in der Rechnungslegung auszuweisen und wie sie zu bewerten sind. Man kann die Bilanz als eine Form der vereinfachten Abbildung der Realität (Modell) verstehen. Diese Modellabbildung dient der Reduktion komplexer rechtlicher Zusammenhänge für das bessere Verständnis der betrieblichen Realität. Konkret reduzieren Buchführung und Jahresabschluss die komplexen Beziehungen des Unternehmens zu seiner Umwelt auf die Darstellung der Finanz- und Güterbestände und Bewegungen in Form von Geld- und Leistungsströmen.[1]

Großfeld/Luttermann[2] bezeichnen das Bilanzrecht als den „**Kern von Unternehmensrecht, Gesellschafts- und Kapitalmarktrecht**". Der mit dem Bilanzrecht oftmals wenig vertraute Jurist wird sich fragen, worauf dieser anscheinend hohe Stellenwert begründet ist. Eine erste allgemeine Antwort lautet: Die Rechnungslegung soll im Interesse einzelner Kapitalgeber und Gläubiger in Bezug auf Dispositionsentscheidungen, im Interesse des Unternehmens selbst in Bezug auf Führungs- und Kontrollentscheidungen und im Interesse eines institutionellen Gläubigerschutzes **Auskunft und Rechenschaft** darüber geben, wo das Unternehmen steht. Diese Kenntnis bildet die Grundlage für eine verantwortungsbewusste Tätigkeit im Unternehmen sowie für eine eben solche Zusammenarbeit zwischen Kapitalgebern und Gläubigern mit dem Unternehmen.

Rechnungslegungsrecht ist Schutzrecht, dh der Gesetzgeber verfolgt mit bilanzrechtlichen Vorschriften **bestimmte Schutzfunktionen**. Daraus folgt zum einen, dass Rechnungslegungsrecht unabhängig von dem wenig zielführenden Streit um dessen Rechtsnatur[3] zwingendes Recht ist, soweit nicht in Form von Wahlrechten Einzelfragen zur Disposition gestellt sind. Zum anderen führt der Gesetzgeber in den Rechnungslegungsnormen einen **Interessenausgleich** durch, der sich darin äußert, dass die unterschiedlichen Interessen zu entsprechenden Differenzierungen in den Rechnungslegungsnormen führen.[4] Namentlich bedingen unterschiedliche Bilanzierungszwecke unterschiedliche Bewertungen, abgesehen davon, dass es einen objektiven „wahren" Wert ohnehin nicht gibt.[5] Eine vorrangig an Informationszwecken ausgerichtete Rechnungs-

---

1 Kudert/Sorg, Rechnungswesen leicht gemacht, 8. Aufl. 2019, S. 13.
2 Großfeld/Luttermann, Bilanzrecht, Rn. 1.
3 Claussen, FS Kropff, S. 431, 437; Crezelius, FS Zimmerer, S. 509, 512 f.; eingehend: Icking, Die Rechtsnatur des Handelsbilanzrechts. Zugleich ein Beitrag zur Abgrenzung zwischen öffentlichem und privatem Recht.
4 Vgl. zur sog Funktionsinadäquanz von Bilanzen zB Moxter, FS Röhricht, S. 1007 ff.
5 Thiel/Lüdtke-Handjery, Bilanzrecht, 5. Aufl. 2005, Rn. 506.

legung (Anlegerschutz) wird zu anderen Ergebnissen (Werten) führen als eine an der Ausschüttungsbemessung ausgerichtete Rechnungslegung (Gläubigerschutz). Das deutsche Handelsbilanzrecht der §§ 238 ff. HGB ist traditionell vom **Vorsichtsprinzip** geprägt. Ein ordentlicher Kaufmann rechnet sich nach traditionellem Verständnis „eher ärmer als reicher".[6]

4 Das Rechnungslegungsrecht von Konzernen[7] – sei es nach den Vorschriften in den §§ 290 ff. HGB, sei es nach den IAS – ist demgegenüber auf eine Information der Investoren ausgelegt. Auf den internationalen Kapitalmärkten geht es vorrangig um (international vergleichbare) marktwertorientierte Transparenz und Information der Kapitalanleger, aus Sicht des Unternehmens steht der effektive Zugang zu den internationalen Finanzmärkten (Börsen, Anleihemärkten) im Vordergrund.[8] Deswegen orientieren sich internationale Rechnungslegungsvorschriften nicht am Vorsichtsprinzip iSe. Fundamentalprinzips, sondern an einer sog fair presentation der Vermögens-, Finanz- und Ertragslage („true and fair view").[9]

§ 2 Rechtsquellen

5 Das deutsche Handelsbilanzrecht wird im Wesentlichen durch die Vorschriften des **Dritten Buchs des HGB** „Handelsbücher" geregelt (§§ 238 ff. HGB). Der **erste Abschnitt** (§§ 238–263 HGB) enthält „Vorschriften für alle Kaufleute" und ist damit rechtsformunabhängig an Einzelkaufleute, Personenhandels- und Kapitalgesellschaften adressiert. Im **zweiten Abschnitt** (§§ 264–335c HGB) sind allgemeine, aber bereits rechtsformspezifische Vorschriften für Kapitalgesellschaften und Personenhandelsgesellschaften ohne Vollhaftung einer natürlichen Person (insbes. GmbH & Co. KG) geregelt. Der erste Unterabschnitt befasst sich mit dem Einzelabschluss der Kapitalgesellschaft und dem Lagebericht (§§ 264–289f HGB), der zweite Unterabschnitt mit dem Konzernabschluss und Konzernlagebericht (§§ 290–315e HGB), der dritte Unterabschnitt mit der Prüfung (§§ 316–324a HGB) und der vierte Unterabschnitt mit der Offenlegung (§§ 325–329 HGB). Der sechste Unterabschnitt schließt mit Straf- und Bußgeldvorschriften sowie Zwangsgeldern (§§ 331–335c HGB). Im **dritten Abschnitt** finden sich ergänzende Vorschriften für eingetragene Genossenschaften (§§ 336 bis 339 HGB). Im **vierten Abschnitt** folgen branchenspezifische Bilanzierungsvorschriften für Kreditinstitute, Versicherungsunternehmen und Unternehmen des Rohstoffsektors (§§ 340–341y HGB). Schließlich sieht der **fünfte Abschnitt** Bestimmungen über die Zuweisung von Kompetenzen durch das BMJ an ein privates Rechnungslegungsgremium bzw. an einen Rechnungslegungsbeirat im Zusammenhang mit der Fortentwicklung der nationalen Rechnungslegungsvorschriften vor (§§ 342–342a HGB).

6 Außerhalb des HGB finden sich neben den **Querbezügen zum Gesellschaftsrecht** der AG (§§ 58, 150–161, 170–174, 256–257 AktG), der KGaA (§ 286 AktG), der GmbH (§§ 29, 42, 42a GmbHG) und der Genossenschaft (§§ 33, 48, 53, 160 GenG) Sondervorschriften für Großunternehmen und branchenspezifische Vorschriften. Das Publizitätsgesetz von 1969 (PublG) erfasst den (seltenen) Fall, dass große Unternehmen[10]

---

6 Beisse, FS W. Müller, S. 731, 742, spricht von einem „rechtsethischen" Prinzip.
7 Bilanzvorschriften aus den IAS/IFRS sind nicht Teil dieser Darstellung.
8 Dazu näher Budde/Steuber, FS Peltzer, S. 39 ff.; Großfeld/Luttermann, Bilanzrecht, Rn. 89 ff.
9 Vgl. Budde/Steuber, FS Peltzer, S. 39 ff.; Großfeld/Luttermann, Bilanzrecht, Rn. 89 ff.
10 Der Anwendungsbereich des PublG ergibt sich aus § 1 Abs. 1 PublG.

von einem Einzelkaufmann bzw. einer Personenhandelsgesellschaft mit Vollhaftung mindestens einer natürlichen Person geführt werden und enthält Vorschriften zur Aufstellung der Bilanz und der GuV-Rechnung (§ 5 Abs. 1 PublG) sowie zur Prüfung und zur Offenlegung der Jahresabschlüsse und uU der Lageberichte (§§ 6 Abs. 1, 9 PublG).

Das nationale Handelsbilanzrecht der Kapitalgesellschaften und Personenhandelsgesellschaften ohne natürliche Personen als Vollhafter (insbes. GmbH & Co. KG) ist in weit reichendem Maße von einer europäischen **Harmonisierung durch Richtlinien** (vgl. Art. 288 Abs. 3 AEUV [Art. 249 Abs. 3 EGV aF]) geprägt. Für das Handelsbilanzrecht sind drei Richtlinien von ganz zentraler Bedeutung, die allesamt durch das **Bilanzrichtliniengesetz** vom 19.12.1985[11] umgesetzt worden sind. Es handelt sich um die 4. EG-Richtlinie (Jahresabschlussrichtlinie) vom 25.7.1978,[12] die 7. EG-Richtlinie (Konzernabschlussrichtlinie)[13] sowie die 8. EG-Richtlinie (Prüferbefähigungsrichtlinie) vom 10.4.1984.[14] Auch die branchenspezifische Rechnungslegung für Kreditinstitute und Versicherungen beruht auf Richtlinien, nämlich der Bankrichtlinie, Bankbilanzrichtlinie[15] und der Versicherungsbilanzrichtlinie.[16] Die neue **Bilanzrichtlinie der EU vom 26.6.2013**[17] ist inzwischen an die Stelle der 4. und 7. EG-Richtlinie getreten. Die Umsetzung erfolgte im Rahmen des BilRUG.[18]

7

Für den Konzernabschluss kapitalmarktorientierter Unternehmen schreibt die 1. EG-Bilanzrecht-VO[19] vor, dass diese Unternehmen die in die Rechtsordnung übernommenen IAS/IFRS (International Accounting Standards/International Financial Reporting Standards) anzuwenden haben (vgl. Art. 4.1 EG-Bilanzrecht-VO).

8

Die Verordnung gilt unmittelbar in jedem Mitgliedstaat der EU und ist für die Unternehmen in allen ihren Teilen verbindlich (vgl. Art. 11 ER-Bilanzrecht-VO). Kapitalmarktorientierte Unternehmen[20] sind seit dem 1.1.2005 verpflichtet, ihren Konzernabschluss nach den IAS/IFRS aufzustellen (Art. 4 EG-Bilanzrecht-VO). Für nicht kapitalmarktorientierte Unternehmen sieht die Verordnung die Anwendung der IAS/IFRS als Option vor (Art. 5 EG-Bilanzrecht-VO). Die Entscheidung über das anzuwendende Rechnungslegungssystem bleibt also dem nationalen Gesetzgeber vorbehalten. Der deutsche Gesetzgeber hat sich iRd Bilanzrechtsreformgesetzes vom 9.12.2004[21] dazu

9

---

11 BGBl. I 1985, S. 2355.
12 Jahresabschlussrichtlinie 78/660/EWG, ABl EG Nr. L 222 v. 14.8.1978, S. 11 ff.
13 Konzernabschlussrichtlinie 83/349/EWG, ABl EG Nr. L 183 v. 18.7.1983, S. 1 ff.
14 Prüferbefähigungsrichtlinie 84/253/EWG, ABl EG Nr. L 126 v. 12.5.1984, S. 20 ff.
15 Bankbilanzrichtlinie 86/635/EWG, ABl EG Nr. L 372 v. 31.12.1986, S. 1 ff.
16 Versicherungsbilanzrichtlinie 91/674/EWG, ABl EG Nr. L 374 v. 31.12.1991, S. 7 ff.
17 Richtlinie 2013/34/EU des Europäischen Parlaments und des Rates vom 26.3.2013 über den Jahresabschluss, den konsolidierten Abschluss und damit verbundene Berichte von Unternehmen bestimmter Rechtsformen und zur Änderung der Richtlinie 78/660/EWG (4. EU-Richtlinie) und 83/349/EWG (7. EU-Richtlinie) des Rates.
18 Gesetz zur Umsetzung der Richtlinie 2013/34/EU des Europäischen Parlaments und des Rates vom 26.6.2013 über den Jahresabschluss, den konsolidierten Abschluss und damit verbundene Berichte von Unternehmen bestimmter Rechtsformen und zur Änderung der Richtlinie 2006/43/EG des Europäischen Parlaments und des Rates und zur Aufhebung der Richtlinien 78/660/EWG und 83/349/EWG des Rates (Bilanzrichtlinie-Umsetzungsgesetz – BilRUG) v. 17.7.2015, BGBl. I 2015, S. 1245. Die Änderungen des BilRUG finden nach Art. 75 Abs. 1 EGHGB erstmals auf Abschlüsse Anwendung, die sich auf nach dem 31.12.2015 beginnende Geschäftsjahre beziehen.
19 Europäische Verordnung über die Anwendung internationaler Rechnungslegungsstandards (1606/2002) v. 19.7.2002, EU-ABl v. 11.9.2002, L243.
20 Zur aktuellen Entwicklung der IFRS-Rechnungslegung für kleine und mittlere Unternehmen näher: Hennrichs, ZHR 2006, 498; Kirsch, DStZ 2006, 768; Schiessl, ZHR 2006, 522.
21 BGBl. I 2004, S. 3166.

entschlossen, nicht kapitalmarktorientierten Unternehmen für den Konzernabschluss ein Wahlrecht zwischen dem Bilanzrecht des HGB und nach IAS/IFRS einzuräumen (vgl. § 315a Abs. 3 HGB).

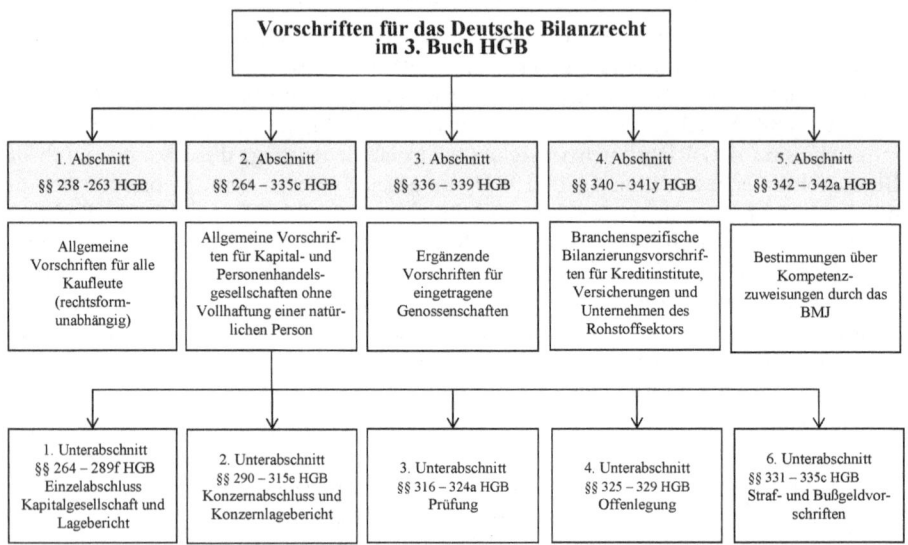

§ 3 Bilanzbegriff

10 Die Bilanz ist eine stichtagsbezogene **Gegenüberstellung der Vermögensgegenstände** (Aktiva bzw. Aktivposten) eines Unternehmens und der zur Finanzierung eingesetzten Mittel (Passiva bzw. Passivposten), letztere getrennt nach der Mittelherkunft der Unternehmenseigentümer (Eigenkapital) und der Gläubiger (Fremdkapital bzw. Schulden). Für den formalen Aufbau wird üblicherweise die Kontoform verwendet. Das **Eigenkapital** ergibt sich aus der Differenz (Saldo) zwischen dem auf der Aktivseite ausgewiesenen Vermögen (Anlage- und Umlaufvermögen), welche die konkrete Investition des Vermögens widerspiegelt (Mittelverwendung) und dem auf der Passivseite ausgewiesenen Kapital (Mittelherkunft). Beide Seiten müssen **sich im rechnerischen Ergebnis entsprechen**. Daraus leitet sich der Begriff „Bilanz" her („bilanx", lateinisch: zwei Waagschalen hebend; „bilancia", italienisch: Waage, Gleichgewicht).

BEISPIEL:

Aktiva		Passiva	
Anlagevermögen		Eigenkapital	20
		(Reinvermögen)	
Immaterielle Vermögens-gegenstände	10		
Sachanlagen	30	Fremdkapital	
Finanzanlagen	5		

§ 3 Bilanzbegriff

		langfristige Verbindlichkeiten	40
Umlaufvermögen		kurzfristige Verbindlichkeiten	35
Vorräte	20	Rechnungsabgrenzungsposten	5
Forderungen	10		
Wertpapiere	15		
Zahlungsmittel	5		
Rechnungsabgrenzungsposten	5		
Vermögen = Mittelverwendung	100	**Kapital = Mittelherkunft**	100

Dem Anlagevermögen werden die Vermögensgegenstände zugerechnet, welche dem Betrieb auf eine längere Dauer dienen (zB Grund und Boden, Gebäude, Maschinen, Finanzanlagen). Zum **Umlaufvermögen** gehören diejenigen Wirtschaftsgüter, welche gewöhnlich innerhalb einer kürzeren Zeitspanne umgesetzt bzw. verarbeitet werden (zB Roh-, Hilfs- und Betriebsstoffe, Waren, Zahlungsmittel). Unter **Eigenkapital** versteht man die Summe aller zur Verfügung gestellten Mittel des Einzelunternehmers bzw. der Gesellschafter einer Personen- oder Kapitalgesellschaft. Zum **Fremdkapital** gehören diejenigen Mittel, welche dem Unternehmen von Gläubigern zur Verfügung gestellt werden (zB Lieferantenverbindlichkeiten, Bankverbindlichkeiten).

Die Bilanz zeigt damit zunächst auf einen Stichtag bezogen, **wie viel Eigenkapital in welcher konkreten Verwendungsform** in einem Unternehmen investiert ist. Darüber hinaus lässt sich aber auch der **Erfolg einer Periode** ermitteln, indem man das Eigenkapital am Ende und am Anfang eines Geschäftsjahres zueinander in Beziehung setzt.

Beispiel:

Bilanz 2020				Bilanz 2021			
Vermögen	120	Eigenkapital	50	Vermögen	120	Eigenkapital	80
		Schulden	70			Schulden	40
	120		120		120		120

Das Eigenkapital hat im Vergleich zwischen 2020 und 2021 um 30 (50 zu 80) zugenommen.

Soweit nicht externe, betriebsfremde Einflüsse (Einlagen, Entnahmen) das Eigenkapital beeinflusst haben, zeigt sich durch den Bilanzvergleich das **Ergebnis der Geschäftstätigkeit**. Erhöht sich das Eigenkapital, bedeutet dies einen Gewinn (bei Kapitalgesellschaften: Jahresüberschuss); sinkt das Eigenkapital, bedeutet dies einen Verlust bzw. bei Kapitalgesellschaften einen Jahresfehlbetrag.

Da sich das (Eigen-)Kapital aus dem Wert der Vermögensgegenstände abzüglich des Fremdkapitals (Schulden) ermittelt, kann das Eigenkapital **auch negativ werden**, wenn die Schulden größer sind als das Aktivvermögen. Das Eigenkapital erscheint dann auf der Aktivseite der Bilanz.

Michael Fischer

BEISPIEL:

A-GmbH

Aktiva	45.000 EUR	Schulden	52.000 EUR
Eigenkapital	7.000 EUR		
	52.000 EUR		52.000 EUR

15 Im Beispielsfall liegt eine sog **rechnerische Überschuldung** von 7.000 EUR vor. Würde es sich um eine ordentliche Jahresabschlussbilanz iSd §§ 242 ff., 264 ff. HGB handeln, folgt daraus aber nicht zwingend, dass die A-GmbH auch im insolvenzrechtlichen Sinne überschuldet ist und deshalb der Geschäftsführer gem. § 15a InsO die Eröffnung eines Insolvenzverfahrens beantragen muss. Vielmehr ist der sog **Überschuldungsstatus als Vermögensstatus** nach eigenständigen Regeln zu erstellen.

§ 4 Bilanzielles Grundverständnis

I. „Denken in Bilanzen"

16 Da jeder Vorfall das Bilanzbild verändert, beruht das bilanzielle Grundverständnis darauf, unabhängig von der konkreten Buchführungstechnik „in Bilanzen zu denken". Zu unterscheiden sind Geschäftsvorfälle, die mangels Gewinnauswirkung das Eigenkapital nicht ändern, von denjenigen, die mit Gewinnauswirkung das Eigenkapital beeinflussen. Schichtet ein konkreter Geschäftsvorfall einzelne Bilanzpositionen nur um, so sind sie im Hinblick auf eine eventuelle Ergebnis- bzw. Eigenkapitalbeeinflussung **erfolgsneutral**. Ändern Geschäftsvorfälle das Eigenkapital, dann können sie entweder **erfolgswirksam** (Aufwendungen, Erträge) oder wiederum erfolgsneutral (Einlagen, Entnahmen) sein. Jeder einzelne Geschäftsvorfall ändert mindestens zwei Bilanzpositionen, und zwar entweder nur Positionen der Aktiv- oder nur der Passivseite oder Positionen beider Bilanzseiten.

II. Erfolgsneutrale Geschäftsvorfälle

17 Hinsichtlich der das Eigenkapital nicht ändernden, erfolgsneutralen Geschäftsvorfälle sind Aktivtausch, Passivtausch, Bilanzverlängerung und Bilanzverkürzung zu unterscheiden.

18 Beim **erfolgsneutralen Aktivtausch** ändern sich zwei Aktivkonten. Wurde zB der Kassenbestand auf ein Bankkonto eingezahlt, dann lautet der Buchungssatz: „*Bank an Kasse*". Es findet ein Zugang auf dem Konto „Bank" statt, der seine Gegenbuchung im Abgang auf dem Konto „Kasse" findet. Beim **Passivtausch** werden zwei Passivkonten berührt. Wenn zB ein Lieferant auf die kurzfristige Erfüllung eines Anspruchs verzichtet und dem Kunden dafür ein langfristiges Darlehen gewährt, so erhöht sich in der Bilanz des Kunden der Passivposten „Darlehensverbindlichkeiten", der Passivposten „Kurzfristige Verbindlichkeiten" vermindert sich in gleicher Höhe. Die Bilanzsumme ändert sich nicht, ebenso wenig das Eigenkapital. Der Vorgang ist erfolgsneutral. Erwirbt der Kaufmann einen Vermögensgegenstand „**auf Ziel**" (gegen Kreditierung/Stundung des Kaufpreises), führt dies zu einer **erfolgsneutralen Bilanzverlängerung**. Werden zB Vorräte eingekauft, lautet der Buchungssatz: „*Vorräte an*

Verbindlichkeiten aus Lieferungen und Leistungen". Aktiv- und Passivseite der Bilanz steigen im gleichen Verhältnis, ohne das Eigenkapital zu berühren. Beim umgekehrten Fall einer **Bilanzverkürzung** vermindern sich Aktiv- und Passivseite der Bilanz gleichermaßen. Erfüllt bspw. ein Kaufmann eine Verbindlichkeit, indem er diese über das Geschäftskonto überweist, mindert sich die Passivposition „Verbindlichkeiten" und die Aktivposition „Bank" um den überwiesenen Betrag. Der Buchungssatz lautet: *„Verbindlichkeiten an Bank"*. Hier verkürzt sich zwar die Bilanzsumme, doch ändert sich das Eigenkapital nicht. Der Vorgang ist ebenfalls erfolgsneutral.

Alle erfolgsneutralen Geschäftsvorfälle werden ausschließlich über Bestandskonten gebucht.

III. Erfolgswirksame Geschäftsvorfälle

Haben Geschäftsvorfälle eine Gewinnauswirkung, führen sie zu einer **Änderung des Eigenkapitals** und sind damit in jedem Fall erfolgswirksam. Solche Vorgänge führen entweder zu Erträgen oder zu Aufwendungen. Hat bspw. ein Kaufmann einen Vermögensgegenstand des Betriebsvermögens vermietet und zahlt der Mieter den Mietzins auf das Bankkonto des Kaufmanns ein, nimmt die Aktivposition „Bank" zu, ohne dass sich eine andere Aktivposition mindert. Der Buchungssatz lautet demnach *„Bank an Mieterträge"*. Auch Fremdkapitalposten werden nicht berührt. Der Vorgang wirkt sich allein auf das Eigenkapital aus, welches sich iHd erhaltenen Mietzinses erhöht. Mithin löst der Mietzins einen **Ertrag** aus. Zahlt der Kaufmann einem Arbeitnehmer dessen Gehalt in bar, so mindert sich zunächst in entsprechender Höhe der Kassenbestand. Der Buchungssatz lautet somit *„Gehälter an Kasse"*. Da andere Positionen der Aktivseite und das Fremdkapital der Passivseite nicht betroffen sind, muss der bilanzielle Ausgleich durch Änderung der Position „Eigenkapital" vorgenommen werden. Die Gehaltszahlung ist also eine **Aufwendung** und mindert das Eigenkapital.

Erfolgswirksame Buchungen werden also stets über ein Ertrags-/Aufwandskonto und ein Bestandskonto gebucht, wobei das Ertragskonto immer im Haben und das Aufwandskonto im Soll gebucht wird. Am Ende eines Geschäftsjahres werden die Salden der jeweiligen Ertrags- und Aufwandskonten nicht direkt auf das Eigenkapitalkonto gebucht. Sie werden zunächst auf das GuV-Konto abgeschlossen. Der sich auf dem GuV-Konto ergebende Saldo wird dann auf das Eigenkapitalkonto übertragen. Je nachdem ob Gewinn (Ertragssaldo > Aufwandssaldo) oder Verlust (Aufwandssaldo > Ertragssaldo) erzielt wurde, wird auf das Eigenkapital im Haben (bei Gewinn) oder im Soll (bei Verlust) gebucht.

Abschluss des GuV-Kontos auf das Eigenkapitalkonto bei einem Unternehmensgewinn:[22]

---

22 Coenenberg/Haller/Mattner/Schultze, Einführung in das Rechnungswesen, S. 109.

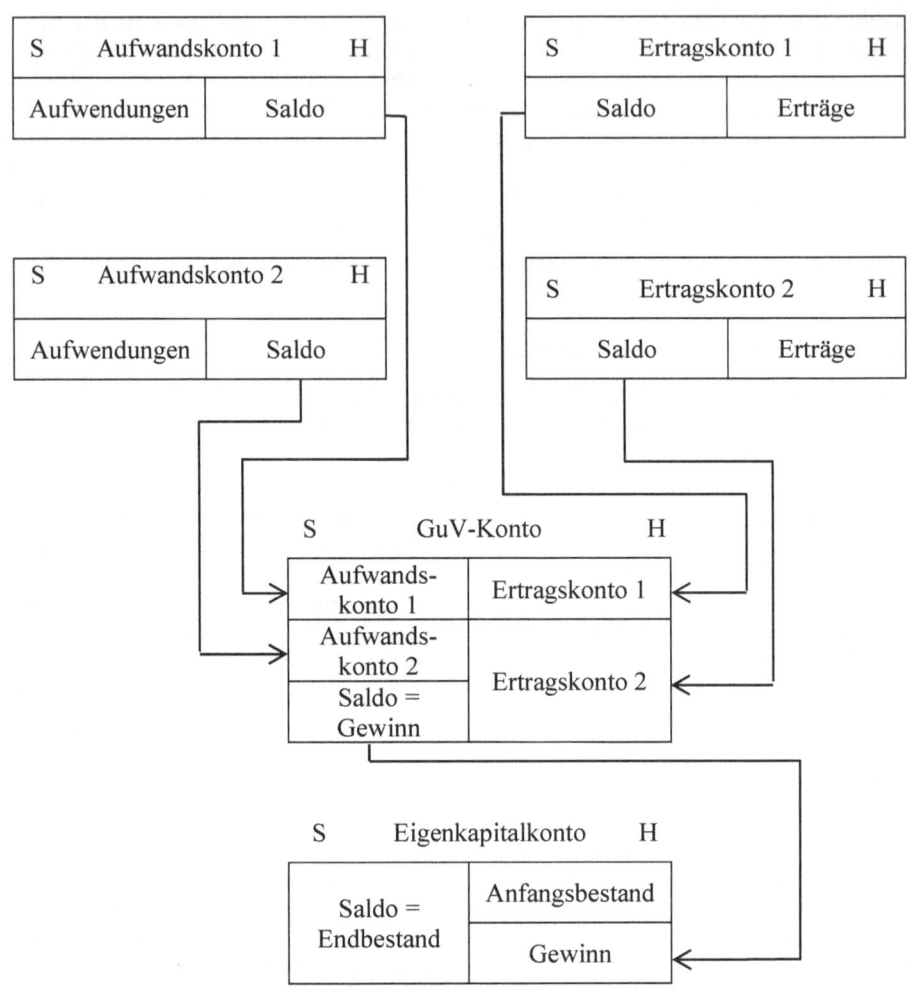

IV. Eigenkapitalrelevante Geschäftsvorfälle ohne Gewinnauswirkung

22 **Privatentnahmen und Privateinlagen** (zB aus der Geschäftskasse) sind Geschäftsvorfälle, die zwar das Eigenkapital ändern, die aber außerbetrieblich veranlasst sind und deshalb keine Gewinnauswirkung haben dürfen. Sie sind deshalb erfolgsneutral zu qualifizieren. Jede **Entnahme** mindert das Eigenkapital, jede **Einlage** führt zu seiner Erhöhung.

V. Bilanzierungsanlässe

23 Der Gesetzgeber qualifiziert verschiedene Gegebenheiten als Anlass für eine gesetzlich vorgeschriebene Bilanzierung. Im Mittelpunkt des Bilanzrechts steht naturgemäß die ordentliche Jahresabschlussbilanz, doch gibt es eine Vielzahl weiterer gesetzlich vorgeschriebener Bilanzierungsanlässe (vgl. zB § 15a InsO; § 98 GenG; §§ 17, 24 UmwG;

V. Bilanzierungsanlässe

§ 57i GmbHG; § 207 Abs. 3 AktG; § 153 Abs. 1 InsO; § 66 InsO; § 242 Abs. 1 S. 1 HGB; § 154 HGB; 71 GmbHG; § 270 AktG). Regelmäßig liegen den verschiedenen Bilanzierungsanlässen auch **unterschiedliche Bilanzierungszwecke** zugrunde, so dass sich allgemeingültige Bilanzierungsregeln in einem materiellen Sinn nicht entwickeln lassen. Im Zusammenhang mit den unterschiedlichen Bilanzierungszwecken muss man sich vor Augen führen, dass der **materielle Aussagegehalt jeder Bilanz** von zwei Fragestellungen bestimmt wird. Es ist stets zu entscheiden, ob eine Position dem Grunde nach zu aktivieren oder zu passivieren, und wie sie zu bewerten ist.

Bilanzrecht ist **Bewertungsrecht**,[23] unterschiedliche Bilanzierungszwecke bedingen unterschiedliche Werte, weswegen danach unterschieden werden muss, ob es um eine Bewertung zu Ausschüttungszwecken, zu Informationszwecken oder zur konkreten Sicherung von Gläubigeransprüchen geht.

Beispiel:
Je nach Bilanzierungszweck ist differenzierend zu entscheiden, ob eine ungeschützte (geheim gehaltene) selbst geschaffene Erfindung aktiviert werden darf.

Zunächst ist zu klären, ob eine ungeschützte Erfindung überhaupt dem Grunde nach einen (immateriellen) Vermögensgegenstand darstellt. Dies bejaht die ganz herrschende Meinung.[24] Von dem konkreten Bilanzanlass (und den damit verbundenen Zwecken) hängt dann ab, ob ein immaterieller Vermögensgegenstand zu aktivieren und wie er zu bewerten ist.

In der ordentlichen **Jahresabschlussbilanz** gilt § 248 Abs. 2 HGB. Nach der Neufassung des § 248 Abs. 2 HGB durch das BilMoG,[25] der gem. Art. 66 Abs. 3 EGHGB erstmals auf das nach dem 31.12.2009 beginnende Geschäftsjahr anzuwenden ist, besteht nunmehr für selbst geschaffene immaterielle Vermögensgegenstände im Grundsatz[26] ein Aktivierungswahlrecht. Geht es hingegen um die **Konzernrechnungslegung** nach IAS/IFRS, sind immaterielle Vermögensgegenstände zwingend zu aktivieren, wenn wahrscheinlich ist, dass dem Unternehmen der künftige wirtschaftliche Nutzen aus ihnen zufließen wird und die Anschaffungs- bzw. Herstellungskosten zuverlässig bemessen werden können (IAS 38).[27] Bei der Ermittlung des **Überschuldungsstatus** steht demgegenüber die Frage eines einzeln veräußerbaren und verwertbaren Vermögensgegenstandes im Vordergrund, der überdies vorsichtig zu bewerten ist, um dem Zweck einer tatsächlichen Gläubigerbefriedigung im Insolvenzfall genügen zu können.[28]

Den **gesetzlichen Fixpunkt des Bilanzrechts** bilden die §§ 238 ff. HGB. Nach § 242 Abs. 1 HGB ist grds. jeder Kaufmann verpflichtet, „für den Schluss eines jeden Geschäftsjahres einen das Verhältnis seines Vermögens und seiner Schulden darstellenden Abschluss (Bilanz) aufzustellen". Bei **Gründung des Unternehmens** ist eine **Eröffnungsbilanz** aufzustellen (vgl. § 242 Abs. 1 S. 1 HGB). Eine **Ausnahme** gilt seit Inkrafttreten des BilMoG gem. §§ 242 Abs. 4, 241a HGB für Einzelkaufleute, die an den Abschluss-

---

23 Großfeld/Luttermann, Bilanzrecht, Rn. 92.
24 Adler/Düring/Schmaltz, Rechnungslegung, § 246 HGB Rn. 40 mwN.
25 Gesetz zur Modernisierung des Bilanzrechts (Bilanzrechtsmodernisierungsgesetz) v. 25.5.2009, BGBl. I 2009, S. 1102.
26 Ausgenommen sind gem. § 248 Abs. 2 S. 2 HGB selbst geschaffene Marken, Drucktitel, Verlagsrechte, Kundenlisten oder vergleichbare immaterielle Vermögensgegenstände.
27 Näher: Heckeler/Kühnel, in: IFRS-Handbuch, § 4 Rn. 1 ff.
28 Crezelius, FS Röhricht, S. 787, 797 f.; Hüffer, FS Wiedemann, S. 1047 ff.

Michael Fischer

stichtagen von zwei aufeinander folgenden Geschäftsjahren bestimmte Schwellenwerte bei Umsatzerlösen und Jahresüberschuss nicht überschreiten. Durch das BilRUG[29] („jeweils" eingefügt) wurde klargestellt, dass sich der Schwellenwert auf einen 12-Monats-Zeitraum bezieht. Seit dem Bürokratieentlastungsgesetz[30] beträgt der Schwellenwert der Umsatzerlöse 600.000 EUR, der des Jahresüberschusses 60.000 EUR. Zu beachten ist aber, dass der Begriff der Umsatzerlöse iSd § 277 Abs. 1 HGB durch das BilRUG erweitert wurde. Da die in Betreff der Kaufleute gegebenen Vorschriften auch auf **Handelsgesellschaften** Anwendung finden (vgl. § 6 Abs. 1 HGB), trifft die Verpflichtung zur Buchführung und Bilanzierung indessen nach wie vor[31] alle Handelsgesellschaften (OHG; KG) sowie – unabhängig vom Gegenstand des Unternehmens – die AG (§ 3 Abs. 1 AktG), die KGaA (vgl. § 278 Abs. 3 AktG), die Europäische Gesellschaft (SE, Art. 1 Abs. 2 S. 1 SE-VO, § 3 SEEG), die GmbH (vgl. § 13 Abs. 3 GmbHG) sowie die Genossenschaft (vgl. § 17 Abs. 2 GenG).

27 Die Rechtsordnung kennt allerdings noch andere Bilanzierungsanlässe. Man spricht in diesem Zusammenhang auch von sog **Sonderbilanzen**.[32] Sonderbilanzen verfolgen einen von der ordentlichen Jahresabschlussbilanz abweichenden Zweck. Nichtsdestoweniger bestehen enge Querbeziehungen zur ordentlichen Jahresabschlussbilanz mit der zentralen Buchführung (vgl. § 238 Abs. 1 HGB). Wird der Unternehmensträger (Personenhandelsgesellschaft, Kapitalgesellschaft) aufgelöst, ist dieser grds. abzuwickeln. Die Liquidatoren haben als Verwalter fremden Vermögens bei Beginn und bei Beendigung der **Liquidation** eine Bilanz aufzustellen (vgl. § 154 HGB, § 71 GmbHG, § 270 AktG).[33] Von besonderer Bedeutung ist für diejenigen Unternehmen, für die die Überschuldung neben der Zahlungsunfähigkeit einen eigenständigen Insolvenzgrund darstellt, die sog **Überschuldungsbilanz** (vgl. § 15a InsO, § 98 GenG).[34]

28 **Weitere Bilanzierungsanlässe** sind Umwandlungen (vgl. §§ 17, 24 UmwG) und bei Kapitalgesellschaften die nominelle Kapitalerhöhung (vgl. § 57i GmbHG, § 207 Abs. 3 AktG). Des Weiteren gibt es **insolvenzrechtliche Rechnungslegungspflichten** (vgl. die Vermögensübersicht auf den Zeitpunkt der Eröffnung des Insolvenzverfahrens gem. § 153 Abs. 1 InsO und die Schlussrechnung gem. § 66 InsO). Keine gesetzliche Vorschrift findet sich hingegen für die Notwendigkeit einer Sanierungseröffnungs- und Sanierungsschlussbilanz vor Eröffnung eines Insolvenzverfahrens, mögen solche internen Sanierungsbilanzen auch aus Gründen der Übersichtlichkeit und zur vereinfachten Erfolgsmessung der ergriffenen Sanierungsmaßnahmen zweckmäßig sein.

---

29 Gesetz zur Umsetzung der Richtlinie 2013/34/EU des Europäischen Parlaments und des Rates vom 26.6.2013 über den Jahresabschluss, den konsolidierten Abschluss und damit verbundene Berichte von Unternehmen bestimmter Rechtsformen und zur Änderung der Richtlinie 2006/43/EG des Europäischen Parlaments und des Rates und zur Aufhebung der Richtlinien 78/660/EWG und 83/349/EWG des Rates (Bilanzrichtlinie-Umsetzungsgesetz–BilRUG) v. 17.7.2015, BGBl. I 2015, S. 1245; siehe Rn. 55.
30 Gesetz zur Entlastung insbesondere der mittelständischen Wirtschaft von Bürokratie (Bürokratieentlastungsgesetz) v. 28.7.2015, BGBl. I 2015, S. 1400.
31 Entgegen der Stellungnahme des Bundesrates im Gesetzgebungsverfahren, BR-Drucks 344/08(B), S. 1; dazu im Ganzen Zülch/Hoffmann, DB 2008, 1643.
32 Vgl. dazu insbes. Deubert/Förschle/Störk/Deubert/Meyer, Sonderbilanzen, Rn. A 1 ff.
33 BFH, BFH/NV 2015, 1358; Näher: Deubert/Förschle/Störk/Deubert, Sonderbilanzen, S Rn. 1 ff. zur Personenhandelsgesellschaft; T Rn. 1 ff. zu Kapitalgesellschaften.
34 Näher: Crezellus, FS Röhricht, S. 787 ff.; Deubert/Förschle/Störk/Deubert/Meyer, Sonderbilanzen, P Rn. 100 ff.; Hüffer, FS Wiedemann, S. 1047 ff.

Zur Vertiefung:
Deubert/Förschle/Störk: Sonderbilanzen, 6. Auflage 2021: Zu Umwandlungen siehe Kapitel H-L; Zur Bilanzierung in der Insolvenz siehe Kapitel P-R und zur Liqudiationsbilanz siehe Kapitel S-T.

§ 5 Handelsrechtlicher Jahresabschluss

I. Funktionen des Einzelabschlusses

Der Einzelabschluss dient der **Erfüllung mehrerer Zwecke**, die innerhalb des Zwecksystems zusammengeführt werden.[35] Wie die in § 238 Abs. 1 HGB kodifizierte Buchführungspflicht verdeutlicht, geht es dem Gesetzgeber zunächst um die **Dokumentation** iSe. vollständigen, richtigen und systematischen Aufschreibens und Festhaltens der Güterbewegungen und Zahlungsvorgänge. Die Dokumentation eröffnet die Möglichkeit der Nachprüfbarkeit der Aufzeichnungen. Sie dient **Beweis** und **Prävention** im Hinblick auf rechtswidrige Handlungen durch Angehörige des Unternehmens. Eine weitere Funktion des Jahresabschlusses besteht in der **Rechenschaftslegung** gegenüber Gläubigern (Kapitalgebern) und Gesellschaftern. 29

Beim **Einzelunternehmen** wird der Kaufmann – vorbehaltlich einer Befreiung von der Buchführungs- und Bilanzierungspflicht gem. §§ 242 Abs. 4, 241a HGB – mit dem Jahresabschluss zu einer Rechenschaft gegenüber sich selbst genötigt, weil er sich damit einen Überblick über seine eigenen finanziellen Verhältnisse verschafft. Deshalb muss der Jahresabschluss klar und übersichtlich sein (vgl. § 243 Abs. 2 HGB). Das Anlage- und Umlaufvermögen, das Eigenkapital, die Schulden und die Rechnungsabgrenzungsposten müssen gesondert ausgewiesen und hinreichend aufgegliedert sein. 30

Weiterhin dient das Bilanzrecht der **Ermittlung des Gewinns**, der zur Ausschüttung an die Gesellschafter verwendet werden kann. Man spricht in diesem Zusammenhang auch von der sog **Ausschüttungsbemessungsfunktion** des Jahresabschlusses. Schließlich dient der Jahresabschluss nach traditionellem deutschen Verständnis der **Kapitalerhaltung**. Dies wird darin deutlich, dass sowohl das sog **Vorsichts- als auch das Imparitätsprinzip** gelten (§ 252 Abs. 1 Nr. 4 HGB), Anschaffungs- bzw. Herstellungskosten die Wertobergrenze für Vermögensgegenstände bilden (§ 253 Abs. 1 HGB) und für das Anlage- und Umlaufvermögen Niederstwertvorschriften zu beachten sind, die bei zwei in Betracht kommenden Werten zur Bewertung mit dem niedrigeren Wert führen (§ 253 Abs. 3, Abs. 4 HGB). 31

Was die Bilanz allerdings **nur eingeschränkt** zu vermitteln vermag, ist ein **dynamischer Einblick** in die Vermögens-, Ertrags- und Finanzlage des Unternehmens zum Zweck der Information über die **wirtschaftliche Lage des Unternehmens**. Für Kapitalanleger ist nicht der Status, sondern sind die **künftigen Gewinnerwartungen** des Unternehmens entscheidend. Zukünftige Zielerreichungen (zB Forschungen, Entwicklungen) sind aus der Vermögenslage nicht erkennbar, die Ertragslage kann durch gewinnbringende Zukunftsinvestitionen verzerrt sein und die Finanzlage lässt sich verlässlich nur durch einen Finanzplan beurteilen. 32

---

[35] Näher zum Folgenden zB Graf Kanitz, Bilanzkunde für Juristen, Rn. 137 ff.; Baetge/Kirsch/Thiele/Kirsch/Höbener, Bilanzrecht, Einf. Rn. 21 ff. mwN.

II. Systematik der §§ 238 ff. HGB

33 §§ 238 ff. HGB verfolgen in formaler Hinsicht **drei Aufbauprinzipien**:

- §§ 238 bis 263 HGB regeln die Rechnungslegung der Einzelkaufleute und der Personenhandelsgesellschaften, **§§ 264 bis 289a HGB** diejenigen der (nicht konzernierten) Kapitalgesellschaft und derjenigen Personenhandelsgesellschaften, bei denen keine natürliche Person Vollhafter ist.
- §§ 238 bis 263 HGB stellen insofern einen allgemeinen Teil iSe. **lex generalis** des Handelsbilanzrechts dar, als §§ 264 bis 289a HGB nur ergänzende, spezielle Regelungen für die Rechnungslegung der Kapitalgesellschaften und (insbes.) der GmbH & Co. KG enthalten.
- Schließlich ist der Gesetzesaufbau auf ein zeitliches Schema von Buchführung und Bilanzierung ausgerichtet; es beginnt mit der Buchführung (§§ 238 bis 241a HGB) und endet mit der Offenlegung (§§ 325 bis 329 HGB).

34 Soweit es um den Jahresabschluss für Kapitalgesellschaften und Personenhandelsgesellschaften ohne natürliche Person als Vollhafter geht, ist bei der Rechtsanwendung zunächst von den **Spezialregelungen für Kapitalgesellschaften** auszugehen. Nur soweit es an einer Spezialregelung fehlt, ist auf die Vorschriften der §§ 238 bis 263 HGB zurückzugreifen. Im Ergebnis führt dieser Dualismus des Bilanzrechts zu einer regelmäßig **strengeren Anforderungen unterliegenden Rechnung** der Kapitalgesellschaften und (insbes.) der GmbH & Co. KG, die in den §§ 264 ff. HGB geregelt sind.

35 Zum Beispiel besteht eine Ausschüttungssperre für aktivierte Beträge selbst erstellter immaterieller Vermögensgegenstände des Anlagevermögens, für einen ausgewiesenen Aktivüberhang latenter Steuern und für Vermögensgegenstände zur Altersvorsorge (§ 268 Abs. 8 HGB).

36 Nach § 266 Abs. 1 S. 4 HGB können Kleinstkapitalgesellschaften (vgl. § 267a HGB) eine **vereinfachte Bilanz** aufstellen. Erforderlich ist nur, dass in der Bilanz die Buchstabenposten des § 266 Abs. 2 und 3 HGB gesondert und in der vorgeschriebenen Reihenfolge ausgewiesen werden. Außerdem müssen Rechnungsabgrenzungsposten nicht gesondert ausgewiesen werden. Damit entfällt aber nicht die Pflicht zur Ermittlung der Abgrenzungsbeträge; das Gesetz lässt lediglich zu, sie im Umlaufvermögen bzw. unter den Verbindlichkeiten auszuweisen. Einer Kleinstkapitalgesellschaft wird überdies ein **Wahlrecht** eingeräumt, bestimmte Erleichterungen betreffend Anhang, GuV und Offenlegung in Anspruch zu nehmen. Die Erleichterungen sollen nach § 253 Abs. 1 S. 5 HGB allerdings nur in Anspruch genommen werden können, wenn die Vermögensgegenstände nicht mit dem beizulegenden Zeitwert bewertet werden.

III. Buchführung und Inventar

37 Der Jahresabschluss (§§ 242 bis 342e HGB) ist aus der Buchführung (§§ 238 bis 241 HGB) zu entwickeln, wobei die **Grundsätze ordnungsmäßiger Buchführung** sowohl für die Buchführung (vgl. § 238 Abs. 1 S. 1 HGB) als auch für den Jahresabschluss und Konzernabschluss gelten (§§ 243 Abs. 1, 297 Abs. 2 S. 2 HGB). Die gesamte Buchführungstechnik bezweckt, einen unwirtschaftlichen Arbeitsaufwand zu vermeiden. Theoretisch ließe sich jeder Geschäftsvorfall auch unmittelbar in der Bilanz abbilden. Der (Form-)Kaufmann könnte also nach jedem Geschäftsvorfall theoretisch auch eine geänderte Bilanz aufstellen. Die Buchführung dient dazu, **alle Geschäftsvorfälle** zu belegen. Die entsprechenden Eintragungen in die Bücher und die sonst erforderlichen

III. Buchführung und Inventar

Aufzeichnungen müssen deshalb vollständig, richtig, zeitnah und geordnet vorgenommen werden (§ 239 Abs. 2 HGB). Insgesamt muss die Buchführung so beschaffen sein, dass sie einem verständigen Dritten innerhalb angemessener Zeit einen **Überblick über die Geschäftsvorfälle** und über die Lage des Unternehmens vermitteln kann (§ 238 Abs. 1 S. 2 HGB).

Technisch wird die auf den Anfang des Geschäftsjahres aufzustellende **Eröffnungsbilanz** in **Konten** zerlegt, auf denen die einzelnen Geschäftsvorfälle dann erfasst werden. Der Buchführende richtet zunächst so viele Konten ein, wie Bilanzposten vorhanden sind. §§ 238 Abs. 1 S. 3, 242 Abs. 3 HGB verlangen eine **doppelte Buchführung** dergestalt, dass jeder Geschäftsvorfall mindestens zwei Konten, und zwar einmal im Soll (linke Seite) und einmal größengleich im Haben (rechte Seite) berührt. Dadurch wird das Bilanzgleichgewicht gewahrt (Grundsatz: Keine Buchung ohne Gegenbuchung).

38

Beispiel:
Geschäftsvorfall (GV): Kauf eines unbebauten Grundstücks und Zahlung des Kaufpreises iHv 100.000 EUR per Banküberweisung.

Soll	Grund + Boden	Haben		Soll	Bank	Haben
GV	100.000 EUR				GV	100.000 EUR

Die Buchung wird durch einen **Buchungssatz** ausgedrückt, der den zugrunde liegenden Geschäftsvorfall bestimmt. Umgekehrt lässt sich auch vom Buchungssatz auf den Geschäftsfall schließen. Der Buchungssatz nennt zuerst die Soll-Buchung, dann die Haben-Buchung. Die Kurzformel lautet *„Von Soll an Haben"* (oder *„Soll an Haben"*). Im Beispielsfall lautet der Buchungssatz *„Grund + Boden 100.000 EUR an Bank 100.000 EUR"*.

39

Man unterscheidet Bestands- und Erfolgskonten. In die **Bestandskonten** werden zunächst die Bestände der Eröffnungsbilanz übernommen. Sie werden folglich in **Aktivkonten**, welche die Aktiva (zB Maschinen, Waren, Kassenbestände) erfassen, und **Passivkonten**, welche die Passiva (zB Eigenkapital, Verbindlichkeiten, Rückstellungen) erfassen, unterteilt.

40

Beispiel:

Soll	Aktivkonto	Haben		Soll	Passivkonto	Haben
AB (Anfangsbestand)		Abgänge (–)		Abgänge (–)		AB
Zugänge (+)		EB (Endbestand)		EB		Zugänge (+)

Erfolgskonten weisen Erträge und Aufwendungen aus. Sie sind Unterkonten des Kapitalkontos, folgen daher den gleichen Regeln wie direkte Buchungen auf dem Kapitalkonto und gliedern sich in **Ertrags- und Aufwandskonten**. Erträge (Kapitalerhöhungen) werden rechts gebucht, Aufwendungen (Kapitalminderungen) links. Im Mittelpunkt steht das **Gewinn- und Verlustkonto** (GuV-Konto), welches auf der linken Seite im Soll die Aufwendungen den Erträgen auf der rechten Seite im Haben gegenüberstellt. Zum **Aufwand** gehören zB Lohnaufwand, Mietaufwand, Zinsaufwand; zu den **Erträgen** gehören zB Umsatzerlöse für eigene Erzeugnisse und andere eigene Leistungen oder für Waren und sonstige Umsatzerlöse sowie sonstige betriebliche Erträge (zB Erlöse aus Vermietung und Verpachtung). Die speziellen Aufwands- und Ertragskonten werden am Jahresende über das **GuV-Konto** abgeschlossen, nachdem vorher auf den

41

einzelnen Konten der Saldo gezogen worden ist. Dies wird durch die Buchungssätze „GuV-Konto an andere Aufwandskonten" und „alle Ertragskonten an GuV-Konto" durchgeführt (vgl. Schaubild oben § 4 III.)

42 Weitere Unterkonten des Kapitalkontos sind die **Privatkonten** (Entnahme-/Einlagekonten), auf denen außerbetrieblich veranlasste Geschäftsvorfälle erfasst werden. Eine **außerbetrieblich veranlasste Minderung** des Betriebsvermögens wird durch die Entnahmebuchung ausgeglichen. Eine außerbetrieblich veranlasste Erhöhung des Betriebsvermögens wird durch die Einlage ausgeglichen, um sicherzustellen, dass diese Geschäftsvorfälle keinen Einfluss auf das Betriebsergebnis haben.

43 Die Schlussbilanz und die Gewinn- und Verlustrechnung werden aus der Buchführung und dem **Inventar** abgeleitet. Zunächst werden am Schluss des Geschäftsjahres die Soll- und Habenseiten der jeweiligen Konten iRd Abschlussbuchungen addiert und verrechnet. Zugleich hat nach § 240 Abs. 2 HGB jeder bilanzierungspflichtige Kaufmann für den Schluss eines jeden Geschäftsjahres ein Inventar aufzustellen. In das Inventar sind alle Vermögensgegenstände und alle Schulden aufzunehmen.

44 Die **Inventur** (vgl. §§ 240, 241 HGB) dient der mengen- und wertmäßigen Erfassung der aufzunehmenden Bestände. Das Inventar ist zugleich Kontrolle für die Richtigkeit der Buchführung, in der die Vermögensgegenstände zwar ebenfalls ausgewiesen sein müssten, die jedoch fehlerhaft sein kann. **Fehler in Bestand und Bewertung** der Vermögensgegenstände werden durch das Inventar aufgedeckt und korrigiert. Deshalb wird der Saldo der Bestandskonten durch entsprechende Buchungen den im Inventar aufgeführten tatsächlichen Werten angepasst. Ist etwa im Umlaufvermögen durch Verderb oder Diebstahl ein Mengenverlust eingetreten, führt dies zu einem niedrigeren Ausweis des jeweiligen Bestandskontos mit der Gegenbuchung als außerordentlicher Aufwand (Buchungssatz: außerordentlicher Aufwand an Bestandskonto). Die so ermittelten Seiten der Bestandskonten werden in die **Schlussbilanz** übernommen. Das am Ende des Wirtschaftsjahres vorhandene Betriebsvermögen ermittelt sich aus der Verrechnung der Aktiv- und Passivkonten.

IV. Aufstellungsverpflichtung

45 Die **gesetzliche Buchführungspflicht** trifft neben dem (Einzel-)Kaufmann, für den allerdings die Ausnahmeklausel des § 241a HGB eingreifen kann, sämtliche Personenhandels- und Kapitalgesellschaften als sog Formkaufleute (vgl. § 6 HGB). Die Eigenschaft als **Handelsgesellschaft** ergibt sich für die OHG aus § 105 HGB, für die KG aus § 161 HGB, für die GmbH aus § 13 Abs. 3 GmbHG, für die AG aus § 3 Abs. 1 AktG, für die KGaA aus § 278 Abs. 3 AktG, für die Europäische Gesellschaft (SE) aus Art. 1 Abs. 2 S. 1, 61 SE-VO, für die Genossenschaft aus § 17 Abs. 2 GenG und für die Europäische wirtschaftliche Interessenvereinigung (EWIV) aus § 1 Abs. 2 EWIV-AusfG.

46 Von der gesetzlichen Bilanzierungspflicht zu unterscheiden ist bei Gesellschaften die Frage, welche **Personen** für die Aufstellung des Jahresabschlusses konkret **zuständig** sind. Bei Personenhandelsgesellschaften und der KGaA sind dies die voll haftenden Gesellschafter. Bei der GmbH, AG und EWIV obliegen die Buchführungs- und Bilanzierungspflichten der **Geschäftsführung** bzw. dem **Vorstand** (§§ 41 GmbHG, 91 Abs. 1 AktG, 6 EWIV-AusfG).

47 Die Buchführungspflicht **beginnt** bei Personenhandelsgesellschaften unabhängig von der Handelsregistereintragung in dem Zeitpunkt, in dem die Geschäftstätigkeit aufge-

nommen wird.[36] Bei Kapitalgesellschaften und Genossenschaften kommt es **nicht** auf **die Eintragung ins Handelsregister an**, obgleich zu diesem Zeitpunkt erst die Gesellschaften als juristische Personen entstehen. Denn die noch nicht im Handelsregister eingetragenen Gesellschaften sind ab dem Zeitpunkt der Errichtung (Abschluss des Gesellschaftsvertrages bzw. der Satzung) als sog **Vorgesellschaft** gesellschaftsrechtlich der juristischen Person bereits angenähert. Deshalb sind zB bei der (echten) Vor-GmbH die Vorschriften des GmbHG insoweit entsprechend anzuwenden, als sie nicht die juristische Person voraussetzen. Diese Wertung ist für das Bilanzrecht zu übernehmen. Deshalb beginnt die Buchführungspflicht bereits mit dem **ersten buchungspflichtigen Geschäftsvorfall** nach dem notariellen Abschluss des Gesellschaftsvertrages bzw. der Satzung.[37] Da mit Abschluss des Gesellschaftsvertrages bzw. der Satzung die Ansprüche auf Leistung der Einlagen und zumeist Kostenverbindlichkeiten gegenüber dem Notar entstehen, ist im Ergebnis jede Vorgesellschaft buchführungspflichtig und hat eine **Eröffnungsbilanz** aufzustellen.

Die Buchführungspflicht **endet** mit Beendigung des Abwicklungsstadiums, die Löschung im Handelsregister ist irrelevant.[38] Sämtliche Handelsgesellschaften und eingetragene Genossenschaften werden durch die **Auflösung** nicht beendet, sondern in Liquidationsgesellschaften überführt (vgl. §§ 145 HGB, 161 Abs. 2 HGB, 65 ff. GmbHG, 264 AktG, 289 AktG, 83 GenG), die das ihnen verbleibende Vermögen auseinandersetzen müssen (§§ 155, 161 Abs. 2 HGB, § 72 GmbHG, § 271, 289 AktG, § 91 f. GenG). Erst wenn die **Liquidation abgeschlossen** ist, endet deswegen auch die Buchführungspflicht.

V. Sanktionen bei Buchführungsverstößen

Bei Kapitalgesellschaften und Personenhandelsgesellschaften ohne Vollhaftung einer natürlichen Person (vgl. § 335b HGB) kann das Bundesamt für Justiz auf Unterrichtung iSd § 329 Abs. 4 HGB durch den Betreiber des elektronischen Bundesanzeigers[39] ein **Ordnungsgeld iHv mindestens 2.500 EUR und höchstens 25.000 EUR** gegen Mitglieder eines geschäftsführenden Organs festsetzen, welche die Pflicht zur Offenlegung des Jahresabschlusses, Lageberichtes, Konzernabschlusses oder Konzernlageberichts nicht befolgt haben (§ 335 Nr. 1 HGB). **Strafbar** macht sich gem. § 331 Abs. 1 Nr. 1 HGB, wer als Mitglied eines geschäftsführenden Organs oder des Aufsichtsrates die Verhältnisse der Gesellschaft in der Eröffnungsbilanz oder im Jahresabschluss vorsätzlich so darstellt, dass sie nicht mit der Wirklichkeit übereinstimmen (**unrichtige Wiedergabe**) oder zwar objektiv richtig darstellt, aber aufgrund geschickter Bilanzmanipulationen die Gefahr besteht, dass die wirtschaftliche Situation der Gesellschaft unzutreffend beurteilt wird (Verschleierung). Schließlich handelt **ordnungswidrig**, wer als Mitglied eines geschäftsführenden Organs oder des Aufsichtsrates iRd Aufstellung des Jahresabschlusses den gesetzlichen Form- und Inhalts-, Bewertungs- oder Gliederungsvorschriften vorsätzlich zuwiderhandelt (§ 334 HGB).

---

36 BGHZ 10, 91, 96; Winnefeld, Bilanz-Handbuch, A Rn. 200 f. mwN.
37 Ausführlich Noack/Servatius/Haas/*Kersting*, § 41 GmbHG Rn. 7.
38 Störk/Lewe, in: Beck Bil-Komm., HGB § 238 Rn. 78 ff.; Winnefeld, Bilanz-Handbuch, A Rn. 210.
39 Dies ist die Bundesanzeiger Verlagsgesellschaft mbH mit Sitz in Köln.

VI. Generalnormen des Jahresabschlusses

50 Der Jahresabschluss ist gem. § 243 Abs. 1 HGB nach den **Grundsätzen ordnungsmäßiger Buchführung (GoB)** aufzustellen. Wie § 238 Abs. 1 S. 1 HGB deutlich macht, sind die GoB auf die gesamte Rechnungslegung bezogen. Dabei ist zwischen formellen GoB (Buchführungs- und Bilanzierungstechnik) und materiellen GoB (zB allgemeine Bilanzierungsgrundsätze, Gliederungs-, Ansatz-, Bewertungsregeln) zu unterscheiden.

51 Das System der GoB ist zunächst **rechtsform- und größenunabhängig** angelegt. Ergänzend schreibt § 264 Abs. 2 HGB für Kapitalgesellschaften und Personenhandelsgesellschaften ohne Vollhaftung einer natürlichen Person (§ 264a HGB) vor, dass deren Jahresabschluss unter Beachtung der Grundsätze ordnungsgemäßer Buchführung ein den tatsächlichen Verhältnissen entsprechendes **Bild der Vermögens-, Finanz- und Ertragslage** der Kapitalgesellschaft zu vermitteln habe. Mit § 264 Abs. 2 HGB hat der deutsche Gesetzgeber die durch die 4. EG-Richtlinie[40] gebotene Umsetzung des das angelsächsische Bilanzrecht bestimmenden „true-and-fair-view"-Prinzips in deutsches Recht vorgenommen. Insb. die ausdrückliche Beachtung der Grundsätze ordnungsmäßiger Buchführung im Wortlaut des § 264 Abs. 2 HGB hat eine intensive Erörterung des Verhältnisses von § 264 Abs. 2 HGB zu § 243 Abs. 1 HGB ausgelöst.[41] In der Norm spiegelt sich das typisch europarechtliche **Problem der Angleichung verschiedener Rechtskreise** wider. Denn die deutsche Auffassung von GoB und das englische bzw. internationale, auf Einzelfallgerechtigkeit aufbauende true-and-fair-view-Prinzip, bei dem die Information des Kapitalanlegers im Vordergrund steht, müssen miteinander in Einklang gebracht werden.

52 Ein „overriding principle" iSe. in § 264a Abs. 2 HGB verankerten Vorrangprinzips lehnt die herrschende Meinung im deutschen Schrifttum ab. Sollte ein nach den gesetzlichen Vorschriften und Grundsätzen ordnungsmäßiger Buchführung aufgestellter Jahresabschluss aufgrund besonderer Umstände nicht ein den tatsächlichen Verhältnissen entsprechendes Bild der Vermögens-, Bilanz- und Ertragslage abbilden, müssen die **zusätzlichen Angaben im Anhang** vorgenommen werden (vgl. § 264 Abs. 2 S. 2 HGB).[42]

§ 6 Fundamentalprinzipien ordnungsgemäßer Bilanzerstellung

I. Theoretische Grundlagen

53 Der Gesetzgeber verweist mit den GoB auf ein nicht unmittelbar tatbestandsmäßig fixiertes Ordnungssystem. Der Rechtsanwender muss den unbestimmten Rechtsbegriff im konkreten Fall zur Subsumtionsreife führen. Dabei stellt sich das Problem, anhand welcher Methode die GoB zu ermitteln sind. Die traditionelle Auffassung hat die GoB auf **induktive Art und Weise** aus der Anschauung und tatsächlichen Übung der Kaufleute über eine ordnungsmäßige Bilanzierung hergeleitet.[43] Die heute herrschende Meinung ermittelt die GoB **deduktiv aus dem Sinn und Zweck** der Rechnungsle-

---

[40] Jahresabschlussrichtlinie 78/660/EWG, ABl EG Nr. L 222 v. 14.8.1978, S. 11 ff.
[41] Vgl. zB Baetge/Kirsch/Thiele/Ballwieser, Bilanzrecht, § 264 HGB Rn. 55 ff.; Beisse, FS W. Müller, S. 731 ff. jeweils mwN.
[42] Störk/Rimmelspacher, In: Beck Bil-Komm., HGB § 264 Rn. 48 ff.
[43] Dazu Kruse, Grundsätze ordnungsmäßiger Buchführung, 3. Aufl. 1978, S. 52 ff. mwN.

gungsvorschriften.⁴⁴ Damit wird sichergestellt, dass die Ausfüllung des Rechtsbegriffs „GoB" ein **normatives Verfahren der Rechtsanwendung** bleibt. Dies gilt umso mehr, als in den §§ 238 ff. HGB gesetzliche Wertungen festgeschrieben sind, die anhand des traditionellen Auslegungskanons angewendet werden können. Durch die kodifizierten GoB und die nicht kodifizierten, aber allgemein anerkannten GoB besteht ein weitgehend **fixiertes** Regelungssystem. Nichtsdestoweniger wird mit der Bezugnahme auf die GoB zugleich ein **offenes System** begründet.

II. Kodifizierte GoB

Die Buchführung muss nach § 239 Abs. 2 HGB dokumentationstechnisch und inhaltlich richtig sein. Darin spiegelt sich der **Grundsatz der Bilanzwahrheit** wider. Gemeint ist nicht eine objektive Richtigkeit, da viele Normen vom Bilanzierenden ein bewusstes Abweichen von den tatsächlichen Verhältnissen gestatten. Entscheidend ist allein die **sachliche Übereinstimmung** mit dem Normsystem des Handelsbilanzrechts. Namentlich muss der Jahresabschluss gem. § 246 Abs. 1 HGB sämtliche Aktiva und Passiva (uU mit einem Erinnerungswert) enthalten, soweit gesetzlich nicht etwas Abweichendes vorgeschrieben ist. Die Ausübung von Ansatz- und Bewertungswahlrechten entspricht damit dem Grundsatz der Bilanzwahrheit. Allerdings wird vor dem Hintergrund des § 264 Abs. 2 S. 1 HGB die Ansicht vertreten, dass von den Wahlrechten nicht in einer Weise Gebrauch gemacht werden darf, die der dort formulierten Zielvorstellung zuwiderläuft.⁴⁵

54

§§ 238 Abs. 1 S. 2, 243 Abs. 2 HGB normieren den **Grundsatz der Bilanzklarheit** für Buchführung und Jahresabschluss. Subjektiver Maßstab für die Verständlichkeit ist der eines Bilanzkundigen.⁴⁶ Verhindert werden soll eine verschleiernde Darstellung. Ergänzende Vorschriften für die äußere Form und die Art der Darstellung der Bilanz und GoB enthalten die §§ 266, 268, 275 HGB.

55

Die **Bilanzkontinuität** ist ein unverzichtbares Element eines auf Ergebnisausweis angelegten Jahresabschlusses. In formeller Hinsicht verlangt dieser Grundsatz die Übereinstimmung von Eröffnungsbilanz eines Geschäftsjahres und Schlussbilanz des vorangegangenen Geschäftsjahres (§ 252 Abs. 1 Nr. 1 HGB). Materiell handelt es sich um dieselbe Bilanz, die allein aus buchhalterischen Gründen in Schluss- und Eröffnungsbilanz getrennt wird. Aus der formellen Bilanzkontinuität folgt die sog **Zweischneidigkeit der Bilanz**.⁴⁷ Die jeweiligen Bilanzansätze werden automatisch mit gegenläufiger Ergebnisauswirkung in späteren Rechnungsperioden fortgeführt. Dies führt zu einem **automatischen Fehlerausgleich**. Damit wird sichergestellt, dass der Gesamtgewinn periodenübergreifend korrekt erfasst wird. Bei Kapitalgesellschaften und Personenhandelsgesellschaften ohne eine natürliche Person als Vollhafter normiert § 265 Abs. 1 HGB ergänzend die sog **Darstellungsstetigkeit** dergestalt, dass die Form der Darstellung und die inhaltliche Abgrenzung der Posten in den aufeinander folgenden Jahresabschlüssen beizubehalten ist.

56

Für die Bewertung ordnet § 252 Abs. 1 Nr. 2 HGB den **Fortführungsgrundsatz** (goingconcern) an. Danach ist von der Fortführung der Unternehmenstätigkeit auszugehen, sofern dem nicht tatsächliche oder rechtliche Gegebenheiten entgegenstehen. Solan-

57

---

44 BFH, BStBl III 1967, S. 607; Hopt/Merkt, HGB, § 238 Rn. 12.
45 Noack/Servatius/Haas/*Kersting*, GmbHG, § 42 Rn. 15 f. mwN.
46 Leffson, GoB, 1. Aufl. 1987, S. 208 ff.
47 Vgl. BFH, BStBl II 1989, S. 407.

ge davon auszugehen ist, dass das Unternehmen fortgeführt wird, dürfen deshalb Aktiva und Passiva **nicht mit Liquidationswerten** angesetzt werden. Eine periodische Ergebnisrechnung ist ohne das Fortführungsprinzip nicht möglich. Das Anschaffungswertprinzip des § 253 HGB mit der Aufwandsverteilung auf die voraussichtliche Nutzungsdauer des Vermögensgegenstandes ist nur bei unterstellter Fortführung des Unternehmens stimmig. Der Fortführungsgrundsatz findet dort seine Grenzen, wo unter Zugrundelegung einer objektiven Fortführungsprognose das Unternehmen nicht mehr fortgeführt werden darf (gesetzliche Auflösungsgründe, Insolvenz) oder kann.

58   Für die laufende Bilanzierung gilt das **Stichtagsprinzip**. Stichtag ist der Schluss des Geschäftsjahres (vgl. § 242 Abs. 1 S. 1 HGB). Ebenso ist nach § 252 Abs. 1 Nr. 3 HGB für Zwecke der Bewertung auf die tatsächlichen Verhältnisse am Abschlussstichtag abzustellen. Damit sind grds. solche Geschäftsvorfälle nicht zu berücksichtigen, die vor oder nach der durch den Stichtag abgegrenzten Rechnungslegungsperiode stattgefunden haben. Werden nach dem Bilanzstichtag bessere Erkenntnisse gewonnen, stellt sich die Frage, ob diese noch verwendet werden können. Man unterscheidet dabei zwischen sog Wert aufhellenden und Wert beeinflussenden Tatsachen.[48]

59   **Wert aufhellende Tatsachen** sind Tatsachen, die schon am Bilanzstichtag vorgelegen haben, von denen der Unternehmer aber erst zwischen Stichtag und Aufstellung Kenntnis erlangt (vgl. § 252 Abs. 1 Nr. 4 HGB). Sie sind grds. noch zu berücksichtigen (sog **Wertaufhellungsprinzip**). Demgegenüber bleiben Umstände, welche die am Stichtag bestehende objektive Situation nicht ändern, weil sie erst nach dem Bilanzstichtag eintreten (zB Zerstörung von Waren durch Hochwasser oder „rechtsgestaltende" Ereignisse wie Vergleiche, Gerichtsurteile oder der Rücktritt vom Vertrag)[49] als sog **Wert beeinflussende Tatsachen** unberücksichtigt. Sie sind als Geschäftsvorfall der neuen Rechnungsperiode einzustufen.[50] Unter Umständen finden solche Wert beeinflussenden Tatsachen Eingang in den Anhang, § 285 Nr. 33 HGB. Jedenfalls darf spätestens ab der Bilanzfeststellung[51] keine Korrektur mehr erfolgen.

60   Das **Vorsichtsprinzip** ist in § 252 Abs. 1 Nr. 4 HGB als Bewertungsprinzip normiert. Es wird aber darüber hinaus als ein **grundlegendes Aktivierungs- und Passivierungsprinzip** verstanden.[52] Sinn des Vorsichtsprinzips ist der möglichst weitgehende Ausschluss von Risiken beim Bilanzansatz und bei den Wertbemessungen. Das Prinzip ist mit dem gesellschaftsrechtlichen System der Kapitalerhaltung eng verbunden und führt auf diese Weise zu einem **institutionellen (präventiven) Gläubigerschutz**.[53] Ausdruck des Vorsichtsprinzips ist, abgesehen von seinen Konkretisierungen im sog Realisations- und Imparitätsprinzip, das Aktivierungsverbot für Kosten der Gründung und Eigenkapitalbeschaffung (§ 248 Abs. 1 HGB), das Aktivierungsverbot für bestimmte selbst geschaffene immaterielle Vermögensgegenstände des Anlagevermögens (§ 248 Abs. 2 S. 2 HGB) und des originären Geschäftswertes (§ 246 Abs. 1 S. 4 HGB) sowie die Beschränkung der Rechnungsabgrenzungsposten auf sog transitorische Posten im engeren Sinn (§ 250 Abs. 1, 2 HGB).

---

48   Winnefeld, Bilanz-Handbuch, E Rn. 240 ff. mwN.
49   BFH, BFH/NV 2000, 1156.
50   BFH, BStBl II 1993, S. 446; BStBl II 1998, S. 375.
51   Vgl. Winnefeld, Bilanz-Handbuch, E Rn. 246 mwN.
52   Hopt/Merkt, HGB, § 252 Rn. 10; Störk/Büssow, in: Beck Bil-Komm., HGB § 252 Rn. 42.
53   BGH, NJW 1982, 2823, 2825; Winnefeld, Bilanz-Handbuch, E Rn. 73 f.

BEISPIEL:
Die A-GmbH behauptet, einen Schadensersatzanspruch aus unerlaubter Handlung gem. § 823 Abs. 1 BGB gegen einen Dritten D zu haben. D bestreitet, für den Schaden verantwortlich zu sein. Er wird im März 2022 rechtskräftig verurteilt.

Hier verbietet das Vorsichtsprinzip nach Ansicht des BFH[54] eine Aktivierung der zivilrechtlich existenten, aber ernsthaft bestrittenen Forderung im Geschäftsjahr der Entstehung bis zur rechtskräftigen Verurteilung. Deshalb darf auch zum 31.12.2021 keine Aktivierung erfolgen. Das Urteil wirkt also nur wertbegründend.[55]

Auf **Bewertungsebene** ist das **Realisationsprinzip** eine Konkretisierung des Vorsichtsprinzips. Nach § 252 Abs. 1 Nr. 4 Halbs. 2 HGB dürfen am Abschlussstichtag nur realisierte Gewinne ausgewiesen werden. **Erst der Umsatz**, dh die Veräußerung eines Vermögensgegenstandes, führt zu einem Gewinnausweis in der Bilanz (vgl. dazu Rn. 78 ff.). Die Bewertungsregeln (vgl. § 253 Abs. 1 HGB) sichern das Realisationsprinzip, indem ein höherer Wert als die Anschaffungs- und Herstellungskosten nicht angesetzt werden darf. Demgegenüber sind Aufwendungen, Verluste und Risiken bereits zu berücksichtigen, **sobald sie verursacht sind**. Es kommt also auf eine effektive Realisierung des Verlustes nicht an (§ 252 Abs. 1 Nr. 4 HGB).

61

BEISPIEL:
Die im Immobilienhandel tätige A-AG erwirbt eine Immobilie zum Preis von 1 Mio Euro. In der Folgezeit steigt der Marktwert der Immobilie auf 2 Mio Euro. In der Bilanz wird die Wertsteigerung der Immobilie auf 2 Mio Euro nicht abgebildet bis sie verkauft worden und der Gewinn tatsächlich realisiert worden ist.

Sinkt in demselben Fall der Wert der Immobilie dagegen nicht nur vorübergehend auf 500.000 Euro, ist der Wertverlust direkt zu bilanzieren und der Wertverlust außerordentlich abzuschreiben, auch wenn noch kein Verkauf stattgefunden hat.

Ausprägungen des **Imparitätsprinzips** sind das Niederstwertprinzip (§ 253 Abs. 3 S. 3 HGB), die Bildung von Rückstellungen im Allgemeinen und das Gebot, für drohende Verluste aus schwebenden Geschäften eine Rückstellung zu bilden, im Besonderen (vgl. § 249 Abs. 1 S. 1 HGB).

62

Nach dem **Grundsatz der Periodenabgrenzung** sind Aufwendungen und Erträge ohne Rücksicht auf den Zeitpunkt ihrer Ausgabe bzw. Einnahme im Jahresabschluss zu berücksichtigen (§ 252 Abs. 1 Nr. 5 HGB). Es kommt also nicht auf Veränderungen im Bestand liquider Mittel (Kasse, Bankguthaben) an, sondern auf die Minderungen oder Erhöhungen des Vermögens im Zeitpunkt ihrer wirtschaftlichen Verursachung.[56] Die Aktivierung von Anschaffungs- bzw. Herstellungskosten und die daran anknüpfenden Abschreibungen zeigen, dass Aufwendungen auszuweisen sind, soweit sie durch realisierte Erträge verursacht sind.

63

Allerdings wird der Grundsatz der Periodenabgrenzung durch das Imparitätsprinzip überlagert. Es gibt **kein Realisationsprinzip auf der Passivseite** iSd international angewandten sog matching principle. Die zT abweichend vertretene Sichtweise[57] wider-

64

---

54 BFH, BStBl II 1991, S. 213.
55 BFH, BFH/NV 2014, 972.
56 Adler/Düring/Schmaltz, Rechnungslegung, § 252 HGB Rn. 97, Störk/Büssow, in: Beck Bil-Komm., HGB § 252 Rn. 70.
57 Sog Alimentationstheorie; zB Herzig, FS L. Schmidt, S. 209, 219; Moxter, FS Forster, S. 427, 432.

spricht den Grundsätzen ordnungsmäßiger Buchführung.[58] Eine **Verbindlichkeitsrückstellung** ist deshalb bereits dann zu passivieren, wenn die Verbindlichkeit in dem Geschäftsjahr **rechtlich entstanden** ist. Höchst umstritten ist, ob es kumulativ auf eine wirtschaftlich notwendige Verursachung ankommt.[59]

65 § 252 Abs. 1 Nr. 3 HGB schreibt vor, dass Vermögensgegenstände und Schulden zum Abschlussstichtag **einzeln zu bewerten** sind. Verhindert werden soll eine Bewertungssaldierung zwischen Werterhöhungen und Wertminderungen einzelner Vermögensgegenstände und Schuldpositionen, um das Vorsichtsprinzip zu sichern. Allerdings lässt das Gesetz durch die Möglichkeit der Festbewertung (§ 240 Abs. 3 HGB), der Gruppenbewertung (§ 240 Abs. 4 HGB) sowie durch die Bewertungsvereinfachungsverfahren (§ 256 HGB) Abweichungen zu. Im Übrigen gestattet das Gesetz Abweichungen „in begründeten Ausnahmefällen" (§ 252 Abs. 2 HGB). Namentlich können Forderungen und Verbindlichkeiten durch **Kompensationsgeschäfte**, insbes. im Fremdwährungsbereich oder bei der Wertpapierkurssicherung, zu einer **Bewertungseinheit** zusammengefasst werden.[60]

BEISPIEL – BEWERTUNGSEINHEIT:
Die A-AG hat eine Warenverbindlichkeit iHv 1.000 US$ am Tag der Warenlieferung mit 1.000 EUR passiviert. Um das Fremdwährungsgeschäft abzusichern, kauft die AG am selben Tag 1.000 US$. Am Bilanzstichtag sind die 1.000 US$ bewertet mit dem Tagesumrechnungskurs nur 900 EUR wert.

Nach dem Einzelbewertungsgrundsatz des § 252 Abs. 1 Nr. 3 HGB in Kombination mit dem strengen Niederstwertprinzip gem. § 253 Abs. 4 HGB müsste der mit 1.000 EUR bewertete Bestand an US$ auf 900 EUR abgeschrieben werden. Andererseits würde das Realisationsprinzip einer Reduzierung der Verbindlichkeit auf 900 EUR entgegenstehen. Wenn es sich bei den beiden Posten allerdings um eine sog geschlossene Position handelt, ist es ausgeschlossen, dass ein Verlust von 100 EUR tatsächlich eintreten wird. Deshalb hat die Abschreibung zu unterbleiben.[61]

66 Im Zusammenhang mit der Einzelbewertung ist das grundsätzliche **Saldierungsverbot** des **§ 246 Abs. 2 S. 1 HGB** zu sehen. Es dient sowohl dem allgemeinen Gebot der Klarheit und Übersichtlichkeit als auch dem Vollständigkeitsgebot. Mit dinglichen Lasten belastete Grundstücke sind, wie § 246 Abs. 2 HGB klarstellt, nicht unter Abzug der dinglichen Lasten zu bilanzieren. Vielmehr ist der **Bruttowert des Grundstücks auf der Aktivseite** zu bilanzieren und die **dingliche Belastung zu passivieren**. Eine gesetzliche Ausnahme vom Saldierungsverbot gilt gem. § 246 Abs. 2 S. 2 HGB für Vermögensgegenstände, die dem **Zugriff aller Gläubiger entzogen** sind und ausschließlich der Erfüllung von Schulden aus **Altersversorgungsverpflichtungen** oder vergleichbaren, langfristig fälligen Verpflichtungen dienen, die gegenüber Arbeitnehmern eingegangen wurden. Insoweit besteht eine Verrechnungspflicht. Der Nettoausweis von Pensionsverpflichtungen führt auf diesem Weg zu einer Kürzung der Pensionsrückstellungen.

BEISPIEL – PENSIONSVERPFLICHTUNGEN:
Bei der X-GmbH bestehen Pensionsverpflichtungen iHv 1 Mio. EUR. Die X-GmbH überträgt Vermögenswerte iHv 800.000 EUR treuhänderisch auf ein eigens dafür eingerichtetes sog

---

58 BFH, BStBl II 2003, S. 121, 123; Winnefeld, Bilanz-Handbuch, E Rn. 87 ff.
59 Zum Streitstand: Schubert, in: Beck Bil-Komm., HGB § 249 Rn. 65 ff. mwN.
60 BFH, BStBl II 1984, S. 56; BStBl II 1997, S. 735; Winnefeld, Bilanz-Handbuch, Rn. E 46 ff.
61 Näher: Prinz/Hick, DStR 2006, 771 einschließlich der Würdigung des § 5 Abs. 1a EStG.

Contract Trust Arrangement-Modell (sog Planvermögen). Die Treuhandvereinbarung sieht vor, dass die Vermögenswerte unwiderruflich „in alle Ewigkeit" nur zur Erfüllung der Pensionszusagen der X-GmbH verwendet werden dürfen und zwar auch dann, wenn die Gesellschaft in die Insolvenz fällt oder das Unternehmen verkauft wird. Da das Planvermögen bei einer Insolvenz der X-GmbH dem Zugriff der Gläubiger entzogen ist, muss zwingend saldiert werden, so dass die Pensionsverpflichtungen mit 200.000 EUR ausgewiesen werden. Die zu verrechnenden Vermögensgegenstände sind mit ihrem beizulegenden Zeitwert zu bewerten.

Ferner sind vom Saldierungsverbot von vornherein Kontokorrentkonten nicht betroffen, weil hier eine Forderung oder Verbindlichkeit ohnehin nur iHd Abrechnungssaldos entsteht. Weitere Ausnahmen vom Saldierungsverbot lässt die herrschende Meinung bei **Gesamtschuldverhältnissen** zu, indem ein im Innenverhältnis bestehender Regressanspruch gegen einen Mitschuldner mit der im Außenverhältnis bestehenden Gesamtschuld verrechnet werden darf,[62] und bei Forderungen und Verbindlichkeiten, soweit sie sich aus Sicht des Bilanzierenden am Bilanzstichtag **aufrechenbar** gegenüberstehen.[63]

Schließlich müssen **Rückgriffsansprüche gegen Dritte**, die noch nicht aktiviert werden können, weil sie erst im Falle einer Inanspruchnahme des Bilanzierenden entstehen (zB Gewährleistungsansprüche des Hauptunternehmers gegen den Subunternehmer bei Inanspruchnahme durch den Besteller), bei der Rückstellungsbewertung unter bestimmten Voraussetzungen als Risiko mindernde Umstände kompensierend berücksichtigt werden. Ein Verstoß gegen das Saldierungsverbot ist darin nicht zu erblicken.[64] Die dogmatische Grundlage für die Kompensation bildet § 253 Abs. 1 S. 2 HGB, wonach Rückstellungen nur iHd Betrages angesetzt werden dürfen, der „nach vernünftiger kaufmännischer Beurteilung" notwendig ist.

III. Nicht kodifizierte GoB

In den §§ 238 ff. HGB sind nicht alle GoB gesetzlich normiert bzw. iSe. subsumtionsfähigen Obersatzes definiert worden. Es handelt sich um ein für die Rechtsfortbildung offenes System. Als nicht kodifizierte GoB gelten insbes. personelle Zurechnungsprobleme etwa bei Treuhand- und Leasingverhältnissen, die Bilanzierung schwebender Geschäfte oder der Zeitpunkt der Gewinnrealisierung.

1. Personelle Zurechnung von Vermögensgegenständen

Der Jahresabschluss hat gem. § 246 Abs. 1 S. 1 HGB **sämtliche Vermögensgegenstände** zu enthalten. In engem systematischen Zusammenhang steht damit die personelle Zurechnung von Vermögensgegenständen. Es ist selbstverständlich, dass im Jahresabschluss nur diejenigen Vermögensgegenstände erscheinen dürfen, die auch dem **Vermögen des Kaufmanns** zugeordnet werden können. Jeder Kaufmann darf nur „sein" Vermögen erfassen (vgl. §§ 238 Abs. 1, 240 Abs. 1, 242 Abs. 1 HGB). Gegenstände, die zivilrechtlich einem anderen Rechtssubjekt gehören, sind daher grds. nicht zu bilanzieren. Die Frage nach der personellen Zurechnung von Vermögensgegenständen ist

---

62 Justenhoven/Meyer, in: Beck Bil-Komm., HGB § 246 Rn. 153.
63 Justenhoven/Meyer, in: Beck Bil-Komm., HGB § 246 Rn. 150 ff.
64 BFH, BStBl II 2000, S. 139.

dabei zu trennen von der Frage, ob eine Position überhaupt ein Vermögensgegenstand und damit dem Grunde nach aktivierbar ist (dazu mehr bei Rn. 85 ff.).

71 Das dem Kaufmann zuzurechnende Vermögen kann ausnahmsweise über das zivilrechtliche Eigentum hinausgehen. Die unbestrittene personelle Zurechnung von sog **wirtschaftlichem Eigentum** ist im HGB verankert (§ 246 Abs. 1 S. 2 Halbs. 2 HGB). Oft wird allerdings verkannt, dass sie nicht aufgrund einer wirtschaftlichen Betrachtungsweise begründet wird, sondern dass es stets **rechtliche Kriterien** sind, die über die bilanzrechtliche Zuordnung eines Gutes entscheiden müssen. Maßgebend ist die zivilrechtliche Analyse der (abgesicherten) Position des Bilanzierenden vor dem Hintergrund der Zweckbestimmung des Jahresabschlusses.[65]

Im Einzelnen geht es insbesondere um folgende Konstellationen:

72 Unproblematisch ist die Lösung des personellen Zurechnungsproblems bei unter **Eigentumsvorbehalt** gelieferten, bei **sicherungsübereigneten** sowie bei **treuhänderisch** gebundenen Vermögensgegenständen. Obwohl in diesen Konstellationen die formale Eigentumsposition (Eigentumsvorbehaltsverkäufer, Sicherungsnehmer, Treuhänder) bzw. die Rechtsmacht im Außen- und Innenverhältnis und die zivilrechtliche Nutzungsbefugnis (Eigentumsvorbehaltskäufer, Sicherungsgeber, Treugeber) auseinander fallen, bestehen keinerlei Bedenken, sicherungsweise oder treuhänderisch übereignete Vermögensgegenstände nicht in der Bilanz des formalen Eigentümers (Sicherungsnehmer, Treuhänder), sondern **in der des Sicherungsgebers bzw. Treugebers** und unter Eigentumsvorbehalt veräußerte Gegenstände in der Bilanz des **Eigentumsvorbehaltskäufers** zu erfassen. In den genannten Fällen werden bilanzrechtliche Konsequenzen nicht aus einer nebulösen wirtschaftlichen Betrachtungsweise, sondern aus der **zivilrechtlichen Bewertung der Interessenlage** gezogen.[66] Dahinter steht die zivilrechtliche Analyse der Rechtsstellung des Vorbehaltskäufers als Anwartschaftsberechtigtem bzw. der Gedanke der durch das Innenverhältnis gebundenen Außenmacht des Treuhänders bzw. Sicherungsnehmers.

73 Um einen (bilanzierenden) **Mieter als wirtschaftlichen Eigentümer** ansehen zu können, verlangt der BFH[67] zB, dass der Mieter nach dem Nutzungsvertrag verlangen kann, ihm den zur Nutzung überlassenen Vermögensgegenstand dinglich zu übertragen.

73a Eine weitere relevante Fallkonstellation sind Leasing-Verhältnisse, insb. das sog Finanzierungs-Leasing.[68] Nach der Rechtsprechung des BFH kann eine Zurechnung zum Leasingnehmer nur erfolgen, wenn dieser für die voraussichtlich gesamte betriebsgewöhnliche Nutzungsdauer des Wirtschaftsguts den Zugriff auf Substanz und Ertrag des Wirtschaftsgutes hat und somit der bestehende Rückgabeanspruch des Leasinggebers wirtschaftlich bedeutungslos ist.[69] Sofern die übliche Nutzungsdauer kürzer als die vereinbarte Überlassungszeit ist, verbleibt es regelmäßig bei der Zuordnung zum Leasinggeber, da der Herausgabeanspruch noch wirtschaftlich von Bedeutung ist. Eine ausnahmsweise Zuordnung zum Leasingnehmer erfolgt wiederrum dann, wenn der Leasingnehmer auch für die verbleibende Nutzungsdauer nach Ende des Leasingvertrages den alleinigen wirtschaftlichen Zugriff auf das Leasingobjekt hat, zB durch

---

65 BGH, WM 1996, 113, 114 f.
66 Crezelius, DB 1983, 2019, 2021 f. mwN.
67 BFH, BStBl II 2001, S. 440.
68 Näher: Winnefeld, Bilanz-Handbuch, D Rn 230 ff. m.w.N.
69 BFH, BStBl. II 2018, S. 81.

vertragliche Verlängerungs- oder Kaufoptionen.[70] Ausdrücklich klargestellt hat der BFH, dass ein bloßes Andienungsrecht des Leasinggebers allein jedoch nicht genügt.[71]

Eine differenzierte Zurechnung findet weiterhin beim sog **Factoring** statt. Auch hier ist im Einklang mit der zivilrechtlichen Unterscheidung zwischen sog echtem und unechtem Factoring bilanzrechtlich zu differenzieren. Verbleibt das Ausfallrisiko beim Forderungsverkäufer (sog **unechtes Factoring**), so hat der Zedent (Kunde) die Forderung unter Berücksichtigung des Ausfallrisikos weiterhin zu bilanzieren, weil die abgetretene Forderung hier nur zu einer treuhandähnlichen Position führt. Übernimmt dagegen der Forderungsaufkäufer das Ausfallrisiko (sog **echtes Factoring**), dann ist die Forderung in der Bilanz des Käufers (Zessionar, Factor) zu aktivieren, wobei die Abreden[72] im Innenverhältnis (zB Sperrbeträge, Zinsen) und etwaige Verlustrisiken zu berücksichtigen sind.

Bei der Bestellung eines **Nießbrauches** bleibt es grds. bei der Maßgeblichkeit des zivilrechtlichen Eigentums. Der mit dem Nießbrauch belastete Vermögensgegenstand ist **bilanzrechtlich dem Eigentümer zuzurechnen**. Etwas anderes kann nur dann gelten, wenn der Nießbraucher gegenüber dem Eigentümer eine Position innehat, die über die gesetzestypische Rechtsposition des Nießbrauches hinausgeht. Hierzu reicht allerdings im Falle eines sog Vorbehaltsnießbrauches (dingliche Übereignung des Vermögensgegenstandes unter Vorbehalt eines Nießbrauchsrechts) die Vereinbarung eines schuldrechtlichen, durch Rückauflassungsvormerkung gesicherten Veräußerungsverbotes nicht aus.[73]

2. Schwebende Geschäfte

Forderungen sind klassische Gegenstände iSd Bürgerlichen Rechts. Deshalb ist es an sich naheliegend, dass diese auch in der Bilanz ausgewiesen werden. Allerdings hat sich für die Behandlung sog **synallagmatischer Forderungen** ein (ungeschriebener) GoB sog schwebender Geschäfte entwickelt. Als **schwebendes Geschäft** bezeichnet man Geschäfte, bei denen zwar das gegenseitige Verpflichtungsgeschäft abgeschlossen ist, die **Erfüllungsgeschäfte** aber zumindest teilweise noch ausstehen. Aus der Überlegung, dass der gegenseitige Vertrag nicht statisch wirkt, sondern auf Abwicklung (Erfüllung) angelegt ist, zieht das Bilanzrecht die Konsequenz, das (vorläufige) **schwebende Geschäft nicht zur Kenntnis** zu nehmen. Es taucht in der Bilanz deshalb nicht auf, soweit es von keiner Seite erfüllt worden ist.

In **materieller Hinsicht** beruht dieser GoB auf dem Vorsichts- bzw. Realisationsprinzip. Während des Schwebezustandes ist der **Erfolg des Geschäftes mit Unwägbarkeiten** behaftet, so dass der durch die Forderung repräsentierte verwirklichte Gewinn des Sachleistenden (Verkäufers) erst später dargestellt werden soll. Wenn der zur Sachleistung Verpflichtete seine Hauptleistungspflicht erbracht hat, ist von einer hinreichend gesicherten Position auszugehen, weswegen die Forderung auf die Gegenleistung (einschl. Gewinnrealisierung) zu diesem Zeitpunkt zu aktivieren ist. **Vorleistungen des Zahlungsverpflichteten** sind dergestalt zu neutralisieren, dass die Anzahlungen beim Leistenden zu aktivieren und in der Bilanz des Empfängers zu passivieren sind. Selbst wenn beide Seiten noch nicht mit der Erfüllung begonnen haben und deshalb an sich

---

70 Ausführlich dazu: Justenhoven/Meyer in: Beck Bil-Komm., HGB § 246 Rn. 67 ff..
71 BFH, BFHE 255, S. 386; bestätigt durch BFH, BStBl. II 2018, S. 81.
72 BFH, BFH/NV 2003, 443.
73 BFH, BFH/NV 2003, 443.

ein schwebendes Geschäft vorliegt, fordert das Imparitätsprinzip einen bilanziellen Ausweis für **drohende Verluste** aus schwebenden Geschäften, die als Rückstellung abzubilden sind.

3. Gewinnrealisierung

78 Aufgrund des Realisationsprinzips darf sich ein Gewinn in der Bilanz **erst dann widerspiegeln**, wenn er durch ein Umsatzgeschäft verwirklicht worden ist. Schwebende Geschäfte erscheinen nicht in der Bilanz. Das Gesetz lässt allerdings offen, wann ein Umsatzprozess bilanzrechtlich in Erscheinung getreten ist, damit der Grundsatz der Nichtbilanzierung schwebender Geschäfte aufzugeben und die die Anschaffungs- und Herstellungskosten übersteigende Forderung Gewinn realisierend anzusetzen ist. Bei einem gestreckten Geschäftsvorfall sind in chronologischer Reihenfolge **vier Zeitpunkte** denkbar:

- Der Vertragsabschluss,
- die Zahlung durch den Schuldner,
- die Lieferung des Sachleistungsverpflichteten und
- die Rechnungserteilung.

79 Nach herrschender Meinung tritt Gewinnrealisierung nach den (ungeschriebenen) GoB in dem Zeitpunkt ein, in dem der **Sachleistungsverpflichtete** die vereinbarte Lieferung oder (Dienst-)Leistung **erbracht** hat, weil er sich von nun an, abgesehen von den üblichen Gewährleistungs- und Forderungsrisiken, seines Zahlungsanspruchs aufgrund des **Übergangs der Preisgefahr** sicher sein kann.[74] Von diesem Grundsatz ist auch dann auszugehen, wenn dem Käufer ein Rücktrittsrecht eingeräumt worden ist und dieses am Bilanzstichtag noch besteht.[75] In diesem Fall ist jedoch bei überwiegender Wahrscheinlichkeit der Ausübung des Rücktrittsrechts, eine Neutralisierung des Gewinns durch die Bildung einer Rückstellung für ungewisse Verbindlichkeit in Form der Rückzahlung des Kaufpreises zu bilden.

80 Ein spezielles Problem bei der Gewinnrealisierung ergibt sich durch die Regelungen des Verbrauchsgüterkaufrechts (vgl. § 474 BGB).[76] Ausgangspunkt der Problematik ist der Versendungskauf, § 447 BGB. Entscheidend für die Gewinnrealisierung ist die „wirtschaftliche Erfüllung" also der Übergang der Preisgefahr.[77] Im Zuge des Verbrauchsgüterkaufs geht diese in Abweichung von § 447 Abs. 1 BGB gemäß § 475 Abs. 2 BGB in aller Regel aber erst mit dem tatsächlichen Erhalt der Ware auf den Käufer über, weshalb eine taggleiche Buchung der Forderung mit dem Vertragsschluss/der Bestellung streng genommen nicht erfolgen dürfte.[78] Eine Abweichung vom Realisationsprinzip unter Berufung auf § 252 Abs. 2 HGB wird allgemein als unzulässig erachtet.[79] Daran knüpft die Frage an, wie sich die entsprechenden Widerrufsrechte der §§ 312g und 356 BGB auswirken. Teilweise wird vertreten, dass eine Gewinnrealisierung erst nach Ablauf der entsprechenden Fristen erfolgen dürfe[80] oder eine Realisation nebst

---

[74] BFH, BStBl II 2001, S. 349; Hopt/Merkt, HGB, § 252 Rn. 10 ff.
[75] BFHE 180, 57.
[76] Ausführlich dazu MüKo-BGB/Lorenz, Vor § 474, Rn. 1 ff.
[77] St. Rspr. vgl. BFH, BStBl II 2014, S. 968 mwN.
[78] Ausführlich Kreipl/Müller, in: Bertram/Kessler/Müller, Haufe HGB Bilanzkommentar, § 252 Rn. 112 ff.
[79] MüKo-Bilanzrecht/Tiedchen, § 252 Rn. 82.
[80] Baetge/Kirsch/Thiele/Baetge/Ziesemer/Schmidt, Bilanzrecht, § 252 HGB Rn. 195.

entsprechender Rückstellungsbildung erfolgen müsse.[81] Letztlich ergibt sich aber durch Widerrufs- oder Rückgaberechte keine Abweichung vom Übergang der Preisgefahr, weshalb die Gewinnrealisierung wie üblich mit Übergang der Preisgefahr erfolgt. Anlass zur Rückstellungsbildung kann sich zB durch Markterprobung neuer Produkte oder hohe Widerrufsquoten einzelner Produkte im Bereich des E-Commerce ergeben.

Die Gewinnrealisierung tritt **bilanztechnisch** dadurch ein, dass die zu aktivierende Kaufpreisforderung mit ihrem Nennbetrag zu bewerten ist, während der veräußerte Vermögensgegenstand mit dem niedrigeren Buchwert ausgebucht wird. Denn bis zum Zeitpunkt der Gewinnrealisierung durfte der veräußerte Vermögensgegenstand höchstens mit den Anschaffungs- oder Herstellungskosten bewertet werden. Das Anschaffungswertprinzip bildet eine zwingende Bewertungsobergrenze. 81

Bei **Veräußerung eines Grundstücks** ist der maßgebliche Realisationszeitpunkt für eine Aktivierung der Kaufpreisforderungen in voller Höhe gegeben, wenn Besitz, Nutzen und Lasten auf den Erwerber übergegangen sind.[82] Bei **Dauerschuldverhältnissen** ist von einer fortlaufenden Teilrealisierung „pro rata temporis" auszugehen.[83] Der Ertrag entsteht also zeitanteilig und nicht erst bei Beendigung des Vertragsverhältnisses. 82

Ein Umsatz muss nicht notwendigerweise auf einer Veräußerung gegen Zahlung beruhen. Dies zeigt der **Fall des Tausches**, bei dem sich zwei Sachleistungen kreuzen. Die Gewinnrealisierung hängt dem Grunde und der Höhe nach davon ab, ob die erlangte Gegenleistung mit dem Buchwert des hingegebenen Vermögensgegenstandes, mit dem Zeitwert des hingegebenen Gegenstandes oder mit dem Zeitwert des erlangten Gegenstandes zu aktivieren ist. 83

Vertiefungshinweis:
Schubert/Hutzler in: Beck'scher Bilanzkommentar, 13. Auflage 2022, HGB § 255 Rn. 31 ff.

Ein Gewinnrealisierungsproblem stellt sich schließlich in Fällen **langfristiger Fertigung**, insbes. bei Großbauten und Großanlagen. Grundsätzlich gilt die sog. „Completed Contract-Methode", dh maßgeblicher Zeitpunkt für die Gewinnrealisierung ist die Abnahme.[84] Für langfristige Aufträge, die sich über mehrere Geschäftsjahre hinziehen, wird deshalb von Teilen des Schrifttums eine **(Teil-)Gewinnrealisierung** für erbrachte Teilleistungen gefordert, selbst wenn sie noch nicht abgerechnet sind, und zwar unter Berufung auf § 252 Abs. 2 HGB, auf das Einblicksgebot des § 264 Abs. 2 S. 1 HGB und unter Bezugnahme auf Art. 2 Abs. 5 der 4. EG-Richtlinie.[85] 84

IV. Vorschriften zum Bilanzansatz

1. Vermögensgegenstand

Das HGB legt in den §§ 240 Abs. 1, 246 Abs. 1, 248 Abs. 2, 252 Abs. 1 HGB den Begriff des Vermögensgegenstandes zugrunde und zeigt damit, dass grds. nur **gegenständlich verdichtete Positionen aktivierbar** sind. Im Mittelpunkt der handelsrechtlichen Aktivierung steht dem Grunde nach damit die **Definition** des Vermögensgegenstandes. Die herrschende Meinung verlangt **keine geschützte Rechtsposition**, weshalb auch un- 85

---

81 Hoffmann/Lüdenbach, in: NWB Kommentar Bilanzierung, § 252 Rn. 129, 131.
82 BFH, BStBl II 1986, S. 788; DStR 2000, 1176; Winnefeld, Bilanz-Handbuch, E Rn. 86.
83 BFH, BStBl II 1992, S. 904; BStBl 2000 II, S. 25; Störk/Büssow, in: Beck Bil-Komm., HGB § 252 Rn. 63.
84 Störk/Büssow, in: Beck Bil-Komm., HGB § 252 Rn. 58.
85 Schubert/Hutzler in: Beck Bil-Komm., HGB § 255 Rn. 400 ff.

geschützte Erfindungen, Know-how usw. im bilanzrechtlichen Sinne Vermögensgegenstände sein können. Nichtsdestoweniger wird im Handelsbilanzrecht einschränkend die **selbstständige Verkehrsfähigkeit** und die selbstständige Bewertbarkeit des Postens vor dem Hintergrund des Vorsichtsprinzips verlangt.[86] Deshalb besteht keine vollständige Deckungsgleichheit mit dem steuerrechtlichen Begriff des Wirtschaftsgutes, der von der Rechtsprechung des BFH so interpretiert wird, dass eine selbstständige Bewertbarkeit des Postens genügt, wenn der Wert periodenübergreifend genutzt und zusammen mit dem Unternehmen übertragen werden kann.[87]

86 Die selbstständige Bewertbarkeit ist auf der Grundlage der allgemeinen Verkehrsauffassung am Maßstab eines einheitlichen Nutzungs- und Funktionszusammenhangs zu ermitteln. Deshalb sind nach Maßgabe der Verkehrsauffassung **funktionale Bewertungseinheiten** zu bilden.[88] So sind zB eine Maschine oder ein Kfz als Vermögensgegenstände zu aktivieren und nicht deren einzelne Bestandteile. Abweichend von der zivilrechtlichen Sichtweise bilden **Grund und Boden** sowie **Gebäude** eigenständige Vermögensgegenstände, weil nur das Gebäude einem Wertverzehr unterliegt, was sich bilanzrechtlich über entsprechende Absetzungen für Abnutzung (AfA) abbilden muss. Daraus folgt, dass der Kaufpreis für ein bebautes Grundstück nach dem Verhältnis der Verkehrswerte auf die beiden Vermögensgegenstände aufzuteilen ist. Im Einzelfall lässt sich über die Abgrenzung nach **Maßgabe der Verkehrsauffassung** trefflich streiten.

BEISPIEL – GRUND UND BODEN:
Die Zuweisung der **Milchreferenzmenge** soll nach der Rechtsprechung des BFH als Abspaltung der ursprünglich mit dem Grund und Boden verbundenen Befugnis zur Milcherzeugung und -vermarktung zu einem neuen Vermögensgegenstand führen.[89] Bei **Bodenschätzen** geht die Rechtsprechung des BFH davon aus, dass ein unter der Erdoberfläche befindlicher Bodenschatz so lange kein selbstständiger Vermögensgegenstand sei, wie der Eigentümer oder Nutzungsberechtigte den Bodenschatz nicht selbst nutzt oder durch einen anderen nutzen lässt. Als Gegenstand greifbar und damit zum eigenständigen Vermögensgegenstand wandle sich der Bodenschatz aber dann, wenn der Eigentümer über ihn verfüge. Dies sei zB der Fall, wenn das Grundstück unter gesonderter Berechnung eines Kaufpreises für den Bodenschatz einem Abbauunternehmer veräußert werde.[90] In diesem Fall sind die Bodenschätze materielle Wirtschaftsgüter iSd § 242 Abs. 1 HGB.[91]

BEISPIEL – WINDPARK:
Vor dem Hintergrund des Grundsatzes der Einzelbewertung, § 252 Abs. 1 Nr. 3 HGB, nimmt der BGH an, dass jede Windkraftanlage in einem Windpark als selbständiges Wirtschaftsgut zu erfassen und zu bewerten ist.[92] Wenn einzelne Wirtschaftsgüter als Anlage zusammengestellt bzw. zusammengefügt werden, ist entscheidend, ob sie weiterhin selbständig bewertbar bleiben. Ein neues einheitliches Wirtschaftsgut liegt hingegen vor, wenn die Wirtschaftsgüter einem einheitlichen betrieblichen Zweck dienen und eine technische Verbindung besteht, bei der das Herauslösen einzelner Wirtschaftsgüter zu einer Nichtnutzbarkeit führen würde. Trotz ihres gemeinsamen Betriebs im Windpark sind die einzelnen Windkraftanlagen deshalb eigenständige Wirtschaftsgüter. Für die einzelne Windkraftanla-

---

86 Schubert/Huber in: Beck Bil-Komm., HGB § 247 Rn. 273 ff.
87 BFH, BStBl II 1975, S. 56; BStBl II 1988, S. 995.
88 So zB für die Bewertung eines Windparks BFH, BStBl II 2011, S. 696.
89 BFH, BStBl II 2003, S. 61.
90 BFH, BStBl II 1998, S. 657; vgl. auch den Vorlagebeschluss an den Großen Senat, BStBl 2005 II, S. 278.
91 BFH, BStBl II 2013, S. 165.
92 BFH, BStBl II 2011, S. 696; BFH, BFH/NV 2011, 1339.

ge hingegen ist eine funktionale Bewertungseinheit zu bilden, bestehend aus Fundament, Verkabelung und Transformator.[93]

BEISPIEL – GEBÄUDE:
Aus dem einheitlichen Nutzungs- und Funktionszusammenhang folgt, dass auch die **unterschiedliche Nutzung eines Gebäudes** zu mehreren selbstständigen Vermögensgegenständen führt. Wird ein Gebäude zB teils zu eigenbetrieblichen, teils zu fremdbetrieblichen und teils zu Wohnzwecken genutzt, folgt aus den unterschiedlichen Verwendungszwecken, dass **mehrere selbstständige Vermögensgegenstände** vorliegen. Einschränkend gilt der sog Einheitlichkeitsgrundsatz,[94] dh mehrere Einheiten in einem Gebäude, die in demselben Nutzungs- und Funktionszusammenhang stehen, bilden wiederum einen Vermögensgegenstand. Ebenfalls als eigenständiger Vermögensgegenstand werden **Betriebsvorrichtungen** angesehen. Darunter versteht man die zu einer Betriebsanlage gehörenden maschinellen Anlagen, die zivilrechtlich zwar wesentliche Bestandteile des Grundstücks sind, bilanzrechtlich aber als selbstständige Vermögensgegenstände behandelt werden, weil sie nicht der Nutzung des Grundstücks oder des Gebäudes dienen, sondern der Ausübung eines konkreten Gewerbebetriebs.[95] Hintergrund für die gesonderte Behandlung von Betriebsvorrichtungen ist, dass sie – obgleich unter technischem Aspekt als unbeweglich einzuordnen – bilanzrechtlich den **beweglichen Wirtschaftsgütern** zugeordnet werden, weil sie einem Wertverzehr unterliegen und damit abgeschrieben werden können. Im Einzelnen ist die Rechtsprechung des BFH hier sehr kasuistisch. Als Betriebsvorrichtung anerkannt ist bspw. eine in ein als Friseursalon genutztes Gebäude eingebaute Be- und Entlüftungsanlage, die dem Schutz von Personal und Kunden vor gesundheitsgefährdenden Emissionen bei der Herstellung von Frisuren oder vor Überspannungen bei den benutzten Elektrogeräten dient.[96] Demgegenüber sollen in angemieteten Spielhallen installierte Alarmanlagen, deren Nutzungsdauer die voraussichtliche Mietdauer der Spielhallen nicht übersteigt, keine Betriebsvorrichtungen sein, weil sie nicht dazu dienen, den mit der Spielhalle verfolgten Betriebszweck, Spielautomaten zeitweise entgeltlich an Kunden zur Verfügung zu stellen, unmittelbar zu verwirklichen. Vielmehr wirken sie sich nur mittelbar vorteilhaft auf die gewerbliche Tätigkeit aus.[97]

Die Frage des Bilanzansatzes wird entscheidend vom **Vorsichtsprinzip** geprägt. Das zeigt sich nicht nur bei der Abgrenzung sog immaterieller Vermögensgegenstände, sondern auch bei der Frage des maßgeblichen **Aktivierungszeitpunktes** iSd Realisationsprinzips. Außerhalb sog schwebender Geschäfte fehlt es an einem Umsatzakt, an dem der Zeitpunkt der Gewinnrealisierung festgemacht werden könnte. Für die Aktivierung einer entsprechenden Forderung (zB aus unerlaubter Handlung, Dividendenansprüchen, Ansprüchen auf Abschluss eines Vertrages) kommt es darauf an, wann diese als gesichert angesehen werden kann. Einerseits geht es darum, ob die Forderung im streng zivilrechtlichen Sinne existent sein muss, und andererseits darum, ob dies allein für die Annahme einer gesicherten Rechtsposition genügt.

87

BEISPIEL – BESTRITTENE FORDERUNG:
Der Baulieferant B ist durch ein fahrlässiges Verhalten eines Bauunternehmers im Jahre 2014 auf einer Baustelle verletzt worden. Für den geschätzten entgangenen Gewinn (vgl.

---

93 BFH, BStBl II 2011, S. 696.
94 BFH, BStBl II 2005, S. 334.
95 BFH, BStBl II 1992, S. 278.
96 BFH, BStBl II 2002, S. 100.
97 BFH, BStBl II 2000, S. 150.

§ 252 BGB) wurde 2012 zunächst eine Teilentschädigung iHv 10.000 EUR bezahlt, iÜ konnten sich die Parteien nicht einvernehmlich einigen. Im Rahmen eines Rechtsstreites kam es im Januar 2016 zu einem Vergleich und einer Restentschädigung von 30.000 EUR. Hier stellt sich die Frage, ob die Restentschädigung bereits in der Schlussbilanz vom 31.12.2014 oder 2016 aktiviert werden darf.

Abstrakt entstanden ist der Schadensersatzanspruch im Zeitpunkt des schädigenden Ereignisses, hier also in 2014. Allerdings reicht die zivilrechtliche Existenz für eine Aktivierung vor dem Hintergrund des Vorsichtsgedankens dann nicht aus, wenn es sich um eine sog bestrittene Forderung handelt. Bestrittene Forderungen dürfen erst am Schluss der Periode angesetzt werden, in welcher der Schuldner den Anspruch entweder anerkannt hat oder der Anspruch dem Gläubiger durch ein rechtskräftiges Urteil zugesprochen worden ist.[98] Eine Anerkennung fand im Beispielsfall erst iRd (gerichtlichen) Vergleichs im Jahre 2016 statt, so dass eine Aktivierung erst in der Schlussbilanz zum 31.12.2016 erfolgen darf.

2. Immaterielle Vermögensgegenstände

88 Bereits abstrakt nicht aktivierungsfähig sind **Ausgaben an einen Dritten**, die nicht als Erwerb einer zumindest immateriellen Vermögensposition qualifiziert werden können. Wenngleich § 248 Abs. 2 HGB ein Aktivierungswahlrecht für selbst geschaffene immaterielle Vermögensgegenstände eröffnet, reicht die an einen Dritten geleistete Ausgabe für sich genommen nicht aus. Deshalb sind Zahlungen an eine Werbeagentur für einen Reklamefeldzug nicht aktivierungsfähig.[99] Hier fehlt es bereits an einem Vermögensgegenstand. Für die **bilanzielle Entgeltlichkeit** mit der Folge der Aktivierungspflicht ist erforderlich, dass die Aufwendungen Gegenleistung für einen betrieblichen Vorteil sind. Nötig ist ein Leistungsaustausch (Kauf, Tausch, gesellschaftsrechtlicher Vorgang). Deshalb scheiden **betriebliche Vorteile aufgrund einseitiger Erwartungen** des Leistenden aus dem Kreis der aktivierbaren Positionen aus.

BEISPIEL – ZUSCHUSS/EINSEITIGE ERWARTUNG:
Die A-GmbH unterhält einen Steinbruch. Für den Bau einer öffentlichen Straße leistet sie einen Zuschuss, um die Ortsdurchfahrt vom Schwerlastverkehr zu entlasten.

89 Bei **Zuschüssen** kommt es darauf an, ob diese in einem schuldrechtlichen Zusammenhang mit einem entgeltlichen Leistungsaustausch stehen.[100] Hier führt die Benutzungsmöglichkeit der neu ausgebauten Straße zu keinem aktivierungsfähigen Vermögensgegenstand (Wirtschaftsgut), da die A-GmbH kein Sondernutzungsrecht erworben hat und es damit an einer konkreten (greifbaren) Gegenleistung, die über den allgemeinen Gemeingebrauch hinausgeht, fehlt.[101] Demgegenüber ist ein entgeltlicher Leistungsaustausch zB dann anzunehmen, wenn dem Pächter einer Gaststätte von einer Brauerei ein Zuschuss für die Einrichtung gewährt wird und der Pächter sich im Gegenzug verpflichtet, die Gaststätte mit dem Bier der Brauerei in den nächsten Jahren beliefern zu lassen (sog Bierlieferungsvertrag). Hier ist das Bierlieferungsrecht als ein entgeltlich erworbener immaterieller Vermögensgegenstand des Anlagevermögens bei der Brauerei zu erfassen.

---

98 BFH, BFH/NV 2014, 1544.
99 BFH, BStBl II 1964, S. 138; BStBl II 1977, S. 279; Winnefeld, Bilanz-Handbuch, D Rn. 641.
100 Näher: M. Fischer, Die Unentgeltlichkeit im Zivilrecht, 2002, S. 63 f.
101 BFH, BStBl II 1990, S. 569.

IV. Vorschriften zum Bilanzansatz

Wie § 248 Abs. 2 S. 1 HGB zeigt, sind nicht alle Vermögensgegenstände bilanzrechtlich ipso iure aktivierungspflichtig. Für immaterielle Vermögensgegenstände des Anlagevermögens statuiert die Vorschrift vorbehaltlich § 248 Abs. 2 S. 2 HGB ein Aktivierungswahlrecht für **selbst geschaffene immaterielle Anlagewerte**, woraus dann im Zusammenspiel mit § 246 Abs. 1 HGB folgt, dass entgeltlich erworbene immaterielle Vermögensgegenstände aktiviert werden müssen. Zu den immateriellen Vermögensgegenständen (vgl. § 266 Abs. 2 A I HGB) gehören neben den selbst geschaffenen gewerblichen Schutzrechten und ähnlichen Rechten und Werten v.a. entgeltlich erworbene Konzessionen, gewerbliche Schutzrechte, ähnliche Rechte sowie Lizenzen an solchen Positionen. Demgegenüber sind selbstgeschaffene immaterielle Vermögensgegenstände des **Umlaufvermögens** (zB Gegenstände der Auftragsforschung oder zum Verkauf bestimmter EDV-Programme) handelsrechtlich generell aktivierungspflichtig.

90

Wenn von dem Aktivierungswahlrecht Gebrauch gemacht wird, kommt es iRd Bewertung der Herstellungskosten entscheidend auf die Trennung von **Forschung** und **Entwicklung** an. Für Forschungsarbeiten besteht ein Aktivierungsverbot. Es dürfen nur diejenigen Aufwendungen aktiviert werden, die bei der „Entwicklung" anfallen (§§ 255 Abs. 1 S. 4, Abs. 2a S. 1 HGB). Legaldefinitionen von Forschung und Entwicklung finden sich in § 255 Abs. 2a S. 2 und S. 3 HGB. Hilfestellung bei der Abgrenzung[102] bietet auch der RegE 2008 zum BilMoG,[103] wonach die Entwicklung zum „Zeitpunkt des Übergangs vom systematischen Suchen zum Erproben und Testen der gewonnen Erkenntnisse oder Fertigkeiten" beginnt. Soweit eine Trennung von Forschungs- und Entwicklungsphase nicht plausibel oder nachvollziehbar dargelegt werden kann, sind alle angefallenen Aufwendungen aufwandswirksam zu buchen (§ 255 Abs. 2a S. 4 HGB). Dies ist Ausfluss des **Vorsichtsprinzips**.

91

Beispiel:
Ein auf Nanotechnologie spezialisiertes Unternehmen hat eine Erfindung gemacht und erfolgreich patentieren lassen. Die Forschungs- und Entwicklungsaufwendungen belaufen sich auf 500.000 EUR. Gem. § 248 Abs. 2 HGB können die Entwicklungskosten wahlweise aktiviert werden. Aufwendungen, die zwar wirtschaftlich mit der Erfindung zusammenhängen, aber der Forschung zuzuordnen sind (zB Löhne und für die Forschung verwendetes Material), dürfen nicht aktiviert werden. Wenn das Unternehmen das Patent entgeltlich veräußert, wird ein entsprechender Gewinn realisiert und der Erwerber hat das Patent als entgeltlich erworbenen Vermögensgegenstand mit den Anschaffungskosten zu aktivieren. Dagegen käme unter Zugrundelegung internationaler Rechnungslegungsstandards eine obligatorische Aktivierung zum Zuge (vgl. IAS 38.51 ff.).[104]

Für Kapitalgesellschaften sieht § 268 Abs. 8 HGB in diesem Zusammenhang eine **Ausschüttungssperre** für aktivierte Beträge selbst erstellter immaterieller Vermögensgegenstände des Anlagevermögens abzgl. dafür gebildeter passiver latenter Steuern vor, es sei denn, die frei verfügbaren Rücklagen nach Ausschüttung entsprechen noch den insgesamt angesetzten Beträgen. Dem liegt der Gedanke des Gläubigerschutzes[105] zugrunde, da die Realisierung derartiger Beträge unsicher ist.

92

---

102 Dazu auch Laubach/Kraus/Bornhofen, DB 2009, Beilage 5, 19, 22.
103 BR-Drucks 344/08, S. 131 f.
104 Näher: Heckeler/Kühnel, in: IFRS-Handbuch, § 4 Rn. 21 ff.
105 Näher auch zur Diskussion im Gesetzgebungsverfahren Arbeitskreis „Steuern und Revision" im Bund der Wirtschaftsakademiker eV, DStR 2008, 1299; Wehrheim/Rupp, DB 2009, 356.

3. Aktive Rechnungsabgrenzungsposten

93 Bei aktiven Rechnungsabgrenzungsposten (RAP) geht es darum, **Ausgaben**, die im aktuellen Wirtschaftsjahr **noch keinen Aufwand** darstellen, durch Aktivierung zu **neutralisieren**. Dies ist notwendig, wenn die Ausgaben nicht zu einem Vermögensgegenstand geführt haben. Die Anerkennung von RAP ist Ausfluss einer dynamischen Bilanzauffassung, nach der sich die periodengerechte Gewinnabgrenzung nicht ausschließlich nach dem Begriff des Vermögensgegenstandes richten darf. Damit wird dem Zweck der Rechnungslegung, eine möglichst objektive **Ermittlung des Periodenergebnisses** zu schaffen, Rechnung getragen. Aufwendungen und Erträge sollen dem Wirtschaftsjahr ihrer Verursachung zugeordnet werden. Dies betrifft auch Fälle geringer Bedeutung, in denen es um Kleinstbeträge geht, denn weder aus dem Wesentlichkeits- noch dem Verhältnismäßigkeitsgrundsatz lässt sich insofern ein Wahlrecht ableiten.[106]

BEISPIEL:
Die A-GmbH hat von V ein Ladenlokal für 48.000 EUR p.a. gemietet. Das Mietverhältnis hat am 1.10.2020 begonnen, wobei der Mietzins jährlich als im Voraus fällig vereinbart ist. Die Jahresmietzahlung erfolgt im Oktober. Die Ausgaben betragen im Beispielsfall 48.000 EUR, als Aufwand sind dem Geschäftsjahr 2020 allerdings nur die Mietzahlungen von Oktober bis Dezember zuzuordnen. Deshalb dürfen auch nur 12.000 EUR als Aufwand über die GuV-Rechnung berücksichtigt werden. Für die übrigen 36.000 EUR ist in der Schlussbilanz 2020 der A-GmbH ein aktiver RAP zu bilden.

Die Buchungssätze lauten somit:

Am 1.10.2020: *Mietaufwand 48.000 EUR an Kasse 48.000 EUR*

Am 31.12.2020: *aRAP 36.000 EUR an Mietaufwand 36.000 EUR*

Am 31.12.2021: *Mietaufwand 36.000 EUR an aRAP 36.000 EUR*

94 Einschränkend ist zu beachten, dass sich das deutsche Recht bei den RAP auf sog **transitorische Posten im engeren Sinne** beschränkt. Die Zeit, für die Ausgaben vor dem Abschlussstichtag Aufwand nach dem Schlussstichtag sind, muss „bestimmt sein". Deshalb gehören Ausgaben der abgelaufenen Rechnungsperiode, die irgendeinen künftigen Nutzen versprechen, nicht zu den Rechnungsabgrenzungsposten iSd Handelsbilanzrechts und müssen als sofort abzugsfähiger Aufwand ausgewiesen werden.

BEISPIEL:
Die ABC-OHG möchte ein neues Produkt auf dem Markt einführen und betreibt im Geschäftsjahr 2021 einen hohen Werbeaufwand, der über den Abschlussstichtag hinaus nachwirkt. Die Zeit der Wirkung über den Abschlussstichtag hinaus ist nicht bestimmt.

Die von der OHG getätigten Aufwendungen führen mangels Leistungsaustauschs zu keinem aktivierungsfähigen (immateriellen) Vermögensgegenstand. Auch ein aktiver RAP darf nicht gebildet werden, weil der Aufwand für die Zeit nach dem Anschlussstichtag nicht „bestimmt" ist.

95 Bei dem von § 250 Abs. 3 HGB genannten **Disagio** (= Differenz zwischen Erfüllungsbetrag einer Verbindlichkeit und niedrigerem Ausgabebetrag) liegt nach Ansicht des BFH der Sache nach ein entrichteter Zins und damit eine klassische Rechnungsabgrenzungskonstellation vor,[107] also eine Ausgabe vor dem Abschlussstichtag, die den Grundsät-

---

[106] BFH, DStR 2021, 2116.
[107] BFH, BStBl II 1984, S. 713 f.

zen des § 250 Abs. 1 S. 1 HGB entspricht. Legt man dieses Verständnis zugrunde,[108] ist der Sinn der Vorschrift[109] darin zu sehen, die Abgrenzung des Unterschiedsbetrages von der Aktivierungspflicht nach § 250 Abs. 1 S. 1 HGB auszunehmen, indem wahlweise **das Disagio als Aufwand behandelt werden darf.**

4. Geschäfts- bzw. Firmenwert

Der Geschäftswert ist – vereinfacht ausgedrückt – die **Differenz** zwischen dem **Ertragswert** eines Unternehmens und dem **Substanzwert** (= Zeitwert sämtlicher Vermögensgegenstände nach Abzug der Schulden). Liegt ein **Mehrwert** (= positiver Geschäftswert) vor, spiegeln sich darin die nicht aktivierungsfähigen wirtschaftlichen Vorteile (zB Kundenstamm, Qualität der Mitarbeiter, Vertrauen in die Unternehmensleitung, Standortvorteile, Ansehen des Unternehmens oder Konkurrenzsituationen) wider.

96

Die genannten wertbildenden Faktoren sind unwägbar, weshalb die **Aktivierung eines selbst geschaffenen (originären) Geschäftswertes** nicht erfolgen darf (vgl. §§ 246 Abs. 1 S. 4, 248 Abs. 2 S. 2 HGB). Anders ist die Situation, wenn ein Unternehmen veräußert wird. Der Käufer darf die entgeltlich erworbenen materiellen und immateriellen Vermögensgegenstände höchstens zu Zeitwerten und die (gewissen oder ungewissen) Schulden einschließlich Rechnungsabgrenzungsposten mit ihrem Zeitwert ansetzen. Ergibt sich danach eine positive Differenz zwischen vereinbartem Kaufpreis und dem Saldo der zu Zeitwerten angesetzten Aktiva und Passiva, stellen die verbleibenden Anschaffungskosten einen sog **derivativen (entgeltlich erworbenen) positiven Geschäftswert** dar.

97

Nach **handelsbilanzrechtlichem Verständnis** wird der entgeltlich erworbene Geschäftswert gem. § 246 Abs. 1 S. 4 HGB als **zeitlich begrenzt nutzbarer Vermögensgegenstand** fingiert. Er unterliegt somit dem Vollständigkeitsgebot. Auf den Geschäftswert sind die allgemeinen Bewertungsvorschriften der §§ 252 ff. HGB anzuwenden, dh insbesondere, dass er einer gewöhnlichen Abnutzung unterliegt. Eine Nutzungsdauer gibt das Gesetz zwar nicht vor, jedoch sind im Anhang Erläuterungen zur Nutzungsdauer zu machen (§ 285 Nr. 13 HGB). Wird ein Gleichlauf von Handels- und Steuerbilanz angestrebt, so ist § 7 Abs. 1 S. 3 EStG zu beachten, wonach der Geschäftswert steuerrechtlich grds. auf 15 Jahre abzuschreiben ist.

98

5. Korrekturen zu Passiva

In der **Handelsbilanz der Kapitalgesellschaft** ist als Korrekturposten zu Passivposten auf der Aktivseite der „nicht durch Kapital gedeckte **Fehlbetrag**" des § 268 Abs. 3 HGB zu nennen, der dadurch entsteht, dass das Unternehmen rechnerisch überschuldet ist, weil die Aktiva die Schulden nicht decken. Es handelt sich um einen Differenzposten zur Aktivseite.

99

Ausstehende nicht eingeforderte Einlagen sind **zwingend** auf der Passivseite von dem Posten „Gezeichnetes Kapital" **offen abzusetzen** (§ 272 Abs. 1 S. 3 Halbs. 1 HGB). Der Differenzbetrag muss dann unter der Bezeichnung „Eingefordertes Kapital" ausgewiesen werden. Eine Aktivierung findet gem. § 272 Abs. 1 S. 3 Halbs. 2 HGB nur statt, wenn Einlagen eingefordert werden und noch ausstehen.

100

---

108 Wird das Disagio bei vorzeitiger Kündigung nicht rückerstattet, kommt auch die Einordnung als Bilanzierungshilfe in Betracht.
109 Krit. zB Schulze-Osterloh, ZIP 2004, 1128, 1130: Verfälschung der periodengerechten Ergebnismittlung.

6. Verbindlichkeiten

101 Der Begriff des Vermögensgegenstandes umfasst **nicht Schulden** (vgl. §§ 240 Abs. 1, 246 Abs. 1 HGB). Aus § 247 Abs. 1 HGB ergibt sich die **Zusammensetzung der Passivseite** der Bilanz: Eigenkapital, Schulden und transitorische (passive) RAP (§ 250 Abs. 2 HGB). Schulden wiederum können Verbindlichkeiten und Rückstellungen sein.

102 Die **Verbindlichkeit** ist vom **Rückstellungsbegriff abzugrenzen**. Bei der Rückstellung ist die Verbindlichkeit dem Grunde und der Höhe nach noch ungewiss. Eine zu passivierende Verbindlichkeit hingegen erfordert grundsätzlich den **durchsetzbaren Anspruch eines Dritten**. Allerdings sind aus Vorsichtsgründen auch einredebehaftete Forderungen bei Erfüllungsbereitschaft sowie Verbindlichkeiten, bei denen nicht alle Elemente des durchsetzbaren Anspruchs vorliegen (zB fehlende Fälligkeit), zu passivieren. Der Umfang der gesondert auszuweisenden Verbindlichkeiten ergibt sich für Kapitalgesellschaften und Personenhandelsgesellschaften iSd § 264a HGB aus § 266 Abs. 3 C HGB:

- Anleihen,
- Verbindlichkeiten ggü. Kreditinstituten,
- erhaltene Anzahlungen auf Bestellungen,
- Verbindlichkeiten aus Lieferungen und Leistungen,
- Verbindlichkeiten aus der Annahme gezogener Wechsel und aus der Ausstellung eigener Wechsel,
- Verbindlichkeiten ggü. verbundenen Unternehmen,
- Verbindlichkeiten ggü. Unternehmen, mit denen ein Beteiligungsverhältnis besteht, und
- sonstige Verbindlichkeiten.

Bei kleinen und kleinsten Gesellschaften ist ein zusammengefasster Ausweis möglich (§ 266 Abs. 1 S. 3 und 4 HGB).

103 Ist eine Verbindlichkeit zwar rechtlich entstanden, aber **noch nicht wirtschaftlich verursacht**, hat eine (vollständige) Passivierung auf den früheren Bilanzstichtag zu erfolgen. Eine Anwendung des Realisationsprinzips auf die Passivseite in Form einer Periodisierung des Aufwandes ist nicht zulässig.

104 **Gesellschafterdarlehen** sind – auch bei gesetzlicher Neuregelung gem. § 39 Abs. 1 Nr. 5 InsO – im Jahresabschluss als Verbindlichkeiten zu passivieren.

7. Rückstellungen

a) Systematik

105 Rückstellungen werden **zwischen Eigenkapital und Verbindlichkeiten eingeordnet** (vgl. § 266 Abs. 3 HGB). Ihr theoretisches Verständnis ist davon geprägt, ob man der statischen oder dynamischen Bilanzauffassung zuneigt.[110] Nach **statischer Auffassung** dienen Rückstellungen der zutreffenden Erfassung (rechtlicher) Verbindlichkeiten, während die **dynamische Auffassung** darauf abzielt, spätere Aufwendungen in die Periode ihrer Verursachung einzurechnen. Der unterschiedliche theoretische Ansatz hat Konsequenzen im Hinblick auf die Bedeutung einer wirtschaftlichen Verursachung für die Rückstellungsbildung. Im Ausgangspunkt ist jedoch **vom Katalog des § 249 HGB**

---

[110] Adler/Düring/Schmalz, Rechnungslegung, § 249 HGB Rn. 20 ff.

auszugehen, dessen kleinster gemeinsamer Nenner darin besteht, dass Passivposten zur Berücksichtigung künftig anfallender Aufwendungen gebildet werden müssen, obwohl Grund und/oder Höhe dieser Posten ungewiss sind. Materiell geht es demnach um eine Ausprägung des **Imparitätsprinzips**.

§ 249 HGB regelt Rückstellungen mit Verbindlichkeitscharakter und Rückstellungen für drohende Verluste aus schwebenden Geschäften. Rückstellungen ohne Verbindlichkeitscharakter (sog Aufwandsrückstellungen) sind unzulässig. 106

b) Rückstellungen mit Verbindlichkeitscharakter

Rückstellungen mit Verbindlichkeitscharakter sind **Drittverpflichtungen**, die dem **Grunde und/oder der Höhe nach ungewiss** sind. Sie setzen eine Schuldner-Gläubiger-Beziehung voraus, so dass unternehmensinterner „Aufwand gegen sich selbst" mangels Schuldcharakter auszugrenzen ist. Im Einzelfall kann sich der Schuldcharakter einer am Bilanzstichtag bestehenden Belastung aus einem vertraglichen oder gesetzlichen **Schuldverhältnis** ergeben, wobei die Person des Gläubigers nicht bekannt sein muss (zB im Fall der Produzentenhaftung), oder aus **öffentlich-rechtlichen Verpflichtungen** (zB Steuern, Jahresabschlusskosten). 107

Ungereimtheiten herrschen im Hinblick auf die Notwendigkeit einer **Kenntnis des Gläubigers** bzgl. seines Anspruchs. Nach Ansicht des BFH ist bei Schadensersatz- und Beseitigungsansprüchen eine Inanspruchnahme des Schuldners erst dann **wahrscheinlich** und damit rückstellungsfähig, wenn die den Anspruch begründenden Tatsachen entdeckt und dem Geschädigten bekannt geworden sind oder dies doch unmittelbar bevorsteht.[111] **Für vertragliche Verbindlichkeiten** kommt demgegenüber der Kenntnis des Gläubigers keine eigenständige Bedeutung zu. Dies beruht wohl darauf, dass bei jenen davon auszugehen ist, dass der Vertragspartner seine Rechte kennt und zu gegebener Zeit davon Gebrauch machen wird.[112] 108

Für die Bildung einer Verbindlichkeitsrückstellung kommt es nicht zwingend auf das Bestehen eines rechtlich durchsetzbaren und einklagbaren Anspruchs gegen den Bilanzierenden an. Entscheidend ist vielmehr, dass der Verpflichtete zum Bilanzstichtag **ernsthaft mit dem Bestehen oder Entstehen einer Schuld rechnen** muss, die durch die Geschäftsvorfälle des abgelaufenen Wirtschaftsjahres **verursacht** worden ist. Zu den Verbindlichkeiten iSd § 249 Abs. 1 S. 1 HGB werden auch **faktische** und **nicht einklagbare Verpflichtungen** gezählt, denen sich das Unternehmen nicht entziehen kann.[113] Einen Sonderfall der Fallgruppe „Faktische Verpflichtung" bilden die in § 249 Abs. 1 S. 2 Nr. 2 HGB erwähnten Rückstellungen für Gewährleistungen ohne rechtliche Verpflichtung. Die Passivierungspflicht für **Kulanzleistungen** ist nicht frei von Bedenken, da es idR um Kundenpflege oder Ähnliches geht, die auf zukünftige Geschäftsbeziehungen ausgerichtet ist. 109

Die ungewisse Verbindlichkeit muss **am Bilanzstichtag wirtschaftlich verursacht** sein. Dies setzt voraus, dass die wirtschaftlich wesentlichen Tatbestandsmerkmale für das Entstehen der Verbindlichkeit bereits am Bilanzstichtag erfüllt sind und das wirtschaftliche Entstehen der Verbindlichkeit nur noch von wirtschaftlich unwesentlichen Tatbestandsmerkmalen abhängt. Des Weiteren muss die **Wahrscheinlichkeit** bestehen, dass 110

---

111 BFH, BFH/NV 2002, 486.
112 BFH, DStR 2000, 1301.
113 BGH, DB 1991, 962; BStBl III 1963, S. 237.

der Bilanzierungspflichtige in Anspruch genommen wird. Das ist der Fall, wenn nach den Verhältnissen am Bilanzstichtag aus Sicht des Bilanzpflichtigen **mehr Gründe für als gegen** eine wahrscheinliche Inanspruchnahme sprechen (sog 51 %-Argument).[114] Erforderlich ist eine Prognose aufgrund tatsächlicher Feststellungen unter Beachtung des Vorsichtsprinzips.

BEISPIEL – EINZELRÜCKSTELLUNG:
Die ABC-OHG, die ein Bauunternehmen betreibt, hat im Jahr 2020 einen Auftrag abgeschlossen. Im Abschluss 2020 bildet die OHG eine Einzelrückstellung für Gewährleistungsverpflichtungen, da im Juni 2021 (nach Mängelanzeige im Mai 2021) Nacherfüllungsarbeiten notwendig wurden. Die Bildung einer solchen Rückstellung für das Jahr 2020 ist nicht möglich, da die Beteiligten zum Bilanzstichtag 31.12.2020 keine Kenntnis vom Mangel hatten, da insb. noch keine Mängelrüge erfolgt war. Die OHG musste am Bilanzstichtag nicht ernsthaft mit einer Inanspruchnahme rechnen.[115]

BEISPIEL – PAUSCHALRÜCKSTELLUNG:
Die ABC-OHG hat außerdem in den vergangenen Jahren die Erfahrung gemacht, dass sie bei ausgeführten Bauleistungen pro Jahr ca. 5 % des Vorjahresumsatzes für Gewährleistungsansprüche ihrer Kunden aufwenden muss. In diesem Fall ist die Rückstellungsbildung zulässig.

111 In beiden Fällen geht es um **Garantierückstellungen,** mit denen das Risiko künftiger Erlösschmälerungen durch Nacherfüllung in Form von Nachbesserung oder Nachlieferung bzw. im Einzelfall durch Minderungen oder Schadensersatzleistungen erfasst werden soll. Sie sind entweder als **Einzelrückstellung** für die bis zum Bilanzstichtag bzw. bis zur Aufstellung der Bilanz bekannt gewordenen einzelnen Garantiefälle oder als **Pauschalrückstellung** zu bilden. Letztere setzt voraus, dass das Unternehmen aufgrund der Erfahrung in der Vergangenheit mit einer gewissen Wahrscheinlichkeit mit der Inanspruchnahme wegen Gewährleistungen rechnen muss oder dass sich eine entsprechende Inanspruchnahme erfahrungsgemäß in der jeweiligen Branche ergibt. Die Bildung einer Pauschalrückstellung ist, wie der EuGH[116] bestätigt hat, mit der 4. EG-Richtlinie vereinbar. Allerdings darf eine Rückstellung nach § 253 Abs. 1 S. 2 HGB „nur in Höhe des Betrages" angesetzt werden, „der nach vernünftiger, kaufmännischer Beurteilung notwendig ist". Dies erfolgt im Wege der Schätzung, wobei auf statistische Erfahrungswerte zurückgegriffen werden kann. Das Vorsichtsprinzip gebietet dabei nicht, der Bewertung bei mehreren Schätzungsalternativen die pessimistischste zugrunde zu legen.[117] Bei **Haftpflichtverbindlichkeiten** soll demgegenüber eine Rückstellungsbildung in **pauschaler Form nicht zulässig** sein, weil es hier an einer entsprechenden Erfahrung aus der Vergangenheit fehlt.[118] Deshalb lässt sich das Produkthaftpflichtrisiko nur dann als Rückstellung abbilden, wenn spätestens bis zum Tag der Bilanzaufstellung ein Schadensersatzanspruch ggü. dem Bilanzierenden geltend gemacht wird oder wenigstens diesen Anspruch begründende Tatsachen bekannt geworden sind.

---

114 BFH, BStBl II 2003, S. 279; BFH/NV 2003, 1313; BStBl II 2015, S. 759; Schön, Steuerliche Maßgeblichkeit in Deutschland und Europa, S. 87 f.; krit. Graf Kanitz, Bilanzkunde für Juristen, Rn. 574 f. mwN.
115 vgl. BFH, BFH/NV 2019, 113.
116 EuGH, DStR 1999, 1645.
117 BFH, BFH/NV 2003, 1313.
118 In diesem Sinne wohl BFH, BStBl II 1984, S. 263, 265.

c) Drohende Verluste aus schwebenden Geschäften

Nach § 249 Abs. 1 S. 1 Fall 2 HGB müssen für Drohverluste aus einem schwebenden Geschäft Rückstellungen gebildet werden. Der Tatbestand knüpft an den Nichtausweis sog schwebender Geschäfte an, bei denen eine **Gleichwertigkeitsvermutung** besteht. Bestehen konkrete Anhaltspunkte dafür, dass eine Gleichwertigkeit im konkreten Geschäft nicht (mehr) gegeben ist, gebietet das **Imparitätsprinzip**, den künftigen **Verpflichtungsüberschuss** als drohenden Verlust zu antizipieren. Abzustellen ist auf die Wertdifferenz des einzelnen Vertragsverhältnisses, die im Wege der **Einzelbewertung** zu ermitteln ist.[119] Allerdings grenzt der BFH den maßgeblichen Saldierungsbereich nicht nach dem vertraglichen Synallagma ab, sondern legt ein bilanzrechtliches (wirtschaftliches) Synallagma zugrunde, in welches alle Nebenleistungen und sonstigen wirtschaftlichen Vorteile einzubeziehen sind, die nach dem Inhalt des Vertrages oder nach den Vorstellungen beider Vertragspartner die Geschäftsgrundlage bilden.[120]

112

BEISPIEL – DROHVERLUSTRÜCKSTELLUNG:
In dem Sachverhalt, der dem sog Apothekerbeschluss des Großen Senats des BFH[121] zugrunde lag, hatte ein Apotheker in dem Gebäude, in dem er seine Apotheke betrieb, gewerblich nutzbare Räume langfristig angemietet, die er an einen Arzt untervermietete. Der Mietzins, den der Apotheker zu bezahlen hatte, lag höher als der Untermietzins, den der Arzt monatlich dem Apotheker schuldete. Deswegen war zu entscheiden, ob beim Apotheker für das Untermietverhältnis eine Drohverlustrückstellung zu bilden war. Der Apotheker ist das verlustbringende Miet- und Untermietverhältnis nur deswegen eingegangen, weil er sich von der Patientenschaft des Arztes zusätzliche eigene Kundschaft für seine Apotheke versprach. Der BFH hat eine Rückstellungsbildung verneint.

Nach herrschender Meinung geht es bei der Rückstellung für drohende Verluste aus schwebenden Geschäften um einen Sonderfall der Rückstellungen für ungewisse Verbindlichkeiten. Daraus folgt ein **Abgrenzungsproblem**, weil die Verbindlichkeitsrückstellung des § 249 Abs. 1 S. 1 Fall 1 HGB gegenüber der Drohverlustrückstellung (S. 1 Fall 2) vorrangig ist.[122] Dies hat v.a. bei der steuerlichen Gewinnermittlung eine zentrale Bedeutung, denn § 5 Abs. 4a EStG normiert bei drohenden Verlusten ein Rückstellungsverbot. Der **Unterschied** zwischen § 249 Abs. 1 S. 1 Fall 1 und Fall 2 HGB besteht darin, dass bei der Verbindlichkeitsrückstellung die vergangenheitsbezogene gesamte Verpflichtung als Erfüllungsrückstand ausgewiesen wird, während die Drohverlustrückstellung nur den künftigen Verpflichtungsüberschuss, also den Saldo künftiger Aufwendungen gegenüber künftigen Erträgen betrifft.[123] Ein **Erfüllungsrückstand** liegt vor, wenn der Schuldner einer Verpflichtung nicht nachgekommen ist, die er im abgelaufenen Wirtschaftsjahr oder früher hätte erfüllen müssen.[124]

113

BEISPIEL – ERFÜLLUNGSRÜCKSTAND:
Unternehmer U hat an einem vermieteten Vermögensgegenstand Reparaturarbeiten unterlassen, auf deren Durchführung im vorangegangenen Geschäftsjahr der Mieter einen Anspruch hatte.

---

119 BFH, BStBl II 1984, S. 56.
120 BFH (GrS), BStBl II 1997, S. 735; Winnefeld, Bilanz-Handbuch, D Rn. 1137 f.
121 BFH (GrS), BStBl II 1997, S. 735.
122 BFH, BStBl II 1993, S. 855; Winnefeld, Bilanz-Handbuch, D Rn. 1107 ff.
123 BFH, BStBl II 1993, S. 855; Winnefeld, Bilanz-Handbuch, D Rn. 1107.
124 BFH, BStBl II 1993, S. 373; BStBl II 1998, S. 728.

114 Hier geht es um eine Restverpflichtung aus einem Geschäft, welches U bezogen auf das vergangene Wirtschaftsjahr bereits erfüllt hatte. Es ist wegen des Erfüllungsrückstands und dessen ungewisser Höhe eine Verbindlichkeitsrückstellung (§ 249 Abs. 1 S. 1 Fall 1 HGB) zu passivieren.

115 Bei der Bildung wird an **drei unterschiedliche Arten schwebender Geschäfte** angeknüpft:
- Beschaffungsgeschäfte,
- Absatzgeschäfte und
- Dauerschuldverhältnisse.[125]

116 Bei einem (schwebenden) **Beschaffungsgeschäft** ist die Differenz zwischen dem vertraglichen Entgelt und dem Zeitwert des anzuschaffenden Gegenstandes zurückzustellen. Geht es um die Rückstellungsbildung für drohende Verluste aus einem **Absatzgeschäft**, ist der Wert der eigenen Leistung des Bilanzierenden auf der Grundlage einer Vollkostenbasis unter Einbeziehung der durch den schwebenden Vertrag mit verursachten ungedeckten fixen Kosten (zB Abschreibungen auf Produktionsanlagen) zu ermitteln.[126]

BEISPIEL:
Die ABC-KG hat einen Bauvertrag zu einem Festpreis von 1 Mio. EUR abgeschlossen. Bei der Berechnung der Rückstellung sind neben den Herstellungskosten der unfertigen Arbeiten auch die anteiligen Fixkosten einzurechnen. Sind Gesamtkosten iHv 1,1 Mio. EUR zu erwarten, ist eine Drohverlustrückstellung wegen der Sachleistungsverpflichtung iHv 100.000 EUR zu bilden. Entsprechendes würde gelten, wenn eine weitere Rückstellung für die Kosten des Jahresabschlusses und die betrieblichen Steuererklärungen, die in der KG selbst erstellt werden, zu berechnen ist. Auch hier müssen konsequenterweise neben den Kosten für die Arbeitnehmer die anteiligen Fixkosten, wie etwa die anteilige Abschreibung auf das Bürogebäude, mit eingerechnet werden.[127]

117 Bei **Dauerschuldverhältnissen** ist in Abgrenzung zum Erfüllungsrückstand iSe. Restwertbetrachtung auf den künftigen Saldo von Leistung und Gegenleistung abzustellen.[128] Allerdings scheint hier der BFH[129] das gesamte Vertragsverhältnis in die Betrachtung einzubeziehen, also auch die schon abgewickelten Perioden des Dauerschuldverhältnisses.

8. Passive Rechnungsabgrenzungsposten

118 Passive Rechnungsabgrenzungsposten (RAP) dienen gleichermaßen wie aktive Rechnungsabgrenzungsposten einer möglichst objektiven Ermittlung des Periodenergebnisses dergestalt, dass **Erträge** dem **Wirtschaftsjahr ihrer Verursachung** zugeordnet werden sollen. Deshalb sind nach § 250 Abs. 2 HGB Einnahmen vor dem Abschlussstichtag, soweit sie erst einen Ertrag für eine bestimmte Zeit nach dem Abschlussstichtag darstellen, mittels eines passiven RAP zu neutralisieren.

---

125 Näher: Winnefeld, Bilanz-Handbuch, D Rn. 1151 ff. mwN.
126 BFH, BStBl II 1984, S. 56, 59; BStBl II 1988, S. 57, 59 f.
127 Schubert, in: Beck Bil-Komm., HGB § 249 Rn. 114 mwN.; aA BFH, BStBl 1984 II, S. 301.
128 Schubert, in: Beck Bil-Komm., HGB § 249 Rn. 119 ff. mwN.
129 BFH, BStBl II 1998, S. 249; aA Crezelius, FS Döllerer, S. 81, 91 mwN.

IV. Vorschriften zum Bilanzansatz

Beispiel:
Die ABC-OHG hat an M ein Ladenlokal für 48.000 EUR p.a. vermietet. Das Mietverhältnis hat am 1.10.2020 begonnen. M hat – wie im Mietvertrag vereinbart – die gesamte Jahresmiete jeweils zum 1.10. zu überweisen und dies auch im Oktober 2020 getan.

Die OHG hat bereits im Jahre 2020 Einnahmen erzielt, doch ist der Ertrag zu 3/4 erst dem folgenden Geschäftsjahr 2021 zuzuordnen. Deshalb muss ein passiver RAP iHv 36.000 EUR in der Bilanz 2020 gebildet werden.

Die Buchungssätze lauten also:

Am 1.10.2020: *Kasse 48.000 EUR an Mieterträge 48.000 EUR*

Am 31.12.2020: *Mieterträge 36.000 EUR an pRAP 36.000 EUR*

Am 31.12.2021: *pRAP 36.000 EUR an Mieterträge 36.000 EUR*

Im Einzelfall kann ein bestimmter Geschäftsvorfall sowohl einen aktiven als auch passiven RAP auslösen.

Beispiel:
Die ABC-OHG hat von V ein Ladenlokal für 48.000 EUR p.a. gemietet. Das Mietverhältnis hat am 1.10.2020 begonnen. Die OHG überwies die Mieten Oktober bis Dezember (12.000 EUR) nicht bei Fälligkeit am 1.10.2020, sondern erst im Januar 2021.

Der Mietaufwand ist dem Geschäftsjahr 2020 zuzuordnen, doch sind die Ausgaben erst im Jahr 2021 erfolgt. Deshalb wäre das Periodenergebnis für das Geschäftsjahr 2020 zu hoch ausgewiesen und muss über einen passiven RAP gemindert werden. Umgekehrt sind die Ausgaben im Januar 2021 dem Geschäftsjahr 2020 als Aufwand zuzuordnen, so dass die gezahlten 12.000 EUR mittels eines aktiven RAP ausgeglichen werden müssen.

Passive RAP sind ebenso wie aktive auf sog **transitorische Posten** im engeren Sinne beschränkt. Handelt es sich um Einnahmen, die teilweise als Ertrag auf die Zeit nach dem Abschlussstichtag entfallen, bei denen diese Zeit aber nicht eindeutig nach dem Kalender bestimmt werden kann, so muss der volle Betrag im Jahr der Vereinnahmung angesetzt werden.

9. Eigenkapital

a) Begriff

Rechtsformneutral gesprochen ist das **bilanzielle bzw. rechnerische Eigenkapital** die Differenz zwischen dem Wert der Vermögensgegenstände der Aktivseite der Bilanz und dem Wert der Schulden (Verbindlichkeiten, Rückstellungen) der Passivseite. Dabei repräsentiert die Residualgröße **nicht den wahren Unternehmenswert**. Geht man von einer substanzorientierten Betrachtungsweise aus, muss man das bilanzielle Eigenkapital um den Anteil der in den Vermögensgegenständen enthaltenen stillen Rücklagen erweitern, um zum **effektiven bzw. tatsächlichen Eigenkapital** des Unternehmens zu gelangen. Nach der Theorie der Unternehmensbewertung wird eine Gesamtbewertungsmethode zugrunde gelegt, die auf den Ertragswert, dh die diskontierten erwarteten Zukunftsergebnisse des Unternehmens, abstellt.

b) Einzelkaufmann

Der Einzelkaufmann hat im Jahresabschluss nur sein **Betriebsvermögen** zu erfassen. Das Betriebsvermögen (Handelsgeschäft) ist vom Privatvermögen des Kaufmanns abzugrenzen. Zwar haftet der Kaufmann für Schulden sowohl mit seinem Betriebs- als auch Privatvermögen, doch erklärt sich die Begrenzung auf den unternehmerischen Bereich daraus, dass die Handelsbilanz den **unternehmerischen Erfolg abbilden** soll. Das bilanzielle Eigenkapital ist der Saldo, um den die eine Bilanzseite betragsmäßig die Schuldposition der anderen Bilanzseite übersteigt.

123 Erfolgswirksame Geschäftsvorfälle ändern das Eigenkapital, so dass das Eigenkapital von Schlussbilanz zu Schlussbilanz variabel ist. **Entnahmen** in die private Vermögenssphäre und **Einlagen** aus der privaten Vermögenssphäre in die unternehmerische Sphäre wirken sich auf das Eigenkapital aus. Da es sich aber um außerbetriebliche Einflüsse auf das Eigenkapital handelt, werden sie **über das Privatkonto gebucht**. Dieses enthält die nicht betrieblich veranlassten Veränderungen des Eigenkapitals. Das Betriebsergebnis des Einzelkaufmanns ergibt sich aus dem Endkapital abzgl. des Anfangskapitals zzgl. der Entnahmen und abzgl. der Einlagen.

c) Personenhandelsgesellschaften

124 Bei den Personenhandelsgesellschaften wird das Eigenkapital der Gesellschafter durch die Zusammenfassung der **Kapitalanteile der Gesellschafter** dargestellt (vgl. § 120 Abs. 2 HGB). Der Kapitalanteil ist der **Anknüpfungspunkt für die vermögensrechtlichen Beziehungen der Gesellschafter** in ihrer gesellschaftsrechtlichen Verbundenheit zueinander.[130] Er ist nicht nur maßgeblich für die dispositive Gewinnverteilung nach § 121 Abs. 1 HGB, der eine Art „Vorzugsdividende" gewährt, sondern auch für das Entnahmerecht nach § 122 Abs. 1 HGB und die Berechnung des Auseinandersetzungsguthabens nach § 155 Abs. 1 HGB. Der Kapitalanteil spiegelt den **Anteil des Gesellschafters am bilanziell ausgewiesenen Kapital** der Gesellschaft wider. Damit gilt auch hier, dass der bilanzielle Kapitalanteil nicht den Verkehrswert der gesellschaftsrechtlichen Beteiligung abbildet.

125 Das Regelstatut des HGB geht in § 120 Abs. 2 HGB davon aus, dass die Kapitalanteile der Personengesellschafter einer ständigen Veränderung unterliegen (sog **variabler Kapitalanteil**). Der Kapitalanteil eines Gesellschafters entsteht durch Einlagen und ändert sich durch die dem Gesellschafter zugewiesenen Gewinne, Verluste und Entnahmen. Der Kapitalanteil kann auch negativ werden. Es handelt sich dabei allerdings um eine **reine Rechnungsgröße**, so dass der Gesellschafter aus dem Kapitalanteil weder einen Anspruch ableiten kann noch ein negativer Kapitalanteil eine Schuld gegenüber der Gesellschaft ausdrückt.[131] Wie § 155 Abs. 1 HGB zeigt, führt der Kapitalanteil erst **zum Zeitpunkt des Ausscheidens des Gesellschafters** bzw. der Auflösung der Gesellschaft zu einem echten Anspruch.

126 Da die dispositive gesetzliche Regelung des Kapitalanteils den Erfordernissen der Praxis so gut wie nie gerecht wird, findet sich in fast allen schriftlichen Gesellschaftsverträgen eine Fixierung des Kapitalanteils in Form **fester Kapitalanteile**. Meist werden diese als festes Kapitalkonto oder als **Kapitalkonto I** bezeichnet. Damit wird das Beteiligungsverhältnis der Gesellschafter quotenmäßig festgelegt. Dieses bildet die **Grundlage für die Gewinnverteilung** und regelmäßig auch die Vermögensverteilung im Abfindungs- bzw. Liquidationsfall. Darüber hinaus dient das festgelegte Beteili-

---

130 Vgl. auch die Hinweise der Bundessteuerberaterkammer zum Ausweis des Eigenkapitals bei Personenhandelsgesellschaften im Handelsrecht, DStR 2006, 668 ff.; dazu Bingel/Weidenkammer, DStR 2006, 675 ff.
131 Hopt/Roth, HGB, § 120 Rn. 13.

gungsverhältnis oftmals auch als Maßstab für Mitgliedschaftsrechte, namentlich das Stimmrecht. Daneben wird ein **Kapitalkonto II** geführt, auf dem der über die auf dem Kapitalkonto I gebuchte Einlage hinausgehende Kapitalanteil, der sich durch Gewinne, Verluste, Entnahmen und ggf. weitere Einlagen verändert, erfasst wird.

Wollen die Gesellschafter darüber hinausgehend die Kapitalbasis der Gesellschaft stärken, indem sie einen Teil des Gewinns unverzinslich im Gesamthandsvermögen belassen wollen, ist dafür ein **separates Rücklagenkonto** zu bilden, das dann üblicherweise als Kapitalkonto II bezeichnet wird. In diesem Fall muss dann neben dem festen Kapitalkonto I und dem Rücklagenkonto II noch ein weiteres Konto geführt werden, auf dem der entnahmefähige Teil des Gewinns sowie Entnahmen gebucht werden. Es handelt sich um ein Forderungskonto des Gesellschafters gegen die Gesellschaft (sog **Darlehenskonto**), wobei eine Verzinsung eine eindeutige Regelung voraussetzt. In der Praxis sind auch noch weitere Unterteilungen anzutreffen, etwa neben dem Kapitalkonto II Konten, auf denen sog gesamthänderisch gebundene Kapitalrücklagen oder sog **Verlustvortragskonten** ausgewiesen werden. 127

Weitreichende Folgen sowohl für das Steuerrecht[132] als auch für das Gesellschaftsrecht ergeben sich aus der **Abgrenzung** von Eigenkapital- zu Fremdkapitalkonten. Zivilrechtliche Auswirkungen hat die Qualifizierung insbes. im Bereich der Gewinnverteilung und der Haftung, aber auch, wenn es um die Rückzahlung von Gesellschafterdarlehen geht. Der BFH hat nunmehr im Zuge mehrerer Entscheidungen[133] Stellung bezogen und folgende **Abgrenzungskriterien** aufgestellt: 128

Zunächst kommt es auf die **Bezeichnung** des Kontos nicht an. Die Rechtsnatur der Konten ist vielmehr durch **Auslegung** des Gesellschaftsvertrages zu ermitteln. 129

Werden auf dem Konto auch **Verluste** verbucht, so liegt idR ein Eigenkapitalkonto vor. Dies setzt keine laufende Verlustrechnung voraus. 130

Ein weiteres Indiz für ein Eigenkapitalkonto ist die **Verbuchung von Gewinnen, Einlagen** und **Entnahmen**. Gleiches gilt für den Einbezug in die Berechnung des **Abfindungsguthabens**. 131

Schließlich lässt sich aus gesellschaftsvertraglichen **Entnahmebeschränkungen** auf Eigenkapital schließen. 132

Für Personengesellschaften ohne eine natürliche Person als Vollhafter (vgl. § 264a HGB) schreibt § 264c Abs. 2 HGB anstelle § 266 Abs. 3 A HGB die **Gliederung des Eigenkapitals** in Kapitalanteile, Rücklagen, Gewinnvortrag/Verlustvortrag und Jahresüberschuss/Jahresfehlbetrag vor. Sie entspricht einem allgemeinen GoB für alle Personenhandelsgesellschaften.[134] Die Kapitalanteile von persönlich haftenden Gesellschaftern und von Kommanditisten sind **gesondert auszuweisen** (§ 264c Abs. 2 S. 6 HGB). Maßgebend für den Kapitalanteil ist die bedungene Einlage, beim Kommanditisten also nicht die Hafteinlage, sondern die Pflichteinlage. Solange diese noch nicht eingezahlt worden ist, ist der fehlende Betrag als gesonderter Posten „**Ausstehende Einlagen**" vor dem Anlagevermögen auf der Aktivseite auszuweisen (vgl. sinngemäß § 272 Abs. 1 S. 2 und 3 HGB). Wie die Aufteilung zwischen Kapitalanteil und Rücklagen iÜ vorzunehmen ist, richtet sich nach den **Vorgaben des Gesellschaftsvertrages**. Regelmäßig wird der Kapitalanteil dem Festkapitalkonto I entsprechen, so dass der 133

---

132 Dazu näher Ley, DStR 2009, 613 ff., Strahl, KÖSDI 2009, 16531, 16532 ff.
133 BFH, BStBl II 2008, 103; DStR 2008, 761; BFH/NV 2008, 1302; BStBl II 2008, S. 812; DStR 2008, 2001.
134 Justenhoven/Roland, in: Beck Bil-Komm., HGB § 264c Rn. 1.

Posten „Rücklagen" Kapitalrücklagen (zB Agio) und Gewinnrücklagen aus thesaurierten Gewinnen umfasst.

134 Die Führung von festen Kapitalanteilen findet sich praktisch ausnahmslos bei **Kommanditgesellschaften**. Das Kapitalkonto I entspricht dabei üblicherweise der im Gesellschaftsvertrag festgelegten Pflichteinlage. Ist die bedungene Pflichteinlage erreicht, erhöht gem. § 167 Abs. 2 HGB der Gewinnanteil nicht mehr den Kapitalanteil des Kommanditisten. Dieser ist dann auf dem Kapitalkonto II zu buchen.

135 Für Verluste gilt, dass nach § 167 Abs. 3 HGB der Kommanditist an einem Verlust nur insoweit teilnimmt, als sein Kapitalanteil zzgl. einer noch zu leistenden Pflichteinlage aufgezehrt ist. Allerdings schließt die Vorschrift nach ganz herrschender Meinung nicht aus, dass der Kapitalanteil des Kommanditisten auch negativ werden kann.[135] Der **negative Kapitalanteil** hat im Innenverhältnis zur Folge, dass eine **Entnahmesperre nach § 169 Abs. 1 S. 2 HGB** eintritt. Gewinne kann der Kommanditist erst dann wieder entnehmen, wenn sowohl das negative Kapitalkonto als auch die bedungene Pflichteinlage durch künftige Gewinne wieder ausgeglichen worden sind. Allerdings handelt es sich bei einem negativen Kapitalkonto **nur um einen Buchverlust**; eine Nachschusspflicht wird weder im Fall der Liquidation noch der Insolvenz ausgelöst.[136]

d) Kapitalgesellschaften

136 Eigenkapital ist das Kapital, das der Kapitalgesellschaft von den Gesellschaftern in dieser Eigenschaft zur Verfügung gestellt wird. Es kann sich um Einlagen handeln, aber auch um im Unternehmen verbliebene Gewinne. Die genaue bilanzielle **Gliederung des Eigenkapitals** ergibt sich aus § 266 Abs. 3 A HGB, wobei kleine Gesellschaften die in § 266 Abs. 3 A III HGB vorgesehene Aufgliederung der Gewinnrücklagen nicht vorzunehmen brauchen (§ 266 Abs. 1 S. 3 HGB). Bei Kleinstkapitalgesellschaften entfällt die Aufgliederung komplett (§ 266 Abs. 1 S. 4 HGB).

137 Bei Kapitalgesellschaften haftet den Gläubigern im Außenverhältnis **grds. nur das Gesellschaftsvermögen** (vgl. §§ 1 Abs. 1 AktG, 13 Abs. 2 GmbHG). Das **gezeichnete Kapital** (§ 266 Abs. 3 A I HGB) ist der im Gesellschaftsvertrag bzw. in der Satzung bestimmte **Nennbetrag**, den die Gesellschafter gegenüber der Kapitalgesellschaft aufbringen müssen. Es ist bei der GmbH das **Stammkapital** (§§ 5, 42 Abs. 1 GmbHG), bei der AG das **Grundkapital** (§§ 6, 7, 152 Abs. 1 AktG). Maßgebend ist der Nennbetrag der Stammeinlagen bei der GmbH (§ 5 Abs. 3 S. 3 GmbHG) und der Nennbetrag der ausgegebenen Aktien bei der AG (§§ 6, 9 AktG).

138 Das auf der Passivseite zum Nennbetrag ausgewiesene gezeichnete Kapital darf nur im Wege der **Kapitalerhöhung** (§§ 55 ff. GmbHG, §§ 182 ff. AktG) oder der **Kapitalherabsetzung** (§§ 58 ff. GmbHG, §§ 222 ff. AktG) entsprechend den gesetzlichen Vorgaben erhöht oder ermäßigt werden. Eine Kapitalerhöhung ist dann erst endgültig wirksam, wenn sie in das Handelsregister eingetragen worden ist. Nach § 272 Abs. 1 S. 2 Halbs. 2 HGB sind **eingeforderte ausstehende Einlagen** auf der Aktivseite vor dem Anlagevermögen unter entsprechender Bezeichnung gesondert auszuweisen. Soweit die ausstehenden Einlagen **noch nicht eingefordert** worden sind, müssen sie auf der Passivseite von dem gezeichneten Kapital offen abgesetzt werden. Auf der Aktivseite

---

135 Hopt/Roth, HGB, § 167 Rn. 5.
136 Hopt/Roth, HGB, § 167 Rn. 4 f.

erscheint dann das eingeforderte, aber noch nicht eingezahlte Kapital (§ 272 Abs. 1 S. 2 HGB).

Neben der Kapitalaufbringung spiegelt sich auch die gesellschaftsrechtliche **Kapitalerhaltung** in der Handelsbilanz der Kapitalgesellschaft wider. Soweit die Rückgewährung von Einlagen unzulässig ist und einen entsprechenden Rückforderungsanspruch der Kapitalgesellschaft auslöst (vgl. §§ 31 Abs. 1 GmbHG, 62 Abs. 1 AktG), hat die Gesellschaft den **Rückforderungsanspruch** unabhängig von einem Gesellschafterbeschluss zu aktivieren. Da der BGH[137] bei der GmbH davon ausgeht, dass ein unter Verstoß gegen § 30 Abs. 1 GmbHG entstandener Rückforderungsanspruch nach § 31 Abs. 1 GmbHG nicht wieder dann entfällt, wenn durch künftige Gewinne die Stammkapitalziffer vollständig abgedeckt ist, führt die Nichtaktivierung des Anspruchs nicht nur in dem konkreten Jahr der unzulässigen Ausschüttung, sondern auch in den folgenden Geschäftsjahren **fehlerhaften** und im Einzelfall möglicherweise sogar **nichtig festgestellten Bilanz**. 139

Nach § 266 Abs. 3 A I bis V HGB hat das Eigenkapital bei Kapitalgesellschaften folgende **Bestandteile**: 140

- gezeichnetes Kapital,
- Kapitalrücklage,
- Gewinnrücklagen,
- Gewinnvortrag/Verlustvortrag,
- Jahresüberschuss/Jahresfehlbetrag.

Die Auswirkungen von Jahresfehlbeträgen werden solange durch negative Posten auf der Passivseite berücksichtigt, bis das Eigenkapital verbraucht ist. Erst dann wird ein weiterer Fehlbetrag nach § 268 Abs. 3 HGB auf der Aktivseite ausgewiesen. 141

Bei Kapitalgesellschaften ist es regelmäßig nicht nötig, dass das Kapital in voller Höhe eingezahlt ist, nichtsdestoweniger ist nach § 272 Abs. 1 S. 1 HGB das gezeichnete Kapital auf der Passivseite grds. schon **in voller Höhe auszuweisen**. Nicht eingeforderte ausstehende Einlagen sind indessen **zwingend offen abzusetzen** (§ 272 Abs. 1 S. 2 Halbs. 1 HGB). 142

Rücklagen verstärken neben dem Nominalkapital das Eigenkapital der Kapitalgesellschaften. Sie können sich entweder aus Einlagen der Gesellschafter ergeben (Kapitalrücklage) oder auch durch die Einbehaltung von Gewinnen entstehen (Gewinnrücklage). **AG** sind **gesetzlich zur Bildung einer Rücklage verpflichtet** (vgl. § 150 Abs. 1 AktG). Darüber hinaus können weitere Beträge aus dem Jahresüberschuss in die freien Rücklagen eingestellt werden (§ 58 Abs. 1 bis 3 AktG). **Entstehen Verluste**, sind diese zunächst durch Auflösung freier oder gesetzlicher Rücklagen zu decken (§ 150 Abs. 3, 4 AktG). Wenn dabei bei der gesetzlichen Rücklage der vorgeschriebene Mindestbetrag unterschritten wird, muss dieser bei einer künftigen Gewinnsituation zunächst wieder aufgefüllt werden, bevor eine Ausschüttung an die Aktionäre erfolgen darf. 143

Bei der **GmbH** fehlt es – vom Sonderfall der Rücklagen für Anteile an einem herrschenden Unternehmen nach § 272 Abs. 4 HGB abgesehen – an einer gesetzlich vorgeschriebenen Rücklage. Deshalb kommt es bei der GmbH zur Bildung von **Gewinnrücklagen** nur durch Satzungsbestimmung oder durch entsprechenden Mehrheits- 144

---

137 BGH, DStR 2000, 1234, unter Aufgabe von BGH, NJW 1988, 139.

beschluss der Gesellschafter (vgl. § 29 GmbHG). Aus Sicht des Minderheitsgesellschafters ist zu beachten, dass im Fall des Fehlens einer entsprechenden Satzungsbestimmung die Gesellschafterversammlung mit einfacher Mehrheit über die Rücklagenbildung entscheiden kann (§§ 29 Abs. 2, 47 Abs. 1 GmbHG).

145   In die **Kapitalrücklage** sind alle Einlagen der Gesellschafter einzustellen, die nicht auf das gezeichnete Kapital geleistet werden. Beträge, die bei der Ausgabe von Anteilen, Bezugsanteilen usw. über den Nennbetrag hinausgehen (sog **Agio bzw. Aufgeld**), sind der Kapitalrücklage nach § 272 Abs. 2 Nr. 1, 2 HGB zuzuführen. Der Zweck des § 272 Abs. 2 Nr. 3 HGB besteht darin, Zuzahlungen, die gegen **Gewährung eines Vorzugs** geleistet werden, nicht unmittelbar wieder zur Verteilung gelangen zu lassen. Schließlich erfasst § 272 Abs. 2 Nr. 4 HGB alle **anderen Zuzahlungen** in das Eigenkapital. Doch handelt es sich bei der Norm um keinen allgemeinen Auffangtatbestand, weil die überwiegende Meinung die Vorschrift in einem finalen Sinn versteht, dass der Gesellschafter eine Leistung in das Eigenkapital der Gesellschaft beabsichtigt haben muss.[138] Materiell geht es bei § 272 Abs. 2 Nr. 4 HGB um die Unterscheidung von **Kapital und Gewinn**. Insgesamt wirft die Norm eine Fülle von Problemen auf.

146   Aus § 272 Abs. 3 HGB ergibt sich, dass es sich bei der **Gewinnrücklage** um Eigenkapital handelt, welches iRd Gewinnverwendung aus dem Jahresüberschuss gebildet wird.

147   § 272 Abs. 4 HGB sieht eine **Rücklage für Anteile an einem herrschenden oder mit Mehrheit beteiligten Unternehmen** vor. Die Rücklage ist bereits bei Aufstellung der Bilanz zu bilden. Eine Auflösung kommt erst dann in Betracht, wenn die Anteile veräußert, ausgegeben oder eingezogen werden, oder auf der Aktivseite ein niedrigerer Betrag angesetzt wird.

148   Bei der AG richtet sich die **Auflösung der gesetzlichen Rücklage** nach § 150 Abs. 3, 4 AktG. Kapitalrücklage und (gesetzliche) Gewinnrücklage werden zusammengerechnet. Bei der GmbH können gebildete Rücklagen grds. durch einfachen Beschluss der Gesellschafter wieder aufgelöst werden, soweit die Satzung keine abweichenden Bestimmungen vorsieht.

149   Von der Gewinnrücklage ist der **Gewinnvortrag** zu unterscheiden. Der Gewinnvortrag (vgl. § 58 Abs. 3 AktG) geht im folgenden Geschäftsjahr ohne Weiteres in den verteilungsfähigen Gewinn ein und muss nicht gesondert aufgelöst werden. Wird ein **Jahresfehlbetrag** nicht durch einen vorhandenen Gewinnvortrag oder durch die Auflösung von Rücklagen ausgeglichen, ist er in der Jahresbilanz als Verlustvortrag auszuweisen (vgl. § 266 Abs. 3 A IV HGB).

150   Anstelle eines Jahresüberschusses ist ein **Bilanzgewinn** auszuweisen, wenn entweder bei Bilanzaufstellung (vgl. § 29 Abs. 1 S. 2 GmbHG) oder Bilanzfeststellung (vgl. § 58 AktG) bereits Beträge in die Rücklage eingestellt oder aus den Rücklagen ausgebucht worden sind (vgl. § 268 Abs. 1 S. 2 HGB iVm §§ 29 Abs. 1 S. 2 GmbHG, 58 Abs. 3, 4 AktG). Der Bilanzgewinn zeigt, dass bereits eine (teilweise) **Verwendung des Jahresüberschusses** stattgefunden hat. Soweit bei einem Jahresfehlbetrag auch nach Auflösung von Rücklagen ein Bilanzverlust übrig bleibt, ist dieser unter dem Eigenkapital auf der Passivseite der Bilanz als negativer Betrag auszuweisen.

---

138   Störk/Kliem/Meyer, in: Beck Bil-Komm., HGB § 272 Rn. 195 f. mwN.

V. Bewertung

1. Bewertungsgrundsätze

Der Jahresabschluss ist in EUR aufzustellen (§ 244 HGB). Bei der Bewertung geht es darum, dass jeder Bilanzposition sowohl auf der Aktiv- als auch auf der Passivseite eine bestimmte EUR-Größe zugeordnet werden muss, um das Ergebnis des Geschäftsjahres ermitteln zu können. Dabei ist zwischen der **erstmaligen Bewertung einer Bilanzposition (Zugangsbewertung)** und der **Fortführung dieses Bewertungsansatzes (Folgebewertung)** zu unterscheiden. Die **allgemeinen Bewertungsgrundsätze** sind in § 252 HGB normiert. Es gelten:

- die Grundsätze des Bilanzzusammenhangs,
- die Grundsätze der Unternehmensfortführung,
- das Vorsichtsprinzip,
- das Realisationsprinzip,
- das Imparitätsprinzip,
- der Grundsatz der Einzelbewertung,
- der Grundsatz der Periodisierung und
- der Grundsatz der Bewertungsstetigkeit.

Aus dem **Grundsatz der Unternehmensfortführung** („going concern") folgt, dass in der Handelsbilanz keine Liquidationswerte (Zerschlagungswerte) angesetzt werden dürfen, sofern dem nicht tatsächliche oder rechtliche Gegebenheiten entgegenstehen (§ 252 Abs. 1 Nr. 2 HGB). Für die **Zugangsbewertung** sieht das HGB die Bewertung der Vermögensgegenstände auf der Grundlage der Anschaffungs- oder Herstellungskosten vor. Verbindlichkeiten sind zu ihrem Rückzahlungsbetrag zu bewerten. Auch wenn eine Zinsverpflichtung niedriger als der marktübliche Zins ist, kommt eine Abzinsung der Verbindlichkeit oder die Aktivierung eines RAP nicht infrage, weil sonst künftige Erträge vorweg ausgewiesen würden. Die Sondervorschrift des § 6 Abs. 1 Nr. 3 EStG für zinslose Verbindlichkeiten gilt handelsrechtlich nicht. Rückstellungen sind iHd nach **vernünftiger kaufmännischer Beurteilung** notwendigen Erfüllungsbetrages anzusetzen (§ 253 Abs. 1 S. 2, 2. Alt. HGB). Zukünftige **Preis- und Kostensteigerungen sind** demnach bei der Bewertung – anders als in der Steuerbilanz (§ 6 Abs. 1 Nr. 3a Buchst. f.) EStG) – **zwingend zu berücksichtigen**. Ebenso wenig kommt das in § 6 Abs. 1 Nr. 3a Buchst. e) EStG geregelte Abzinsungsgebot **zu einem Zinssatz von 5,5 %** für Rückstellungen handelsrechtlich zur Anwendung. Vielmehr müssen künftig alle Rückstellungen mit einer Restlaufzeit von mehr als einem Jahr – und damit auch solche für Sachleistungsverpflichtungen – mit dem ihrer Restlaufzeit entsprechenden **durchschnittlichen Marktzinssatz abgezinst**, dh mit dem Barwert des künftigen Erfüllungsbetrages angesetzt werden (§ 253 Abs. 2 S. 1 HGB).[139] Die Diskontierung hat auf der Grundlage des durchschnittlichen Marktzinssatzes, der über die letzten sieben Geschäftsjahre zu bilden ist, zu erfolgen. Die anzuwendenden Zinssätze werden von der Deutschen Bundesbank ermittelt und monatlich bekannt gegeben.[140] Einzelheiten sind in einer gesonderten Rechtsverordnung, der sog Rückstellungsabzinsungsverordnung

---

[139] Ausführlich zum Diskontierungsgebot Drinhausen/Ramsauer, DB 2009, Beilage 5, 46, 50 ff.
[140] www.bundesbank.de.

(RückAbzinsV),[141] geregelt. Der Zinseffekt führt **in den Folgeperioden zu einer Erhöhung des Wertansatzes**. Für den Bilanzierenden bedeutet dies, dass der Wertansatz zu jedem Abschlussstichtag überprüft und ggf. angepasst werden muss. Insgesamt führt dies in der Praxis zu einer Steigerung der Anforderungen für Informationsbeschaffung und -verarbeitung. Schließlich muss das Zinsergebnis in der GuV-Rechnung unter einem gesonderten Posten ausgewiesen werden (§ 277 Abs. 5 S. 1 HGB).

153 Von zentraler Bedeutung ist des Weiteren, dass das HGB ein **geschlossenes Bewertungskonzept für die Folgebewertung** vorgibt. Es geht mit dem ausschließlich zulässigen **Anschaffungskostenmodell** von einer gemeinsamen **Wertobergrenze** für alle bilanzierenden Kaufleute aus, legt aber – abweichend von den Regelungen für Nicht-Kapitalgesellschaften – bei Kapitalgesellschaften und Personenhandelsgesellschaften ohne natürliche Person als Vollhafter (vgl. § 264a HGB) **Wertuntergrenzen** fest. Damit bilden die Zugangswerte (Anschaffungs- bzw. Herstellungskosten der Vermögensgegenstände) die Obergrenze der Bewertung. Ein **Neubewertungsmodell**, wie es internationale Standards für bestimmte Vermögenswerte vorsehen, die in Folgezeiträumen zum beizulegenden Zeitwert („fair value"; IFRS 9.5) zu bewerten sind,[142] ist dem HGB nach Inkrafttreten des BilMoG zwar nicht mehr gänzlich fremd, da es auf den **Handelsbestand von Kreditinstituten** Anwendung findet (§ 340e Abs. 3 HGB). Auf die ursprünglich geplante **Zeitwertbewertung von Finanzinstrumenten im gesamten Handelsbestand**, die eine schwerwiegende Beeinträchtigung des traditionellen Realisationsprinzips bedeutet hätte, hat der Gesetzgeber im Übrigen verzichtet. Des Weiteren hat die Zeitwertbewertung in Detailbereichen, wie bei der Bildung von Bewertungseinheiten nach § 254 HGB, bei insolvenzfesten Vermögensgegenständen, die gem. § 246 Abs. 2 HGB zwingend mit Altersvorsorgeverpflichtungen zu verrechnen sind, und bei wertpapiergebundenen Pensionsrückstellungen (§ 253 Abs. 1 S. 3 HGB), Eingang in das geltende HGB gefunden. Demzufolge trifft § 255 Abs. 4 HGB eine Regelung, **wie der beizulegende Zeitwert zu bestimmen** ist. Im Grundsatz ist auf den Marktpreis abzustellen. Fehlt es an einem aktiven Markt, ist auf die anerkannten Bewertungsmethoden zurückzugreifen. Sind auch diese nicht ermittelbar, sind die Anschaffungs- oder Herstellungskosten fortzuführen, welche dem zuletzt ermittelten beizulegenden Zeitwert entsprechen.

154 Bei der Folgebewertung ist zwischen abnutzbaren Vermögensgegenständen, die einem Wertverzehr unterliegen, und nicht abnutzbaren Vermögensgegenständen zu unterscheiden. Liegt ein **abnutzbarer Vermögensgegenstand** des Anlagevermögens vor (zB Gebäude, Maschinen), wird der Wertminderung durch sog **planmäßige Abschreibungen** auf der Basis der historischen Anschaffungs- bzw. Herstellungskosten Rechnung getragen (§ 253 Abs. 3 S. 1 HGB). Die Nutzungsdauer wird durch das „voraussichtliche" Ende der Nutzung bestimmt, wobei die **allgemeinen steuerlichen AfA-Tabellen**, die sich vorrangig an der im Vergleich zur wirtschaftlichen Nutzungsdauer längeren technischen Nutzungsdauer orientieren, nicht mehr generell übernommen werden können.[143]

---

141 Verordnung über die Ermittlung und Bekanntgabe der Sätze zur Abzinsung von Rückstellungen v. 18.11.2009, BGBl. I 2009, S. 3790.
142 Näher: Lübbig/Kühnel, in: IFRS-Handbuch, § 2 Rn. 156 ff.; Hitz, WPg 2005, 1013 ff.
143 Näher: Schubert/Andrejewski, in: Beck Bil-Komm., HGB § 253 Rn. 231 ff.; zu den Abschreibungsmethoden (namentlich lineare und degressive Abschreibung) HGB § 253 Rn. 238 ff.

BEISPIEL:
Eine Maschine wird zum Preis von 150.000 Euro angeschafft. Es ist zu erwarten, dass die Maschine für 10 Jahre genutzt werden kann. Bei linearer Abschreibung werden in den folgenden 10 Bilanzen dementsprechend jedes Jahr 15.000 Euro vom Anlagevermögensposten „Maschine" abgeschrieben.

Eine **außerplanmäßige Abschreibung** muss bei Vermögensgegenständen des Umlaufvermögens im Fall einer Wertminderung aufgrund außergewöhnlicher Ereignisse (zB Zerstörung von Waren) vorgenommen werden (§ 253 Abs. 4 S. 1 und 2 HGB – sog **Niederstwertprinzip**), bei Vermögensgegenständen des Anlagevermögens im Fall einer „voraussichtlich dauernden Wertminderung" (§ 253 Abs. 3 S. 5 HGB). Das sog gemilderte Niederstwertprinzip, das auf dem Abschreibungswahlrecht des § 253 Abs. 2 S. 3 HGB aF beruhte, ist nunmehr insoweit eingeschränkt, als es gem. § 253 Abs. 3 S. 6 HGB rechtsformunabhängig nur noch für Finanzanlagen gilt. 155

Nicht abnutzbare Vermögensgegenstände (zB Grund und Boden, Gesellschaftsbeteiligungen) unterliegen keinem natürlichen Wertverzehr. Deshalb kann bei diesen Vermögensgegenständen eine sog **außerplanmäßige Abschreibung** nur erfolgen, wenn außergewöhnliche Umstände vorliegen. Dies ist zB bei notleidenden Forderungen oder Beteiligungen der Fall, wenn sich die Kapitalgesellschaft in einer existenziellen Krise befindet bzw. bereits über deren Vermögen das Insolvenzverfahren eröffnet worden ist. 156

Fällt der Grund für eine Wertminderung später wieder weg, muss unabhängig von der Rechtsform des Bilanzierenden gem. § 253 Abs. 5 S. 1 HGB eine Zuschreibung erfolgen (sog **Wertaufholungsgebot**), wobei auch hier die historischen Anschaffungs- bzw. Herstellungskosten die Obergrenze bilden. Ausgenommen ist gem. § 253 Abs. 5 HGB der Geschäfts- oder Firmenwert. 157

Die Folgebewertung geht von der **Nominalwertprämisse** aus, dh eine mögliche Geldentwertung wird bilanzrechtlich nicht berücksichtigt; Indexierungen sind unzulässig. Auch dies folgt letztlich aus dem Anschaffungskostenmodell als Obergrenze, weil eine korrekte Berücksichtigung der Geldentwertung ansonsten eine jährliche Neubewertung der Abschreibungen auf der Basis gestiegener Anschaffungs- bzw. Herstellungskosten notwendig machen würde. 158

2. Anschaffungskosten

Die **Definition** der Anschaffungskosten findet sich in § 255 Abs. 1 HGB. Danach sind Anschaffungskosten die Aufwendungen, die geleistet werden, um einen Vermögensgegenstand zu erwerben und ihn in einen betriebsbereiten Zustand zu versetzen, soweit sie dem Vermögensgegenstand zugeordnet werden können. Zu den Anschaffungskosten gehören **auch Nebenkosten und nachträgliche Anschaffungskosten**. Anschaffungspreisminderungen sind zu berücksichtigen. Wertminderungen führen zu Abschreibungen nach § 253 Abs. 3 HGB. 159

Der **Anschaffungspreis** ergibt sich idR aus dem Kaufpreis. Ist im Kaufpreis USt enthalten und der Erwerber zum Vorsteuerabzug gem. § 15 UStG berechtigt, gilt der Nettorechnungsbetrag. Zu den Anschaffungskosten gehören auch die Kosten zur **Erlangung der Betriebsbereitschaft** (zB Montagekosten), wobei der Zustand der Betriebsbereitschaft final aus der beabsichtigten Verwendung des Gegenstandes abzuleiten ist.[144] 160

---

144 BFH, BStBl II 2003, S. 569; BStBl II 2003, S. 574; BStBl II 2003, S. 585; BStBl II 2003, S. 596.

161 Werden **mehrere Vermögensgegenstände** zu einem einheitlichen Preis erworben, müssen die Anschaffungskosten aufgeteilt werden. Den Hauptanwendungsfall bildet der entgeltliche **Erwerb eines bebauten Grundstücks** (Grund und Boden, Gebäude). Die Verkehrswertermittlung des Gebäudes hat dabei nach dem Sach- oder Ertragswertverfahren zu erfolgen; das Vergleichswertverfahren ist keine geeignete Schätzungsmethode.[145] Des Weiteren sind dingliche Belastungen des Grund und Bodens in der Bilanz des Erwerbers nicht gesondert auszuweisen. Vielmehr erwirbt der Erwerber **von vornherein ein wertgemindertes Grundstück**. Einschränkungen des Eigentums an einem Grundstück aufgrund dinglicher Lasten bilden gleichsam „negative Bestandteile" des Grundstücks.[146] Der Bilanzierende übernimmt daher bei einem mit einem Grundpfandrecht belasteten Grundstück nicht einerseits ein Grundstück und andererseits die Belastung, sondern führt seinem Betriebsvermögen ein um das fremde Nutzungsrecht bereits gemindertes Eigentum zu.

162 **Anschaffungsnebenkosten** sind die Kosten, die mit dem Erwerb verbunden sind. Anschaffungsnebenkosten setzen begriffsnotwendig einen Anschaffungsvorgang und darüber hinaus einen **entgeltlichen** zur Bilanzierung von Anschaffungskosten führenden Erwerb voraus. Deshalb gibt es keine Anschaffungsnebenkosten ohne Anschaffungshauptkosten.[147]

BEISPIEL:
Die A-GmbH erwirbt ein bebautes Grundstück. Der Kaufpreis wird von der B-Bank finanziert, neben den Zinsen fällt für die Vermittlung des Darlehensvertrages eine Gebühr an. Des Weiteren muss die A-GmbH Notargebühren, Maklerkosten und Grunderwerbsteuer bezahlen.

Zunächst sind der Grund und Boden und das aufstehende Gebäude bilanzrechtlich zwei Vermögensgegenstände. Deshalb müssen die Anschaffungskosten und Anschaffungsnebenkosten im Verhältnis der Zeitwerte aufgeteilt werden. Nur das Gebäude unterliegt einem Wertverzehr und ist planmäßig abzuschreiben. Neben dem Kaufpreis sind als Nebenkosten die Notargebühren, Maklerkosten und Grunderwerbsteuer zu aktivieren. Demgegenüber sind die Kreditzinsen einschließlich der Vermittlungsgebühr für den Darlehensvertrag keine Nebenkosten und führen zu einem sofort abzugsfähigen Aufwand.

163 Auch **nachträgliche Anschaffungskosten** zählen gem. § 255 Abs. 1 S. 2 HGB zu den Anschaffungskosten. Voraussetzung ist, dass sie im unmittelbaren Zusammenhang mit der Anschaffung stehen, da sie dem Zweck dienen, das Wirtschaftsgut in einen betriebsbereiten Zustand zu versetzen.[148] In diesem Fall können Sie auch noch Jahre später entstehen. Typische Beispiele für nachträgliche Anschaffungskosten sind nachträgliche Kaufpreiserhöhungen oder Erschließungsbeiträge für Grundstücke.[149] Aber auch die Beseitigung von Nutzungsbeschränkungen eines Grundstücks kann zu nachträglichen Anschaffungskosten führen.[150]

164 **Erworbene Gegenstände des Umlaufvermögens** sind ebenfalls mit den Anschaffungskosten zu bewerten. Die Anschaffungskosten sind insb. beim Ansatz der Roh-, Hilfs-

---

145 BFH, BStBl II 2001, S. 183; BFH/NV 2003, 769.
146 BFH, BFH/NV 2005, 440.
147 Schubert/Hutzler, in: Beck Bil-Komm., HGB § 255 Rn. 62; vgl. auch BFH, BStBl II 2011, S. 761 zu Anschaffungs(neben)kosten bei der Anteilsvereinigung.
148 BFH, BFH/NV 2018, 1082.
149 Schubert/Hutzler, in: Beck Bil-Komm., HGB § 255 Rn. 66 ff.
150 BFH, BFH/NV 2018, 1082.

und Betriebsstoffe, fremdbezogener Waren und Wertpapieren von Bedeutung. Bei der Folgebewertung sind die Anschaffungskosten den Vergleichswerten des § 253 Abs. 4 HGB gegenüberzustellen. Sind diese Werte, insb. der **Börsen- oder Marktpreis**, niedriger, so sind diese zu bilanzieren. Hier geht das Niederstwertprinzip aus Vorsichtsgründen dem Anschaffungswertprinzip vor. Das **Niederstwertprinzip** führt im Ergebnis dazu, dass am Bilanzstichtag erkennbare, aber noch nicht realisierte Verluste schon in der abzuschließenden Periode berücksichtigt werden. Die maßgeblichen Vergleichswerte richten sich für Roh-, Hilfs- und Betriebsstoffe sowie für unfertige und fertige Erzeugnisse, soweit ein Fremdbezug möglich ist, **nach den Verhältnissen am Beschaffungsmarkt**. Die Verhältnisse am Absatzmarkt sind maßgebend für andere unfertige und fertige Erzeugnisse, Überstände an Roh-, Hilfs- und Betriebsstoffen sowie Wertpapieren.[151] Keine Abschreibung auf den Börsenpreis ist allerdings bei **festverzinslichen Wertpapieren**, die eine Forderung in Höhe des Nominalwerts der Forderung verbriefen, vorzunehmen, da der Inhaber das gesicherte Rechte innehat, am Ende der Laufzeit den Nominalwert zu erhalten.[152]

3. Herstellungskosten

Der **Begriff der Herstellungskosten** ist in § 255 Abs. 2, 2a, 3 HGB detailliert geregelt. Er bildet den Bewertungsmaßstab für **im Unternehmen selbst hergestellte Gegenstände** und gilt gleichermaßen für das Anlage- und Umlaufvermögen bei Einzelunternehmen, Personengesellschaften und Kapitalgesellschaften. Gegenstand der Herstellungskosten sind nicht kalkulatorische Kosten, sondern **Aufwendungen** iSd Handelsrechts. Bei den verschiedenen, potenziell zu Herstellungskosten führenden Aufwendungen ist einerseits zwischen direkt zurechenbaren Einzelkosten und Gemeinkosten sowie andererseits zwischen variablen und fixen Kosten zu unterscheiden.

165

Nach § 255 Abs. 2 S. 1 und 2 HGB liegt die **Untergrenze** der Herstellungskosten bei den **Einzelkosten**. Insoweit ist der handelsrechtliche Begriff der Herstellungskosten durch das BilMoG an den steuerrechtlichen angeglichen worden. Nach § 255 Abs. 2 HGB besteht nunmehr ein **Ansatzgebot** für die Materialkosten, die Fertigungskosten und die Sonderkosten der Fertigung sowie angemessene Teile der Materialgemeinkosten, der Fertigungsgemeinkosten und des Wertverzehrs für das Anlagevermögen, soweit dieser durch die Fertigung veranlasst ist. Ein **Ansatzwahlrecht** gibt es für Kosten der allgemeinen Verwaltung und ähnliche Kosten sowie Fremdkapitalzinsen, sofern diese fertigungsbezogen sind. Ein **Ansatzverbot** besteht neben der bisher schon unzulässigen Einbeziehung von Vertriebskosten nunmehr ausdrücklich auch für die Forschungskosten.

166

Das Wahlrecht des § 255 Abs. 2 S. 3 HGB bedeutet die **Obergrenze** der Herstellungskosten. Die Aktivierung von **Finanzierungskosten** ist grds. nicht statthaft, doch sieht § 255 Abs. 3 S. 2 HGB eine Bewertungshilfe vor, um Fremdkapitalzinsen in die Herstellungskosten einzurechnen, soweit sie auf Kapital, das unmittelbar zur Herstellung eines Vermögensgegenstandes führt, und auf den Herstellungszeitraum entfallen.

167

Vertriebskosten gehören generell nicht, also auch dann nicht, wenn sie sich als Einzelkosten direkt zurechnen ließen, zu den Herstellungskosten (§ 255 Abs. 2 S. 4 HGB). Dies hat seinen Grund darin, dass zum einen der Produktionsvorgang bereits beendet

168

---

151 Schubert/Berberich, in: Beck Bil-Komm., HGB § 253 Rn. 516 ff. mwN.
152 BFH, BStBl II 2012, S. 716.

ist und zum anderen die Vertriebskosten den Wert des fertigen Erzeugnisses nicht weiter erhöhen. Aufwendungen, die im Zusammenhang mit der **Entwicklung** eines (neuen) Produktes entstanden sind, können gem. §§ 248 Abs. 2, 255 Abs. 2a HGB grds. in die Herstellungskosten eingerechnet werden.

169 Herstellungskosten sind nicht nur die Aufwendungen für die Herstellung eines Vermögensgegenstandes, sondern auch Aufwendungen, die der **Erweiterung** oder der **wesentlichen Verbesserung** eines (angeschafften oder hergestellten) Vermögensgegenstandes dienen (§ 255 Abs. 2 S. 1 HGB). Herstellungsaufwand ist zu aktivieren und demzufolge erfolgsneutral, während sog **Erhaltungsaufwand** nicht aktiviert wird und sich damit als Aufwand erfolgswirksam auswirkt. Die Vorschrift hat ihren Hauptanwendungsbereich im Zusammenhang mit der Veränderung von Gebäuden. Wird etwa ein Anbau errichtet, ein Dachgeschoss ausgebaut und damit die nutzbare Fläche vergrößert oder die Substanz vermehrt (zB Einbau einer Alarmanlage), liegt eine **Erweiterung** vor. Ohne eine Gebäudeerweiterung kommen Herstellungskosten in Betracht, wenn der Gebrauchswert eines Gebäudes als Ganzes durch Hebung des Standards wesentlich erhöht wird.[153] Eine Sonderbehandlung von Aufwendungen im zeitlichen Zusammenhang mit der Gebäudeanschaffung (sog **anschaffungsnahe Aufwendungen**) hat der BFH für das Handelsrecht aufgegeben.[154]

VI. Gewinn- und Verlustrechnung

170 Der Jahresabschluss besteht aus der Bilanz und der Gewinn- und Verlustrechnung (§ 242 Abs. 3 HGB). Die Bilanz ist eine **stichtagsbezogene Zeitpunktrechnung**, in der auf den Bilanzstichtag das Vermögen einerseits und das Eigen- und Fremdkapital andererseits einander gegenübergestellt werden. Deshalb lässt sich an der Veränderung des Eigenkapitals **nur summarisch** der positive oder negative Erfolg der jeweiligen Rechnungsperiode im Vergleich zur Schlussbilanz des Vorjahres ablesen. Demgegenüber ist die Gewinn- und Verlustrechnung (GuV-Rechnung) eine **Zeitraumrechnung**. Aus ihr lässt sich entnehmen, auf welche Art und Weise sich Gewinn oder Verlust im Einzelnen ergeben haben. Damit ermöglicht sie einen Einblick in die Ertragslage des Unternehmens. Bilanz und GuV-Rechnung sind **über das System der doppelten Buchführung** miteinander verbunden, weshalb sich die Vorschriften zum Bilanzansatz und zur Bewertung auch unmittelbar auf den Inhalt der GuV-Rechnung auswirken.

171 Für Kapitalgesellschaften und Personenhandelsgesellschaften ohne Vollhaftung einer natürlichen Person verlangt § 275 Abs. 2, Abs. 3 HGB eine **Mindestgliederung** der GuV-Rechnung, soweit sich nicht aus branchenspezifischen Vorschriften eine abweichende Gliederung ergibt (Banken, Versicherungen) oder von der Verkürzungsmöglichkeit des § 276 HGB Gebrauch gemacht wird. Einzelkaufleute und die übrigen Personengesellschaften sind an die Gliederungsschemata des § 275 HGB nicht gebunden. Die GuV kann bei **Kleinstkapitalgesellschaften** verkürzt werden, da jene Gesellschaften gem. § 275 Abs. 5 HGB die Posten „sonstige Erträge" und „sonstige Aufwendungen" ausweisen dürfen. Bei diesen handelt es sich um Sammelposten, die mehrere Positionen der Staffelung der GuV nach § 275 Abs. 2 und 3 HGB zusammenfassen.

---

153 BFH, BStBl II 2003, S. 569.
154 BFH, BStBl II 2003, S. 569, 574.

VI. Gewinn- und Verlustrechnung

Beispiele:
Bestandsmehrungen an fertigen und unfertigen Erzeugnissen, aktivierte Eigenleistungen, Zins- und Beteiligungserträge können bei Kleinstkapitalgesellschaften als „sonstige Erträge" ausgewiesen werden.

Im Rahmen der verkürzten Gliederung sind keine Zwischensummen auszuweisen. Der Gesetzgeber geht davon aus, dass bei Kleinstkapitalgesellschaften eine Konzentration auf das Kerngeschäft erfolgt und der gesonderte Ausweis der gewöhnlichen Geschäftstätigkeit, des betrieblichen Ergebnisses, des Finanzergebnisses und des außerordentlichen Ergebnisses daher nicht notwendig seien. Das Gliederungsschema der GuV bei einer Kleinstkapitalgesellschaft sieht daher wie folgt aus: 172

1. Umsatzerlöse,
2. sonstige Erträge,
3. Materialaufwand,
4. Personalaufwand,
5. Abschreibungen,
6. sonstige Aufwendungen,
7. Steuern,
8. Jahresüberschuss/Jahresfehlbetrag.

Die GuV-Rechnung der Kapitalgesellschaften und Personengesellschaften ohne Vollhaftung einer natürlichen Person ist in **Staffelform** nach dem Gesamtkostenverfahren oder nach dem Umsatzkostenverfahren aufzustellen (§ 275 Abs. 1 S. 1 HGB). Einzelkaufleute und die übrigen Personengesellschaften können zwischen Staffelform oder Kontoform wählen. 173

Die deutschen GuV-Rechnungen werden traditionellerweise nach dem Gesamtkostenverfahren als Produktionserfolg zur Rechnung gegliedert. Beim **Gesamtkostenverfahren** werden allen in der Rechnungsperiode angefallenen Erträgen die Gesamtkosten gegenübergestellt, die bei Erbringung der Betriebsleistung angefallen sind. Es werden also anders als im **Umsatzkostenverfahren** nicht nur die Umsatzerlöse und die Herstellungskosten der zur Erzielung der Umsatzerlöse erbrachten Leistungen in Bezug gesetzt, sondern es werden auch die Bestandsveränderungen an Halb- und Fertigfabrikaten und die anderen aktivierten Eigenleistungen gesondert berücksichtigt (§ 275 Abs. 2 Nr. 2, 3 HGB). Da im Gesamtkostenverfahren **nach einzelnen Ertragsarten und Aufwandsarten** gegliedert wird, ist erkennbar, durch welche Produktionsfaktoren der Aufwand verursacht worden ist. 174

Demgegenüber wird beim Umsatzkostenverfahren **nicht nach Aufwandsarten unterschieden** und die Aufwendungen ausschließlich auf die gewinnrealisierten Umsatzerlöse bezogen. Das Umsatzkostenverfahren gibt damit **Einblick in die Kalkulationsstruktur des Unternehmens** und zeigt die Erfolgsbeiträge der einzelnen Kostenbereiche auf. Da beim Umsatzkostenverfahren den Umsatzerlösen (ohne Erfassung der Bestandsveränderung) lediglich die Selbstkosten der abgesetzten Betriebsleistung gegenübergestellt werden, müssen Material- und Personalaufwand sowie die außerplanmäßigen Abschreibungen und steuerlichen Sonderabschreibungen im **Anhang** gesondert angegeben werden (§ 285 Nr. 8 HGB). 175

VII. Anhang

176 Bei **Kapitalgesellschaften und Personenhandelsgesellschaften** ohne voll haftende natürliche Person (§ 264a HGB) gehört zum Jahresabschluss auch ein Anhang (§§ 264 Abs. 1 S. 1, 284 ff. HGB). Nach § 264 Abs. 1 S. 5 HGB sind **Kleinstkapitalgesellschaften** von der Pflicht **befreit**, einen Anhang zum Jahresabschluss aufzustellen, wenn unter der Bilanz Angaben zu Haftungsverhältnissen, zu gewährten Vorschüssen und Krediten an Mitglieder des Geschäftsführungsorgans, eines Aufsichtsrats, eines Beirats oder einer ähnlichen Einrichtung jeweils für jeder Personengruppe und im Falle einer AG zum Bestand an eigenen Aktien gemacht werden.

177 Nach traditionellem deutschen Verständnis **genießt das Vorsichtsprinzip Vorrang** vor dem Prinzip des § 264 Abs. 2 S. 1 HGB, der eine möglichst zutreffende Darstellung der Vermögens-, Finanz- und Ertragslage verlangt. Insofern übernimmt der Anhang (§§ 284 ff. HGB) eine **Korrekturfunktion**, indem er Bilanz und GuV-Rechnung verbal erläutert und den Informationsgehalt ergänzt. Der Pflichtangabenkatalog ist in §§ 284, 285 HGB umschrieben, die nachfolgenden §§ 286 bis 288 HGB behandeln einige Ausnahmetatbestände. § 288 HGB stellt kleine Kapitalgesellschaften und diesen gleichgestellte Personengesellschaften von der Aufnahme bestimmter Angaben frei. Mittlere Kapitalgesellschaften können einen Anhang ohne diese Angaben zum Handelsregister einreichen.

178 Der **Pflichtangabenkatalog** schreibt etwa vor, dass Wahlrechte und Bewertungsmethoden offengelegt werden (§ 284 Abs. 2 Nr. 1 HGB) und Angaben zur Fristigkeit von Verbindlichkeiten gemacht werden müssen (§ 285 Nr. 2 HGB). § 285 Nr. 3 HGB steht im Zusammenhang mit §§ 285 Nr. 3a, 251 HGB. Danach müssen im Anhang Art und Zweck sowie Risiken und Vorteile von **nicht in der Bilanz enthaltenen Geschäften** aufgenommen werden, soweit dies für die Beurteilung der Finanzlage notwendig ist. Nach der Begründung des RegE[155] fallen hierunter Transaktionen, die von vornherein dauerhaft keinen Eingang in die Handelsbilanz finden oder einen dauerhaften Abgang von Vermögensgegenständen oder Schulden aus der Handelsbilanz nach sich ziehen. Zu nennen sind etwa die sich aus nicht bilanzierten schwebenden Geschäften ergebenden langfristigen Verpflichtungen (Miete, Leasing). § 285 Nr. 3a HGB erfasst zudem sonstige finanzielle Verpflichtungen, die weder in der Bilanz erscheinen noch in den Haftungsverhältnissen unter dem Strich iSd §§ 251, 268 Abs. 7 HGB, soweit die Angaben für die Beurteilung der Finanzlage von Bedeutung sind. In Abgrenzung zu § 285 Nr. 3 HGB sollen darunter etwa Folgeinvestitionen bereits begonnener Investitionsvorhaben oder künftig anfallende Großreparaturen fallen, denen noch keine vertraglichen Abreden zugrunde liegen, sowie Verpflichtungen aus öffentlich-rechtlichen Rechtsverhältnissen, die sich noch nicht in einer Weise verdichtet haben, die einen Bilanzausweis rechtfertigt.[156]

179 Durch manche Angaben wird die **Transparenz der Bilanzposten erhöht**, etwa für Umsatzerlöse nach Tätigkeitsbereichen und geografisch bestimmten Märkten nach § 285 Nr. 4 HGB oder für Geschäftsführerbezüge nach § 285 Nr. 9 HGB.

---

[155] BR-Drucks 344/08, S. 149.
[156] BR-Drucks 344/08, S. 151.

VIII. Lagebericht

§ 289 HGB schreibt für **große und mittelgroße Kapitalgesellschaften und für Personenhandelsgesellschaften ohne natürliche Person als Vollhafter** vor, dass diese einen **Lagebericht aufzustellen haben** (§§ 264 Abs. 1 S. 1, 264a, 289 HGB). Der Lagebericht ist, ebenso wie der Anhang, ein **erläuternder Bestandteil** der Rechnungslegung, allerdings kein Bestandteil des Jahresabschlusses im formalen Sinn, sondern ein **zusätzliches Informationsmittel**. Im Unterschied zum Anhang ist er nicht an die vergangenheitsorientierten Rechenwerke der Bilanz und GuV-Rechnung gebunden. Er löst sich von der positionsbezogenen Sicht des Anhangs und beschreibt sowohl den Verlauf des abgelaufenen Geschäftsjahres als auch die **Risiken und Chancen der künftigen Entwicklung** (§ 289 Abs. 1 HGB). Im Mittelpunkt steht die Darstellung und Beurteilung der für das Unternehmen relevanten wirtschaftlichen Zusammenhänge. Dies macht insb. § 289 Abs. 2 Nr. 2 HGB deutlich.

180

Hinweis: Bilanz, GuV-Rechnung und Anhang allein können über Forschung und Entwicklung wenig aussagen. Letztere können aber für die langfristige Wettbewerbsfähigkeit des Unternehmens von entscheidender Bedeutung sein. Andererseits ist dieser Bereich auch besonders wettbewerbssensibel, so dass die Berichterstattung wohl dort ihre Grenze hat, wo der Wettbewerber das Unternehmen schädigende Informationen erlangen kann.

Durch das CSR-Richtlinie-Umsetzungsgesetz[157] sind für Kapitalgesellschaften, die die Voraussetzungen des § 289b Abs. 1 HGB erfüllen, eine Reihe von nichtfinanziellen Berichtpflichten geschaffen worden. Diese betreffen gem. § 289bc HGB die Beschreibung des Geschäftsmodells sowie Umweltbelange, Arbeitnehmerbelange, Sozialbelange, Achtung der Menschenrechte sowie Bekämpfung von Korruption.[158]

Literatur:
Adler/Düring/Schmaltz, Rechnungslegung und Prüfung der Unternehmen, 6. Aufl. 2000; *Aigner*, Das neue Bilanzrecht nach HGB, 2009; *Baetge/Kirsch/Thiele*, Bilanzen, 16. Aufl. 2021 *Baetge/Kirsch/Thiele*, Bilanzrecht, Loseblatt, Stand: Mai 2022; *Beck'scher Bilanzkommentar*, 13. Aufl. 2022; *Beck'sches IFRS-Handbuch*, Kommentierung der IFRS/IAS, 6. Aufl. 2020; *Beisse*, Die paradigmatischen GoB, FS für W. Müller, 2001, S. 731; *Bertram/Kessler/Müller*, Haufe HGB Bilanz Kommentar, §§ 238–342a HGB, 12. Aufl. 2021; *Budde/Steuber*, Globaler Kapitalmarkt und unternehmerische Rechenschaftslegung, FS für Peltzer, 2001, S. 39; *Claussen*, Zum Stellenwert des Rechnungslegungsrechts, FS für Kropff, 1997, S. 431; *Coenenberg/Haller/Schultze*, Jahresabschluss und Jahresabschlussanalyse, 26. Aufl. 2021; *Coenenberg/Haller/Mattner/Schultze*, Einführung in das Rechnungswesen, 8. Auflage 2021; *Crezelius*, Die Bilanz als Rechtsinstitut, FS für Zimmerer, 1997, S. 509; *ders.*, Überschuldung und Bilanzierung, FS für Röhricht, 2005, S. 787; *ders.*, Das sogenannte schwebende Geschäft in Handels-, Gesellschafts- und Steuerrecht, FS für Döllerer, 1988, S. 81; *Deubert/Förschle/Störk*, Sonderbilanzen, 6. Aufl. 2021; *Ebenroth/Boujong/Joost/Strohn*, Kommentar zum Handelsgesetzbuch, Bd. 1, 4. Aufl. 2020; *Graf von Kanitz*, Bilanzkunde für Juristen, 3. Aufl. 2014; *Großfeld/Luttermann*, Bilanzrecht, 4. Aufl. 2005; *Herzig*, Die rückstellungsbegrenzende Wirkung des Realisationsprinzips, FS für Schmidt, 1993, S. 209; *Hoffmann/Lüdenbach*, NWB Kommentar Bilanzierung, 12. Aufl. 2021; *Hopt*, Kommentar zum Handelsgesetzbuch, 41. Aufl. 2022; *Hüffer*, Bewertungsprobleme in der Überschuldungsbilanz, FS für Wiedemann, 2002, S. 1047; *Icking*, Die Rechtsnatur des Handelsbilanzrechts, 2000; *IDW*, WP Handbuch Wirtschaftsprüfung und Rechnungslegung, 17. Aufl. 2021; *Knobbe-*

---

157 BGBl. I 2017, S. 802.
158 Ausführlich: Rubner/Leuering, NJW-Spezial 2017, 719; zur geplanten Überarbeitung der CSR-Richtlinie: Schön, ZfPW 2022, 207 ff.

Keuk, Bilanz- und Unternehmenssteuerrecht, 9. Aufl. 1993; *Kruse*, Grundsätze ordnungsmäßiger Buchführung, 3. Aufl. 1978; *Leffson*, Die Grundsätze ordnungsmäßiger Buchführung, 7. Aufl. 1987; *Moxter*, Zur Funktionsinadäquanz von Bilanzen, FS für Röhricht, 2005, S. 1007; *ders.*, Zum Passivierungszeitpunkt von Umweltschutzrückstellungen, FS für Forster, 1992, S. 427; *Noack/Servatius/Haas*, Kommentar zum GmbH-Gesetz, 23. Aufl. 2022; *Scheffler/Köstler/Oßman*, Buchführung, 8. Auflage 2017; *Westermann/Wertenbruch*, Handbuch der Personengesellschaften, Loseblatt, 82. EL, Stand: März 2022; *Winnefeld*, Bilanz-Handbuch, 5. Aufl. 2015.

Teil 5: Kartellrecht

Sebastian Egger / Klaus Vieweg

§ 1 Einführung 201	§ 8 Verbot des Missbrauchs von Marktmacht 227
§ 2 Begriff, Funktion, Regelungsbereich und Struktur 202	§ 9 Fusionskontrolle 237
§ 3 Entwicklung 206	§ 10 Prüfungsschema für Unterlassungs-, Beseitigungs- und Schadensersatzansprüche 243
§ 4 Rechtsgrundlagen 207	
§ 5 Behörden und Gerichte 208	
§ 6 Ausgangspunkt: Der relevante Markt 210	
§ 7 Verbot wettbewerbsbeschränkender Vereinbarungen und Verhaltensweisen (Kartellverbot) 216	

§ 1 Einführung

Das Kartellrecht ist ein **Kerngebiet des Wirtschaftsrechts**, das geprägt ist durch das Zusammenspiel von europäischem und nationalem Recht, von öffentlich-rechtlichen und privatrechtlichen Vorschriften sowie von der interdisziplinären Berücksichtigung ökonomischer Aspekte. Die hieraus resultierende Komplexität macht das Kartellrecht zu einer besonders interessanten Rechtsmaterie. 1

Das Kartellrecht nimmt auch im Rahmen der medialen Berichterstattung einen bedeutenden Platz ein. Besondere Aufmerksamkeit wird in diesem Zusammenhang den verhängten Bußgeldern gegen renommierte Unternehmen zuteil, die oftmals „Rekordhöhe" erreichen. Aus der jüngeren Vergangenheit seien beispielhaft die vom Bundeskartellamt verhängten Bußgelder im Fall des sog. Schienenkartells (124 Mio. EUR) sowie gegen die Mitglieder des „Zementkartells" (660 Mio. EUR) erwähnt. Die Europäische Kommission hat in Verfahren wegen Verstößen gegen das Kartellverbot bzw. wegen Marktmachtmissbrauchs gegen Microsoft, Intel, Google und Qualcomm sowie gegen das „Lastwagenkartell" Bußgelder verhängt, die die Milliarden-Euro-Grenze erreicht und teilweise sogar überschritten haben (so bspw. das gegen Google verhängte Bußgeld von rund 2,42 Mrd. EUR). 2

In der Rechtspraxis werden jedoch oftmals einzelne Unternehmen von diesen empfindlichen Sanktionen ausgenommen und über Kronzeugenregelungen privilegiert. Dies ist vor allem den Schwierigkeiten geschuldet, Kartellrechtsverstöße nachzuweisen. 3

Die genannten Beispiele führen vor Augen, dass das Kartellrecht **keine rein nationale Angelegenheit** ist, sondern durch materiellrechtliche Vorschriften sowohl auf nationaler als auch auf **Unionsebene** geprägt ist. Die mitgliedstaatlichen Regelungen wurden im Zuge der Harmonisierung an das europäische Kartellrecht angepasst. Somit erlangt die Unterscheidung zwischen nationalem und europäischem Kartellrecht vor allem für den behördlichen Vollzug und die anzuwendenden Normen Bedeutung, für das Ergebnis hingegen nur in begrenztem Maße. Diese Rechtsangleichung beruhte auf dem Ziel, die nationalen Märkte in einen europäischen Binnenmarkt zu integrieren, dessen Verwirklichung und Bestand durch unterschiedliche kartellrechtliche Normen und somit divergierende Wettbewerbsvoraussetzungen gefährdet wäre. 4

5 Zur Komplexität dieser Materie trägt neben der angeführten Überlagerung von nationalem und europäischem Recht auch die auf der Rechtsfolgenseite bestehende **Parallelität von Zivilrecht und Öffentlichem Recht** bei. So stellt die erwähnte Verhängung von Bußgeldern sowie von Zwangsgeldern einen Teilbereich der öffentlich-rechtlichen Eingriffsverwaltung durch kartellbehördliche Maßnahmen dar. Daneben können privatrechtliche Unterlassungs-, Beseitigungs- und Schadensersatzansprüche von Wettbewerbern wie auch von der Marktgegenseite und von bestimmten Verbänden geltend gemacht werden. Das deutsche und das europäische Kartellrecht kombinieren damit die behördliche Durchsetzung (durch Europäische Kommission, Bundeskartellamt und Landeskartellbehörden) mit der privatrechtlichen Anspruchsverfolgung.

6 Aus methodischer Sicht weist das Kartellrecht die Besonderheit auf, dass bei der Auslegung und Normanwendung ökonomische Aspekte und vor allem die Marktverhältnisse in den Blick zu nehmen sind. Wer das Kartellrecht ausgehend von der Rechtsfolgenseite verstehen möchte, findet einen Einstieg unter Rn. 121 und Rn. 175 sowie unter Rn. 216 ff.

§ 2 Begriff, Funktion, Regelungsbereich und Struktur

7 Der **Begriff** des Kartellrechts erfasst die Rechtsmaterie, die – ihrer **Funktion** nach – den Schutz des (unverfälschten) Wettbewerbs als Kernelement der marktwirtschaftlichen Ordnung gegen Beschränkungen durch Wirtschaftssubjekte sicherstellen soll.

8 Das Kartellrecht ist ein Teil des **Regelungsbereichs** des Wettbewerbsrechts im weiteren Sinne. Dieses umfasst zum einen das Wettbewerbsrecht im engeren Sinne (Lauterkeitsrecht – UWG, im Folgenden: Wettbewerbsrecht), das dem Schutz vor unlauteren Wettbewerbsmethoden dient und somit auf die Fairness im Wettbewerb („fair trade") abzielt (siehe Teil 6). Zum anderen gehört zum Wettbewerbsrecht im weiteren Sinne das Kartellrecht. Dieses bezweckt den Schutz der wettbewerblichen Ordnung als Institution (Freiheit des Wettbewerbs), daneben jedoch auch den Schutz einzelner, von Wettbewerbsbeschränkungen negativ Betroffener.

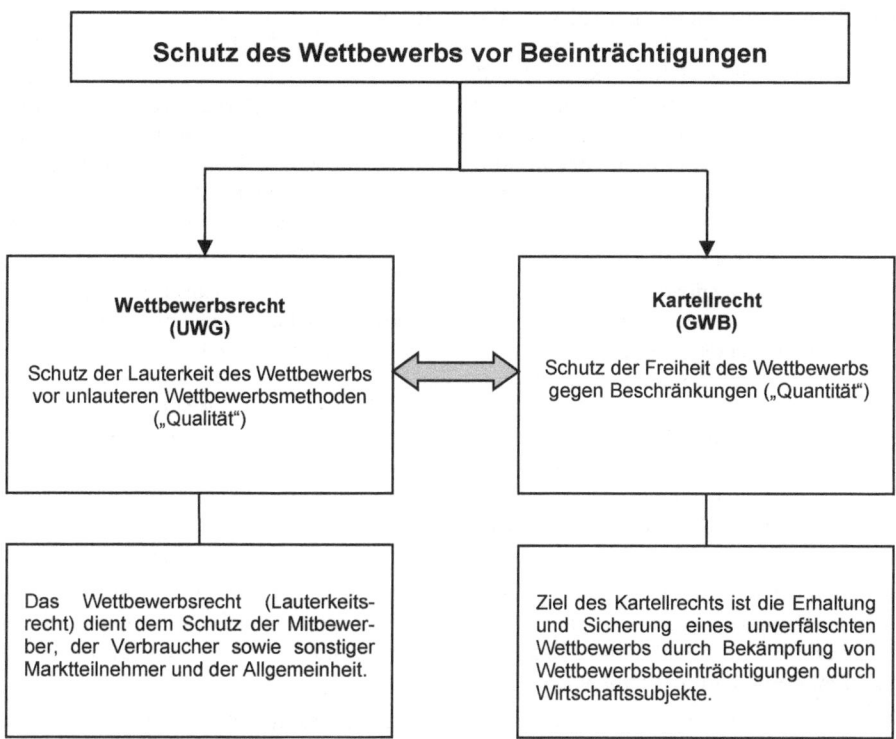

Die Systementscheidung in Deutschland und Europa ist zugunsten der **marktwirtschaftlichen Ordnung** getroffen worden (siehe Teil 1 Rn. 16 ff.). Deren Kernelement ist der unverfälschte Wettbewerb, ohne indes verfassungsrechtlich vorgeschrieben zu sein (gleichwohl ist in Art. 3 Abs. 3 EUV die soziale Marktwirtschaft verankert).

Zentrale Bedeutung kommt in dieser Wirtschaftsordnung dem **Markt** zu. Dieser wird in funktioneller Hinsicht definiert als

> das Zusammentreffen von Angebot und Nachfrage, durch das sich im Falle des Austausches Preise bilden.

Auf dem Markt sollen die Anbieter *frei* darüber entscheiden, ob und was sie anbieten. Umgekehrt sollen die Nachfrager in ihrer Entscheidung frei sein, ob und von welchem Anbieter sie Waren oder Dienstleistungen beziehen. Es gilt der Grundsatz der Privatautonomie.

Die **Vorteile** dieser Wirtschaftsordnung sind:
- Anreize zur Kostensenkung: niedrigere Preise, vermehrte Nachfrage,
- Leistungsanreize bzgl. Qualität und Service,
- Ideenvielfalt, Innovation und technischer Fortschritt,
- höhere Anpassungsflexibilität,
- größere Kundenorientierung,
- gerechte Einkommensverteilung (nach Leistung).

13 Die freiheitliche Gestaltung dieses Wirtschaftssystems findet Ausdruck in der weitgehenden Zurückhaltung des Staates, der sich auf eine Globalsteuerung der Wirtschaft mit dem Ziel beschränkt, das Preisniveau zu stabilisieren (Inflationsbekämpfung), einen hohen Beschäftigungsstand (Bekämpfung von Arbeitslosigkeit), gesamtwirtschaftliches Gleichgewicht (Art. 109 Abs. 2 Hs. 2 GG) sowie ein stetiges angemessenes Wirtschaftswachstum (Bekämpfung von Rezession und Konjunkturüberhitzung) zu erreichen. Diese Grundsätze sind verankert im Gesetz zur Förderung der Stabilität und des Wachstums der Wirtschaft von 1967 (sog. magisches Viereck; dieses wurde später erweitert um Umweltschutz und gerechte Einkommensverteilung).

14 Darüber hinausgehende staatliche Einschränkungen der freien Marktwirtschaft erfolgen idR nur aus sozialen Gründen („soziale Marktwirtschaft"). Die angeführten positiven Effekte dieser Wirtschaftsordnung setzen voraus, dass zwischen den Wirtschaftsteilnehmern ein Konkurrenzdruck entsteht, indem eine Wahlmöglichkeit zwischen einer hinreichenden Anzahl von Anbietern bzw. Nachfragern besteht. Es bedarf also eines unverfälschten Wettbewerbs, der jedoch durch das Verhalten von Wirtschaftssubjekten gefährdet werden kann. Beispiele sind abgestimmte Verhaltensweisen oder Fusionen von Unternehmen zum Zwecke der Erlangung von Marktmacht. Eine weitere Gefahr stellt die Ausnutzung bereits bestehender Marktmacht durch einzelne Unternehmen zulasten der verbleibenden Wettbewerber oder der Verbraucher dar.

15 Aufgrund dieser Gefahren, die typischerweise in einem auf Privatautonomie fußenden Wirtschaftssystem auftreten, ist eine hoheitliche Intervention in Form kartellrechtlicher Kontrolle und Maßnahmen erforderlich. Entsprechend den genannten Gefährdungen kann man von den **drei Säulen des Kartellrechts** sprechen.

- Verbot abgestimmter Verhaltensweisen zwischen Unternehmen, insbes. wettbewerbsbeschränkender Verträge (bspw. Absprache von Wettbewerbsparametern wie Preisen, Bedingungen und Qualitätsstandards): Art. 101 AEUV, §§ 1 ff. GWB (**Kartellverbot**)

- Kontrolle des Missbrauchs von Marktmacht durch Unternehmen (insbes. in Form der Diskriminierung und Behinderung kleinerer Marktpartner, aber auch der Ausbeutung der Marktgegenseite): Art. 102 AEUV, §§ 18 ff. GWB (**Missbrauchskontrolle**)

- Kontrolle von Unternehmenszusammenschlüssen mit bestimmter Marktmacht: EG-FKVO, §§ 35 ff. GWB (**Fusionskontrolle**)

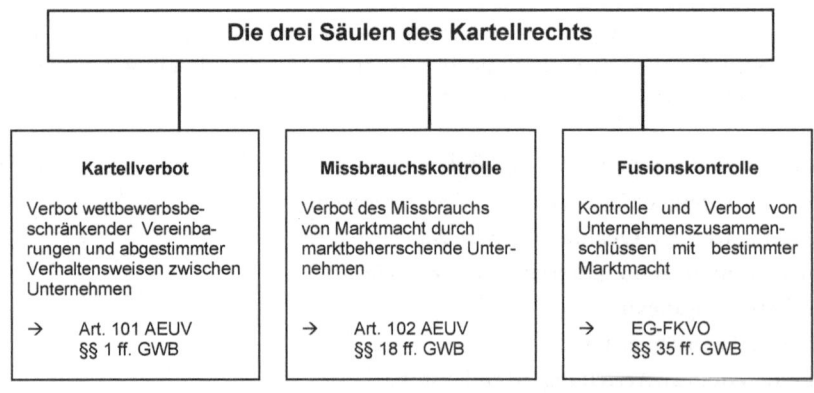

Diese drei Säulen fügen sich wie folgt in die Struktur des im GWB geregelten Kartellrechts ein:

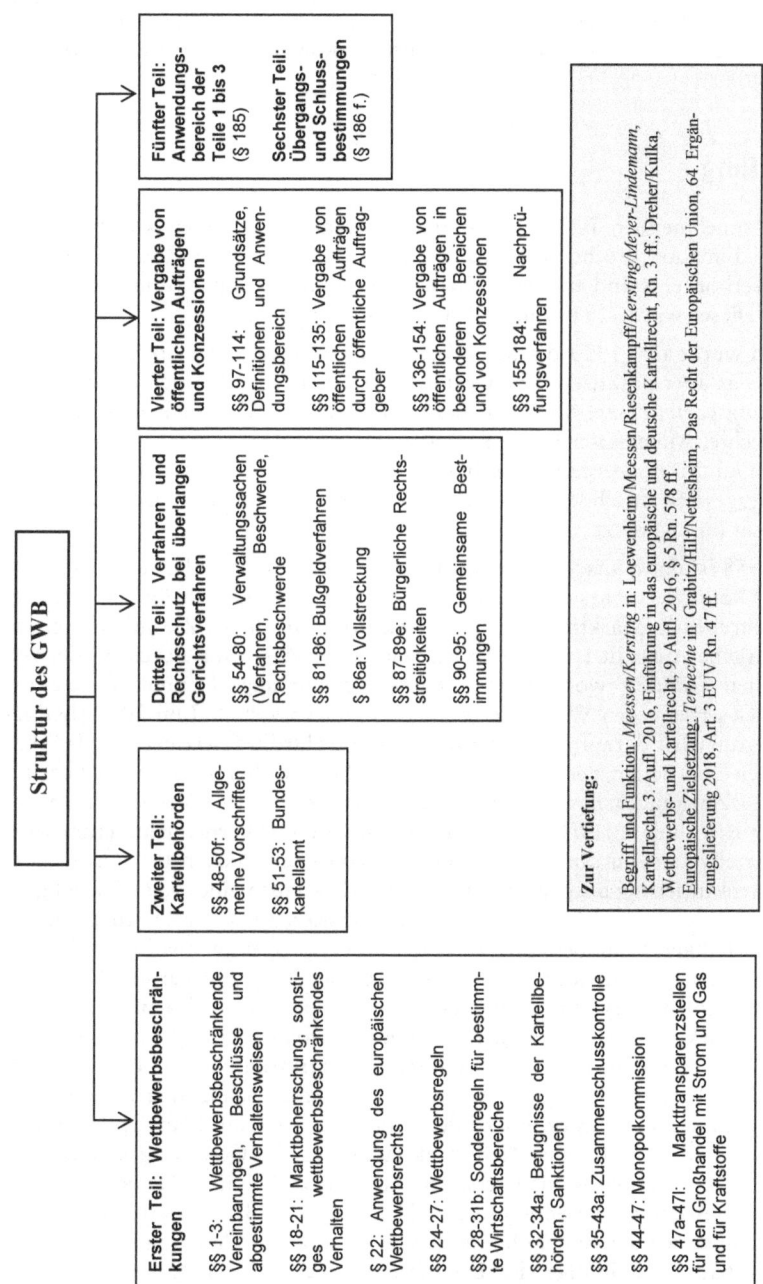

Zur Vertiefung (Rn. 7 ff.):
Begriff und Funktion: Meessen/Kersting, in: Loewenheim/Meessen/Riesenkampff/Kersting/Meyer-Lindemann, Kartellrecht, 4. Aufl. 2020, Einführung in das europäische und deutsche Kartellrecht, Rn. 3 ff.; *Dreher/Kulka*, Wettbewerbs- und Kartellrecht, 11. Aufl. 2021, § 5 Rn. 585 ff.
Europäische Zielsetzung: Terhechte, in: Grabitz/Hilf/Nettesheim, Das Recht der Europäischen Union, 75. Ergänzungslieferung 2022, Art. 3 EUV Rn. 47 ff.

§ 3 Entwicklung

17 Aufgrund der zunehmenden Industrialisierung bildeten Unternehmen seit 1870 vermehrt Kartelle. Ein Kartellrecht, das diese Form unternehmerischer Zusammenarbeit grundsätzlich verbot, entstand erstmals in den **USA** durch den sog. *Sherman Antitrust Act von 1890*. Dieser wurde 1914 durch den *Clayton Act* ergänzt.

18 In **Deutschland** wurde erst 1923 die *Kartellverordnung* erlassen, die ein Missbrauchsverbot vorsah, das aber praktisch wirkungslos blieb. Ab 1933 schuf sich der NS-Staat durch das *Zwangskartellgesetz* ein staatliches Instrument zur Wirtschaftslenkung, welches es ermöglichte, Außenseiter in ein Kartell zu zwingen. Die erstmalige Einführung eines Kartell- und Monopolisierungsverbots erfolgte erst 1947 mit dem Erlass der *Dekartellierungsgesetze* durch die Alliierten. Diese Verbote wurden aber wiederum nicht konsequent durchgesetzt.

19 Seit dem 1.1.1958 ist das deutsche Kartellrecht im Gesetz gegen Wettbewerbsbeschränkungen (GWB) kodifiziert. Dieses fußte auf dem Gedanken, dass vollständiger Wettbewerb die anzustrebende Marktform darstellt und dort, wo dieses Ziel nicht erreicht wird, eine staatliche Aufsicht erforderlich ist. Seitdem ist das GWB durch mittlerweile zehn Novellen geändert worden. Die neunte Novellierung (Neuntes Gesetz zur Änderung des Gesetzes gegen Wettbewerbsbeschränkungen vom 1. Juni 2017 [BGBl. I S. 1416]) zielte zunächst darauf ab, die private Kartellrechtsdurchsetzung mittels Schadensersatzklagen von Seiten der Unternehmen und Verbraucher zu vereinfachen, indem insbes. der Zugang zu Beweismitteln erleichtert worden ist. Dies diente ua der Umsetzung der Richtlinie 2014/104/EU. Zudem wurde die Unternehmensverantwortlichkeit bei Kartellverstößen durch die Schließung von Rechtslücken bei Rechtsnachfolge und Umstrukturierung ausgeweitet (Hintergrund: Versuch eines Kartellbeteiligten im „Wurstkartell", sich durch mehrstufige Umstrukturierungen der Haftung für ein Bußgeld in dreistelliger Millionenhöhe zu entziehen). Darüber hinaus bezweckte die Novellierung eine Anpassung des GWB an die zunehmende Digitalisierung der Märkte: So wurde zum einen klargestellt, dass auch im Fall einer unentgeltlichen Leistungsbeziehung ein „Markt" vorliegen kann. Zum anderen erfolgte die Implementierung eines Katalogs an Kriterien, die bei der Beurteilung der Marktstellung von Unternehmen auf mehrseitigen Märkten künftig zu berücksichtigen sind. Schließlich erfolgte eine Ausdehnung der nationalen Fusionskontrolle, insbes. mit Blick auf Start-Up-Unternehmen. Mit der zehnten Novellierung (Gesetz zur Änderung des Gesetzes gegen Wettbewerbsbeschränkungen für ein fokussiertes, proaktives und digitales Wettbewerbsrecht 4.0 und anderer Bestimmungen vom 18.01.2021 [BGBl. I S. 23]) reagierte der Gesetzgeber auf die immer schnelleren Änderungen von Geschäftsmodellen und wirtschaftlichen Marktverhältnissen infolge der Digitalisierung. Inhalt der Novellierung war vor diesem Hintergrund eine Verschärfung der Missbrauchsaufsicht im Bereich der

digitalen Wirtschaft, die Entlastung von Unternehmen in der Fusionskontrolle und eine Erleichterung der Kartellrechtsdurchsetzung für die Kartellbehörden.

Auf **europäischer Ebene** wurden 1951 kartellrechtliche Vorschriften in den EGKS-Vertrag aufgenommen, die sich am strikten amerikanischen Kartellverbot orientierten.

1957 erfolgte eine Kodifizierung kartellrechtlicher Vorschriften in den Art. 85 ff. EWGV (heute Art. 101 ff. AEUV). Durch die Schaffung eines europäischen Kartellrechts sollten Wettbewerbsverfälschungen im Binnenmarkt verhindert werden. Insofern erfüllt das europäische Kartellrecht auch eine integrationspolitische Zusatzfunktion. Anders als das GWB in seiner ursprünglichen Fassung beschränken sich die primärrechtlichen Regelungen auf generalklauselartige Bestimmungen. Eine detaillierte Ausgestaltung ist der Rechtsprechung und den sekundärrechtlichen Akten, also den Richtlinien und Verordnungen, überlassen. Besondere Bedeutung kommt insofern der Kartellverfahrensverordnung Nr. 1/2003 (in Kraft ab dem 1.5.2004; im Folgenden KartellVO Nr. 1/2003) zu, die das europäische Kartellrecht weitgehend umgestaltet und insbes. den Vorrang des europäischen Kartellrechts festgeschrieben hat. Zudem sind neben den GWB-Novellen die VO über die Kontrolle von Unternehmenszusammenschlüssen (1989) und die Gruppenfreistellungsverordnungen zu erwähnen.

Zur Vertiefung (Rn. 17 ff.):
Zur Entwicklung des deutschen und europäischen Kartellrechts: Emmerich/Lange, Kartellrecht, 15. Aufl. 2021, § 3 Rn. 1 ff.; *Dreher/Kulka*, Wettbewerbs- und Kartellrecht, 11. Aufl. 2021, § 5 Rn. 580 ff.; *Meessen*, in: Loewenheim/Meessen/Riesenkampff/Kersting/Meyer-Lindemann, 4. Aufl. 2020, Einführung in das europäische und deutsche Kartellrecht, Rn. 67 f., 75 ff.; *Bosch/Fritzsche*, NJW 2013, 2225 (zur 8. GWB-Novelle); *Weitbrecht*, NJW 2017, 1574; *Mäger/von Schreitter*, NZKart 2017, 264 (jeweils zur 9. GWB-Novelle); *Bechtold*, NZKart 2021, 430 (zur 10. GWB-Novelle).

§ 4 Rechtsgrundlagen

Das nationale Kartellrecht betrifft innerstaatlich wirkende Wettbewerbsbeschränkungen, während Beeinträchtigungen auf dem gemeinsamen europäischen Markt durch das europäische Kartellrecht bekämpft werden. Inhaltlich sind die beiden Rechtsmaterien deutlich einander angenähert.

Deutsches Kartellrecht: Gesetz gegen Wettbewerbsbeschränkungen (GWB):

- Materiellrechtliche Grundlagen zur Bekämpfung von Wettbewerbsbeeinträchtigungen: §§ 1 ff., 18 ff., 35 ff. GWB
- Grundlagen für Sanktionen der Kartellbehörden sowie für Ansprüche betroffener Dritter: insbes. §§ 32, 33, 34 f., 36, 40, 41, 81 ff. GWB
- Kartellbehördliches Verfahrensrecht: §§ 48 ff., 54 ff. GWB
- Teilweise spezifisches Prozessrecht: §§ 63 ff., 87 ff. GWB

Europäisches Kartellrecht: Primärrechtlich im AEUV (Art. 101 ff.), sekundärrechtlich durch Verordnungen geregelt (sowohl Primärrecht als auch Verordnungen sind in den Mitgliedstaaten unmittelbar anwendbar):

- Materielles Kartellrecht: Art. 101, 102, 103 AEUV, Fusionskontrollverordnung (FKVO), Freistellungsverordnungen nach Art. 101 Abs. 3 AEUV

- Verfahrensrecht: insbes. KartellVO Nr. 1/2003 zur Durchführung der Art. 101 f. AEUV
- Daneben gibt es zahlreiche Leitlinien der Kommission, die das europäische Kartellrecht konkretisieren, denen aber keine Bindungswirkung zukommt.

25 Verhältnis von europäischem und deutschem Kartellrecht

	Europäisches Recht	Deutsches Recht
Rechtsquellen	Materielles Kartellrecht: Art. 101 ff. AEUV; Fusionskontrollverordnung (FKVO), Freistellungsverordnung nach Art. 101 Abs. 3, 103 AEUV Verfahrensrecht: Kartellverordnung VO Nr. 1/2003 Daneben zahlreiche Leitlinien	Materielles Kartellrecht: §§ 1, 18 ff., 35 ff. GWB Sanktionsvorschriften: §§ 32, 33 ff., 36, 40, 41, 81 GWB Verfahrensrecht: §§ 48 ff., 54 ff. GWB Prozessrecht: §§ 63 ff., 87 ff. GWB
Kartellverbot/ Missbrauchskontrolle	Vorrang gem. Art. 3 VO Nr. 1/2003: Im Konfliktfall muss europäisches Recht angewandt werden und nationales Recht darf nicht zu abweichenden Ergebnissen führen.	Nur bei fehlendem Zwischenstaatlichkeitsbezug mit eigenem Spielraum (Ausnahme: einseitige missbräuchliche Handlungen von Unternehmen, § 20 GWB).
Fusionskontrolle	Vorrang gem. Art. 21 Abs. 3 FKVO: Bei gemeinschaftsweiter Bedeutung des Zusammenschlusses ist allein europäisches Recht anwendbar.	Nationale Fusionskontrolle greift nur unterhalb der Schwellenwerte, die die gemeinschaftsweite Bedeutung definieren.

§ 5 Behörden und Gerichte

I. Behörden

26 Zuständige Behörden zur **Durchsetzung deutschen Kartellrechts** auf nationaler oder Länderebene sind das **Bundeskartellamt** sowie die **Landeskartellbehörden** (§ 48 GWB):

27 Für das Kartellverbot und die Missbrauchskontrolle ist das Bundeskartellamt nur dann zuständig, wenn die Wirkung des wettbewerbsbeschränkenden oder missbräuchlichen Verhaltens über das Gebiet eines Bundeslandes hinausreicht (§ 48 Abs. 2 GWB). In allen anderen Fällen ist die jeweilige Landeskartellbehörde zuständig. Einen guten Überblick über die abgeschlossenen Verfahren wegen eines Kartellverstoßes bzw. Machtmissbrauchs enthalten die jeweiligen Tätigkeitsberichte dieser Behörden.

Für die Fusionskontrolle ist ausschließlich das Bundeskartellamt zuständig, unabhängig davon, welche räumlichen Auswirkungen eine Fusion innerhalb Deutschlands hat (§§ 36 Abs. 1, 41 Abs. 3, 48 GWB). Die Zahl der angemeldeten Fusionen belief sich im Jahr 2016 auf 1.229. Im Zeitraum von 1997 bis 2016 wurden insgesamt 28.778 Zusammenschlüsse angemeldet, von denen 73 untersagt worden sind.

Die **Durchsetzung europäischen Kartellrechts** obliegt in erster Linie der **Europäischen Kommission** als Europäischer Kartellbehörde auf Grundlage der KartellVO Nr. 1/2003.

Um die Durchsetzung des europäischen Kartellrechts möglichst effizient auszugestalten, besteht aber auch eine Kompetenz der nationalen Kartellbehörden: Das Bundeskartellamt hat die Befugnis, Art. 101 und 102 AEUV eigenständig durchzusetzen (Kartellverbot und Missbrauchsverbot; nicht aber die Fusionskontrolle!), Art. 5, 6, 11 f. VO Nr. 1/2003, §§ 32–32e, 50–50f GWB.

Auf Grundlage dieser parallelen Zuständigkeit wurden im Jahr 2016 18 neue Verfahren (auch) wegen Verstoßes gegen Art. 101 f. AEUV vom Bundeskartellamt eingeleitet. Die Landeskartellbehörden haben (deren Befugnis, Art. 101 und 102 AUEV durchzusetzen erst im Rahmen der 10. GWB-Novelle gestrichen wurden) in diesem Zeitraum demgegenüber keine neue Verfahrenseinleitung (zumindest auch) auf Art. 101 f. AEUV gestützt.

II. Gerichte

Zuständige Gerichte sind für die Anwendung nationalen Kartellrechts ausschließlich die **nationalen Zivilgerichte**:

- Für Auseinandersetzungen zwischen Kartellbehörden und Unternehmen sind grds. die *Oberlandesgerichte* zuständig (insbes. §§ 73 Abs. 4, 83 GWB – Überprüfung von Verwaltungsentscheidungen der Kartellbehörden und Bußgeldentscheidungen). Da es sich bei den mit der Beschwerde angegriffenen Verfügungen um Eingriffsverwaltung handelt, wären an sich die Verwaltungsgerichte zuständig. Der Verwaltungsrechtsweg wird insoweit aber durch eine Sonderrechtszuweisung iSd § 40 Abs. 1 S. 1 VwGO zugunsten der Zivilgerichtsbarkeit verdrängt. Für Einsprüche gegen Bußgeldbescheide wären hingegen an sich die Amtsgerichte zuständig (§ 68 Abs. 1 S. 1 OWiG).
- Für bürgerlich-rechtliche Rechtsstreitigkeiten sind erstinstanzlich die *Landgerichte* zuständig (§ 87 GWB – Beispiele: Unterlassungs- und Schadensersatzklagen von Mitbewerbern und sonstigen Marktteilnehmern, die durch den Verstoß beeinträchtigt sind).

Rechtsstreitigkeiten betreffend die Anwendung des europäischen Kartellrechts entscheidet (regelmäßig) erstinstanzlich das *EuG*, im Übrigen der *EuGH*.

Um die Durchsetzung des europäischen Kartellrechts möglichst effizient auszugestalten, besteht aber auch eine Zuständigkeit der nationalen Gerichte: Sofern nationale Behörden europäisches Kartellrecht anwenden (vgl. Rn. 30), sind auch nationale Gerichte zuständig.

Behörden und Gerichte	
Europäische Kommission	**Nationale Behörden**
• setzt ausschließlich europäisches Kartellrecht durch	• Bundeskartellamt sowie Landeskartellbehörden (§ 48 GWB): Für Fusionskontrollen ausschließliche Zuständigkeit des Bundeskartellamts (§§ 36 I 1, 41 III, 48 I GWB), für Missbrauchs- und Kartellverbot: Abgrenzung nach § 48 II 2GWB • setzen deutsches Kartellrecht durch • haben daneben Befugnis (Art. 101, 102 AEUV) eigenständig durchzusetzen (nicht aber europäische Fusionskontrolle!)
EuGH und EuG	**Nationale Gerichte**

• entscheidet über Rechtsstreitigkeiten über europäisches Kartellrecht	• ausschließlich Zivilgerichte zuständig:
	  • für bürgerlich-rechtliche Auseinandersetzungen: Landgerichte (§ 87 GWB)
	  • für Streitigkeiten zwischen Kartellbehörden und Unternehmen: Oberlandesgerichte (§§ 73 IV, 83 GWB – Ausnahme Krankenkassenfusion: Landessozialgerichte (§ 63 IV 3 GWB iVm § 202 S. 3 SGG))
	• sind zuständig für Rechtsstreitigkeiten über nationales Kartellrecht
	• sind auch zuständig, wenn nationale Behörden europäisches Kartellrecht anwenden (s.o.)

§ 6 Ausgangspunkt: Der relevante Markt

35 Da es im Kartellrecht immer um den Schutz des unverfälschten Wettbewerbs geht, ist die Bestimmung des **relevanten Marktes**, also des Ortes, an dem sich Angebot und Nachfrage treffen, für alle drei Säulen des Kartellrechts unentbehrlich:

36 Eine Behinderung des freien Wettbewerbs, die durch das **Kartellverbot** und die **Fusionskontrolle** vermieden werden soll, droht nur dann, wenn die sich abstimmenden (Kartellverbot) bzw. fusionierenden Unternehmen (Fusionskontrolle) auf dem jeweiligen Markt eine so bedeutende Stellung einnehmen, dass ihr Verhalten einen maßgeblichen Einfluss auf die Wettbewerbsstrukturen hat. Folglich ist in einem ersten Schritt der jeweils relevante Markt zu ermitteln, also abzugrenzen.

37 Der **Missbrauch einer marktbeherrschenden Stellung** durch Unternehmen setzt bereits begrifflich auf Seiten der agierenden Unternehmen Marktmacht voraus und erfordert somit ebenfalls eine Bestimmung des relevanten Marktes.

38 Der relevante Markt wird **sachlich**, **räumlich** und **zeitlich** abgegrenzt. Je nachdem, welcher Marktseite die agierenden Teilnehmer, deren Marktmacht zu untersuchen ist, angehören, sind Angebots- und Nachfragemärkte zu unterscheiden.

I. Der sachlich relevante Markt

39 Der **sachlich** relevante Markt ist nach dem – aus dem Blickwinkel der Marktgegenseite zu verstehenden – **Bedarfsmarktkonzept** (auch als Konzept der funktionellen Austauschbarkeit bezeichnet) zu bestimmen.

I. Der sachlich relevante Markt

1. Angebotsmarkt

Der sachlich relevante **Angebotsmarkt** (auf diesen kommt es bei abgestimmten Verhaltensweisen oder missbräuchlichem Verhalten anbietender Unternehmen an) umfasst hiernach

> sämtliche Produkte und gewerbliche Leistungen, die von der Marktgegenseite hinsichtlich ihrer Eigenschaften, ihrer Preise und ihres vorgesehenen Verwendungszwecks als austauschbar oder substituierbar angesehen werden (sog. Nachfragesubstituierbarkeit).

Es geht also um die Frage, ob die Abnehmer die durch den konkreten Anbieter offerierten Produkte/Leistungen durch andere Produkte/Leistungen ersetzen können. Ist diese aus Sicht eines objektiven Abnehmers zu ermittelnde und vor allem am **Verwendungszweck** orientierte **Austauschbarkeit** gegeben, umfasst der relevante Markt auch diese Produkte/Leistungen. Je mehr Produkte/Leistungen der sachlich relevante Markt umfasst, desto geringer wird im Regelfall die Bedeutung eines Unternehmens auf diesem sein. Dessen konkrete Stellung ist indes erst in einem zweiten Schritt zu ermitteln (Zweck: Beurteilung der Spürbarkeit bei Verstößen gegen das Kartellverbot [dazu Rn. 95 ff.] bzw. Prüfung der marktbeherrschenden Stellung bei der Missbrauchs- bzw. Fusionskontrolle [dazu Rn. 135 ff. sowie Rn. 193 ff. und Rn. 208 ff.]).

Neben dem Verwendungszweck greift die Kommission zur sachlichen Marktabgrenzung auch auf die sog. **Kreuzpreiselastizität** (*„cross-elasticity of demand"*) zurück: Die Substituierbarkeit und somit die Ausweichmöglichkeit der Marktgegenseite auf andere Produkte/Leistungen zeige sich in Reaktionsbewegungen auf Preisänderungen. Erzeugt eine geringe Preiserhöhung des angebotenen Produkts bzw. der angebotenen Leistung eine Bewegung der Abnehmer hin zu einem anderen Produkt bzw. einer anderen Leistung, könne von dessen/deren Substitutionsfunktion und somit einem einheitlichen Markt ausgegangen werden (sog. **SSNIP-Test**; *„small but significant non-transitory increase in price"*).

Beispiele finden sich in Rn. 50 ff.

2. Nachfragemarkt

Der sachlich relevante **Nachfragemarkt** (auf diesen kommt es bei einer entsprechenden Marktmacht der Nachfrager an) ist danach abzugrenzen,

> welche Nachfrager der Anbieter bestimmter Produkte/Leistungen erreicht. Entscheidend ist hierfür unter anderem die Verwendungsmöglichkeit der Produkte/Leistungen.

Können bestimmte Produkte/Leistungen aufgrund ihrer **hohen Spezifität** lediglich von einem oder wenigen Nachfrager(n) verwendet werden, ist der sachlich relevante Nachfragemarkt auf diese(n) begrenzt. Die konkreten Nachfrager haben dann idR eine bedeutsame Marktstellung (dies gilt es indes erneut erst im zweiten Schritt zu ermitteln).

Ergänzend ist auch hier der **SSNIP-Test**, wenngleich in umgekehrter Form, anzuwenden. Hiernach ist zu prüfen, ob die Anbieter als Antwort auf kleine, bleibende Änderungen der relativen Preise (also insbes. dann, wenn die Preise für ihre Produkte/Leistungen absinken) bei kurzfristiger und keine signifikanten Kosten verursachender Produktionsumstellung andere Nachfrager erreichen können. In diesem Fall ist von Angebotsumstellungsflexibilität auszugehen und der sachlich relevante Nachfragemarkt weiter zu ziehen.

Beispiele finden sich in Rn. 58 f.

II. Der räumlich relevante Markt

46 Der **räumlich** (auch: geographisch) relevante Markt umfasst

> *das Gebiet, in dem die beteiligten Unternehmen die relevanten Produkte und/oder gewerblichen Leistungen anbieten oder nachfragen, die Wettbewerbsbedingungen hinreichend homogen sind und das sich von benachbarten Gebieten durch spürbar unterschiedliche Wettbewerbsbedingungen unterscheidet.*

47 Oftmals wird sich infolge der fortschreitenden Binnenmarktintegration auf Angebots- und Nachfragemärkten ein **gesamteuropäischer Markt** darstellen. Allerdings sind auch kulturelle und sprachliche Besonderheiten zu berücksichtigen. Auch andere Faktoren, wie hohe Transportkosten oder produktbedingt geringe Transportfähigkeit oder die Ortsgebundenheit von Leistungen können zu einer regionalen Begrenzung führen.

Beispiele finden sich in Rn. 60 ff.

III. Der zeitlich relevante Markt

48 Der **zeitlich** relevante Markt bestimmt,

> *welcher Zeitraum der Betrachtung der Wettbewerbsverhältnisse zugrunde zu legen ist.*

49 In der Praxis kommt dieser Abgrenzung kaum Relevanz zu, soweit die Wettbewerbsverhältnisse unverändert bleiben und somit eine Untergliederung in Zeitabschnitte überflüssig erscheint. Anders ist dies dann, wenn eine temporär begrenzte Leistung in Frage steht, bspw. Saisonware oder ein Spitzensportereignis: In diesem Fall kann sich Marktbeherrschung aufgrund eines Monopols und einer Mangelware auf einen bestimmten Zeitabschnitt begrenzen.

IV. Beispiele
1. Sachlich relevante Märkte
a) Angebotsmarkt

50 *Primärenergieträger* (Kohle, Gas, Erdöl) sind aus Sicht der Abnehmer (Energieerzeuger) nicht gegenseitig substituierbar, da deren Umsetzung in Energie gänzlich verschiedene Anforderungen stellt (unterschiedliche technische Konzeption der Kraftwerkstypen, Belieferungsinfrastruktur [Pipeline oder Eisenbahn] und erforderliches Know-how).

51 *Erzeugter Strom* kann hingegen als austauschbar beurteilt werden, unabhängig vom eingesetzten Primärenergieträger (zweifelhaft wegen der veränderten Auswahlprioritäten: „Ökostrom" vs. Atomstrom und Strom aus fossilen Energieträgern).

52 *Pressemarkt:* Das Schriftsegment (Zeitungen/Zeitschriften) ist aus Sicht der Abnehmer nicht durch elektronische oder sonstige Medien austauschbar, bildet also einen eigenen sachlichen Markt (Produktmarkt). Dieser ist weiter zu untergliedern in Zeitungen einerseits und spezielle Publikumszeitschriften andererseits. Innerhalb der Zeitungen

IV. Beispiele

können überregionale und regionale nicht durch die jeweils anderen ersetzt werden (Arg.: Lokalteil oftmals Kaufgrund), bilden also ihrerseits eigene sachlich relevante Märkte. Letztere (Regionalzeitungen) werden in die weiteren Produktmärkte Tages- und Wochenzeitungen unterteilt (Arg.: unterschiedliche Informationsinhalte und -aufbereitung). Auch sind die Vertriebswege (Straßenverkäufe bzw. Abonnements) nicht ohne Weiteres austauschbar und führen somit zu einer weiteren Untergliederung des sachlichen Produktmarkts.

Flugtransport: Eine Substituierbarkeit durch andere Transportmittel (Bahn, überregionale Bustransfers etc) scheidet zumeist aus. Auch eine Austauschbarkeit unterschiedlicher Zielflughäfen wird verneint. So ist die Strecke München-Berlin nicht durch die Strecke München-Köln austauschbar. 53

Obst: Frischobst ist nicht durch andere Lebensmittel substituierbar. Innerhalb des Frischobstes sind lediglich saisonal verfügbare Sorten von ganzjährig verfügbaren (bspw. Bananen, Äpfel etc) abzugrenzen. Letztere sind weiter zu unterteilen: Nachdem für die Kaufentscheidung neben Geschmacksgesichtspunkten und den Inhaltsstoffen auch die Haltbarkeit und die Transportfähigkeit entscheidende Bedeutung haben, sind Bananen bspw. nicht durch Äpfel oder Birnen substituierbar. 54

Flüssigbeton: Beton ist nicht durch andere Baustoffe ersetzbar, da er aufgrund seiner Haltbarkeit, Formbarkeit, Tragfähigkeit und seines Preises für bestimmte Anwendungsbereiche allein in Betracht kommt. Dieser ist weiter zu untergliedern in Flüssigbeton und Beton in trockener Form, da bspw. beim Gießen großer Flächen wie Bodenplatten in kürzester Zeit wegen der begrenzten Verarbeitungszeit eine große Menge zur Verfügung stehen muss. Dies kann idR nicht durch Anmischen vor Ort geleistet werden und würde zudem unverhältnismäßige Kosten verursachen. 55

Öffentliche, leitungsgebundene Trinkwasserversorgung: Trinkwasser ist nicht durch Brauchwasser substituierbar (vgl. nur die Anforderungen der TrinkwV). Zudem ist die leitungsgebundene öffentliche Trinkwasserversorgung nicht durch Trinkwasser in Flaschen oder mobilen Tankwagen ersetzbar, da ersteres keine permanente Verfügbarkeit gewährleistet und letzteres neben den hohen Transportkosten dem Problem begrenzter Haltbarkeit stehenden Wassers ausgesetzt ist. 56

Konsequenz: Durch die Abgrenzung mittels Bedarfsmarktkonzeptes kann es zu sehr engen Produktmärkten kommen. So sind – bei konsequenter Anwendung – Werke eines Romanautors nicht durch die eines anderen substituierbar und letztlich auch nicht dessen Werke untereinander. Für jeden einzelnen Roman wäre damit ein eigener Produktmarkt anzunehmen. 57

b) Nachfragemarkt

Autozulieferer: Autozulieferer richten ihre Produkte an der Palette der Autohersteller, mit denen sie in vertraglichen Beziehungen stehen, und sogar an deren einzelnen Fahrzeugtypen aus. Insofern sind diese hochspezifischen Teile nur durch den jeweiligen Hersteller verwendbar (erstes Kriterium der Verwendbarkeit). Da zudem die Entwicklung der Zulieferungsteile eine enge Absprache mit den Autoherstellern und spezielle Fertigungsgeräte sowie Herstellungsprozesse erfordert, ist auch die Angebotsumstellungsflexibilität nicht gegeben und somit der sachliche Nachfragemarkt tatsächlich auf den jeweiligen Vertragspartner beschränkt. 58

59 *Papierhersteller:* Besteht für Papier eines besonderen Zuschnitts nur die Nachfrage durch spezielle Weiterverarbeitungsunternehmen, käme eine Beschränkung des sachlich relevanten Nachfragemarktes auf diese Abnehmer in Betracht. Gleichwohl ist idR eine Umstellung auf Papier anderen Zuschnitts, das wiederum von anderen Interessenten nachgefragt werden kann, ohne große Investitionen möglich, also der sachliche Nachfragemarkt weiter zu ziehen.

2. Räumlich begrenzte Märkte

60 Oftmals erstreckt sich der abgegrenzte sachlich relevante Markt räumlich auf das gesamte Bundesgebiet oder sogar den europäischen Wirtschaftsraum. So sind die Wettbewerbsverhältnisse und die Verfügbarkeit für überregionale Zeitungen bundesweit einheitlich. Für Bananen besteht gar ein europaweit einheitlicher Markt. Auch für erzeugte Energie bestünde grds. ein unionsweiter räumlich relevanter Markt (zur abweichenden Rechtspraxis sogleich).

61 Eine **räumliche Begrenzung** kann indes **aus tatsächlichen und rechtlichen Gründen** erfolgen. Der Markt für Flüssigbeton umfasst bspw. wegen dessen geringer Verarbeitungszeitspanne nur einen Radius von ca. 50 km, ist also aus tatsächlichen Gründen beschränkt. Der öffentliche leitungsgebundene Trinkwassermarkt ist auf die örtlichen Trinkwassernetze beschränkt, da aufgrund tatsächlich fehlender Verbindung eine Durchleitung ausscheidet. Besteht hingegen im Rahmen der öffentlichen leitungsgebundenen Trinkwasserversorgung die Möglichkeit einer Fernwasserversorgung mittels Stichleitung, hindern zumeist Demarkationsverträge den Rückgriff auf andere Anbieter und entfalten somit räumlich begrenzende Wirkung. Dies entspricht einer Begrenzung aus rechtlichen Gründen. Auch nach der Liberalisierung des Strommarktes nimmt die Praxis an, dass der räumlich relevante Markt auf das Netz des örtlichen Netzbetreibers beschränkt ist, zumindest solange dieser tatsächlich den Hauptteil des abgenommenen Stroms liefert.

62 In einigen Fällen ergibt sich die räumliche Begrenzung notwendigerweise aus der sachlichen Begrenzung: So sind die Märkte für Regionalzeitungen (eigener sachlich relevanter Markt, siehe Rn. 52) räumlich auf den Bezugspunkt ihres Regionalteils beschränkt. Des Weiteren entspricht im Bereich der Fluglinien der sachlich relevante dem räumlich relevanten Markt.

63 Ein Beispiel für eine räumliche Beschränkung aus kulturellen, sprachlichen oder allgemeinen Identifikationsgründen stellen bspw. überregionale Zeitungen dar, die grds. nur innerhalb des jeweiligen Staates ein breites Publikum erreichen können. Entsprechendes gilt für kulturelle oder sportliche Veranstaltungen (dazu sogleich).

3. Abschließendes Beispiel: Übertragungsrechtemarkt der Fußball-Bundesliga aus Sicht der Fernsehsender

64 Diesbezüglich sind zwei Märkte zu unterscheiden: der Beschaffungs- und der Verwertungsmarkt. Auf dem Beschaffungsmarkt treten die Sender als Nachfrager auf. Anbieter sind die Deutsche Fußball Liga eV (DFL) und die Bundesligavereine, denen als Veranstalter die Verwertungsrechte zustehen (hM: Mitinhaber). Auf dem Verwertungsmarkt wollen die Sender hingegen die Rechte verwerten, treten also als Anbieter und die Fernsehkonsumenten als Nachfrager auf.

IV. Beispiele

Der **sachliche Beschaffungsmarkt** (allein dieser wird hier in Betracht gezogen, obschon er durch den Verwertungsmarkt determiniert ist; dazu sogleich) beurteilt sich danach, ob die Übertragungsrechte für „Fußballspiele der Bundesliga" durch andere ersetzt werden können, ob also aus Sicht eines objektiven Fernsehsenders derselbe Verwendungszweck anderweitig bedient werden kann. Entscheidend ist nicht allein die zu erzielende Einschaltquote, sondern auch die zu erreichende Zielgruppe, da diese einerseits für das Image des Senders, andererseits für die Werbegestaltung Bedeutung hat. Insofern sind Sportveranstaltungen nicht durch andere Programminhalte, wie Dokumentationen, Spielfilme etc substituierbar. Gleichwohl sind auch Senderechte für Fußballspiele als mit Abstand publikumswirksamste und populärste Sportart von denen anderer Sportarten abzugrenzen und bilden einen eigenen sachlich relevanten Markt (vgl. Entscheidung der Kommission vom 23.7.2003 – UEFA Champions League). 65

Innerhalb der Fußballübertragungsrechte bildet der Markt für Rechte an Profispielen einen eigenen Produktmarkt. Dieser ist weiter zu untergliedern, da wegen des abweichenden Publikumsinteresses und der unterschiedlichen zeitlichen Dimensionen, Übertragungsrechte für ganzjährige, wiederkehrende Ereignisse wie nationale Profiligen, Pokalwettbewerbe, die Champions- und die Europa League, von solchen für singuläre Ereignisse wie Europa- und Weltmeisterschaften, Einzelturniere und Freundschaftsspiele abzugrenzen sind. Zudem ist innerhalb der ersten Gruppe eine Austauschbarkeit der Übertragungsrechte für nationale Ligen durch solche für ausländische Ligen zu verneinen. Begründet ist dies wiederum in den großen Popularitätsunterschieden, da die Mehrzahl der Fußballinteressierten den Fokus auf nationale Vereine legt (Identifikationsgedanke, der national ausgeprägt ist). 66

Somit bilden die Verwertungsrechte für die deutschen Profifußballligen einen eigenständigen Produktmarkt. Umstritten ist indes, ob auch Spiele in der Champions- und Europa League einzubeziehen sind. Die Spiele ohne Beteiligung deutscher Vereine müssen aus den vorgenannten Gründen (Identifikation als quotensteuernd) ausgenommen werden. Handelt es sich hingegen um Spiele mit deutscher Beteiligung nimmt eine Ansicht eine Zugehörigkeit an und begründet dies mit der nationalen Identifikation. Eine andere Auffassung lehnt eine Zugehörigkeit gleichwohl ab mit dem Argument, dass abweichend vom nationalen Liga- und Pokalbetrieb UEFA-Spiele mit nationaler Beteiligung keine Auswirkungen auf andere nationale Vereine haben, also für deren Anhänger nicht substituierbar seien. 67

Folgt man der letztgenannten Ansicht, beschränkt sich der räumliche Beschaffungsmarkt auf das Bundesgebiet, da nur nationale Vereine und die DFL das Produkt „Übertragungsrechte" anbieten können. Nach der Auffassung, die eine Erweiterung des sachlich relevanten Marktes auf UEFA-Spiele mit deutscher Beteiligung befürwortet, erfährt der räumlich relevante Markt eine „Grenzverwischung", da bei den UEFA-Auswärtsspielen der jeweilige ausländische gastgebende Verein der Veranstalter und somit auf dem Beschaffungsmarkt Anbieter ist. 68

Zur Vertiefung (Rn. 64 ff.)
Heermann, WRP 2018, S. 1 ff.

§ 7 Verbot wettbewerbsbeschränkender Vereinbarungen und Verhaltensweisen (Kartellverbot)

I. Verhältnis von europäischem und nationalem Kartellverbot

69 **Merke:** Art. 101 Abs. 1 AEUV und § 1 GWB enthalten fast gleichlautende Verbotstatbestände. Insofern stellt sich die Frage, wann auf welche Verbotsnorm zurückzugreifen ist.

Art. 101 Abs. 1 AEUV setzt voraus, dass die abgestimmte Verhaltensweise den *gemeinsamen Markt in Form des Handels zwischen den Mitgliedstaaten betreffen kann* und begrenzt somit den Anwendungsbereich des europäischen Kartellverbotes (sog. Zwischenstaatlichkeitsklausel als interne Kollisionsnorm).

70 Wirken sich Verhaltensabstimmungen nur **innerstaatlich** aus, sind sie allein am nationalen Kartellrecht zu messen. Diesem kommt insofern ein eigener Anwendungsbereich zu. Auch kann es strengere Regelungen als das europäische Kartellrecht vorsehen.

71 Bei **zwischenstaatlichem Bezug** ist demgegenüber europäisches Kartellrecht anwendbar. Probleme ergeben sich dann, wenn nationale Kartellbehörden (die grds. sowohl nationales als auch europäisches Kartellrecht anwenden können, siehe Rn. 30) ein Verfahren wegen Verstoßes gegen das Kartellverbot einleiten. Geklärt werden muss, ob es ihnen freisteht, welches Recht sie anwenden oder ob sie allein auf europäisches Kartellrecht abstellen müssen, bzw. ob sich zumindest im Ergebnis europäisches Kartellrecht durchsetzen muss:

72 Im **Konfliktfall** gilt der allg. **Grundsatz des Vorrangs europäischen Rechts** (Art. 3 der KartellVO Nr. 1/2003): Ist bei zwischenstaatlichem Bezug eine Verhaltenskoordinierung nach europäischem Kartellrecht erlaubt, kann diese nicht nach nationalem Recht verboten werden. Mit anderen Worten gibt bei zwischenstaatlichem Bezug das europäische Kartellrecht den relevanten Rahmen vor.

Merke: Im Konfliktfall muss europäisches Recht angewandt werden. Daneben bleibt nationales Recht zwar anwendbar. Allerdings darf es nicht zu einer abweichenden Beurteilung führen.

73 Hieraus ergibt sich folgende **Problematik:** Rein innerstaatliche Sachverhalte sind mangels Anwendbarkeit des europäischen Kartellrechts allein an den – uU strengeren – Vorgaben nationalen Kartellrechts zu messen. Dies erscheint im Grundsatz als nicht gerechtfertigt und bedingt zudem Umgehungsversuche durch Herstellung zwischenstaatlichen Bezugs. In Deutschland wurde dem dadurch begegnet, dass im Zuge der 7. GWB-Novelle eine Anpassung der §§ 1, 2 GWB an Art. 101 AEUV erfolgte. Insbes. entfalten heute die sekundärrechtlichen Verbotsfreistellungen der Gruppenfreistellungsverordnungen (GVOen) auch im deutschen Kartellrecht Wirkung (dazu Rn. 109 ff.).

II. Überblick über Voraussetzungen und Legalausnahmen des Art. 101 AEUV

Merke: Die Zielsetzung der Sicherung des freien, unbeschränkten Wettbewerbs führt dazu, dass wettbewerbsbeschränkende Verhaltensabstimmungen grds. verboten sind.[1] In diesem Zusammenhang erlangen verschiedene Fragen Bedeutung:

1. Wer ist Adressat des Kartellverbotes?
2. Welche Verhaltensweisen unterfallen dem Verbotstatbestand und existiert eine „Bagatellschwelle"?
3. Sind Ausnahmen von diesem Verbot vorzunehmen, wenn Verhaltensweisen zwar grds. wettbewerbsbeschränkende Wirkung zwischen den Beteiligten entfalten, allerdings auf dem Gesamtmarkt wettbewerbsfördernd wirken, diesen überhaupt erst ermöglichen oder aber zumindest für die Marktgegenseite vorteilhaft sind?

1. Adressaten der Verbotsnorm

Adressaten des Kartellverbots sind in erster Linie **Unternehmen** iSd Kartellrechts, also

> jede, eine wirtschaftliche Tätigkeit ausübende Einheit, unabhängig von ihrer Rechtsform und der Art ihrer Finanzierung.

Wirtschaftlich ist in diesem Zusammenhang

> jede selbstständige Tätigkeit, die mit dem entgeltlichen Angebot von Waren und Dienstleistungen auf dem Binnenmarkt einhergeht.

- Ausgenommen sind somit unselbstständige Tätigkeiten, wie sie bspw. Arbeitnehmer iSd Art. 45 AEUV verrichten.
- Es muss sich nicht notwendig um juristische Personen handeln. Ausreichend ist eine Teilnahme am Wirtschaftsverkehr als selbstständiger Rechtsträger.
- Erfasst werden grds. auch öffentlich-rechtliche Unternehmen, nicht hingegen die *hoheitliche Tätigkeit*, die dem Staat vorbehalten ist.

Entscheidendes Abgrenzungskriterium ist insoweit der hypothetische Wettbewerbstest: Eine Tätigkeit ist dann nicht hoheitlich, wenn wirtschaftliche Ziele nicht vollkommen in den Hintergrund treten, sodass sie prinzipiell auch von Privaten mit Gewinnerzielungsabsicht durchgeführt werden kann.

BEISPIELE FÜR UNTERNEHMEN:
Gewerbetreibende, Versorgungsunternehmen, Handelsvertreter (ehemals sehr str.), Landwirte, Kirchen (soweit sie wirtschaftlich auftreten, bspw. bei Ausgabe von Gesangsbüchern), Angehörige freier Berufe, Berufssportler (soweit nicht Angestellte), Sportvereine und Verbände (soweit wirtschaftliche Betätigung). Einzelfallabhängig: Sozialversicherungsträger.
Als öffentliche-rechtliche Unternehmen sind beispielhaft zu nennen: Rundfunkanstalten, Abfallbeseitigungsunternehmen und (ehemals) die Post.

Daneben sind auch **Unternehmensvereinigungen** Verbotsadressaten, also

> jeder (beliebig strukturierte) Zusammenschluss mehrerer Unternehmen, dessen Zweck (ua) in der Wahrnehmung der Interessen seiner Mitglieder besteht.

---

[1] Zur Begrenzung der Verbandsautonomie im Sport durch Art. 101 Abs. 1 S. 1 AEUV: *Heermann*, Verbandsautonomie im Sport, 2022, S. 283 ff.

- Nicht erforderlich ist, dass diesem eine eigene Rechtspersönlichkeit zukommt.
- Auch öffentlich-rechtliche Organisationsformen, bspw. die Kammern der freien Berufe sind erfasst.
- Als Beispiele zu nennen sind Sportverbände wie der DFB, Anwalts- und Ärztekammern.

78 **Mittelbar** richtet sich Art. 101 Abs. 1 AEUV auch an die **Mitgliedstaaten**, die nach Art. 4 Abs. 3 EUV ihr Verhalten an den Vorgaben des Kartellverbots auszurichten haben.

2. Vereinbarungen oder aufeinander abgestimmte Verhaltensweisen und Beschlüsse

79 Die in Art. 101 Abs. 1 lit. a)-e) AEUV genannten Fallgruppen (zB: Festsetzung der An- und Verkaufspreise; Aufteilung der Märkte) sind nicht abschließender Natur, sondern reine Regelbeispiele.

80 Das Kartellverbot des Art. 101 Abs. 1 AEUV bezieht sich sowohl auf **horizontale Verhaltenskoordination** (Vereinbarungen zwischen Unternehmen auf derselben Marktstufe, also zwischen Konkurrenten) als auch auf **vertikale Verhaltenskoordination**, also solche zwischen Unternehmen unterschiedlicher Marktstufen (Vereinbarungen zwischen Lieferanten und ihren Kunden).

a) Vereinbarungen oder aufeinander abgestimmte Verhaltensweisen

81 Erfasst sind extensiv alle Absprachen gleich welcher Art und Form:
Vereinbarungen iSd Art. 101 Abs. 1 AEUV liegen vor, wenn die

beteiligten Unternehmen einen gemeinsamen Willen zum Ausdruck bringen, sich auf dem betroffenen Markt in bestimmter Weise zu verhalten.

82 Maßgeblich ist also die intendierte Bindung an die getroffene Vereinbarung (nach einer Ansicht im Schrifttum muss diese Bindung rechtlicher oder zumindest faktischer Natur sein; von Seiten der Kartellbehörden und der Rechtsprechung wird eine derartige Einengung abgelehnt).

BEISPIELE FÜR VEREINBARUNGEN:
Neben rechtlich bindenden Vertragsschlüssen fallen hierunter auch sog. gentlemen's agreements (da diese allein wirtschaftliche, moralische oder gesellschaftliche Bindung entfalten, wird von der vorstehend genannten, im Schrifttum vertretenen Ansicht deren Einstufung als Vereinbarung abgelehnt). Gleiches gilt für die Teilnahme an Zusammenkünften von Repräsentanten verschiedener Unternehmen, in deren Rahmen wettbewerbsbeschränkende Vereinbarungen getroffen werden, es sei denn, das Unternehmen distanziert sich offen und ernsthaft von den getroffenen Absprachen.

83 Fehlt es an einer solchen intendierten Bindung, kann noch eine sonstige **aufeinander abgestimmte Verhaltensweise** vorliegen (Auffangtatbestand). Diese setzt voraus, dass

ein Unternehmen bewusst eine praktische Zusammenarbeit an die Stelle des mit Risiko verbundenen Wettbewerbs treten lässt.

Diese Abstimmung muss sich gleichwohl in einem tatsächlichen Marktverhalten widerspiegeln (zweigliedriger Tatbestand). Erforderlich ist hier eine **Abgrenzung zum kartellrechtlich erlaubten, faktischen Parallelverhalten.**

84

BEISPIELE FÜR ABGESTIMMTES VERHALTEN:
Abgestimmtes Verhalten liegt vor bei gegenseitigem Informationsaustausch, der die markttypischen Unsicherheiten zu beseitigen vermag (sog. *Fühlungnahme*). Anders sind die Fälle einer Marktbeteiligung *„mit offenem Auge"*, also das bloße Beobachten der Konkurrenten mit anschließender Verhaltensanpassung zu bewerten. Ausgenommen sind auch übereinstimmende Reaktionen auf externe Marktanreize (*faktisches Parallelverhalten*) wie bspw. Benzinpreiserhöhungen wegen einer Preissteigerung für Rohöl. Problematisch sind die Fälle einer öffentlichen Ankündigung künftiger Preisgestaltung. Diese kann einerseits für die Marktgegenseite von großer Bedeutung sein, andererseits in der Erwartung getätigt werden, dass Konkurrenten sich dem Verhalten anschließen; hier kommt es auf den Einzelfall an.

b) Beschlüsse

Ebenfalls erfasst sind **Beschlüsse** von Unternehmensvereinigungen. Diese Alternative dient dem Zweck, eine Umgehung des Kartellverbots durch Unternehmenszusammenschlüsse zu verhindern. Ein solcher Beschluss umfasst

85

> sämtliche Rechtsakte, durch die eine Unternehmensvereinigung ihren Willen bildet, insbes. Stellungnahmen, Empfehlungen, aber auch Satzungsregelungen.

3. Spürbare Beeinträchtigung des Wettbewerbs (Wettbewerbsbeschränkung)

Das Schutzobjekt des freien Wettbewerbs ist nur dann gefährdet, wenn die Verhaltensabstimmung eine Verhinderung, Einschränkung oder Verfälschung des Wettbewerbs (*Wettbewerbsbeschränkung*) innerhalb des gemeinsamen Marktes bezweckt oder bewirkt.

86

Merke: An diesem Punkt stellt sich die Frage, wann eine Wettbewerbsbeschränkung gegeben ist: Genügt es bereits, dass die *Handlungsfreiheit der an der Abstimmung beteiligten Unternehmen eingeschränkt* wird oder ist erforderlich, dass *unbeteiligte Dritte (zumeist in Gestalt der Marktgegenseite) nachteilig betroffen* werden?

Zudem muss berücksichtigt werden, dass nicht jede Wettbewerbsbeschränkung zwischen Unternehmen eine Gefahr für den freien Wettbewerb darstellt. Vielmehr besteht ein erheblicher Unterschied zwischen Abstimmungen von Unternehmen, die den relevanten Markt dominieren und solchen, die nur in verschwindend geringem Maß am Marktgeschehen partizipieren. Um somit unbedeutende Fälle aus dem Kartellverbot auszunehmen, wurde die sog. Spürbarkeit als Korrektiv entwickelt.

a) Wettbewerbsbeschränkung

Eine **Wettbewerbsbeschränkung** liegt nach **überwiegender Meinung** vor, wenn

87

> die wirtschaftliche Handlungsfreiheit der an der Maßnahme beteiligten Unternehmen beschränkt ist und so die Wahl- oder Betätigungsmöglichkeiten Dritter beeinträchtigt werden.

88 Entgegen dieser Definition stellen das **EuG** und der **EuGH** zum Teil lediglich auf die Einschränkung der Handlungsfreiheit der Beteiligten, also deren Selbstbindung, ab, ohne die Beeinträchtigung Dritter zu thematisieren. Eine **vereinzelt vertretene Ansicht** rekurriert hingegen sogar ausschließlich auf die Beeinträchtigung Dritter. Den Ansätzen liegt letztlich ein unterschiedliches Verständnis der Grundlage des Kartellverbots zugrunde (Selbstständigkeitspostulat oder Schutz der Handlungsalternativen Dritter). Im Ergebnis unterscheiden sich zumindest die überwiegende Meinung und die zum Teil vom EuG und EuGH vertretene Ansicht indes kaum, da auch letztere die Auswirkungen auf Dritte berücksichtigt, wenngleich unter dem Gesichtspunkt der Spürbarkeit (vgl. unten Rn. 98 ff.).

89 Aber auch die **überwiegende Meinung** erkennt Ausnahmen von der Voraussetzungsdualität vorstehender Definition bei den **Kernbeschränkungen/hardcore-Kartellen** (vgl. die in Art. 101 Abs. 1 lit. a)-e) AEUV genannten Regelbeispiele und die nachstehenden Beispiele unter Rn. 97) an: In diesen Fallgruppen sei die gegebene Beschränkung der Handlungsfreiheit der Beteiligten ausreichend, auf die konkreten Auswirkungen auf Dritte komme es für die Einstufung als Wettbewerbsbeschränkung nicht an.

b) Bezwecken oder Bewirken der Wettbewerbsbeschränkung

90 Erfasst werden sowohl bezweckte als auch bewirkte Wettbewerbsbeschränkungen.

91 Das **Bezwecken** wird bestimmt anhand der

> *objektiven Ziele der Maßnahme, nicht der subjektiven Absichten der Beteiligten: Entscheidend ist, ob einer Vereinbarung, einer abgestimmten Verhaltensweise oder einem Beschluss die Tendenz zur Wettbewerbsbeschränkung unmittelbar innewohnt.*

92 Ein Bezwecken wird bei **Kernbeschränkungen** ohne Weiteres bejaht. Für diese Verhaltensabstimmungen wird in der Praxis somit auf eine Marktanalyse – insbes. auf die Bestimmung des sachlich relevanten Marktes – verzichtet (anders aber zum Teil im Rahmen anderer Tatbestandsmerkmale).

93 Scheidet ein Bezwecken aus, ist im Rahmen des **Bewirkens** der Wettbewerbsbeschränkung zu beurteilen,

> *ob neben der Einschränkung der wirtschaftlichen Handlungsfreiheit der Beteiligten aus der Abstimmung auch negative Auswirkungen auf die wirtschaftliche Handlungsfreiheit Dritter resultieren.*

94 Da die Prüfung des Bewirkens zumeist eine komplexe Bewertung der Marktbedingungen – also eine genaue Marktstrukturanalyse – erfordert, wurden in der Vergangenheit die Kernbeschränkungen und somit die Anwendungsfälle der bezweckten Wettbewerbsbeschränkung in der Rechtspraxis sukzessive ausgeweitet.

c) Spürbarkeit der Wettbewerbsbeschränkung

95 Als **ungeschriebenes Tatbestandsmerkmal** muss die Wettbewerbsbeschränkung **spürbar** sein (sog. **De-Minimis-Regel**):

> *Die Verhaltensabstimmung muss sich eignen, eine konkret feststellbare Veränderung der Wettbewerbsverhältnisse hervorzurufen.*

II. Überblick über Voraussetzungen und Legalausnahmen des Art. 101 AEUV

Die Funktion dieses Tatbestandsmerkmals ist allerdings nicht (mehr) unumstritten: Hintergrund ist der Umstand, dass nach überwiegender Ansicht bereits im Rahmen des Tatbestandsmerkmals der Wettbewerbsbeschränkung die Auswirkung auf Dritte zu erörtern ist (siehe Rn. 87) 96

Für die Bewertung des **Eignungspotentials** ist vor allem der Marktanteil ausschlaggebend (in Einzelfällen hat der EuGH auch Umsatzerlöse berücksichtigt). 97

- Ansicht des **EuGH** (vgl. EuGH v. 1.2.1978, Slg 1978, 131, 148 *„Miller International"* u. v. 25.10.1983, Slg 1983, 3151, 3201 *„AEG"*): Regelmäßig sei die Spürbarkeit ab einem Marktanteil der beteiligten Unternehmen von 5 %, in Einzelfällen aber auch bei niedrigeren Anteilswerten gegeben. Erreichen einzelne Vereinbarungen diese Schwelle nicht, ist die **„Bündeltheorie"** zu beachten (dazu sogleich). Teils verzichtet der EuGH aber auf die Ermittlung der Marktanteile, vor allem im Fall von Kernbeschränkungen/hardcore-Kartellen.

- Die **Kommission** hat ihrerseits für die Bestimmung der Spürbarkeit eine Bekanntmachung erlassen (**De-Minimis-** bzw. **Bagatellbekanntmachung 2001** – ABl. EG 2001, C 368/13), die Grenzwerte für Marktanteile definiert, unterhalb derer die Spürbarkeit regelmäßig fehle: Bei Horizontalvereinbarungen dann, wenn der insgesamt gehaltene Marktanteil der beteiligten Unternehmen auf den betroffenen Märkten **10 %** nicht überschreitet. Bei Vertikalvereinbarungen dann, wenn der Marktanteil von jedem beteiligten Unternehmen auf keinem der betroffenen Märkte **15 %** überschreitet. Im Anwendungsbereich der **Bündeltheorie**, also dann, wenn ein großes Unternehmen mit einer Vielzahl kleiner Unternehmen parallele Verhaltensabstimmungen trifft, die für sich genommen nicht die relevante Hürde überschreiten (bspw. eine Brauerei, die mit vielen Kneipen Ausschließlichkeitsverträge abschließt), ist demgegenüber Spürbarkeit zu bejahen, falls alle Vereinbarungen zusammengenommen eine Marktanteilsschwelle von **30 %** überschreiten, also ein sog. kumulativer Marktabschottungseffekt eintritt und der kumulierte Marktanteil der kleinen Unternehmen zumindest **5 %** beträgt. Diese – im Vergleich zum EuGH – großzügigere Grenzziehung bindet nur die **Kommission**. Keine Anwendung findet die De-Minimis-Bekanntmachung auf **Kernbeschränkungen, die als sog. „schwarze Klauseln" in der „schwarzen Liste"** (vgl. Art. 4 Vertikal-GVO, Art. 4 Technologietransfer-GVO und Art. 5 Kfz-GVO) genannt sind (horizontal: insbes. Preisfestsetzungen, Produktionsbeschränkung und Gebiets- bzw. Kundenaufteilung; vertikal: insbes. Preisbindungen und Bindung der Abnehmer hinsichtlich des Absatzgebietes). Gleichwohl nimmt die Kommission auch in diesen Fällen eine Einzelfallprüfung der Spürbarkeit vor (vgl. Vertikalleitlinien von 2010, Tz. 9.96 ff.).

BEISPIELE FÜR WETTBEWERBSBESCHRÄNKUNGEN:
Horizontale Vereinbarungen (zwischen Wettbewerbern): *Kernbeschränkungen/hardcore-Kartelle*: Mindest- und Höchstpreisfestsetzungen, Produktionsverknappung sowie die Marktaufteilung (Zusicherung, nur auf abgegrenzten Märkten tätig zu werden). Im Einzelfall (*bewirkte Wettbewerbsbeschränkung*) können zudem der Zusammenschluss zu Einkaufsgemeinschaften und Verkaufskooperationen, die Implementierung von Marktinformationssystemen, Forschungs- und Entwicklungszusammenschlüsse sowie Produktions- und Spezialisierungsvereinbarungen erfasst sein. Halten diese indes einen gewissen Rahmen ein oder wirken tatsächlich positiv für die Marktgegenseite, werden sie in der Rechtspraxis aus dem Verbot ausgenommen.

Vertikale Vereinbarungen (zwischen Akteuren unterschiedlicher Wirtschaftsstufen): *Kernbeschränkungen/hardcore-Kartelle*: unmittelbare Preisbindungen der Abnehmer, absoluter Gebietsschutz, Ausschließlichkeitsbindung und Markenzwang sowie Alleinvertriebsvereinbarungen (Lieferant sichert zu, keine anderen Unternehmer zu beliefern und auch selbst nicht als Konkurrent aufzutreten). Im Einzelfall (*bewirkte Wettbewerbsbeschränkung*): Exportverbote, Franchise-Vereinbarungen und selektive Vertriebsvereinbarungen (auch hier können bewirkte Beschränkungen ausgenommen sein, insbes. dann, wenn sie einem Unternehmen überhaupt erst den Markt öffnen).

Zur Vertiefung (Rn. 86 ff.):
Arten und Fallgruppen der Wettbewerbsbeschränkungen: Zimmer, in: Immenga/Mestmäcker, EU-Wettbewerbsrecht, 6. Aufl., 2019, Art. 101 AEUV Rn. 208 ff. (diese können wegen der umfassenden Kasuistik in der Rechtspraxis an dieser Stelle nicht umfassend dargestellt werden).
Problemkreis der Definition der Wettbewerbsbeschränkung: Zimmer, in: Immenga/Mestmäcker, EU-Wettbewerbsrecht, 6. Aufl. 2019, Art. 101 AEUV Rn. 63 ff.
Spürbarkeit: Zimmer, in: Immenga/Mestmäcker, EU-Wettbewerbsrecht, 6. Aufl. 2019, Art. 101 AEUV Rn. 138 ff.; De-Minimis-Bekanntmachung von 2001, ABl. EG 2001, C 368/13; Vertikalleitlinien von 2010, ABl. EU 2010, C 130/1.
Zur neu veröffentlichen Vertikal-GVO: https://eur-lex.europa.eu/legal-content/EN/TXT/?uri=CELEX:32022R0720.

4. Spürbare Beeinträchtigung des Handels zwischen den Mitgliedstaaten (Zwischenstaatlichkeitsklausel)

98 Das Verbot des Art. 101 Abs. 1 AEUV erfasst nur solche Vereinbarungen, die geeignet sind, den Handel zwischen den Mitgliedstaaten spürbar zu beschränken (Zwischenstaatlichkeitsklausel; siehe bereits oben).

Es kommt darauf an,

> ob die Vereinbarung unmittelbar oder mittelbar, tatsächlich oder der Möglichkeit nach geeignet ist, die Freiheit des Handels zwischen den Mitgliedstaaten in einer Weise zu gefährden, die der Verwirklichung der Ziele eines einheitlichen zwischenstaatlichen Marktes nachteilig sein kann.

99 Hierzu ist eine **Abwägung** vorzunehmen, ob und inwieweit Nachteile für die Verwirklichung der Ziele eines Gemeinsamen Marktes zu erwarten sind.

100 Sowohl die Kommission als auch die Rechtsprechung stellen hinsichtlich der Spürbarkeit der Handelsbeeinträchtigung – wie auch im Rahmen der Spürbarkeit der Wettbewerbsbeschränkung – im Grundsatz auf die Stellung und Bedeutung der Unternehmen auf den relevanten Märkten ab.

101 Die **Rechtsprechung** zieht allerdings die Grenze uneinheitlich, da neben den Marktanteilen auch andere Faktoren einzubeziehen seien.

102 Die **Kommission** hat demgegenüber in den **Leitlinien zum Begriff der Beeinträchtigung des zwischenstaatlichen Handels** (die nur die Kommission hinsichtlich des Aufgreifermessens binden) die Negativvermutung aufgestellt, dass keine spürbare Handelsbeeinträchtigung vorliege, wenn die Beteiligten kumulativ auf keinem der betroffenen Märkte einen Anteil von über 5 % aufweisen und die betroffenen Güter 40 Mio. EUR nicht übersteigen (sog. **NAAT-Test**; *„no appreciable affectation of trade"*).

5. Legalausnahmen nach Art. 101 Abs. 3 AEUV

Bestimmte Wettbewerbsbeschränkungen werden nach Art. 101 Abs. 3 AEUV ausnahmsweise akzeptiert, wenn sie mit **positiven Effekten** verbunden sind, insbes. wenn sie sich *förderlich auf den Wettbewerb*, aber auch auf die *Marktgegenseite* auswirken.

Diese Ausnahmen werden vor dem Hintergrund der Zielsetzung des Kartellrechts verständlich: Schränken einzelne Verhaltensabstimmungen die Handlungsfreiheit zwar ein, führen sie in der Summe aber zu einer Förderung des Wettbewerbs, weil sie bspw. Unternehmen neue Märkte erschließen oder Effizienzvorteile mit sich bringen, an denen die Verbraucher angemessen beteiligt werden, dann besteht kein Bedürfnis, diese Abstimmungen zu verbieten.

Zu unterscheiden sind **Einzelfreistellungen** (beziehen sich auf einzelne Verhaltensweisen) und **Gruppenfreistellungen** (beziehen sich auf Gruppen von Verhaltensweisen).

a) Einzelfreistellungen

Liegen die Voraussetzungen des Art. 101 Abs. 3 AEUV vor, unterfällt eine einzelne Verhaltensweise nach Art. 1 Abs. 2 KartellVO Nr. 1/2003 automatisch nicht dem Verbotstatbestand (*System der Legalausnahme*).

Im Gegensatz zur früheren Rechtslage ist somit keine Freistellungsentscheidung durch die Kommission mehr nötig. Diese Änderung hin zu einer unmittelbaren Anwendbarkeit des Art. 101 Abs. 3 AEUV war insbes. der Überlastung der Kommission durch eine Vielzahl von Freistellungsanmeldungen geschuldet.

Der Verfahrenserleichterung stehen indes nicht zu unterschätzende **Risiken für die handelnden Unternehmen** gegenüber, die *de lege lata* selbst abschätzen müssen, ob die abgestimmten Verhaltensweisen freigestellt sind. Dies wird durch die Unbestimmtheit des Art. 101 Abs. 3 AEUV erschwert. Diesen Unsicherheiten versucht die Kommission ua mit Bekanntmachungen und sog. Beratungsschreiben zu begegnen.

b) Gruppenfreistellungen

In der Praxis bedeutsamer sind die Gruppenfreistellungsverordnungen (GVOen), die auf Grundlage der Art. 101 Abs. 3, 103 AEUV durch die Kommission (aufgrund von zuvor vom Rat erlassenen ErmächtigungsVO) erlassen werden und bestimmte Gruppen von Vereinbarungen kraft Gesetzes vom Kartellverbot freistellen, die **typischerweise die Voraussetzungen des Art. 101 Abs. 3 AEUV erfüllen** (Bsp.: Forschungs- und Entwicklungsvereinbarungen, Technologietransfervereinbarungen und Spezialisierungsvereinbarungen).

Voraussetzung dafür, dass eine Verhaltensweise freigestellt wird, ist zum einen, dass bestimmte **Marktanteilsgrößen (etwa 30 %) nicht überschritten** sind und zum anderen, dass **keine sog. schwarze Klausel** (dazu Rn. 89 und 97) vereinbart wurde, da dann nicht nur die einzelne Klausel nichtig, sondern die Verbotsausnahme insgesamt unanwendbar ist (massive Wettbewerbsbeeinträchtigungen, bspw. Preis- oder Mengenabreden).

Ihre ursprüngliche Funktion der Verfahrensvereinfachung ist infolge des Wegfalls des Anmeldebedürfnisses für Einzelfreistellungen im heutigen System der Legalausnahme entfallen. Bedeutung erlangen sie heute somit insbes. im Zusammenhang mit der Schaffung von Rechtssicherheit für die Unternehmen, denen sie einen Leitfaden für

Sebastian Egger / Klaus Vieweg

freigestellte Verhaltensweisen an die Hand geben. Hierdurch werden die angesprochenen Beurteilungsprobleme gemindert.

112 Aus dieser Funktion folgern Stimmen im Schrifttum, dass den GVOen als „Gruppennegativattest" lediglich deklaratorische Wirkung zukomme. Hiernach seien abgestimmte Verhaltensweisen, die zwar einer GVO subsumiert werden können, jedoch im konkreten Einzelfall nicht die Voraussetzungen des Art. 101 Abs. 3 AEUV erfüllen, auch nicht freigestellt. Die Gegenansicht erkennt den GVOen auch im System der Legalausnahme konstitutive Wirkung zu, die gleichsam eine Sperrwirkung gegenüber Art. 101 Abs. 3 AEUV bewirke. Hiernach begründen die GVOen gegenüber Art. 101 Abs. 3 AEUV einen *„konkreteren Freistellungstatbestand"*.

6. Ungeschriebene Ausnahmen vom Verbotstatbestand

113 Diskutiert werden diverse **Restriktionen** des Tatbestands des Art. 101 Abs. 1 AEUV. Insbesondere werden *Tarifvereinbarungen* sowie *Vereinbarungen über den Ausschluss rechtswidriger Verhaltensweisen* aus dem Anwendungsbereich ausgenommen. Darüber hinaus fallen *wettbewerbsbeschränkende Nebenabreden* zu wettbewerbsneutralen Hauptabreden (Hauptanwendungsfall: Wettbewerbsverbote im Rahmen von Unternehmensveräußerungen) nicht unter das Kartellverbot, soweit sie sich räumlich, zeitlich und gegenständlich auf das zur Vertragsdurchführung Notwendige beschränken. Unter dem Stichwort der Anerkennung einer *„rule of reason"* wird diskutiert, ob iRd Abs. 1 – entsprechend der Immanenztheorie im deutschen Kartellrecht (vgl. Rn. 116) – eine fallbezogene Abwägung der Vor- und Nachteile einer wettbewerbsbeschränkenden Abrede mit der Folge vorzunehmen ist, dass das Verbot des Abs. 1 hinter andere Wertungen zurückzutreten habe. Die besseren Gründe sprechen indes für eine Lösung der vom EuGH nicht ausdrücklich anerkannten Fallgruppen über die Legalausnahme des Art. 101 Abs. 3 AEUV.

Zur Vertiefung (Rn. 103 ff.):
Entwicklung des Systems der Legalausnahme sowie den GVOen: Ellger, in: Immenga/Mestmäcker, EU-Wettbewerbsrecht, 6. Auflage 2019, Art. 101 Abs. 3 AEUV Rn. 12 ff., 323 f., 333 ff.
Problemkreis der Anerkennung einer „rule of reason": Emmerich, in: Immenga/Mestmäcker, EU-Wettbewerbsrecht, 5. Auflage 2012, Art. 101 Abs. 1 Rn. 134 ff.

III. Nationale Vorschriften

114 Eigenständige Bedeutung kommt dem deutschen Kartellverbot **nur bei Fehlen des zwischenstaatlichen Bezugs** zu, also wenn die Spürbarkeit einer Handelsbeeinträchtigung nicht gegeben ist (vgl. Rn. 98 ff.). Da überdies im Rahmen der 7. GWB-Novelle eine Tatbestandsangleichung erfolgte, kann hinsichtlich der einzelnen Verbotsvoraussetzungen auf die Erläuterungen zu Art. 101 AEUV verwiesen werden.

115 Lediglich im Zusammenhang mit etwaigen **Ausnahmen vom Tatbestand** des Kartellverbots gem. § 1 GWB sind (begriffliche) **Besonderheiten** zu berücksichtigen:

116 Unter dem Stichwort **Immanenztheorie** wird bereits eine Wettbewerbsbeschränkung – mithin die Verwirklichung des Tatbestands des § 1 GWB – verneint, soweit eine wettbewerbsbeschränkende Nebenabrede sachlich, räumlich und zeitlich für die Erreichung des wettbewerbsrechtlich vorteilhaften Hauptzwecks erforderlich ist. Weitere Tatbestandsrestriktionen werden unter den Begrifflichkeiten **Markterschließungsdoktrin** (keine Anwendbarkeit auf Ausschließlichkeitslizenzierungen, die zur Erschließung

neuer Märkte erforderlich sind), **Arbeitsgemeinschaftsgedanke** (keine Anwendbarkeit auf Zusammenarbeit im Rahmen der Angebotsabgabe, die für einzelne Unternehmen nicht realisierbar wäre), **selektive Vertriebssysteme, Franchising** und **Rechtsgüterabwägung** (Restriktion aufgrund eines von der Rechtsordnung höher bewerteten Rechtsgutes, insbes. Produktsicherheit, Umwelt- und Verbraucherschutz) diskutiert.

Allerdings sollte – wie im Anwendungsbereich des Art. 101 Abs. 1 AEUV – nur sehr zurückhaltend von Tatbestandsrestriktionen Gebrauch gemacht werden. Damit wäre zum einen ein Gleichlauf zwischen nationalem und europäischem Kartellrecht gewährleistet, zum anderen würden aus systematischen Gründen nur wirtschaftliche Aspekte im Rahmen des § 1 GWB berücksichtigt. Andere Erwägungen, insbes. der Schutz höher bewerteter Rechtsgüter (vgl. die als Tatbestandsrestriktion diskutierte *Rechtsgüterabwägung*), können allein über § 2 GWB als Rechtfertigungsgrund herangezogen werden.

117

Eine Besonderheit bildet die **Bagatellbekanntmachung des Bundeskartellamts** zur Spürbarkeit von Wettbewerbsbeschränkungen, die mangels Bindungswirkung der De-Minimis-Bekanntmachung für die nationalen Behörden, im Fall von Maßnahmen ohne zwischenstaatlichen Bezug als erforderlich für die Schaffung von Rechtssicherheit eingestuft wurde. Deren Grenzwerte entsprechen denen der De-Minimis-Bekanntmachung (siehe Rn. 95).

118

Die Legalausnahme des § 2 GWB entspricht Art. 101 Abs. 3 AEUV. § 2 Abs. 2 GWB enthält sogar einen dynamischen Verweis auf die europäische Gruppenfreistellungs-VOen.

119

§ 3 GWB enthält hingegen eine *spezielle Freistellung für Mittelstandskartelle*, um so Kooperationen der mittelständischen Wirtschaft zu erleichtern.

120

Zur Vertiefung (Rn. 115 ff.):
Zu den Tatbestandsrestriktionen: Zimmer, in: Immenga/Mestmäcker, Wettbewerbsrecht Band 2. GWB/Teil 1, 6. Aufl. 2020, § 1 GWB Rn. 47 ff.

IV. Rechtsfolgen und Verfahren

1. Rechtsfolgen eines Kartellverstoßes

- **Nichtigkeit** entsprechender Vereinbarungen: Art. 101 Abs. 2 AEUV direkt bzw. §§ 1 GWB iVm 134 BGB.
- **Zivilrechtliche Beseitigungs-, Unterlassungs- und Schadensersatzansprüche**: §§ 33, 33a ff. GWB iVm Art. 101 AEUV bzw. iVm § 1 GWB.

  Schadensersatzanspruch: bei Verschulden; Beseitigungs- und Unterlassungsanspruch: verschuldensunabhängig (im Einzelnen vgl. Rn. 215 ff.)
- **Geldbußen** (als Strafe) und Zwangsgelder (zur Durchsetzung der Abstellung der Zuwiderhandlungen): durch Kommission nach Art. 23, 24 KartellVO Nr. 1/2003 bzw. durch nationale Kartellbehörden nach §§ 81, 86a GWB.

  Geldbußen sind Strafen (Ordnungswidrigkeiten) und können eine erhebliche Höhe erreichen (bei vorsätzlichem Handeln bis zum Höchstbetrag von 10 % des im letzten Jahr erzielten Gesamtumsatzes [§ 81c Abs. 2 S. 2 GWB und Art. 23 Abs. 2 KartellVO Nr. 1/2003]; aktuelle Bsp.: dreistellige Millionenbeträge; vgl. Rn. 1 ff.). Zwangsgelder dienen hingegen der Durchsetzung der Abstellung von Zuwiderhandlungen (§ 86a S. 2 GWB bzw. Art. 24 Abs. 1 KartellVO Nr. 1/2003).

121

- **Vorteilsabschöpfung** durch Kartellbehörden oder Verbände nach §§ 34 f. GWB (wenn unmittelbar Betroffener seine Rechte nicht geltend macht; dies dient der Vermeidung einer Vorteilsziehung aus Kartellrechtsverstößen bspw. bei kleinen Schäden vieler Endverbraucher).

2. Verfahren

122 **Kartellbehörden** haben zur umfassenden Aufklärung zahlreiche Ermittlungsbefugnisse: Für die Kommission in Art. 17 ff. KartellVO Nr. 1/2003, für die nationalen Kartellbehörden in §§ 57 ff. GWB. Die **Unternehmen** haben die in Art. 27 ff. KartellVO Nr. 1/2003 bzw. §§ 63 ff., 73 ff. GWB vorgesehenen Verteidigungsmöglichkeiten.

123 **Maßnahmen der Kartellbehörden** bei Feststellung der Zuwiderhandlung gegen Kartellrecht:

- Durch Entscheidung: *Verpflichtung, die jeweilige Zuwiderhandlung abzustellen*: Art. 7 Abs. 1 KartellVO Nr. 1/2003 bzw. § 32 GWB (häufig wird dies aber bereits auf informellem Wege erreicht);
- *einstweilige Maßnahmen* in dringenden Fällen: Art. 8 KartellVO Nr. 1/2003 bzw. § 32a GWB;
- bieten die Unternehmen ihrerseits Abhilfe an, kann die Kartellbehörde diese Maßnahmen durch Entscheidung *für verpflichtend erklären*: Art. 9 KartellVO Nr. 1/2003 bzw. § 32b GWB;
- zur Durchsetzung der Maßnahmen können *Zwangsgelder* festgesetzt werden.

Zur Vertiefung:
Vgl. die Fallzahlen im Tätigkeitsbericht des Bundeskartellamts für den Zeitraum 2019/2020, BT-Drs. 19/30775, abrufbar unter https://www.bundeskartellamt.de/DE/UeberUns/Publikationen/Taetigkeitsberichte/taetigkeitsberichte_node.html

V. Zusammenfassung: Übersicht zum Kartellverbot

124

	Europäisches Recht: Art. 101 AEUV	Deutsches Recht: § 1 GWB
Verbotstatbestand	Adressaten: Unternehmen/Unternehmensvereinigungen Vereinbarungen/Beschlüsse/aufeinander abgestimmte Verhaltensweisen Wettbewerbsbeschränkung: spürbare Beeinträchtigung des Wettbewerbs *Zwischenstaatlichkeitsklausel*: spürbare Beeinträchtigung des	Adressaten: Unternehmen/Unternehmensvereinigungen Vereinbarungen/Beschlüsse/aufeinander abgestimmte Verhaltensweisen Wettbewerbsbeschränkung: spürbare Beeinträchtigung des Wettbewerbs

I. Verhältnis von europäischem und nationalem Kartellrecht

	Europäisches Recht: Art. 101 AEUV	Deutsches Recht: § 1 GWB
	Handels zwischen den Mitgliedstaaten	
Legalausnahme	Art. 101 Abs. 3 AEUV direkt Gruppenfreistellungsverordnungen	§ 2 Abs. 1 GWB § 2 Abs. 2 GWB iVm Gruppenfreistellungsverordnungen
Rechtsfolgen	Nichtigkeit der Vereinbarung: Art. 101 Abs. 2 AEUV Schadensersatz-, Unterlassungs-, Beseitigungsansprüche: §§ 33, 33a ff. GWB Buß- und Zwangsgelder: Art. 23, 24 VO Nr. 1/2003	Nichtigkeit der Vereinbarung: § 134 BGB Schadensersatz-, Unterlassungs-, Beseitigungsansprüche: §§ 33, 33a ff. GWB Buß- und Zwangsgelder: §§ 81, 81a, 86a GWB

§ 8 Verbot des Missbrauchs von Marktmacht

Der Anknüpfungspunkt des Verbots des **Missbrauchs von Marktmacht** (Art. 102 AEUV sowie §§ 19, 19a, 20 GWB) unterscheidet sich von dem des Kartellverbots: Nicht die Verhaltenskoordinierung mehrerer Unternehmen zur Erlangung von Marktmacht, sondern die *einseitige missbräuchliche Ausnutzung bestehender Marktmacht* ist entscheidend. 125

Schutzobjekt ist einerseits der (unter Umständen) noch bestehende Restwettbewerb. Insofern soll die Verschlechterung der Marktstruktur durch missbräuchliche **Verdrängung** verbleibender Wettbewerber verhindert werden. Andererseits hat die Missbrauchskontrolle die Funktion, die Marktgegenseite vor Missbrauch, insbes. in Form der **Ausbeutung**, durch den Marktführer zu schützen. 126

Die Gefahr eines Missbrauchs entsteht insbes. deshalb, weil der Marktbeherrscher nicht bzw. nur in begrenztem Umfang den allg. Regeln des Wettbewerbs unterliegt. Er kann somit ein Verhalten zulasten anderer an den Tag legen, das bei bestehendem Wettbewerb nicht oder nur begrenzt realisierbar wäre. Die Marktgegenseite hätte nämlich andernfalls die Möglichkeit, auf andere Anbieter/Nachfrager auszuweichen. 127

Je nach Fallkonstellation können das Kartell- und das Missbrauchsverbot parallel nebeneinander oder alternativ zur Anwendung kommen. 128

I. Verhältnis von europäischem und nationalem Kartellrecht

Für das Verhältnis von europäischem und nationalem Kartellrecht bzgl. des Missbrauchsverbots gilt grds. – mit einem bedeutenden Unterschied – das zum Kartellverbot Ausgeführte entsprechend: 129

So greift auch das europäische Missbrauchsverbot nur ein, wenn ein **zwischenstaatlicher Bezug** vorliegt (**Zwischenstaatlichkeitsklausel**): Handelt es sich um einen rein nationalen Sachverhalt, ist allein nationales Kartellrecht anwendbar. Kollidieren euro- 130 päisches und nationales Kartellrecht, gilt grds. der **Vorrang des europäischen Rechts.** Daraus folgt, dass nach Art. 3 Abs. 2 KartellVO das nationale Recht dem europäischen im Ergebnis grds. nicht widersprechen darf (siehe erneut Rn. 72).

131 Im Unterschied zur Rechtslage beim Kartellverbot ist als Ausnahme von diesem Grundsatz nach Art. 3 Abs. 2 S. 2 KartellVO Nr. 1/2003 jedoch die Anwendung strengeren nationalen Kartellrechts bei einseitigen Handlungen von Unternehmen, also im Anwendungsbereich des Missbrauchsverbots, möglich.

132 Zwar wurde das deutsche Missbrauchsverbot gem. § 19 GWB weitgehend dem europäischen Verbot des Art. 102 AEUV angepasst. Das Behinderungs- und Diskriminierungsverbot des **§ 20 GWB** geht allerdings über den Anwendungsbereich des Art. 102 AEUV hinaus. Insofern erlangt die **Ausnahme des Art. 3 Abs. 2 S. 2 Kartell-VO** dann Bedeutung, wenn bei zwischenstaatlichem Bezug die deutschen Kartellbehörden ein Verfahren wegen Verstoßes gegen § 20 GWB einleiten wollen, obgleich die Handlung nach dem europäischen Kartellrecht erlaubt ist.

II. Überblick über die Voraussetzungen des Art. 102 AEUV

133 Nach Art. 102 AEUV ist die missbräuchliche Ausnutzung einer beherrschenden Stellung auf dem gemeinsamen Markt oder einem wesentlichen Teil desselben durch ein oder mehrere Unternehmen verboten, sofern dies dazu führen kann, den Handel zwischen den Mitgliedstaaten zu beeinträchtigen. S. 2 enthält nicht abschließende Regelbeispiele für einen Missbrauch.[2]

Merke: Neben dem weitestgehend unproblematischen Adressatenkreis wirft diese Verbotsnorm einige Fragen auf:
1. Wann liegt eine beherrschende Stellung eines Unternehmens auf dem gemeinsamen Markt vor?
2. Welche Verhaltensweisen marktbeherrschender Unternehmen sind vom Verbot erfasst?
3. Wann ist der zwischenstaatliche Handel betroffen?

1. Normadressat: Unternehmen

134 Der Adressatenkreis des Missbrauchsverbots ist weitestgehend identisch mit dem des Kartellverbots. Als einziger Unterschied sind Unternehmensvereinigungen vom Missbrauchsverbot nicht erfasst. Dies ist darin begründet, dass es sich bei den missbräuchlichen Handlungen um einseitige Unternehmenshandlungen und gerade nicht um Koordinierungen, die allein vom Kartellverbot erfasst sind, handelt.

2. Beherrschende Stellung auf dem relevanten Markt

a) Prüfungsreihenfolge und Definition

135 Dem betroffenen Unternehmen muss eine beherrschende Stellung auf dem Gemeinsamen Markt oder einem wesentlichen Teil desselben zukommen.

---

2 Zur Begrenzung der Verbandsautonomie im Sport durch Art. 102 AEUV: *Heermann*, Verbandsautonomie im Sport, 2022, S. 447 ff.

Merke: In einem ersten Schritt muss hierfür der *sachlich, räumlich und zeitlich relevante Markt abgegrenzt* werden: Zur Marktabgrenzung siehe erneut Rn. 35 ff.

In einem zweiten Schritt ist anschließend die Marktbeherrschung auf diesem Markt zu prüfen.

Ein Unternehmen hat dann eine **marktbeherrschende Stellung** inne, wenn 136

> es die Möglichkeit hat, einen wirksamen Wettbewerb auf dem relevanten Markt zu verhindern, indem es aufgrund seiner wirtschaftlichen Marktmacht in nennenswertem Umfang unabhängig von Wettbewerbern, Abnehmern und Verbrauchern operieren kann (sog. Selbstständigkeitspostulat).

Maßgeblich ist somit die Möglichkeit einer vom Markt nicht kontrollierten, unabhängigen Strategie.

b) Einzelfallfaktoren

Die Bewertung kann im Einzelfall sehr schwierig sein. Hierbei sind eine Vielzahl von Einzelfaktoren zu berücksichtigen, etwa die **Marktstruktur**, die **Unternehmensstruktur** und das konkrete **Marktverhalten** (die letzten beiden Aspekte werden zumeist nur zum Zwecke der Absicherung herangezogen). 137

aa) Marktstrukturanalyse

Die **Marktstrukturanalyse** knüpft vor allem an die Marktanteile der Unternehmen an: Marktbeherrschung besteht im Fall rechtlicher oder faktischer Monopole (kein Wettbewerb). Ebenso ist dem EuGH zufolge bei „besonders hohen Anteilen" **ab 75 % regelmäßig** unabhängig von weiteren Faktoren **von Marktbeherrschung auszugehen** (stRspr. seit EuGH v. 13.2.1979, Slg 1979, 461, 521 *„Hoffmann-La Roche"*). Anteile von **40–75 %** erfordern hingegen das **Vorliegen weiterer Faktoren** (deren Gewichtung mit Absinken der Anteile zunehmen muss; vgl. EuGH v. 14.2.1978, Slg 1978, 207, 294 ff. *„United Brands"*), bspw. große Marktanteilsabstände zu den Wettbewerbern (Praxisbeispiele: Marktanteil von 60 % ist dann ausreichend, wenn die nächsten Konkurrenten jeweils nur ein Drittel erreichen oder auch ein Anteil von 45 %, wenn dieser ein Vielfaches des nächsten Konkurrenten beträgt). Bei Anteilen von **25–40 %** soll Marktbeherrschung unwahrscheinlich, aber nicht ausgeschlossen sein. Für Marktbeherrschung sprechen dann ein großer Marktanteilsabstand und kumulativ vorliegende technische oder wirtschaftliche Überlegenheit des Marktführers (also Aspekte, die nur anhand einer Unternehmensstrukturanalyse ermittelt werden können – dazu sogleich). 138

Neben den konkreten Marktanteilen ist auch der **potenzielle Wettbewerb**, der im Einzelfall eine ähnlich disziplinierende Wirkung wie tatsächlicher Wettbewerb entfaltet, einzubeziehen. Damit kann trotz hohen Anteils eine Marktbeherrschung abzulehnen sein. Umgekehrt können **Marktzutrittsschranken** zur Folge haben, dass auch geringe Anteile zur Marktbeherrschung genügen: Sind für einen Marktzutritt erhebliche Investitionen notwendig, besteht Marktsättigung, genießen die bestehenden Unternehmen (rechtliche) Privilegien oder ist die Etablierung eines Unternehmens auf dem betreffenden Markt von besonderer Bedeutung, kann der potenzielle Wettbewerb kaum regulierende Wirkung entfalten, da *de facto* nicht mit Marktzutritten zu rechnen ist. 139

bb) Unternehmensstrukturanalyse

140 Die **Unternehmensstrukturanalyse** bezieht individuelle Aspekte des untersuchten Unternehmens ein, die ihm Vorteile gegenüber Mitbewerbern verschaffen und somit eine wettbewerbsunabhängige Verhaltensweise oder Verhinderung des Restwettbewerbs ermöglichen. Zu nennen sind der technologische oder wirtschaftliche Vorsprung (bspw. gut ausgebautes Vertriebsnetz oder etablierte Marke) oder auch eine vertikale Integration.

cc) Marktverhalten

141 Rückschlüsse vom **Marktverhalten** auf die Marktbeherrschung sind nur in Ausnahmefällen möglich: So können Preissenkungen Ausdruck funktionierenden Wettbewerbs sein; sie können aber auch der Wettbewerbshinderung durch ein marktbeherrschendes Unternehmen dienen.

c) Beherrschung durch mehrere Unternehmen / Nachfrageseite / Wesentlicher Teil des Gemeinsamen Marktes

142 Ausreichend kann auch die **Beherrschung durch mehrere Unternehmen** sein (**Oligopol/kollektive Marktbeherrschung**).

> *Diese setzt voraus, dass sich die Unternehmen mangels wirksamen Außen- und Innenwettbewerbs gegenüber Handelspartnern, Verbrauchern oder Konkurrenten in nennenswertem Umfang unabhängig verhalten können. Entscheidend ist, ob die Unternehmen als kollektive Einheit auftreten, zwischen ihnen kein wirksamer Wettbewerb stattfindet und sie ein einheitliches Verhalten an den Tag legen oder eine gemeinsame Geschäftspolitik verfolgen.*

143 **Nicht erfasst sind Konzerne:** Diese bilden wettbewerbsrechtlich eine Unternehmenseinheit; es mangelt somit an der Beherrschung durch mehrere Unternehmen (Abgrenzung: Die für einen Konzern erforderliche wirtschaftliche Einheit liegt vor, wenn eine Tochtergesellschaft derart von den Weisungen der Mutter abhängt, dass ihr Verhalten nicht mehr als ein autonomes zu qualifizieren ist, sondern im Wesentlichen der Kontrollmacht der Obergesellschaft unterliegt).

144 Auch auf **Nachfrageseite** ist Marktbeherrschung möglich, wenn der *Anbieter von einem Nachfrager wirtschaftlich abhängig* ist, während letzterer auf Produkte anderer Anbieter bzw. eine Eigenbedarfsdeckung ausweichen kann.

145 Es genügt die beherrschende Stellung auf einem **wesentlichen Teil des Gemeinsamen Marktes**. Dies ist zumindest bei *Marktbeherrschung innerhalb eines Mitgliedstaates* gegeben. Beschränkt sich die Marktbeherrschung auf kleinere räumliche Einheiten, ist die Relevanz des betreffenden Markts für den Wettbewerb in der Gemeinschaft ausschlaggebend.

Zur wirtschaftlichen Einheit: EuGH, Urt. v. 6.10.2021 – C-882/19 – Sumal SL/Mercedes Benz Trucks España SL, NJW 2021, 3583; EuGH, Urt. v. 27.1.2021 – C-595/18 P – Stromkabel (Goldman Sachs), NZKart 2021, 168.

II. Überblick über die Voraussetzungen des Art. 102 AEUV

3. Missbräuchliche Ausnutzung

Art. 102 S. 2 lit. a)-d) AEUV enthalten nicht abschließende Missbrauchsbeispiele. Wie bereits erwähnt, bedarf es für die missbräuchliche Ausnutzung keines koordinierten Zusammenwirkens mehrerer Unternehmen, sondern nur eines einseitigen Verhaltens. Dieses ist dann als **missbräuchliche Ausnutzung** zu qualifizieren, wenn

> *das Marktverhalten zu solchen Vorteilen im Wettbewerb führt, die in einer durch sachliche Interessen nicht gerechtfertigten, nachhaltigen Beeinträchtigung der Marktstruktur, der Marktpartner oder von Wettbewerbern resultieren.*

Diese Beurteilung erfolgt unabhängig vom Vorliegen subjektiver Elemente.

Zu berücksichtigen gilt es auch, dass dieses Marktverhalten nur deshalb als missbräuchlich einzustufen ist, weil die **Marktstruktur**, in deren Rahmen das Verhalten erfolgt, **bereits geschädigt** ist. Bei intaktem Wettbewerb wäre das identische Verhalten nicht als missbräuchlich einzustufen. Der EuGH hat dies auf die Formel gebracht, dass der Marktbeherrscher *„eine besondere Verantwortung"* für die Wettbewerbsstrukturen trägt (stRspr. seit EuGH v. 9.11.1983, Slg 1983, 3461, 3511 Tz. 57 *„Michelin"*).

Allgemein ist eine Kategorisierung in **Ausbeutungs- und Behinderungsmissbrauch** möglich. Satz 2 lit. a) erfasst den Ausbeutungsmissbrauch, Satz 2 lit. b)-d) demgegenüber beide Formen. Die typischen Fälle des Behinderungsmissbrauchs werden hingegen nicht genannt, sondern sind auf die Generalklausel des Satzes 1 zu stützen, die in der Anwendung durch die Kartellbehörden eine dominierende Stellung einnimmt.

Der **Ausbeutungsmissbrauch** setzt voraus, dass

> *sich der Marktbeherrscher in Ausnutzung seiner exponierten Marktsituation gegenüber seinen Abnehmern geschäftliche Vorteile, die er bei funktionierendem Wettbewerb nicht erhalten hätte, verschafft (bspw. überhöhte Preise).*

Betroffen ist das Vertikalverhältnis: Es geht um den Schutz der Marktgegenseite und der Verbraucher vor Missbrauch.

Der **Behinderungsmissbrauch** umfasst hingegen

> *Verhaltensweisen des Unternehmens, die gezielt gegen aktuelle oder potenzielle Wettbewerber auf dem beherrschten oder benachbarten Markt gerichtet sind (bspw. Verweigerung von Lieferung an Konkurrenten).*

Betroffen ist das Horizontalverhältnis: Schutz des Restwettbewerbs vor einer Marktmachtausdehnung (präventiver Wettbewerbsschutz).

a) Beispiele für den Ausbeutungsmissbrauch

Der Ausbeutungsmissbrauch kann insbesondere in Form des *Preis- und Konditionenmissbrauchs* (Satz 2 lit. a)) vorliegen:

Hiernach ist eine Preis- und Konditionenkontrolle möglich – allerdings als reiner „Notbehelf", auf den nur bei grober Unbilligkeit zurückgegriffen werden sollte: Neben der Schwierigkeit, den „richtigen" Preis bzw. „angemessene Bedingungen" zu finden (in der Praxis wird diesbzgl. vor allem auf das „Vergleichsmarktkonzept" abgestellt), steht die hoheitliche Korrektur der Preise nicht mit dem Ziel des Schutzes unverfälschten Wettbewerbs in Einklang (insbes. kann durch hoheitlich angeordnete Preissenkung der Marktzugang erschwert werden – somit kommt diese nur in Fällen monopolistisch verfestigter Märkte, insbesondere der Wasserversorgung in Betracht).

b) Beispiele für den Behinderungsmissbrauch (und Mischformen)

153 Entscheidend für die Bewertung als missbräuchlich ist eine **Interessenabwägung** unter Einbeziehung des Schutzzwecks des Art. 102 AEUV.

154 *Preisunterbietung* (Kampfpreisstrategien), um verbliebene Wettbewerber zu verdrängen (EuGH, v. 3.7.1991, Slg 1991, I-3359 Tz. 90 ff. *„AKZO"*): Vermutung bei Preisen unter den durchschnittlichen variablen Kosten.

155 *Ausschließlichkeitsbindungen*, die den Vertragspartner an den Marktbeherrscher binden, fallen vor allem unter Satz 2 lit. b), da die Einschränkung des Absatzes auch Konkurrenzunternehmen umfasst; oftmals betreffen sie auch Satz 2 lit. a), da sowohl die Ausbeutung der Vertragspartner als auch die Behinderung der Wettbewerber eine „unangemessene Bedingung" darstellt. Einen Unterfall von Ausschließlichkeitsbindungen stellen Wettbewerbsklauseln dar, die idR ebenfalls missbräuchlich sind (Ausnahme: Wettbewerbsverbot des Handelsvertreters).

156 *Rabattsysteme* können zu faktischen Ausschließlichkeitsbindungen führen und ebenso verborgene Kampfpreisstrategien darstellen. Missbräuchlich sind sie dann, wenn sie auf Verdrängung von Wettbewerbern bzw. auf eine Zutrittsschrankenerhöhung abzielen. Dies wird bejaht für reine Treuerabatte (diese zielen auf eine Bindung und somit Marktverschließung ab) und verneint bei Mengen- und Funktionsrabatten, die besondere wirtschaftliche Leistungen des Abnehmers honorieren (Ausnahme dann, wenn Rabattschwellen so hoch angesetzt werden, dass nur besonders bedeutende Partner profitieren [Verstoß gegen Diskriminierungsverbot, Satz 2 lit. c)]).

157 *Koppelungsgeschäfte* (die Lieferung des gewünschten Guts wird an die Abnahme anderer Güter geknüpft) sind idR missbräuchlich. Mögliche Rechtfertigungen sind sehr restriktiv zu handhaben: Sie können einerseits den Abnehmer unbillig benachteiligen (Ausbeutungsmissbrauch), andererseits eine Marktverschließung bewirken (dann Behinderungsmissbrauch gestützt auf die Generalklausel, aber auch Satz 2 lit. d)). Die Koppelung kann vertraglicher, faktischer oder auch technischer Natur sein. Als Bsp. für eine von der Kommission im Jahr 2004 geahndete technische Koppelung kann die – aus Sicht der Kommission – bewusste Einschränkung der Dialogfähigkeit zwischen dem Windows Betriebssystem für PCs und nicht von Microsoft stammenden Arbeitsgruppenservern sowie die Koppelung des Windows Media Players an das Betriebssystem Windows genannt werden (verhängte Geldbuße: 497 Mio. EUR).

158 Die *Lieferungsverweigerung* ist nur unter besonderen Voraussetzungen missbräuchlich (restriktive Anwendung wegen Vertragsfreiheit; anders indes beim Abbruch bestehender Beziehungen: Dieser muss objektiv gerechtfertigt und verhältnismäßig sein, da von ihm eine Gefahr für bestehende Wettbewerbsstrukturen auf den nachgelagerten Märkten ausgeht). Gestützt wird das Verbot im Einzelfall auf die Generalklausel.

159 Von besonderer Bedeutung ist die **„essential-facilities-Doktrin"**: Ein Unternehmen, welches die auf einem Markt wesentlichen Zugangseinrichtungen beherrscht, darf seinen Konkurrenten den Zugang zu wesentlichen Einrichtungen nicht ohne sachlichen Grund verweigern (Bsp.: Ex-Monopolisten im Telekommunikations- und Postbereich).

4. Spürbare Beeinträchtigung des Handels zwischen den Mitgliedstaaten (Zwischenstaatlichkeitsklausel)

Die **Zwischenstaatlichkeitsklausel** ist identisch mit derjenigen beim Kartellverbot. Sie ist von der räumlichen Reichweite der Marktbeherrschung zu unterscheiden. So ist selbst bei unionsweiter Marktmacht nicht zwangsläufig auf eine zwischenstaatliche Wirkung zu schließen. Wird bspw. ein Wettbewerber ausgeschaltet (Behinderungsmissbrauch), der lediglich auf einem kleinen Teil des Marktes ohne Möglichkeit der Grenzüberschreitung tätig ist, fehlt es am zwischenstaatlichen Bezug. Anders dann, wenn dieser Wettbewerber grenzüberschreitend agiert.

160

5. Objektive Rechtfertigung?

Anders als Art. 101 AEUV enthält Art. 102 AEUV keinen geschriebenen Freistellungstatbestand. Dies ist letztlich dem Umstand geschuldet, dass „Missbrauch" grds. nicht gerechtfertigt sein kann.

161

Allerdings erfolgt in Einzelfällen durch die **Rechtsprechung** im Anschluss an die Bewertung als *„prima facie-Missbrauch"* eine Rechtfertigungsprüfung, in deren Rahmen wirtschaftliche Rechtfertigungsgründe für an sich missbräuchliches Verhalten herangezogen werden. Dem hat sich die **Kommission** in ihrer Prioritätenmitteilung (ABl. EU 2009, C 45/02) angeschlossen und **zwei Fallgruppen der objektiven Rechtfertigung** abstrakt umschrieben: Einerseits werden berechtigte **wirtschaftliche Interessen** (objektive Notwendigkeit), andererseits **Effizienzgewinne** genannt. Sie müssen unverzichtbar sein, die befürchteten negativen Auswirkungen für die Verbraucherwohlfahrt vollständig aufwiegen und den Restwettbewerb nicht gänzlich ausschalten.

162

Wenn auch im Ergebnis nachvollziehbar, so müsste diese Prüfung doch dogmatisch zutreffend im Rahmen der Bewertung als Missbrauch verortet werden. Im Ergebnis wäre eine „tatbestandsimmanente Interessenabwägung" vorzunehmen, die bei Überwiegen der Interessen des Marktbeherrschers zur Verneinung eines Missbrauchs führt.

163

Zur Vertiefung (Rn. 161 ff.):
Zur Problematik einer Rechtfertigung von Marktmachtmissbrauch: vgl. *Fuchs*, in: Immenga/Mestmäcker, EU-Wettbewerbsrecht, 6. Auflage 2019, Art. 102 Rn. 152 ff.

III. Nationales Missbrauchs- sowie Diskriminierungs- und Behinderungsverbot

1. Missbrauchsverbot nach § 19 GWB

Das nationale Missbrauchsverbot des § 19 GWB entspricht inhaltlich weitgehend dem europäischen Missbrauchsverbot und verbietet den Missbrauch einer marktbeherrschenden Stellung. Durch die 10. GWB-Novelle ist der Wortlaut des § 19 Abs. 1 GWB angepasst worden. Erfasst sind nunmehr insgesamt Verhaltensweisen eines marktbeherrschenden Unternehmens, die zu Ergebnissen führen, die bei ordnungsgemäßem Wettbewerb nicht erwartbar gewesen wären.

164

§ 18 Abs. 1 GWB enthält eine gesetzliche Definition der **marktbeherrschenden Stellung** eines Unternehmens (Nr. 1: Fehlen von Wettbewerb [*Monopol*]; Nr. 2: Fehlen wesentlichen Wettbewerbs [*Quasi-Monopol*]; Nr. 3: *überragende Marktstellung*, die sich neben den Marktanteilen vor allem nach den in Abs. 3 genannten – nicht abschließenden – Strukturmerkmalen richtet. Während Nr. 1 und 2 selten gegeben sind, kommt Nr. 3 in der Kartellrechtspraxis große Bedeutung zu).

165

166 Durch die 9. GWB-Novelle hat der Gesetzgeber die Rechtslage den wirtschaftlichen Realitäten (Netzwerke, Plattformen) angepasst. § 18 Abs. 2a GWB stellt klar, dass es der Annahme eines Marktes nicht entgegensteht, dass eine Leistung unentgeltlich erbracht wird, wenn sie also ohne Zahlung einer monetären Gegenleistung erfolgt. § 18 Abs. 3a GWB nennt insbesondere für mehrseitige Märkte und Netzwerke die Kriterien, die bei der Bewertung der Marktstellung eines Unternehmens auch zu berücksichtigen sind (ua Größenvorteile im Zusammenhang mit Netzwerkeffekten, Zugang zu wettbewerbsrelevanten Daten, innovationsgetriebener Wettbewerbsdruck). Durch die 10. GWB-Novelle ist § 18 Abs. 3 Nr. 2 GWB dahin gehend geändert worden, dass der Zugang zu wettbewerbsrelevanten Daten als weiteres Bewertungskriterium zur Bestimmung einer marktbeherrschenden Stellung dient. Der neu eingefügte § 18 Abs. 3b GWB stellt klar, dass bei der Bewertung der Marktstellung eines Unternehmens, das als Vermittler auf mehrseitigen Märkten tätig ist, insbesondere auch die Bedeutung der von ihm erbrachten Vermittlungsdienstleistungen für den Zugang zu Beschaffungs- und Absatzmärkten zu berücksichtigen ist.

167 Ebenfalls erfasst ist gem. § 18 Abs. 5 GWB die **Marktbeherrschung durch mehrere Unternehmen**, wenn diese keinem wirksamen Innen- und Außenwettbewerb unterliegen (Nr. 1; vgl. zur Definition des Oligopols erneut Rn. 142). Diese erfüllen infolge des gemeinsamen Auftretens unter Ausschluss von Innenwettbewerb in ihrer Gesamtheit idR die Voraussetzungen der überragenden Marktstellung gem. Abs. 1 Nr. 3.

168 § 18 Abs. 4 GWB enthält eine Vermutung (nach hM mit der Rechtsnatur einer materiellen Beweislastregel für den Fall eines *non liquet*) dahin gehend, dass ein Unternehmen mit einem Marktanteil von mindestens **40 %** über **Einzelmarktbeherrschung** verfügt. Nach § 18 Abs. 6 GWB wird die **Oligopolbeherrschung** einer Unternehmensgesamtheit bestehend aus zwei oder drei Unternehmen ab einem Gesamtmarktanteil von **50 %** und für solche, bestehend aus vier oder fünf Unternehmen ab einem kollektiven Anteil von **66 %** vermutet, die allerdings gem. Abs. 7 widerlegt werden kann (nach hM handelt es sich hierbei um eine echte Beweislastumkehr).

169 § 19 Abs. 2 GWB enthält einen eigenen, nicht abschließenden Beispielskatalog für die missbräuchliche Ausnutzung der marktbeherrschenden Stellung.

Zur Vertiefung (Rn. 164 ff.):
Marktbeherrschung: Dreher/Kulka, Wettbewerbs- und Kartellrecht, 11. Aufl. 2021, § 11 Rn. 1250 ff.
Dogmatische Einordnung und unterschiedliche Geltung der Vermutung im Bereich der Ordnungswidrigkeiten, der kartellverwaltungsrechtlichen Verfügungen und im Zivilverfahren: Dreher/Kulka, Wettbewerbs- und Kartellrecht, 11. Aufl. 2021, § 11 Rn. 1267 ff.
Marktbeherrschungsvermutung: Fuchs, in: Immenga/Mestmäcker, Wettbewerbsrecht, 6. Aufl. 2020, § 18 Rn. 159 ff.
Regelbeispiele: Markert (zu Nr. 1, 5) und Fuchs (zu Nr. 2–4), in: Immenga/Mestmäcker, Wettbewerbsrecht, 6. Aufl. 2020, § 19 Rn. 91–384.

2. Missbräuchliches Verhalten von Unternehmen mit überragender marktübergreifender Bedeutung für den Wettbewerb, § 19a GWB

170 § 19a GWB ermächtigt das Bundeskartellamt, präventiv gegen Unternehmen mit überragend marktübergreifender Bedeutung für den Wettbewerb vorzugehen. Insbesondere hat die Vorschrift den Zweck, wettbewerbsgefährdenden Netzwerkeffekten entgegenzuwirken, vor allem im Bereich der Datenmärkte gegen Digitalkonzerne (sog. Gatekee-

III. Nationales Missbrauchs- sowie Diskriminierungs- und Behinderungsverbot

per) vorgehen zu können (zB Facebook, Google). § 19a Abs. 1 S. 2 GWB nennt fünf, nicht abschließend aufgezählte Merkmale, die bei der Feststellung der überragenden marktübergreifenden Bedeutung zu berücksichtigen sind. § 19a Abs. 2 GWB zählt Missbrauchstatbestände mit konkretisierenden Regelbeispielen auf.

Zur Vertiefung:
Zu *§ 19a GWB*: *Karbaum/Schultz*, NZKart 2022, 187; *Bechtold/Bosch*, in: Bechtold/Bosch, GWB, 10. Aufl. 2021, § 19a Rn. 1 ff.
Zum Digital Markets Act: *Gielen/Uphues*, EuZW 2021, 62.

3. Diskriminierungs- und Behinderungsverbot nach § 20 GWB iVm § 19 Abs. 1, 2 GWB

§ 20 GWB enthält Verbote für **Unternehmen mit relativer oder überlegener Marktmacht**, geht also insoweit über den Anwendungsbereich des Art. 102 AEUV und des § 19 GWB hinaus, als nicht nur marktbeherrschende Unternehmen erfasst sind. § 20 Abs. 1, 2 GWB enthalten für **relativ** marktmächtige Unternehmen (im Vertikalverhältnis, also im Verhältnis zu Anbietern und Nachfragern) Rechtsgrundverweisungen auf die Verbote des § 19 Abs. 2 Nr. 1 GWB (unbillige Behinderung und Diskriminierung) und § 19 Abs. 2 Nr. 5 GWB (Aufforderung oder Veranlassung zur Vorteilgewährung). § 20 Abs. 3, 4 GWB verbieten die unbillige Behinderung kleiner oder mittlerer Wettbewerber durch Unternehmen mit **überlegener** Marktmacht (betroffen ist also das Horizontalverhältnis). Durch die 10. GWB- Novelle sind **§ 20 Abs. 1a GWB**, der einen Datenzugangsanspruch im Bereich der relativen Marktmacht gewährt, und **§ 20 Abs. 3a GWB**, der das sog. Tipping von Märkten frühzeitig verhindern will, eingefügt worden.[3] Im Folgenden werden **Voraussetzungen** des Diskriminierungs- und Behinderungsmissbrauchs näher dargestellt.

a) Unternehmen mit relativer Marktmacht

Erfasst sind Unternehmen, soweit

> von ihnen andere Unternehmen als Anbieter oder Nachfrager einer bestimmten Art von Waren oder gewerblichen Leistungen in der Weise abhängig sind, dass ausreichende und zumutbare Möglichkeiten, auf andere Unternehmen auszuweichen, nicht bestehen.

Nicht mehr erforderlich ist, dass es sich um kleine oder mittlere Unternehmen handelt. Dem liegt der Gedanke zugrunde, dass jeder vor marktmächtiger Digitalkonzerne geschützt werden muss, eine Abhängigkeit kann also ungeachtet der individuellen Unternehmensgröße bestehen.

Folgende Formen relativer Marktmacht werden unterschieden:

- *sortimentsbedingte Abhängigkeit* des Anbieters oder Nachfragers (Bsp.: Unternehmen braucht bestimmte Waren, damit sein Sortiment vollständig ist).
- *mangelbedingte Abhängigkeit* des Nachfragers.
- *unternehmensbedingte Abhängigkeit* des Nachfragers (Bsp.: Vertragshändler, der sein Unternehmen auf einen bestimmten Partner ausgerichtet hat und dem ein Wechsel des Vertragspartners nicht möglich ist).
- *nachfragebedingte Abhängigkeit* des Anbieters (Bsp.: Kfz-Hersteller gegenüber der auf sie spezialisierten Zulieferindustrie).

---
[3] Hierzu: *Karbaum/Schultz*, NZKart 2022, 187.

b) Unbillige Behinderung oder Diskriminierung

174 Eine **Behinderung** ist jede *Beeinträchtigung der Betätigungsmöglichkeiten von Unternehmen im Wettbewerb*. Die **Diskriminierung** erfasst die *ungleiche Behandlung ohne sachlich gerechtfertigten Grund*. Maßgeblich für die normative Beurteilung der Unbilligkeit oder des sachlich gerechtfertigten Grundes ist eine umfassende Interessenabwägung zwischen den Belangen des handelnden Unternehmens und denen seiner Kunden unter Berücksichtigung der auf die Freiheit des Wettbewerbs gerichteten Zielsetzung des GWB (grds. ist es legitim für ein Unternehmen, seine Absatzpolitik selbstständig festzulegen; Grenze: verdeckte Politik zur Preisanhebung bzw. Bestrafung preisaktiver Unternehmen).

IV. Rechtsfolgen und Verfahren

175 Die **Rechtsfolgen** eines Missbrauchs von Marktmacht sind wie beim Kartellverbot
- **Nichtigkeit** entsprechender Vereinbarungen: § 134 BGB iVm Art. 102 Abs. 2 AEUV bzw. iVm §§ 19, 20 GWB
- **Zivilrechtliche Schadensersatz-, Unterlassungs- und Beseitigungsansprüche**: §§ 33, 33a ff. GWB iVm Art. 102 AEUV bzw. iVm §§ 19, 20 GWB (vgl. im Einzelnen Rn. 215 ff.)
- Evtl. **Kontrahierungszwang** gegenüber einem den Vertragsschluss missbräuchlich verweigernden Unternehmen
- **Geldbußen und Zwangsgelder**: durch Kommission nach Art. 23, 24 KartellVO Nr. 1/2003 bzw. durch nationale Kartellbehörden nach §§ 81a, 81c, 86a GWB
- **Vorteilsabschöpfung** nach §§ 34 f. GWB

176 Das **Verfahren** entspricht dem beim Kartellverbot (im Einzelnen: Rn. 122 f.).

V. Zusammenfassung: Verbot des Missbrauchs von Marktmacht

177

Missbrauchsverbot	Europäisches Recht: Art. 102 AEUV	Deutsches Recht: §§ 19, 20 GWB
Tatbestandsvoraussetzungen	Adressaten: Unternehmen beherrschende Stellung auf dem relevanten Markt (sachlich, örtlich, evtl. zeitlich) missbräuchliche Ausnutzung (Regelbeispiele in Satz 2) *Zwischenstaatlichkeitsklausel*: spürbare Beeinträchtigung des Handels zwischen den Mitgliedstaaten	§ 19 GWB: Adressaten: Unternehmen Marktbeherrschung: § 18 Abs. 1, 3 mit Legaldefinition, § 18 Abs. 4, 6, 7 mit Vermutung

I. Verhältnis europäischer und deutscher Fusionskontrolle — Teil 5

Missbrauchsverbot	Europäisches Recht: Art. 102 AEUV	Deutsches Recht: §§ 19, 20 GWB
		missbräuchliche Ausnutzung (Beispiele in § 19 Abs. 2) § 20 GWB iVm § 19 Abs. 1, 2 GWB: Adressaten: Unternehmen mit relativer Marktmacht Diskriminierung oder Behinderung Fehlen eines sachlichen Grundes bzw. Unbilligkeit
Rechtsfolgen	Wie beim Kartellverbot	Wie beim Kartellverbot

§ 9 Fusionskontrolle

Die nationale und die europäische **Fusionskontrolle** – auch als *Zusammenschlusskontrolle* bezeichnet – dienen der **Kontrolle der Marktstruktur**, indem Verschlechterungen der Wettbewerbsbedingungen, die infolge von Unternehmenszusammenschlüssen auf Dauer angelegt sind, verboten werden können. 178

Während die Vorschriften der europäischen Fusionskontrolle in der Fusionskontrollverordnung (FKVO, VO Nr. 139/2004) (also sekundärrechtlich) verortet sind, ist die deutsche Fusionskontrolle in §§ 35 ff. GWB geregelt. Letztere wurde im Rahmen der 8. GWB-Novelle weiter an die FKVO angeglichen und im Zuge der 9. GWB-Novelle dahin gehend ausgedehnt, dass eine wettbewerbliche Prüfung von bestimmten Typen von Zusammenschlüssen möglich ist, bei denen Unternehmen zu einem hohen Preis gekauft werden, aber nur Umsätze unterhalb der geltenden sog. 2. Inlandsumsatzschwelle von 5 Mio. EUR aufweisen (Hauptanwendungsfall: Kauf sog. Start-Ups). 179

Art. 2 Abs. 3 FKVO enthält das **Fusionsverbot**: 180

> *Zusammenschlüsse von gemeinschaftsweiter Bedeutung sind verboten, wenn dadurch ein wirksamer Wettbewerb im Gemeinsamen Markt oder in einem erheblichen Teil desselben erheblich behindert würde, insbesondere durch Begründung oder Verstärkung einer beherrschenden Stellung.*

Ein ähnliches Fusionsverbot sieht das deutsche Kartellrecht in § 36 Abs. 1 GWB vor.

Unternehmenszusammenschlüsse sind bei einem Verstoß gegen das Fusionsverbot *nicht per se nichtig*, sondern müssen erst durch die Kommission bzw. durch das Bundeskartellamt untersagt werden. 181

I. Verhältnis europäischer und deutscher Fusionskontrolle

Europäisches und deutsches Recht sind bei der Zusammenschlusskontrolle anders als beim Kartell- und Missbrauchsverbot *klar voneinander abgegrenzt*: Es greift entweder 182 nur die europäische oder nur die nationale Zusammenschlusskontrolle (eine Kollision im oben beschriebenen Sinne ist somit ausgeschlossen):

183 Bei **Zusammenschlüssen von gemeinschaftsweiter Bedeutung** (bestimmte Schwellenwerte, vgl. Rn. 190), ist allein europäisches Recht anwendbar, das GWB ist in diesem Bereich unanwendbar (Art. 21 Abs. 3 FKVO). Grds. ist allein die *Kommission* zuständig (ausnahmsweise kann ein Zusammenschluss mit gemeinschaftsweiter Bedeutung unter den Voraussetzungen des Art. 4 Abs. 4 FKVO durch die Kommission auf Antrag an die nationalen Kartellbehörden verwiesen werden, welche dann auch nur nationales Kartellrecht anwenden; umgekehrt ist dies nach Art. 4 Abs. 5 FKVO auch möglich: Verweis der nationalen Kartellbehörde an die Kommission).

184 Für **Zusammenschlüsse unterhalb dieser Schwelle** ist allein das deutsche Recht (GWB) maßgeblich.

II. Europäische Fusionskontrolle

185 Das Verfahren der Fusionskontrolle ist in die Prüfung von **Aufgreif- und Eingriffskriterien** zweigeteilt. Die **Aufgreifkriterien** bestimmen, welche Sachverhalte überhaupt der Fusionskontrolle unterworfen sind (Anwendungsbereich der Fusionskontrolle; Aufgreiftatbestand). Die **Eingriffskriterien** regeln, wann ein Zusammenschluss zu untersagen ist (Eingriffstatbestand).

1. Aufgreiftatbestand

186 Die europäische Fusionskontrolle findet nach Art. 1 Abs. 1 FKVO nur bei **Zusammenschlüssen von gemeinschaftsweiter Bedeutung** statt.

187 Fällt der Zusammenschluss unter einen Aufgreiftatbestand, müssen die Unternehmen bußgeldbewehrten Anmeldepflichten nachkommen, die vor dem Vollzug des Zusammenschlusses zu erfüllen sind, Art. 4, 14 Abs. 2 FKVO. Bis zur Entscheidung der Kommission besteht zudem ein Vollzugsverbot nach Art. 7 FKVO, das zur Unwirksamkeit verbotswidriger Rechtsgeschäfte führt.

a) Zusammenschlüsse von Unternehmen

188 Ein **Zusammenschluss** liegt dann vor, wenn

eine dauerhafte Veränderung der Kontrolle in der Weise stattfindet, dass zwei oder mehr bisher voneinander unabhängige Unternehmen oder Unternehmensteile fusionieren oder dass eine oder mehrere Personen, die bereits mindestens ein Unternehmen kontrollieren, die Kontrolle über die Gesamtheit oder über Teile eines oder mehrerer anderer Unternehmen erwerben.

189 Die erforderliche Kontrolle kann durch den Erwerb von Anteilsrechten oder Vermögenswerten, durch Vertrag oder in sonstiger Weise erlangt werden, soweit nach Berücksichtigung aller tatsächlichen oder rechtlichen Umstände die Möglichkeit eines bestimmenden Einflusses auf die Tätigkeit eines Unternehmens besteht.

II. Europäische Fusionskontrolle

b) Gemeinschaftsweite Bedeutung

Eine **gemeinschaftsweite Bedeutung** eines Zusammenschlusses liegt dann vor, wenn 190

> die beteiligten Unternehmen nach Art. 1 Abs. 2, 3 FKVO bestimmte Umsatzziffern (Schwellenwerte) erreichen.

So setzt bspw. Abs. 2 voraus, dass alle beteiligten Unternehmen zusammen einen weltweiten Gesamtumsatz von mehr als 5 Mrd. EUR und zusätzlich mindestens zwei der beteiligten Unternehmen einen gemeinschaftsweiten Umsatz von jeweils mehr als 250 Mio. EUR aufweisen müssen. 191

Die *Schwellen* sind *relativ hoch*. Fusionen im mittelständischen Bereich sind deshalb regelmäßig nach nationalem Kartellrecht zu bewerten. Selbst wenn die Schwellenwerte von Abs. 2 oder Abs. 3 erreicht werden, fällt der Zusammenschluss nicht unter die europäische Fusionskontrolle, wenn die beteiligten Unternehmen jeweils mehr als zwei Drittel ihres gemeinschaftsweiten Gesamtumsatzes in ein und demselben Mitgliedstaat erzielen. In diesem Fall greift die nationale Fusionskontrolle ein. 192

2. Eingriffstatbestand

Nach Art. 2 Abs. 3 FKVO ist der Zusammenschluss dann **zu untersagen,** wenn 193

> durch den Zusammenschluss wirksamer Wettbewerb im Gemeinsamen Markt erheblich behindert würde.

Eine **Wettbewerbsbehinderung** liegt insbes. dann vor, wenn 194

> durch den Zusammenschluss der Wettbewerbsdruck auf dem relevanten Markt beseitigt wird und das fusionierte Unternehmen unabhängig von diesem Druck operieren kann.

Für die Feststellung der Behinderung des Wettbewerbs muss somit in einem **ersten Schritt** der **relevante Markt** abgegrenzt werden (vgl. dazu Rn. 38 ff.). 195

In einem **zweiten Schritt** muss die Kommission nach Art. 2 Abs. 1 FKVO das Vorliegen einer **Wettbewerbsbehinderung** anhand zahlreicher Faktoren, wie bspw. der Notwendigkeit wirksamen Wettbewerbs, der Marktstellung sowie der wirtschaftlichen Macht der Beteiligten und der Wahlmöglichkeiten der Lieferanten, beurteilen. 196

Hauptkriterium ist aber auch hier die **Marktbeherrschung** durch das fusionierte Unternehmen (anders als im Rahmen des Kartellverbots und des Marktmachtmissbrauchs ist jedoch nicht der *status quo*, sondern die *prognostizierte Marktmacht* ausschlaggebend): 197

Ab einem Marktanteil von **50 %** greift die *Vermutung einer Marktbeherrschung*, die den Zusammenschluss unvereinbar mit dem Gemeinsamen Markt erscheinen lässt. **Unterhalb 50 %** sind *weitere Faktoren* wie die geringe Anzahl der Wettbewerber, Kapazitätsengpässe etc in Betracht zu ziehen. 198

3. Verfahrensfragen

Die beteiligten Unternehmen sind nach Art. 4 Abs. 1 FKVO verpflichtet, den *Zusammenschluss* spätestens vor seinem Vollzug *anzumelden*. 199

200 Bis zum Erlass einer *Vereinbarkeitsentscheidung durch die Kommission*, darf die Fusion nach Anmeldung nicht vollzogen werden, Art. 7 Abs. 1 FKVO.

201 Nach Anmeldung findet gem. Art. 6 Abs. 1 FKVO eine *Vorprüfung* innerhalb der Frist des Art. 10 Abs. 1 FKVO statt. Dabei prüft die Kommission, ob die Fusion an den Bestimmungen der FKVO zu messen ist oder nicht. Danach beginnt das *eigentliche Prüfungsverfahren*, an dessen Ende gem. Art. 8 FKVO eine Entscheidung über die Vereinbarkeit oder Unvereinbarkeit der Fusion ergeht (Vereinbarkeit kann an bestimmte Auflagen gekoppelt werden). Diese Entscheidung muss innerhalb der *Fristen* des Art. 10 Abs. 3 FKVO erfolgen. Versäumt die Kommission die Fristen, so gilt die Fusion gem. Art. 10 Abs. 6 FKVO als genehmigt.

202 Art. 11–13 FKVO enthalten *Ermittlungsbefugnisse* für die Kommission. Die Kommission kann *Geldbußen* (Art. 14 FKVO) sowie *Zwangsgelder* (Art. 15 FKVO) auferlegen. So verhängte die EU-Kommission 2017 gegen Facebook ein Rekord-Bußgeld von 110 Mio. EUR wegen falscher Angaben bei der Übernahme von WhatsApp.

III. Deutsche Fusionskontrolle

1. Aufgreiftatbestand

203 Das GWB legt den Anwendungsbereich der nationalen Fusionskontrolle ähnlich wie die FKVO mit Umsatzziffern fest (§ 35 GWB). Liegen die Aufgreifkriterien vor, ist der Zusammenschluss nach § 39 GWB beim Bundeskartellamt anzumelden und nach dem Vollzug anzuzeigen. Zudem besteht auch hier nach § 41 GWB ein Vollzugsverbot.

a) Zusammenschlüsse von Unternehmen

204 Wann ein Unternehmenszusammenschluss vorliegt, ist in § 37 **GWB** ausführlich geregelt:

- Vermögenserwerb (Nr. 1)
- Kontrollerwerb (Nr. 2)
- Anteilserwerb (Nr. 3)
- Verbindungen mit wettbewerblich erheblichem Einfluss (Nr. 4):
  Jede Verbindung von Unternehmen, bei der ein oder mehrere Unternehmen unmittelbar oder mittelbar einen erheblichen Einfluss auf ein anderes Unternehmen ausüben können.

b) Schwellenwerte, Abgrenzung zur europäischen Fusionskontrolle

205 Damit die Fusionskontrolle nach deutschem Recht eingreift, müssen die beteiligten Unternehmen bestimmte **Umsatzziffern** erreichen:

206 In Abgrenzung zur europäischen Fusionskontrolle besteht eine **Obergrenze**, über welcher die Umsätze nicht liegen dürfen, damit die nationale Fusionskontrolle greift, Art. 1 Abs. 2, 3 FKVO (vgl. oben).

207 Durch § 35 GWB werden bestimmte **Bagatellfälle** von einer Fusionskontrolle ausgenommen, indem bestimmte Größenkriterien aufgestellt werden. So sieht bspw. § 35 Abs. 1 GWB eine **Untergrenze** für die erreichten Umsatzerlöse der beteiligten Unternehmen vor: Die beteiligten Unternehmen müssen insgesamt weltweit Umsatzerlöse von mindestens 500 Mio. EUR und zumindest ein beteiligtes Unternehmen muss In-

landsumsätze von mehr als 50 Mio. EUR und ein anderes beteiligtes Unternehmen Inlandsumsätze von mehr als 17,5 Mio. EUR erzielen, damit die Fusionskontrolle greift. § 35 Abs. 1a GWB dehnt die Fusionskontrolle aus: fehlt es an der dritten Voraussetzung (haben also weder das zu erwerbende noch ein anderes beteiligtes Unternehmen Inlandsumsätze von mehr als 17,5 Mio. EUR erzielt), ist der Anwendungsbereich gleichwohl dann eröffnet, wenn der Wert der Gegenleistung mehr als 400 Mio. EUR beträgt und das zu erwerbende Unternehmen in erheblichem Umfang im Inland tätig ist. Dies soll v.a. in den Fällen eine Fusionskontrolle ermöglichen, in denen für den Erwerb von Start-Ups mit lediglich geringem Umsatz in der Vergangenheit sehr hohe Preise gezahlt werden, da der Gesetzgeber diesen Konstellationen eine Indizwirkung für das Vorhandensein innovativer Geschäftsideen mit einem hohen wettbewerblichen Marktpotential zuschreibt.

2. Eingriffstatbestand

Das materielle Untersagungskriterium des Art. 2 Abs. 3 FKVO wurde in § 36 Abs. 1 GWB übernommen. Nach dem sog. **Significant Impediment to Effective Competition-Test**, kurz **SIEC-Test** ist ein Zusammenschluss zu untersagen,

> *durch den der wirksame Wettbewerb erheblich behindert würde, insbes. von dem zu erwarten ist, dass er eine marktbeherrschende Stellung begründet oder verstärkt.*

Entscheidend ist folglich die erhebliche Behinderung wirksamen Wettbewerbs. Die Begründung oder Verstärkung einer marktbeherrschenden Stellung fungiert insofern nur noch als Regelbeispiel für die erhebliche Wettbewerbsbehinderung; str. ist insoweit, ob auch bei Vorliegen des Regelbeispiels eine Erheblichkeitsprüfung durchzuführen ist.

Hinsichtlich der marktbeherrschenden Stellung gilt die Definition des § 18 Abs. 1, 4 GWB, wobei auch die Vermutung des § 18 Abs. 4, 6, 7 GWB bei Erreichen bestimmter Marktanteile greift (vgl. dazu oben Rn. 168 f.): Marktbeherrschung ist zu bejahen, wenn das Unternehmen keinem (wesentlichen) Wettbewerb ausgesetzt ist oder ihm überragende Marktstellung zukommt (möglich ist neben einem Monopol auch ein Duopol oder sogar ein Oligopol, also eine marktbeherrschende Stellung mehrerer Unternehmen).

Trotz Erreichung oder Verstärkung einer marktbeherrschenden Stellung sieht § 36 Abs. 1 S. 2 GWB **Ausnahmen vom Untersagungstatbestand** vor: Die sog. *Abwägungsklausel* in Nr. 1 betrifft den Fall, dass die Unternehmen nachweisen, dass durch den Zusammenschluss auch eine Verbesserung der Wettbewerbsbedingungen eintritt und dass diese Verbesserungen die Nachteile der Marktbeherrschung aufwiegen (Bsp.: Sanierungsfusionen). Die sog. *Bagatellmarktklausel* in Nr. 2 schließt die Untersagungsmöglichkeit bei Betroffenheit von Bagatellmärkten aus (allerdings wurde i.R.d. 9. GWB-Novelle ein Gleichlauf mit den neugeschaffenen §§ 18 Abs. 2a, 35 Abs. 1a GWB hergestellt). Nr. 3 enthält schließlich eine sog. *Pressesanierungsklausel*.

Lässt sich der marktbeherrschende Zusammenschluss nicht rechtfertigen, so wird er untersagt.

3. Verfahrensfragen

Das deutsche Fusionsverfahren ist in §§ 39 ff. GWB geregelt und läuft grds. wie das europäische Fusionsverfahren ab.

214 Eine Besonderheit besteht dahin gehend, dass an den Bundesminister für Wirtschaft und Technologie ein Antrag auf **Ministererlaubnis** (§ 42 GWB) gestellt werden kann, sofern der Zusammenschluss untersagt wurde, um diesen doch noch zu ermöglichen. Die Erlaubnis soll aber nur dann erteilt werden, wenn im Einzelfall die Wettbewerbsbeschränkung von gesamtwirtschaftlichen Vorteilen des Zusammenschlusses aufgewogen wird oder wenn der Zusammenschluss durch ein überragendes Interesse der Allgemeinheit gerechtfertigt ist. Die Ministererlaubnis wurde in 22 beantragten Fällen neunmal (zT mit Auflagen) erteilt. Die Erteilung im Fall EDEKA/Tengelmann (am 9.3.2016) stieß auf erhebliche Kritik, verbunden mit der Forderung, die Ministererlaubnis abzuschaffen.

IV. Zusammenfassung: Fusionskontrolle

215

	Europäische Fusionskontrolle: FKVO	Deutsche Fusionskontrolle: §§ 35 ff. GWB
Aufgreiftatbestand	*Zusammenschluss von Unternehmen*: durch dauerhafte Veränderung der Kontrolle (Art. 3 FKVO) *Gemeinschaftsweite Bedeutung*: bei Erreichung bestimmter Umsatzziffern (Schwellenwerte nach Art. 1 Abs. 2, 3 FKVO)	*Zusammenschluss von Unternehmen*: ausführlich in § 37 GWB geregelt *Einhaltung bestimmter Umsatzziffern (Schwellenwerte)*: Abgrenzung zur europäischen Fusionskontrolle: Obergrenze gem. Art. 1 Abs. 2, 3 FKVO Untergrenze: § 35 Abs. 1, 1a GWB
Eingriffstatbestand	*Verbotstatbestand*: Art. 2 Abs. 3 FKVO → erhebliche Behinderung des Wettbewerbs im Gemeinsamen Markt Beurteilungskriterien in Art. 2 Abs. 1 FKVO	*Untersagungstatbestand*: § 36 Abs. 1 S. 1 GWB → erhebliche Behinderung des Wettbewerbs, insbes. Begründung oder Verstärkung einer marktbeherrschenden Stellung Rechtfertigung: § 36 Abs. 1 S. 2 GWB
Verfahren	Anmeldepflicht: Art. 4 Abs. 1 FKVO Vollzugsverbot: Art. 7 Abs. 1 FKVO Prüfungsverfahren mit Fristen: Art. 6 ff. FKVO	Anmeldepflicht: § 39 Abs. 1 GWB Vollzugsverbot: § 41 Abs. 1 GWB Prüfungsverfahren mit Fristen: § 40 GWB

§ 10 Prüfungsschema für Unterlassungs-, Beseitigungs- und Schadensersatzansprüche

Bei Verstößen gegen das Kartell- bzw.- Missbrauchsverbot stehen den Betroffenen und weiteren Interessenträgern diverse zivilrechtliche Ansprüche zur Verfügung. Die **wichtigste Anspruchsgrundlage** bilden §§ 33, 33a ff. GWB, die sowohl auf Verstöße gegen Art. 101, 102 AEUV als auch auf Verstöße gegen §§ 1, 19 ff. GWB Anwendung finden. § 33 GWB gewährt **Beseitigungs- und Unterlassungsansprüche** (sog. Abwehransprüche), wohingegen auf §§ 33a ff. GWB bei vorsätzlicher oder fahrlässiger Begehung **Schadensersatzansprüche** gestützt werden können. 216

I. Kartellrechtlicher Verstoß

Voraussetzung ist zunächst ein **Verstoß** gegen die genannten kartellrechtlichen *Vorschriften* oder gegen *Verfügungen* der Kartellbehörden. Hinsichtlich der ersten Fallgruppe kommt für Schadensersatzansprüche insbes. der Bindungswirkung bestandskräftiger Behördenentscheidungen sowie rechtskräftiger Urteile gem. § 33b GWB große praktische Bedeutung zu, da die zivilrechtliche Anspruchsdurchsetzung zumeist als sog. Follow-On-Klage im Anschluss an ein kartellbehördliches Verfahren erfolgt. 217

II. Aktivlegitimation

Aktivlegitimiert ist hinsichtlich der Abwehransprüche der „**Betroffene**" iSd § 33 Abs. 1 GWB. 218

> Dies ist derjenige, der als Mitbewerber oder sonstiger Marktteilnehmer durch den Verstoß beeinträchtigt ist.

Mitbewerber idS müssen mit einem am Kartellverstoß beteiligten Unternehmen tatsächlich im Wettbewerb stehen, wohingegen **Marktteilnehmer** jedermann ist, der gerade in dieser Eigenschaft betroffen wird. Dies sind bspw. bei Verstößen gegen das Kartellverbot die (un-)mittelbaren Abnehmer und Lieferanten sowie die Endverbraucher, bei Verstößen gegen Missbrauchs- und Diskriminierungsverbote sämtliche Dritte, einschließlich der Verbraucher, die (un-)mittelbar von den verbotenen Praktiken betroffen sind. 219

Zur Geltendmachung der **Abwehransprüche** sind gem. § 33 Abs. 2 GWB überdies *Wirtschafts- und Verbraucherverbände* befugt. 220

Hinsichtlich des **Schadensersatzanspruchs** treffen §§ 33a ff. GWB zwar keine explizite Bestimmung der Aktivlegitimierten, aber soweit die Betroffenen iSd § 33 Abs. 1 GWB den vorausgesetzten Schaden erlitten haben, sind sie indes auch insoweit aktivlegitimiert. 221

III. Passivlegitimation

Als Adressaten der kartellrechtlichen Vorschriften sind die **verstoßenden Unternehmen** passivlegitimiert. Eine Zurechnung ihres Organverschuldens kommt über § 31 BGB in Betracht. Umstritten ist demgegenüber die Haftung der Organe selbst entsprechend § 31 BGB iVm § 9 OWiG, sowie die Haftung im Konzern. 222

Sebastian Egger / Klaus Vieweg

IV. Anspruchsspezifische zusätzliche Voraussetzungen

223 Bei Unterlassungsansprüchen ist zudem die **Wiederholungs- bzw. Erstbegehungsgefahr** (§ 33 Abs. 1 S. 1, 2 GWB), beim Schadensersatzanspruch ist neben der Entstehung eines ersatzfähigen Schadens auch das Verschulden (§ 33a Abs. 1 GWB) zu prüfen.

Zur Vertiefung (Rn. 216 ff.):

Aktivlegitimation: Franck, in: Immenga/Mestmäcker, Wettbewerbsrecht Band 2 GWB/Teil 1, § 33 Rn. 14 ff.
Einbeziehung mittelbarer Abnehmer: BGHZ 190, 145 (ORWI-Urteil).
Haftung im Konzern und Schadensersatzansprüche: Weitbrecht, NJW 2012, 881.

Teil 6: Wettbewerbsrecht

Klaus Vieweg / Sebastian Egger

§ 1 Begriff und Funktion 245
§ 2 Rechtsgrundlagen und Regelungsbereich 246
§ 3 Voraussetzungen eines Wettbewerbsverstoßes (§§ 2–7 UWG) 248
§ 4 Rechtsfolgen eines Wettbewerbsverstoßes (§§ 8–10 bzw. § 19 UWG) 269
§ 5 Prüfungsschema bei Wettbewerbsverstößen 270

§ 1 Begriff und Funktion

Das **Wettbewerbsrecht ieS** wird auch als **Lauterkeitsrecht** bezeichnet. Zusammen mit dem Kartellrecht (siehe Teil 5) bildet es das **Wettbewerbsrecht iwS**. Die folgende Darstellung erfasst das Wettbewerbsrecht ieS.

Das Wettbewerbsrecht hat die **Funktion**, das Verhalten von Unternehmen auf bestimmten Märkten in der Weise zu regeln, dass unlautere, den Wettbewerb verfälschende Methoden vermieden werden. Das Wettbewerbsrecht zielt damit auf die Fairness im Wettbewerb ab. Im englischen Sprachgebrauch wird es deshalb auch als fair trade law bezeichnet.

Der Gesetzgeber hat in **§ 1 Abs. 1 Gesetz gegen den unlauteren Wettbewerb (UWG)** ein **integriertes Schutzkonzept** geregelt und die Funktion des Wettbewerbsrechts mit der sog. **Schutzzwecktrias** konkretisiert:

- Schutz der Mitbewerber (Horizontalverhältnis zu Konkurrenten),
- Schutz der Verbraucher und sonstiger Marktteilnehmer (Vertikalverhältnis zu Abnehmern und Lieferanten),
- Schutz der Allgemeinheit.
- In § 1 Abs. 2 UWG wird klargestellt, dass Spezialvorschriften Vorrang haben.[1]

Mit der Regelung der Aktivlegitimation zugunsten von Mitbewerbern, bestimmten Verbänden und Einrichtungen sowie Industrie-, Handels- und Handwerkskammern vertraut der Gesetzgeber im Wesentlichen auf die Mechanismen der Selbstregulierung. Es gibt keine speziellen Aufsichtsbehörden. Die staatliche Durchsetzungsverantwortlichkeit beschränkt sich auf die Rechtsprechung der Zivilgerichte. Nur in Fällen unzulässiger Telefonwerbung ist die Bundesnetzagentur gem. § 20 Abs. 3 UWG als Ordnungsbehörde zuständig.

Zur Vertiefung (Rn. 1 ff.):
Zum Verbraucherleitbild des UWG: Das Verbraucherleitbild des UWG entspricht dem des europäischen Rechts. Seit 1999 stellt der BGH auf den durchschnittlich informierten und verständigen Verbraucher ab, der der Werbung die der Situation angemessene Aufmerksamkeit entgegenbringt; BGH, GRUR 2000, 619 (621) – *Orient-Teppichmuster*; BGHZ 156, 250 (252) = GRUR 2004, 244 (245) – *Marktführerschaft*; GRUR 2004, 249 (251) – *Umgekehrte Versteigerung im Internet*; zum Ganzen *Bornkamm/Feddersen*, in: Köhler/Bornkamm/Feddersen, UWG, 40. Aufl. 2022, § 5 Rn. 0.60 ff. Es ist folglich nicht mehr auf den „flüchtigen Betrachter" abzustellen.

---

[1] *Alexander*, WRP 2021. 136. 137 f.

Diesen Wandel hat auch der Gesetzgeber nachvollzogen, indem der Durchschnittsverbraucher ausdrücklich in § 3 Abs. 4 S. 1 UWG als Referenz genannt wird.
Zum neu eingefügten § 1 Abs. 2 UWG: Alexander, WRP 2021, 136, 137 f.

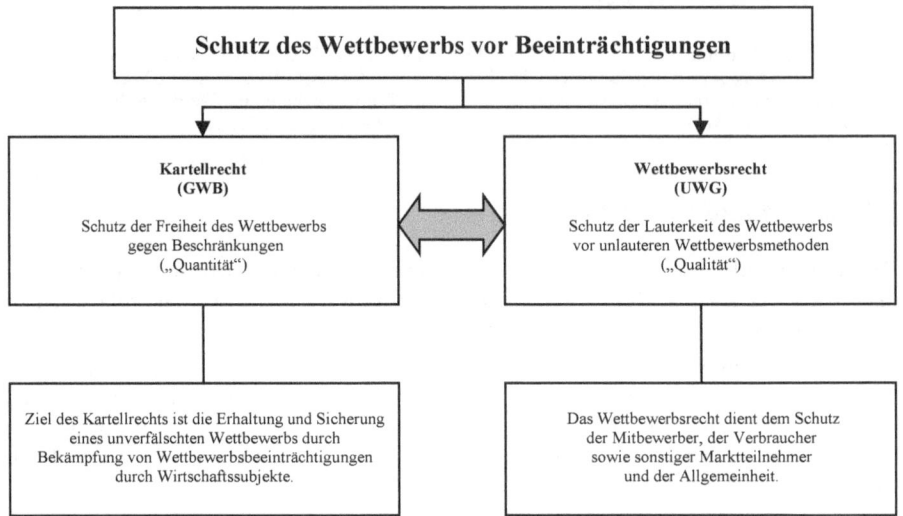

Abbildung 1: Wettbewerbsrecht iwS

§ 2 Rechtsgrundlagen und Regelungsbereich

5 Das Wettbewerbsrecht ieS ist im Gesetz gegen den unlauteren Wettbewerb (UWG) geregelt. Seine interessante Entwicklung ist nicht zuletzt von europäischen Vorgaben beeinflusst, denen bei der Auslegung erhebliche Bedeutung zukommt. Ältere Rechtsprechung und Literatur sind immer im Zusammenhang mit dieser Entwicklung zu sehen.

6 Die erste Fassung des **UWG von 1896** enthielt Einzelbestimmungen und wurde bereits **1909** durch Einfügung einer **Generalklausel** ergänzt. Dies hatte zur Konsequenz, dass durch deren notwendige Konkretisierung das Wettbewerbsrecht ganz wesentlich zum Richterrecht wurde.

7 Die umfassende **Reform** des Jahres **2004** zielte darauf ab, der zunehmenden europäischen Harmonisierung Rechnung zu tragen und die durch die Rechtsprechung zur Generalklausel (§ 1 UWG aF) entwickelten Fallgruppen der Unlauterkeit zu kodifizieren (§§ 4 u. 7 UWG nF).

8 Die **Novelle 2008** führte erneut zu einer tiefgreifenden Änderung des UWG. Anlass war die **Richtlinie 2005/29/EG** über unlautere Geschäftspraktiken von Unternehmern gegenüber Verbrauchern (im Folgenden: **UGP-RL**), die eine Vollharmonisierung vorgab. Da das UWG zuvor nur das Marktverhalten der Unternehmen untereinander (Business to Business – B2B) regelte, waren durch die Einbeziehung der Verbraucher (Business to Consumer – B2C) umfangreiche Anpassungen erforderlich. Die Generalklausel wurde neu gefasst (§ 3 UWG). Eine sog. Schwarze Liste mit per-se-Verbotstat-

beständen wurde eingefügt (§ 3 Abs. 3 iVm dem Anhang zum UWG). Auch wurden die Irreführungstatbestände geändert (§§ 5 u. 5a UWG).

Die **Novelle 2015** nahm weitere Angleichungen an die UGP-RL vor. Im Rahmen dieser eher regelungstechnischen Reform wurde insbes. die Trennung zwischen B2B und B2C klarer herausgearbeitet.

Die **Novelle 2018** setzt die Geheimnisschutzrichtlinie EU/2016/943 um, die eine Harmonisierung des Schutzes von Know-How und Geschäftsgeheimnissen vorsieht.

Am 2.12.2020 trat das Gesetz zur Stärkung des fairen Wettbewerbs in Kraft. Es soll missbräuchliche Abmahnungen im Lauterkeitsrecht verhindern.[2]

Durch die Umsetzung der Richtlinie EU/2019/2161 im Jahre 2022 kam es zu einigen Änderung im UWG.

Das UWG hat folgende Struktur:

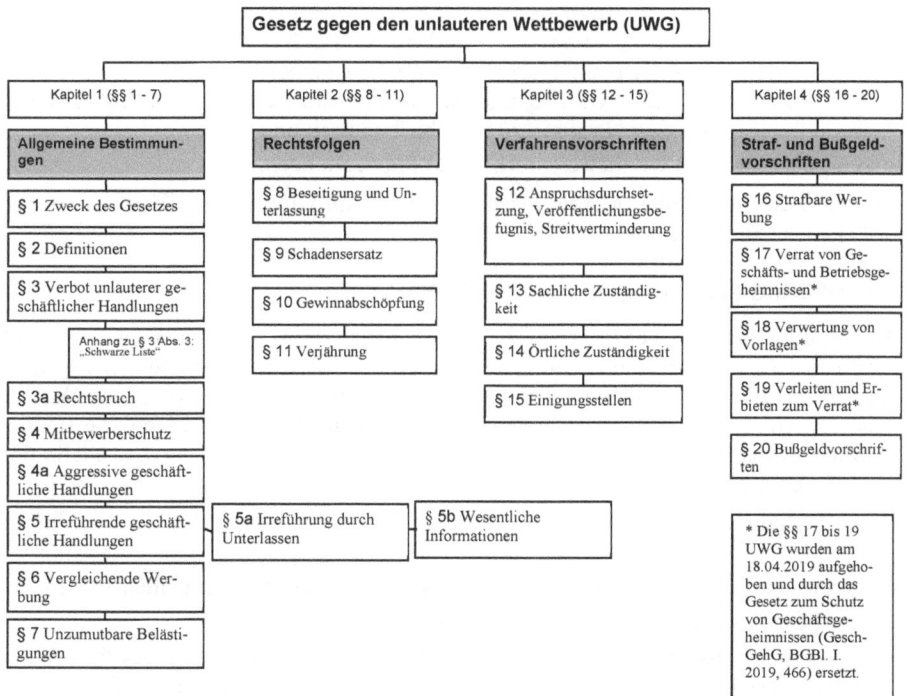

Abbildung 2: Gesamtstruktur des Gesetzes gegen den unlauteren Wettbewerb

Abgrenzungsfragen ergeben sich zum Kartellrecht, zum Gewerblichen Rechtsschutz und Urheberrecht sowie zum Deliktsrecht.

---

2 Hierzu ausführlich: *Sosnitza*, GRUR 2021, 671 ff; *Omsels/Zott*, WRP 2021, 278 ff.

§ 3 Voraussetzungen eines Wettbewerbsverstoßes (§§ 2–7 UWG)

11 Das materielle Prüfprogramm eines Verstoßes gegen das UWG richtet sich danach, welche Art geschäftlicher Handlung – unlautere Handlung (§§ 3–6 UWG) oder unzumutbare Belästigung (§ 7 UWG; dazu Rn. 91 ff.) – vorliegt und wem gegenüber – Verbraucher (§ 2 Abs. 2 UWG iVm § 13 BGB), Unternehmer (§ 2 Abs. 1 Nr. 6 UWG) oder sonstigem Marktteilnehmer (§ 2 Abs. 1 Nr. 2 UWG) – sie vorgenommen wird.

12 Beispielsweise **setzt** ein Verstoß gegen das Verbot der unlauteren geschäftlichen Handlung (§§ 3–6 UWG) Folgendes **voraus**:

- eine **geschäftliche Handlung**,
- deren **Unzulässigkeit/Unlauterkeit**,
- deren **Eignung zur spürbaren Beeinträchtigung der Interessen** – sofern kein Fall der „Schwarzen Liste" einschlägig ist (hinsichtlich der Spezialtatbestände der §§ 3a-6 UWG ist indes Folgendes zu beachten: Manche dieser Tatbestände – wie die verbraucherschützenden §§ 4a-5a UWG und der § 3a UWG – enthalten eigene Spürbarkeitsklauseln; soweit ein Spezialtatbestand keine Spürbarkeitsklausel erhält – wie bspw. § 4 UWG – wird demgegenüber die Spürbarkeit gesetzlich vermutet, weshalb eine gesonderte Prüfung zu unterbleiben hat), und
- das **Nichtvorliegen wettbewerbsrechtlicher Einwendungen**.

Die folgende Darstellung orientiert sich am Prüfungsprogramm eines Wettbewerbsverstoßes (siehe auch Rn. 100).

I. Geschäftliche Handlung (§ 2 Abs. 1 Nr. 2 UWG)

13 Ansatzpunkt für eine wettbewerbsrechtliche Beurteilung ist stets die konkrete Handlung eines Gewerbetreibenden (dieser Begriff ist nicht eng zu verstehen; bspw. ist auch freiberufliche Tätigkeit erfasst), die nach Maßgabe bestimmter objektiver Verhaltenskriterien auf ihre Lauterkeit zu prüfen ist. Der **geschäftlichen Handlung** (früher: Wettbewerbshandlung) kommt eine zentrale Bedeutung zu. Nach der **Legaldefinition des § 2 Abs. 1 Nr. 2 UWG** erfordert sie

- ein **Verhalten** einer Person (Tun oder Unterlassen bei entsprechender Handlungspflicht),
- **zugunsten** des eigenen oder eines fremden **Unternehmens** (Unternehmensbezug),
- **vor, bei** oder **nach** einem **Geschäftsabschluss**,
- das objektiv zusammenhängt mit der **Förderung des Absatzes oder des Bezugs** von Waren oder Dienstleistungen oder mit dem **Abschluss oder der Durchführung eines Vertrags** über Waren oder Dienstleistungen (Wettbewerbsbezug).

14 Der **Unternehmensbezug** besteht in Fällen der Begünstigung einer

selbstständigen wirtschaftlichen Betätigung, die auf eine gewisse Dauer angelegt und darauf gerichtet ist, Waren oder Dienstleistungen gegen Entgelt zu vertreiben.

15 Insofern erlangt insbes. die Abgrenzung zu rein privaten Handlungen natürlicher Personen Bedeutung, die zB bei den sog. eBay-Verkäufen Schwierigkeiten bereiten kann. Einen weiteren Problemkreis stellen Handlungen der öffentlichen Hand im Rahmen der Leistungsverwaltung dar. Erhebliche praktische Bedeutung haben die sog. Influencer erlangt. Sie sind gerade keine künstlichen Werbefiguren, sondern treten als

I. Geschäftliche Handlung (§ 2 Abs. 1 Nr. 2 UWG)

Privatpersonen auf, die andere an ihren alltäglichen Leben teilhaben lassen. Bei ihren Tätigkeiten ist nach den BGH-Entscheidungen dabei zu unterscheiden, ob sie eigene unternehmerische Tätigkeiten fördern (Fallgruppe 1) oder zugunsten eines fremden Unternehmens handeln (Fallgruppe 2). Bezüglich der ersten Fallgruppe sei danach zu differenzieren, ob sie durch das Auftreten nach außen die eigene Person als Werbeträger stärken wollen, indem sie sich aufgrund ihrer Reichweite für Drittunternehmen als Werbepartner interessant machen oder ob sie eigene Waren oder Dienstleistungen vertreiben. Allein die Bezeichnung Influencer führe aber noch nicht zur Annahme einer geschäftlichen Handlung. Vielmehr sei eine Gesamtbetrachtung des jeweiligen Profils vorzunehmen, ob tatsächlich bereits das jeweilige Handeln unter den Begriff der geschäftlichen Handlung falle. Hinsichtlich der Fallgruppe 2 sei auf den jeweils konkreten Beitrag abzustellen. Dabei sei das Informationsinteresse in Betracht zu ziehen. Werde dem Influencer eine Gegenleistung angeboten – unerheblich sei, worin diese bestehe (zB kostenlose Überlassung von Produkten) –, dann sei eine geschäftliche Handlung anzunehmen. Werde aber keine Gegenleistung angeboten bzw. erbracht, so führe alleine das Auftreten als Influencer noch nicht zur Annahme einer geschäftlichen Handlung. Vielmehr sei ein werblicher Überschuss ohne sachliche Rechtfertigung erforderlich. Davon sei auszugehen, wenn ohne jede kritische Distanz und sachliche Information in werbetypischer Art und Weise allein die Vorzüge der Ware oder Dienstleistung herausgestellt würden.

Der **Wettbewerbsbezug** fordert einen Marktbezug, mithin ein 16

Verhalten, das geeignet ist, auf andere Marktteilnehmer einzuwirken (Abgrenzung von rein unternehmensinternem Verhalten).

Dem genügt, dass das Verhalten mit der **Förderung des Absatzes** oder des **Bezugs von Waren oder Dienstleistungen objektiv zusammenhängt**. Nicht erforderlich ist demgegenüber eine subjektive Wettbewerbsförderungsabsicht und damit ein konkretes Wettbewerbsverhältnis zwischen Handelndem und Beeinträchtigtem. Die Voraussetzungen werden sehr großzügig gehandhabt. Neben konventionellen Werbeinseraten in Medien kommen insbes. Kopplungsangebote, die Kopplung von Gewinnspielen/Preisausschreiben an den Warenabsatz oder die Ankündigung von Preissenkungen in Betracht. Aus diesem Grund weisen bspw. auch redaktionelle Beiträge in Medien den erforderlichen unmittelbaren Bezug auf, wenn sie vorrangig der Werbung für ein anderes Unternehmen dienen. 17

Die Fallgruppe des Zusammenhangs mit dem **Abschluss** eines **Vertrags** über Waren oder Dienstleistungen ist einschlägig, soweit eine objektiv darauf gerichtete Erklärung oder Mitteilung getätigt wird. Da hierin zugleich ein Verhalten zur Absatz- oder Bezugsförderung liegt, kommt dieser Fallgruppe primär eine Prüfungserleichterungsfunktion zu. Der Zusammenhang mit der **Durchführung** eines **Vertrags** ist bei einem Verhalten gegeben, das objektiv darauf gerichtet ist, die geschäftlichen Entscheidungen des Vertragspartners während der Vertragsdurchführung zu beeinflussen. In Betracht kommen bspw. irreführende Zahlungsaufforderungen oder die Hinderung, Ersatzansprüche geltend zu machen; in diesem Zusammenhang stellt sich die Frage des Verhältnisses vom Vertrags- zum Wettbewerbsrecht. 18

Hervorzuheben ist, dass über die Einbeziehung des Verhaltens **bei** oder **nach** einem Geschäftsabschluss durch die Novelle 2008 Zeitpunkte erfasst sind, zu denen der Wettbewerb um Anbieter oder Abnehmer eigentlich schon abschlossen ist. Diese Erweiterung 19 erlangt allein Bedeutung im Vertikalverhältnis, also gegenüber den Verbrauchern und sonstigen Marktteilnehmern. Infolge dieser Erweiterung hat sich das Wettbewerbsrecht zu einem Recht der unlauteren geschäftlichen Handlung (§ 1 Abs. 1 UWG) entwickelt.

Außerdem kam es zur Erweiterung des Anwendungsbereichs der geschäftlichen Handlung, indem auch digitale Inhalte (Definition: Art. 2 Nr. 1 EU/2019/770) und digitale Dienstleistungen (Definition: Art. 2 Nr. 2 EU/2019/770) umfasst sind.

Zur Vertiefung (Rn. 13 ff.):
Zum Begriff der geschäftlichen Handlung: Ekey, Grundriss des Wettbewerbs- und Kartellrechts, 5. Aufl. 2016, S. 32 ff.
Zu Tätigkeiten von Influencern: BGH GRUR 2021, 1400 – Influencer I; BGH GRUR 2021, 1414 – Influencer II; BGH GRUR-RS 2021, 26632 – Influencer III; *Köhler,* in: ders./Bornkamm/Feddersen, UWG, 40. Aufl. 2022, § 2 Rn. 69a–69h; *Alexander,* BeckOK UWG, § 2 Rn. 144–156.1; *Köberlein,* ZVertriebsR 2022, 102 ff.
Zur den Besonderheiten bei Medienunternehmen sowie zur Ausdehnung auf Handlungen bei und nach Vertragsschluss: Köhler, in: ders./Bornkamm/Feddersen, UWG, 40. Aufl. 2022, § 2 Rn. 63 ff. und 70 ff.
Zum unmittelbaren und objektiven Zusammenhang: BGH GRUR-RS 2021, 26642 Rn. 30; *Alexander,* BeckOK UWG, § 2 Rn. 94 ff.

II. Unzulässigkeit / Unlauterkeit

20 Die Unzulässigkeit wird zum Teil von den Tatbeständen unmittelbar vorgegeben (§ 3 Abs. 3 iVm Anhang zum UWG sowie § 7 UWG), zum Teil folgt sie aus der Unlauterkeit (§§ 3–6 UWG – vgl. § 3 Abs. 1 UWG).

1. Stets unzulässige geschäftliche Handlungen – die Schwarze Liste (§ 3 Abs. 3 iVm Anhang zum UWG)

21 Bei Verstößen gegen die im Anhang des UWG aufgeführte Schwarze Liste ist die Handlung **stets unzulässig**. Anwendung findet diese allein bei **Handlungen gegenüber Verbrauchern (B2C)** (§ 3 Abs. 3 UWG). Die Verortung an erster Stelle einer Prüfung beruht auf dem Umstand, dass es für die Unzulässigkeit unerheblich ist, ob die Handlung (im Einzelfall) geeignet ist, „das wirtschaftliche Verhalten des Verbrauchers wesentlich zu beeinflussen" (sog. geschäftliche Relevanz – vor der Novelle 2015: sog. Spürbarkeitskriterium) und somit die Voraussetzungen hinter denen der Beispieltatbestände bzw. der Verbrauchergeneralklausel zurückbleiben. Gleichwohl sind bei der Auslegung der einzelnen Tatbestände – insbes. soweit sie unbestimmte Rechtsbegriffe enthalten – Handlungen auszuschließen, die generell nicht geeignet sind, das Verbraucherverhalten zu beeinflussen. Zudem gilt der Verhältnismäßigkeitsgrundsatz. Die per-se-Verbote sollen vornehmlich größere Rechtssicherheit schaffen. Aufgrund ihrer engen Fassung sind sie einer Analogie nicht zugänglich.

22 Eine grobe Untergliederung der 32 in der Schwarzen Liste aufgeführten Tatbestände ist möglich in
- **irreführende Geschäftspraktiken** (Nr. 1–23c, mit Ausnahme der Nr. 17), und
- **aggressive Geschäftspraktiken** (Nr. 24–32).

Auf die einzelnen Tatbestände der Schwarzen Liste kann an dieser Stelle aus Platzgründen nur schlaglichtartig eingegangen werden. Sie erschließen sich zumeist jedoch durch die bloße Gesetzeslektüre unter Beachtung des Gebots der richtlinienkonformen Auslegung.

Zu den **praktisch relevantesten Tatbeständen** gehören: 23

- die *Verwendung* von Güte- und Qualitäts*kennzeichen*, die aufgrund einer objektiven Prüfung vergeben werden, ohne die erforderliche Genehmigung (**Nr. 2**);
- Überschneidungen bestehen insofern mit der *falschen Behauptung* der Bestätigung, Billigung oder Genehmigung einer geschäftlichen Handlung, Ware oder Dienstleistung durch eine zuständige Stelle (**Nr. 4 a**);
- *Lockangebote* (**Nr. 5, 6**);
- die Täuschung über den *Zeitrahmen der Verfügbarkeit*, um eine sofortige Kundenentscheidung ohne vorherige Informationsgelegenheit herbeizuführen (**Nr. 7**);
- das Erwecken des Eindrucks, *gesetzlich bestehende Rechte* stellten Angebotsbesonderheiten dar (**Nr. 10**);
- als *Information getarnte Werbung* (traditionell als „redaktionelle Werbung" bezeichnet) (**Nr. 11, 11a**);
- besonders krasse Fälle *irreführender Werbung* (**Nr. 13**);
- *Schneeball- und Pyramidensysteme* (**Nr. 14**);
- *falsche Preisausschreiben* (**Nr. 19**);
- das Angebot eines *kostenlosen Produktes*, bei gleichwohl bestehender Kostentragungspflicht (**Nr. 20**);
- die *Irreführung* über das Bestehen einer vertraglichen Bindung (**Nr. 22**);
- *aggressive Türverkäufe* (**Nr. 25**);
- die unmittelbare *Aufforderung an Kinder*, beworbene Produkte zu kaufen bzw. Erwachsene zum Kauf zu veranlassen (**Nr. 28**) und
- die Aufforderung zur Bezahlung, Aufbewahrung oder Rücksendung *nichtbestellter Waren oder Dienstleistungen* (**Nr. 29**).

Zur Vertiefung (Rn. 21 ff.):

Zur Wirkung im Verhältnis zwischen Unternehmern (B2B): Insofern können die Wertungen der schwarzen Liste im Rahmen anderer Unlauterkeitstatbestände berücksichtigt werden; zumindest ungerechtfertigte Wertungswidersprüche sind zu vermeiden; vgl. BGH, WRP 2012, 194 Rn. 29 – Branchenbuch Berg.
Zur Bedeutung und Auslegung der Schwarzen Liste: Köhler, WRP 2014, 259 Rn. 60 ff.; *Fritzsche/Eisenhut*, BeckOK UWG, Anhang zu § 3 Abs. 3 (zu den jeweiligen Änderungen).

2. Unlauterkeit

Unlauter ist eine Handlung, die den **anständigen Gepflogenheiten** in Handel, Gewerbe, Handwerk und selbstständiger beruflicher Tätigkeit **zuwiderläuft**. 24

Auch insofern besteht eine festgelegte Prüfungsreihenfolge. An erster Stelle sind die Beispieltatbestände der §§ 3a–6 UWG und bei fehlender Einschlägigkeit die Generalklauseln nach § 3 Abs. 1 u. 2 UWG zu prüfen. Für die Anwendbarkeit der einzelnen Tatbestände ist stets danach zu fragen, ob die Handlung das B2B- oder das B2C-Verhältnis betrifft. 25

a) Beispieltatbestände (§§ 3a-6 UWG)

26 Die Unlauterkeit der Beispieltatbestände ergibt sich ungeachtet der Generalklauseln des § 3 Abs. 1 u. 2 UWG. Liegen alle Tatbestandsvoraussetzungen vor, ist ein Rückgriff auf § 3 UWG lediglich bezüglich der Rechtsfolge angezeigt. Hierzu heißt es in Absatz 1: „Unlautere geschäftliche Handlungen sind unzulässig." Die Beispieltatbestände der §§ 3a-6 UWG haben im Rahmen der Novelle 2015 eine weitreichende Umstrukturierung erfahren. Insbes. wurden die in § 4 UWG 2008 noch zusammengefassten Fallbeispiele in solche, die dem Schutz der **Mitbewerber** (§ 4 UWG nF) und solche, die dem Schutz der **Verbraucher** und der **sonstigen Marktteilnehmer** dienen (§ 4a UWG), also in B2B- und B2C-Konstellationen, aufgespalten.

aa) Mitbewerberschutz (§ 4 UWG)

27 § 4 UWG entspricht den mitbewerberschützenden Beispielstatbeständen des § 4 Nr. 7–10 UWG 2008. Eine inhaltliche Änderung erfolgte nicht; für die Auslegung auf die zum UWG 2008 ergangene Rspr. kann zurückgegriffen werden. Mitbewerber sind Unternehmen, die in einem **konkreten Wettbewerbsverhältnis** stehen (§ 2 Abs. 1 Nr. 4 UWG).

28 Aus der Qualifizierung als Beispieltatbestände folgt, dass sie lediglich eine Erläuterung und Konkretisierung des Unlauterkeitskriteriums der Generalklausel des § 3 Abs. 1 UWG darstellen.

(1) Nr. 1: Herabsetzung und Verunglimpfung von Mitbewerbern

29 Es muss schon im Interesse der Marktgegenseite möglich sein, **sachliche Kritik** an Produkten, persönlichen oder wirtschaftlichen Verhältnissen von Mitbewerber zu üben. Insbes. ist – soweit die Wertungsebene betroffen ist – Art. 5 Abs. 1 GG zu beachten. Die Grenze ist jedoch dann überschritten, wenn die „Kritik" jede sachliche Basis verlässt (sog. Schmähkritik) und sich auf eine **Herabsetzung** und/oder **Verunglimpfung** reduziert, die sachbezogene Urteile verhindert und die Marktpartner abhalten kann, Verträge mit dem betroffenen Mitbewerber zu schließen. Der Beispieltatbestand schützt hierdurch nicht nur den Mitbewerber, sondern auch das Allgemeininteresse an einem unverfälschten Wettbewerb.

30 Erfasst sind nicht nur **Werturteile**, sondern auch wahre bzw. unwahre **Tatsachenbehauptungen** (zu Letzteren vgl. auch Nr. 2), soweit sie nur herabsetzend oder verunglimpfend sind. Bei wahren geschäftsschädigenden Tatsachenbehauptungen ist eine **Interessenabwägung** vorzunehmen. Für die Beurteilung einer Herabsetzung ist auch und vor allem das sachlich berechtigte Informationsinteresse der Marktgegenseite einzubeziehen.

BEISPIELE FÜR HERABSETZUNGEN/VERUNGLIMPFUNGEN:
Veröffentlichung ungeschwärzter Urteile, in denen Konkurrenten unlauteres Verhalten vorgeworfen wird, gegenüber breiter Öffentlichkeit (OLG Hamm, MMR 2008, 750 (751)), Hinweis auf Mängel der Produkte („Scheiß des Monats" (OLG München, WRP 1996, 925), „billiges Plagiat").

Ein umfangreicher Katalog an Einzelfallentscheidungen findet sich bei *Späth*, in: Götting/Nordemann, UWG, 3. Aufl. 2016, § 4 Rn. 1.30.

Bezüglich anderer Beispieltatbestände sind vornehmlich zwei Konkurrenzverhältnisse in den Blick zu nehmen: Gegenüber der **vergleichenden Werbung** (§ 6 Abs. 2 Nr. 4 und 5 UWG) tritt § 4 Nr. 1 UWG zurück. Ein eigenständiger Anwendungsbereich verbleibt somit insbes. dann, wenn keine produkt- bzw. leistungsbezogene Gegenüberstellung erfolgt. Im Hinblick auf **§§ 14 Abs. 2 Nr. 3, 15 Abs. 3 MarkenG** postuliert eine im Vordringen befindliche Auffassung eine parallele Anwendung (Abkehr von der sog. Vorrangthese). Diese soll insbes. in Fällen der sog. Markenparodie gelten.

31

Zur Vertiefung (Rn. 29 ff.):
Zur (sukzessiven) Abkehr von der Vorrangthese: BGH GRUR 2013, 1161 Rn. 60 – *Hard Rock Café* (allerdings ausdrücklich nur für § 5 Abs. 1 S. 2 Nr. 1 UWG); *Späth*, in: Götting/Nordemann, UWG, 3. Aufl. 2016, § 4 Rn. 1.10.

(2) Nr. 2: Anschwärzung

Der Beispieltatbestand der Nr. 2 schützt Mitbewerber vor **unwahren geschäftsschädigenden Tatsachenbehauptungen** betreffend Waren, Dienstleistungen oder das Unternehmen. Nicht erfasst sind wahre Tatsachenbehauptungen und Werturteile (evtl. Nr. 1). Die Abgrenzung von Werturteilen kann im Einzelfall schwierig sein und richtet sich nach dem **Empfängerhorizont** (Kontrollfrage: Ist die Äußerung einem Wahrheitsbeweis zugänglich?). Sind sowohl Werturteile als auch Tatsachenbehauptungen enthalten, entscheidet der **Schwerpunkt** der Äußerung. Tatbestandlich sind das Behaupten (= Aufstellen einer eigenen Behauptung) und das Verbreiten (= Weitergabe einer fremden Behauptung). Letzteres ist insbesondere bei Betreibern von Online-Bewertungsportalen von den Einzelfallumständen abhängig. Für die erforderliche **Eignung zur Betriebs- oder Kreditschädigung** genügen mögliche Nachteile.

32

Die **Nichterweislichkeit** der Wahrheit geht grds. zulasten des Äußernden (§ 4 Nr. 2 Hs. 1 UWG). Lediglich bei vertraulichen Mitteilungen (also solchen, bei denen nicht mit einer Weiterleitung an Dritte zu rechnen ist), an denen der Äußernde oder der Empfänger ein berechtigtes Interesse hat, muss der vermeintlich Verletzte die Unwahrheit beweisen (§ 4 Nr. 2 Hs. 2 UWG).

33

Beispiele:
Behauptung fehlender Lieferfähigkeit; Nennung in einer Liste von Unternehmen mit zweifelhafter Bonität; Behauptung, ein Mitbewerber habe sich durch Sonderzahlungen Vorteile verschafft.

Bezüglich anderer Beispielstatbestände ist das Verhältnis zur irreführenden vergleichenden Werbung in den Blick zu nehmen (dazu noch unten Rn. 81 ff.).

34

(3) Nr. 3: Nachahmungsschutz („ergänzender lauterkeitsrechtlicher Leistungsschutz")

Der sog. ergänzende lauterkeitsrechtliche Leistungsschutz bezweckt den Schutz der Mitbewerber vor der Ausbeutung der von ihnen geschaffenen Leistungsergebnisse mit unlauteren Mitteln oder Methoden. Dabei gewährt er kein Ausschließlichkeitsrecht zum Zwecke des Schutzes vor Nachahmungen. Vielmehr lässt er den **Grundsatz der Nachahmungsfreiheit** außerhalb der gewerblichen Sonderschutzrechte unberührt. **Unlauter** sind Nachahmung folglich nur dann, wenn **weitere Umstände** hinzutreten.

35

Als unlauter stuft Nr. 3 das Angebot von Waren oder Dienstleistungen ein, die eine Nachahmung der Leistungsergebnisse eines Mitbewerbers sind, unter der **Vorausset-**

36

zung, dass besondere Unlauterkeitsmerkmale hinzutreten, das Angebot der Nachahmung also eine

- vermeidbare Täuschung über die betriebliche Herkunft herbeiführt (lit. a)),
- die Wertschätzung der nachgeahmten Leistungen unangemessen ausnutzt oder beeinträchtigt (lit. b)) oder
- der Nachahmer die erforderlichen Kenntnisse oder Unterlagen unlauter erlangt hat (lit. c)).

37 Eine **Nachahmung** liegt vor, wenn eine fremde Leistung als eigene *unverändert* oder *nachschaffend übernommen wird*. Nachschaffend ist eine Übernahme, die zwar nicht unmittelbar oder fast identisch erfolgt, aber die wesentlichen Elemente enthält, die das Vorbild noch erkennen lassen. Die erforderliche Ähnlichkeit ist anhand der Gesamtwirkung der gegenüberzustellenden Leistungen zu bewerten.

Zur Vertiefung (Rn. 35 ff.):
Beispiele einer (unzulässigen) unmittelbaren Leistungsübernahme nennt: Nordemann, in: Götting/Nordemann, UWG, 3. Aufl. 2016, § 4 Rn. 3.46.
Beispiele nachschaffender Übernahmen finden sich bei: Nordemann, in: Götting/Nordemann, UWG, 3. Aufl. 2016, § 4 Rn. 3.48.

38 Zentrale Bedeutung kommt dem **ungeschriebenen Erfordernis** der **wettbewerblichen Eigenart** des nachgeahmten Leistungsergebnisses zu: Um zu verhindern, dass die Nachahmungsfreiheit vollständig ausgehebelt wird, muss das betreffende *Leistungsergebnis geeignet sein, auf die betriebliche Herkunft hinzuweisen*. Diese individualisierende Funktion ist dann gegeben, wenn eine Durchschnittsperson infolge der konkreten Gestaltung des Leistungsergebnisses oder dessen spezifischer Merkmale die Vorstellung hat, dieses könne nur von einem bestimmten Anbieter stammen. Darauf, dass das Unternehmen selbst bekannt ist, kommt es demgegenüber nicht an.

39 Zwischen der Höhe der wettbewerblichen Eigenart der nachgeahmten Leistung, dem Ähnlichkeitsgrad der Nachahmung und der Intensität der Unlauterkeitskriterien besteht eine **Wechselwirkung:** Je höher die wettbewerbliche Eigenart und der Ähnlichkeitsgrad sind, desto geringer sind die Anforderungen an die Unlauterkeitskriterien. Umgekehrt bedürfen die Unlauterkeitskriterien einer umso kritischeren Prüfung, je geringer die wettbewerbliche Eigenart der nachgeahmten Leistung und je geringer der Ähnlichkeitsgrad ist. Schwierigkeiten bereitet insofern insbes. das Kriterium der Vermeidbarkeit (lit. a)), das bei der Nachahmung rein ästhetischer Gestaltungsoptionen tendenziell eher zu bejahen ist als bei Lösungen, die technisch bedingt sind. In Zweifelsfällen ist dem Grundsatz der Nachahmungsfreiheit Vorrang einzuräumen.

Beispiele:
Täuschung über betriebliche Herkunft (lit. a)): Vertrieb eines Advents- und Weihnachtssterns, der nach seinem Gesamteindruck – gerade auch hinsichtlich prägender Gestaltungsmerkmale (Grundform eines Rhombenkuboktaeders; in fünf Ebenen 18 Strahlen mit quadratischer und acht kürzere Strahlen mit dreieckiger Grundform) – dem verkehrsbekannten Produkt eines Wettbewerbers sehr ähnelt, so dass der Verkehr den Eindruck bekommt, die Nachahmung stamme vom Wettbewerber (vgl. BGH, GRUR 2016, 730 Rn. 47 ff. – *Herrnhuter Stern*: Täuschung auch vermeidbar, da Strahlen ohne Weiteres mit identischer Länge oder aber abweichendem Längenverhältnis ausgestaltet werden könnten, so dass keine technische Determinierung oder freizuhaltenden Gestaltungselemente vorlägen).

II. Unzulässigkeit / Unlauterkeit

Rufausbeutung (lit. b)): Vertrieb eines Tablet-Computers, bei dem sich die die wettbewerbliche Eigenart eines verkehrsbekannten Produktes (mit „Kultstatus") eines Wettbewerbers ausmachenden Merkmale weitgehend wiederfinden (insbes. hinsichtlich der für den Gesamteindruck ganz wesentlichen Gestaltung der Vorderseite). Zwar stand im konkreten Fall die deutliche Kennzeichnung mit der Herstellerangabe auf dem nachgeahmten Produkt einer Herkunftstäuschung (lit. a)) entgegen. Allerdings sah das OLG Düsseldorf eine Rufausbeutung (lit. b)) darin begründet, dass ein positiver Imagetransfer erfolge, da der Erwerber in der Öffentlichkeit „Eindruck schinden" könne, indem vorübergehende Dritte glaubten, er benutze das verkehrsbekannte Produkt des Wettbewerbers (OLG Düsseldorf GRUR-RR 2012, 200 (210 f.) – Tablet PC; anders in der folgenden Entscheidung OLG Düsseldorf, GRUR-RR 2012, 352 (355 f.) – Tablet PC II).

Erschleichen und Vertrauensbruch (lit. c)): durch Täuschung erlangte oder unter Vertrauensbruch ausgenutzte Kenntnisse oder Unterlagen.

(4) Nr. 4: Gezielte Behinderung von Mitbewerbern

Der Beispieltatbestand der Nr. 4 bezweckt den Schutz der Mitbewerber vor Wettbewerbsmaßnahmen, die sich gezielt gegen deren eigenen Geschäftsbetrieb richten. Da jede geschäftliche Handlung mit dem Ziel, sich einen Wettbewerbsvorsprung zu verschaffen, die wirtschaftliche Entfaltungsfreiheit von Mitbewerbern behindern kann, müssen besondere Umstände hinzutreten, die das Verdikt der Unlauterkeit rechtfertigen.

Gezielt sind hiernach nur Behinderungen, die entweder primär eine Störung der Entfaltungsmöglichkeit von Mitbewerbern bezwecken oder es dem Mitbewerber unmöglich machen, seine Leistung am Markt in angemessener Weise zu erbringen (**Verdrängungsabsicht**). Die Beurteilung ist mittels **umfassender Interessenabwägung** vorzunehmen, in deren Rahmen der Grundsatz der Wettbewerbsfreiheit den Ausgangspunkt bildet. Insbesondere das bloße Abwerben von Kunden ist dem Wettbewerbsgedanken inhärent und somit ohne **Hinzutreten besonderer Umstände** nicht unlauter. Gleiches gilt für das Abwerben von Mitarbeitern oder die Preisunterbietung.

BEISPIELE:
Unlauterkeit zu bejahen: gezielte Verdrängung eines Mitbewerbers durch Abfangen von Kunden, die eigentlich mit dem Mitbewerber Verträge schließen wollten („unlauteres Dazwischenschieben"); Verleiten der Kunden von Mitbewerbern zum Vertragsbruch; Anmeldung und Eintragung von Sperrzeichen ins Markenregister; Abwerbung von Mitarbeitern ohne eigenen Bedarf, allein zum Zwecke der Behinderung und/oder unter Verleitung zum Vertragsbruch; Boykottaufrufe.

Unlauterkeit abzulehnen: bloße Ausnutzung des Vertragsbruchs der Kunden von Mitbewerbern; Gewährung einer Kündigungshilfe für Kunden von Mitbewerbern; Anruf bei Mitarbeitern des Mitbewerbers (selbst am Arbeitsplatz) bei bloßer Erkundigung nach dem Interesse an einer beruflichen Neuorientierung und Kurzwiedergabe der Stellenbeschreibung; Preisunterbietungen, soweit sie nicht in Verdrängungsabsicht, unter Verleitung zum Vertragsbruch etc. erfolgt.

bb) Schutz des Verbrauchers und der sonstigen Marktteilnehmer (§ 4a UWG)

Der Beispieltatbestand der aggressiven geschäftlichen Handlung bezweckt, die geschäftliche Entscheidungsfreiheit der Marktgegenseite vor einer unangemessenen Beeinflussung vor, bei oder nach Vertragsschluss zu schützen. Die **Marktgegenseite** soll ihre „**Schiedsrichterfunktion**" im Wettbewerb behalten.

(1) Neukonzipierung des Tatbestandes

43 Unlauter nach **§ 4a Abs. 1 S. 1 UWG** sind aggressive geschäftliche Handlungen, die geeignet sind, Verbraucher oder sonstige Marktteilnehmer zu einer geschäftlichen Entscheidung (§ 2 Abs. 1 Nr. 9 UWG) zu veranlassen, die sie anderenfalls nicht getroffen hätten (*Auswirkungskriterium*).

44 Entscheidendes Kriterium ist die – zweistufig zu prüfende – aggressive geschäftliche Handlung (**§ 4a Abs. 1 S. 2 UWG**). Diese muss im konkreten Fall unter Berücksichtigung aller Umstände geeignet sein, die Entscheidungsfreiheit der Marktteilnehmer erheblich zu beeinträchtigen (*Einwirkungskriterium*). Im Zusammenspiel mit dem Auswirkungskriterium ist insofern die Kontrollfrage zu stellen, ob der Adressat unter Anspannung seiner Gegenkräfte sich noch anders verhalten kann, als von der Gegenseite verlangt.

45 Als **Ausübungsmittel einer aggressiven geschäftlichen Handlung** nennt § 4a Abs. 1 S. 2 UWG abschließend

- die Belästigung (**Nr. 1** – nicht identisch mit der „unzumutbaren Belästigung" iSd § 7 Abs. 1 UWG),
- die Nötigung, einschließlich körperlicher Gewalt (**Nr. 2**), und
- die unzulässige Beeinflussung (**Nr. 3**).

46 Die einzelnen – enumerativ aufgezählten – Ausübungsmittel können nicht klar voneinander abgegrenzt werden. Wegen der identischen Rechtsfolgen ist dies jedoch unerheblich. Es genügen an dieser Stelle folgende Hinweise: Die **Belästigung** (**Nr. 1**) muss eine gewisse Relevanzschwelle überschreiten. Das Bedrängungspotential muss mithin so erheblich sein, dass der Durchschnittsadressat zu der geschäftlichen Handlung veranlasst werden kann (nicht ausreichend: bloßes Ansprechen auf offener Straße, unerwünschte Zusendung von Werbung etc). Das schärfste Ausübungsmittel bildet die **Nötigung** (**Nr. 2**). Diese muss zwar nicht stets mit einer physischen Gewalteinwirkung einhergehen, setzt aber zumindest die Ausübung schwerer psychischer Gewalt voraus. Besondere Bedeutung kommt § 4a Abs. 1 S. 3 UWG zu. Dieser definiert als **unzulässige Beeinflussung** (**Nr. 3**) die Ausnutzung einer Machtposition zur Ausübung von Druck in einer Weise, die die Fähigkeit zu einer informierten Entscheidung wesentlich einschränkt. Die hiernach maßgebliche Druckausübung geht damit einher, dass dem Adressaten Nachteile in Aussicht gestellt werden. Daraus folgt zugleich, dass das *übertriebene Anlocken* mangels Nachteilszufügung keine aggressive geschäftliche Handlung darstellt. Für den rein *psychischen Kaufzwang* ist dies umstritten.

Zur Vertiefung:
Zur Fallgruppe des „psychischen Kaufzwangs" und allg. zur Beurteilung von Geschenken, Preisausschreiben, Zugaben, Koppelungsangeboten, Preisnachlässen etc.: Götting, in ders./Nordemann, UWG, 3. Aufl. 2016, § 4a Rn. 19 ff.; vgl. auch *Lettl*, Lauterkeitsrecht, 4. Aufl. 2021, § 6 Rn. 12 ff.

47 Die **Beurteilungskriterien** für das Vorliegen einer aggressiven geschäftlichen Handlung finden sich in **§ 4a Abs. 2 S. 1 UWG**. Zu nennen sind bspw. die Verwendung drohender und beleidigender Formulierungen oder Verhaltensweisen (**Nr. 2**), belastende oder

unverhältnismäßige Hindernisse nichtvertraglicher Art, um die Ausübung vertraglicher Rechte zu verhindern (**Nr. 4**) und Drohungen mit rechtlich unzulässigen Handlungen (**Nr. 5**). Hervorzuheben ist insbes. die *bewusste Ausnutzung* von konkreten Unglückssituationen oder Umständen von solcher Schwere, dass sie das Urteilsvermögen der Marktteilnehmer beeinträchtigen, um deren Entscheidung zu beeinflussen (§ **4a Abs. 2 S. 1 Nr. 3 UWG**). Umstände im vorgenannten Sinne sind insbes. geistige und körperliche Beeinträchtigungen, das Alter, die geschäftliche Unerfahrenheit, die Leichtgläubigkeit, die Angst und die Zwangslage von Verbrauchern (§ **4 Abs. 2 S. 2 UWG** iVm § **3 Abs. 4 S. 2 UWG**). Wegen des **europäischen Verbraucherleitbildes** muss die zu stellende Kontrollfrage darauf gerichtet sein, ob die betreffende Verbrauchergruppe sich nicht informieren und sich nicht angemessen aufmerksam und verständig verhalten *kann* oder es zwar *könnte*, aber nicht *will*.

Zur Vertiefung:
Zum Verbraucherleitbild des UWG: siehe oben Rn. 4 (Vertiefungshinweise).

(2) Vergleich mit den Fallgruppen des § 4 UWG 2008

Die einzelnen Voraussetzungen des § 4a UWG weisen Überschneidungen mit den Tatbeständen des § 4 Nr. 1 u. 2 UWG 2008 auf. Aus diesem Grund kann auf die dazu entwickelten Fallgruppen verwiesen werden, die entsprechend einer richtlinienkonformen Auslegung entwickelt worden sind.

- Das Regelbeispiel des § **4 Nr. 1 UWG 2008** erfasste die *Beeinträchtigung der Entscheidungsfreiheit durch Druck, in menschenverachtenden Weise oder durch sonstigen unangemessenen unsachlichen Einfluss.*
Beispiele: Hineinzerren in ein Geschäft; Drohung des Veranstalters einer „Kaffeefahrt", die Heimreise werde solange nicht angetreten, bis jeder Teilnehmer etwas gekauft hat.
In § 4a **UWG** findet sich der Regelungsbereich in den Alternativen der Nötigung und der unzulässigen Beeinflussung wieder (§ **4a Abs. 1 S. 2 Nr. 2 u. 3**).

- Nach § **4 Nr. 2 UWG 2008** war unlauter insbes. die *Ausnutzung besonderer Umstände wie geistiger oder körperlicher Gebrechen, des Alters, der geschäftlichen Unerfahrenheit, der Leichtgläubigkeit, der Angst oder der Zwangslage von Verbrauchern.*
Beispiele: Analphabeten werden veranlasst, einen Vertrag zu unterschreiben, dessen Inhalt sie nicht lesen können und den ein Durchschnittsverbraucher so nicht geschlossen hätte; riskante Angebote an erkennbar geschäftlich unerfahrene Personen; Werbung am Unfallort oder im Trauerfall.
§ **4a Abs. 2 S. 1 Nr. 3 UWG** umspannt in seiner aktuellen Fassung auch diesen Regelungsbereich der bewussten Ausnutzung besonderer Umstände – in Bezug auf Verbraucher ua durch die Übernahme in **Absatz 2 Satz 2**. Allerdings ist er nicht mehr als eigenständiger Tatbestand, sondern als Unlauterkeitskriterium ausgestaltet. Es bedarf also auch insofern – soweit eine unzulässige Beeinflussung im Streit steht – der Ausnutzung einer Machtposition zur Erzeugung von Druck.

Zur Vertiefung (Rn. 42 ff.):
Zum „neuen" § 4a UWG: *Scherer*, GRUR 2016, 233 ff.; *Ohly*, GRUR 2016, 3 (5); *Lettl*, Lauterkeitsrecht, 4. Aufl. 2021, § 6 Rn. 1 ff.

Zur richtlinienkonformen Auslegung des § 4 UWG 2008: BGH, GRUR 2014, 1117 (1119) – *Zeugnisaktion*; GRUR 2015, 1134 (1134) – *Schufa-Hinweis.*
Zur Ausnutzung einer Machtposition im Rahmen der unzulässigen Beeinflussung: Köhler, in: ders./Bornkamm/Feddersen, UWG, 40. Aufl. 2022, § 4a Rn. 1.57 ff.
Zu Verkaufsförderungsmaßnahmen: BGH, NJW 2014, 2279 (2282) – *Goldbärenbarren; Köhler,* in: ders./Bornkamm/Feddersen, UWG, 40. Aufl. 2022, § 4a Rn. 1.60 f.

cc) Irreführung nach §§ 5, 5a, 5b UWG

49 Die UGP-RL hat die gemeinschaftsrechtlichen Grundlagen des nationalen Irreführungsverbots grundlegend verändert. Während das UWG früher allein auf den Konkurrentenschutz abzielte, dient es heute auch dem Verbraucherschutz. Dies wird in den §§ 5, 5a, 5b UWG besonders deutlich. Allerdings sind auch sonstige Marktteilnehmer in den Schutz einbezogen. Der **Zweck** des Irreführungsverbots ist die **Verwirklichung des Wahrheitsgrundsatzes** als zentrales Anliegen des Wettbewerbsrechts.

(1) Irreführung durch geschäftliche Handlung (§ 5 UWG)

50 Die Grundnorm bildet § 5 Abs. 1 UWG, der sowohl für den B2B- als auch den B2C-Bereich gilt. **Unlauter handelt** danach,

> wer eine irreführende geschäftliche Handlung vornimmt, die geeignet ist, den Verbraucher oder sonstigen Marktteilnehmer zu einer geschäftlichen Entscheidung zu veranlassen, die er andernfalls nicht getroffen hätte.

51 Als **irreführend** nennt § 5 Abs. 2 UWG geschäftliche Handlungen, die **unwahre** (Alt. 1) oder sonstige **zur Täuschung geeignete Angaben** (Alt. 2) über bestimmte Umstände enthalten.

52 Eine **Angabe** ist eine Äußerung, die zumindest in ihrem Kern einen **überprüfbaren Tatsacheninhalt** aufweist. Sie kann in Worte gefasst sowie bildlich, ausdrücklich und konkludent getätigt werden. Nichtssagende Anpreisungen oder Kaufappelle stellen mangels konkreten nachprüfbaren Inhalts keine Angaben dar (bspw. „die schönsten Blumen der Welt", „den oder keinen"). Gleiches gilt für lediglich positive Assoziationen (bspw. die Bewerbung alkoholischer Getränke unter Abbildung gut gelaunter Personen oder die Darstellung eines durchtrainierten jungen Mannes, der einen Schokoriegel verzehrt).

BEISPIEL:
Eine Angabe wurde in der lautmalerischen Unterlegung einer Rundfunkwerbung für Teigwaren mit Hühnergegacker erblickt. Damit assoziiere der Verbraucher die Verwendung von Frischei. Ob dies zutrifft, scheint zweifelhaft. Die Annahme des Berufungsgerichts, der Verbraucher differenziere zudem zwischen Lege- und Konversationsgegacker, dürfte in jedem Fall zu weit gehen (offengelassen von BGH, GRUR 1961, 544 – *Hühnergegacker*).

53 **Irreführend** ist eine Angabe, wenn sie geeignet ist, den Verkehr irrezuführen. Die Eignung ist bei unwahren Angaben anzunehmen. Bei objektiv richtigen Angaben (auch mehrdeutigen) erfordert die Irreführungseignung demgegenüber, dass ein beachtlicher Teil des *angesprochenen Verkehrskreises* mit der objektiv richtigen Angabe eine unrichtige Vorstellung verbindet. Insofern kommt es abermals maßgeblich auf das *gewandelte Verbraucherleitbild* an. Es ist stets auf eine durchschnittlich informierte, angemessen aufmerksame und verständige Durchschnittsperson abzustellen. Im Rahmen der Beurteilung ist der Grad der Aufmerksamkeit zu berücksichtigen, der der

II. Unzulässigkeit / Unlauterkeit

betreffenden Werbung im Regelfall zuteil wird. Entscheidend ist der *Gesamteindruck* (vgl. aber zur *Blickfangwerbung* die nachfolgenden Vertiefungshinweise).

Somit bedarf es dreier **Prüfungsschritte**:

- Zunächst sind die Personen, an die sich die geschäftliche Handlung richtet bzw. die sie erreicht, zu ermitteln;
- anschließend ist zu untersuchen, wie der verständige Durchschnittsadressat dieses Personenkreises die Angabe versteht;
- schließlich bedarf es eines Abgleichs dieses Verständnisses mit der Wirklichkeit.

54

Zur Vertiefung (Rn. 50 ff.):

Zur Blickfangwerbung: Abweichungen vom Grundsatz der Maßgeblichkeit des Gesamteindrucks sollten vormals in Fällen der sog. Blickfangwerbung gelten. Danach war der Blickfang – also eine besondere Herausstellung bestimmter Angaben im Rahmen der Gesamtankündigung zur Aufmerksamkeitserweckung – isoliert auf seine Richtigkeit zu prüfen, soweit vom Adressaten nicht erwartet werden konnte, auch den übrigen Inhalt zur Interpretation heranzuziehen. Letzteres wurde vom flüchtigen Betrachter (ehemaliges Verbraucherleitbild) in der Regel nicht erwartet; vgl. BGH, GRUR 1991, 554 (555) – *Bilanzbuchhalter*; GRUR 1992, 618 – *Pressehaftung II*; zum Ganzen *Bornkamm/Feddersen*, in: Köhler/Bornkamm/Feddersen, UWG, 40. Aufl. 2022, § 5 Rn. 1.85 ff. m.w.N.

Allerdings hat sich insofern eine sukzessive Abkehr von den strikten Vorgaben vollzogen, als in Fällen, in denen der Blickfang bei isolierter Betrachtung eine Fehlvorstellung auslöst, eine irrtumsausschließende Aufklärung mittels klaren und unmissverständlichen Hinweises als möglich angesehen wird, wenn er am Blickfang teilhat und eine Zuordnung zu den herausgestellten Angaben erfolgt; BGH, GRUR 2000, 911 (912) – *Computerwerbung I*; GRUR 2003, 163 – *Computerwerbung II*; GRUR 2003, 249 – *Preis ohne Monitor*; dagegen kein Irrtumsausschluss durch Angabe im Zutatenverzeichnis; BGH, GRUR-Prax 2016, 252 – *Himbeer-Vanille-Abenteuer I*. Diese Relativierung trägt nicht zuletzt dem gewandelten Verbraucherleitbild Rechnung.

Zu missverständlichen/mehrdeutigen Angaben: Maßgeblich für die Ermittlung des Angabeninhalts sind der Sprachgebrauch und das Sprachverständnis. Vgl. zu Beispielsfällen *Lettl*, Lauterkeitsrecht, 4. Aufl. 2022, § 7 Rn. 15: „Marktführerschaft" hinsichtlich einer Tageszeitung wird auf die verkaufte Auflage bezogen – BGH, GRUR 2004, 244 (246) – *Marktführerschaft*; „Biomineralwasser" versteht der Durchschnittsleser nicht in der Weise, dass es sich um eine staatlich verliehene, überprüfbare Zertifizierung handle – BGH, GRUR 2013, 401 (404) – *Biomineralwasser*.

Zu irreführenden objektiv wahren Angaben: Als irreführend wurde die objektiv wahre Angabe in der Werbung für Milch „Ohne Zusatz- und Konservierungsstoffe" eingestuft, da jede Milch frei von diesen Stoffen sein muss – EuGH, Slg. I-2795 Rn. 8, 22 – *Bellamy*.

Auch das Irreführungsverbot statuiert ein Auswirkungskriterium im Sinne eines **Relevanzkriteriums** („die er andernfalls nicht getroffen hätte"). Dieses ist zweistufig zu prüfen:

- Die geschäftliche Handlung muss überhaupt zu einer *Fehlvorstellung führen können* (1).
- Diese Fehlvorstellung muss für die *betreffende geschäftliche Entscheidung relevant* sein (2).

55

Eine quantitativ abgegrenzte **Irreführungsquote** hat sich schon wegen der Abhängigkeit von den Umständen des Einzelfalls nicht etablieren können. Gefordert wird, dass *ein nicht völlig unbeachtlicher Teil der angesprochenen Verkehrskreise* irregeführt werden müsse. In Anbetracht des gewandelten Verbraucherleitbildes hat der BGH in einer Entscheidung aus dem Jahr 2003 klargestellt, dass das ehemals als ausreichend

56

erachtete Quorum von 10–15 % der Irregeführten zu niedrig sei. In diesem Zusammenhang ist auch die – ausnahmsweise – anzustellende **Interessenabwägung** zu sehen. Ihr kommt insbesondere dann Bedeutung zu, wenn die objektive und die subjektive Wahrheit einer Aussage auseinanderfallen, also wesentliche Teile der Adressaten die an sich zutreffende Aussage falsch verstehen. Gleiches gilt bei mehrdeutigen Angaben.

Zur Vertiefung:

Zur Irreführungsquote: BGH, GRUR 2004, 162 (163) – *Mindestverzinsung:* Quote von 15–20 % nicht ausreichend; *Bornkamm/Feddersen*, in: Köhler/Bornkamm/Feddersen, UWG, 40. Aufl. 2022, § 5 Rn. 1.99 legen im „Regelfall" als Ausgangspunkt eine Quote von einem Viertel bis einem Drittel zugrunde.

57 § 5 Abs. 2 UWG nennt in seinen Nr. 1–7 **abschließend die Umstände**, auf die sich die Angaben beziehen müssen. Zentrale Bedeutung kommt Nr. 1 zu, die die wesentlichen Merkmale der Sache oder der Dienstleistung erfasst, also bspw. deren Qualität, stoffliche Zusammensetzung, Zwecktauglichkeit und betriebliche und geographische Herkunft (sog. *produktbezogene Irreführung*). Der Preis ist hingegen allein von Nr. 2 erfasst, die den Anlass des Verkaufs, Preisvorteile und Lieferbedingungen betrifft. Die weiteren Tatbestände beziehen sich auf die Person, die Rechte und das Vermögen des Unternehmers (Nr. 3), sponsoringbezogene Aussagen und Symbole (Nr. 4), die Leistungsnotwendigkeit (Nr. 5), die Wahrung eines Verhaltenskodexes (Nr. 6) und Verbraucherrechte (Nr. 7).

58 Gesondert geregelt ist der **wettbewerbsrechtliche Verwechslungsschutz** nach § 5 Abs. 3 UWG. Dieser tritt neben den individualschützen kennzeichenrechtlichen Schutz nach dem MarkenG sowie den Nachahmungsschutz des § 4 Nr. 3 UWG. Irreführend sind hiernach geschäftliche Handlungen, die im Zusammenhang mit der Produktvermarktung eine *Verwechslungsgefahr mit Produkten oder mit der Marke oder einem anderen Kennzeichen eines Mitbewerbers* hervorrufen. **Geschützt** wird die **Marktgegenseite**. Die gesonderte Regelung darf indes nicht darüber hinwegtäuschen, dass es sich in der Sache um eine Regelung zur Vermeidung einer produktbezogenen Irreführung nach § 5 Abs. 2 Nr. 1 UWG in Form einer *Herkunftstäuschung* handelt, die allein deshalb eine eigenständige Regelung erfahren hat, weil vormals im deutschen Wettbewerbsrecht der Vorrang des kennzeichenrechtlichen Schutzes herrschender Auffassung entsprach (dazu bereits oben Rn. 31). Außerdem ist § 5 Abs. 2 Nr. 2 UWG eingefügt worden, der auf der dual quality Regelung beruht.

59 § 5 Abs. 4 UWG stellt klar, dass eine **irreführende vergleichende Werbung** am Irreführungsverbot nach § 5 Abs. 1 UWG zu messen ist und nicht (lediglich) an den Bestimmungen betreffend die vergleichende Werbung (§ 6 UWG).

60 Für den Fall der **Werbung mit einer Preisherabsetzung** enthält § 5 Abs. 5 UWG eine widerlegbare Vermutung zugunsten der Irreführung, sofern der Preis nur für eine unangemessen kurze Zeit gefordert worden ist.

Zur Vertiefung:

Zur Werbung mit einer Preisherabsetzung: Eine Irreführung liegt dann vor, wenn der höhere Preis tatsächlich zu keinem Zeitpunkt ernsthaft gefordert worden ist. Im Fall der sehr kurzen Forderung (vgl. die Vermutung des § 5 Abs. 5 UWG) bedarf es einer Einzelfallbeurteilung. Die unzulässige „Preisschaukelei" ist bspw. von der sehr kurzen Forderung hoher Preise, die auf einer Fehlkalkulation beruht, abzugrenzen. Stets erforderlich ist, dass der ursprüngliche Preis unmittelbar vor der Preisherabsetzung gefordert worden ist.

(2) Irreführung durch Unterlassen (§ 5a UWG)

§ 5a UWG statuiert ein Verbot der Irreführung durch Unterlassen (durch Verschweigen bzw. Vorenthalten entscheidungsrelevanter Informationen). Dies bedeutet nicht, dass der Unternehmer im geschäftlichen Verkehr gegenüber Verbrauchern oder gegenüber sonstigen Marktteilnehmern sämtliche – auch ungünstige – Informationen über das Produkt oder seine Person ungefragt preisgeben muss. Eine **allg. Aufklärungspflicht** besteht somit **nicht**. Vielmehr statuieren die maßgeblichen Regelungen besondere Anforderungen an die Bedeutung der Informationen und enthalten Abwägungsvorgaben.

(a) Unlauterkeitstatbestand des § 5a Abs. 1 UWG

§ 5a Abs. 1 UWG gilt nicht mehr nur im Verhältnis zu **Verbrauchern** (B2C), sondern findet nun auch auf **sonstige Marktteilnehmer** Anwendung. Dennoch ist immer auf die jeweilige geschäftliche Handlung abzustellen, ob der Maßstab eines durchschnittlichen Verbrauchers oder der eines sonstigen Marktteilnehmers der angesprochenen Verkehrskreises maßgeblich ist. Bei § 5a Abs. 1 UWG handelt es sich um eine Erweiterung des Irreführungsverbots. Das ergibt sich aus dem Wortlaut des § 5a Abs. 1 UWG, der davon spricht, dass auch derjenige unlauter handelt, der eine **wesentliche Information vorenthält,**

> *die der Verbraucher oder der sonstige Marktteilnehmer je nach den Umständen benötigt, um eine informierte geschäftliche Entscheidung zu treffen, und*

> *deren Vorenthalten geeignet ist, den Verbraucher oder den sonstigen Marktteilnehmer zu einer geschäftlichen Entscheidung zu veranlassen, die er andernfalls nicht getroffen hätte.*

In Abweichung vom Irreführungsverbot nach § 5 UWG setzt § 5a Abs. 1 UWG **nicht voraus**, dass der Verbraucher oder der sonstige Marktteilnehmer zusätzlich zum Vorenthalten der Informationen einer **Fehlvorstellung** unterliegt.

Anders als es der Begriff des **Vorenthaltens** nahe legt, ist der Tatbestand nicht nur erfüllt, soweit Informationen zurückgehalten werden, über die der Unternehmer bereits verfügt. Vielmehr trifft ihn eine **Informationsbeschaffungspflicht**, die sich am Informationsbedürfnis des Durchschnittsverbrauchers und an Zumutbarkeitsaspekten orientiert. Als Vorenthalten gelten nach § 5a Abs. 2 UWG auch das *Verheimlichen*, die *Bereitstellung in unklarer, unverständlicher oder zweideutiger Weise* und *die nicht rechtzeitige Bereitstellung*. Für die Beurteilung der Vorenthaltung sind nach § 5a Abs. 3 UWG verschiedene Aspekte zu berücksichtigen.

Zentrales Kriterium ist die **Wesentlichkeit**. Diese wird in § 5b UWG konkretisiert, Außerhalb des Regelungsbereichs dieser Sonderregelung ist vieles umstritten. Einigkeit besteht allein dahin gehend, dass nicht jede interessante oder die Entscheidung erleichternde Information zu gewähren ist. Vielmehr muss sie – für den Unternehmer erkennbar – von *maßgebender Bedeutung* für den Durchschnittsverbraucher und deren *Bereitstellung zumutbar* sein. Insofern ist eine Interessenabwägung unter Berücksichtigung der Umstände des Einzelfalls anzustellen.

Die Angewiesenheit auf die Information, um eine „informierte geschäftliche Entscheidung zu treffen" (Nr. 1) setzt nicht voraus, dass die Information für die Entscheidung ursächlich ist. Umgekehrt darf nicht allein von der Wesentlichkeit der Information auf die Angewiesenheit rückgeschlossen werden. Vielmehr ist zu prüfen, ob der informierte Durchschnittsverbraucher nach den Umständen tatsächlich **auf die Information** angewiesen ist, um eine **rationale Entscheidung** treffen zu können. Dies ist der Fall, wenn die Information bei Abwägung des Für und Wider zumindest eine Rolle spielen könnte.

68 Das Kriterium der **geschäftlichen Relevanz** („geeignet ist, […] zu einer geschäftlichen Entscheidung zu veranlassen, die er anderenfalls nicht getroffen hätte") (Nr. 2), die sog. Relevanzklausel, hat eine eigenständige Bedeutung. Somit ist

- **zunächst** die Vorenthaltung einer für den Durchschnittsverbraucher oder sonstigem Marktteilnehmer nach den Umständen wesentlichen Information, die er für eine informierte Entscheidung benötigt, zu prüfen;
- erst **im Anschluss daran** bedarf die Relevanz für die konkrete Entscheidung einer Würdigung.

69 Zwar besteht regelmäßig ein Gleichlauf. Allerdings kommt als denkbarer Ausnahmefall ein Verbraucher oder sonstiger Marktteilnehmer in Betracht, der schon fest zum Abschluss des Geschäfts entschlossen ist, und dessen Entscheidung somit nicht mehr beeinflusst werden kann.

Zur Vertiefung (Rn. 66 ff.):
Zum Streitstand hinsichtlich der Wesentlichkeit: Köhler, in: ders./Bornkamm/Feddersen, UWG, 40. Aufl. 2022, § 5a Rn. 3.10 ff; zu Fallgruppen erheblicher und wesentlicher Informationen: *Ritlewski*, BeckOK UWG, § 5a Rn. 113 ff.
Zur Informationsbeschaffungspflicht: Köhler, in: ders./Bornkamm/Feddersen, UWG, 40. Aufl. 2022, § 5a Rn. 3.24 f.
Zur geschäftlichen Relevanz im Einzelfall: Köhler, in: ders./Bornkamm/Feddersen, UWG, 40. Aufl. 2022, § 5a Rn. 3.41 ff.

(aa) Konkretisierung der Wesentlichkeit durch § 5b Abs. 1 UWG

70 § 5b UWG ist nur auf geschäftliche Handlungen gegenüber durchschnittlichen Verbrauchern anwendbar. Der Sinn dieser Einschränkung bestehe darin, dass das Informationsbedürfnis bei sonstigen Marktteilnehmern anders gelagert sei als bei Verbrauchern.

§ 5b Abs. 1 UWG konkretisiert die **wesentlichen Informationen** bei **Angeboten zu einem Geschäftsabschluss**. Auch hinsichtlich dieser „Basisinformationen" ist im Einzelfall zu prüfen, ob der Verbraucher auf jene für die informierte Entscheidung angewiesen und deren Vorenthalten somit geeignet ist, ihn zu einer Entscheidung zu veranlassen, die er anderenfalls nicht getroffen hätte. Voraussetzung für die Anwendbarkeit dieser Regelung ist, dass

> *Waren oder Dienstleistungen unter Hinweis auf deren Merkmale und Preis in einer dem verwendeten Kommunikationsmittel angemessenen Weise so angeboten werden, dass ein durchschnittlicher Verbraucher das Geschäft abschließen kann.*

71 Es handelt sich um eine besondere Form der Publikumswerbung iSd kommerziellen Kommunikation (nicht erfasst sind individuelle Verhandlungen), die es dem Verbraucher ermöglicht, das Geschäft abzuschließen und die deshalb einer besonderen Informationspflicht unterliegt. Ein *Angebot unter Hinweis auf Merkmale und den Preis* liegt bereits dann vor, wenn das Produkt so hinreichend individualisiert ist, dass es dem Verbraucher möglich ist, sich *allein aufgrund der Werbung für den Geschäftsabschluss zu entscheiden*. Nicht erforderlich ist, dass bereits sämtliche essentialia negotii

festgelegt sind; maßgeblich ist allein, ob eine innere Entscheidung des Verbrauchers für den Geschäftsabschluss möglich ist.

Hervorzuheben sind Informationen, welche die wesentlichen Produktmerkmale betreffen (**Nr. 1**). Der Umfang dieser Pflicht richtet sich nach der Produktart (so sind bei bekannten, standardisierten Alltagsgegenständen die Pflichten stark zurückgenommen) und den Beschränkungen, denen das gewählte Kommunikationsmittel unterliegt (bspw. können Zeitungsannoncen knapp gefasst werden). Ebenfalls wesentlich sind der Gesamtpreis bzw. die Preisberechnungsmodalitäten (**Nr. 3**). Als weitere Basisinformationen nennt § 5b Abs. 1 UWG die Identität und die Anschrift des Unternehmers (**Nr. 2**), die Zahlungs- und Lieferbedingungen (**Nr. 4**) und das Bestehen eines Rücktritts- bzw. Widerrufsrechts (**Nr. 5**). Neu eingefügt wurde Nr. 6, wonach eine Informationspflicht bei Waren oder Dienstleistungen, die über einen Online-Marktplatz (Begriff: § 2 Abs. 1 Nr. 6 UWG) angeboten werden, besteht. Hierbei muss offengelegt werden, ob es sich bei dem Anbieter nach dessen eigener Erklärung gegenüber dem Betreiber des Online-Markplatzes um einen Unternehmer handelt. 72

Ferner setzt § 5b Abs. 2 UWG weitere Informationspflichten hinsichtlich Hauptparametern voraus, die für das Ranking (Legaldefinition in § 2 Abs. 1 Nr. 7 UWG) der angezeigten Suchergebnisse maßgeblich sind, sofern der Unternehmer eine Online-Suchfunktion zur Verfügung stellt. Was unter einem Hauptparameter allerdings zu verstehen ist, ist im UWG nicht geregelt.³

Ebenfalls neu sind die Informationspflichten, die sich aus § 5b Abs. 3 UWG ergeben.

(bb) Konkretisierung der Wesentlichkeit durch § 5b Abs. 4 UWG

§ 5b Abs. 4 UWG erklärt **Informationsanforderungen**, die im **Unionsrecht** (Verordnungen und Richtlinien) in Bezug auf kommerzielle Kommunikation (einschließlich Werbung und Marketing) festgelegt sind, für wesentlich. Ebenso wie die anderen Absätze des § 5b UWG konkretisiert er lediglich die Wesentlichkeit, neben der die übrigen Voraussetzungen des § 5a Abs. 2 UWG vorliegen müssen. 73

Von besonderer Bedeutung ist in diesem Zusammenhang § 6 **Telemediengesetz** (TMG). Dieser setzt Vorgaben der Richtlinie über den elektronischen Rechtsverkehr 2000/31/EG (E-Commerce-RL) in deutsches Recht um. Relevanz kommt insbes. § 6 **Abs. 1 Nr. 3 und 4 TMG** zu. Obwohl sich deren unmittelbarer Anwendungsbereich nur auf den elektronischen Rechtsverkehr (online) bezieht, werden sie nach zutreffender Auffassung auch auf den nichtelektronischen Geschäftsverkehr (offline) angewendet, da keine Gründe für eine Differenzierung ersichtlich sind (insofern erfolgt die Anwendung als Konkretisierung des § 5a Abs. 1 UWG). Beide Vorgaben betreffen Maßnahmen im Geschäftsverkehr, von denen eine starke Anlockwirkung auf Verbraucher ausgeht. Insofern besteht ein gesteigertes Bedürfnis nach hinreichender Transparenz. 74

Nach § 6 **Abs. 1 Nr. 3 TMG** müssen **Angebote zur Verkaufsförderung** wie Preisnachlässe, Zugaben und Geschenke *klar als solche erkennbar* sein und die *Bedingungen* für ihre Inanspruchnahme müssen *leicht zugänglich* sein sowie *klar und unzweideutig* 75

---

3 Zur Auslegung lässt sich der Erwägungsgrund Nr. 22 der Richtlinie (EU) 2019/2161 heranziehen: „alle allgemeinen Kriterien, Prozesse und spezifischen Signale, die in Algorithmen eingebunden sind, oder sonstige Anpassungs- oder Rückstufungsmechanismen, die im Zusammenhang mit dem Ranking eingesetzt werden".

angegeben werden. Bezweckt ist insofern der Schutz des Verbrauchers vor unsachlicher Beeinflussung und Irreführung durch unzureichende Informationen (Beispiel: Werbung mit Preisnachlass, die nicht klar angibt, auf welche Warengruppe sich der Nachlass bezieht und welche Waren ausgenommen sind. Unzureichend sind „30 % auf alle unsere Polstermöbel-Bestseller"; zeitliche Befristung der Verkaufsförderungsmaßnahme, die nicht klar das Anfangs- und das Enddatum benennt). **Nr. 4** trifft Transparenzbestimmungen für **Preisausschreiben und Gewinnspiele mit Werbecharakter.** Diese müssen *klar als solche erkennbar* sein und die *Teilnahmebedingungen leicht zugänglich* sein sowie *klar und unzweideutig* angegeben werden. Zweck ist der Schutz der Teilnehmer vor einer unsachlichen Beeinflussung und Irreführung (Beispiel: Verstoß bei missverständlicher Aufklärung über die Kosten der Teilnahme, die Art der Gewinnermittlung, die Benachrichtigung des Gewinners etc).

76 Da § 5a Abs. 1 bzw. § 5b Abs. 4 UWG iVm § 6 Abs. 1 Nr. 3, 4 TMG hiernach im online- wie im offline-Geschäftsverkehr Transparenzvorgaben statuiert, sah der Gesetzgeber im Rahmen der Novellierung 2015 keinen Anlass, die (weitgehend) entsprechenden Regelungen in **§ 4 Nr. 4, 5 UWG 2008** zu übernehmen. Die zu diesen Regelungen ergangene Rechtsprechung lässt sich wegen des weitgehenden Gleichlaufs auf die heutige Rechtslage übertragen, zumal der BGH auch die ehemaligen Regelungen unionsrechtskonform auslegte.

Zur Vertiefung (Rn. 73 ff.):
Zur analogen Anwendbarkeit des § 6 Abs. 1 Nr. 3 und 4 TMG auf den nichtelektronischen Geschäftsverkehr: Köhler, in ders./Bornkamm/Feddersen, UWG, 40. Aufl. 2022, § 5a Rn. 5.29; *ders.*, NJW 2016, 593 (597); ebenso OLG Bamberg, GRUR-RR 2016, 348 (350); OLG Jena, GRUR-RR 2017, 113.
Zu den im Unionsrecht festgelegten Informationsanforderungen: Köhler, in: ders./Bornkamm/Feddersen, UWG, 40. Aufl. 2022, § 5a Rn. 5.6 ff. Zu nennen sind bspw. die Informationspflichten nach Vorgaben der Fernabsatzrichtlinie, der Pauschalreiserichtlinie, der Preisangabenrichtlinie etc. Einen – nicht erschöpfenden – Überblick gewährt auch die Liste in Anh. II zu Art. 7 V UGP-RL.
Zu § 6 TMG: Köhler, in: ders./Bornkamm/Feddersen, UWG, 40. Aufl. 2022, § 5a Rn. 5.26 ff.
Zur unionsrechtskonformen Auslegung des § 4 Nr. 5 UWG 2008: BGH, GRUR 2010, 158 (159) *– FIFA-WM-Gewinnspiel.*

(b) Unlauterkeitstatbestand des § 5a Abs. 4 UWG

77 § 5a Abs. 4 S. 1 UWG statuiert mit dem **Nichtkenntlichmachen des kommerziellen Zwecks** einen eigenständigen Unlauterkeitstatbestand. Dieser bezweckt den Schutz des Verbrauchers oder sonstigen Marktteilnehmer vor einer Verschleierung des Werbecharakters einer geschäftlichen Handlung (sog. **Schleichwerbung**). Das Schutzbedürfnis besteht insbesondere vor dem Hintergrund, dass der Verbraucher oder sonstiger Marktteilnehmer objektiv neutralen Äußerungen und Handlungen größeren Wert beimisst und vertraut als entsprechenden Äußerungen und Handlungen, die er ohne Weiteres als Werbemaßnahme erkennt (Beispiel: Tarnung von Werbung als wissenschaftliche, fachliche oder private Äußerung in Gutachten, Aufsätzen etc; redaktionelle Werbung bei fehlender räumlicher Trennung von Werbung und redaktionellem Text; Tätigkeiten von Influencern).

78 Zur Beantwortung der Frage, ob ein **Nichtkenntlichmachen** vorliegt oder ob der Verbraucher bzw. sonstiger Marktteilnehmer den Zweck klar und eindeutig erkennen kann, ist abermals auf den durchschnittlich informierten, situationsadäquat aufmerk-

samen und verständigen Durchschnittsverbraucher abzustellen (§ 3 Abs. 4 S. 1 UWG) bzw. auf den objektiven sonstigen Marktteilnehmer. Bei besonders schutzbedürftigen Verbrauchern (§ 3 Abs. 4 S. 2 UWG) wie bspw. Kindern, sind erhöhte Anforderungen an die Kenntlichmachung zu stellen. Soweit sich der kommerzielle Zweck bereits unmittelbar und auf den ersten Blick aus dem Zusammenhang ergibt, bedarf es keines gesonderten Hinweises.

Wegen seiner Eigenständigkeit gibt § 5a Abs. 4 S. 1 UWG ebenfalls ein **Relevanzkriterium** vor. So muss das Nichtkenntlichmachen geeignet sein, „den Verbraucher zu einer geschäftlichen Entscheidung zu veranlassen, die er andernfalls nicht getroffen hätte." 79

§ 5b Abs. 4 S. 2 UWG nimmt dann einen kommerziellen Zweck bei einer Handlung zugunsten eines fremden Unternehmers nicht an, wenn der Handelnde kein Entgelt oder keine ähnliche Gegenleistung für die Handlung von dem fremden Unternehmen erhält oder sich versprechen lässt. Hierdurch solle insbesondere ein sicherer Rechtsrahmen für Influencer geschaffen werden. Die praktische Bedeutung dürfte gering sein, da unter diesen Voraussetzungen bereits, da meist schon das Vorliegen einer geschäftlichen Entscheidung iSd § 2 Abs. 1 Nr. 1 UWG fraglich ist. Allein das Aufrufen oder Abonnieren des Profils eines Influencers oder die Interaktion mit einem Posting stellt lediglich einen Realakt dar. 80

Zur Vertiefung (Rn. 77):

Zu Sonderregelungen: Gerade im Zusammenhang mit dem Verbot von Schleichwerbung bestehen besondere medienrechtliche Anforderungen und Vorgaben, dazu im Einzelnen: *Köhler,* in: ders./Bornkamm/Feddersen, UWG, 40. Aufl. 2022, § 5a Rn. 7.16 ff.

Zu Tätigkeiten von Influencern: BGH GRUR 2021, 1400 – Influencer I; BGH GRUR 2021, 1414 – Influencer II; BGH GRUR-RS 2021, 26632 – Influencer III; *Köhler,* in: ders./Bornkamm/Feddersen, UWG, 40. Aufl. 2022, § 5a Rn. 7.80a-7.80m; *Köberlein,* ZVertriebsR 2022, 102 ff; *Ritlweski,* BeckOK UWG, § 5a Rn. 189–191.

Zu erhöhten Anforderungen gegenüber Kindern: KG, GRUR-RR 2013, 223 (224); *Köhler,* in: ders./Bornkamm/Feddersen, UWG, 40. Aufl. 2022, § 5a Rn. 7.24.

Zur analogen Anwendung zum Schutz sonstiger Marktteilnehmer: Köhler, in: ders./Bornkamm/Feddersen, UWG, 40. Aufl. 2022, 7.9.

Zur Kritik am neu eingefügten § 5b Abs. 4 S. 2 UWG: Alexander, WRP 2021, 136, 141.

dd) Vergleichende Werbung (§ 6 UWG)

Vergleichende Werbung ist **nur unter bestimmten**, abschließend in § 6 Abs. 2 UWG angeführten **Voraussetzungen unlauter** und somit verboten. Die Norm, welche die RL über irreführende und vergleichende Werbung 2006/114/EG – WerbeRL in deutsches Recht umsetzt, trägt als Ergebnis einer Abwägung der ambivalenten Wirkung dieser Art von Werbung Rechnung: *Auf der einen Seite* kann vergleichende Werbung den Wettbewerb zwischen den Anbietern von Waren und Dienstleistungen im Interesse der Verbraucher fördern. *Auf der anderen Seite* müssen Mitbewerber vor einer Verzerrung des Wettbewerbs, die die Entscheidung der Verbraucher beeinflussen kann, geschützt werden. 81

Als **vergleichend** qualifiziert § 6 Abs. 1 UWG „jede Werbung, die unmittelbar oder mittelbar einen Mitbewerber oder die von einem Mitbewerber angebotenen Waren oder Dienstleistungen erkennbar macht." 82

Werbung in diesem Sinne ist „jede Äußerung bei der Ausübung eines Handels, Gewerbes, Handwerks oder freien Berufs mit dem Ziel, den Absatz von Waren oder die 83

Erbringung von Dienstleistungen, einschließlich unbeweglicher Sachen, Rechte und Verpflichtungen zu fördern" (Art. 2 lit. a der WerbeRL).

84 Eine unmittelbare **Erkennbarkeit** ist bspw. dann gegeben, wenn der Mitbewerber und/oder seine Produkte namentlich genannt oder bildlich wiedergegeben werden. Eine *mittelbare Erkennbarkeit* liegt dann vor, wenn der Mitbewerber aufgrund der konkreten Einzelfallumstände für den Durchschnittsverbraucher identifizierbar ist, etwa durch eine Anknüpfung an die Werbung eines Mitbewerbers. Ob eine mittelbare Erkennbarkeit vorliegt, muss insbes. bei der allgemein gehaltenen Werbung unter bloßem Herausstreichen der eigenen Leistung im Einzelfall genau geprüft werden. So kann bei einer überschaubaren Mitbewerbersituation in der Angabe der eigenen Spitzenstellung zugleich ein hinreichend deutlicher Bezug auf die wenigen Konkurrenten gesehen werden. Fehlt es an einem solchen, finden die allg. Regelungen der §§ 3, 4 UWG Anwendung, die allerdings keine strengeren Zulässigkeitsvorgaben als § 6 UWG statuieren können. Eine mittelbare Erkennbarkeit liegt insbes. nicht vor bei bloßen Kaufappellen, wie bspw. „den und keinen anderen" oder „DIE ‚STEINZEIT' IST VORBEI".

Zur Vertiefung (Rn. 81 ff.):
Zur Abgrenzung der mittelbaren Erkennbarkeit: OLG Saarbrücken, GRUR-RR 2008, 312 (314 f.): Abgrenzung vom allg. Vergleich; BGH, GRUR 1965, 365 (367) – *Lavamat II* („den und keinen anderen"); BGH, GRUR 2002, 982 (893) – *DIE STEINZEIT IST VORBEI*.
Zum Verhältnis zur irreführenden Werbung: Im Rahmen der Unlauterkeitsprüfung ist in einem ersten Schritt festzustellen, ob vergleichende Werbung iSd § 6 Abs. 1 UWG vorliegt. Ist dies der Fall, muss sich die Werbung den Zulässigkeitsanforderungen des § 6 Abs. 2 UWG stellen. Darüber hinaus darf die Werbung nicht irreführend sein (§ 5 Abs. 4 Alt. 1 UWG).
Zu den Fallgruppen des fehlenden Vergleichs: Lettl, Lauterkeitsrecht, 4. Aufl 2021, § 8 Rn. 11 ff.: Werbung für das eigene Angebot (anders aber bei den dargelegten Sonderfällen der Spitzenstellungs-Werbung), Aufforderung zum Vergleich (anders aber, wenn darin bereits ein Vergleich zu erblicken ist – bspw. „Die beste Werbung für ... sind die Angebote der Konkurrenz") und Ergänzung zu einem anderen Produkt (insofern fehlt es an einem Konkurrenzverhältnis). Zum Problemkreis der Kritik an einem Mitbewerber, sogleich.

85 **Unlauter** ist vergleichende Werbung nach § 6 Abs. 2 UWG dann, wenn der Vergleich
- sich nicht auf Waren oder Dienstleistungen für den gleichen Bedarf oder dieselbe Zweckrichtung bezieht (**Nr. 1**) – ausreichend ist insofern die *konkrete und individuelle Substituierbarkeit* aus Sicht der maßgeblichen Durchschnittsperson; zulässig ist auch ein Vergleich von Produkt*arten* (Problemfelder sind insbes. der Preisvergleich zwischen No-name-Produkten und Luxusartikeln, zwischen Lebensmitteln und zwischen Zeitungen mit unterschiedlichem Kundenkreis sowie Verbreitungsgebiet),
- nicht objektiv auf nachprüfbare Eigenschaften oder den Preis bezogen ist (**Nr. 2**) – die Objektivität ist nach Sachlichkeitsgesichtspunkten zu beurteilen; maßgeblich ist insofern, ob die Werbung der Durchschnittsperson *nützliche Informationen* geben kann (nicht erforderlich ist, alle wesentlichen Eigenschaften zu vergleichen – vielmehr kann sich der Vergleich grds. auf einzelne, für den Werbenden günstige Eigenschaften beziehen; im Hinblick auf den Preisvergleich ist auf erhebliche Qualitätsunterschiede hinzuweisen); da Nr. 2 gerade auch vor der Erweckung eines unzutreffenden Gesamteindrucks schützen soll, muss der Gegenstand des Vergleichs *wesentlich, relevant, nachprüfbar* und *typisch* sein (insbes. soll ein Vergleich mit Nebensächlichkeiten sowie mit Eigenschaften, die nicht die Eigenart der betreffenden Produkte prägen, also nicht repräsentativ sind, ausgeschlossen werden),

- zu einer Verwechslungsgefahr im geschäftlichen Verkehr führt (**Nr. 3**) – ausreichend ist insofern (wie bei § 14 Abs. 2 Nr. 2 MarkenG – vgl. Teil 8, Rn. 50 ff.) die *Eignung*, Verwechslungen herbeizuführen,
- den Ruf des Mitbewerbers oder dessen Produkte in unlauterer Weise ausbeutet oder beeinträchtigt (**Nr. 4**) – hinsichtlich der Begrifflichkeiten kann auf die Ausführungen zu § 4 Nr. 3 UWG verwiesen werden (dazu Rn. 35 ff.); zu beachten ist, dass die bloß vergleichende Gegenüberstellung eines Markenprodukts und eines No-name-Produkts für sich genommen keine Rufbeeinträchtigung darstellt,
- die Produkte oder die persönlichen oder geschäftlichen Verhältnisse des Mitbewerbers herabsetzt oder verunglimpft (**Nr. 5**) – erfolgt die Herabsetzung nicht im Rahmen der vergleichenden Werbung, findet § 4 Nr. 1 UWG Anwendung (dazu erneut (dazu Rn. 29 ff.); da eine unwahre geschäftsschädigende Behauptung stets irreführend gem. § 5 Abs. 1 S. 1 u. Abs. 4 Alt. 1 UWG ist, findet § 4 Nr. 2 UWG (dazu Rn. 32 ff.) insoweit ergänzend zu § 6 Abs. 2 Nr. 5 UWG Anwendung, oder
- eine Ware oder Dienstleistung als Imitation oder Nachahmung eines unter geschütztem Kennzeichen vertriebenen Produkts darstellt (**Nr. 6**) – obwohl es nicht eindeutig aus dem Wortlaut hervorgeht, muss der Werbende *sein eigenes Produkt* als Imitation darstellen.

Schwierigkeiten bereitet die Beurteilung der bloßen Kenntlichmachung des Mitbewerbers, um ihn zu kritisieren. Allein der Umstand, dass mit der Kritik an Mitbewerbern im Fall allgemein gehaltener Werbeaussagen meist zugleich unausgesprochen zum Ausdruck gebracht wird, dass die Kritik auf den Werbenden nicht zutreffe, genügt nach der Rechtsprechung und der überwiegenden Auffassung im Schrifttum nicht für die erforderliche Gegenüberstellung. Werden jedoch eigene Produkte beworben und in diesem Zusammenhang konkrete Informationen über den Mitbewerber mitgeteilt, ist zugleich ein Rückschluss auf die Qualität seiner Produkte denkbar. Damit kann eine vergleichende Werbung vorliegen. 86

Zur Vertiefung (Rn. 85):
Zur Abgrenzung der Unternehmenskritik von der vergleichenden Werbung: BGH, GRUR 2002, 75 (76 f.) – „SOOOO ... BILLIG!"?; *Stier/Schneider*, in: Götting/Nordemann, UWG, 3. Aufl. 2016, § 6 Rn. 46.
Zu Beispielsfällen der Substituierbarkeit nach § 6 Abs. 2 Nr. 1: *Menke*, in: MünchKomm-GWB, 2. Aufl. 2014, § 6 Rn. 171.
Zur Abgrenzung der Herabsetzung von der zulässigen Werbung mit Humor/Ironie: BGH, GRUR 2019, 630 Rn. 30 – *Das beste Netz*.

Problematisch ist das **Fehlen einer Relevanzklausel** in § 6 UWG. Da die entsprechende Regelung in § 3 Abs. 1 UWG 2008 ebenfalls gestrichen wurde, besteht somit keine ausdrücklich gesetzliche Vorgabe mehr. Allerdings ist bei der Auslegung der (Un-)Zulässigkeitsvoraussetzungen stets zu fragen, ob eine Werbemaßnahme geeignet ist, *die Mitbewerber zu schädigen oder die Entscheidung der Verbraucher negativ zu beeinflussen*. Der EuGH (Urt. v. 8.4.2001, C-44/01, Tz. 53 – Pippig Augenoptik) bringt dies auf die Formel, dass zu fragen sei, ob sie „die Entscheidung des Käufers spürbar beeinträchtigen kann". Folglich hat die Berücksichtigung des Spürbarkeitskriteriums bereits auf Tatbestandsebene zu erfolgen: Ist im Einzelfall die Schädigungseignung zu verneinen bzw. kann die Verbraucherentscheidung nicht negativ beeinflusst werden, fehlt es bereits an der Unlauterkeit. 87

ee) Rechtsbruchtatbestand des § 3a UWG

88 Zweck der Regelung ist die lauterkeitsrechtliche Sanktionierung von Verstößen gegen außerwettbewerbsrechtliche Marktverhaltensregelungen, dh Regelungen mit Marktbezug, die außerhalb des Wettbewerbsrechts zu finden sind. Die Vorschrift enthält eine Spürbarkeitsklausel, die aus der Generalklausel entfernt worden war.

Beispiel:
Werbung mit Leistungen, die Handwerksbetrieben vorbehalten sind, ohne in der Handwerksrolle eingetragen zu sein (§§ 1 ff. HandwO).

b) Die Generalklauseln des § 3 UWG

89 Die beiden Generalklauseln des § 3 UWG erfüllen verschiedene Funktionen.

Die „große" Generalklausel nach § 3 Abs. 1 UWG („Unlautere geschäftliche Handlungen sind unzulässig") ist nicht nur eine Rechtsfolgenregelung, sondern bildet zugleich eine echte Generalklausel mit der Funktion eines Auffangtatbestandes für unlautere geschäftliche Handlungen gegenüber Unternehmern (B2B). Diesem Auffangtatbestand kommt indes kaum praktische Relevanz zu. Am ehesten ist ein Rückgriff angezeigt für neuartige geschäftliche Handlungen, für die sich aus den Beispieltatbeständen keine Bewertungsmaßstäbe herleiten lassen. Da das Spürbarkeitskriterium im Rahmen der Novelle 2015 aus dem Tatbestand gestrichen worden ist, obliegt es der Rechtsprechung, entsprechende Erfordernisse zu formulieren, um Bagatellverstöße nicht zu erfassen.

90 Für geschäftliche Handlungen gegenüber Verbrauchern (B2C) enthält die „kleine" Generalklausel nach § 3 Abs. 2 UWG („Geschäftliche Handlungen, die sich an Verbraucher richten oder diese erreichen, sind unlauter, wenn sie nicht der unternehmerischen Sorgfalt entsprechen und dazu geeignet sind, das wirtschaftliche Verhalten des Verbrauchers wesentlich zu beeinflussen") einen Auffangtatbestand, der erst dann eingreift, wenn sich die Unlauterkeit nicht schon aus den Beispieltatbeständen der §§ 3a-6 UWG ergibt. Erforderlich ist zunächst ein Verstoß gegen die unternehmerische Sorgfalt (legaldefiniert in § 2 Abs. 1 Nr. 9 UWG). Diese bildet einen normativen Maßstab, der je nach betroffenem Adressaten und Geschäftstypus unterschiedlich auszulegen ist. Die Eignung, das wirtschaftliche Verhalten wesentlich zu beeinflussen (legaldefiniert in § 2 Abs. 1 Nr. 11 UWG), knüpft daran an, ob die geschäftliche Handlung erfolgt, um die Fähigkeit des Verbrauchers, eine informierte Entscheidung zu treffen, spürbar zu beeinträchtigen (1) und ihn damit zu einer geschäftlichen Entscheidung zu veranlassen, die er anderenfalls nicht getroffen hätte (2). Als Beurteilungsmaßstab der geschäftlichen Handlung nennt § 3 Abs. 4 S. 1 Alt. 1 UWG ausdrücklich den durchschnittlichen Verbraucher. Bei vorhersehbarer Beeinflussung des Verhaltens einer bestimmten Gruppe von Verbrauchern, die gesteigert schutzbedürftig sind, ist auf ein durchschnittliches Mitglied dieser Gruppe abzustellen (§ 3 Abs. 4 S. 2 UWG).

c) Unzumutbare Belästigung (§ 7 UWG)

91 Die Vorschrift **bezweckt** den Schutz der Marktteilnehmer – konkret der Betriebsabläufe und Unternehmen und der Privatsphäre von Verbrauchern – die insbes. durch unerwünschte Werbung gestört werden können. Wie sich aus § 8 Abs. 1 UWG ergibt, ist § 7 UWG ein eigenständiger, die Unlauterkeit begründender Tatbestand.

Seiner **Normstruktur** nach enthält § 7 Abs. 1 UWG eine allgemeine Grundsatzregelung in Form einer „kleinen Generalklausel" und einen wichtigen Beispielsfall.

§ 7 Abs. 2 UWG erweitert mit der Formulierung „stets" die in der „Schwarzen Liste" (Anhang zu § 3 Abs. 3 UWG) aufgeführten unzulässigen geschäftlichen Handlungen.

Für die wettbewerbsrechtliche Prüfung bedeutet dies, dass zunächst die in § 7 Abs. 2 UWG aufgeführten Verhaltensweisen in den Blick zu nehmen sind. Diese sind die die Telefonwerbung wie das sog. Slamming (Nr. 1)[4] – gem. § 20 Abs. 1 UWG bußgeldbewehrt –, Fax-/E-Mail-Werbung (Nr. 2) sowie sonstige, das Transparenzgebot verletzende Direktwerbearten (Nr. 3). Die Unlauterkeit setzt dabei voraus, dass die jeweils unterschiedlichen Einwilligungsvoraussetzungen nicht erfüllt sind.

Liegt kein Fall des § 7 Abs. 2 UWG vor, ist die Generalklausel des § 7 Abs. 1 UWG zu prüfen. Eine **unzumutbare Belästigung** ist daher umso eher anzunehmen je mehr sie nicht eine ungewollte oder nur gelegentliche Nebenwirkung einer Werbemaßnahme darstellt, sondern mit der beanstandeten Werbemaßnahme notwendig und regelmäßig verbunden ist. Daher liegt regelmäßig eine unzumutbare Belästigung vor, wenn belästigendes Verhalten bewusst und gezielt im eigenen Absatzinteresse angewandt wird. Entscheidend ist jeweils das Empfinden des Durchschnittsmarktteilnehmers.

Zur Vertiefung:
Zum bewussten und gezielten Ansprechen: BGH WRP 2005, 485 (487) – *Ansprechen in der Öffentlichkeit II.*

§ 4 Rechtsfolgen eines Wettbewerbsverstoßes (§§ 8–10 bzw. § 19 UWG)

Das Gesetz kennt **drei Anspruchsziele:**

- Beseitigung und Unterlassung (§ 8 UWG)
- Schadensersatz (§ 9 UWG)
- Gewinnabschöpfung (§ 10 UWG)
- Außerdem stuft es bestimmte Verhaltensweisen als Ordnungswidrigkeiten ein (§§ 19, 5c UWG).

Hinsichtlich der **Anspruchsberechtigung** differenziert das Gesetz wie folgt:

Anspruchsberechtigt bzgl. Beseitigung und Unterlassung sind nach § 8 Abs. 3 UWG grds.

- Mitbewerber, soweit sie die Waren oder Dienstleistungen in nicht unerheblichem Maße und nicht nur gelegentlich vertreiben oder nachfragen (Nr. 1)
- rechtsfähige – in der Liste der qualifizierten Wirtschaftsverbände nach § 8b UWG – eingetragene Verbände zur Förderung gewerblicher Interessen (= Wirtschaftsverbände, Nr. 2),

---

[4] Neu eingefügt wurde § 7a UWG, demzuolge derjenige, der mit einem Telefonanruf gegenüber einem Verbraucher wirbt, dessen vorherige ausdrückliche Einwilligung in die Telefonwerbung zu dokumentieren und nach § 7a Abs. 2 S. 1 UWG aufzubewahren. Bei Fehlen einer Einwilligung besteht die Möglichkeit der Anfechtung nach § 119 bzw. § 123 sowie ein Anspruch aus §§ 311a, 241 Abs. 2, 280 Abs. 1, 249 Abs. 1; hierzu: *Köhler,* in: ders./Bornkamm/Federsen, UWG, 4. Aufl. 2022, § 7a Rn. 1 ff.

- qualifizierte Einrichtungen zum Schutz von Verbraucherinteressen (= Verbraucherverbände, Nr. 3), und
- Industrie- und Handelskammern, Handwerkskammern, andere berufsständische Körperschaften des öffentlichen Rechts im Rahmen der Erfüllung ihrer Aufgaben sowie Gewerkschaften (Nr. 4)
- Verbände, Organisationen und öffentliche Stellen, die die Voraussetzungen des Artikel 14 Abs. 3, 4 der Verordnung EU/2019/1150 erfüllen, soweit gegen diese verstoßen worden ist (§ 8a UWG)

Es kann demgemäß zu einer Gläubigermehrheit und Anspruchsmehrheit kommen. Da es sich um eine abschließende Regelung handelt, scheidet eine Anspruchsberechtigung einzelner Verbraucher aus.

Der 2020 eingefügte § 8c UWG schließt die missbräuchliche Geltendmachung der Ansprüche aus § 8 Abs. 1 UWG aus. § 8c Abs. 2 UWG nennt hierzu Beispielsfälle, wie missbräuchliche Abmahnungen oder offensichtlich überhöhte Vertragsstrafen.

98 Einschränkungen der Anspruchsberechtigung ergeben sich beim Schadensersatz gem. § 9 Abs. 1 UWG (nur Mitbewerber) und bei der Gewinnabschöpfung gem. § 10 Abs. 1 UWG (keine Mitbewerber, sondern nur in § 8 Abs. 3 Nr. 2–4 aufgeführte Verbände, Einrichtungen und Kammern).

Der 2020 neu eingefügte § 9 Abs. 2 S. 1 UWG sieht bei einem schuldhaften Verstoß gegen § 3 UWG einen Schadensersatzanspruch vor, wenn hierdurch Verbraucher zu einer geschäftlichen Entscheidung veranlasst werden, die sie andernfalls nicht getroffen hätten.

99 Aus sachlichen Gründen ist eine Anspruchsberechtigung in Fällen des Nachahmungsschutzes aus § 4 Nr. 3 UWG eingeschränkt: Grundsätzlich ist nur der betreffende Originalhersteller anspruchsberechtigt.

Zu § 8c UWG: *Feddersen*, in: Köhler/Bornkamm/ders., UWG, 40. Aufl. 2022, § 8c Rn. 1 ff.

Zu § 9 Abs. 2 UWG: *Heinze/Engel*, NJW 2021, 2609 ff; *Köhler*, WRP 2021, 129 ff; *Scherer*, WRP 2021, 561 ff.

§ 5 Prüfungsschema bei Wettbewerbsverstößen

100 **A. Anspruchsgrundlage**
- Beseitigungs-/Unterlassungsanspruch (§ 8 UWG)
- Schadensersatzanspruch (§ 9 UWG)
- Gewinnabschöpfungsanspruch (§ 10 UWG)

B. Voraussetzungen

I. Aktivlegitimation

Anspruchsberechtigt sind nach der abschließenden Regelung des § 8 Abs. 3 UWG
- Mitbewerber, soweit sie die Waren oder Dienstleistungen in nicht unerheblichem Maße und nicht nur gelegentlich vertreiben oder nachfragen (Nr. 1)

- Wirtschaftsverbände, die in der Liste der qualifizierten Wirtschaftsverbände nach § 8b eingetragen sind (Nr. 2)
- Verbraucherverbände (Nr. 3)
- Industrie- und Handelskammern, Handwerkkammern, andere berufsständische Körperschaften des öffentlichen Rechts im Rahmen der Erfüllung ihrer Aufgaben sowie Gewerkschaften (Nr. 4)
- Verbände, Organisationen und öffentliche Stellen, die die Voraussetzungen des Artikel 14 Abs. 3, 4 der Verordnung EU/2019/1150 erfüllen, soweit gegen diese verstoßen worden ist (§ 8a UWG)

Konsequenz: keine Anspruchsberechtigung einzelner Verbraucher

Einschränkungen der Anspruchsberechtigung beachten (bei Schadensersatz und Gewinnabschöpfung sowie im Fällen des Nachahmungsschutzes gem. § 4 Nr. 3 UWG)

Beachte: § 8c UWG

II. Geschäftliche Handlung iSd § 2 Abs. 1 Nr. 1 UWG

= jedes Verhalten einer Person zugunsten des eigenen oder eines fremden Unternehmens vor, bei oder nach einem Geschäftsabschluss, das mit der Förderung des Absatzes oder des Bezugs von Waren oder Dienstleistungen oder mit dem Abschluss oder der Durchführung eines Vertrags über Waren oder Dienstleistungen objektiv zusammenhängt

III. Unterscheidung: Geschäftliche Handlung im Bereich Unternehmer–Unternehmer (B2B) oder im Bereich Unternehmer–Verbraucher (B2C)

IV. (Nur) im B2C-Bereich: Vorliegen einer stets unzulässigen geschäftlichen Handlung iSd Anhangs zu § 3 Abs. 3 UWG („Schwarze Liste")

V. Wenn IV. (-): Vorliegen eines Beispieltatbestands (§§ 3a-6 UWG)

Beispiele unlauterer geschäftlicher Handlungen (§ 4 UWG)
- Irreführende geschäftliche Handlungen (§§ 5, 5a UWG)
- Vergleichende Werbung (§ 6 UWG)
- Unzumutbare Belästigung (§ 7 UWG)
- Rechtsbruchtatbestand (§ 3a UWG)

VI. Wenn V. (-): Rückgriff auf die Generalklauseln des § 3 UWG als Auffangtatbestände

B2B-Bereich: Allgemeine Generalklausel des § 3 Abs. 1 UWG

Die Spürbarkeit der Beeinträchtigung wird in § 3 Abs. 1 UWG nicht mehr ausdrücklich verlangt. Die Anforderungen müssen durch die Rechtsprechung konkretisiert werden.

B2C-Bereich: Verbrauchergeneralklausel des § 3 Abs. 2 UWG
- Verstoß gegen unternehmerische Sorgfalt (§ 3 Abs. 2 iVm § 2 Abs. 1 Nr. 7 UWG) und
- Eignung, das wirtschaftliche Verhalten des Verbrauchers wesentlich (spürbar) zu beeinflussen. Beurteilungsmaßstab ist der Durchschnittverbraucher (§ 3 Abs. 4 UWG)

C. Rechtsfolge

I. Beseitigung und Unterlassung (§ 8 UWG)

II. Schadensersatz (§ 9 UWG)

III. Gewinnabschöpfung (§ 10 UWG)

Teil 7: Insolvenzrecht

Sebastian Egger

§ 1 Einführung 273
§ 2 Begriff und Funktion 274
§ 3 Entwicklung, Rechtsgrundlagen und Struktur 275
§ 4 Eröffnung und Ablauf des Insolvenzverfahrens 278
§ 5 Beteiligte des Insolvenzverfahrens und Begriff der Insolvenzmasse 286
§ 6 Rechtswirkungen der Insolvenzeröffnung 293
§ 7 Behandlung schwebender Rechtsverhältnisse 296
§ 8 Anreicherung und Bereinigung der Insolvenzmasse 301
§ 9 Feststellung der Insolvenzforderungen, Verwertung und Verteilung der Insolvenzmasse 309
§ 10 Beendigung des Insolvenzverfahrens 312
§ 11 Restschuldbefreiung 313
§ 12 Insolvenzplan 314
§ 13 Besondere Verfahren: Eigenverwaltung und Verbraucherinsolvenzverfahren 316

§ 1 Einführung

Das Insolvenzrecht als Teilgebiet des Wirtschaftsrechts rückt mit großer Regelmäßigkeit in den Fokus der Berichterstattung. Anknüpfungspunkt sind zumeist Insolvenzen großer und bekannter Unternehmen, die nicht selten „überraschend" kommen und oftmals von der öffentlichen Debatte betreffend das Für und Wider staatlicher Rettungsmaßnahmen begleitet werden. Beispiele seit dem Jahr 2000 sind die Insolvenzen der KirchMedia GmbH & Co. KGaA (Insolvenz 2002), der Phillipp Holzmann AG (Insolvenz 2002), der Arcandor AG (Insolvenz 2009), der Quimonda AG (Insolvenz 2009), des Unternehmens Schlecker e.K. (Insolvenz 2012), der Praktiker AG (Insolvenz 2013), der Solarworld AG (Insolvenz 2017), der Air Berlin PLC (Insolvenz 2017) und jüngst Wirecard AG (Insolvenz 2020). Die gerade in jüngerer Vergangenheit zu verzeichnende mediale Präsenz gescheiterter „big player" darf indes nicht zu der Annahme verleiten, die Anzahl der Unternehmensinsolvenzen sei insgesamt gestiegen. Vielmehr ging sie zuletzt stetig zurück: Wurden während des Höhepunktes der Finanzkrise im Jahr 2009 noch 32.687 Unternehmensinsolvenzen in der Bundesrepublik Deutschland registriert, waren es im Jahr 2016 „nur" noch 21.518. Dies war gleichsam der niedrigste Stand seit dem Jahr 1994. Allerdings ist in den kommenden Jahren durch die Corona-Krise, durch den Ukraine-Krieg und aufgrund der anhaltend hohen Inflation mit mehr Insolvenzen zu rechnen. Ein weiterer Anknüpfungspunkt der Berichterstattung und Gegenstand des öffentlichen Diskurses sind die Verbraucherinsolvenzen. Dies ist weniger auf die „Prominenz" von Einzelfällen als vielmehr auf die große Anzahl eröffneter Verfahren zurückzuführen (sie betrug im Jahr 2000 – dem Jahr nach der Einführung dieses besonderen Insolvenzverfahrens – noch unter 7.000, stieg im Jahr 2010 auf über 106.000 an und war zuletzt wieder rückläufig auf knapp über 75.000 im Jahr 2016) sowie auf die bisweilen leidenschaftlich geführte Debatte, ob weiterhin auch Privatpersonen eine Restschuldbefreiung als „zweite Chance" eingeräumt werden oder diese Möglichkeit entfallen oder zumindest beschränkt werden soll.

1

§ 2 Begriff und Funktion

2 Der *Begriff* des Insolvenzrechts beschreibt eine Rechtsmaterie, die primär die **bestmögliche, anteilige Befriedigung** aller Insolvenzgläubiger *bezweckt*; § 1 S. 1 InsO (Verwirklichung der Vermögenshaftung des Schuldners). Ein weiterer (mittelbarer) Zweck besteht in der Gewährung der Chance auf einen **wirtschaftlichen Neuanfang** für natürliche Personen mittels Restschuldbefreiung; § 1 S. 2 InsO.

3 Zur Realisierung der Haftungsverwirklichung sieht § 1 S. 1 InsO zwei gleichrangige Optionen vor. In Betracht kommt zum einen die klassische **Liquidation** des Schuldnervermögens mit anschließender Erlösverteilung an die Gläubiger entsprechend einer festgelegten Befriedigungsquote (Ausnahmen: Massegläubiger, Aussonderungs- und Absonderungsberechtigte). Diese Haftungsverwirklichung wird als **Regelinsolvenzverfahren** bezeichnet. Zum anderen kann die Haftungsverwirklichung mittels **Sanierung** des schuldnerischen Unternehmens – bspw. durch das sog. **Insolvenzplanverfahren** – erfolgen. Der Sanierungsgedanke, welcher der zweiten Alternative zugrunde liegt, ist zuletzt nicht nur deutlich in den Vordergrund der rechtspolitischen Debatten gerückt, sondern vielmehr sogar zum maßgeblichen Leitfaden für die gesetzgeberische Betätigung im Bereich des Insolvenzrechts geworden. Insbes. das **ESUG** (Gesetz zur weiteren Erleichterung der Sanierung von Unternehmen, in Kraft seit dem 1.3.2012) zielte auf die Beseitigung rechtlicher Hindernisse, die der Umsetzung von Sanierungsbestrebungen in der Praxis oftmals entgegenstanden (zu nennen sind die Implementierung eines vorläufigen Gläubigerausschusses, die Stärkung der Eigenverwaltung, die Möglichkeit der zwangsweisen Einbeziehung der Anteilsinhaber in den Insolvenzplan zur Ermöglichung eines *Debt-Equity-Swaps* und das Schutzschirmverfahren). Zur Entscheidung zwischen beiden Mitteln der Haftungsverwirklichung sind die Gläubiger berufen (§ 157 InsO).

4 Die Gläubigerbefriedigung im **Regelinsolvenzverfahren** erfolgt gemeinschaftlich mittels **Gesamtvollstreckung**; § 1 S. 1 InsO (Insolvenzrecht als Vollstreckungsrecht). Das gesamte erfasste Vermögen wird durch den Insolvenzverwalter nach den gesetzlichen Vorschriften verwertet und der Erlös anschließend gleichmäßig verteilt (**Gläubigergleichbehandlungsgrundsatz**). Um diese Zielsetzung zu erreichen, muss der Wettlauf der Gläubiger, der bei der Einzelzwangsvollstreckung aus dem Rangprinzip resultiert, beendet werden (Vollstreckungsverbot). Des Weiteren kommt dem Insolvenzverfahren eine **Konzentrationswirkung** dergestalt zu, dass alle Insolvenzgläubiger ihre Forderungen im Insolvenzverfahren geltend machen müssen (Prozessunterbrechung; Unzulässigkeit einer Klage nach Eröffnung des Insolvenzverfahrens).

5 Das **Insolvenzplanverfahren** eröffnet demgegenüber eine größere Flexibilität hinsichtlich der Vermögensverwertung, Verteilung und Sanierung, da vom Gesetz abweichende Regelungen getroffen werden können (dazu Rn. 184 ff.). Besonderheiten gelten schließlich für das Verfahren der Eigenverwaltung und das Verbraucherinsolvenzverfahren (dazu Rn. 198 ff.).

Zum StaRUG, auf das hier nicht näher eingegangen werden kann: Foerste, Insolvenzrecht, 8. Aufl. 2022, § 43.

§ 3 Entwicklung, Rechtsgrundlagen und Struktur

Die **InsO** ist am 1.1.1999 in Kraft getreten und hat die **Konkursordnung**, die **Vergleichsordnung** und die **Gesamtvollstreckungsordnung** abgelöst. Hintergrund des gesetzgeberischen Handelns war der Umstand, dass nach zuvor geltender Rechtslage eine Vielzahl von Verfahren mangels Masse nicht durchgeführt werden konnte. Es bestand folglich das Bedürfnis nach einer Verfahrensordnung, die Instrumente zur Masseanreicherung bereithält (bspw. durch Regelungen zur Insolvenzanfechtung, dazu Rn. 129 ff.). Zudem sollten die Mittel der Haftungsverwirklichung – namentlich die Liquidation und die Sanierung – in einem Gesetzeswerk zusammengefasst werden. Schließlich unterschied sich die InsO von den Vorgängerregelungen durch die erstmalige Implementierung eines Verbraucherinsolvenzverfahrens sowie der Möglichkeit einer Restschuldbefreiung. Erhebliche Veränderungen gingen mit dem Inkrafttreten des bereits erwähnten **ESUG** einher. Dieses führte nicht nur zu einer Stärkung der Sanierungsinstrumente, sondern auch zu einer Förderung der Gläubigerautonomie. Ziel der Neuerungen war es ua, Unternehmen zu motivieren, in der Krise frühzeitig auf insolvenzrechtliche Sanierungsoptionen zurückzugreifen. Hierfür wurde es als erforderlich angesehen, dass Unternehmen das Insolvenzverfahren nicht länger als Stigma fürchten, sondern als Chance begreifen. Zum 1.7.2014 sind schließlich zahlreiche **Neureglungen des Restschuldbefreiungsverfahrens** (diese werden unter Rn. 174 ff. dargestellt) und mWz 5.4.2017 eine **Novellierung des Insolvenzanfechtungsrechts** (dazu Rn. 129 ff.) in Kraft getreten. Auch kam es durch das Sanierungs- und Insolvenzrechtsfortwirkungsgesetz zu zahlreichen Änderungen.

Das Insolvenzrecht ist **nicht in einem einheitlichen Gesetzestext geregelt**. Während sich das Verfahrensrecht nahezu ausnahmslos in der InsO findet, sind bei Unternehmensinsolvenzen stets auch das Steuerrecht, das Arbeitsrecht, das Bankrecht und das Gesellschaftsrecht in den Blick zu nehmen.

Große Bedeutung hat in den letzten Jahren das **Internationale Insolvenzrecht** erlangt. Dieses gliedert sich in das **Insolvenzverfahrensrecht**, das Regelungen zur Bestimmung des international zuständigen Gerichts sowie zur Anerkennung ausländischer Eröffnungsentscheidungen enthält, und das **Insolvenzkollisionsrecht**, das die Bestimmung der anwendbaren Insolvenzrechtsordnungen betrifft. Für Sachverhalte mit Bezug zu EU-Mitgliedstaaten erlangt insbes. die **EuInsVO** Bedeutung: Diese zielt auf die Lösung von Kompetenzkonflikten und Rechtskollisionen bei Insolvenzverfahren mit grenzüberschreitenden Bezügen. In *verfahrensrechtlicher Hinsicht* wird die internationale Eröffnungszuständigkeit bei den Gerichten des Mitgliedstaats verortet, in dem der Schuldner den Mittelpunkt seiner hauptsächlichen Interessen (sog. *COMI – center of main interest*) hat (Art. 3 Abs. 1 EuInsVO). Probleme im Zusammenhang mit dieser Zuweisung ergeben sich vornehmlich bei Insolvenzen von Konzernen mit Niederlassungen in verschiedenen Mitgliedstaaten und beim sog. *forum shopping* (dies beschreibt die Möglichkeit, spezifische Zuweisungsnormen gezielt auszunutzen, um der „günstigsten" Eröffnungszuständigkeit – und damit auch dem präferierten Insolvenzstatut (siehe sogleich) – zur Anwendung zu verhelfen). In *kollisionsrechtlicher Hinsicht* richten sich das Insolvenzverfahren und seine Wirkungen nach dem Recht des Eröffnungsstaats; Art. 7 Abs. 1 EuInsVO (sog. Insolvenzstatut). Die Eröffnung des Hauptinsolvenzverfahrens in einem Mitgliedstaat wird in allen anderen Mitgliedstaaten anerkannt und führt zu einem universellen Vermögensbeschlag, auch des in anderen Mitgliedstaaten belegenen Vermögens; Art. 20 EuInsVO. Eine Ausnahme von diesem Universalitätsprinzip besteht in Gestalt der gegenständlich beschränkten Partikularverfahren (sog. Sekundärinsolvenzverfahren) gem. Art. 3 Abs. 2, 4 EuInsVO, die einheimische Gläubiger davor schützen sollen, ihre Forderungen in einem Verfahren, das ausländischem Insolvenzrecht unterliegt, durchsetzen zu müssen.

9 Die InsO **gliedert** sich in **13 Teile**. Sie führt chronologisch durch das Verfahren, Vieles ergibt sich damit bereits aus dem Gesetzeswortlaut. Sie kennt verschiedene Arten von Insolvenzverfahren:

§ 3 Entwicklung, Rechtsgrundlagen und Struktur

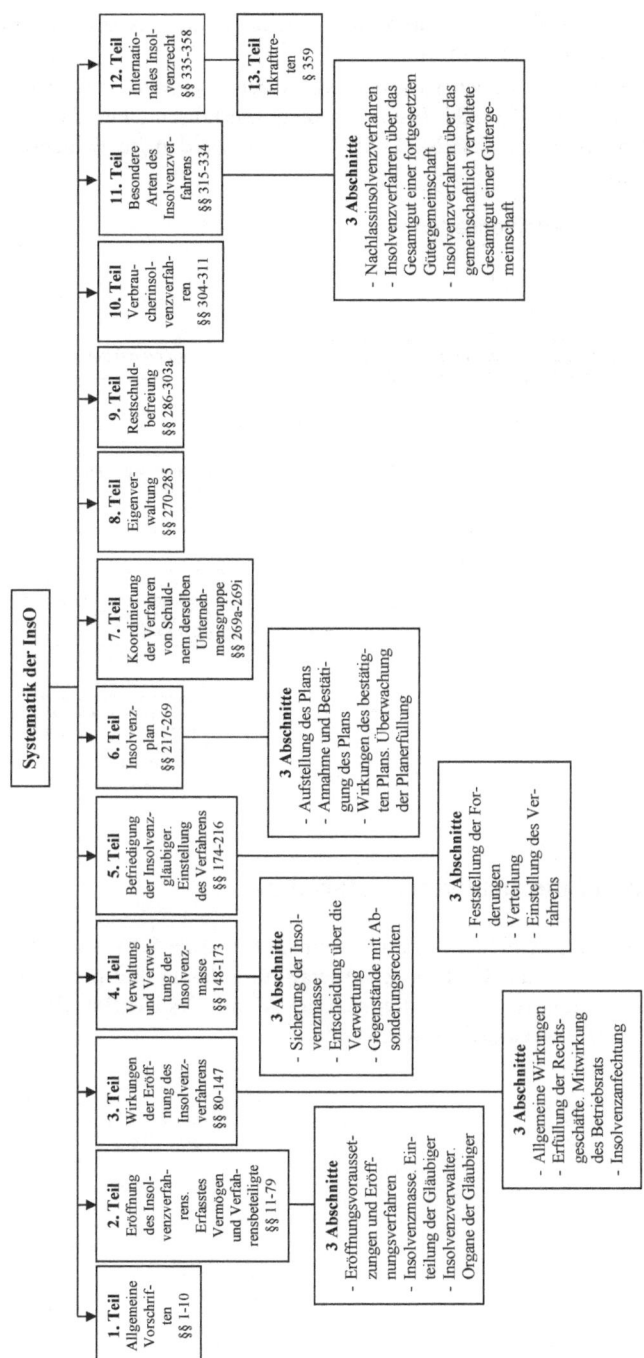

- Reguläres Verfahren: Regelinsolvenzverfahren (im Folgenden geht es primär um dieses Verfahren) und Insolvenzplanverfahren.
- Besondere Verfahrensarten: Verbraucherinsolvenzverfahren (§§ 304–314 InsO); Nachlassinsolvenzverfahren (§§ 315–331 InsO); Insolvenzverfahren über das Gesamtgut einer Gütergemeinschaft (§§ 332–334 InsO) (diese werden im Folgenden nur teilweise näher behandelt).

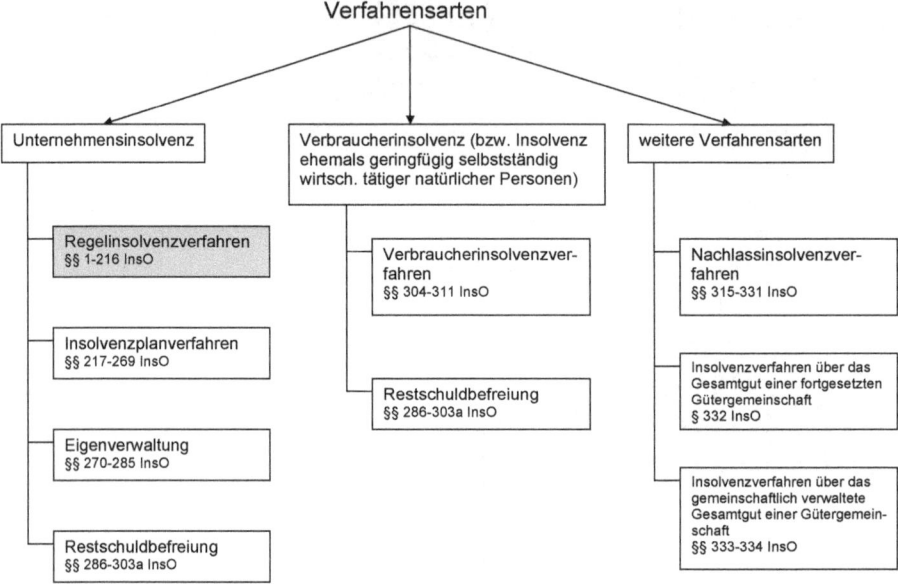

§ 4 Eröffnung und Ablauf des Insolvenzverfahrens

10   Das **Insolvenzgericht eröffnet** das Insolvenzverfahren (nur) **auf Antrag**; § 13 Abs. 1 S. 1 InsO. Die Eröffnung erfolgt, wenn das Gericht den Antrag für zulässig und begründet hält. Sind diese Voraussetzungen gegeben, gestaltet sich der Ablauf des **Regelinsolvenzverfahrens** (dazu erneut Rn. 4) – vereinfacht – wie folgt:

I. Zulässigkeitsvoraussetzungen

Ablauf Insolvenzverfahren

Insolvenzantrag
- Eröffnung nur auf Antrag, § 13 I 1
- Antragsberechtigung, § 13 I 2

Eröffnungsverfahren
- Prüfung des Insolvenzantrags durch das Insolvenzgericht (Zulässigkeit und Begründetheit, insb. Eröffnungsgrund, § 16)
- Vorläufige Sicherungsmaßnahmen, §§ 21 f.

Insolvenzeröffnung
- Eröffnungsbeschluss, § 27 (dagegen sofortige Beschwerde, § 34 II)
- Folgen: Beschlagnahme der Insolvenzmasse (§§ 35-37); Verlust der Verwaltungs- und Verfügungsbefugnis (§§ 80, 148); Verbot der Einzelzwangsvollstreckung (§ 89)
- Bestellung des Insolvenzverwalters, § 56

Insolvenzverfahren
- Inbesitznahme und Verwaltung der Masse durch Insolvenzverwalter, § 148
- Berichts- und Prüfungstermin, §§ 156, 176
- Umwandlung der Ist-Masse in Soll-Masse durch Anreicherung und Bereinigung
- Verwertung der Massegegenstände, § 159

Verteilungsverfahren
- Anmeldung der Insolvenzforderung zur Tabelle und Feststellung im Prüfungstermin, § 176
- Vorwegbefriedigung der Massegläubiger, § 53
- Quotale Befriedigung der Insolvenzgläubiger

Verfahrensbeendigung
- Schlusstermin mit Schlussverteilung, § 197
- Aufhebung des Involvenzverfahrens, § 200
- Evtl. Restschuldbefreiungsverfahren, §§ 286 ff.

I. Zulässigkeitsvoraussetzungen

1. Zuständigkeit des Gerichts

Sachlich zuständig ist das **Amtsgericht** (§ 2 InsO). Die **funktionelle** Zuständigkeit liegt beim **Richter** (§ 18 Abs. 1 Nr. 1, 2 RPflG). Nach der Eröffnung geht die Zuständigkeit im Regelverfahren – nicht hingegen im Insolvenzplanverfahren – auf den Rechtspfleger über (§ 3 Nr. 2 lit. e) RPflG). 11

Die örtliche Zuständigkeit nach § 3 Abs. 1 InsO (ggf. iVm Art. 102 § 1 Abs. 1 EGInsO) ist eine ausschließliche. Maßgeblich ist nach § 3 Abs. 1 S. 2 InsO der **Mittelpunkt der selbstständigen wirtschaftlichen Tätigkeit** und (nur) nachrangig der all- 12 gemeine Gerichtsstand (§ 4 InsO, §§ 12 ff. ZPO). Die **internationale** Zuständigkeit richtet sich nach Art. 3 Abs. 1 EuInsVO (dazu bereits Rn. 8).

2. Insolvenzfähigkeit des Schuldners

13 Insolvenzfähig sind nach § 11 Abs. 1 InsO grds. alle **natürlichen und juristischen Personen** (allerdings nimmt § 12 InsO den Bund und die Länder aus; gleiches gilt für juristische Personen des öffentlichen Rechts, soweit das Landesrecht dies bestimmt – so geschehen bspw. für Gemeinden). Nach § 11 Abs. 2 Nr. 1 InsO sind auch **Personengesellschaften** insolvenzfähig (die GbR aber nur, soweit sie rechtsfähig ist – nicht also die Innengesellschaft). § 11 Abs. 2 Nr. 2 InsO erklärt schließlich den Nachlass und das Gesamtgut einer (fortgesetzten) Gütergemeinschaft zu tauglichen Gegenständen des Insolvenzverfahrens (sog. Sonder-Insolvenzverfahren).

14 §§ 3a-3e und §§ 269a-269i InsO betreffen das **Konzerninsolvenzen**. Das zugrundeliegende Gesetz zur Erleichterung der Bewältigung von Konzerninsolvenzen folgt dem Regelungskonzept der EuInsVO, in die mit Wirkung zum 26.6.2017 ebenfalls erstmals Regelungen zur Bewältigung von Konzerninsolvenzen und zur Insolvenz von Unternehmensgruppen implementiert wurden. Es bleibt auf deutscher und auf europäischer Ebene dabei, dass *verschiedene Insolvenzverfahren* über einzelne Konzerngesellschaften geführt werden (ein Beispiel aus jüngerer Vergangenheit bildet die Insolvenz der Air Berlin PLC und die Insolvenz ihrer österreichischen Tochter, der Niki Luftfahrt GmbH). Ein einheitliches „Konzerninsolvenzverfahren" ist damit nach wie vor nicht vorgesehen. Die Regelungen beschränken sich primär auf die Begründung von *Kooperationspflichten* und die Einführung eines sog. *Verfahrenskoordinators* (vgl. §§ 269a ff. InsO), der bildlich gesprochen die Fäden in der Hand halten und auf eine abgestimmte Abwicklung der Einzelverfahren drängen soll. In einem Punkt geht die deutsche Regelung über die EuInsVO hinaus: Zulässig ist nunmehr die *Verfahrenskonzentration* an einem Gerichtsstand (§§ 3a ff. InsO). Dies ändert indes nichts daran, dass es sich um verschiedene Verfahren handelt und gilt überdies nur für die deutschen Gruppengesellschaften.

3. Antragsberechtigung des Antragstellers (§ 13 Abs. 1 S. 2 InsO)

15 **Antragsberechtigt** sind der **Schuldner** und seine **Gläubiger**.

a) Antragsrechte und -pflichten des Schuldners (§ 15 InsO)

16 Für **juristische Personen** und **Personengesellschaften** trifft § 15 InsO eine spezielle Regelung des **Antragsrechts**. Während bei *juristischen Personen* im Regelfall ausschließlich Mitglieder des Vertretungsorgans und nur bei Führungslosigkeit auch die Gesellschafter bzw. Aufsichtsorgane antragsbefugt sind, besteht bei *Personengesellschaften* eine Antragsbefugnis sämtlicher persönlich haftender Gesellschafter (§ 15 Abs. 1 InsO). Den Fall, dass der Antrag nicht von allen Berechtigten gestellt wird, regelt § 15 Abs. 2 InsO.

17 Als Besonderheit statuiert § 15a InsO eine **Antragspflicht** für **juristische Personen** und **Personengesellschaften**, bei denen **keine natürliche Person persönlich haftender Gesellschafter** ist (bspw. GmbH, AG und GmbH & Co. KG; vgl. zu den Ausnahmen § 15a Abs. 1 S. 3 Hs. 2 InsO).

II. Begründetheit

Für **Verstöße gegen die Antragspflicht** gilt Folgendes: Zum einen können sowohl Alt- als auch Neugläubigern **zivilrechtliche Schadensersatzansprüche** gegen den Antragspflichtigen zustehen (insbes. nach § 823 Abs. 2 BGB iVm § 15a InsO). Neu ist eine Innenhaftung der Organe nach § 15b Abs. 4 S. 1 InsO. Zum anderen ist die Verletzung von Antragspflichten nach § 15a Abs. 4, 5, 6 InsO **strafbewehrt**. Für Vereine trifft § 42 BGB eine Sonderregelung. Insbes. ist keine Strafbewehrung vorgesehen. 18

Zur Vertiefung:
Zum zivilrechtlichen Schadensersatzanspruch der Alt- und Neugläubiger: Während Altgläubiger den sog. Quotenschaden geltend machen können, kommt für Neugläubiger der sog. Vertragsabschlussschaden in Betracht. Instruktiv: *Wagner*, in: MüKo-BGB, 8. Aufl. 2020, § 823 Rn. 162 ff.
Zu § 15b InsO: Weber/Dömmecke, in: Braun, InsO, 9. Aufl. 2022, § 15b Rn. 1 ff.

b) Besondere Zulässigkeitsvoraussetzungen für Gläubigeranträge (§ 14 InsO)

Die Zulässigkeit eines Gläubigerantrags setzt die **Glaubhaftmachung** (§§ 4 InsO, 294 ZPO) einer **Forderung**, die im Fall der Verfahrenseröffnung eine Insolvenzforderung wäre, des **Eröffnungsgrundes** (dazu Rn. 23 ff.) und eines **rechtlichen Interesses** voraus, § 14 Abs. 1 InsO. 19

§ 14 Abs. 1 S. 2 InsO stellt klar, dass der Antrag nicht allein dadurch unzulässig wird, dass die *Forderung nach Antragstellung erfüllt wird*. Dies gilt unabhängig davon, ob innerhalb der letzten zwei Jahre vor Antragstellung bereits ein Antrag gestellt worden war. Allerdings sind in diesen Konstellationen hohe Anforderungen an das Vorliegen bzw. Fortbestehen eines rechtlichen Interesses zu stellen. Zumeist wird eine Bejahung nur für Finanzbehörden und Sozialversicherungsträger in Betracht kommen. 20

Das **rechtliche Interesse** des Gläubigers ist bei Vorliegen der übrigen Voraussetzungen indiziert. Lediglich in Sonderfällen muss es genauer geprüft werden. Es kann – neben den vorstehend genannten Fällen der Forderungserfüllung – bspw. fehlen bei sog. Druckanträgen (also bei Anträgen mit dem alleinigen Ziel, den Schuldner zur Zahlung zu bewegen), insbes. durch staatliche Hoheitsträger. Gleiches gilt, wenn der Gläubiger über Absonderungsrechte, aufgrund derer im Fall der Insolvenzeröffnung kein Ausfall droht, umfassend gesichert ist. Die Nachrangigkeit der Forderung nach § 39 InsO (dazu Rn. 64), die es wahrscheinlich erscheinen lässt, dass der Gläubiger im Rahmen der abschließenden Erlösverteilung leer ausgehen wird, lässt das rechtliche Interesse hingegen ebenso wenig entfallen wie eine sehr geringe Forderungshöhe. 21

Zur Vertiefung (Rn. 15 ff.):
Zur Antragsberechtigung von Gläubiger und Schuldner: Reischl, Insolvenzrecht, 5. Aufl. 2020, § 2 Rn. 64 ff.
Zur Antragspflicht: Reischl, Insolvenzrecht, 5. Aufl. 2020, § 2 Rn. 71 ff.

II. Begründetheit

Der Insolvenzantrag ist begründet, wenn ein **Eröffnungsgrund** vorliegt (§ 16 InsO), es sei denn das Schuldnervermögen wird voraussichtlich nicht einmal ausreichen, die Verfahrenskosten zu decken (sog. **Abweisung mangels Masse** nach § 26 Abs. 1 S. 1 InsO). 22

1. Eröffnungsgrund

23 Die Eröffnungsgründe sind abschließend in den §§ 17–19 InsO geregelt.

a) Zahlungsunfähigkeit (§ 17 InsO)

24 Die Zahlungsunfähigkeit nach § 17 InsO ist **allgemeiner** – also von der Rechtsform des Schuldners unabhängiger – Eröffnungsgrund. Sie **berechtigt** sowohl den **Schuldner** als auch den **Gläubiger** zur Antragstellung. Ihr kommt zudem Bedeutung für das Anfechtungsrecht zu (dazu Rn. 129 ff.). Ein Schuldner ist dann zahlungsunfähig, wenn

> er nicht in der Lage ist, die fälligen Zahlungsverpflichtungen zu erfüllen.

25 Die Prüfung erfolgt im Grundsatz anhand einer zu erstellenden **Liquiditätsbilanz**. Auf der *Aktivseite* sind die kurzfristig aktivierbaren Finanzmittel einzustellen (das sog. Finanzmittelpotential, bestehend aus Kassenbestand, Bankguthaben, abrufbarer Kreditlinie etc.; nicht hingegen Anlagevermögen, wie bspw. Grundstücke). Auf der *Passivseite* finden die kurzfristig fälligen Verbindlichkeiten Berücksichtigung. Auszuklammern sind somit erst künftig zu erfüllende Verbindlichkeiten und solche, hinsichtlich derer eine Ratenzahlung oder ein Zahlungsaufschub gewährt wurde. Sind die Forderungen zivilrechtlich fällig, ist zudem stets zu prüfen, ob auch ein ernsthafter Einforderungswille besteht. Bei Unsicherheiten, bspw. hinsichtlich der Durchsetzbarkeit von Verbindlichkeiten, wird mit prozentualen Abschlägen operiert.

26 Aus Verhältnismäßigkeitsgründen und um den Schuldner vor übereilter Verfahrenseröffnung zu schützen, werden (prognostizierte) **Liquiditätslücken** über einen Zeitraum von bis zu **drei Wochen** als **bloße Zahlungsstockungen und nicht als Zahlungsunfähigkeit** eingestuft. Überdies genügt es, wenn während des Dreiwochenzeitraums eine **Deckungshöhe von 90 %** erreicht wird. Ist die Deckungslücke demgegenüber größer oder besteht sie für einen längeren Zeitraum, ist **regelmäßig von Zahlungsunfähigkeit** auszugehen.

27 Für den Fall der **faktischen Zahlungseinstellung** statuiert § 17 Abs. 2 S. 2 InsO eine **widerlegbare Vermutung** für die Zahlungsunfähigkeit. Diese Vermutung führt in der Praxis (vornehmlich im Anfechtungsprozess) zu erheblichen Beweiserleichterungen. Insbes. ist die Aufstellung einer Liquiditätsbilanz entbehrlich. Eine Zahlungseinstellung liegt (in Abgrenzung zur bloßen Zahlungsunwilligkeit) dann vor, wenn

> der Schuldner einen erheblichen Teil der fälligen Forderungen nicht begleicht und der betroffene Gläubiger daraus schließen muss, dass sich der Schuldner in existenziellen wirtschaftlichen Schwierigkeiten befindet.

28 Die Vermutungswirkung kann allein durch den Nachweis der Zahlungsfähigkeit (nicht hingegen durch den Nachweis der Zahlungsunwilligkeit!) oder durch die Wiederaufnahme aller Zahlungen beseitigt werden.

Zur Vertiefung (Rn. 24 ff.):
Zu den Indizien für Zahlungseinstellung und Zahlungsunfähigkeit: Bußhardt, in: Braun, InsO, 9. Aufl. 2022, § 17 Rn. 43 mit zahlreichen Beispielen aus der Rspr.; *Bommert*, NZI 2015, 589 ff. (zur Widerlegung); *Knolle/Lojowsky*, NZI 2013, 171 ff. (zur Berücksichtigung von Gesellschafterdarlehen); *Krüger/Pape*, NZI 2011, 617 ff. (zur Beseitigung durch Patronatserklärungen)
Zur Relevanz im Anfechtungsprozess: Reischl, Insolvenzrecht, 5. Aufl. 2020, § 3 Rn. 103, 109

II. Begründetheit

b) Drohende Zahlungsunfähigkeit (§ 18 InsO)

Die drohende Zahlungsunfähigkeit **berechtigt** nur den **Schuldner**, einen Insolvenzantrag zu stellen; § 18 Abs. 1 InsO. Dieser Eröffnungsgrund bezweckt, dem Schuldner, der frühzeitig die Krise erkennt, den Schutz des Insolvenzverfahrens (insbes. in Gestalt des Schutzschirmverfahrens nach § 270b InsO, dazu Rn. 206 f.) zuteilwerden zu lassen, um die Erfolgsaussichten einer Sanierung zu erhöhen. Wegen dieser Funktion besteht auch **keine Antragspflicht** gem. § 15a InsO.

Die Zahlungsunfähigkeit droht nach § 18 Abs. 2 InsO dann, wenn

> *der Schuldner voraussichtlich nicht in der Lage sein wird, die bestehenden Zahlungspflichten im Zeitpunkt der Fälligkeit zu erfüllen.*

Der Prüfung ist hiernach eine **Zukunftsprognose** zugrunde zu legen. Nach § 18 Abs. 2 S. 2 InsO ist in aller Regel ein Prognosezeitraum von 24 Monaten zugrunde zu legen. Zur Beurteilung kann erneut auf eine Liquiditätsbilanz zurückgegriffen werden. Die drohende Zahlungsunfähigkeit ist dann zu bejahen, wenn aufgrund der Prognose der **Eintritt der Zahlungsunfähigkeit wahrscheinlicher ist als deren Ausbleiben**.

Zur Vertiefung:
Zur Passivierung künftiger Verbindlichkeiten: Reischl, Insolvenzrecht, 5. Aufl. 2020, § 3 Rn. 114, mit Hinweisen auf die im Einzelnen umstrittenen Geschichtspunkte
Zur Relevanz im Anfechtungsprozess: Reischl, Insolvenzrecht, 5. Aufl. 2020, § 3 Rn. 113.

c) Überschuldung (§ 19 InsO)

Der Eröffnungsgrund der Überschuldung kommt **nur bei bestimmten Schuldnern** in Betracht, namentlich bei juristischen Personen und Personengesellschaften, bei denen keine natürliche Person haftet. Er kann zur Insolvenzreife in einem Stadium führen, in dem der Schuldner noch zahlungsfähig ist. Diese Vorverlagerung dient den Gläubigern, die wegen des Fehlens einer persönlich unbeschränkt haftenden Person gesteigert schutzbedürftig sind. Eine Überschuldung ist dann zu bejahen, wenn

> *das Vermögen des Schuldners die bestehenden Verbindlichkeiten nicht mehr deckt.*

Für die Ermittlung ist eine Überschuldungsbilanz aufzustellen.

§ 19 InsO ist iRd Finanzmarktkrise zunächst vorübergehend, dann dauerhaft geändert worden. Jetzt ist stets **2-stufig zu prüfen**:

- Aufstellung einer **Überschuldungsbilanz** mit Zerschlagungswerten:
  - Sofern keine Überschuldung: Eröffnungsgrund (–);
  - Sofern Überschuldung:
- **Fortführungsprognose** unter wirtschaftlichen Gesichtspunkten (innerhalb des Prognosezeitraums von 12 Monaten):
  - Sofern positiv: Eröffnungsgrund (–);
  - Sofern negativ: Eröffnungsgrund (+).

2. Kostendeckende Masse

Ist die Finanzierung des Insolvenzverfahrens nicht gesichert, reicht also das Vermögen des Schuldners voraussichtlich nicht einmal aus, um die Verfahrenskosten zu decken und wird auch kein Vorschuss auf die Verfahrenskosten geleistet, ist der **Eröffnungsantrag** trotz bestehenden Eröffnungsgrundes **abzuweisen** (§ 26 Abs. 1 S. 1 InsO). Der Schuldner wird in diesem Fall in ein **Schuldnerverzeichnis** eingetragen („schwarze Liste"; § 26 Abs. 2 InsO, §§ 882b Abs. 1 Nr. 3, 882h Abs. 1 ZPO). Durch die Eintragung soll der Rechtsverkehr vor dem Schuldner gewarnt werden (im Fall der Verfahrenseröffnung übernehmen die öffentliche Bekanntmachung des Eröffnungsbeschlusses sowie verschiedene Registereintragung diese Warnfunktion). Kapitalgesellschaften (§§ 262 Abs. 1 Nr. 4 AktG, 60 Abs. 1 Nr. 5 GmbHG) und Handelsgesellschaften, bei denen keine natürliche Person persönlich haftet (§ 131 Abs. 2 S. 1 Nr. 1 HGB), werden mit der Rechtskraft des Abweisungsbeschlusses **aufgelöst** und sind in der Folge zu liquidieren.

35 Die **Abweisung unterbleibt** im Fall einer **Verfahrenskostenstundung** nach §§ 26 Abs. 1 S. 2 Alt. 2, 4a InsO, sodass das Verfahren trotz fehlender Kostendeckung zu eröffnen ist. Diese Begünstigung natürlicher Personen (§ 4a Abs. 1 S. 1 InsO) setzt voraus, dass der Schuldner eine Restschuldbefreiung beantragt. Eine solche ist nämlich nur dann möglich, wenn zuvor ein Insolvenzverfahren durchgeführt wurde. Ohne die Möglichkeit der Verfahrenskostenstundung wäre es wegen § 26 Abs. 1 S. 1 InsO natürlichen Personen – insbes. Verbrauchern –, deren Vermögenswerte nicht einmal die Verfahrenskosten decken, nicht möglich jemals eine Restschuldbefreiung zu erlangen und damit die Chance eines wirtschaftlichen Neuanfangs zu erhalten (vgl. zur Restschuldbefreiung Rn. 174 ff. und zur Schuldenbereinigung durch das Verbraucherinsolvenzverfahren Rn. 208 ff.).

III. Vorläufige Sicherungsmaßnahmen

36 Gerade bei größeren Unternehmen mit laufendem Geschäftsbetrieb kann es mehrere Wochen oder gar Monate dauern, bis endgültig feststeht, ob der Antrag begründet ist. Während das Insolvenzgericht diese Prüfung – von Amts wegen (§ 5 Abs. 1 InsO) – vornimmt, besteht das Bedürfnis, die künftige Insolvenzmasse zu erhalten und dem Zugriff des Schuldners sowie einzelner Gläubiger zu entziehen.

37 Soweit also bereits eine **gewisse Wahrscheinlichkeit für die Zulässigkeit** des Antrags besteht, hat das Insolvenzgericht schon vor Eröffnung des Insolvenzverfahrens **alle Maßnahmen zu treffen, um das Vermögen des Schuldners zu erhalten**, § 21 Abs. 1 S. 1 InsO (vorläufige Sicherungsmaßnahmen).

38 § 21 Abs. 2 InsO enthält einen nicht abschließenden Katalog möglicher Sicherungsmaßnahmen. Die Wahl und die Intensität der Sicherungsmaßnahmen hat das Gericht vom **Gefährdungsgrad für die spätere Masse** abhängig zu machen. Hierbei ist stets der **Verhältnismäßigkeitsgrundsatz** im Blick zu behalten, der die Wahrung der Zweck-Mittel-Relation zwischen Maßnahme und Schuldnerinteressen sowie eine fortwährende Prüfung der Voraussetzungen während des Eröffnungsverfahrens erfordert. Bei Erlass einer Sicherungsmaßnahme ist insbes. zu berücksichtigen, dass deren Publikmachen im Geschäftsverkehr den (uU unzutreffenden) Eindruck der Insolvenzreife hervorruft, der für den Betroffenen erhebliche wirtschaftliche Einbußen hervorrufen und die Sanierungschancen spürbar verringern kann.

1. Vorläufiger Insolvenzverwalter

39 Insbesondere bei Unternehmensinsolvenzen erfolgt häufig die Bestellung eines **vorläufigen Insolvenzverwalters**; §§ 21 Abs. 2 S. 1 Nr. 1, 22 InsO (dieser wird idR im eröffne-

ten Verfahren Insolvenzverwalter). Je nachdem, ob mit der Bestellung ein allgemeines Verfügungsverbot für den Schuldner einhergeht, spricht man vom **starken** bzw. **schwachen** vorläufigen Insolvenzverwalter.

Wird ein **starker vorläufiger Insolvenzverwalter eingesetzt**, also ein allgemeines Verfügungsverbot gegen den Schuldner verhängt (§ 21 Abs. 2 S. 1 Nr. 2 Alt. 1 InsO), geht bereits im Eröffnungsverfahren die Verwaltungs- und Verfügungsbefugnis auf den Verwalter über. Damit werden die Wirkungen der §§ 80 ff. InsO (dazu Rn. 83 ff.) zum Teil vorverlegt (§§ 22 Abs. 1 S. 1, 24 Abs. 1 InsO). Sein Aufgabenbereich umfasst vornehmlich die Geschäftsfortführung und Masseerhaltung, hingegen regelmäßig nicht die Masseverwertung (§ 22 Abs. 1 S. 2 InsO). Von ihm begründete Verbindlichkeiten oder solche aus Dauerschuldverhältnissen, deren Gegenleistung er für die Masse in Anspruch genommen hat, werden zu Masseschulden im später eröffneten Verfahren (§ 55 Abs. 2 InsO; zu deren Bedeutung Rn. 66 ff.). Verbotswidrige Verfügungen des Schuldners sind **absolut unwirksam**. 40

Bei der wesentlich häufigeren Bestellung eines **schwachen vorläufigen Insolvenzverwalters** besteht lediglich ein Zustimmungsvorbehalt hinsichtlich Verfügungen (§ 21 Abs. 2 S. 1 Nr. 2 Alt. 2 InsO). Auch Verstöße gegen diesen Zustimmungsvorbehalt führen zur **absoluten – schwebenden – Unwirksamkeit** (§§ 24 Abs. 1, 81 Abs. 1 S. 1 InsO). Die Zustimmung führt nicht zu einer Begründung von Masseverbindlichkeiten. Dem schwachen vorläufigen Insolvenzverwalter können weitere Pflichten auferlegt werden (§ 22 Abs. 2 S. 1 InsO). 41

Zur Vertiefung (Rn. 39 ff.):
Zu den Aufgaben des vorläufigen Insolvenzverwalters: Frege/Keller/Riedel, in: dies., Insolvenzrecht, 8. Aufl. 2015, Rn. 624 ff.
Zum Problem der Lohnforderungen für in Anspruch genommene Arbeitskraft: Foerste, Insolvenzrecht, 8. Aufl. 2022, § 11 Rn. 109 ff.

2. Weitere Sicherungsmaßnahmen

Als weitere praxisrelevante Sicherungsmaßnahme ist **die Untersagung oder einstweilige Einstellung der Mobiliarzwangsvollstreckung** zu nennen (§ 21 Abs. 2 S. 1 Nr. 3 InsO). Damit werden die Wirkungen des nach Verfahrenseröffnung eingreifenden Vollstreckungsverbots in das Eröffnungsverfahren vorgezogen. 42

Eine erhebliche Bedeutung für die Wahrung der Sanierungschancen eines Unternehmens kommt dem auf § 21 Abs. 2 S. 1 Nr. 5 InsO gestützten **Verwertungs- und Einziehungsverbot** zu. Es bezieht sich auf diejenigen Gegenstände, die zur Betriebsfortführung erforderlich, aber mit Aussonderungs- oder Absonderungsrechten belastet sind. Dies betrifft vornehmlich Betriebsfahrzeuge und Produktionsmittel sowie Grundstücke und Räumlichkeiten, auf deren (Weiter-)Nutzung das Unternehmen zwingend angewiesen ist. 43

Im Zuge des ESUG wurde die **Einsetzung eines vorläufigen Gläubigerausschusses** in den Katalog der Sicherungsmaßnahmen aufgenommen (§§ 21 Abs. 2 S. 1 Nr. 1a, 22a InsO). Bei mittelgroßen und großen Unternehmensinsolvenzen ist er zwingend einzusetzen (§ 22a Abs. 1 InsO). Einen Ausschlussgrund bildet ua der eingestellte Geschäftsbetrieb (§ 22a Abs. 3 InsO). Der vorläufige Gläubigerausschuss verfügt über eine erhebliche Macht. So kann er (bindende) Vorschläge zum vorläufigen Insolvenzverwalter machen, den er unterstützt und überwacht. Zudem hat der vorläufige Gläubiger- 44 ausschuss die Entscheidungsprärogative hinsichtlich der Anordnung einer vorläufigen Eigenverwaltung und das Aufhebungsrecht bezüglich eines laufenden Schutzschirmverfahrens (im Einzelnen zu den Kompetenzen des Gläubigerausschusses Rn. 65).

3. Vorläufige Eigenverwaltung

45 Beantragt der Schuldner – aussichtsreich – die Eigenverwaltung (§ 270 InsO), sehen §§ 270a ff. InsO Modifizierungen und § 270d InsO die Möglichkeit eines Schutzschirmverfahrens zur Unterstützung von Sanierungsbemühungen vor (dazu Rn. 206 f.).

IV. Verfahrenseröffnung

46 Liegen die Voraussetzungen für die Verfahrenseröffnung vor, erlässt das Gericht den **Eröffnungsbeschluss**, § 27 InsO. Für diesen gelten folgende Erfordernisse:

- öffentliche Bekanntmachung, Zustellung an Schuldner sowie Gläubiger;
- Angabe der genauen Stunde der Verfahrenseröffnung, § 27 Abs. 2 Nr. 3, Abs. 3 InsO;
- Bestellung des Insolvenzverwalters, vgl. § 56 InsO (Gläubigerbeteiligung in § 56a InsO);
- Aufforderung an Gläubiger des Insolvenzschuldners, ihre Forderungen beim Insolvenzverwalter anzumelden (diese werden dann in die sog. Insolvenztabelle eingetragen);
- Aufforderung an Gläubiger des Insolvenzschuldners, nur noch an den Insolvenzverwalter zu leisten, § 28 InsO;
- Bestimmung des Berichts- und Prüfungstermins, § 29 InsO.

47 Der Schuldner kann gegen den Eröffnungsbeschluss mit der **sofortigen Beschwerde** vorgehen (§§ 34 Abs. 2 InsO, 567 Abs. 1 Nr. 1 ZPO).

§ 5 Beteiligte des Insolvenzverfahrens und Begriff der Insolvenzmasse

48 Bevor im Folgenden auf die Wirkungen der Verfahrenseröffnung (dazu Rn. 80 ff.) und den Ablauf des Insolvenzverfahrens (dazu Rn. 128 ff.) eingegangen wird, werden zunächst die Verfahrensbeteiligten kurz dargestellt und der zentrale Begriff der Insolvenzmasse erläutert.

I. Die Verfahrensbeteiligten

49 Bereits im Rahmen der Darstellung der Verfahrenseröffnung wurden der Schuldner und das Insolvenzgericht näher behandelt. Nach der Verfahrenseröffnung obliegt dem Insolvenzgericht hauptsächlich die Aufsicht und Kontrolle des Insolvenzverwalters (§§ 58 f. InsO).

50 Die weiteren Beteiligten – namentlich der Insolvenzverwalter und die Gläubiger – sind Gegenstand der folgenden Darstellung.

I. Die Verfahrensbeteiligten

1. Der Insolvenzverwalter

Der Insolvenzverwalter (§§ 56–66 InsO) ist die **zentrale Figur** des Insolvenzverfahrens. Seine Aufgabenbereiche umfassen die Verwaltung der Insolvenzmasse, deren Bereinigung, Anreicherung und Verwertung sowie die Befriedigung der Insolvenzgläubiger (zu diesen Befugnissen im Einzelnen Rn. 80 ff.).

a) Rechtsnatur, Ernennung und Aufsicht

Die rechtliche Qualifikation des Verwalters ist strittig. Nach hM ist er **Partei kraft Amtes**. Er macht die Rechte für die Masse in eigenem Namen mit Wirkung für und gegen den Schuldner geltend. Im Zivilprozess ist er **Partei im Verfahren über das Vermögen** des Schuldners.

Seine **Ernennung** erfolgt – wie erwähnt – durch das Insolvenzgericht bei Insolvenzeröffnung (§ 27 InsO) unter Heranziehung sog. **Vorauswahllisten**. Unter den gelisteten Bewerbern hat das Insolvenzgericht den geeignetsten auszuwählen. Zu bestellen ist nach § 56 Abs. 1 S. 1 InsO eine

> für den jeweiligen Einzelfall geeignete, insbesondere geschäftskundige und von den Gläubigern und dem Schuldner unabhängige natürliche Person.

Den Gläubigern steht jedoch die Möglichkeit einer **Auswechslung** in der ersten auf die gerichtliche Bestellung folgenden **Gläubigerversammlung** offen (§ 57 S. 1 InsO – erforderlich sind „Summen-" und „Kopfmehrheit").

Neben der **Aufsicht** durch das Insolvenzgericht erfolgt die **Überwachung** des Insolvenzverwalters durch den **Gläubigerausschuss** (zu diesem Rn. 65), soweit ein solcher eingesetzt wird.

b) Haftung

Die **Haftung des Insolvenzverwalters** bestimmt sich nach §§ 60 f. InsO und den allgemeinen deliktischen Haftungsregelungen.

Bei einer Verletzung insolvenzspezifischer Pflichten ist er allen Beteiligten, denen gegenüber die Pflicht bestand (bspw. dem Schuldner, den Insolvenz- und Massegläubigern sowie Aus- und Absonderungsberechtigten), gem. § 60 Abs. 1 InsO zum **Schadensersatz** verpflichtet. Zu unterscheiden ist insofern zwischen **Individual- und Gesamtschaden**. Ein Individualschaden liegt bspw. dann vor, wenn ein Insolvenzgläubiger bei der Masseverteilung übergangen oder ein Absonderungsberechtigter nicht vorrangig aus dem Pfanderlös befriedigt wird. Demgegenüber bezieht sich der Gesamtschaden auf die Insolvenzmasse, die bspw. infolge einer Pflichtverletzung an Wert verliert (zB durch Veräußerung von Gegenständen unter Wert) oder (pflichtwidrig) mit Masseverbindlichkeiten belastet wird. Da diese Masseschmälerung die Gläubiger in ihrer Gesamtheit betrifft, ist eine Geltendmachung durch Einzelgläubiger während des Insolvenzverfahrens ausgeschlossen. Vielmehr bedarf es der Bestellung eines Sonderverwalters (§§ 60 Abs. 1 S. 1, 92 InsO).

Eine Haftung kommt nur bei **Verschulden** in Betracht. Insofern präzisiert § 60 Abs. 1 S. 2 InsO, dass der Insolvenzverwalter

> für die Sorgfalt eines ordentlichen und gewissenhaften Insolvenzverwalters einzustehen

59 hat. Die **Zurechnung des Verschuldens** Dritter erfolgt nach den allgemeinen Regeln (§ 278 BGB; vgl. aber die Haftungserleichterung nach § 60 Abs. 2 InsO).

60 Eine Besonderheit bildet die **Haftung für die Nichterfüllung von Masseverbindlichkeiten**. Soweit der Insolvenzverwalter durch seine Handlung eine Masseverbindlichkeit begründet (§ 55 Abs. 1 Nr. 1, 2 InsO – gleiches gilt für den starken vorläufigen Insolvenzverwalter, vgl. § 55 Abs. 2 InsO) und die Masse nicht einmal zur Befriedigung dieser privilegierten Forderung ausreicht (dazu Rn. 66 ff. und Rn. 170), haftet der Insolvenzverwalter voll mit seinem eigenen Vermögen (§ 61 S. 1 InsO). Die Rspr. begrenzt die Ersatzpflicht jedoch auf Vertrauensschäden und fordert eine vertragliche Begründung der Verbindlichkeit. Der Insolvenzverwalter kann sich bei Nichterkennbarkeit der unzulänglichen Masse **exkulpieren** (§ 61 S. 2 InsO).

Zur Vertiefung (Rn. 51 ff.):
Zur Ernennung (auch zur Benachteiligung von Berufseinsteigern): Graeber, in: MüKo-InsO, 4. Aufl. 2019, § 56 Rn. 81 ff., insbes. 91 ff.
Zur Beschränkung auf natürliche Personen: BGHZ 198, 198 ff. = NZI 2013, 1022 ff. (verfassungsrechtlich unbedenklich); zust. *Seagon*, NZI 2015, 825 ff.
Zur Haftung des Insolvenzverwalters: Klopp/Kluth/Pechartscheck, in: Gottwald, Insolvenzrechts-Handbuch, 5. Aufl. 2015, § 23 Rn. 5 ff.

2. Die Gläubiger

Gläubiger im Insolvenzverfahren

	Aussonderungsberechtigte Gläubiger § 47 InsO	Absonderungsberechtigte Gläubiger §§ 49–51 InsO	Massegläubiger §§ 53–55 InsO v.a.	Insolvenzgläubiger § 38 InsO	Nachrangige Insolvenzgläubiger §§ 39, 327 InsO	Neugläubiger Umkehrschluss aus § 38 InsO
Geltendmachung	Verlangen gegen Insolvenzverwalter (notfalls Klage)	Forderungsanmeldung zur Tabelle, wenn Schuldner zugleich persönlich haftet / besonderes Verfahren zur abgesonderten Befriedigung §§ 52, 174 ff. InsO/ §§ 165 ff. InsO	Verlangen gegenüber Insolvenzverwalter (notfalls Klage)	Anmeldung zur Tabelle §§ 174 ff. InsO	Anmeldung zur Tabelle nur ausnahmsweise § 174 III InsO	Keine Anmeldung zur Tabelle, keine Klage gegen Insolvenzverwalter, keine Vollstreckung in Masse, § 91 InsO
Befriedigungschancen	Volle Befriedigung	Grds. volle Befriedigung (bei Ausfall nur Quote)	Volle Befriedigung §§ 208 f. InsO nur teilweise)	Nur Insolvenzquote von wenigen %	Erhalten i.d.R. nichts	Aussichtslos, da nur das Neuvermögen haftet, das nicht zur Insolvenzmasse gehört

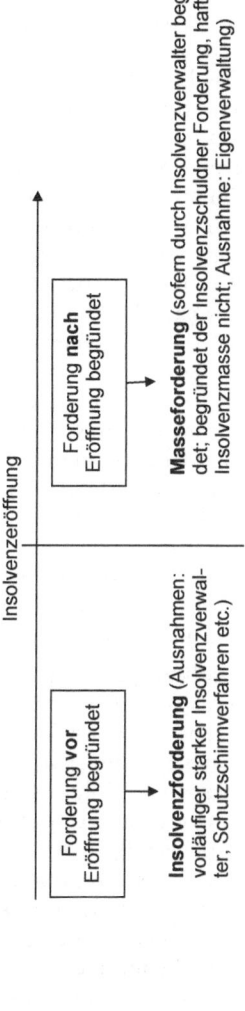

Die Gläubiger werden unterteilt in Insolvenzgläubiger, Massegläubiger sowie Aus- und Absonderungsberechtigte.

a) Insolvenzgläubiger und ihre Organisation

62 Nach § 38 InsO sind Insolvenzgläubiger die

> *persönlichen Gläubiger, die einen zur Zeit der Verfahrenseröffnung begründeten Vermögensanspruch gegen den Schuldner haben.*

63 Das Erfordernis der **persönlichen Gläubigerstellung** grenzt insbes. dingliche Gläubiger aus, für die Sonderregelungen bestehen. Eine **Begründung vor Verfahrenseröffnung** setzt nicht die vollständige Entstehung voraus. Vielmehr genügt es, dass der Rechtsgrund bereits angelegt war. Beispiele sind **Ersatzansprüche** wegen Ablehnung der Erfüllung schwebender Verträge (§ 103 Abs. 2 S. 1 InsO), vorzeitiger Kündigung von Dauerschuldverhältnissen (§§ 109 Abs. 1 S. 1, 3, 113 S. 3 InsO) oder wegen Rücktritts von Mietverträgen (§ 109 Abs. 2 S. 2 InsO) durch den Insolvenzverwalter (dazu Rn. 103 ff.). Obwohl diese Ansprüche erst durch eine Handlung des Insolvenzverwalters nach Verfahrenseröffnung tatsächlich entstehen, sind sie keine privilegierten Masseverbindlichkeiten. Anders als „**Neugläubiger**" nehmen die Inhaber der vorgenannten Forderungen als Insolvenzgläubiger am Verfahren teil. **Vermögensansprüche** sind entweder auf Geldzahlung gerichtet oder einer Geldwertumrechnung (vgl. §§ 45 f. InsO) zugänglich. Ansprüche der zweiten Gruppe (bspw. Ansprüche auf Warenlieferungen oder Dienstleistungserbringung) müssen bereits im Rahmen der Forderungsanmeldung (dazu Rn. 161) mit einem Geldwert beziffert werden. Die Umrechnung ist erforderlich, weil auch der finale Anspruch der Insolvenzgläubiger auf eine Quote der in einen Geldbetrag umgesetzten Insolvenzmasse gerichtet ist. Insbes. für **Grenzfälle zwischen neuen und begründeten Forderungen** enthalten die §§ 40 ff. InsO Sonderregelungen (Behandlung von Unterhaltsansprüchen, Fälligkeitsfiktion und Abzinsung, Behandlung von auflösend bedingten Forderungen und Rückgriffansprüchen).

64 Insolvenzgläubiger werden im Rahmen der Erlösverteilung gleichmäßig entsprechend ihrer quotalen Berechtigung befriedigt (dazu Rn. 162 ff.). Eine Durchbrechung des Grundsatzes der Gläubigergleichbehandlung gilt für die sog. **nachrangigen Insolvenzgläubiger**. Ihre Forderungen werden erst nach denen der übrigen Insolvenzgläubiger entsprechend ihrer Rangzuweisung durch § 39 Abs. 1 Nr. 1–5 InsO berichtigt. Bedeutung erlangt dies insbesondere für Forderungen auf Rückgewähr eines Gesellschafterdarlehens (§ 39 Abs. 1 Nr. 5, Abs. 4, 5 InsO). Eine Nachrangvereinbarung nach § 39 Abs. 2 InsO begründet im Zweifel eine noch schlechtere Stellung. Die Vereinbarung eines solchen Rangrücktritts dient oft dem Zweck, eine drohende Zahlungsunfähigkeit bzw. Überschuldung abzuwenden, da die betreffenden Forderungen in der maßgeblichen Bilanz nicht berücksichtigt werden. Nachrangige Insolvenzgläubiger **gehen** im Verteilungsverfahren **zumeist leer aus**.

65 Die Insolvenzgläubiger haben einen erheblichen Einfluss auf das Insolvenzverfahren (Gläubigerselbstverwaltung, Gläubigerautonomie). Diesen üben sie jedoch nicht individuell, sondern über ihre „Organe", namentlich die **Gläubigerversammlung** (§§ 74 ff. InsO) und den **Gläubigerausschuss** (§§ 67 ff. InsO) aus.

- Die Gläubigerversammlung (an der neben den Insolvenzgläubigern auch andere Beteiligte teilnehmen können – § 74 Abs. 1 S. 2 InsO) wird durch den Rechtspfleger einberufen und verfügt über umfangreiche Kompetenzen. Zu nennen sind die Befugnis zur Einsetzung des Gläubigerausschusses (§ 68 InsO), zur Auswechslung des Verwalters (§ 57 InsO), zur Entscheidung über die Stilllegung bzw. vorläufige Fortführung des Schuldnerunternehmens und zur Beauftragung des Verwalters, einen

Insolvenzplan auszuarbeiten (§ 157 InsO). Relevanz kommt auch der Befugnis zu, über Rechtshandlungen des Verwalters von besonderer Bedeutung zu entscheiden, falls ein Gläubigerausschuss nicht besteht (§ 160 Abs. 1 S. 2 InsO) oder das Insolvenzgericht auf Antrag die Gläubigerversammlung entscheiden lassen will (§ 161 S. 2 InsO). Beschlüsse werden mit absoluter Mehrheit der Abstimmenden gefasst, die sich nicht nach Köpfen, sondern der Summe der Ansprüche richtet.

- Der Gläubigerausschuss soll grds. durch die Gläubiger eingesetzt werden. Da er aber oftmals schon im Vorfeld der ersten Gläubigerversammlung benötigt wird, besteht auch eine Einsetzungskompetenz des Insolvenzgerichts (§ 67 InsO). Dem Gläubigerausschuss sollen zumindest Absonderungsberechtigte und wichtige Insolvenzgläubiger angehören, ebenso Kleingläubiger und ein Arbeitnehmervertreter. Die Kompetenzen des Gläubigerausschusses sind ebenfalls sehr umfangreich. Er muss der Stilllegung oder Veräußerung des Unternehmens zustimmen, wenn sie schon vor dem Berichtstermin erfolgen soll (§ 158 Abs. 1 InsO), ebenso Verwaltergeschäften von besonderer Bedeutung (§ 160 InsO). Er hat auch bei der Aufstellung eines Insolvenzplans mitzuwirken (§§ 218 Abs. 3, 232 Abs. 1 Nr. 1, 233 S. 2 InsO). Schließlich müssen dessen Mitglieder – wie erwähnt – den Verwalter unterstützen und überwachen (§§ 69, 261 Abs. 2, 262 InsO). Beschlüsse werden mit absoluter Mehrheit der abgegebenen Stimmen gefasst.

b) Massegläubiger

Massegläubiger sind gegenüber Insolvenzgläubigern insofern privilegiert, als sie im Rang vor diesen zu befriedigen sind (§ 53 InsO; dazu Rn. 170). Masseansprüche sind die **Kosten des Insolvenzverfahrens** und **Verbindlichkeiten, die anlässlich oder während des Insolvenzverfahrens** entstehen.

Zur letzten Fallgruppe gehören insbesondere Masseschulden, **die aus Handlungen des Insolvenzverwalters resultieren** (§ 55 Abs. 1 Nr. 1 InsO), zB eine Kaufpreisschuld aus einem durch den Insolvenzverwalter abgeschlossenen Kaufvertrag. Daneben kommt den Fällen des § 55 Abs. 1 Nr. 2 InsO erhebliche Relevanz zu. Hiernach sind auch Verbindlichkeiten aus (unerfüllten) gegenseitigen Verträgen privilegiert, soweit der Vertragspartner des Schuldners seinerseits noch „zur Masse leisten muss". Dies ist dann gegeben, wenn der Insolvenzverwalter bei einem von beiden Seiten unerfüllten gegenseitigen Vertrag die Erfüllung wählt (§ 103 InsO – dazu Rn. 103 ff.). Ebenso bei Dauerschuldverhältnissen, die trotz der Insolvenz fortbestehen; bspw. ist der Vermieter des Schuldners weiterhin zur Überlassung der Mietsache und der Arbeitnehmer weiterhin zur Leistungserbringung verpflichtet (§§ 108 f., 113 InsO). In diesen Konstellationen kann dem Vertragspartner des Schuldners die Leistungserbringung nur dann zugemutet werden, wenn er im Gegenzug hinsichtlich seiner Forderungen eine privilegierte Stellung erhält.

Eine Besonderheit gilt für den **vorläufigen starken Insolvenzverwalter**: Auch Verbindlichkeiten, die durch diesen begründet werden und solche, die aus Dauerschuldverhältnissen herrühren, deren Gegenleistung er in Anspruch genommen hat, werden zu Masseverbindlichkeiten, obwohl sie **vor dem Insolvenzverfahren entstehen** (§ 55 Abs. 2 InsO; hierzu bereits Rn. 40).

c) Aus- und Absonderungsberechtigte

69 Eine weitere Gläubigerkategorie bilden die sog. Aus- und Absonderungsberechtigten.

aa) Aussonderungsberechtigte

70 Die Aussonderung schützt einen Dritten davor, dass **ihm gehörendes Vermögen** in der Insolvenz des Schuldners verwertet wird und sichert ihm damit den betreffenden Gegenstand selbst, nicht nur dessen Wert (insolvenzrechtliches Gegenstück zu § 771 ZPO).

71 **Aussonderungsberechtigte** sind Gläubiger, die Kraft eines **dinglichen oder persönlichen Rechts** geltend machen können, dass ein **Gegenstand nicht zur Insolvenzmasse gehört**. Maßgeblich hierfür ist eine wirtschaftliche Betrachtung. Sie sind keine Insolvenzgläubiger (§ 47 S. 1 InsO). Ihre Stellung ist gegenüber Insolvenzschuldnern insofern privilegiert, als sie die Aussonderung des betreffenden Gegenstandes nach den außerhalb des Insolvenzverfahrens geltenden Vorschriften auch während des Verfahrens verlangen und mittels Klage und Zwangsvollstreckung durchsetzen können. Sie unterliegen somit nicht der Beschränkung der Gesamtvollstreckung (dazu Rn. 4).

72 Als **dingliche Rechte** sind insbes. das Eigentum (auch das Vorbehaltseigentum) oder immaterielle Rechte zu nennen. Beschränkt dingliche Rechte, die lediglich einen schuldrechtlichen Zahlungsanspruch absichern, berechtigen demgegenüber nicht zur Aussonderung, sondern nur zur abgesonderten Befriedigung (dazu sogleich). **Persönliche Rechte** sind obligatorische (also schuldrechtliche) *Aussonderungsansprüche*. In Betracht kommen insbes. Herausgabeansprüche von Vermietern gem. § 546 Abs. 1 BGB in Bezug auf Mietsachen, die im Eigentum eines Dritten stehen. Voraussetzung ist jedoch stets, dass der betreffende Gegenstand nicht zur Insolvenzmasse gehört. Somit sind *schuldrechtliche Verschaffungsansprüche* – bspw. aus einem Kaufvertrag oder aus ungerechtfertigter Bereicherung – keine persönlichen Rechte. Der betreffende Gegenstand gehört vielmehr bis zur Anspruchserfüllung zur Insolvenzmasse.

73 Da sich der **Anspruch nach den allgemeinen Regeln** richtet, müssen bei dessen Herleitung aus dem Eigentum die Voraussetzungen des § 985 BGB und bei Vermieterherausgabeansprüchen die des § 546 Abs. 1 BGB vorliegen (dazu Rn. 165 f.).

bb) Absonderungsberechtigte

74 Die Absonderung (§§ 49 ff., 165 ff. InsO) berechtigt demgegenüber nur zur **vorrangigen Befriedigung**. Der Gegenstand bleibt aber in der Insolvenzmasse (insolvenzrechtliches Gegenstück zu § 805 ZPO).

75 **Absonderungsberechtigte** sind Gläubiger, denen ein **Recht an einem Gegenstand der Insolvenzmasse** zusteht, aus dessen Erlös sie privilegiert – also vor den Insolvenzgläubigern – zu befriedigen sind (§§ 49 ff. InsO). Diese Voraussetzung ist insbes. bei **dinglichen Sicherheiten** wie Grundpfandrechten (vornehmlich Hypotheken und Grundschulden), Pfandrechten und Sicherungseigentum an beweglichen Sachen erfüllt. Regelmäßig haben die Absonderungsberechtigten zugleich eine persönliche Forderung gegen den Schuldner, deren Erfüllung das dingliche Sicherungsmittel gerade absichern sollte. Insofern sind sie nicht nur Absonderungsberechtigte, sondern zugleich Insolvenzgläubiger.

76 Das Verfahren der abgesonderten Befriedigung wird unter Rn. 167 dargestellt.

II. Die Insolvenzmasse

Der Begriff der Insolvenzmasse ist von zentraler Bedeutung. Diese bildet die Haftungsmasse, die im eröffneten Verfahren vom Insolvenzverwalter zu verwalten, anzureichern, zu bereinigen und zu verwerten ist. Schließlich ist der Verwertungserlös an die Gläubiger auszuschütten. Die Insolvenzmasse umfasst nach § 35 Abs. 1 InsO

> *das gesamte der Pfändung unterliegende Vermögen, das dem Insolvenzschuldner zur Zeit der Verfahrenseröffnung gehört, oder das er später erwirbt.*

Ausgegrenzt werden somit neben massenfremden Sachen, an denen Aussonderungsrechte bestehen, auch unpfändbare Gegenstände, die in § 36 InsO konkretisiert sind. Ausdrücklich **einbezogen** wird der Neuerwerb während des Insolvenzverfahrens. Der **Vermögensbegriff** umfasst dingliche Rechte an beweglichen und unbeweglichen Sachen, Gesellschaftsrechte, Immaterialgüterrechte, Forderungen etc.

Eine Besonderheit stellt die sog. (echte) **Freigabe von Massegegenständen** dar (vorausgesetzt in § 35 Abs. 2–4 InsO). Hierbei löst der Insolvenzverwalter den insolvenzrechtlichen Beschlag eines Massegegenstandes mit der Folge, dass der Schuldner die Verfügungsgewalt wieder zurückerlangt. Ein solches Vorgehen kann sinnvoll sein, wenn die Verwertungskosten den voraussichtlichen Erlös übersteigen. In der Vergangenheit wurde auf die Freigabemöglichkeit außerdem zur Umgehung der Belastung der Masse mit Umsatzsteuerpflichten und Kosten für die Umweltaltlastenbeseitigung zurückgegriffen.

Zur Vertiefung:
Zu Anwendungsfällen der Freigabe: Peters, in: MüKo-InsO, 4. Aufl. 2019, § 35 Rn. 104 ff.
Zur Besonderheit der Freigabe bei selbstständiger Tätigkeit und bei Insolvenz von Gesellschaften: Foerste, Insolvenzrecht, 8. Aufl. 2022, § 15 Rn. 192 ff.

§ 6 Rechtswirkungen der Insolvenzeröffnung

Die Verfahrenseröffnung zeitigt verschiedene Wirkungen.

I. Persönliche Auswirkungen auf den Schuldner

Den Schuldner treffen mit der Verfahrenseröffnung **Auskunftspflichten** hinsichtlich aller das Verfahren betreffenden Verhältnisse (§ 97 Abs. 1 InsO). Wegen der Gefahr einer Selbstbelastung – insbes. in Bezug auf eine Strafbarkeit wegen Insolvenzverschleppung – wurde ein strafprozessuales Beweisverwertungsverbot für Offenbarungen im Rahmen der Erfüllung der Auskunftspflicht implementiert; § 97 Abs. 1 S. 3 InsO. Daneben bestehen gem. § 97 Abs. 2, 3 InsO **Mitwirkungspflichten** des Schuldners, um den Insolvenzverwalter bei der Ausübung seines Amts zu unterstützen.

Besonders schwer wiegen **berufsrechtliche Beschränkungen** für Schuldner. So droht freiberuflich Tätigen, die „vermögenssensible Berufe" ausüben, der Widerruf ihrer Bestellung oder Zulassung. Betroffen sind Rechtsanwälte, Steuerberater, Wirtschaftsprüfer sowie Notare.

Schließlich führt die Eröffnung des Insolvenzverfahrens über das **Vermögen von Kapital- und Personengesellschaften** zu deren **Auflösung** (§ 262 Abs. 1 Nr. 3 AktG, § 60 Abs. 1 Nr. 4 GmbHG, § 728 Abs. 1 S. 1 BGB, § 131 Abs. 1 Nr. 3 HGB). Diese hat allerdings nicht die Liquidation nach gesellschaftsrechtlichen Vorgaben zur Folge, da insofern die Regelungen des Insolvenzverfahrens abschließend sind: Die Gesellschaft besteht einstweilen fort, der Gesellschaftszweck wird jedoch durch das Insolvenzziel überlagert. Auch bleiben die Gesellschaftsorgane im Amt. Allerdings umfasst ihre Kompetenz nicht (mehr) die auf den Insolvenzverwalter übergegangenen Bereiche (dazu Rn. 48 ff.). Demgegenüber führt die Eröffnung des Insolvenzverfahrens über das **Vermögen eines Gesellschafters** regelmäßig nicht zur Auflösung der Gesellschaft, sondern allenfalls zum Ausscheiden des Gesellschafters. Etwas Anderes gilt jedoch bei der GbR (Ausnahme: § 736 BGB) oder wenn die Gesellschaft nach dem Ausscheiden des Gesellschafters nicht mehr über die erforderliche Struktur verfügt (bspw. Insolvenz einer GmbH als einzige Komplementärin einer GmbH & Co. KG).

II. Vermögensrechtliche Auswirkungen

83 Im Hinblick auf die vermögensrechtlichen Auswirkungen kommt der sog. **Beschlagnahme der Insolvenzmasse** (§§ 35–37 InsO) erhebliche Bedeutung zu. Um eine funktionsgerechte Verwaltung und Verteilung des haftenden Schuldnervermögens sicherzustellen, beschränkt die InsO nach Verfahrenseröffnung den Massezugriff. Ergänzend wirken prozessuale und vollstreckungsrechtliche Restriktionen.

1. Übergang der Verwaltungs- und Verfügungsbefugnis

84 Zum Zwecke der Haftungssicherung wird dem Schuldner kraft Gesetzes die **Verwaltungs- und Verfügungsbefugnis** entzogen und auf den Insolvenzverwalter übertragen; §§ 80 Abs. 1, 148 Abs. 1 InsO.

85 Die **Verwaltungsmacht** umfasst insbes. die Pflicht zur sofortigen Inbesitznahme der Masse, zur Nutzung und Instandhaltung der vorgefundenen Sachen sowie zur Unternehmensfortführung (§ 148 Abs. 1 InsO).

86 Der Übergang der **Verfügungsbefugnis** hat zur Folge, dass Verfügungen, die der Schuldner nach der Verfahrenseröffnung über Gegenstände aus der Insolvenzmasse trifft, absolut (schwebend) **unwirksam** sind, § 81 Abs. 1 S. 1 InsO. Ein **gutgläubiger Erwerb** ist bei Rechten an Grundstücken möglich, für bewegliche Sachen hingegen ausgeschlossen; § 81 Abs. 1 S. 2 InsO. Auch ein sonstiger Rechtserwerb scheidet gem. § 91 InsO aus (dies spielt v.a. bei gestreckten Erwerbstatbeständen eine Rolle). Zudem sind **Leistungen an den Insolvenzschuldner** nur bei fehlender Kenntnis des Leistenden von der Verfahrenseröffnung mit schuldbefreiender Wirkung möglich; § 82 InsO.

87 Der Insolvenzverwalter kann nicht nur über die Massegegenstände verfügen, sondern allgemein für die Masse handeln und **Verbindlichkeiten begründen** (sog. Masseverbindlichkeiten gem. § 55 Abs. 1 InsO – dazu bereits Rn. 66 ff.).

88 Da der Insolvenzbeschlag jedoch **keinen Einfluss** auf die **Rechts-, Geschäfts- und Parteifähigkeit** des Schuldners hat, kann er nach wie vor **Verpflichtungsgeschäfte** abschließen. Die hieraus resultierenden Verbindlichkeiten sind jedoch weder Insolvenzforderungen (sie waren nicht im Zeitpunkt der Eröffnung begründet; § 38 InsO) noch Masseverbindlichkeiten (gem. § 55 InsO können diese grds. nur durch einen [vorläufigen] Insolvenzverwalter begründet werden). Somit haftet nicht die Masse, sondern allein das insolvenzfreie Vermögen des Schuldners.

2. Prozessuale und vollstreckungsrechtliche Konsequenzen und Folgen für die Aufrechnung

Die **Prozessführungsbefugnis** geht mit Verfahrenseröffnung auf den Insolvenzverwalter über. **Laufende** Gerichtsverfahren werden gem. § 240 ZPO unterbrochen, bis sie nach §§ 85 f. InsO wieder aufgenommen werden. Für **neue** Gerichtsverfahren (bzw. Anträge auf Erlass eines Mahnbescheids etc) kommt § 87 InsO zentrale Bedeutung zu: **Insolvenzforderungen** können **nicht mehr gerichtlich**, sondern nur noch nach den Vorschriften des Insolvenzverfahrens (durch Anmeldung der Forderung zur Insolvenztabelle; §§ 174 ff. InsO) geltend gemacht werden. Die gerichtliche Geltendmachung von **Masseforderungen, Aus-** und **Absonderungsrechten** ist demgegenüber auch nach der Verfahrenseröffnung **zulässig** (dazu bereits Rn. 66 ff., 69 ff.). 89

Vollstreckungsrechtliche Konsequenzen sind in §§ 88 f. InsO geregelt:

Nach Verfahrenseröffnung darf gem. § 89 InsO **keine Einzelzwangsvollstreckung für Insolvenzgläubiger** in die Insolvenzmasse oder das sonstige – also auch freie – Vermögen des Schuldners mehr erfolgen (Vollstreckungsverbot). Die vom *Prioritätsprinzip* geprägte Einzelzwangsvollstreckung und der damit einhergehende Wettlauf der Gläubiger werden so beendet und stattdessen die *gemeinschaftliche und gleichmäßige Befriedigung* der Insolvenzgläubiger im Rahmen der Gesamtvollstreckung sichergestellt (*par condicio creditorum*). Für **Massegläubiger, Aus-** und **Absonderungsberechtigte** gelten insofern **Sonderregelungen** (vgl. für Massegläubiger §§ 90, 123 Abs. 3 InsO). 90

Bei Verstößen gegen das Einzelzwangsvollstreckungsverbot entsteht für Vollstreckungsgläubiger kein wirksames Pfändungspfandrecht (§ 804 ZPO). Die Pfändung führt jedoch zur sog. Verstrickung. Wird also bspw. ein beweglicher Massegegenstand nach Verfahrenseröffnung gepfändet und anschließend versteigert, erwirbt der Ersteher wegen der wirksamen Verstrickung mit der Ablieferung Eigentum (vgl. § 817 ZPO). Mangels Pfändungspfandrechts muss der Vollstreckungsgläubiger jedoch den Erlös nach Bereicherungsrecht an die Masse herausgeben. Als Rechtsbehelf gegen Verstöße ist bis zur Beendigung der Zwangsvollstreckung die Vollstreckungserinnerung statthaft (§ 766 ZPO). 91

Für Vollstreckungshandlungen **vor** Verfahrenseröffnung statuiert § 88 InsO die sog. **Rückschlagsperre**. Sicherungen durch Vollstreckungshandlungen in Massegegenstände (bspw. Pfändungspfandrechte oder Sicherungshypotheken) werden hiernach rückwirkend vernichtet, sofern die Zwangsvollstreckung noch nicht zu einer Befriedigung, also zu einer Erfüllung des titulierten Anspruchs geführt hat. In zeitlicher Hinsicht werden Sicherungen erfasst, die im Zeitraum ab dem letzten Monat vor der Insolvenzantragsstellung erlangt wurden (daneben besteht auch die Möglichkeit der Insolvenzanfechtung [dazu Rn. 129 ff.], die jedoch ggf. gerichtlich geltend gemacht werden muss und nicht wie die Rückschlagsperre von selbst wirkt). 92

Detaillierte Regelungen zur Zulässigkeit der **Aufrechnung nach Verfahrenseröffnung** finden sich in §§ 94 ff. InsO. Hintergrund ist, dass die Aufrechnung eine „Art private Zwangsvollstreckung" darstellt und somit die Gläubigergleichbehandlung gefährdet: Insolvenzgläubiger die ihrerseits zu einer gleichartigen Leistung an den Schuldner verpflichtet sind, müssen nach den allgemeinen Grundsätzen nach Verfahrenseröffnung zur Masse (also an den Insolvenzverwalter) leisten. Hinsichtlich ihrer Insolvenzforderung sind sie demgegenüber auf eine quotale Befriedigung im Rahmen der Gesamtvollstreckung verwiesen. Diesen Grundsatz durchbricht die Aufrechnung, mittels derer 93 sich der Insolvenzgläubiger bis zur Höhe seiner Insolvenzforderung von seiner Verbindlichkeit gegenüber dem Schuldner befreien kann. Ob diese Durchbrechung zuzulassen ist, entscheidet sich nach einem Interessenausgleich, der an Schutzwürdigkeitsaspekte anknüpft und in §§ 94 ff. InsO niedergelegt ist. Soweit die Aufrechnungslage bereits vor Verfahrenseröffnung bestand, ist sie in der Regel (Ausnahmen in § 96 InsO), anderenfalls nur ausnahmsweise zulässig (§ 95 InsO).

III. Verfahrenseröffnung aus Sicht des Insolvenzverwalters und der Gläubiger

94 Mit der Verfahrenseröffnung muss der **Insolvenzverwalter** die Masse in **Besitz und Verwaltung** nehmen, § 148 Abs. 1 InsO. Er hat ein **Verzeichnis aller Massegegenstände** (§ 151 InsO), ein **Gläubigerverzeichnis** (§ 152 InsO) und eine **Vermögensübersicht** (§ 153 Abs. 1 InsO) zu erstellen und beim Insolvenzgericht einzureichen (Zweck: Niederlegung zur Einsichtnahme).

95 Den Insolvenzverwalter treffen auch **handels- und steuerrechtliche Pflichten** (§ 155 InsO) und er tritt umfassend in die **Rolle des Arbeitgebers** ein. Weiterhin treffen ihn **verschiedenste Pflichten**, wie bspw. das Inkenntnissetzen von Gläubigern, um diese bösgläubig zu machen, die Durchsicht laufender Geschäftsbeziehungen und nicht erfüllter Verträge sowie (ggf.) deren Beendigung, die registerrechtliche Eintragung eines Insolvenzvermerks, etc. Auf diese wird im Folgenden zum Teil näher eingegangen.

96 Im Rahmen der ersten Gläubigerversammlung, dem sog. **Berichtstermin** (§§ 29 Abs. 1 Nr. 1, 156 InsO), berichtet der Verwalter über die wirtschaftliche Lage des schuldnerischen Unternehmens und erörtert Sanierungsmöglichkeiten.

97 Der Berichtstermin markiert einen zentralen Punkt im Insolvenzverfahren. In dessen Rahmen entscheidet die **Gläubigerversammlung** über den **weiteren Fortgang**. Sie kann die vorläufige Unternehmensfortführung beschließen und den Insolvenzverwalter mit der Ausarbeitung eines Insolvenzplans zur Sanierung beauftragen (dazu im Einzelnen Rn. 184 ff.) (§ 157 InsO). Fasst die Gläubigerversammlung jedoch keine Beschlüsse, die auf eine **Sanierung** zielen, hat der Insolvenzverwalter – auch ohne ausdrücklichen Auftrag – unverzüglich das zur Insolvenzmasse gehörende **Vermögen zu verwerten** (§ 159 InsO) und quotal unter den Insolvenzgläubigern zu verteilen. Daraus ist zweierlei ersichtlich: zum einen, dass die InsO kein Sanierungsverfahren kraft Gesetzes kennt und zum anderen, dass den Gläubigern eine weitreichende Entscheidungsbefugnis hinsichtlich des weiteren Verlaufs des Insolvenzverfahrens und der Umsetzung der Haftungsverwirklichung zukommt.

98 Die **unverzügliche Verwertung** fordert, dass der Insolvenzverwalter zügig zur Verwertung schreitet. Eine kurzzeitige Unternehmensfortführung ist zwar nicht ausgeschlossen. **Unzulässig** ist demgegenüber ein längerfristiges Wirtschaften zur Anreicherung der Insolvenzmasse oder zur Eröffnung von Sanierungschancen: Es ist allein Sache der Gläubiger, über diese Maßnahmen zu beschließen. Die Verwertungsmodalitäten und -besonderheiten werden unter Rn. 162 ff. dargestellt.

§ 7 Behandlung schwebender Rechtsverhältnisse

99 Besonderen Regelungsbedarf lösen die sog. **schwebenden Rechtsverhältnisse** in der Insolvenz aus, also solche, die gegenseitige Pflichten begründen und von beiden Parteien

II. Grundsatz: Wahlrecht des Insolvenzverwalters (§ 103 InsO)

noch nicht vollständig erfüllt sind. Die Behandlung dieser Rechtsverhältnisse ist in den – weitgehend abweichungsfesten (§ 119 InsO) – §§ 103 ff. InsO geregelt.

Zur Vertiefung:
Zur „Umgehung" der §§ 103 ff. InsO mittels „Lösungsklauseln": *Ringstmeier*, in: Beck/Depré, Praxis der Insolvenz, 3. Aufl. 2017, § 24; *Langer/Schmitz*, NZI 2015, 396 ff.; BGH, NJW 2013, 1159 ff. (m. zust. Anm. *Römermann*) (Energielieferverträge); DNotZ 2017, 57 ff. (m. Anm. *Basty*) (Bauvertrag).

I. Ausgrenzung einseitig vollständig erfüllter Verträge

Die Sonderregelungen gelten nicht für zumindest einseitig vollständig erfüllte Verträge. Vielmehr finden auf diese die allgemeinen insolvenzrechtlichen Grundsätze Anwendung: 100

Hat der **Insolvenzschuldner** bei Verfahrenseröffnung **vollständig geleistet**, fällt der Anspruch auf die Gegenleistung gegen den Vertragspartner in die Masse und kann vom Verwalter für die Masse geltend gemacht werden (war die Vorleistung des Schuldners anfechtbar gem. §§ 129 ff. InsO, kann der Verwalter sie alternativ auch rückgängig machen). 101

Hat der **Vertragspartner** bereits vollständig erfüllt, kann er seinen Anspruch auf die Gegenleistung nur als Insolvenzforderung geltend machen (§ 38 InsO) (Verwirklichung der Vorleistungsgefahr). 102

II. Grundsatz: Wahlrecht des Insolvenzverwalters (§ 103 InsO)

Die Behandlung gegenseitiger, bei Verfahrenseröffnung noch nicht erfüllter Verträge ist eine der schwierigsten Fragen des Insolvenzrechts. Ausgangspunkt ist die Erwägung, dass es unbillig wäre, den Vertragspartner des insolventen Schuldners zu verpflichten, in die Insolvenzmasse zu leisten, mit seiner Forderung jedoch auf die Insolvenzquote beschränkt zu sein. Es ist somit ein Gleichlauf herzustellen in dem Sinne, dass entweder keiner der Vertragspartner leisten muss oder aber beide eine werthaltige Befriedigung beanspruchen können müssen (Gedanke der synallagmatischen Verknüpfung gem. § 320 BGB). Der Gesetzgeber hat sich insofern für eine flexible Lösung entschieden und dem **Insolvenzverwalter ein Wahlrecht** zugestanden (§ 103 InsO; auf Aufforderung des Vertragspartners muss er dieses „unverzüglich" ausüben; § 103 Abs. 2 S. 2 InsO): 103

Wählt er – gerade bei für die Masse vorteilhaften Verträgen – die **Erfüllung** (§ 103 Abs. 1 InsO), muss der Vertragspartner zur Masse leisten und erhält im Gegenzug einen (privilegierten) Masseanspruch. Der Verwalter hat also die Gegenleistung vollständig aus Massemitteln zu bewirken (§ 55 Abs. 1 Nr. 2 InsO – dazu bereits Rn. 66 ff.). **Lehnt** er die **Erfüllung ab**, so kann der Vertragspartner nach § 103 Abs. 2 InsO nur einen Schadensersatzanspruch als Insolvenzforderung geltend machen (Umfang str.). 104

Kompliziert und umstritten gestaltet sich die Rechtslage bei **nur teilweise erfüllten Verträgen**. 105

1. Teilerfüllung bei Ablehnung der Erfüllung

106 Ist der Vertrag bereits von einer Seite teilweise erfüllt worden und **lehnt der Verwalter die Erfüllung ab,** hat dies folgende Konsequenzen:

107 Hat der **Vertragspartner bereits zum Teil erfüllt,** kann er seine Vorleistungen nicht zurückfordern (Arg.: § 105 S. 2 InsO). Allerdings ist hinsichtlich dieser Leistungen sein Gegenleistungsanspruch „werthaltig", wird also durch die Erfüllungsverweigerung nicht berührt und ist als **Insolvenzforderung** geltend zu machen (vgl. § 105 S. 1 InsO). Dies schließt weitere Schadensersatzansprüche (ebenfalls reine Insolvenzforderungen) nicht aus (§ 103 Abs. 2 S. 1 InsO).

108 Hat demgegenüber der **Schuldner bereits teilweise erfüllt,** besteht insoweit ein werthaltiger anteiliger Gegenanspruch für die Masse, den der Insolvenzverwalter durchsetzen muss (um die Gesamtleistung beanspruchen zu können, muss er jedoch die Erfüllung wählen).

2. Teilerfüllung bei Erfüllungsverlangen

109 Verlangt der Insolvenzverwalter bei teilweiser Erfüllung von einer Seite die **Erfüllung des Vertrags,** gilt Folgendes:

110 Bei **Teilerfüllung** durch den **Vertragspartner** ist zu differenzieren. Hinsichtlich des erfüllten Teils bleibt seine Gegenforderung reine **Insolvenzforderung** (§ 105 S. 1 InsO: Risiko der Vorleistung; eine Rückerstattung scheidet abermals aus: § 105 S. 2 InsO). Nur soweit er selbst noch nicht vollständig geleistet hat – also bei Erfüllungswahl eine Leistung zur Masse erbringen muss –, wird sein Gegenanspruch zur **Masseforderung.**

111 Bei **Teilerfüllung** durch den **Schuldner** bleibt insoweit der anteilige Gegenanspruch auf Leistung an die Masse bestehen. Auch den übrigen Gegenanspruch kann der Insolvenzverwalter infolge der Erfüllungswahl geltend machen, jedoch steht dem Vertragspartner hinsichtlich dieses Teils ein Gegenanspruch als **Masseforderung** zu.

Zur Vertiefung (Rn. 103 ff.):
Zum Wahlrecht und der Problematik der teilweisen Erfüllung in ausgewählten Einzelfällen: Ringstmeier, in: K. Schmidt, InsO, 19. Aufl. 2016 § 105 Rn. 17 ff.

III. Beschränkungen des Wahlrechts

112 Für bestimmte Vertragstypen ist das Wahlrecht des Insolvenzverwalters jedoch **eingeschränkt.** Dies gilt bspw. für den Kauf unter Eigentumsvorbehalt (§ 107 InsO), vormerkungsgesicherte Ansprüche (§ 106 InsO), Miet- und Pachtverträge sowie Dienst- und Arbeitsverhältnisse (§ 108 InsO) (auf Darlehensverträge, Fixgeschäfte und Finanztermingeschäfte sowie Aufträge, Geschäftsbesorgungsverträge und Vollmachten wird hier nicht näher eingegangen – vgl. die nachstehenden Vertiefungshinweise).

Zur Vertiefung:
Zu Darlehensverträgen, Fixgeschäften und Finanztermingeschäften (§ 104 InsO): Foerste, Insolvenzrecht, 8. Aufl. 2022, § 18 Rn. 266.
Zum Erlöschen von Aufträgen, Geschäftsbesorgungsverträgen und Vollmachten (§§ 115 f. InsO): Foerste, Insolvenzrecht, 8. Aufl. 2022, § 19 Rn. 293 ff.

III. Beschränkungen des Wahlrechts

1. Kauf unter Eigentumsvorbehalt

Für den Kauf unter Eigentumsvorbehalt trifft § 107 InsO eine Sonderregelung. Ist der Vertrag von beiden Seiten nicht vollständig erfüllt (also vor vollständiger Kaufpreiszahlung), muss danach differenziert werden, ob der Schuldner Vorbehaltskäufer oder Vorbehaltsverkäufer ist.

a) Insolvenz des Vorbehaltskäufers (§ 107 Abs. 2 InsO)

Wird das Insolvenzverfahren über das Vermögen des **Vorbehaltskäufers** eröffnet, bleibt das **Wahlrecht** des Insolvenzverwalters **unberührt**; § 107 Abs. 2 InsO. Allerdings muss er das Wahlrecht nicht unverzüglich nach Aufforderung des Vertragspartners ausüben, sondern kann sich idR bis nach dem Berichtstermin Zeit lassen. Hintergrund: Erst dann weiß er, ob das Unternehmen fortgeführt, der Gegenstand also benötigt wird.

Lehnt der Verwalter die **Erfüllung ab**, so entfällt das Besitzrecht des Vorbehaltskäufers (= Schuldner), der Vorbehaltsverkäufer kann den Gegenstand aussondern und ggf. Schadensersatz als Insolvenzforderung geltend machen (§ 103 Abs. 2 S. 1 InsO). Der Verwalter kann seinerseits die erbrachten Kaufpreisraten zurückfordern. **Wählt** der Verwalter **Erfüllung**, werden die noch ausstehenden Kaufpreisraten zu Masseverbindlichkeiten. Bei deren Nichtbegleichung kann der Vorbehaltsverkäufer vom Kaufvertrag zurücktreten.

b) Insolvenz des Vorbehaltsverkäufers (§ 107 Abs. 1 InsO)

Wird das Insolvenzverfahren über das Vermögen des **Vorbehaltsverkäufers** eröffnet, könnte der Insolvenzverwalter vor vollständiger Kaufpreiszahlung nach den allgemeinen Grundsätzen die Nichterfüllung wählen (§ 103 InsO) und damit das Anwartschaftsrecht des Vorbehaltskäufers zerstören. Um dies zu vermeiden, ist das **Wahlrecht** in dieser Konstellation nach § 107 Abs. 1 InsO **ausgeschlossen** (*Insolvenzfestigkeit des Anwartschaftsrechts*). Der Vorbehaltskäufer kann also zur Masse leisten und erwirbt durch Bedingungseintritt Eigentum. Bei Nichtzahlung bleibt es dem Insolvenzverwalter unbenommen, vom Vertrag zurück zu treten.

2. Vormerkungsgesicherte Ansprüche

Soweit gegen den Schuldner ein vormerkungsgesicherter Anspruch besteht, ist das Wahlrecht des Insolvenzverwalters ebenfalls eingeschränkt. Um die weitreichende zivilrechtliche Sicherungswirkung (§ 883 Abs. 2 BGB) nicht zu unterlaufen, muss der gesicherte Anspruch in jedem Fall aus der Insolvenzmasse erfüllt werden; § 106 Abs. 1 S. 1 InsO (*Insolvenzfestigkeit der Vormerkung*).

3. Miet- und Pachtverträge

Die besonderen Regelungen des § 108 InsO tragen der Erkenntnis Rechnung, dass der Grundsatz des Verwalterwahlrechts für gewisse Dauerschuldverhältnisse einer Modifizierung bedarf.

Allerdings wurde diese Modifizierung für **Miet- und Pachtverträge** nicht vollständig durchgehalten. Nach § 108 Abs. 1 S. 1 Alt. 1 InsO entfällt das **Verwalterwahlrecht** nämlich nur für Miet- und Pachtverträge über **Immobilien**. Für **andere Gegenstände** – bewegliche Sachen und Rechte – bleibt es demgegenüber beim Grundsatz des § 103

InsO, da diese Verträge hinsichtlich ihres in die Zukunft gerichteten Teils als beiderseitig nicht vollständig erfüllt anzusehen sind (Ausnahme: § 108 Abs. 1 S. 2 InsO bei einer Insolvenz des Leasinggebers, wenn die Leasingsache einem Drittfinanzier zur Sicherheit übertragen wurde – vgl. die nachstehenden Vertiefungshinweise). Weiterhin soll der **Anwendungsbereich** des § 108 Abs. 1 S. 1 Alt. 1 InsO **nicht eröffnet** sein, wenn im Fall der Vermieterinsolvenz die Immobilie noch nicht überlassen war (das Mietverhältnis also noch nicht in Vollzug gesetzt wurde) oder der Mieter im Zeitpunkt der Verfahrenseröffnung den Besitz wieder aufgegeben hatte.

120 Soweit der Miet- oder Pachtvertrag nach § 108 Abs. 1 S. 1 InsO fortbesteht, stellt § 108 Abs. 3 InsO klar, dass Ansprüche aus der Zeit **vor** der **Insolvenzeröffnung** nur als **Insolvenzforderungen** geltend gemacht werden können. Ansprüche für die **nachfolgende Zeit** sind demgegenüber nach § 55 Abs. 1 Nr. 2 InsO **Masseforderungen**.

121 Sonderregelungen für die weitere Behandlung des Mietverhältnisses finden sich in §§ 109 ff. InsO.

122 Für die **Insolvenz des Mieters** sind zunächst das **Sonderkündigungsrecht** des Verwalters (§ 109 Abs. 1 S. 1 InsO) und das **Rücktrittsrecht** des Verwalters und des Vermieters (§ 109 Abs. 2 InsO) zu nennen. Handelt es sich bei den Räumlichkeiten um eine Wohnung, tritt an die Stelle des Sonderkündigungsrechts die **Enthaftungserklärung** (§ 109 Abs. 1 S. 2 InsO). Deren Zweck besteht darin, die Masse nicht durch die Entstehung neuer Masseverbindlichkeiten übermäßig zu belasten (zwischen Verfahrenseröffnung und dem Ablauf der für die Enthaftung maßgeblichen Frist des Abs. 1 S. 1 entstehen demgegenüber nach den allg. Grundsätzen Masseforderungen). Diesen Zweck erfüllt zwar auch die Kündigung nach Abs. 1 S. 1. Sie würde aber regelmäßig zur Obdachlosigkeit des Schuldners führen. Deshalb hat sich der Gesetzgeber für die Enthaftung entschieden, mittels derer das Mietverhältnis wieder zur freien Disposition des Mieters steht und dem Insolvenzverfahren entzogen wird (allerdings kann es in der Folge vom Vermieter wegen Verzugs mit der Mietzinszahlung nach den allg. Regeln fristlos gekündigt werden [§ 543 Abs. 2 S. 1 Nr. 3 BGB]. Dies gilt auch dann, wenn der Verzug vor dem Eröffnungsantrag eingetreten war, da die Kündigungssperre nach § 112 Nr. 1 InsO mit der Enthaftungserklärung wegfällt).

123 Soweit keine Kündigung oder Enthaftung erfolgt, kommt der **Kündigungssperre** des § 112 Nr. 1 InsO erhebliche Bedeutung zu, die auch für bewegliche Sachen greift und dem Schutz der Insolvenzmasse vor einem Auseinanderreißen zur Unzeit dient (nicht hingegen dem Schutz des vertragsuntreuen Mieters; str.). Hiernach kann der Vermieter oder Verpächter des Schuldners wegen eines vor Stellung des Eröffnungsantrags eingetretenen Verzugs das Verhältnis nicht kündigen. Soweit jedoch ab der Antragsstellung (erneut) der Verzug eintritt, greift die Kündigungssperre nicht (Folge: Der vorläufige Insolvenzverwalter muss sich schnell Klarheit verschaffen, ob er das Mietobjekt benötigt und bejahendenfalls dafür sorgen, dass kein relevanter Verzug mit der Mietzinszahlung eintritt). Umstritten ist die **analoge Anwendbarkeit** bspw. auf den Vorbehaltskauf.

Zur Vertiefung (Rn. 118 ff.):
Zum Sonderfall des § 108 Abs. 1 S. 2 InsO: Eckert, in: MüKo-InsO, 4. Aufl. 2018, § 108 Vorbem. Rn. 1 ff.; *Foerste*, Insolvenzrecht, 8. Aufl. 2022, § 18 Rn. 269 ff.
Zum Erfordernis des Invollzugsetzens: BGH NJW 2007, 3715 ff.; NJW 2015, 627 ff.
Zum Zweck der Kündigungssperre und dem Wegfall nach Enthaftungserklärung: BGH NZI 2015, 809 (810 ff.) m. Anm. *Cymutta*.

Zur analogen Anwendbarkeit der Kündigungssperre: bejahend *Fehl-Weileder*, in: Braun, InsO, 9. Aufl. 2022, § 112 Rn. 15; kritisch *Eckert*, in: MüKo-InsO, 3. Aufl. 2013, § 112 Rn. 10.

4. Dienst- und Arbeitsverhältnisse

Dienst- und Arbeitsverhältnisse bestehen mit der Verfahrenseröffnung fort. Auch scheidet ein **Wahlrecht** des Insolvenzverwalters insofern **aus** (§ 108 Abs. 1 S. 1 InsO). 124

Im Fall der **Insolvenz des Dienstberechtigten** besteht die Möglichkeit der **Kündigung** mit einer beiderseits nach § 113 InsO verkürzten Frist von maximal drei Monaten. Bei Arbeitnehmern bleibt jedoch der besondere Kündigungsschutz unberührt (§§ 9 MuSchG, 85 ff. SGB IX). Dies gilt insbes. für § 1 KSchG, der eine **sozial Rechtfertigung** verlangt, mithin einen *dringenden betrieblichen Grund* oder auch eine *Sozialauswahl* (vgl. iE die Vertiefungshinweise). 125

Bei **Insolvenz des Dienstberechtigten** sind die **Lohnansprüche bis zur Verfahrenseröffnung** reine **Insolvenzforderungen**. Bei Zahlungsrückständen bis zu den letzten drei Monaten des Arbeitsverhältnisses zahlt die Bundesagentur für Arbeit ab der Verfahrenseröffnung jedoch **Insolvenzgeld** (§§ 165 ff. SGB III) in Höhe des Nettoarbeitslohns (Folge der Zahlung: Anspruchsübergang auf BA, allerdings als reine Insolvenzforderung; § 55 Abs. 3 S. 1 InsO). **Lohnansprüche nach** Verfahrenseröffnung sind demgegenüber **Masseforderungen**. 126

Bei der **Insolvenz des Dienstverpflichteten** besteht das Verhältnis ebenfalls fort. Insbes. kann der Verwalter das Arbeitsverhältnis des Schuldners nicht kündigen. Die Bezüge des Schuldners sind jedoch weitgehend gebunden, da sie als Neuerwerb – mit Ausnahme des unpfändbaren Teils – in die Masse fallen. 127

Zur Vertiefung (Rn. 124 ff.):
Zu den Besonderheiten der Kündigung von Arbeitsverträgen: Foerste, Insolvenzrecht, 8. Aufl. 2022, § 18 Rn. 274 ff.
Zu Ansprüchen aus dem Sozialplan und zur Sicherung der betrieblichen Altersvorsorge: Foerste, Insolvenzrecht, 8. Aufl. 2022, § 18 Rn. 274 ff., 280.

§ 8 Anreicherung und Bereinigung der Insolvenzmasse

Bevor das Insolvenzverfahren mittels Verwertung und Verteilung der Insolvenzmasse abgewickelt wird, muss die vorgefundene **Ist-Masse** in die **Soll-Masse**, also die den Gläubigern zustehende Haftungsmasse umgewandelt werden. Dies geschieht durch **Anreicherung** (Vermögensgegenstände werden der Masse zugeführt) und **Bereinigung** (fremde Vermögensgegenstände werden aus der Masse entfernt) der Masse. 128

Teil 7 § 8 Anreicherung und Bereinigung der Insolvenzmasse

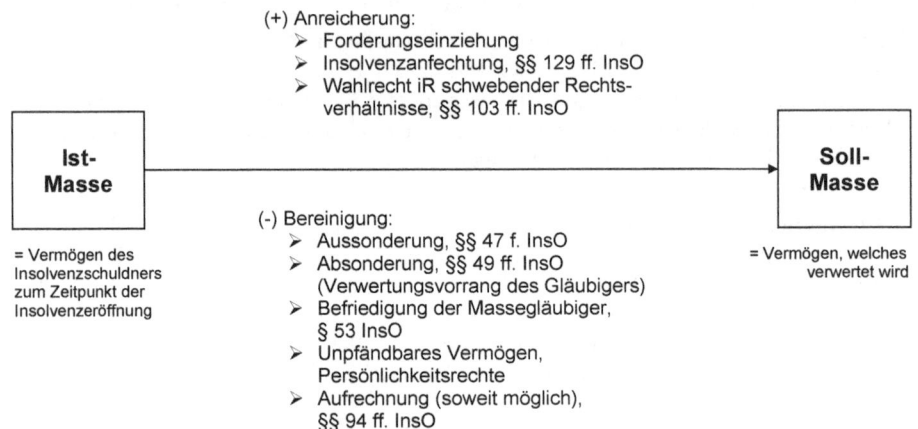

I. Anreicherung der Insolvenzmasse – Insolvenzanfechtung

129 Das wichtigste Instrument zur Masseanreicherung ist die sog. **Insolvenzanfechtung** gem. §§ 129 ff. InsO. Diese verschafft dem Insolvenzverwalter die Möglichkeit, **Vermögenswerte**, die vor Verfahrenseröffnung im kritischen Zeitraum dem Schuldnervermögen entzogen wurden, **zurückzuholen** (§ 129 InsO). Sie dient damit der Sicherstellung der **Gläubigergleichbehandlung**, die gefährdet ist, wenn im Vorfeld einzelne Gläubiger Befriedigung auf Kosten der (künftigen) Masse – und damit unter Benachteiligung anderer Gläubiger – erlangen. Allerdings ist der damit einhergehende erhebliche Eingriff in die Rechtssicherheit nur dann gerechtfertigt, wenn wirtschaftlich betrachtet bereits ein Insolvenzfall vorlag oder der Empfänger aus anderen Gründen nicht schutzwürdig ist.

130 „Klassische" Anwendungsfälle sind Versuche des (zukünftigen) Insolvenzschuldners, den letzten Rest seines Vermögens an nahestehende Personen zu verteilen, oder das nachdrückliche Erfüllungsbegehren eines Gläubigers, obwohl er weiß, dass der (zukünftige) Insolvenzschuldner längst pleite ist. Daneben sind weniger bekannte, aber rechtspraktisch ähnlich bedeutsame Fälle erfasst. Die anfechtbaren Rechtshandlungen sind (abschließend) in §§ 130–142 InsO geregelt.

131 Im Unterschied zur zivilrechtlichen Anfechtung ist die **Rechtsfolge** einer Insolvenzanfechtung **nicht die Unwirksamkeit** des (Verfügungs-) Geschäfts. Vielmehr erhält der Insolvenzverwalter gegen den Anfechtungsgegner gem. § 143 InsO einen **Anspruch auf Rückgewähr** des Erhaltenen zur Masse (kein Gestaltungsrecht, sondern obligatorischer Rückgewähranspruch). Für diesen gilt die dreijährige Regelverjährung nach § 195 BGB (§ 146 Abs. 1 InsO).

Die **allgemeinen Voraussetzungen** sind in § 129 InsO geregelt. Hiernach müssen vorliegen: 132

- eine **Rechtshandlung** (auch Unterlassen: § 129 Abs. 2 InsO) **vor Eröffnung** des Insolvenzverfahrens (zum Zeitpunkt: §§ 140, 147 InsO),
- eine **Benachteiligung der Gläubiger** (durch Verkürzung der Masse – diese kann unmittelbar oder auch nur mittelbar durch das Hinzutreten anderer Umstände erfolgen, bspw. Durchführung eines angemessenen Austauschvertrags, bei nachträglichem Verlust der erhaltenen Gegenleistung für die Masse; lediglich für einzelne Anfechtungstatbestände ist eine unmittelbare Benachteiligung erforderlich), sowie
- die **Kausalität** zwischen Rechtshandlung und Benachteiligung.

Daneben müssen für die einzelnen Anfechtungstatbestände **weitere** spezifische **objektive** und **subjektive Kriterien** erfüllt sein. Sie unterscheiden sich darüber hinaus hinsichtlich der **Beweislastregeln**. Die wichtigsten Anfechtungstatbestände werden im Folgenden dargestellt. 133

Zur Vertiefung (Rn. 129 ff.):
Die Anfechtung in der Einzelzwangsvollstreckung erfolgt nach dem AnfG. Die Insolvenzanfechtung gem. §§ 129 ff. InsO geht aber der Anfechtung nach dem AnfG vor, soweit die Anfechtung durch einen Insolvenzgläubiger erfolgt. Gem. § 16 Abs. 1 AnfG ist nach Verfahrenseröffnung allein der Insolvenzverwalter berechtigt, die Anfechtung weiterzuverfolgen.

1. Deckungsanfechtung

Der Deckungsanfechtung nach §§ 130, 131 InsO kommt insofern erhebliche Bedeutung zu, als sie die meisten Vorgänge kurz vor oder kurz nach dem Insolvenzantrag erfasst. Eine **Deckung** idS liegt vor, wenn ein **Insolvenzgläubiger** eine **Sicherung** (durch Rechtsgeschäft oder Vollstreckungsmaßnahmen [bspw. ein Pfändungspfandrecht]) oder eine **Befriedigung** (jede Art der Erfüllung eines Anspruchs) erlangt. 134

Grundvoraussetzung ist, dass die zu beseitigenden Rechtswirkungen im **Krisenzeitraum** eingetreten sind (*längstens 3 Monate vor Eingang des Insolvenzantrags bis zur Verfahrenseröffnung*). 135

Hinsichtlich der weiteren Tatbestandvoraussetzungen ist zwischen der **kongruenten Deckung** nach § 130 InsO und der **inkongruenten Deckung** nach § 131 InsO zu unterscheiden. Im Fall der kongruenten Deckung hatte der Gläubiger einen **Anspruch auf Sicherung oder Befriedigung**. Eine inkongruente Deckung liegt demgegenüber dann vor, wenn die erhaltene Deckung nicht exakt dem objektiv bestehenden Anspruch entspricht, weil sie dem Insolvenzgläubiger entweder **überhaupt nicht** oder **nicht in der erbrachten Art und Weise** zustand. 136

a) Kongruente Deckung (§ 130 InsO)

Ist die Deckung kongruent, lässt § 130 InsO eine Anfechtung **nur unter engen Voraussetzungen** zu, da der Insolvenzgläubiger im Ergebnis das erhalten hat, was er auch beanspruchen konnte. Lediglich dann, wenn es an seiner Schutzwürdigkeit fehlt, ist die Rechtswirkung anfechtbar. 137

- **§ 130 Abs. 1 S. 1 Nr. 1 InsO** betrifft Rechtshandlungen, die *im Dreimonatszeitraum vor der Antragstellung* vorgenommen werden. Deren Rechtswirkung ist anfechtbar, wenn kumulativ die *Zahlungsunfähigkeit* (vgl. erneut § 17 InsO) *vorlag und der Gläubiger diese kannte*.

- **§ 130 Abs. 1 S. 1 Nr. 2 InsO** ermöglicht die Anfechtung von Rechtshandlungen, die *nach der Antragstellung* vorgenommen wurden, wenn entweder *Zahlungsunfähigkeit und Gläubigerkenntnis vorlagen* (insofern wie Nr. 1) oder *der Gläubiger den Eröffnungsantrag kannte* (ohne dass es auf die Zahlungsunfähigkeit ankäme).

138 Der Kenntnis von der Zahlungsunfähigkeit oder dem Eröffnungsantrag stellt § 130 Abs. 2 InsO *die Kenntnis von den Umständen gleich, die zwingend auf jene schließen lassen*. Insofern ist auch § 17 Abs. 2 S. 1 InsO zu beachten, dem zufolge bei Zahlungseinstellungen des Schuldners dessen Zahlungsunfähigkeit vermutet wird. Damit muss der Insolvenzverwalter lediglich die Kenntnis des Gläubigers von den Beweisanzeichen für eine Zahlungseinstellung vortragen. Zulasten nahestehender Personen wird die Kenntnis vermutet (§ **130 Abs. 3 InsO**).

Zur Vertiefung:
Zur Kenntnis und deren Nachweis: Reischl, Insolvenzrecht, 5. Aufl. 2020, § 9 Rn. 648 ff.
Zu Umständen, die auf eine Zahlungsunfähigkeit schließen lassen: Foerste, Insolvenzrecht, 8. Aufl. 2022, § 22 Rn. 332: Nichteinhaltung von Zahlungszusagen, Zahlung erst nach Androhung eines Insolvenzantrags, längere Nichtabführung von Sozialversicherungsabgaben etc.

b) Inkongruente Deckung (§ 131 InsO)

139 Als Beispiele für Konstellationen, in denen der Insolvenzgläubiger die Deckung **überhaupt nicht beanspruchen** konnte, können die Bezahlung auf unentgeltliche Leistungen oder auf verjährte Forderungen sowie die Bestellung von Sicherheiten ohne hinreichend bestimmten Sicherungsvertrag genannt werden. Die Inkongruenz wegen der **Art und Weise der Leistungserbringung** ist bspw. dann gegeben, wenn auf noch nicht fällige Forderungen gezahlt wird, oder wenn anstatt einer geschuldeten Zahlung Sachen erfüllungshalber übereignet werden.

140 In diesen Fällen ist die Deckungserlangung in Krisenzeiten von sich aus „so verdächtig", dass die Anfechtungsmöglichkeit weitgehend auf subjektive Merkmale verzichtet.

- Nach § **131 Abs. 1 Nr. 1 InsO** sind inkongruente Deckungen stets anfechtbar, wenn sie *im letzten Monat vor oder nach Insolvenzantragstellung* vorgenommen werden (Verzicht auf Zahlungsunfähigkeit und subjektive Kriterien!).
- § **131 Abs. 1 Nr. 2 InsO** ermöglicht die Anfechtung, soweit die Handlungen *im zweiten oder dritten Monat vor Insolvenzantragstellung vorgenommen werden und der Schuldner zahlungsunfähig war* (Verzicht auf subjektive Kriterien!).
- Auch ohne Vorliegen der Zahlungsunfähigkeit besteht nach § **131 Abs. 1 Nr. 3 InsO** eine Anfechtungsmöglichkeit, wenn die Handlungen *im zweiten oder dritten Monat vor Insolvenzantragstellung vorgenommen werden und dem Insolvenzgläubiger die Benachteiligung anderer Gläubiger durch die Handlung bekannt war*. Vgl. hierzu auch § 131 Abs. 2 InsO.

141 Wichtige Fallgruppen – in denen mitunter die Abgrenzung zur kongruenten Deckung Schwierigkeiten bereitet – sind die Kontokorrentverrechnung, die Globalzession und Handlungen im Rahmen der Zwangsvollstreckung (zu Letzteren, vgl. die nachstehenden Vertiefungshinweise).

Zur Vertiefung:
Zu Kontokorrentverrechnung und Globalzession: Reischl, Insolvenzrecht, 5. Aufl. 2020, § 9 Rn. 657 ff.
Zu Sicherungsbestellung und Zwangsvollstreckung: Foerste, Insolvenzrecht, 8. Aufl. 2022, § 22 Rn. 333 f.

Klarheit besteht zwischenzeitlich hinsichtlich der Inkongruenz einer Deckung, die im Wege der Zwangsvollstreckung erlangt worden ist: IRd jüngsten Novellierung des Anfechtungsrechts (mWv 5.4.2017; BGBl. I S. 654) war zunächst die Anfügung eines Satzes 2 an § 131 Abs. 1 InsO vorgesehen, dem zufolge – entgegen der bisherigen höchstrichterlichen Rechtsprechung – Deckungen nicht allein deshalb als inkongruent einzustufen sein sollten, weil sie durch Zwangsvollstreckung erwirkt oder zu deren Abwendung bewirkt worden sind. Der erheblichen Kritik („Fiskusprivileg") im rechtswissenschaftlichen Schrifttum (bspw. *Ahrens*, ZRP 2016, 5) Rechnung tragend, wurde dieser Vorschlag indes nicht umgesetzt, sodass die höchstrichterliche Rechtsprechung auch künftig maßgeblich ist.

2. Unmittelbar benachteiligende Rechtshandlungen

§ 132 Abs. 1 InsO ermöglicht die Anfechtung **unmittelbar nachteiliger Rechtsgeschäfte**, also solcher, die ohne Hinzutreten weiterer Umstände zur Schmälerung der (künftigen) Masse führen und während der Krise vorgenommen werden. Beim Abschluss von Austauschverträgen ist dies dann gegeben, wenn das Wertverhältnis von Leistung und Gegenleistung zulasten der Masse ausfällt („Verramschen" künftiger Massegegenstände oder überteuerter Erwerb). Um jedoch dem Verkehrsschutz Rechnung zu tragen, ist eine Anfechtbarkeit **nur bei fehlender Schutzwürdigkeit** des anderen Teils möglich. Insofern bestehen dieselben **Voraussetzungen wie bei § 130 Abs. 1 InsO**. — 142

§ 132 Abs. 2 InsO stellt andere Rechtshandlungen gleich, durch die der Schuldner ein Recht verliert oder nicht mehr geltend machen kann oder ein vermögensrechtlicher Anspruch gegen ihn erhalten bleibt oder durchsetzbar wird. Dies betrifft vornehmlich Fälle der Unterlassung (vgl. § 129 Abs. 2 InsO), durch die Anfechtungsmöglichkeiten nach §§ 119 ff. BGB verloren gehen oder die Verjährung eintritt. Zu nennen sind auch Fälle, in denen auf aussichtsreiche Rechtsmittel verzichtet wird. — 143

Bei Rechtsgeschäften, die zu einer **Sicherung oder Befriedigung** führen, wird § 132 InsO durch die speziellere **Deckungsanfechtung** (§§ 130 f. InsO) verdrängt. — 144

3. Vorsätzliche Benachteiligung
a) Anfechtungsmöglichkeit nach § 133 Abs. 1 InsO

Die Anfechtungsmöglichkeit wegen vorsätzlicher Benachteiligung der Gläubiger nach § 133 Abs. 1 InsO setzt auf **Seiten des Schuldners** objektive und subjektive Merkmale, **auf Seiten des anderen Teils** subjektive Merkmale voraus. Insbes. diese sog. Vorsatzanfechtung sah sich durch das Gesetz zur Verbesserung der Rechtssicherheit bei Anfechtungen nach der Insolvenzordnung und nach dem Anfechtungsgesetz mWv 5.4.2017 (BGBl. I S. 654) Änderungen ausgesetzt, ua mit dem Ziel, die ausufernden Insolvenzanfechtungsprozesse einzudämmen. — 145

Objektiv sind **Rechtshandlungen** anfechtbar, welche die Gläubiger des Schuldners (zumindest mittelbar) **benachteiligen**. Dies betrifft bspw. Übertragungen von Vermögenswerten oder die Erbringung einer inkongruenten Deckung. Sie müssen nach Absatz 1 Satz 1 **in den letzten zehn Jahren vor Antragstellung (oder danach)** vorgenommen — 146 worden sein. Für kongruente und für inkongruente (!) Deckungshandlungen beträgt der anfechtungskritische Zeitraum nach Absatz 2 **vier Jahre**.

147 **Subjektiv** muss der **Schuldner** mit **Benachteiligungsvorsatz** handeln. Insofern genügt bedingter Vorsatz (Erkennen der Möglichkeit und Inkaufnahme der Benachteiligung). Wegen der tatsächlichen Schwierigkeit für den Insolvenzverwalter, den Schuldnervorsatz nachzuweisen, hat die Rspr. aus der allg. Lebenserfahrung abgeleitete Grundsätze entwickelt, die **Indizwirkung** entfalten. Hiernach ist regelmäßig dann von einem Benachteiligungsvorsatz auszugehen, wenn der Schuldner seine (drohende) **Zahlungsunfähigkeit kennt** (Arg.: er weiß dann auch, dass er andere Verbindlichkeiten nicht mehr erfüllen können wird). Etwas anderes gilt nur dann, wenn er fest davon überzeugt war, in absehbarer Zeit sämtliche seiner Verbindlichkeiten erfüllen zu können, die Rechtshandlung im Rahmen eines ernsthaften, in sich schlüssigen und nicht offensichtlich undurchführbaren Sanierungsversuchs erfolgte oder er im engen zeitlichen Zusammenhang eine gleichwertige Gegenleistung in sein Vermögen erlangt, die zur Fortsetzung des Unternehmens erforderlich ist (bspw. die Arbeitsleistung seiner Arbeitnehmer; vgl. aber zur Novellierung des Bargeschäftsprivilegs, wonach es künftig nicht mehr auf den Nutzen zur Unternehmensfortführung ankommt: Rn. 156). Der Benachteiligungsvorsatz ist auch dann indiziert, wenn der Schuldner eine **inkongruente Deckung** gewährt und er **gleichzeitig Liquiditätszweifel** hat (auch außerhalb der engen Fristen des § 131 InsO).

148 Der **Anfechtungsgegner** muss den **Benachteiligungsvorsatz positiv gekannt** haben. Insofern sieht § 133 Abs. 1 S. 2 InsO eine **Beweiserleichterung** für den Insolvenzverwalter im Anfechtungsprozess vor: Danach wird die Kenntnis des Benachteiligungsvorsatzes beim Anfechtungsgegner **vermutet**, wenn dieser *die (drohende) Zahlungsunfähigkeit des Schuldners kannte und wusste, dass die Gläubiger durch die Rechtshandlung benachteiligt werden*. Da die Gläubigerbenachteiligung bei Vornahme der Rechtshandlung trotz (drohender) Zahlungsunfähigkeit indiziert ist, kommt es regelmäßig allein auf die Kenntnis von der (drohenden) Zahlungsunfähigkeit an – bzw. der Umstände, aus denen auf sie geschlossen werden kann. Allerdings hat die Einfügung des Absatz 3 iRd Novellierung aus dem Jahr 2017 des Anfechtungsrechts zu einer **Verstärkung des Anfechtungsschutzes** für Gläubiger bei **kongruenten (!) Deckungshandlungen** geführt: Konnte der Gläubiger die Deckung ihrer Art und Weise nach beanspruchen, schadet ihm nunmehr lediglich die Kenntnis von der bereits *eingetretenen Zahlungsunfähigkeit* (Satz 1). Hintergrund war die Erwägung, dass der Schuldner bei nur drohender Zahlungsunfähigkeit seine Verbindlichkeiten weiterhin erfüllen muss und ihn gerade keine Antragspflicht trifft. Müsste der Gläubiger in diesem Fall mit einer Anfechtung der Deckungshandlung rechnen, wären Sanierungsversuche wesentlich erschwert. Darüber hinaus enthält Satz 2 eine (klarstellende) gesetzliche Vermutung dahin gehend, dass Gläubiger, die Schuldnern eine Zahlungserleichterung (bspw. Ratenzahlung) gewähren, die Zahlungsunfähigkeit im Zeitpunkt der Handlung nicht kannten. Diese Vermutungsregelung soll verhindern, dass Gläubiger von der Gewährung einer Zahlungserleichterung zur Überbrückung kurzfristiger Liquiditätsengpässe aus Furcht vor Anfechtungsrisiken absehen und damit die Unternehmenskrise verschärfen. Sie ist jedoch „unglücklich" formuliert: Es ist zwar davon auszugehen, dass Insolvenzverwalter künftig nicht allein auf die Gewährung einer Zahlungserleichterung abstellen können, um eine Kenntnis des Gläubigers von der Zahlungsunfähigkeit zu begründen. Jedoch bleibt der Rückgriff auf darüber hinausgehende Indizien für eine Kenntnis weiterhin

möglich (bspw. bei Vorliegen eines erneuten Zahlungsverzugs trotz Gewährung einer Ratenzahlungsmöglichkeit).

Hinsichtlich der Darlegungs- und Beweislast hält der BGH (Ausgangsentscheidung 6.5.2021) nicht mehr an der bisher angenommenen Beweislastumkehr fest, sondern legt dem Insolvenzverwalter die Beweislast für die negative Tatsache dafür auf, dass keine Aussicht auf Bestand der Illiquidität bestand.

Zur Vertiefung:
Vgl. (teils krit.) zur Novellierung *Zenker*, NZI 2015, 1006 ff.; *Dahl/Schmitz*, NJW 2017, 1505 ff. und zum vorhergehenden Referentenentwurf *Brinkmann*, NZG 2015, 697 ff.
Vgl. zur BGH-Entscheidung BGH NJW 2021, 2651; *Schubert*, NZI 2021, 761; *Kings/Sturne*, GWR 2021, 336; *Riewe*, NJW 2021, 2619; zu einer noch aktuelleren Entscheidung: BGH NZI 2022, 476.

b) Verträge mit nahestehenden Personen nach § 133 Abs. 4 InsO

Für **entgeltliche Verträge mit nahestehenden Personen** sieht § 133 Abs. 4 S. 1 InsO eine Anfechtungsmöglichkeit vor, wenn eine unmittelbare Gläubigerbenachteiligung erfolgt. Diesen Verträgen haftet nämlich stets der Verdacht der Vermögensverschiebung an. § 133 Abs. 4 S. 2 InsO ermöglicht dem Anfechtungsgegner jedoch den Nachweis, dass der Vertrag **früher als zwei Jahre** vor Verfahrenseröffnung geschlossen wurde oder ihm im Zeitpunkt des Vertragsschlusses der Gläubigerbenachteiligungsvorsatz des Schuldners **nicht bekannt war**. Gelingt ihm dieser Nachweis, ist die Anfechtung nach § 133 Abs. 4 InsO ausgeschlossen.

149

4. „Schenkungsanfechtung"

§ 134 InsO begründet die Anfechtbarkeit **unentgeltlicher Leistungen** durch den Schuldner (sog. Schenkungsanfechtung). Sie ist nur dann ausgeschlossen, wenn die Handlung **weiter als vier Jahre** vor Stellung des Insolvenzantrags zurückliegt. Die Beweislast liegt beim Anfechtungsgegner: „es sei denn".

150

Das zentrale Kriterium der **Unentgeltlichkeit** ist anhand des Zwecks des Anfechtungsgrundes auszulegen, freigiebige Zuwendungen des Schuldners aus Billigkeitsgründen rückgängig zu machen. Insofern kommt es allein darauf an, ob der **Zuwendungsempfänger** im Austausch zur Leistung ein **Vermögensopfer** zu erbringen hat, das sich als (objektiv) **gleichwertiges Entgelt** darstellt. Unerheblich ist insoweit, ob der Zuwendungsempfänger das Entgelt an den Schuldner oder an einen Dritten erbringt (bei Tilgung werthaltiger Schulden eines Dritten durch den Insolvenzschuldner ist folglich eine „Schenkungsanfechtung" gegenüber dem Zuwendungsempfänger [also dem Gläubiger des Dritten] ausgeschlossen: Durch die Zahlung des Insolvenzschuldners erlischt die Forderung des Zuwendungsempfängers gegen den Dritten. Dieses Erlöschen stellt sich als „gleichwertiges Entgelt" dar. Es kommt somit lediglich eine Deckungsanfechtung [§§ 130 f. InsO] gegenüber dem Dritten in Betracht, der von seiner Schuld gegenüber dem Zuwendungsempfänger durch Leistung des Insolvenzschuldners befreit wird).

151

Zur Vertiefung (Rn. 150 f.):
Zur Tilgung fremder Schulden bei sog. Cash-Pooling: Reischl, Insolvenzrecht, 5. Aufl. 2020, § 9 Rn. 709.

5. Rückzahlung an Gesellschafter

152 Der Anfechtungsgrund des § 135 InsO betrifft Rechtshandlungen, durch die ein **Gesellschafter** des Insolvenzschuldners **Deckung** (Sicherung oder Befriedigung) für einen (nachrangigen, vgl. § 39 Abs. 1 Nr. 5 InsO) Zahlungsanspruch aus einem **Darlehen oder einem vergleichbaren Geschäft** erlangt. Während *Sicherungen*, die innerhalb von zehn Jahren vor Antragstellung erlangt worden sind, angefochten werden können (Absatz 1 Nr. 1), sind *Befriedigungen*, die länger als ein Jahr zurückliegen, anfechtungsfest (Absatz 1 Nr. 2).

153 **Zweck** dieser Norm ist insbes., eine Umgehung der §§ 30 f. GmbHG zu verhindern. Gesellschafter einer GmbH sind in der Krise nicht verpflichtet, der Gesellschaft Kapital zuzuführen, damit das Stammkapital von 25.000 EUR erhalten bleibt. Optieren sie jedoch für eine weitere Kapitalzuführung, müssen sie sich an dieser Entscheidung festhalten lassen. Eine Rückerstattung durch die Gesellschaft ist nach §§ 30 f. GmbHG ausgeschlossen. Um dies zu umgehen, sahen Gesellschafter in der Vergangenheit oftmals davon ab, Eigenkapital mittels weiterer Einlagen zuzuführen und gewährten stattdessen Darlehen, die sie – sobald sich die Krise bei noch bestehender Liquidität abzeichnete – kündigten und zurückzahlen ließen. Der BGH begegnete dieser Umgehung durch Begründung seiner Rechtsprechung zu eigenkapitalersetzenden Darlehen in der Krise (= Ausdehnung des Rückerstattungsverbots nach §§ 30 f. GmbHG auf diese Fälle). Später erfolgte eine – sehr komplizierte – Kodifizierung dieser Rechtsprechungsgrundsätze in §§ 32a f. GmbHG aF. Zwischenzeitlich wurden diese Regelungen durch §§ 39 Abs. 1 Nr. 5, Abs. 4, 5, 135 InsO ersetzt, welche die Unterscheidung zwischen in der Krise gewährten und anderen Gesellschafterdarlehen aufgegeben haben. Auch ein Rückgewährverbot besteht nicht mehr. Nach heutiger Rechtslage sind Forderungen der Gesellschafter aus Darlehen oder ähnlichen Geschäften vielmehr stets nachrangig im Rahmen der Verteilung. Vor Eröffnung des Insolvenzverfahrens sind während der Krise gewährte Deckungen zudem anfechtbar.

Zur Vertiefung (Rn. 152 f.):
Zum rechtshistorischen Hintergrund: Reischl, Insolvenzrecht, 5. Aufl. 2020, § 9 Rn. 714a.

6. Bargeschäftsprivileg

154 Durch das sog. Bargeschäftsprivileg nach § 142 InsO soll der Schuldner in die Lage versetzt werden, auch in der Krise noch verkehrsübliche Geschäfte zu tätigen, durch die er einen gleichwertigen Vermögenszufluss erlangt, also keine unmittelbare Gläubigerbenachteiligung eintritt.

155 Deshalb ist die Anfechtbarkeit von Leistungen des (künftigen) Insolvenzschuldners ausgeschlossen, für die **unmittelbar eine gleichwertige Gegenleistung** in sein Vermögen gelangt. Erforderlich ist somit ein **tatsächlicher Zufluss** der Gegenleistung zum Schuldnervermögen. Zudem bedarf es eines **unmittelbaren Zusammenhangs** des Leistungsaustauschs.

156 Nach § 142 Abs. 1 InsO ist die Vorsatzanfechtung nicht mehr zur Gänze, sondern nur noch insoweit von der Privilegierung ausgenommen, als der Schuldner **unlauter** handelt und der Leistungsempfänger dies **erkannt hat**. Damit wird die Vorsatzanfechtung von Bargeschäften erheblich eingeschränkt: Sie kommt nur noch in besonders krassen Fälle in Betracht, bspw. dann, wenn der Leistungsaustausch mit der Zielsetzung erfolgt, andere Gläubiger zu schädigen oder bei einer Leistungserbringung zum Erwerb von flüchtigen Luxusgütern, die den übrigen Gläubigern unter keinem Gesichtspunkt nutzen können. Darüber hinaus kommt es jedoch gerade nicht (mehr) darauf an, ob die in das Vermögen des Schuldners gelangte Leistung für die Gläubiger einen Nutzen hat. Damit ist zugleich die Rechtsprechung überholt, die das Eingreifen der Privilegierung dann ablehnte, wenn die Unternehmensfortführung unrentabel war.

Das Privileg scheidet indes in jedem Fall dann aus, wenn es bereits an einem gleichwertigen Zufluss fehlt, mithin für Anfechtungstatbestände, die eine **unmittelbare Gläubigerbenachteiligung** (§§ 132 Abs. 1, 133 Abs. 4 InsO) oder die **Unentgeltlichkeit** (§ 134 InsO) voraussetzen. Umstritten ist, ob **inkongruente Geschäfte** nach § 131 Abs. 1 InsO dem Bargeschäftsprivileg unterfallen können. Während die überwiegende Meinung dies unter Hinweis auf die fehlende Verknüpfung von Leistung und Gegenleistung für den Regelfall verneint, lehnt die Gegenansicht eine pauschale Ausgrenzung inkongruenter Deckungen ab.

157

Nach § 142 Abs. 2 InsO ist der *Austausch von Leistung und Gegenleistung unmittelbar, wenn er nach Art der ausgetauschten Leistungen und unter Berücksichtigung der Gepflogenheiten des Geschäftsverkehrs in einem engen zeitlichen Zusammenhang erfolgt.* Für Arbeitsentgelte wurde zudem die Streitfrage zwischen dem BGH und dem BAG dahin gehend entschieden, dass ein solcher Zusammenhang gegeben ist, wenn der Zeitraum zwischen Arbeitsleistung und Gewährung des Arbeitsentgelts drei Monate nicht übersteigt (Satz 2 und 3).

158

Bedeutung erlangt das Bargeschäftsprivileg neben der **Vorsatzanfechtung** insbes. im Rahmen der **Kongruenzanfechtung** nach § 130 InsO. Für diesen Anfechtungstatbestand genügt nämlich, dass eine mittelbare Gläubigerbenachteiligung dadurch eintritt, dass die erlangte Gegenleistung während des Insolvenzverfahrens nicht mehr wertmäßig vorhanden ist. Da dieses Risiko nicht der Geschäftsgegner des Schuldners tragen soll, ist die Anfechtung bei Unmittelbarkeit und Gleichwertigkeit gem. § 142 InsO ausgeschlossen.

159

Zur Vertiefung (Rn. 154 ff.):
Zum Unlauterkeitskriterium (krit.): Ahrens, ZRP 2016, 5 (8 f.).
Zur Bedeutung des § 142 Abs. 2 S. 3 InsO: Schubert, NZI 2022, 509.

II. Bereinigung der Insolvenzmasse

Die Insolvenzmasse bedarf einer Bereinigung auf den Umfang, der den Insolvenzgläubigern haftet, aus dem sie also eine quotale Befriedigung erlangen sollen. Zu diesem Zweck sind Gegenstände auszusondern, die nicht zum Vermögen des Schuldners gehören. Daneben sind aber auch die Gläubiger zu befriedigen, denen ein Vorrang vor den Insolvenzschuldnern gebührt (Aussonderungsberechtigte und Massegläubiger).

160

§ 9 Feststellung der Insolvenzforderungen, Verwertung und Verteilung der Insolvenzmasse

I. Feststellung der Insolvenzforderungen

Da die Befriedigung der Insolvenzgläubiger gemeinsam quotal erfolgt, muss für das Verteilungsverfahren festgestellt werden, ob und ggf. in welcher Höhe die geltend

161

gemachten Insolvenzforderungen bestehen. Die InsO sieht insofern ein **einvernehmliches Feststellungsverfahren** vor, das zweiaktig ausgestaltet ist. Voraussetzung für die Feststellung ist stets die **Anmeldung beim Insolvenzverwalter zur Tabelle** (§§ 174 f. InsO). Für diese Anmeldung setzt das Gericht bereits bei Verfahrenseröffnung eine maximal dreimonatige Frist (§ 28 Abs. 1 InsO). Die eigentliche Feststellung erfolgt dann im **Prüfungstermin**, den das Gericht ebenfalls im Rahmen der Eröffnung bestimmt (frühestens eine Woche, spätestens zwei Monate nach Ende der Anmeldefrist (§ 29 Abs. 1 Nr. 2 InsO)). Im Prüfungstermin wird untersucht, inwiefern die Forderungen der Insolvenzgläubiger berechtigt sind (§ 176 InsO).

- **Widersprechen weder** der Insolvenzverwalter noch ein Gläubiger der Forderung (ein Widerspruch des Schuldners ist insoweit unerheblich), so gilt die Forderung unabhängig von ihrem Bestehen als zur Tabelle **festgestellt** (§ 178 InsO) und wird im Verteilungsverfahren ohne Weiteres **berücksichtigt**. Darüber hinaus wirkt die Feststellung als Vollstreckungstitel (§ 178 Abs. 3 InsO), aus welchem der Gläubiger nach Verfahrensaufhebung vollstrecken kann; § 201 Abs. 2 InsO (insofern ist ein Widerspruch des Schuldners jedoch beachtlich!).
- **Wird** einer Forderung **widersprochen**, ist zu differenzieren. Soweit sie **noch nicht tituliert** war (also der Gläubiger bspw. noch kein Urteil über sie erstritten hatte), obliegt es dem (vermeintlichen) Insolvenzgläubiger, auf Feststellung zu klagen; § 179 Abs. 1 InsO. War sie hingegen bereits **tituliert**, obliegt es dem Widersprechenden, den Widerspruch zu verfolgen (bspw. durch Rechtsmitteleinlegung oder Vollstreckungsgegenklage), anderenfalls wird der Anmelder bei der Masseverteilung als Insolvenzgläubiger behandelt; § 179 Abs. 2 InsO.

Zur Vertiefung:
Zur Behandlung verspätet angemeldeter Forderungen: Foerste, Insolvenzrecht, 8. Aufl. 2022, § 26 Rn. 452 f.

II. Verwertung und Verteilung der Masse

162 Wurde im **Berichtstermin** nicht die Unternehmensfortführung beschlossen, soll der Insolvenzverwalter **unverzüglich** die (bereinigte) Soll-Masse **verwerten**. Hinsichtlich der Verwertungsmodalitäten kann er grds. **frei wählen** (Einzel- oder Gesamtverwertung, Zwangsversteigerung oder freie Veräußerung von Grundstücken, Forderungseinziehung oder -verkauf etc). **Eingeschränkt** ist die Wahlfreiheit jedoch bei Absonderungsrechten sowie bei Einzelanweisungen der Gläubigerversammlung (§ 159 Hs. 2 InsO). Besonders bedeutsame Rechtshandlungen (wie bspw. Unternehmensveräußerungen oder Rechtshandlungen mit erheblichem Massebelastungspotential) bedürfen überdies der Zustimmung des Gläubigerausschusses (§ 160 Abs. 1, 2 InsO).

163 Die Insolvenzgläubiger werden (nach vorheriger Befriedigung der Absonderungsberechtigten und der Massegläubiger) aus der verbleibenden „**Teilungsmasse**" befriedigt. Zuvor ist ein sog. **Verteilungsverzeichnis** zu erstellen (§ 188 InsO). Der Insolvenzverwalter kann die Verteilung durchführen sooft hinreichend Barmittel in der Masse vorhanden sind – sog. **Abschlagsverteilung** (§ 187 Abs. 2 InsO). Ist die Verwertung beendet, erfolgt die **Schlussverteilung** (§ 196 Abs. 1 InsO). Wegen ihrer großen Bedeutung müssen ihr sowohl der Gläubigerausschuss (§ 187 Abs. 3 S. 2 InsO – soweit bestellt) als auch das Insolvenzgericht (§ 196 Abs. 2 InsO) zustimmen. Ist die Zustimmung erteilt, bestimmt das Gericht einen **Schlusstermin** für eine abschließende Gläubigerversammlung (§ 197 Abs. 1 S. 1, Abs. 2 InsO). In diesem können letztmalig

Einwendungen gegen das Schlussverzeichnis erhoben werden. Anderenfalls wird auf dessen Grundlage die quotale Verteilung vollzogen.

Die in § 39 InsO genannten Insolvenzgläubiger werden erst nachrangig befriedigt. 164

1. Aussonderung

Da sich der Aussonderungsanspruch **nach den allgemeinen Voraussetzungen** außerhalb des Insolvenzverfahrens richtet (§ 47 S. 2 InsO; bspw. §§ 985, 546 BGB; dazu erneut Rn. 70 ff.), erlangt insbes. die Frage nach einem Recht zum Besitz aus einem Dauerschuldverhältnis oder einem noch nicht vollständig erfüllten Austauschvertrag Bedeutung: Soweit der Insolvenzverwalter im eröffneten Verfahren die (weitere) Erfüllung des zum Besitz berechtigenden Vertrags wählt, kann er die Herausgabe verweigern (zum Wahlrecht erneut Rn. 99 ff.). Um den Schuldner auch während des Eröffnungsverfahrens vor einem Verlust zu schützen, wurde § 21 Abs. 2 S. 1 Nr. 5 InsO implementiert: Hinsichtlich der Gegenstände, die im eröffneten Verfahren der Aussonderung unterliegen würden, kann das Gericht ein Einziehungsverbot anordnen und dem Schuldner eine Nutzung gestatten, soweit diese Gegenstände für die Unternehmensfortführung erhebliche Bedeutung haben. Damit sollen Sanierungschancen erhalten bleiben. 165

Ist das Aussonderungsgut vor Verfahrenseröffnung durch den Schuldner oder danach durch den Insolvenzverwalter unberechtigt veräußert worden, steht dem Berechtigten ein verschuldensunabhängiger Anspruch auf **Ersatzaussonderung** der Surrogate zu. Dieser ist auf *Abtretung* des Anspruchs auf die Gegenleistung (§ 48 S. 1 InsO) und soweit die Gegenleistung bereits zur Masse erbracht worden ist, auf *Herausgabe* gerichtet, vorausgesetzt, die Gegenleistung ist *noch unterscheidbar* vorhanden (Letzteres ist bei Barzahlungen nicht gegeben; bei Überweisungen ist die Unterscheidbarkeit umstritten). Fehlt es an der Unterscheidbarkeit, kommt zumindest ein **Masseanspruch wegen Bereicherung** in Betracht (§ 55 Abs. 1 Nr. 3 InsO). 166

Zur Vertiefung:
Zur Ersatzaussonderung: Adolphsen, in: Gottwald, Insolvenzrechts-Handbuch, 5. Aufl. 2015, § 41

2. Absonderung

Da die Absonderung lediglich zur vorrangigen Befriedigung aus bestimmten Gegenständen berechtigt (dazu erneut Rn. 74 ff.), kommt dem **Verwertungsverfahren** eine besondere Bedeutung zu. Insofern ist zwischen der Verwertung von unbeweglichen und beweglichen Gegenständen zu unterscheiden. 167

Bei **unbeweglichen Gegenständen** besteht eine **konkurrierende Zwangsverwertungsbefugnis** des Absonderungsberechtigten (§§ 49, 80 Abs. 2 S. 2 InsO – das Vollstreckungsverbot des § 89 Abs. 1 InsO gilt gerade nicht für Absonderungsberechtigte!) und des Insolvenzverwalters (§ 165 InsO). Die Vollstreckung richtet sich nach den Vorgaben des *ZVG*. Alternativ kann der Insolvenzverwalter aufgrund seiner Verwaltungsbefugnis nach § 80 Abs. 1 InsO freihändig veräußern (Zustimmung des Gläubigerausschusses erforderlich; § 160 Abs. 1, Abs. 2 Nr. 1 InsO). 168

Bei **beweglichen Sachen** steht allein dem Insolvenzverwalter die Verwertung zu, soweit er diese in Besitz hat (§ 166 Abs. 1 InsO – insbes. Sicherungsübereignungen, besitzlose Pfandrechte und gepfändete Gegenstände, die im Gewahrsam des Schuldners belassen 169 worden sind [§ 808 Abs. 2 ZPO]). Die Verwertung erfolgt freihändig (Unterrichtungs- und Mitteilungspflichten regeln §§ 167 f. InsO). Der Absonderungsberechtigte ist demgegenüber zur Verwertung befugt, soweit er an der Sache Besitz hat oder der Insolvenzverwalter ihm diese zur Verwertung überlässt (§§ 173 Abs. 1, 170 Abs. 2 InsO). **Forderungen**, die der Schuldner zur Sicherung abgetreten hatte, verwertet der Insolvenzverwalter, ver- bzw. gepfändete Forderungen der Absonderungsberechtigte. Soweit der Insolvenzverwalter die Verwertung übernimmt, sind pauschal **9 % des Erlöses** als Feststellungs- und Verwertungskosten für die Insolvenzmasse **zu entnehmen**. Nur aus dem Rest sind Absonderungsberechtigte zu befriedigen.

Zur Vertiefung (Rn. 167 ff.):
Zu praktischen Problemen der Verwertung durch den Insolvenzverwalter: Foerste, Insolvenzrecht, 8. Aufl. 2022, § 24 Rn. 425 ff.
Zur Möglichkeit einer Ersatzabsonderung: Foerste, Insolvenzrecht, 8. Aufl. 2022, § 24 Rn. 437.

3. Befriedigung der Massegläubiger

170 Die Massegläubiger sind vorweg aus der Insolvenzmasse zu befriedigen, § 53 InsO (dazu erneut Rn. 66 ff.). Die Vornahme der Befriedigung obliegt dem **Insolvenzverwalter**, der dafür ggf. Massegegenstände verwerten und die Masseforderungen begleichen muss. Soweit er sich weigert oder das Bestehen der Masseforderung umstritten ist, kann der Massegläubiger **Leistungsklage** erheben und anschließend nach den allg. Vollstreckungsregeln der ZPO **in die Masse vollstrecken** (insoweit gilt das vollstreckungsrechtliche Prioritätsprinzip; zu Vollstreckungsbeschränkungen vgl. § 90 InsO).

Zur Vertiefung:
Zur Nichtdeckung der Masseschulden (Masseunzulänglichkeit): Foerste, Insolvenzrecht, 8. Aufl. 2022, § 25 Rn. 442 ff.

§ 10 Beendigung des Insolvenzverfahrens

171 Nach Vollzug der Schlussverteilung erfolgt die **Aufhebung des Insolvenzverfahrens** (§ 200 InsO), womit die Wirkungen des Insolvenzverfahrens entfallen.

172 Da die Insolvenzgläubiger im Rahmen der Verteilung regelmäßig nur teilweise befriedigt werden, bedarf es der Regelung, was mit ihren Restforderungen geschieht. § 201 InsO bestimmt insoweit, dass diese fortbestehen und unbeschränkt gegen den Schuldner geltend gemacht werden können (sog. **Nachhaftung**).

173 Allerdings trifft die Nachhaftung **regelmäßig nur natürliche Personen**, da juristische Personen und Personengesellschaften mit der Verfahrenseröffnung aufgelöst und später auch wegen Vermögenslosigkeit gelöscht werden (vgl. Teil 3 [Kapitalgesellschaftsrecht],Rn. 110 f.; Ausnahme: Fortsetzungsbeschluss durch die Gesellschafter). Auch für die von der Nachhaftung betroffenen Schuldner sieht die InsO jedoch Erleichterungen vor. So besteht die Möglichkeit einer **Restschuldbefreiung** (dazu sogleich). Weitere Abweichungen ermöglicht zudem das **Insolvenzplanverfahren** (dazu Rn. 184 ff.).

§ 11 Restschuldbefreiung

Ein Ziel des Insolvenzverfahrens besteht darin, dem **redlichen Schuldner** Gelegenheit zu geben, sich im Anschluss an die Durchführung des Insolvenzverfahrens von seinen restlichen Verbindlichkeiten zu befreien; § 1 S. 2 InsO. 174

Hierfür ist in der InsO das Institut der **Restschuldbefreiung** vorgesehen, §§ 286 ff. InsO. In Betracht kommt sie ausschließlich für **natürliche Personen** (aber nicht nur für Verbraucher, sondern auch für Einzelunternehmer und Freiberufler!), soweit sie selbst die Eröffnung des Verfahrens beantragt bzw. bei Vorliegen eines Gläubigerantrags zusätzlich einen Eigenantrag gestellt haben (§§ 287, 305 InsO). 175

I. Zulässigkeitsvoraussetzung und Verfahrensgang

Da § 286 InsO die vorherige **Durchführung eines Insolvenzverfahrens** voraussetzt, scheidet die Restschuldbefreiung in Fällen der Abweisung oder Einstellung mangels Masse aus (große Relevanz kommt insofern der Möglichkeit einer Stundung der Verfahrenskosten nach § 4a Abs. 1 S. 1 InsO zu; dazu erneut Rn. 35). 176

Dem Antrag auf Restschuldbefreiung ist die **Abtretungserklärung** nach § 287 Abs. 2 S. 1 InsO beizufügen. In dieser erklärt der Schuldner, dass er seine pfändbaren Forderungen auf **Bezüge** (§ 850c ZPO) aus einem Dienstverhältnis (oder an deren Stelle tretende laufende Bezüge) für die Zeit von **drei Jahren nach Eröffnung des Insolvenzverfahrens (Abtretungsfrist)** an einen gerichtlich bestimmten Treuhänder abtritt (diese Formulierung ist jedoch missverständlich: erfasst sind allein Forderungen nach Beendigung des Insolvenzverfahrens, da die zuvor entstandenen Forderungen in die Masse fallen; § 35 Abs. 1 InsO). Hierbei ist die Regelung des § 287 Abs. 2 S. 2 InsO zu beachten. 177

Ist der Antrag zulässig (unzulässig ist er bspw. in den – seltenen – Fällen des § 287a Abs. 2 InsO), trifft das Gericht die **Eingangsentscheidung**, in der es feststellt, dass der Schuldner die Restschuldbefreiung erlangt, wenn keine **Versagungsgründe** nach §§ 290, 297 f. InsO vorliegen und er den **Obliegenheiten** nach § 295 InsO und § 295a InsO nachkommt. 178

Die **Versagungsgründe** des § 290 InsO, die bspw. vorangegangene Insolvenzstraftaten, eine Vermögensverschwendung oder Verstöße gegen Auskunfts- und Mitwirkungsobliegenheiten umspannen, werden nur auf Gläubigerantrag berücksichtigt. Das Gericht entscheidet über diese nach dem Schlusstermin. 179

Erfolgt keine Versagung, beginnt mit der Aufhebung des Insolvenzverfahrens (dazu erneut Rn. 171 ff.) die sog. **Wohlverhaltensphase**, die bis zum Ende der Abtretungsfrist fortdauert. In dieser Phase treffen den redlichen Schuldner die Obliegenheiten nach § 295 InsO. Die größte Bedeutung kommt der **Erwerbsobliegenheit** gem. § 295 Abs. 1 Nr. 1 InsO zu, die sicherstellen soll, dass die Insolvenzgläubiger weiterhin an den Einkünften des Schuldners teilhaben können (wegen der Pfändungsfreigrenze und des Vorrangs der gestundeten Verfahrenskosten bleibt für die Gläubiger im Rahmen der jährlichen Verteilung durch den Treuhänder freilich zumeist nur ein geringer Betrag). Auch während der Wohlverhaltensphase gilt das Prinzip der Gläubigergleichbehandlung und damit auch ein **Vollstreckungsverbot** nach § 294 Abs. 1 InsO für Insolvenzgläubiger (nicht hingegen für Neugläubiger!). 180

Sebastian Egger

181 Die Gründe, die zu einer **vorzeitigen Beendigung** der Wohlverhaltensphase führen können (§ 299 InsO), sind in §§ 296 ff. InsO abschließend aufgeführt. Neben der Verletzung einer Obliegenheit nach § 295 InsO und § 295a InsO stehen insofern die Verurteilung wegen einer Insolvenzstraftat nach dem Schlusstermin oder nachträglich bekannt gewordene Versagungsgründe nach § 290 Abs. 1 InsO im Mittelpunkt (§§ 297 f. InsO).

II. Finale Entscheidung über die Restschuldbefreiung

182 Erfolgt keine vorzeitige Beendigung, **entscheidet** das Insolvenzgericht nach Verstreichen der Abtretungsfrist (**drei Jahre** nach Verfahrenseröffnung) abschließend über die **Restschuldbefreiung** (§ 300 Abs. 1 S. 1 InsO). Nach § 300 Abs. 2 S. 1 entscheidet das Gericht auf Antrag des Schuldners schon vor Ablauf der Abtretungsfrist über die Erteilung der Restschuldbefreiung, wenn im Insolvenzverfahren keine Forderungen angemeldet wurden oder die Insolvenzforderungen befriedigt worden sind und der Schuldner die Kosten des Verfahrens und die sonstigen Masseverbindlichkeiten berichtigt hat.

183 Liegen keine Versagungsgründe nach § 300 Abs. 3 InsO vor, **erteilt** das Gericht die **Restschuldbefreiung**. Diese wirkt gegen alle Insolvenzgläubiger, auch soweit sie ihre Forderungen nicht angemeldet haben, und führt zur **Undurchsetzbarkeit** der Forderungen (§ 301 Abs. 1 InsO – Verteidigung gegen Vollstreckungen mittels Vollstreckungsgegenklage gem. § 767 ZPO). **Ausgenommen** sind allein Verbindlichkeiten aus vorsätzlich begangener unerlaubter Handlung, Geldstrafen und vergleichbare Verbindlichkeiten (§ 302 InsO). Diese müssen dazu gesondert angemeldet worden sein.

§ 12 Insolvenzplan

184 **Ziel** eines Insolvenzplanverfahrens ist es, den Gläubigern die Entscheidungen über eine wirtschaftlich bestmögliche Insolvenzverwaltung autonom zu überlassen, wobei gleichzeitig die Rechtmäßigkeit des staatlichen Vollstreckungsverfahrens und die Interessen von Minderheiten gewahrt werden.

185 Der Insolvenzplan ermöglicht eine von den **Vorgaben der InsO abweichende Regelung** der *Befriedigung* der Absonderungsberechtigten und der Insolvenzgläubiger, der *Masseverwertung* und deren *Verteilung*, der *Verfahrensabwicklung* und der *schuldnerischen Haftung* nach Verfahrensbeendigung (§ 217 Abs. 1 InsO). **Keine Abweichung** ist damit hinsichtlich der *Aussonderungsrechte* und der *Masseverbindlichkeiten* möglich.

186 Über abweichende Regelungen soll **insbes. eine Sanierung** des insolventen Unternehmens erleichtert werden. So können Insolvenzgläubiger (teilweise) auf ihre Forderungen verzichten, sie stunden oder in Anteile am schuldnerischen Unternehmen umwandeln. Gleichwohl kann im Insolvenzplanverfahren auch eine Liquidation erfolgen.

187 Das Insolvenzplanverfahren untergliedert sich in drei Abschnitte:
- die **Aufstellung des Insolvenzplans**, die in den §§ 217 bis 234 InsO geregelt ist;
- daran schließen sich die **Annahme und die Bestätigung des Insolvenzplans** an, §§ 235 bis 253 InsO;
- schließlich ist der **Plan zu vollziehen**. Die Wirkung des bestätigten Plans und seine eventuelle Überwachung sind in den §§ 254 bis 269 InsO geregelt.

I. Aufstellung des Insolvenzplans

Das Verfahren beginnt mit der **Planvorlage** (= Vorschlag) an das Insolvenzgericht durch den *Insolvenzverwalter* oder den *Schuldner* (der Schuldner kann die Planvorlage mit seinem Eröffnungsantrag verbinden; § 218 Abs. 1 S. 2 InsO). Die *Gläubiger* sind demgegenüber nicht selbst vorlageberechtigt, können aber den Verwalter mit der Ausarbeitung beauftragen und das Ziel vorgeben (§ 157 S. 2 InsO). 188

Der Insolvenzplan besteht aus **zwei Teilen**: einem darstellenden und einem gestaltenden. 189

Im **darstellenden Teil** werden die für die Gestaltung **erforderlichen Informationen** vermittelt. Diese betreffen bspw. den bisherigen Verlauf des Insolvenzverfahrens, die Ziele des Planverfahrens und ggf. den Vermögensstand sowie die Bereitschaft des Schuldners, das Unternehmen fortzuführen (§§ 220, 229 f. InsO). 190

Im **gestaltenden Teil** wird festgelegt, wie die **Rechtsstellung der Beteiligten** durch den Insolvenzplan **geändert** werden soll. In ihrer Rechtsstellung betroffen sind regelmäßig die *Insolvenzgläubiger*, deren Forderungen zumeist (teil-)erlassen oder gestundet werden (§ 224 InsO – anders *nachrangige Insolvenzgläubiger*, vgl. § 225 Abs. 1 InsO). *Absonderungsberechtigte* sind demgegenüber nur in Sonderfällen betroffen (vgl. § 223 Abs. 1 S. 1 InsO). Gleiches gilt für *Anteilsinhaber*: Im Rahmen des ESUG wurde in § 225a InsO die Möglichkeit geschaffen, die Rechte der Anteilsinhaber zu gestalten. Nur in diesem Fall sind sie betroffen. 191

Soweit Beteiligte mit unterschiedlicher Rechtsstellung betroffen sind, ist die **Bildung von Gruppen** obligatorisch (§ 222 Abs. 1 InsO). Beteiligte mit gleicher Rechtsstellung können weiter untergliedert werden, soweit die Abgrenzung sachgerecht erfolgt (§ 222 Abs. 2 InsO). **Innerhalb** jeder Gruppe ist zwingend die **Gleichbehandlung** zu wahren (§ 226 InsO – Abweichung nur bei Zustimmung aller Betroffenen). **Zwischen** den einzelnen Gruppen bedarf es hingegen **keiner** Gleichbehandlung. Allerdings kann die Ungleichbehandlung zu Problemen bei der Annahme führen (dazu sogleich). 192

II. Annahme und Bestätigung des Insolvenzplans

Wird der Plan nicht von Amts wegen durch das Insolvenzgericht zurückgewiesen (§ 231 InsO), bestimmt es einen **Termin zur Erörterung und Abstimmung** über den Plan (§ 235 InsO). Da dieser nicht vor dem Prüfungstermin stattfinden darf (§ 236 InsO) und bis zu diesem geraume Zeit vergeht, kann das Insolvenzgericht die Verwertung und Verteilung der Masse zwischenzeitlich aussetzen, wenn anderenfalls die Plandurchführung gefährdet wäre (§ 233 InsO). 193

Die **Abstimmung** über den Plan erfolgt in den vorgenannten Gruppen (zu den Stimmrechten: §§ 237 ff. InsO). Innerhalb der einzelnen Gruppen ist für die Zustimmung eine Kopf- und Summenmehrheit erforderlich (§§ 243 f. InsO). Grundsätzlich bedarf es für die Annahme der **Zustimmung sämtlicher Gruppen**. Eine Erleichterung stellt das **Obstruktionsverbot** dar (§ 245 InsO). Hiernach wird die Zustimmung einer Gruppe fingiert, wenn (neben weiteren Voraussetzungen) deren Angehörige durch den Plan im Vergleich zu einer Regelabwicklung (voraussichtlich) keinen Nachteil erleiden und nicht gegenüber den grds. nach- oder gleichrangigen Gläubigern benachteiligt werden. Insofern kann also die angeführte Ungleichbehandlung zwischen einzelnen Gruppen einer Annahme entgegenstehen. 194

Sebastian Egger

195 Nach der Annahme und der (fingierten) Zustimmung durch den Schuldner (§ 247 InsO) entscheidet das Insolvenzgericht über die **Bestätigung des Insolvenzplans** (§§ 248 ff. InsO).

III. Wirkungen des bestätigten Plans

196 Mit der **Rechtskraft** der Bestätigung durch das Insolvenzgericht treten die im gestaltenden Teil festgelegten Wirkungen für und gegen alle Beteiligten ein (§ 254 Abs. 1 InsO). Dies betrifft bspw. den Erlass oder die Stundung von Forderungen (beachte aber die Wiederauflebensklausel nach § 255 InsO). **Erfüllt** der Schuldner in der Folge die im Plan vorgesehenen **Verbindlichkeiten** gegenüber den Insolvenzgläubigern, wird er hinsichtlich der Restverbindlichkeiten frei, soweit im Plan nichts anderes bestimmt ist (§ 227 Abs. 1 InsO). Eine **Nachhaftung** droht beim Insolvenzplanverfahren somit regelmäßig **nicht**.

197 Des Weiteren beschließt das Insolvenzgericht die **Aufhebung des Insolvenzverfahrens**, soweit nichts anderes vorgesehen ist und die Masseansprüche berichtigt oder gesichert sind (§ 258 InsO). Damit endet auch der Insolvenzbeschlag und der Schuldner erhält seine Verwaltungs- und Verfügungsbefugnis zurück. Um die Planerfüllung sicherzustellen kann jedoch vorgesehen werden, dass der Insolvenzverwalter diese überwacht (§ 260 Abs. 1 InsO).

§ 13 Besondere Verfahren: Eigenverwaltung und Verbraucherinsolvenzverfahren

I. Eigenverwaltung

198 In §§ 270 ff. sieht die Insolvenzordnung Regelungen zur sog. Eigenverwaltung vor. Dies ist ein von dem Regelinsolvenzverfahren abweichendes Insolvenzverfahren, welches insbesondere davon geprägt ist, dass die **Verwaltungs- und Verfügungsbefugnis** über die Insolvenzmasse beim **Schuldner** verbleibt. Um die Ordnungsgemäßheit sicherzustellen, wird der Schuldner während der Dauer des Insolvenzverfahrens von einem **Sachwalter** beaufsichtigt, § 274 Abs. 2 InsO.

199 Hauptanwendungsbereich der Eigenverwaltung waren bisher größere Unternehmensinsolvenzen, bei denen das Unternehmen aufgrund exogener Ursachen in die Krise geraten ist, der Schuldner zuverlässig und kompetent genug erscheint, die **Sanierung durchzuführen** und er das Vertrauen der Gläubiger genießt. In diesem Fall eignet sich eine Verbindung der Eigenverwaltung mit einem Insolvenzplanverfahren, da ein wirtschaftlicher Neustart zumeist nur unter Nutzung des schuldnerischen Know-hows gelingt.

200 Mit dem **ESUG** verfolgte der Gesetzgeber das Ziel, der Eigenverwaltung auch außerhalb der vorgenannten Sanierungsfälle zu größerer Bedeutung zu verhelfen. Insbesondere sollen verstärkt auf **Liquidation** ausgerichtete Insolvenzverfahren mittels Eigenverwaltung durchgeführt werden, da der Schuldner seinen Geschäftsbetrieb am besten kennt und somit in erheblichem Maße zur Masseanreicherung beitragen kann.

201 Für **Verbraucherinsolvenzen** ist die Eigenverwaltung demgegenüber ausgeschlossen (§ 270 Abs. 1 S. 3 InsO).

I. Eigenverwaltung

1. Anordnung, Aufhebung und Verfahrensbesonderheiten

Das **Gericht** kann die Eigenverwaltung **bereits im Eröffnungsbeschluss anordnen** (§ 270 Abs. 1 S. 1 InsO). Erforderlich ist stets ein *Antrag des Schuldners und eine Erklärung*, vgl. *§ 270a Abs. 1, 2 InsO*. Zudem dürfen *keine Umstände bekannt sein, die eine Gläubigerbenachteiligung* durch die Eigenverwaltung befürchten lassen (§ 270b Abs. 1 InsO) Einem vorläufigen Gläubigerausschuss ist Gelegenheit zur Äußerung zu geben (§ 270b Abs. 3 S. 1 InsO). **Eine nachträgliche Anordnung** erfolgt auf *Antrag der Gläubigerversammlung* mit *Zustimmung des Schuldners* (§ 271 S. 1 InsO).

Eine **vorzeitige Aufhebung** der Eigenverwaltung richtet sich nach § 272 InsO. Weder für einen Antrag der Gläubigerversammlung noch des Schuldners sind Aufhebungsgründe erforderlich (das Aufhebungsrecht soll vielmehr deren Autonomie wahren). Regelmäßig wird dieses Antragsrecht jedoch dann in Anspruch genommen, wenn der Schuldner das Vertrauen der Gläubiger eingebüßt hat oder wenn sich Sanierungsbestrebungen (nachträglich) als wenig aussichtsreich erweisen.

Die Eigenverwaltung führt zu einer **Verschränkung der Kompetenzen:** Der **Schuldner** bleibt grds. verwaltungs- und verfügungsbefugt und erhält einige Kompetenzen, über die der Insolvenzverwalter im Regelverfahren verfügt: Er kann Masseverbindlichkeiten begründen, ihm obliegt die Erstellung des Gläubigerverzeichnisses und der Vermögensübersicht, er erstattet im Berichtstermin Bericht und kann (neben dem Sachwalter) von der Gläubigerversammlung mit der Ausarbeitung eines Insolvenzplans beauftragt werden. Für besondere Rechtsgeschäfte bedarf er der Zustimmung des Sachwalters oder der Gläubigerversammlung. Der Schuldner übernimmt zudem die Befriedigung der Massegläubiger und die Erlösverteilung (vgl. §§ 279, 281 Abs. 1, 2, 282, 283 Abs. 1, 2, 284 InsO).

Die Aufgaben des **Sachwalters** umfassen primär die Überwachung des Schuldners sowie (ggf.) den Widerspruch gegen bzw. die Zustimmung zu dessen Rechtshandlungen. Manche Kompetenzen sind ihm jedoch ausschließlich zugewiesen. So obliegen ihm die Entgegennahme der Anmeldung der Insolvenzforderungen sowie die Insolvenzanfechtung (vgl. hierzu §§ 270f Abs. 2, 274–277, 280, 281, 285 InsO).

2. Eigenverwaltung im Eröffnungsverfahren

Die vorläufige Eigenverwaltung richtet sich nach § 270b InsO, um eine frühzeitigere und schnellere Sanierung zu erleichtern. Zudem ist von besonderer Bedeutung das sog. **Schutzschirmverfahren** nach § 270d InsO. Dieses dient dem Zweck, Sanierungsanstrengungen vor Verfahrenseröffnung zu erleichtern. Insbes. sieht es keine vorläufige Insolvenzverwaltung vor. Darüber hinaus muss das Insolvenzgericht auf Antrag des Schuldners das bewegliche Vermögen vor Vollstreckungsmaßnahmen schützen. Schließlich kann sich der Schuldner ermächtigen lassen, Masseverbindlichkeiten zu begründen, um seine Bonität zu verbessern und die Bereitschaft (potenzieller) Geschäftspartner zu erhöhen, Geschäftsbeziehungen zu begründen oder aufrechtzuerhalten, da ihre Forderungen in einem späteren Insolvenzverfahren den Rang von Masseforderungen einnehmen.

Nachdem dieses weitgehend publizitätslose Verfahren für die Gläubiger jedoch mit Gefahren verbunden ist, steht dem vorläufigen Gläubigerausschuss das vorgenannte Aufhebungsrecht zu (vgl. § 272 Abs. 1 Nr. 3 InsO).

II. Verbraucherinsolvenzverfahren

207a

Insolvenzschuldner und Verfahrensarten

	Juristische Personen	Natürliche Personen mit unselbstständiger wirtschaftlicher Tätigkeit	Natürliche Personen mit ehemals (= vor Antragstellung) geringfügiger selbstständiger wirtschaftlicher Tätigkeit	Natürliche Personen mit aktiver (= bei Antragstellung) selbstständiger wirtschaftlicher Tätigkeit **oder** ehemals (= vor Antragstellung) selbstständiger wirtschaftlicher Tätigkeit, die nicht nur geringfügig war
Regelinsolvenzverfahren	(+)	(−) *e contrario* § 304 I 1 InsO	(−) *e contrario* § 304 I 2, II InsO	(+)
Verbraucherinsolvenzverfahren (= besonderes Insolvenzverfahren)	(−) *e contrario* § 304 I 1 InsO	(+) § 304 I 1 InsO	(+) § 304 I 2, II InsO	(−) *e contrario* § 304 I, II InsO
Gerichtliches Schuldenbereinigungsplanverfahren	(−)	(+) bei Schuldnerantrag (§§ 305 I Nr. 4, 306 ff. InsO)	(+) bei Schuldnerantrag (§§ 305 I Nr. 4, 306 ff. InsO)	(−)
Restschuldbefreiung	(−) *e contrario* § 286 InsO	(+) bei Schuldnerantrag (§§ 305 I Nr. 1, 287 InsO)	(+) bei Schuldnerantrag (§§ 305 I Nr. 1, 287 InsO)	(+) bei Schuldnerantrag (§ 287 InsO)
Eigenverwaltung	(+) § 270 InsO	(−) § 270 I 3 InsO	(−) § 270 I 3 InsO	(+) § 270 InsO

208 Das Verbraucherinsolvenzverfahren ist nach § 304 Abs. 1 InsO für **natürliche Personen** durchzuführen, die zum Zeitpunkt der Stellung des Eröffnungsantrags **keine selbst-**

II. Verbraucherinsolvenzverfahren

ständige wirtschaftliche Tätigkeit ausüben. Soweit in der Vergangenheit eine selbstständige wirtschaftliche Tätigkeit ausgeübt wurde, findet das Verbraucherinsolvenzverfahren statt, wenn nicht mehr als 19 Gläubiger existieren, keine Verbindlichkeiten aus Arbeitsverhältnissen bestehen und die Vermögensverhältnisse überschaubar sind; § 304 Abs. 1 S. 2, Abs. 2 InsO. Die Durchführung eines regulären Insolvenzverfahrens ist in diesen Fällen unzulässig.

Das Verbraucherinsolvenzverfahren **zielt** primär auf eine **Schuldenbereinigung** ab, um einen wirtschaftlichen Neuanfang zu ermöglichen. Diese soll vornehmlich **einvernehmlich** erfolgen, anderenfalls unter Rückgriff auf die **Restschuldbefreiung**. 209

Auf das Verbraucherinsolvenzverfahren sind die Regelungen, die für das sog. Regelinsolvenzverfahren gelten, in weiten Bereichen deckungsgleich anzuwenden. Entgegen der Rechtslage bis zum 1.7.2014 ist nunmehr auch für das Verbraucherinsolvenzverfahren der „normale" Insolvenzverwalter zuständig (zuvor: Treuhänder). Abweichungen sind in den §§ 304 ff. InsO geregelt. 210

1. Verfahrensbesonderheiten bei Antrag des Schuldners

Von Bedeutung sind insbes. Verfahrensregelungen, die auf eine **einvernehmliche Schuldenbereinigung** abzielen. 211

So ist der Eröffnungsantrag des Schuldners nur dann zulässig, wenn ihm ein sog. **außergerichtliches Schuldenbereinigungsverfahren** vorausgegangen ist (§ 305 Abs. 1 Nr. 1 InsO). In diesem hat der Schuldner den Versuch zu unternehmen, eine vertragliche Einigung mit den Gläubigern zu erzielen, die auf einen (Teil-)Erlass bzw. eine Stundung der Verbindlichkeiten gerichtet ist (str. ist die Zulässigkeit sog. Null-Pläne, mit denen der Schuldner einen Kompletterlass anstrebt; problematisch kann auch die Ernsthaftigkeit des Einigungsversuchs sein). Der außergerichtliche Versuch ist regelmäßig **erfolglos**, wenn auch nur ein Gläubiger das schuldnerische Angebot ablehnt, da die Annahmeerklärungen der anderen Gläubiger zumeist unter der Bedingung abgegeben werden, dass alle das Angebot annehmen. Eine Mehrheitsentscheidung ist gerade nicht möglich. 212

Im Eröffnungsantrag muss zugleich die **Restschuldbefreiung beantragt** oder deren **Nichtbeantragung** erklärt werden; § 305 Abs. 1 Nr. 2 InsO. 213

Ist der Antrag zulässig, schließt sich idR das **gerichtliche Schuldenbereinigungsverfahren** an, während dessen Durchführung das Verfahren über den Eröffnungsantrag ruht (§§ 305 Abs. 1 Nr. 4, 306 Abs. 1 S. 1 InsO). Grundlage dieses Schuldenbereinigungsverfahrens ist ein **Schuldenbereinigungsplan** des Schuldners, der sämtliche Regelungen enthalten kann, die zu einer angemessenen Schuldenbereinigung führen (im Wesentlichen gelten insofern die Ausführungen zum außergerichtlichen Verfahren). Wird dieser **einstimmig angenommen**, hat er die Wirkung eines Prozessvergleichs nach § 794 Abs. 1 Nr. 1 ZPO (§ 308 Abs. 1 S. 1, 2 InsO). Unter besonderen Voraussetzungen kann das Gericht die fehlende Zustimmung einzelner Gläubiger zudem ersetzen; § 309 Abs. 1 InsO. Im Fall der Annahme gelten der Eröffnungsantrag und der Antrag auf Restschuldbefreiung als **zurückgenommen**; § 308 Abs. 2 InsO. 214

Ist das Gericht im Vorfeld davon überzeugt, dass der Plan keine Aussicht auf Erfolg hat (§ 306 Abs. 1 S. 3 InsO; bspw. bei einem Null-Plan) oder wird ihm die Zustimmung durch die Gläubiger verweigert, muss das Verfahren über den Eröffnungsantrag **fortgesetzt** werden (§ 311 InsO). Es schließt sich das eigentliche **Insolvenzverfahren** an, 215 nach dessen Durchführung eine **Restschuldbefreiung** in Betracht kommt (dazu erneut Rn. 174 ff.).

2. Verfahrensbesonderheiten bei Gläubigeranträgen

216 Die Zulässigkeit eines Gläubigerantrags richtet sich nach den allgemeinen Voraussetzungen (dazu Rn. 11 ff.). Insbesondere sind dem Verfahren über den Eröffnungsantrag **weder** ein **außergerichtliches noch** ein **gerichtliches Schuldenbereinigungsverfahren** vorgeschaltet. Allerdings ist der Schuldner berechtigt, einen eigenen Antrag zu stellen, mit der Folge, dass auch das Verfahren über den Gläubigerantrag ruht und sich das weitere Verfahren nach den unter Rn. 211 ff. dargestellten Besonderheiten richtet.

Teil 8: Gewerblicher Rechtsschutz

Klaus Vieweg / Isolde Hannamann

§ 1 Einführung 321
§ 2 Marken- und Kennzeichenrecht 325
§ 3 Patent- und Gebrauchsmusterrecht 343
§ 4 Eingetragenes Design und Gemeinschaftsgeschmacksmuster 355

§ 1 Einführung

Der gewerbliche Rechtsschutz sowie das Urheberrecht samt seinen verwandten Schutzrechten zählen zu den **Immaterialgüterrechten** – auch Recht des geistigen Eigentums genannt. Die Immaterialgüterrechte sind wie das Sacheigentum durch Art. 14 GG geschützt. Die wichtigsten gewerblichen Schutzrechte sind das **Marken-**, das **Patent-**, das **Gebrauchsmuster-** und das **Designrecht** (bis 31.12.2013: Geschmacksmusterrecht – so noch heute auf europäischer Ebene). Das **Urheberrecht** (siehe Teil 9) hingegen wird überwiegend nicht unter den Begriff des gewerblichen Rechtsschutzes gefasst, da es sich vom Schutz für gewerbliche Leistungen durch einen stärkeren Bezug zur Urheberpersönlichkeit unterscheidet. Ergänzt wird der gewerbliche Rechtsschutz durch einen wettbewerbsrechtlichen Leistungsschutz (siehe Teil 6).

2   Während sowohl das **Patent-** als auch das **Gebrauchsmusterrecht** Schutz für *technische Erfindungen* gewähren, stellt das **Designrecht** *ästhetische Gestaltungsformen* und das **Urheberrecht** *persönliche geistige Leistungen* unter Schutz. Einer anderen Ebene von Schutzrechten entstammt dagegen das **Markenrecht**. Es schützt – abweichend von den vorgenannten Rechten – nicht eine kreative Leistung vor Nachahmung, sondern knüpft an die einem *Zeichen innewohnende Unterscheidungsfähigkeit* an. Der gewerbliche Rechtsschutz bezieht sich auf die Ergebnisse (Patent- und Gebrauchsmusterrecht, den Schutz von Halbleitern und Sorten sowie das Designrecht) und die Symbole (Kennzeichenrecht) **gewerblicher Leistungen**. Er bezweckt einen **Interessenausgleich** zwischen dem Leistungserbringer, seinen Konkurrenten und der Allgemeinheit. Der Gesetzgeber trägt den unterschiedlichen Interessen und Schutzrichtungen dadurch Rechnung, dass er den definierten Rechten Schranken entgegenstellt, die insbesondere die gegenläufigen Interessen der Allgemeinheit und der Konkurrenten berücksichtigen.

3   **Sortenschutz** kann aufgrund des SortSchG für Erfindungen, die Pflanzenzüchtungen und Züchtungsverfahren betreffen, durch das Bundessortenamt erteilt werden. Wegen dessen Nähe zum Patentrecht finden dessen Grundsätze Anwendung. Ein Doppelschutz ist hingegen ausgeschlossen.

4   Der **Halbleiterschutz** des HalblSchG bezieht sich auf dreidimensionale Strukturen von mikroelektronischen Halbleitererzeugnissen. Seine Praxisrelevanz ist sehr gering.

5   Die einzelnen Schutzrechte weisen ausgehend von dieser **Zweckrichtung** einige **Gemeinsamkeiten** auf:

6   Sie gewähren dem erstmaligen Leistungserbringer ein **Ausschlussrecht**, aufgrund dessen er Nachahmungen untersagen kann (**Zuordnungsfrage** nach dem **Prioritätsprinzip**). Wegen des überwiegenden Interesses der Allgemeinheit sind gewisse Leistungen jedoch dem Schutz entzogen und damit **gemeinfrei**. Zudem können **rein private** Nutzungshandlungen nicht untersagt werden. Überdies werden die Ausschließlichkeitsrechte (mit Ausnahme des Marken- und Kennzeichenrechts) nur **zeitlich begrenzt** gewährt und können sich bei willentlichem Inverkehrbringen von Leistungserzeugnissen **erschöpfen**. Damit sind nachfolgende Benutzungshandlungen (im Markenrecht bspw. die Weiterveräußerung unter Verwendung des entsprechenden Kennzeichens) zulässig. Hintergrund ist der Ausgleich zwischen dem Interesse des Leistungserbringers an einer monopolisierten wirtschaftlichen Leistungsverwertung und dem Interesse seiner Konkurrenten sowie der Allgemeinheit an freier Zugänglichkeit der Leistungsergebnisse als Grundvoraussetzung für Fortschritt und Innovation. Die vorgenannten Aspekte spiegeln sich auch in der grds. erforderlichen **Registereintragung** wider (es handelt sich bei den gewerblichen Schutzrechten – mit Ausnahme des Gemeinschaftsgeschmacksmusterrechts sowie Teilen des Marken- und Kennzeichenrechts – um sog. formelle Schutzrechte). Diese formelle Entstehungsvoraussetzung dient einerseits der Rechtszuordnung und der Festlegung des Rechtsumfangs und andererseits der Offenbarung des Leistungsergebnisses. Die gewerblichen Schutzrechte können als absolute Rechte im **Rechtsverkehr übertragen** werden. Eine wirtschaftliche Verwertung ist überdies auch ohne Rechtsübertragung durch Einräumung von Benutzungsrechten in Gestalt **einfacher bzw. ausschließlicher Lizenzen** möglich.

7   Der gewerbliche Rechtsschutz ist vom sog. **Territorialitätsprinzip** geprägt. Hiernach beschränkt sich der **Schutzbereich des nationalen Immaterialgüterrechts** in räumlicher Hinsicht auf das jeweilige Staatsgebiet. Dem **internationalen Kollisionsrecht**, also der Frage, welches nationale Recht im Einzelfall Anwendung findet, liegt das sog. **Schutz-**

landprinzip zugrunde. Hiernach richten sich Entstehung, Inhalt, Bestand und Inhaberschaft des Schutzrechts sowie Tatbestand und Rechtsfolgen von Verletzungshandlungen nach dem Recht des Landes, für dessen Gebiet Schutz begehrt wird (Art. 8 Abs. 1 Rom II-VO). Dies hat zur Folge, dass eine Handlung nach dem Immaterialgüterrecht mehrerer Länder sanktioniert werden kann, soweit nur jeweils ein Bezug zu deren Gebiet besteht. Bedeutung erlangt dies insbes. im Zusammenhang mit Schutzrechtsverletzungen im Internet.

In Teilbereichen des gewerblichen Rechtsschutzes wurden **Schutzrechte mit unionsweiter, einheitlicher Geltung** geschaffen (bspw. das Gemeinschaftsgeschmacksmuster und die Unionsmarke – dazu Rn. 71). Daneben wurde eine Vielzahl **internationaler Abkommen** geschlossen, die grenzüberschreitende Sachverhalte regeln. Die größte Bedeutung haben das *TRIPs-Abkommen* („Agreement on Trade Related Aspects of Intellectual Property Rights", siehe Teil 11 Rn. 39 f., – gilt für alle Immaterialgüterrechte) und die *Pariser Verbandsübereinkunft zum Schutze des gewerblichen Eigentums* mit ihren *Nebenabkommen* (PVÜ – gilt für gewerbliche Schutzrechte).

In der jüngeren Vergangenheit haben die Phänomene der **Kumulation von Schutzrechten** (also die Gewährung verschiedener Immaterialgüterrechte für eine geistige Leistung) und des **Doppelschutzes** (dies meint die kumulative Schutzrechtserlangung nach nationalem und Gemeinschaftsrecht) große Bedeutung erlangt. Während der Doppelschutz klar geregelt ist (zulässig im Bereich des Marken- und Design- bzw. Geschmacksmusterrechts), bedarf es für die Kumulation von Schutzrechten einer Differenzierung: Innerhalb derselben Schutzrechtskategorie (bspw. der technischen Schutzrechte – namentlich des Patent- und Gebrauchsmusterrechts) ist eine Kumulation ohne Weiteres zulässig. Überschneidungen zwischen verschiedenen Schutzrechtskategorien sollen hingegen weitgehend verhindert werden. Gesetzestechnisch wurde dies über die wechselseitige Aufnahme negativer Schutzvoraussetzungen, also absoluter Schutzhindernisse, verwirklicht, die im Rahmen der jeweiligen Schutzrechte näher dargestellt werden. Gleichwohl sind nicht alle Problemfälle erfasst. Insbes. sind Überschneidungen zwischen Marken- und Designrecht mit dem Urheberrecht nicht ausgeschlossen, die im Hinblick auf die unterschiedlichen Regelungen zur Rechteinhaberschaft, Verkehrsfähigkeit und Schutzdauer Friktionen hervorrufen können.

Das Phänomen der Rechtekumulation im Rahmen der gewerblichen Schutzrechte wird im „Legostein-Fall"[1] deutlich, dem das Bestreben eines Klemmbausteinherstellers nach möglichst umfangreichem Immaterialgüterschutz zugrunde lag.

---

1 BGH, NJW 1964, 920 ff. (Klemmbausteine I), BGH NJW-RR 1992, 1067 ff. (Klemmbausteine II), BGH NJW-RR 2005, 983 ff. (Klemmbausteine III).

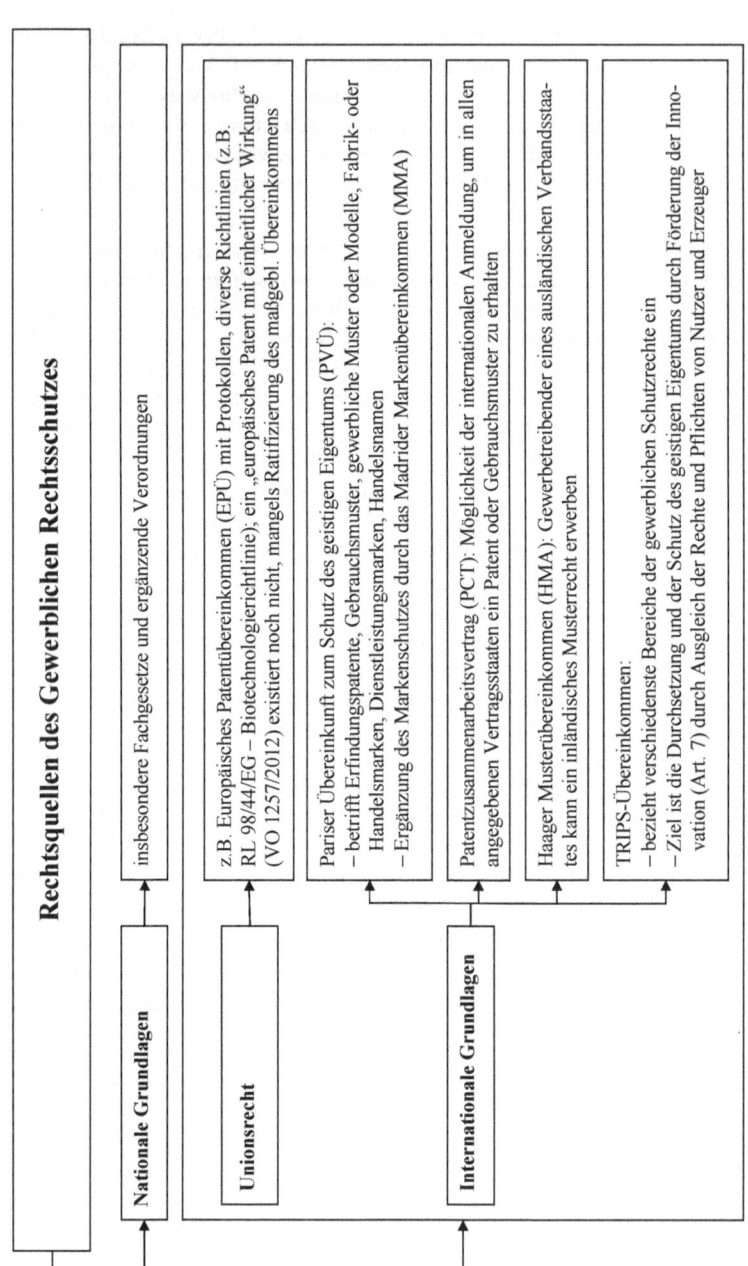

Zur Vertiefung (Rn. 7 ff.):

Zum Territorialitätsprinzip: Götting, Gewerblicher Rechtsschutz, 11. Aufl. 2020, § 7 Rn. 1 ff.
Zur Problematik der Verletzung im Internet: Pierson in: Pierson/Ahrens/Fischer, Recht des geistigen Eigentums, 4. Aufl. 2018, S. 504; *Glöckner/Kur*, GRUR-Beil. 2014, 29 ff.
Zu Kumulation und Doppelschutz: McGuire, GRUR 2011, 767 ff.

§ 2 Marken- und Kennzeichenrecht

I. Begriff, Funktion, Bedeutung und Regelungsbereiche

Der *Begriff* des **Kennzeichenrechts** beschreibt eine Rechtsmaterie, die – ihrer *Funktion* nach – den Schutz von Zeichen bezweckt, die auf bestimmte Produkte, Unternehmen, Werke oder die geographische Herkunft hinweisen.

Die größte Praxisrelevanz kommt dem **Markenrecht** (§ 1 Nr. 1 MarkenG) als *Regelungsbereich* des Kennzeichenrechts iwS zu. Dieses schützt nicht unmittelbar die Produkte eines Unternehmens, sondern die Zeichen, unter denen diese in den Rechtsverkehr gebracht und vertrieben werden, also den *Namen einer unternehmerischen Leistung*. Es dient rechtspolitisch einerseits dem unternehmerischen Interesse (Ausschließungsbefugnis gegenüber anderen Nutzern) und andererseits dem Interesse des Rechtsverkehrs (Vermeidung der Verwechslungsgefahr und Irreführung hinsichtlich der betrieblichen Herkunft). Neben der *Herkunftsfunktion* werden dem Markenrecht auch *Qualitäts-, Investitions-, Werbe-* und *allg. Kommunikationsfunktionen* zugeschrieben, die im Einzelnen jedoch umstritten sind (vgl. dazu unten Rn. 47 f.).

Die wirtschaftliche Bedeutung zeigt sich am Markenwert bedeutender Unternehmen und Personen:

Apple 300,60 Mrd. US-$, Amazon 249,25 Mrd. US-$, Google 196,81 Mrd. US-$, BMW 41,63 Mrd. EUR.

Die weiteren Regelungsbereiche, namentlich der Schutz **geschäftlicher Bezeichnungen** (§ 1 Nr. 2 MarkenG) und **geographischer Herkunftsangaben** (§ 1 Nr. 3 MarkenG), werden in Rn. 64 ff. dargestellt.

II. Entwicklung, Rechtsgrundlagen, Struktur und Bezug zu anderen Schutzrechten

Das am 1.1.1995 in Kraft getretene **MarkenG** löste das *Warenkennzeichengesetz* von 1936 ab und diente der Umsetzung der RL 89/104/EGW (neu kodifiziert in RL 2008/95/EG). Soweit der Schutz von Marken betroffen ist, erfolgt die Auslegung des MarkenG deshalb – anders als bei geschäftlichen Bezeichnungen und geographischen Herkunftsangaben, die keine Entsprechung in den markenrechtsbezogenen Richtlinien (sondern anderen Rechtsakten) haben – unter Heranziehung der Richtlinienvorgaben. Auf Unionsebene von Relevanz ist auch die *Unionsmarkenverordnung* als rechtliche Grundlage der sog. Unionsmarke (VO [EU] Nr. 2017/1001), die seit 1.10.2017 an die Stelle der Gemeinschaftsmarkenverordnung (VO [EG] Nr. 207/2009) getreten ist (dazu im Einzelnen Rn. 71.). Die die RL (EU) Nr. 2015/2435 umsetzende Novelle – das Markenmodernisierungsgesetz (MaMoG) – ist am 14.1.2019 in Kraft getreten.

16 Das Markengesetz hat folgende **Struktur**:

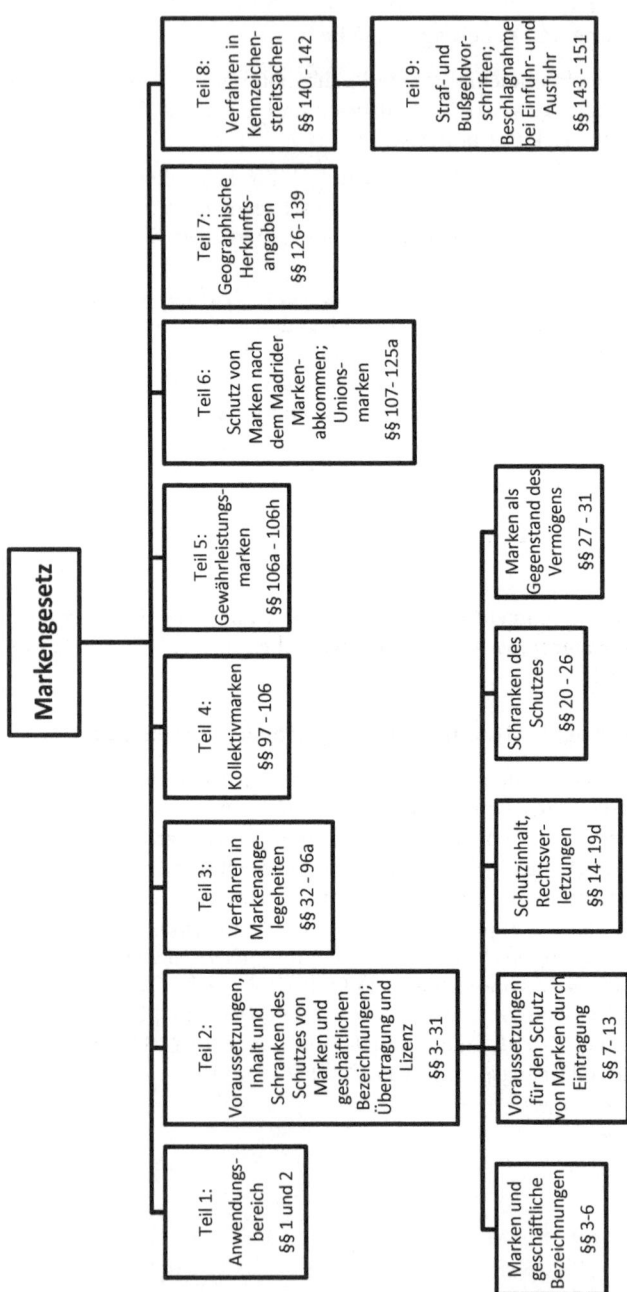

17 Im Anwendungsbereich des MarkenG ist ein **Rückgriff auf §§ 12, 823 ff. BGB** ausgeschlossen. Demgegenüber bleibt der **registerrechtliche Firmenschutz** (§§ 18–36 HGB)

unberührt. Die Abgrenzung zu **technischen Schutzrechten** erfolgt durch § 3 Abs. 2 Nr. 2 MarkenG und zum **Design- und Urheberrecht** über § 3 Abs. 2 Nr. 3 MarkenG für rein ästhetische dreidimensionale Gestaltungsformen. Gleichwohl ist die Kumulation von Kennzeichen und ästhetischen Schutzrechten nicht ausgeschlossen.

Zur Vertiefung (Rn. 15):
Zu den Rechtsquellen: Götting, Gewerblicher Rechtsschutz, 11. Aufl. 2020, § 52 Rn. 1 ff.
Zu Konkurrenzfragen: Ingerl/Rohnke, MarkenG, 3. Aufl. 2010, § 2.

III. Schutzgegenstand

Schutzgegenstand des Markenrechts sind 18
Zeichen, die auf Waren/Dienstleistungen aus einem Unternehmen Bezug nehmen.

IV. Arten

Im Hinblick auf ihren **Entstehungsgrund** kann zwischen der **Registermarke** (§ 4 Nr. 1 MarkenG – formelles, geprüftes Schutzrecht), der **Benutzungsmarke** (§ 4 Nr. 2 MarkenG – ungeprüftes Schutzrecht) und der **Notorietätsmarke** (§ 4 Nr. 3 MarkenG – ungeprüftes Schutzrecht) unterschieden werden. Der Registermarke kommt die größte Praxisrelevanz zu. 19

In Bezug auf die **Inhaberschaft** wird zudem zwischen den **Individualmarken** und den **Kollektivmarken**, die von Verbänden erworben werden können, unterschieden (§§ 97 ff. MarkenG). 20

Hinsichtlich ihres **Geltungsbereichs** ist zwischen den **Marken nach dem MarkenG**, deren Geltung auf das Gebiet der Bundesrepublik Deutschland als Schutzstaat beschränkt ist (sog. Territorialitätsprinzip – dazu § 1), und den **Unionsmarken**, deren Schutz sich auf das gesamte Gebiet der EU erstreckt, zu unterscheiden. 21

V. Materielle und formelle Voraussetzungen

Die Entstehung von Markenschutz ist an allgemeine und schutzrechtsspezifische materielle Voraussetzungen geknüpft. Für die Registermarke als eingetragenes Schutzrecht bestehen überdies formelle Anforderungen. 22

1. Allgemeine materielle Voraussetzungen

a) Markenfähigkeit (§ 3 MarkenG)

Gem. § 3 Abs. 1 MarkenG sind **zur Unterscheidung geeignete Zeichen markenfähig**. 23

Die Aufzählung in Abs. 1 (Wörter, Abbildungen, Buchstaben, Zahlen, Klänge, dreidimensionale Gestaltungen, Farben etc) ist nicht abschließend. Der **Zeichenbegriff** erfordert allein die *sinnliche Wahrnehmbarkeit*; bspw. sind auch Düfte erfasst (vgl. aber Rn. 29). Ebenso sind Kombinationen, wie bspw. Wort-Bild-Marken, anzuerkennen. Die **Unterscheidungsfähigkeit** ist **rein abstrakt** – also unter Außerachtlassen der konkreten Produkte und Dienstleistungen – zu beurteilen. Maßgeblich ist insofern, ob das Zeichen geeignet ist, die kommerzielle Quelle der gekennzeichneten Leistung gegenüber anderen Quellen abzugrenzen. Daran fehlt es bspw. dann, wenn das Zeichen allein geeignet ist, auf physikalische oder sonstige produkt- oder leistungsimmanente Eigenschaften der Waren oder Dienstleistungen hinzuweisen. 24

Klaus Vieweg / Isolde Hannamann

25 Nicht markenfähig sind nach Abs. 2 Zeichen, die ausschließlich aus **Formen oder anderen charakteristischen Merkmalen** bestehen, sofern diese

- durch die *Art der Ware selbst bedingt* sind (Nr. 1);
- zur Erreichung einer *technischen Wirkung erforderlich* sind (Nr. 2) – Dieser Ausschlussgrund soll eine – zeitlich unbegrenzte – Monopolisierung technischer Lösungen über das Markenrecht verhindern (technische Schutzrechte unterliegen wegen des Allgemeininteresses an der Zugänglichkeit technischer Innovation einer Höchstschutzdauer, vgl. Rn. 60). Der Ausschlussgrund ist dann relevant, wenn die wesentlichen funktionellen Merkmale des Zeichens nur der technischen Wirkung zuzuschreiben sind, unabhängig davon, ob andere Gestaltungen dieselbe technische Wirkung ermöglichen. Daran scheiterte der Markenrechtsschutz im oben (Rn. 10) erwähnten Legobaustein-Fall, da die Noppen auf der Oberseite eine wesentliche technische Funktion erfüllen;
- oder der Ware einen *wesentlichen Wert verleihen* (Nr. 3). Die Auslegung von Nr. 3 bereitet Schwierigkeiten: Während der BGH lediglich Formgebungen mit rein ästhetischem Wert, die keine Herkunftsfunktion erfüllen können (also reine Design- bzw. Kunstobjekte), ausschließen und allein nach dem Design- bzw. Urheberrecht Schutzrechten unterstellen wollte, hat der EuGH klargestellt, dass ein Fall der Nr. 3 auch dann vorliegen kann, wenn neben der Form auch weitere Eigenschaften der Ware – bspw. deren Funktion – einen besonderen Wert verleihen (maßgeblich für die Wesentlichkeit des Formenwerts sind dann verschiedene Faktoren, wie bspw. der Grad der Andersartigkeit und die Vermarktungsstrategie).

Zur Vertiefung (Rn. 17):
Zum Ausschluss nach § 3 Abs. 2 Nr. 2: BGH GRUR 2010, 231 (234 f.) – Legostein; EuGH GRUR 2010, 1008 (1010) – Lego; iE *Jaeschke*, GRUR 2008, 749 ff.
Zum Ausschluss nach § 3 Abs. 2 Nr. 3: Vgl. einerseits die enge Auslegung des BGH GRUR 2008, 71 (72 f.) – Fronthaube, GRUR 2010, 138 (139 f.) – ROCHER-Kugel und andererseits das weite Verständnis des EuGH 2014, 1097 (1098 f.) – Hauck/Stokke ua („Tripp Trapp Stuhl") m. krit. Anm. *Kur*.

b) Keine absoluten Schutzhindernisse

26 Es dürfen überdies **keine absoluten Schutzhindernisse** gem. § 8 Abs. 2 Nrn. 4–13 MarkenG vorliegen (hinsichtlich der Schutzhindernisse nach Nrn. 1–3 und 14 sind hingegen Besonderheiten für die Register- und Benutzungsmarke zu beachten; dazu Rn. 30 u. Rn. 36 f.). Ausgeschlossen sind hiernach Zeichen, die zur *Täuschung geeignet* sind (Nr. 4), *gegen die öffentliche Ordnung oder die guten Sitten verstoßen* (Nr. 5), *staatliche Hoheitszeichen* enthalten (Nr. 6), die *nach Rechtsvorschriften und Bekanntmachungen von der Markeneintragung ausgeschlossen* sind (Nrn. 7–12) und deren Benutzung nach anderen Vorschriften *im öffentlichen Interesse ersichtlich untersagt werden kann* (Nr. 13) (z.B. geschützte geografische Angaben).

Zur Vertiefung:
Zu den absoluten Schutzhindernissen: Götting, Gewerblicher Rechtsschutz, 11. Aufl. 2020, § 54 Rn. 1 ff.

2. Besondere Voraussetzungen der Registermarke (§ 4 Nr. 1 MarkenG)

Für die Registermarke als eingetragenes, geprüftes Schutzrecht bestehen weitere Anforderungen. 27

a) Besondere materielle Voraussetzungen

aa) Klare und eindeutige Bestimmung des Schutzgegenstands (§ 8 Abs. 1 MarkenG)

Die Registermarke musste nach der bis zum 13.1.2019 geltenden Fassung **grafisch darstellbar** sein. Mit dem MoMaG ist diese Voraussetzung entfallen. Voraussetzung ist nun, dass die Marke 28

> in eindeutiger, präziser, in sich abgeschlossener, leicht zugänglicher, verständlicher, objektiver Weise dargestellt wird.

Farbmarken können z.B. mittels Farbmuster, einer Beschreibung und ggf. eines international anerkannten Kennzeichnungscodes (bspw. RAL 5015 / HKS 47 für „Himmelblau") und Klänge mittels Wiedergabe der Tonfolge in Notenzeichen optisch dargestellt werden. Auch die Anmeldung einer Geruchsmarke ist damit grundsätzlich möglich.[2] 29

bb) Keine absoluten Schutzhindernisse (§ 8 Abs. 2 Nrn. 1–3, 14 MarkenG)

Von der **Eintragung ausgeschlossen** sind gem. § 8 Abs. 2 MarkenG Marken, 30

- denen für die Waren oder Dienstleistung *jegliche Unterscheidungskraft fehlt* (Nr. 1). Das Zeichen muss sich hiernach **konkret** eignen, vom Verkehr als Unterscheidungsmittel hinsichtlich der unternehmerischen Herkunft der Produkte oder Dienstleistungen aufgefasst zu werden. Es genügt **jede noch so geringe Unterscheidungskraft** (diese fehlt bspw. Wörtern aus dem allgemeinen Sprachschatz, wenn sie eine beschreibende Sachaussage enthalten [„marktfrisch"; anders hingegen „YES", „FOR YOU" und „LOOK" für Tabakprodukte] sowie für sog. Eventmarken [„FUSSBALL WM 2006"]).
- die im Verkehr zur *Bezeichnung der Merkmale der Waren oder Dienstleistungen dienen können* (Nr. 2 – sog. Freihaltebedürfnis, zB „Diesel"). Handelt es sich um derartige **merkmalbeschreibende Angaben**, wird es häufig auch an der Unterscheidungskraft fehlen. Damit können Überschneidungen mit Nr. 1 auftreten. Allerdings divergiert die Schutzrichtung: Während Nr. 1 primär das Verkehrsinteresse schützt, auf die Herkunft einer Leistung schließen zu können, dient Nr. 2 in erster Linie den Wettbewerbern und deren Interesse, merkmalsbeschreibende Angaben frei verwenden zu können.
- die *üblich gewordene Bezeichnungen* darstellen (Nr. 3). Für diese Fallgruppe besteht kein besonderes Bedürfnis, da sich die Bezeichnung gerade auf die Ware oder Dienstleistung beziehen muss und deren Üblichkeit entweder zur fehlenden Unterscheidungskraft oder aber zu einem Freihaltebedürfnis führt.
- die *böswillig angemeldet* sind (Nr. 14).

---

2 Zu den Vorgaben der Darstellung einer Geruchsmarke EuGH GRUR 2003, 145 (148) – Sieckmann.

Klaus Vieweg / Isolde Hannamann

31 Allerdings können die Eintragungshindernisse der **Nrn. 1–3** mittels **Verkehrsdurchsetzung in den beteiligten Verkehrskreisen** überwunden werden (§ 8 Abs. 3 MarkenG). Maßgeblich ist, ob ein *wesentlicher Teil* der Verkehrskreise die Marke mit diesem Marktteilnehmer und keinem anderen Unternehmen in Verbindung bringt oder annimmt, dass Waren mit dieser Form oder Dienstleistungen von diesem Unternehmer stammen. Den maßgeblichen *Verkehrskreis* für Waren des täglichen Bedarfs bildet die Gesamtbevölkerung. Das heranzuziehende *geographische Gebiet* umfasst die gesamte Bundesrepublik, da dies dem räumlichen Geltungsbereich eingetragener Marken entspricht. Wenngleich in die anzustellende Einzelfallprüfung verschiedene Faktoren wie der *Marktanteil*, die *Intensität der Markenbenutzung* etc einzubeziehen sind, wird in der Praxis regelmäßig ein **Mindestzuordnungsgrad von 50 %** gefordert.

cc) Bedeutung relativer Schutzhindernisse

32 §§ 9–13 MarkenG enthalten sog. **relative Schutzhindernisse**, die aus einer Kollision der eingetragenen Marke mit **prioritätsälteren Rechten** (§ 6 MarkenG) folgen. Die in § 9 Nrn. 1–3 MarkenG angeführten Kollisionsfälle entsprechen denen des Verletzungstatbestands des § 14 Abs. 2 MarkenG und werden deshalb unter Rn. 42 ff. im Einzelnen dargestellt. Wegen ihrer Relativität führen die Schutzhindernisse gem. §§ 9, 11, 12 und 13 MarkenG lediglich zur sog. **Löschungsreife**, die mittels *Widerspruchs im Löschungsverfahren* oder *einredeweise im Verletzungsverfahren* geltend zu machen ist. Von **Amts wegen** werden sie hingegen **nicht berücksichtigt** (Ausnahme: § 10 MarkenG).

Zur Vertiefung (Rn. 31 f.):
Zu den relativen Schutzhindernissen: Götting, Gewerblicher Rechtsschutz, 11. Aufl. 2020, § 54 Rn. 30 ff. mit zahlreichen Bsp.; BGH, GRUR 2006, 850 – FUSSBALL WM 2006.
Zur Verkehrsdurchsetzung: BGH, GRUR 2006, 679 (682) – Porsche Boxster; BGH, GRUR 2016, 1167 – Sparkassen-Rot; BGH, WRP 2021, 1566 – NJW Orange.

b) Formelle Schutzvoraussetzungen

33 Erforderlich ist die **Eintragung in das Markenregister** durch das Deutsche Patent- und Markenamt (DPMA) (§ 41 Abs. 1 MarkenG). Diese setzt eine **Anmeldung** entsprechend § 32 Abs. 2 MarkenG voraus (weitere Anforderungen enthält die MarkenVO). Erforderlich sind neben dem *Antrag* (Nr. 1) die *Angabe der Identität des Anmelders* (Nr. 2), die *Wiedergabe der Marke* (Nr. 3) und das Beifügen eines *Verzeichnisses der Waren oder Dienstleistungen*, für die die Eintragung beantragt wird (Nr. 4). Dem Verzeichnis kommt erhebliche Bedeutung zu, da sich der Schutz nur auf die angegebenen Waren- und Dienstleistungsklassen erstreckt. Der Anmeldungseingang bestimmt den Zeitrang (§§ 6 Abs. 2, 33 Abs. 1 MarkenG).

3. Besondere Voraussetzungen der Benutzungsmarke (§ 4 Nr. 2 MarkenG)

34 Eine Besonderheit bildet der **Markenschutz kraft Verkehrsgeltung** aufgrund markenmäßiger Benutzung (sog. **Benutzungsmarke**) gem. § 4 Nr. 2 MarkenG. Dieser entsteht **ohne Eintragung** in das Markenregister.

35 Die *grafische Darstellbarkeit* gem. § 8 Abs. 1 MarkenG a.F. war bei der Benutzungsmarke in Abweichung von der Registermarke keine Entstehungsvoraussetzung. Gleichwohl wurde bereits auf den allgemeinen Bestimmtheitsgrundsatz hingewiesen, dem-

V. Materielle und formelle Voraussetzungen

zufolge Inhalt und Grenzen des Markenrechts für Dritte erkennbar sein müssen. Ein Gleichlauf besteht hinsichtlich der *allgemeinen materiellen Schutzvoraussetzungen* (Markenfähigkeit sowie § 8 Abs. 2 Nrn. 4–13 MarkenG analog).

a) Verkehrsgeltung

Die Verkehrsgeltung muss **innerhalb beteiligter Verkehrskreise** bestehen. Es genügt, wenn sie in einem jedenfalls *nicht unerheblichen Teil* dieser Kreise erreicht wird. Wie bei der Verkehrsdurchsetzung nach § 8 Abs. 3 MarkenG ist auch insofern eine Einzelfallprüfung anzustellen (dazu erneut Rn. 31). Ein Gleichlauf besteht ebenfalls hinsichtlich der Bestimmung der beteiligten *Verkehrskreise*; die Prüfung kann sich jedoch *auf Teile des Bundesgebiets* beschränken, da der räumliche Geltungsbereich der Benutzungsmarke nicht zwingend bundesweit sein muss. 36

Eine **allgemeingültige Festlegung von Prozentsätzen ist nicht möglich**, da viele Faktoren, wie bspw. die *Kennzeichnungskraft des Zeichens* oder ein etwaiges *Freihaltebedürfnis* in die Beurteilung einfließen. So ist bei Zeichen, denen ein Eintragungshindernis analog § 8 Abs. 2 Nrn. 1–3 MarkenG entgegenstünde, ein **Mindestzuordnungsgrad von 50 %** entsprechend den Voraussetzungen der Verkehrsdurchsetzung erforderlich (Bsp: freihaltebedürftige Gattungsbezeichnung „schwarzer Krauser" – deutlich über 52,1 % notwendig; geographische Herkunftsangabe „Halberstädter Würstchen" – 73 % ausreichend; bei Farben und Formen ist unter anderem die Gewöhnlichkeit entscheidend – 58 % ausreichend für die Farbmarke „Nivea-Blau", – 52 % ausreichend für „Langenscheidt-Gelb"), bei unterscheidungskräftigen, nicht freihaltebedürftigen Zeichen genügen demgegenüber teils schon Zuordnungsgrade von 20–25 %. Damit sind die Voraussetzung der Verkehrsgeltung weniger streng als die der Verkehrsdurchsetzung (dazu erneut Rn. 31). 37

b) Maßgeblicher Zeitpunkt

Der Schutz tritt mit **Erlangen der Verkehrsgeltung** ein, die zwar mit der Markteinführung zusammenfallen kann, ihr jedoch regelmäßig nachfolgt. Dieser Zeitpunkt ist auch für den Zeitrang maßgeblich (§ 6 Abs. 3 MarkenG). 38

Zur Vertiefung (Rn. 36 f.):
Zur Verkehrsgeltung: BGH, GRUR 1990, 281 (683) – Schwarzer Krauser; OLG Dresden, GRUR-RR 2002, 257 (258 f.) – Halberstädter Würstchen; BGH, GRUR 2015, 581 (585) – Langenscheidt-Gelb; GRUR 2015, 1012 (1015) – Nivea-Blau; BGH, WRP 2021, 1295 – Goldhase III.

4. Besondere Voraussetzungen der notorisch bekannten Marke (§ 4 Nr. 3 MarkenG)

Ebenfalls geschützt sind die **notorisch bekannten Marken** iSd Art. 6 bis der Pariser Verbandsübereinkunft (Bsp. „Coca-Cola", „BMW", „Adidas"). Werden diese im Inland benutzt, genießen sie zumeist bereits Schutz über § 4 Nr. 2 MarkenG. Eigenständige Bedeutung erlangt § 4 Nr. 3 MarkenG somit allein für ausländische Marken, die im Inland nicht benutzt werden und dennoch zugleich den erforderlichen Bekanntheitsgrad aufweisen. Der erforderliche Bekanntheitsgrad geht weit über die Verkehrsgeltung hinaus. Erforderlich ist eine **Mindestquote von 60–70 % im allgemeinen Verkehr**. 39

VI. Berechtigter

40 Als Rechtsinhaber kommen gem. § 7 MarkenG natürliche und juristische Personen sowie Personengesellschaften mit der Fähigkeit, Träger von Rechten und Pflichten zu sein (bspw. die OHG und die KG, aber auch die Außen-GbR), in Betracht. Die originäre Inhaberschaft steht bei der **Registermarke** dem *Eingetragenen* und bei der **Benutzungsmarke** demjenigen zu, der *aus Verkehrssicht als Kontrollverantwortlicher hinsichtlich der gekennzeichneten Produkte aufgefasst wird*.

Zur Vertiefung:
Zur Markenrechtsfähigkeit der GbR: Fezer, MarkenG, 4. Aufl. 2009, § 7 Rn. 39 ff., 53 ff.; ablehnend noch BGH, GRUR 2000, 1028 (1030) – Ballermann.

VII. Rechtsinhalt

41 Ob das ausschließliche Markenrecht (§ 14 Abs. 1 MarkenG) neben der gesetzlich geregelten negativen Dimension (**Verbietungsrecht** – § 14 Abs. 2 ff. MarkenG) auch eine positive in Gestalt eines **Benutzungsrechts** umfasst, ist umstritten. Der Schwerpunkt liegt in der Rechtspraxis auf der Geltendmachung von Verbietungsrechten.

Zur Vertiefung:
Zum Streitstand: Bejahend: *Götting*, Gewerblicher Rechtsschutz, 11. Aufl. 2020, § 56 Rn. 1; *Becker*, WRP 2010, 467 ff; *Körner*, GRUR 2005, 33 (37); *Eichmann*, MarkenR 2003, 22; verneinend: Ingerl/Rohnke, MarkenG, 3. Aufl. 2010, § 14 Rn. 8.

1. Verbietungsrecht

42 Aufgrund des Verbietungsrechts kann der Rechtsinhaber einem Dritten untersagen, ohne seine Zustimmung im geschäftlichen Verkehr

- ein identisches Zeichen für identische Waren oder Dienstleistungen zu benutzen (§ 14 Abs. 2 S. 1 Nr. 1 MarkenG – **Identitätsschutz**),
- ein Zeichen zu benutzen, wenn wegen der Identität oder Ähnlichkeit der betreffenden Zeichen und der Identität oder Ähnlichkeit der erfassten Waren oder Dienstleistungen eine Verwechslungsgefahr hervorgerufen wird (§ 14 Abs. 2 S. 1 Nr. 2 MarkenG – **Verwechslungsschutz**),
- ein identisches oder ähnliches Zeichen außerhalb des Produktähnlichkeitsbereichs zu benutzen, wenn durch die Benutzung die Unterscheidungskraft oder Wertschätzung der im Inland bekannten Marke ohne rechtfertigenden Grund in unlauterer Weise ausgenutzt oder beeinträchtigt wird (§ 14 Abs. 2 S. 1 Nr. 3 MarkenG – **Bekanntheitsschutz**).

a) Benutzung der Marke im geschäftlichen Verkehr ohne Zustimmung des Inhabers

43 Alle Kollisionstatbestände setzen zunächst eine **Benutzung der Marke im geschäftlichen Verkehr** durch den Dritten ohne Zustimmung des Rechtsinhabers voraus. Diese muss überdies – als ungeschriebenes Merkmal – **markenmäßig** erfolgen.

44 Die Aufzählung **untersagter Handlungsformen** in § 14 Abs. 3 MarkenG ist nicht abschließend. Hiernach kommen insbes. in Betracht: die *Anbringung des Zeichens auf Waren oder Verpackungen* (Nr. 1), das *Anbieten und Inverkehrbringen von Waren unter diesem Zeichen und deren Besitz zu diesen Zwecken* (Nr. 2), das *Anbieten*

oder *Erbringen von Dienstleistungen unter diesem Zeichen* (Nr. 3), die *Einfuhr oder Ausfuhr von Waren unter diesem Zeichen* (Nr. 4), *die Benutzung des Zeichens als Handelsnamens oder geschäftlicher Bezeichnung* (Nr. 5), *die Benutzung des Zeichens in Geschäftspapieren oder der Werbung* (Nr. 6) und *der Benutzung des Zeichens in der vergleichenden Werbung in einer der Richtlinie 2006/114/EG über irreführende und vergleichende Werbung* (Nr. 7). § 14 Abs. 4 MarkenG untersagt darüber hinaus einzelne **Vorbereitungshandlungen**.

aa) Beschränkung auf den geschäftlichen Verkehr

In der Beschränkung auf den **geschäftlichen Verkehr** kommt zum Ausdruck, dass das Markenrecht der Regelung des wirtschaftlichen Wettbewerbs dient. Erfasst sind von diesem weit auszulegenden Begriff 45

selbstständige, auf einen wirtschaftlichen Vorteil gerichtete kommerzielle Betätigungen.

Rein private oder hoheitliche Tätigkeiten werden nicht erfasst. Bedeutung erlangt die Abgrenzung insbes. bei Verkaufstätigkeiten über Internetplattformen (hierzu BGH GRUR 2009, 871 [873] – Ohrclips: hinreichend für geschäftliche Tätigkeit: 91 angebotene Artikel in ca. 6 Monaten, Konzentration auf wenige Produktbereiche, 74 Bewertungen in ca. 9 Monaten und Verkaufstätigkeit für Dritte). 46

Zur Vertiefung (Rn. 45 f.):
Zu Indizien für geschäftliche Tätigkeit bei Angeboten auf Internetplattformen: BGHZ 158, 236 (249) = GRUR 2004, 860 (863) – Internetversteigerung I (häufiges Auftreten als Veräußerer); BGHZ 172, 119 (127 c.) = GRUR 2007, 708 (710) – Internetversteigerung II (wiederholtes Handeln mit gleichartigen, insbes. neuen und erst kürzlich erworbenen Waren sowie eine sonstige gewerbliche Tätigkeit); BGH GRUR 2008, 702 (705) – Internetversteigerung III.

bb) Markenmäßigkeit

Als ungeschriebene Voraussetzung muss die Benutzung durch den Dritten **markenmäßig** erfolgen. 47

Dies setzt zum einen voraus, dass das Zeichen „als Marke" verwendet wird, also der Unterscheidung der Waren- bzw. Dienstleistungen eines Unternehmers von denen anderer dient. Zum anderen muss die Verwendung durch den Dritten geeignet sein, die **Funktionen der Marke zu beeinträchtigen**. Maßstab ist insofern der Durchschnittsverbraucher. Im Rahmen des *Identitätsschutzes* (dazu Rn. 40, 49) lässt der EuGH[3] die Beeinträchtigung irgendeiner Markenfunktion – auch der Qualitäts-, Investitions-, Werbe- und der allg. Kommunikationsfunktion – genügen. Demgegenüber fordert er beim *Verwechslungsschutz* (dazu Rn. 40, 50 ff.) die Beeinträchtigung gerade der Herkunfts- als Hauptfunktion (das Tatbestandsmerkmal der Verwechslungsgefahr beeinflusst somit den Umfang betroffener Funktionen). Für den *Bekanntheitsschutz* (dazu Rn. 40) erfolgt eine Konkretisierung der Markenfunktionen durch die Tatbestandsmerkmale, einer gesonderten Prüfung im Rahmen der markenmäßigen Benutzung bedarf es deshalb nicht. 48

---

[3] EuGH GRUR 2009, 756 Rn. 58 ff. – L'Oréal/Bellure.

BEISPIELE:
Keine markenmäßige Benutzung liegt in der Verwendung der Markenbezeichnung zu rein beschreibenden Zwecken (Erwähnung im Verkaufsgespräch zur Beschreibung eines Edelsteinschliffs),[4] in der Verwendung als Firma oder Unternehmenskennzeichen (es sei denn, der Verkehr sieht darin einen Hinweis auf die Ware oder Dienstleistung des Dritten)[5] und in der Verwendung bildhafter Elemente, die allein als Verzierung aufgefasst werden.[6] Beim sog. Keyword Advertising benutzt der Werbende zwar die Marke. Gleichwohl soll es an der Markenmäßigkeit fehlen, wenn der Verkehr unschwer erkennen kann, dass die beworbenen Produkte nicht vom Markeninhaber stammen, da dann weder die Herkunfts- noch die Werbefunktion beeinträchtigt seien.[7] Dies war bislang nach der Rspr. des BGH nur in Ausnahmefällen zu bejahen[8], vgl. nun aber wegen geänderter Verbraucherwahrnehmung für die Verwendung auf einem Internet-Marktplatz BGH GRUR 2018, 924 – ORTLIEB.

Zur Vertiefung:
Zu den verschiedenen Funktionen: EuGH GRUR 2003, 55 (57 f.) – Arsenal FC; GRUR 2009, 756 (761) – L'Oreal/Bellure; *Götting*, Gewerblicher Rechtsschutz, 11. Aufl. 2020, § 52 Rn. 1 ff.; vgl. auch Ohly, GRUR 2010, 776 (782), der die Funktionenlehre als „Fehler" ablehnt.
Zum Maßstab: BGH GRUR 2012, 618 (620) – Medusa.
Zum Keyword Advertising: EuGH GRUR 2010, 451 – BergSpechte/trekking.at Reisen; GRUR 2010, 641 – Eis.de/BBY; GRUR 2010, 841 – Portakabin/Primakabin; umfassend *Ohly*, GRUR 2010, 776.
Zur Verwendung auf einem Internet-Marktplatz: BGH GRUR 2018, 924 – ORTLIEB

b) Die einzelnen Kollisionstatbestände

aa) Identitätsschutz (§ 14 Abs. 2 S. 1 Nr. 1 MarkenG)

49 Der erste Kollisionstatbestand betrifft die Verwendung *identischer Zeichen für identische Waren bzw. Dienstleistungen* (sog. **Doppelidentität**). Relevante Fallgruppen sind die Produktpiraterie und die (vergleichende) Markenbenennung. In dieser Konstellation kann dahinstehen, ob und in welchem Maße der (vermeintlich) verletzten Marke Kennzeichnungskraft zukommt (anders beim Verwechslungsschutz, dazu sogleich).

bb) Verwechslungsschutz (§ 14 Abs. 2 S. 2 Nr. 2 MarkenG)

50 Der Verwechslungsschutz umfasst **drei verschiedene Konstellationen**: die Zeichenidentität und Produktähnlichkeit, die Zeichenähnlichkeit und Produktidentität und schließlich die Zeichenähnlichkeit und Produktähnlichkeit.

51 Zentrales Kriterium ist stets die **Verwechslungsgefahr** aus Sicht eines durchschnittlich informierten, aufmerksamen und verständigen Verbrauchers. Diese besteht einerseits dann, wenn das Verletzerzeichen für die Marke gehalten oder einer bestimmten Markenfamilie zugeordnet wird und somit ein Irrtum über die unternehmerische Produktherkunft entsteht, andererseits dann, wenn zwar eine Zeichen- und Unternehmensunterscheidung möglich ist, aber der unzutreffende Anschein erweckt wird, die Unternehmen seien in irgendeiner Weise verbunden.

---

4 EuGH GRUR 2002, 692 – Hölterhoff.
5 EuGH GRUR 2007, 971 (972) – Celine.
6 EuGH GRUR 2004, 58 (60) – Adidas/Fitnessworld.
7 EuGH GRUR 2010, 445 (449 f.) – Google und Google France.
8 So etwa BGH MMR 2014, 123 (125 f.) – Fleurop.

VII. Rechtsinhalt

Die Verwechslungsgefahr ist mittels wechselbezüglicher Beurteilungskriterien zu beurteilen. Eine **Wechselwirkung** besteht zwischen der **Zeichen**identität bzw. -ähnlichkeit, der **Produkt**identität bzw. -ähnlichkeit und der **Kennzeichnungskraft** der (vermeintlich) verletzten Marke. So kann eine geringe Ähnlichkeit des verletzten und des Verletzerzeichens durch eine hohe Ähnlichkeit der gekennzeichneten Produkte und/oder eine besondere Bekanntheit der (vermeintlich) verletzten Marke ausgeglichen werden.

52

- Die **Zeichenähnlichkeit** ist anhand des Gesamteindrucks festzustellen. Hierbei ist zu berücksichtigen, dass die Zeichen selten gleichzeitig erfasst werden und Übereinstimmungen tendenziell eher in Erinnerung bleiben als Unterschiede. Bedeutung kommt der sog. **Prägetheorie** zu. Diese besagt, dass bei komplexen Marken einzelne Zeichenbestandteile für den Gesamteindruck prägend sein können. Deren Übereinstimmung kann deshalb bereits die Ähnlichkeit der Gesamtzeichen bedingen. Zusätzlich kann die selbstständig kennzeichnende Stellung eines Bestandteils einer zusammengesetzten Marke entscheidende Bedeutung erlangen. Beurteilungskriterien für die Ähnlichkeit sind der Klang (bei Wortmarken primäres Kriterium), das (Schrift-)Bild (bei Bildmarken primäres Kriterium) sowie der Sinn- und Bedeutungsgehalt (bei Wort-Bildmarken ist vornehmlich auf den Klang, aber zumindest auch auf die anderen Aspekte abzustellen).

  BEISPIELE:
  Bejaht bei: Wortmarken „Zentis" und „Säntis" – Klang- und Schriftbildähnlichkeit. Verneint bei: Wort-Bild-Marken „PUMA" und „PUDEL"[9] – keine Klang- und Bedeutungsähnlichkeit sowie Schriftbildähnlichkeit zu gering für Verwechslungsgefahr.

- Die **Produktähnlichkeit** ist dann gegeben, wenn die Waren/Dienstleistungen so *enge Berührungspunkte* aufweisen, dass der Schluss naheliegt, dass sie demselben Markeninhaber zuzurechnen sind oder zumindest unter einheitlicher Kontrolle und Verantwortung hergestellt wurden. Abzustellen ist insoweit auf die *Produktart* (gleich oder einander ergänzend) und *-beschaffenheit*, die *Verwendungsweise* und die *Herstellungs-* sowie die *Verkaufsmodalitäten*.

- Die **Kennzeichnungskraft** der (vermeintlich) verletzten Marke betrifft die *Eignung des Zeichens, sich dem Publikum aufgrund seiner Eigenart und seines Bekanntheitsgrads als Marke einzuprägen*. Sie ist produktbezogen festzustellen. Es kann zwischen überdurchschnittlicher, durchschnittlicher und unterdurchschnittlicher Kennzeichnungskraft unterschieden werden. Den Ausgangspunkt der Prüfung bildet die **originäre Kennzeichnungskraft** (diese entspricht der Unterscheidungskraft gem. § 8 Abs. 2 Nr. 1 MarkenG), die sich jedoch nachträglich verändern kann (sog. **erworbene Kennzeichnungskraft**). Liegen keine konkreten Anhaltspunkte für eine abweichende Beurteilung vor, ist von durchschnittlicher originärer Kennzeichnungskraft auszugehen. Je eher das Zeichen als beschreibend oder freihaltebedürftig zu qualifizieren ist, desto geringer ist seine originäre Kennzeichnungskraft (vgl. erneut § 8 Abs. 2 Nr. 2, 3 MarkenG – insofern steht die Bindungswirkung einer Registereintragung nicht entgegen). Die Kennzeichnungskraft kann nachträglich abnehmen durch Verwendung ähnlicher Zeichen in dem Produktsegment oder sich nachträglich erhöhen durch Steigerung der Verkehrsbekanntheit.

---

9 BGHZ 205, 22; BGH, GRUR 2015, 1114 ff.

BEISPIEL:
Unterdurchschnittliche Kennzeichnungskraft von „pjur" für Massageöle wegen beschreibender Anklänge (Aussprache wie der englische Begriff „pure").[10]

Zur Vertiefung (Rn. 50 ff.):
Zu den unterschiedlichen Verwechslungsgefahren: Götting, Gewerblicher Rechtsschutz, 11. Aufl. 2020, § 56 Rn. 26 f.
Zur Zeichenähnlichkeit: BGH GRUR 1986, 253 (255) – Zentis; GRUR 2015, 1114 (1116 f.) – PUMA/PUDEL.
Zur Prägetheorie: Ingerl/Rohnke, MarkenG, 3. Aufl. 2010, § 14 Rn. 1014 ff.
Zur selbstständig kennzeichnenden Stellung: EuGH GRUR 2005, 1042 Rn. 30 – THOMSON LIFE; BGH GRUR 2014, 865 (866) – Mustang.

cc) Bekanntheitsschutz (§ 14 Abs. 2 S. 1 Nr. 3 MarkenG)

53 Auch bei – mangels Produktähnlichkeit – fehlender Verwechslungsgefahr kann ein Eingriff in das Markenrecht vorliegen, soweit der Bekanntheitsschutz gem. § 14 Abs. 2 S. 1 Nr. 3 MarkenG betroffen ist. Über den Gesetzeswortlaut hinaus sind erst recht Fälle der Produktähnlichkeit erfasst.

54 Vorausgesetzt sind hierfür die **Zeichenidentität oder -ähnlichkeit** (der Grad der Ähnlichkeit kann jedoch hinter dem einer Verwechslungsgefahr zurückbleiben; deshalb bejaht bei BGH, GRUR 2015, 1114 [1116 f.] – PUMA/PUDEL), die **Inlandsbekanntheit** der (vermeintlich) verletzten Marke, die **Ausnutzung oder Beeinträchtigung** von deren Unterscheidungskraft oder Wertschätzung durch die Benutzung der Verletzermarke und die **Unlauterkeit** sowie das **Fehlen eines rechtfertigenden Grundes**.

55 Die Bestimmung der **Markenbekanntheit im Inland** erfolgt aufgrund einer Einzelfallbeurteilung. Eine **Ausnutzung** liegt dann vor, wenn die Verletzermarke die Wertschätzung der (vermeintlich) verletzten Marke für sich fruchtbar macht, also einen Imagetransfer vollzieht. Demgegenüber setzt eine **Beeinträchtigung** die Verwässerung der Letztgenannten voraus, indem die Unterscheidungskraft beeinträchtigt wird. Im Rahmen der Unlauterkeit und des Fehlens eines rechtlichen Grundes ist eine Interessenabwägung durchzuführen, in die berechtigte Belange des (vermeintlichen) Verletzers – wie bspw. die Kunstfreiheit bei der Markenparodie – Eingang finden.

Zur Vertiefung:
Zur Erstreckung auf Fälle der Produktähnlichkeit: EuGH, GRUR 2003, 240 (242) – Davidoff/Gofkid; BGH, GRUR 2004, 135 (138) – Davidoff II; GRUR 2011, 1043 (1047) – TÜV II.
Zum Grad der Zeichenähnlichkeit: BGH, GRUR 2015, 1114 (1116 f.) – PUMA/PUDEL.
Zur Unlauterkeit: Im Regelfall zu bejahen: BGH, GRUR 2014, 378 (381 f.) – OTTO CAP; bei zulässiger Markenparodie wegen Kunstfreiheit zu verneinen: BGH, GRUR 2005, 583 (584 f.).

c) Schranken des Schutzes

56 Das Markenrecht wird nicht schrankenlos gewährt. Insbesondere die §§ 20 bis 26 MarkenG nennen die **Schranken des Schutzes**:

---

10 BGH GRUR 2012, 1040 (1043).

- **Einrede des besseren Rechts:** Steht dem (vermeintlichen) Verletzer das ältere – und somit nach dem **Prioritätspinzip** das „bessere" – Recht zu, kann er dieses nicht nur mittels Löschungsklage geltend machen, sondern auch einredeweise (siehe Rn. 32).
- **Bestandskraft der Eintragung einer Marke mit jüngerem Zeitrang** (§ 22 MarkenG): Diese Norm dient der Absicherung der „Bestandskraft" jüngerer Marken, die deren Löschung gem. § 51 Abs. 3, 4 MarkenG verhindert. Erfasst sind Fälle, in denen die prioritätsältere Marke erst nach der Eintragung der jüngeren Marke den Bekanntheitsschutz nach § 14 Abs. 2 S. 1 Nr. 3 MarkenG erlangt hat (§ 22 Abs. 1 Nr. 1 MarkenG) und in denen die prioritätsältere Marke im Zeitpunkt der Veröffentlichung der Eintragung der jüngeren Marke löschungsreif war (§ 22 Abs. 1 Nr. 2 MarkenG) (sog. Zwischenrecht).
- **Einrede der Verjährung** (§ 20 S. 1 MarkenG): Diese Norm verweist für die Verjährung von Ansprüchen aus Rechtsverletzung auf die Verjährungsregelungen der §§ 194 ff. BGB. Zu beachten ist die besondere Verjährung von Bereicherungsansprüchen gem. § 20 S. 2 MarkenG iVm § 852 BGB.
- **Einwand der Verwirkung** (§ 21 MarkenG): Neben der allgemeinen Verwirkung besteht nach § 21 MarkenG die Möglichkeit, die Verwirkung geltend zu machen, wenn ein *prioritätsjüngeres Recht* (§§ 4 f., 13 MarkenG) innerhalb eines *Mindestzeitraums von fünf Jahren ununterbrochen genutzt* wurde und der Markenrechtsinhaber dies *in Kenntnis geduldet* hat, es sei denn, der Inhaber des prioritätsjüngeren Rechts hat *bösgläubig gehandelt*.
- **Benutzung von Namen und beschreibenden Angaben; Ersatzteilgeschäft** (§ 23 MarkenG): Diese Schrankenregelung soll zum einen das „Recht des Gleichnamigen" schützen, da in diesen Kollisionsfällen die Anwendung des Prioritätsgrundsatzes unbillig wäre (Abs. 1 Nr. 1). Zum anderen ermöglicht sie Wirtschaftsteilnehmern, Angaben über Merkmale oder Eigenschaften ihrer Produkte zu verwenden (Abs. 1 Nr. 2). Letzteres gilt auch für die Zeichennutzung als Hinweis auf die Bestimmung einer Ware – insbes. im Ersatzteilgeschäft (Abs. 1 Nr. 3).
- **Einwand der Erschöpfung** (§ 24 MarkenG): Der Markeninhaber kann einem Dritten *die Benutzung der Marke für Waren*, die unter dieser Marke *vom Markenrechtsinhaber oder mit seiner Zustimmung* im *Inland oder in Mitgliedstaaten* der EU bzw. des EWR in den Verkehr gebracht worden sind, nicht untersagen (Abs. 1). Rechtspolitischer Hintergrund ist die Verhinderung von Vertriebsmonopolen der Markenrechtsinhaber, die anderenfalls über das Zeichenrecht den gesamten weiteren Vertriebsweg der aufgrund ihrer Entscheidung in den Verkehr gebrachten Waren kontrollieren könnten (infolge dieser Realisierung des wirtschaftlichen Warenwerts tritt ihr Interesse hinter die Bedürfnisse des freien Warenverkehrs zurück). Eine **Ausnahme** sieht Abs. 2 bei berechtigten Gründen vor.
- **Einrede der Nichtbenutzung** (§ 25 MarkenG): Die Einrede der Nichtbenutzung kann geltend gemacht werden, wenn die seit *mindestens fünf Jahren eingetragene* prioritätsältere Marke *innerhalb der letzten fünf Jahre* vor der Anspruchsgeltendmachung *nicht rechtserhaltend* benutzt worden ist. Die Anforderungen an eine rechtserhaltende Benutzung regelt § 26 MarkenG.

Beachte: Im Verletzungsprozess verteidigt sich der Verletzer oftmals mit dem Einwand, das (vermeintlich) verletzte Zeichen erfülle nicht die materiellen Schutzvoraussetzungen. Ob dieser Einwand durchgreift, ist unterschiedlich zu bewerten: Da die Eintragungsfähigkeit im Rahmen der Erteilung einer Registermarke von Amts wegen geprüft

57

wird, entfaltet die Eintragung insoweit Bindungswirkung gegenüber den ordentlichen Gerichten. Ihr Fehlen kann nicht im Verletzungsprozess, sondern nur im patentamtlichen Löschungsverfahren berücksichtigt werden (vgl. aber die Ausnahme in § 22 Abs. 1 Nr. 2 iVm § 51 Abs. 4 Nr. 2 MarkenG). Anders ist dies für die Benutzungsmarke zu beurteilen, bei der keine Bindungswirkung einer Geltendmachung im Verletzungsprozess entgegensteht.

2. Benutzungsrecht

58 Als Beleg für einen positiven Gehalt des Markenrechts werden insbes. die Lizenzierbarkeit sowie die Verfügungsbefugnis angeführt. Inhaltlich soll das Benutzungsrecht (ua) die exklusive Berechtigung zu den in § 14 Abs. 3 MarkenG genannten Handlungen umfassen.

VIII. Die Marke im Rechtsverkehr

59 Das Markenrecht kann als selbstständiger Vermögensgegenstand **übertragen** werden und **kraft Gesetzes übergehen** (bspw. infolge einer Universalsukzession gem. § 1922 BGB) (§ 27 Abs. 1 MarkenG). Es ist zudem tauglicher Gegenstand der Zwangsvollstreckung und der Insolvenz (§ 29 MarkenG). Darüber hinaus ist die Einräumung von **ausschließlichen** und **einfachen Lizenzen** möglich (§ 30 Abs. 1 MarkenG). Die einfache Lizenz gewährt lediglich ein Mitbenutzungsrecht, während die ausschließliche Lizenz den Markenrechtsinhaber und Dritte von der Benutzung ausschließt.

IX. Ende des Schutzes

60 Der Schutz der **Registermarke** endet bei:
- **Nichtverlängerung der Schutzdauer oder Verzicht.** Die **Schutzdauer** der eingetragenen Marke beträgt **zehn Jahre** (§ 47 Abs. 1 MarkenG). Sie kann um jeweils zehn weitere Jahre verlängert werden (§ 47 Abs. 2 MarkenG – zu den Modalitäten: Abs. 3). Die *von Amts wegen* vorzunehmende Löschung wegen Nichtverlängerung wirkt auf den Zeitpunkt des Ablaufs der Schutzdauer zurück (§ 47 Abs. 8 MarkenG). Bereits zuvor ist ein **Verzicht** des Markenrechtsinhabers möglich, der mit Zugang beim DPMA Wirkung entfaltet (die anschließende Löschung ist rein deklaratorisch) (§ 48 MarkenG).
- **Verfall** (§ 49 MarkenG) oder **Nichtigkeit wegen absoluter Schutzhindernisse** (§§ 50, 3, 7, 8 MarkenG). Praxisrelevanz kommt insbes. dem Verfall wegen Nichtbenutzung innerhalb der Schonfrist von fünf Jahren zu (§ 49 Abs. 1 MarkenG). Die Löschung wegen Verfalls erfolgt *auf Antrag Dritter* durch das *DPMA* (§ 53 MarkenG) oder *durch die ordentlichen Gerichte* im Fall der *Löschungsklage* (§ 55 MarkenG). Sie wirkt auf den *Zeitpunkt der Klageerhebung* bzw. *Antragseinreichung* zurück (§ 52 Abs. 1 S. 1 MarkenG [analog]). Die Löschung wegen absoluter Schutzhindernisse ist demgegenüber dem *DPMA vorbehalten* (§ 54 MarkenG) und erfolgt *auf Antrag* bzw. (ausnahmsweise) *von Amts wegen*. Sie wirkt *ex tunc*, mithin ist der Markenrechtsinhaber so zu behandeln, als wenn er zu keinem Zeitpunkt ein Markenrecht erworben hätte (§ 52 Abs. 2 MarkenG). Die §§ 53 ff. MarkenG treten zum 1.5.2020 in n.F. in Kraft und sehen die Einführung eines amtlichen Verfalls – und Nichtigkeitsverfahrens vor.

XI. Sonstige Kennzeichen

- Nichtigkeit wegen des Bestehens älterer Rechte (§ 51 MarkenG). Die Löschung wegen des Bestehens prioritätsälterer Rechte (§§ 9 ff. MarkenG – vgl. hierzu Rn. 32) wird im Klagewege durchgesetzt. Die Wirkung der Löschung tritt *ex tunc* ein.

Der Schutz der **Benutzungsmarke entfällt** demgegenüber allein durch den Verlust der Verkehrsgeltung.

Zur Vertiefung:
Zum Verlust der Verkehrsgeltung: OLG Köln, GRUR-RR 2003, 187 (188) – Weinbrandpraline.

X. Folgen einer Rechtsverletzung

Wird das Markenrecht verletzt, stehen dem Berechtigten verschiedene zivilrechtliche Ansprüche zu. § 18 MarkenG gewährt **Vernichtungs- und Rückrufansprüche**, die auf eine **Folgenbeseitigung** abzielen, aber über das hierfür Erforderliche hinausgehen. Bei Wiederholungs- bzw. Erstbegehungsgefahr steht dem Markenrechtsinhaber ein **Unterlassungsanspruch** (als praxisrelevantester Anspruch im gewerblichen Rechtsschutz) zu (§ 14 Abs. 5 MarkenG). Bei vorsätzlicher oder fahrlässiger Begehungsweise können überdies **Schadensersatzansprüche** geltend gemacht werden (§ 14 Abs. 6 S. 1 MarkenG). Möglich ist eine *dreifache Schadensberechnung: Ersatz des konkreten Schadens* (§ 249 BGB), *Herausgabe des Verletzergewinns* (§ 14 Abs. 6 S. 2 MarkenG) oder *Zahlung einer angemessenen Lizenzgebühr* (sog. Lizenzanalogie; § 14 Abs. 6 S. 3 MarkenG). Zudem können Auskunftsansprüche (§ 19 MarkenG), Ansprüche auf Vorlage und Besichtigung (§§ 19a, 19b MarkenG) sowie ein Anspruch auf Urteilsbekanntmachung (§ 19c MarkenG) bestehen. §§ 143, 143a MarkenG enthalten **Straftatbestände**. Durch das MoMaG sind Verbotsrechte des Markeninhabers hinsichtlich Waren im Transit eingeführt worden (§ 14 a MarkenG).

Zur Bemessung bzw. Berechnung des Schadensersatzes: BGH, WRP 2022, 318 – ÖKO-Test III; BGH, WRP 2021, 2022, 57 – Layher.

XI. Sonstige Kennzeichen

Das MarkenG schützt auch **geschäftliche Bezeichnungen** sowie **geographische Herkunftsangaben**. Diese sind mangels Registereintragung **ungeprüfte, formlose Schutzrechte**.

1. Schutz geschäftlicher Bezeichnungen (§§ 1 Nr. 2, 5 Abs. 1 MarkenG)

Geschäftliche Bezeichnungen umfassen **Unternehmenskennzeichen** und **Werktitel**. Diese haben unterschiedliche **Schutzgegenstände**: Während Unternehmenskennzeichen der *unmittelbaren Individualisierung eines Betriebs dienen* (insofern besteht eine Nähe zu Marken, die mittelbar auf Unternehmen hinweisen), individualisieren Werktitel *geistig geprägte Produkte primär nach ihrem Inhalt*, der von ihrer betrieblichen Herkunft grds. unabhängig ist (im Unterschied zur Marke dient der Werktitel im Verkehr zumeist nicht der Zuordnung des Werks zu einem bestimmten Verlag, Autor etc., sondern allein der inhaltlichen Abgrenzung von anderen Werken).

a) Geschützte Unternehmenskennzeichen (§ 5 Abs. 2 MarkenG)

Geschützte Unternehmenskennzeichen sind *Zeichen, die im geschäftlichen Verkehr als Name, Firma* oder als *besondere Bezeichnung eines Geschäftsbetriebs oder Un-*

ternehmens verwendet werden (§ 5 Abs. 2 S. 1 MarkenG). Erfasst sind somit Wort- und Bildzeichen, die Namensfunktion besitzen, also der Benennung und Abgrenzung dienen (bspw. „Hotel zum Schwarzen Adler", „Schiller-Theater"). Gleichgestellt sind *Geschäftsabzeichen* oder sonstige *zur Unterscheidung des Geschäftsbetriebs bestimmte Zeichen*, die keinen Namenscharakter aufweisen und aufgrund von Verkehrsgeltung Hinweisfunktion erlangt haben (§ 5 Abs. 2 S. 2 MarkenG) (bspw. besondere Farbanstriche auf Geschäftswagen, eine spezifische Aufmachung von Waren etc.).

66 Voraussetzung für die Schutzentstehung ist die **Unterscheidungskraft**, die entweder **originär bestehen** oder **nachträglich erworben** werden kann. Sie setzt voraus, dass das betreffende Zeichen aus Verkehrssicht für die Geschäftstätigkeit des Unternehmens *nicht nur beschreibend* wirkt und eine – wenn auch geringe – *individuelle Eigenart* besitzt (bejaht für Familiennamen – auch sog. Allerweltsnamen; verneint für rein geographische [„Wartburg", bejaht aber für „City Hotel"] oder tätigkeitsbezogene Angaben [„Literaturhaus", „Antiquarische Bücher", „Immobilien-Börse"]). Der Schutz **entsteht** bei originärer Unterscheidungskraft mit der Benutzungsaufnahme im geschäftlichen Verkehr im Inland, anderenfalls mit Erlangung der Verkehrsgeltung (dazu erneut Rn. 38). Er **erlischt** mit Wegfall des Rechtsträgers oder der Verkehrsgeltung sowie mit der Benutzungsaufgabe. Der **räumliche Schutzbereich** erstreckt sich grds. auf das gesamte Bundesgebiet, es sei denn, der unternehmerische Tätigkeitsbereich ist ortsgebunden. **Berechtigt** ist der Unternehmensinhaber. Unternehmenskennzeichen sind **nicht frei übertragbar**, da ihre Trennung vom Unternehmen zu ihrem Erlöschen führt.

Zur Vertiefung:
Zur Unterscheidungskraft: BGH GRUR 1995, 507 (508) – City Hotel: BGH, NJW 2008, 2923 (2923 f.) – Hansen-Bau (Familiennamen/Allerweltsnamen)

b) Werktitel (§ 5 Abs. 3 MarkenG)

67 **Werktitel** *sind Namen oder besondere Bezeichnungen* von Druckschriften, Filmwerken, Tonwerken, Bühnenwerken oder sonstigen vergleichbaren Werken.

68 Voraussetzung der **Schutzentstehung** ist auch für Werktitel deren (originäre oder erworbene) **Unterscheidungskraft**. Für bestimmte Werkkategorien wird jedoch ein nur sehr geringer Grad gefordert (Hintergrund ist das Erfordernis – insbes. bei Sachliteratur – kurze, prägnante und beschreibende Titel zu wählen; überdies ist bspw. für Zeitungen eine Gewöhnung der Verkehrskreise an geographische Titelbestandteile eingetreten). Der Werktitelschutz **entsteht** mit der Benutzungsaufnahme im Inland bzw. der Erlangung der Verkehrsgeltung und **erlischt** mit Gebrauchsaufgabe bzw. dem Wegfall der Verkehrsgeltung. Der **räumliche Schutzbereich** umfasst grds. das gesamte Bundesgebiet. **Berechtigt** sind der Verfasser und der berechtigte Nutzer des Titels. Das Schutzrecht ist ebenso wie das Markenrecht **frei übertragbar**.

c) Rechtsinhalt

69 Hinsichtlich des **Rechtsinhalts** (**Ausschließlichkeitsrecht**) der **Ansprüche aus Verletzung** und der **Schranken** besteht eine weitgehende Parallelität des Schutzes geschäftlicher Bezeichnungen zu den Marken (vgl. §§ 15, 18 ff., 20 ff. MarkenG). Die **zentrale Norm des § 15 MarkenG** weist Übereinstimmungen mit und Abweichungen von § 14 MarkenG auf: Hinsichtlich des Erfordernisses einer kennzeichenmäßigen Benutzung besteht ein Gleichlauf mit § 14 MarkenG. Die Schutzgewährung erstreckt sich auf

die Verwechslungsgefahr (§ 15 Abs. 2 MarkenG), die den Identitätsschutz miterfasst (eine gesonderte Regelung wie in § 14 Abs. 2 Nr. 1 MarkenG ist nicht erfolgt). Im Rahmen der Verwechslungsgefahr ist jedoch eine Besonderheit zu beachten: Anders als bei Marken ist neben der Zeichenähnlichkeit und Kennzeichnungskraft *nicht die Produktnähe*, sondern die *Branchennähe* maßgeblich. § 15 Abs. 3 MarkenG erweitert den Schutz für bekannte Kennzeichen (auch insofern kann auf die Ausführungen zur markenbezogenen Parallelregelung verwiesen werden).

2. Schutz geographischer Herkunftsangaben (§§ 1 Nr. 3, 126 ff. MarkenG)

Geographische Herkunftsangaben sind *Namen* von Orten, Gegenden, Gebieten oder Ländern sowie *sonstige Angaben oder Zeichen*, die im geschäftlichen Verkehr *zur Kennzeichnung der geographischen Herkunft* von Waren oder Dienstleistungen benutzt werden (§ 126 Abs. 1 MarkenG; Beispiel: Nürnberger Rostbratwürste, Lübecker Marzipan, Schwarzwaldforelle). **Schutzgegenstand** ist der *kollektive Goodwill*, der allen Unternehmen gemeinsam für Produkte zusteht, die aus einem bestimmten Ort oder Gebiet stammen (wie das Markenrecht erfüllen geographische Herkunftsangaben somit eine Kennzeichnungsfunktion). Nicht erfasst sind **Gattungsbezeichnungen**, die die beteiligten Verkehrskreise trotz geographischer Bestandteile nicht als geographischen Herkunftshinweis verstehen (§ 126 Abs. 2 MarkenG; Beispiel: Kölnisch Wasser). Der **Schutzinhalt** ist in § 127 MarkenG geregelt. Untersagt ist danach insbes. eine Irreführung über die geographische Herkunft (§ 127 Abs. 1 MarkenG). § 127 Abs. 2 MarkenG enthält einen darüber hinausgehenden **Qualitätsschutz**. Die Rechtsfolgen von Verletzungen und die Verjährung sind in §§ 128 f. MarkenG geregelt. Auch im Bereich des Schutzes geographischer Herkunftsangaben gewinnen Rechtsvorschriften der EU zunehmend an Bedeutung (vgl. § 130 MarkenG; VO (EU) Nr. 1151/2012).

70

Zur Vertiefung:
Beispiele aus der Rspr.: EuGH GRUR 2009, 961 – Bayerisches Bier; BGH GRUR 2012, 394 – Bayerisches Bier II; OLG Köln GRUR-RR 2014, 41 – Himalaya Salz

3. Unionsmarke

Der Unionsmarke (bis 23.3.2016 „Gemeinschaftsmarke") kommt – mangels anderweitiger Bestimmung – eine einheitliche, unionsweite Wirkung zu (**Prinzip der Einheitlichkeit**). Sie ist ein **formelles, geprüftes** Schutzrecht, dass allein infolge der Eintragung durch das Amt der Europäischen Union für Geistiges Eigentum (EUIPO), vormals Harmonisierungsamt für den Binnenmarkt (HABM), mit Sitz in Alicante entstehen kann (eine Benutzungsmarke entsprechend § 4 Nr. 2 MarkenG existiert nicht). Die Antragstellung ist jedoch auch bei den nationalen Markenämtern möglich. Hinsichtlich der **Schutzvoraussetzungen** und des **Schutzumfangs** besteht ein weitgehender Gleichlauf mit dem deutschen Markenrecht. Seit dem 1.5.2022 sind in den §§ 119 ff. MarkenG Regelungen zur Unionsmarke statuiert worden, wodurch bestimmte Normen der §§ 1 ff. MarkenG für anwendbar erklärt werden.

71

Zur Vertiefung:
Allg. zur Unionsmarke (früher: Gemeinschaftsmarke): Götting, Gewerblicher Rechtsschutz, 11. Aufl. 2020, §§ 66 f.
Zu §§ 119 ff. MarkenG: Kutschke, BeckOK Markenrecht, 30. Edition, Stand: 01.07.2022, § 119 MarkenG.

4. Gewährleistungsmarke

72 Durch das MoMaG ist im neuen Teil 5 (§§ 106a-h MarkenG) die Gewährleistungsmarke eingeführt worden. Damit kann für Gütesiegel und vergleichbare Qualitätszeichen vom Zertifizierer Markenschutz beantragt werden. Zentrale Merkmale der Gewährleistungsmarke sind die Beachtung des Transparenzgebots, die Neutralität des Zertifizierers sowie die Erfüllung von Prüf- und Überwachungspflichten.

XII. Prüfungsschema § 14 Abs. 5 MarkenG (Unterlassungsanspruch)

73 **A. Markenverletzung**

I. Bestehender Markenschutz (§ 4 MarkenG)

1. Markenfähigkeit (§ 3 MarkenG) (nicht bei Registermarke zu prüfen – Bindungswirkung)
2. Eintragung in das Markenregister, Verkehrsgeltung durch Benutzung oder notorische Bekanntheit
3. Keine absoluten Schutzhindernisse (nicht bei Registermarke zu prüfen – Bindungswirkung)
4. Kein Erlöschen mit Wirkung ex tunc oder ex nunc

II. Verletzender Eingriff

1. Markenmäßige Benutzung im geschäftlichen Verkehr
2. Eingriffstatbestände
   a) Identische Benutzung (§ 14 Abs. 2 S. 1 Nr. 1 MarkenG)
   b) Verwechslungsfähige Benutzung (§ 14 Abs. 2 S. 1 Nr. 2 MarkenG)
   c) Ausnutzung und Beeinträchtigung bekannter Marken (§ 14 Abs. 2 S. 1 Nr. 3 MarkenG)
3. Ohne Zustimmung des Markeninhabers

III. Einwendungen (bei Registermarke sehr begrenzt) und Einreden des Verletzers (insbes. Einrede des besseren Rechts, der Bestandskraft, der Verjährung, der Nichtbenutzung sowie Einwand der Erschöpfung)

B. Aktivlegitimation

I. Markenrechtsinhaber (originär oder derivativ)

II. Lizenznehmer (–), allerdings mit Zustimmung des Rechtsinhabers prozessführungsbefugt

C. Passivlegitimation

I. Täter, Teilnehmer

II. Störer

III. Beachte: Haftung für Organe (§§ 31, 89 BGB), Angestellte und Beauftragte (§ 14 Abs. 7 MarkenG)

D. Wiederholungs- oder Erstbegehungsgefahr (§ 14 Abs. 5 S. 1, 2 MarkenG)

Zu den weiteren Ansprüchen vgl. oben Rn. 62; Schadensersatzansprüche setzen Verschulden voraus (§ 14 Abs. 6 S. 1 MarkenG).

§ 3 Patent- und Gebrauchsmusterrecht

Das Patent- und das Gebrauchsmusterrecht stimmen sowohl hinsichtlich ihres Schutzgegenstands als auch der Schutzvoraussetzungen in vielen Punkten überein. Aus diesem Grund wird eine zusammenfassende Darstellung gewählt. Es handelt sich um geprüfte formelle Schutzrechte.

I. Begriffe, Funktionen und Regelungsbereiche

Das **Patent- und Gebrauchsmusterrecht** beschreibt eine Rechtsmaterie, die – ihrer *Funktion* nach – den Schutz erfinderischer Leistungen auf technischem Gebiet bezweckt.[11]

Patent und Gebrauchsmuster sind dem *Regelungsbereich* der technischen Schutzrechte zuzuordnen. Sie stellen nicht die erfinderische Tätigkeit selbst, sondern vielmehr deren Leistungsergebnisse unter Schutz. Ein Schutzbedürfnis besteht insoweit, als die bloße Zuweisung des Eigentums an einem körperlichen Erzeugnis der erfinderischen Leistung nicht hinreichend gerecht würde, da es anderen unbenommen wäre, den zugrundeliegenden Erfindungsgedanken selbst umzusetzen. Aus diesem Grund wird dem Rechteinhaber ein zeitlich begrenztes Verwertungsmonopol eingeräumt.

Der rechtspolitische *Zweck* der Schutzrechte ist die Gewährung einer Gegenleistung dafür, dass der Erfinder zum technischen Fortschritt beigetragen und das technische Wissen der Allgemeinheit durch Überlassung seiner Lehre angereichert hat (sog. *Belohnungstheorie*). Daneben wird oftmals auf den Ansporn zur Offenlegung der Erfindung abgestellt (sog. *Anspornungstheorie*).

II. Entwicklung, Rechtsgrundlagen, Struktur und Bezug zu anderen Schutzgesetzen

Das erste deutsche **Patentgesetz** trat im Jahr 1877 in Kraft und wurde seitdem mehrfach reformiert. Eine wichtige Ergänzung erfolgte im Jahr 1957 durch das **Gesetz über die Arbeitnehmererfindungen** (2009 in zentralen Punkten geändert). Das **Gebrauchsmustergesetz** wurde 1891 zum Schutz kleinerer Erfindungen erlassen und im Jahr 1986 dem Patentgesetz in vielen Punkten angenähert.

Auf Europäischer Ebene wurde zunächst durch das Europäischen Patentübereinkommen (EPÜ)[12] ermöglicht, dass über die Patenterteilung in einem zentralen Verfahren durch das Europäische Patentamt (Sitz: München) entschieden wird. Dieses erteilt allerdings kein Patent, das in der gesamten Europäischen Gemeinschaft Gültigkeit entfaltet, sondern lediglich nationale Patente nach Maßgabe des Rechts der Mitgliedstaaten, für die das Recht in der Anmeldung beantragt wurde („Bündel" einzelner nationaler Patente). Inzwischen wurde ferner durch die Verordnung (EU) Nr. 1257/2012 ein „Europäisches Patent mit einheitlicher Wirkung" geschaffen, welches in den teilnehmenden Mitgliedstaaten eine einheitliche Wirkung entfaltet. Durch das begleitende völkerrechtliche Übereinkommen über ein Einheitliches Patentgericht vom 14.2.2013 (EPGÜ) werden gemeinsame Gerichte in diesem Bereich geschaffen.[13] Außerdem ist im

---

11 Einen Eindruck von der Praxis vermitteln die im Internet abrufbaren Jahresberichte des Deutschen Patent- und Markenamtes.
12 Übereinkommen über die Erteilung europäischer Patente vom 5.10.1973 (EPÜ) in der seit 13.12.2007 geltenden Fassung.
13 BVerfG, GRUR 2021, 1157; *Tilmann*, GRUR 2021, 1138 ff.

Jahr 2021 das zweite Gesetz zur Vereinfachung und Modernisierung des Patentrechts umgesetzt worden.[14] Geregelt werden unter anderem die Anwendung des Verhältnismäßigkeitsprinzips im Rahmen des § 139 Abs. 1 S. 3 PatG sowie die Anwendbarkeit des GeschGehG.

---

14 BGBl. I, 2021, 3490.

Das Patentgesetz hat folgende **Struktur:**

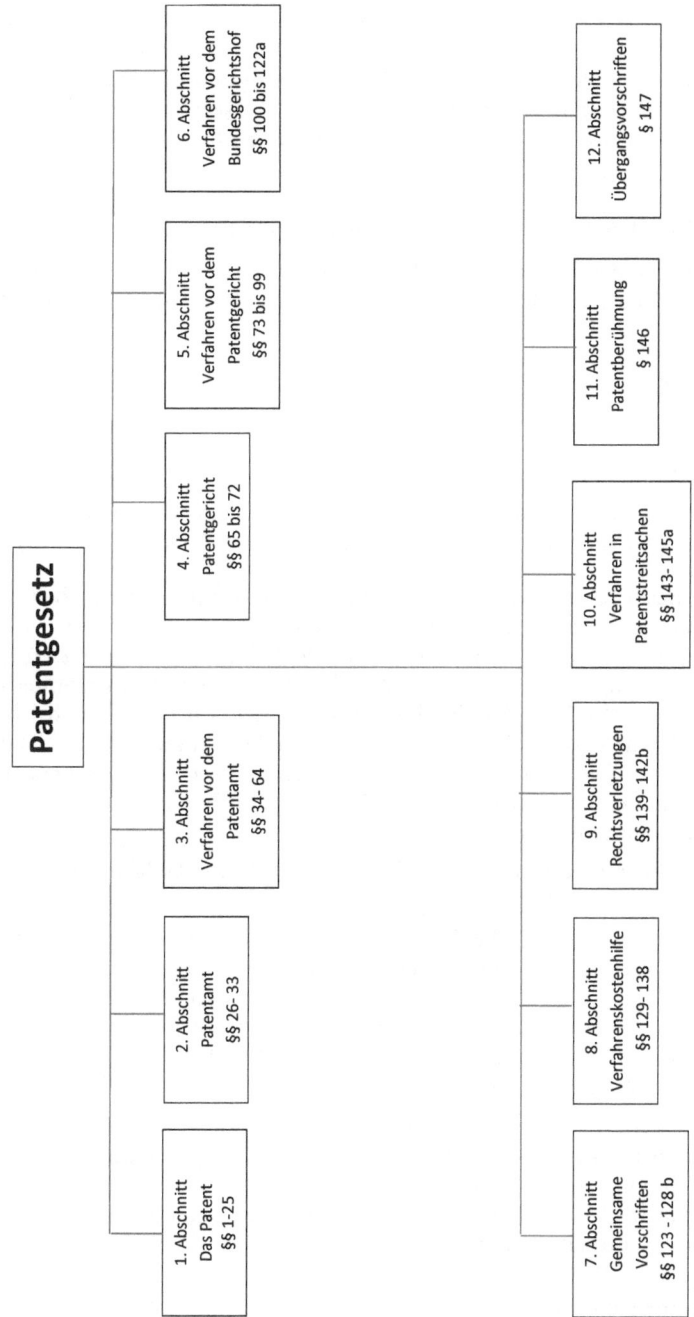

81 Die Abgrenzung zum **Kennzeichenrecht** erfolgt über die *fehlende Markenfähigkeit* technischer Lösungen (dazu Rn. 23 ff.). Über das *Erfordernis der Technizität* (dazu Rn. 83) wird verhindert, dass rein ästhetische Formschöpfungen, bloße Darstellungen wissenschaftlicher und technischer Art sowie Computerprogramme den technischen Schutzrechten unterstellt werden. Diese sind vielmehr Gegenstand des **Design-** bzw. **Urheberrechts. Patent- und Gebrauchsmusterrecht** können als Regelungsbereiche derselben Kategorie nebeneinander bestehen. Verwandt sind der **Sorten-** und der **Halbleiterschutz** (siehe oben Rn. 3 f.).

III. Schutzgegenstand und materielle Schutzvoraussetzungen

82 **Schutzgegenstand** sind jeweils *Erfindungen auf allen Gebieten der Technik* (§ 1 Abs. 1 PatG; § 1 Abs. 1 GebrMG), für die *ein zeitlich begrenztes Ausschließlichkeitsrecht* gewährt wird.

1. Erfindung auf dem Gebiet der Technik
a) Allgemeine Voraussetzungen

83 Eine **Erfindung auf dem Gebiet der Technik** ist eine

> *Lehre zum planmäßigen Handeln unter Einsatz beherrschbarer Naturkräfte außerhalb der menschlichen Verstandestätigkeit zur Erreichung eines kausal übersehbaren Erfolgs.*

84 Neben dem **Anweisungskriterium** (vgl. Lehre) ist insbes. die **Technizität** von Bedeutung, mithin die gezielte Ausnutzung von Naturkräften oder Naturstoffen, die Anwendung von Naturgesetzen sowie die Einwirkung auf die Natur, die aufgrund einer wertenden Gesamtbetrachtung eines Durchschnittsfachmanns festzustellen ist. Anders als das GebrMG (vgl. § 1 Abs. 2 Nr. 5 GebrMG) erfasst das PatG neben der unbelebten auch die belebte Natur – vgl. § 1 Abs. 2 PatG. Das Technizitätserfordernis dient dem Ausschluss bloßer „Anweisungen an den menschlichen Geist" (dazu sogleich). Aus dem **Erfolgskriterium** ergibt sich das Erfordernis der Ausführbarkeit (zu verneinen bspw. bei einem Perpetuum mobile) und Wiederholbarkeit.

85 Als **nicht patentfähige Erfindungen** nennt § 1 Abs. 3 PatG (beachte die Klarstellung in Abs. 4)
- **Entdeckungen** sowie **wissenschaftliche Theorien** und **mathematische Methoden** (die Erstgenannten beinhalten als reine Erkenntnisse keine Anweisung zum technischen Handeln, sind also keine „Lehre"; wissenschaftliche Theorien und mathematische Methoden sind „reine Anweisungen an den menschlichen Geist", es sei denn, sie dienen der Lösung eines konkreten technischen Problems) (Nr. 1),
- **ästhetische Formschöpfungen** (Nr. 2),
- **Pläne, Regeln und Verfahren für gedankliche Tätigkeiten, für Spiele oder für geschäftliche Tätigkeiten sowie Programme für Datenverarbeitungsanlagen** (insofern handelt es sich allein um „Anweisungen an den menschlichen Geist", nicht zur Einwirkung auf die Natur – anders hingegen, wenn Computerprogramme zur Lösung eines über die Datenverarbeitung hinausgehenden technischen Problems eingesetzt werden) (Nr. 3),
- **Wiedergabe von Informationen** (Nr. 4).

III. Schutzgegenstand und materielle Schutzvoraussetzungen Teil 8

b) Erfasste Kategorien

Die Erfindung kann im *Patentrecht* Erzeugnisse (sog. Erzeugnispatent) oder **Verfahren** (sog. Verfahrenspatent) betreffen (vgl. § 9 S. 2 Nr. 1–3 PatG). Die Einordnung ist für die jeweiligen Rechtswirkungen von Relevanz. Der *Gebrauchsmusterschutz* ist demgegenüber auf **Erzeugnisse** beschränkt (§ 2 Nr. 3 GebrMG). 86

Zur Vertiefung (Rn. 77, 83 ff.):
Zu den verschiedenen Theorien: Bacher, in: Benkard, PatG, 11. Aufl. 2015, § 1 Rn. 1a ff.
Zum Erfindungsbegriff: Götting, Gewerblicher Rechtsschutz, 11. Aufl. 2020, § 10 Rn. 1 ff.
Zur fehlenden Erfindungsqualifikation: Mes, in Mes, PatG, 5. Aufl. 2020, § 1 Rn. 105 ff; *Götting*, Gewerblicher Rechtsschutz, 11. Aufl. 2020, § 10 Rn. 15 ff.
Zur Problematik der Computerprogramme: Mes, in Mes, PatG, 5. Aufl. 2020, § 1 Rn. 120 ff. mit zahlreichen Beispielen.

2. Schutzfähigkeit

a) Patentfähigkeit

Die **Patentfähigkeit** ist mit den materiellen Schutzvoraussetzungen gleichzusetzen. Nach § 1 Abs. 1 PatG muss die Erfindung *neu* sein, auf einer *erfinderischen Tätigkeit beruhen* und *gewerblich anwendbar* sein. 87

aa) Neuheit (§ 3 PatG)

Neu ist eine Erfindung, wenn sie **nicht zum Stand der Technik gehört** (§ 3 Abs. 1 S. 1 PatG). Dieser umfasst 88

> alle Kenntnisse, die *am Tag der Anmeldung* (Regelfall) an *irgendeinem Ort in irgendeiner Weise der Öffentlichkeit* (vgl. § 15 Abs. 3 UrhG) *zugänglich gemacht wurden.*

Infolge dieses **absoluten Neuheitsbegriffs** führen sämtliche Vorbenutzungshandlungen iSd § 9 PatG, wie das Anbieten oder Inverkehrbringen von Erzeugnissen und Verfahren (auch durch den Erfinder selbst), zur Zugehörigkeit zum Stand der Technik und schließen den Patentschutz aus. Abs. 5 regelt abweichend von diesem Grundsatz zwei Fälle **unschädlicher Vorveröffentlichungen** (Missbrauch und Ausstellungspriorität), unter der Voraussetzung, dass zwischen der Veröffentlichung und der Patentanmeldung nicht mehr als sechs Monate liegen. 89

Die Prüfung erfordert einen **Einzelvergleich** mit jeder Vorveröffentlichung (keine Kombination aus allen!) aus der Sicht eines Durchschnittsfachmanns. Maßgeblich ist, ob aus der jeweiligen Vorveröffentlichung *Gegenstand und Inhalt der Erfindung erkennbar* werden. 90

Zur Vertiefung:
Zur Neuheit: Götting, Gewerblicher Rechtsschutz, 11. Aufl. 2020, § 11 Rn. 2 ff.

bb) Erfinderische Tätigkeit (§ 4 PatG)

Die erfinderische Tätigkeit setzt gem. § 4 S. 1 PatG voraus, dass 91

> sich die Erfindung für den Fachmann nicht in naheliegender Weise aus dem Stand der Technik ergibt.

Klaus Vieweg / Isolde Hannamann 347

92 Die individuelle Leistung muss sich somit in einer gewissen **Erfindungshöhe** widerspiegeln (vgl. BGH, GRUR 2015, 1184 – verneint für die grafische Unterlegung des Entsperrvorgangs eines Smartphones). Die Beurteilung dieser Rechtsfrage erfolgt mittels **mosaikartiger Gesamtbetrachtung** sämtlicher Vorveröffentlichungen (also anders als die Neuheitsprüfung!) in deren Rahmen auf sog. **Hilfskriterien** zurückgegriffen wird (Bsp.: Abkehr von eingefahrenen Lösungswegen, entgeltliche Lizenzerteilung [regelmäßig lassen sich nur technisch interessante, nicht naheliegende Entwicklungen lizensieren], Befriedigung eines lange bestehenden, noch ungelösten Bedürfnisses).

cc) Gewerbliche Anwendbarkeit (§ 5 PatG)

93 Für die gewerbliche Anwendbarkeit genügt nach § 5 PatG, dass der

Erfindungsgegenstand auf irgendeinem gewerblichen Gebiet (einschließlich der Landwirtschaft) hergestellt oder benutzt werden kann.

Dies ist im Regelfall zu bejahen.

b) Gebrauchsmusterfähigkeit

94 Die **Gebrauchsmusterfähigkeit** entspricht weitgehend der Patentfähigkeit. Allerdings sind die Anforderungen teilweise geringer. Man bezeichnet das Gebrauchsmuster deshalb schlagwortartig als „**kleines Patent**". Die nachfolgenden Ausführungen beschränken sich auf die Abweichungen.

aa) Neuheit (§ 3 GebrMG)

95 Der Neuheitsbegriff des § 3 GebrMG ist **nicht absolut** und unterscheidet sich somit vom patentrechtlichen. Hiernach umfasst der relevante Stand der Technik nach Abs. 1 S. 2 allein

Kenntnisse, die durch schriftliche Beschreibung oder eine im Geltungsbereich des GebrMG erfolgte Benutzung der Öffentlichkeit zugänglich gemacht wurden.

96 **Mündliche Beschreibungen** oder **Vorbenutzungshandlungen im Ausland** sind somit der Neuheit nicht abträglich. Überdies besteht nach Abs. 1 S. 3 eine **allgemeine Neuheitsschonfrist** von sechs Monaten.

bb) Erfinderischer Schritt

97 Da es an einer § 4 PatG entsprechenden Regelung fehlt, ist umstritten, ob die Anforderungen an den erfinderischen Schritt hinter denjenigen an die erfinderische Tätigkeit nach dem PatG zurückbleiben („Frage der **geringeren Erfindungshöhe**"). So vertritt der BGH[15], es sei für den erfinderischen Schritt ausreichend, wenn

der Fachmann die Erfindung nicht aufgrund seines allgemeinen Fachkönnens und bei routinemäßiger Berücksichtigung des Stands der Technik ohne Weiteres finden konnte.

---

15 BGH, GRUR 2004, 852 – Materialstreifenpackung.

3. Ausnahmen von der Schutzfähigkeit

Auch wenn eine Erfindung nach den vorgenannten Voraussetzungen grds. patentierbar oder gebrauchsmusterfähig wäre, kann die **Schutzfähigkeit ausgeschlossen** sein. Dies betrifft Erfindungen, deren gewerbliche Verwertung gegen die **öffentliche Ordnung** oder die **guten Sitten** verstoßen würde (§ 2 Abs. 1 PatG, § 2 Nr. 1 GebrMG). In Umsetzung der Biotechnologierichtlinie (RL 98/44/EG) wurde zudem in § 2 Abs. 2 S. 1 PatG eine nicht abschließende Liste von Fällen fehlender Patentfähigkeit aus ethischen Gründen aufgenommen, die bspw. Klonverfahren menschlicher Lebewesen anführt und insofern § 1a PatG ergänzt. Schließlich enthält § 2a PatG restriktive Regelungen in Bezug auf die Patentfähigkeit **von Tierrassen und Tierzüchtungsverfahren** sowie **Pflanzensorten und Pflanzenzüchtungsverfahren** (letztere sind im Sortenschutzgesetz geregelt – dazu unter Rn. 3).

IV. Formelle Schutzvoraussetzungen

1. Patentrecht

Als formell geprüftes Schutzrecht **entsteht** das Patentrecht erst mit der **Patenterteilung** und deren **Veröffentlichung** im Patentblatt durch das Deutsche Patent- und Markenamt (DPMA; § 58 Abs. 1 S. 3 PatG). Erforderlich ist eine vorausgehende Anmeldung nach §§ 34 ff. PatG. Neben einem schriftlichen Antrag (§ 34 Abs. 3 PatG, § 4 PatV) ist eine deutliche und vollständige Offenbarung erforderlich (§ 34 Abs. 4 PatG). Diese setzt neben einer **Erfindungsbeschreibung,** die einem Fachmann die Ausführung ermöglichen muss, die Nennung eines oder mehrere **Patentansprüche** voraus (eingebürgert hat sich deren zweiteilige Fassung: Neben dem *Oberbegriff,* der die durch den Stand der Technik bekannten Merkmale der Erfindung bezeichnen muss, ist im *kennzeichnenden Teil* anzugeben, was in Verbindung mit dem Oberbegriff als patentfähig unter Schutz gestellt werden soll). Der Prüfungsumfang des DPMA erstreckt sich sowohl auf die materiellen als auch auf die formellen Voraussetzungen, von Amts wegen jedoch nur auf **offensichtliche Mängel** (§ 42 PatG). Wird das Patent trotz Fehlens der gesetzlichen Voraussetzungen erteilt, bleibt es – wie auch das Markenrecht (vgl. Rn. 60) – rechtsgültig bis zur rückwirkenden Beseitigung auf Einspruch oder Nichtigkeitsklage (dazu unten Rn. 117).

2. Gebrauchsmusterrecht

Die formellen Anforderungen nach dem GebrMG sind weniger streng und gleichen eher einem Registrierungsverfahren. Während die Antragsvoraussetzungen weitgehend mit denen des Patentrechts übereinstimmen, erfolgt lediglich eine sehr eingeschränkte Prüfung der Voraussetzungen (§ 8 Abs. 1 GebrMG). Das Gebrauchsmusterrecht **entsteht** mit der konstitutiven **Eintragung** in das Gebrauchsmusterregister (die sog. **Gebrauchsmusterrolle**) auf Verfügung des DPMA (§§ 8 Abs. 1, 11 GebrMG). Erfolgt die Eintragung trotz Fehlens der materiellen Voraussetzungen, entsteht das Schutzrecht nicht (diese Abweichung vom Patentrecht liegt in dem beschränkten Prüfungsumfang begründet).

V. Berechtigter

1. Recht auf das Schutzrecht (§ 6 PatG, § 13 Abs. 3 GebrMG)

101 Das **Recht auf das Schutzrecht** steht dem jeweiligen Erfinder bzw. seinem Rechtsnachfolger oder mehreren gemeinschaftlichen Erfindern zu (§ 6 S. 1, 2 PatG, § 13 Abs. 3 GebrMG). Machen mehrere Personen die Erfindung unabhängig voneinander (sog. **Doppelerfindung**) entscheidet die Priorität der Anmeldung (§ 6 S. 3 PatG, § 13 Abs. 3 GebrMG). Erfinder können wegen der erforderlichen geistigen Leistung und der persönlichkeitsbezogenen Komponenten der Schutzrechte **ausschließlich natürliche Personen**, nicht hingegen juristische Personen sein.

102 Bei Erfindungen durch **Arbeitnehmer** (sowie Beamte und Soldaten) gelten Besonderheiten, die im **ArbNErfG** kodifiziert worden sind. Dieses differenziert zwischen **Diensterfindungen** (§ 4 Abs. 2 ArbNErfG) und **freien Erfindungen** (§ 4 Abs. 3 ArbNErfG). **Diensterfindungen** liegen vor, wenn während des *Anstellungszeitraums* (unabhängig davon, ob während der Arbeits- oder Freizeit) *die Erfindung*

- *aus der dem Arbeitnehmer obliegenden Tätigkeit entstanden ist* (für diese sog. **Auftragserfindung** genügt, dass die Erfindung dem allgemeinen Pflichtenkreis des Arbeitnehmers zuzuordnen ist)
- oder *maßgeblich auf Erfahrungen oder Arbeiten des Betriebs beruht* (sog. **Erfahrungserfindung**).

103 In diesen Fällen entsteht das Erfinderrecht originär in Person des Arbeitnehmers, den jedoch eine Meldepflicht trifft (§ 5 Abs. 1 S. 1 ArbNErfG). Durch **Inanspruchnahme** kann es der Arbeitgeber gegen eine angemessene Vergütung auf sich überleiten (§§ 7, 9 ArbNErfG). Alle anderen Erfindungen des Arbeitnehmers sind sog. **freie Erfindungen**, hinsichtlich derer ihn lediglich die Pflicht trifft, die Erfindung mitzuteilen und ein nicht ausschließliches Benutzungsrecht anzubieten (§§ 18 f. ArbNErfG).

2. Anspruch auf Erteilung bzw. Eintragung des Schutzrechts (§ 7 Abs. 1 PatG, § 13 Abs. 3 GebrMG)

104 Der **Anspruch auf Erteilung bzw. Eintragung des Schutzrechts** steht (allein) dem Anmelder zu (§ 7 Abs. 1 PatG, § 13 Abs. 3 GebrMG). Der Zweck dieser verfahrensrechtlichen Regelung besteht darin, das DPMA von der (oftmals) aufwendigen Ermittlung der Erfindereigenschaft bzw. der Rechtsnachfolge zu entlasten. Da dieser Anspruch unabhängig vom **Recht auf das Schutzrecht** (dazu Rn. 101) ist und jenes unberührt lässt, kann der sachlich Berechtigte vom nichtberechtigten Anmelder eine Abtretung des Erteilungsanspruchs und – nach erfolgter Erteilung bzw. Eintragung – die Übertragung des Schutzrechts verlangen (§ 8 S. 1, 2 PatG, § 13 Abs. 3 GebrMG) (sog. **Schutzrechtsvindikation**). Daneben besteht die Möglichkeit eines Einspruchs (§§ 59, 21 PatG), der Nichtigkeitsklage (§§ 91, 22, 21 PatG) bzw. des Löschungsantrags (§§ 15 Abs. 2, 13 Abs. 2 GebrMG).

Zur Vertiefung (Rn. 101 ff.):
Zu den Rechten und der schwachen Position des Doppelerfinders: Götting, Gewerblicher Rechtsschutz, 11. Aufl. 2020, § 15 Rn. 7.
Zur Miterfindung: Götting, Gewerblicher Rechtsschutz, 11. Aufl. 2020, § 16 Rn. 1 ff.
Zu den Ansprüchen des Berechtigten: Ullmann/Deichfuß, in: Benkard, PatG, 11. Aufl. 2015, Einl. Rn. 72.

VI. Inhalt des Schutzrechts

Das Schutzrecht hat positive und negative Inhalte, die durch Schutzbereich und -umfang sowie durch Schranken konkretisiert werden.

1. Erfinderpersönlichkeitsrecht

Sowohl im Patentrecht als auch im Gebrauchsmusterrecht entsteht bereits mit Vollendung der Erfindung das sog. **Erfinderrecht**. Dieses umfasst neben **verwertungsrechtlichen Positionen** (die Befugnis zur Benutzung des Erfindungsgedankens und das Recht auf das Schutzrecht) auch das sog. **Erfinderpersönlichkeitsrecht**. Letzteres umfasst neben dem Anspruch auf *Erfinderbenennung* (vgl. §§ 37, 63 PatG) das Recht auf *Anerkennung der Erfinderschaft* und ist als Ausfluss des allgemeinen Persönlichkeitsrecht unverzichtbar.

2. Ausschließlichkeitsrecht

Das Patent- und das Gebrauchsmusterrecht gewähren dem Schutzrechtsinhaber ein **ausschließliches Verwertungsrecht**. Dieses verfügt über eine positive (**alleiniges Benutzungsrecht**) und eine negative Komponente (**Verbietungsrecht**) (§ 9 S. 1, 2 PatG, § 11 Abs. 1 S. 1, 2 GebrMG).

a) Benutzungsrecht

Der Umfang des positiven Benutzungsrechts entspricht den in § 9 S. 2 PatG, § 11 Abs. 1 S. 2 GebrMG enumerativ aufgeführten Benutzungshandlungen (auf diese wird sogleich beim Verbietungsrecht näher eingegangen). Relevanz kommt dem Benutzungsrecht insbes. in seiner Funktion als Abwehrrecht des Inhabers eines älteren Schutzrechts gegen das Verbietungsrecht aus einem prioritätsjüngeren Recht zu, sog. **Einrede des älteren Rechts** (auch: **besseren Rechts**).

Zur Vertiefung:
Eingehend zur Einredefunktion: Stjerna, GRUR 2010, 202 ff.

b) Verbietungsrecht

Als negative Komponente ist es nach § 9 S. 2 PatG, § 11 Abs. 1 S. 2 GebrMG

> *jedem Dritten verboten, ohne Zustimmung des Schutzrechtsinhabers die ihm vorbehaltenen Benutzungshandlungen vorzunehmen.*

Hinsichtlich der vorbehaltenen Benutzungshandlungen ist zwischen Erzeugnispatenten bzw. Gebrauchsmusterrechten auf der einen und Verfahrenspatenten auf der anderen Seite zu unterscheiden.

- Die maßgeblichen **Benutzungshandlungen** für die erste Gruppe (**Erzeugniserfindungen**) sind *das Herstellen* (Abgrenzung der Wiederherstellung zur bloßen Ausbesserung), *das Anbieten, das Inverkehrbringen* (jeder Wechsel der tatsächlichen Verfügungsgewalt) *und der Gebrauch eines Erzeugnisses, das Gegenstand des Schutzrechts ist, oder dessen Einfuhr bzw. dessen Besitz zu den vorgenannten Zwecken* (§ 9 S. 2 Nr. 1 PatG, § 11 Abs. 1 S. 2 GebrMG).

- Die zweite Gruppe (**Verfahrenserfindungen**) umfasst als **Benutzungshandlungen** zum einen die *Anwendung des Verfahrens, das Gegenstand des Patents ist* (auch Vorführungshandlungen), bzw. *dessen Anbieten zur Anwendung im Inland* (§ 9 S. 2 Nr. 2 PatG). Zum anderen *das Anbieten, das Inverkehrbringen und den Gebrauch von Erzeugnissen, die unmittelbar durch ein Verfahren, das Gegenstand des Patents ist, hergestellt werden* (Abgrenzung von bloß mittelbaren Verfahrenserzeugnissen) (§ 9 S. 2 Nr. 3 PatG).

3. Schutzbereich und Schutzumfang

111 Der Schutzbereich und der Schutzumfang sind primär im Verletzungsprozess von Bedeutung: Benutzt der (vermeintliche) Verletzter eine Ausführungsform in der durch § 9 S. 2 PatG bzw. § 11 Abs. 1 S. 2 GebrMG beschriebenen Art und Weise, ist zu klären, ob die konkrete Ausführungsform die geschützte Erfindung enthält.

112 Auf der ersten Stufe ist somit der **Schutzbereich** zu bestimmen, mithin die Frage zu klären, welche Ausführungen der Lehre vom Ausschließlichkeitsrecht umfasst werden. Er wird maßgeblich durch den Inhalt der Patent- bzw. Schutzansprüche bestimmt, die den unmittelbaren Gegenstand des Schutzrechts offenbaren (§ 14 S. 1 PatG, § 12a S. 1 GebrMG). Beschreibungen und Zeichnungen sind zu Auslegungszwecken heranzuziehen.

113 Daran schließt sich auf der zweiten Stufe die Bestimmung des **Schutzumfangs** an, also die Frage, ob und ggf. in welcher Art ein **Eingriff** vorliegt. Dies ist mittels Vergleichs (sog. Merkmalsanalyse) zwischen dem Gegenstand des Schutzrechts und der angegriffenen Verletzungsausführung zu bestimmen. Zu unterscheiden ist insofern zwischen einer **wortsinngemäßen Benutzung** und einer **äquivalenten** (**inhaltsgleichen**) **Benutzung**.

- In der ersten Konstellation fällt die angegriffene Ausführungsform unter den **Wortsinn** der Patent- bzw. Schutzansprüche, mithin ist in der Ausführungsform das verkörpert, was der Durchschnittsfachmann den Schutzansprüchen entnimmt.
- Die zweite Konstellation erlaubt die Annahme eines Schutzbereichseingriffs auch außerhalb einer wortsinngemäßen Benutzung. Der Berechtigte soll auch vor Ausführungen geschützt sein, die vom Sinn und Zweck der Erfindung durch Verwendung gleichwirkender und naheliegender Austauschmittel Gebrauch machen. Die **Prüfung der Äquivalenz** (Inhaltsgleichheit) erfolgt dreistufig:
  – Zunächst muss die Problemlösung mit zwar abgewandelten, aber technisch gleichwirkenden Mitteln erfolgen (**technische Gleichwirkung**).
  – Dann ist erforderlich, dass ein Fachmann mithilfe seiner Fachkenntnisse das vorgenannte Austauschmittel aufgrund von Überlegungen, die an den Sinngehalt der unter Schutz gestellten Erfindung anknüpfen, als gleichwirkend auffinden konnte (**Auffindbarkeit**). Maßgeblich ist der Anmelde- oder Prioritätszeitpunkt. Daran fehlt es, wenn das Auffinden des Austauschmittels nur aufgrund erfinderischer Bemühungen möglich gewesen wäre.
  – Schließlich ist zu prüfen, ob der Sinngehalt des Patent- bzw. Schutzanspruchs im Anmelde- oder Prioritätszeitpunkt Überlegungen zuließ, die den Fachmann zu dem Austauschmittel führen konnten und dieses als gleichwertig erscheinen ließen (**Gleichwertigkeit**). Daran fehlt es, wenn der Fachmann zu dem Schluss gekommen wäre, das im Schutzanspruch benannte Mittel sei das einzig taugliche.

4. Schranken des Schutzes

Die technischen Schutzrechte unterliegen einigen Beschränkungen: 114

- Gegenüber Inhabern eines **Vorbenutzungsrechts** (dies sind redliche Erfindungsbesitzer, die im Zeitpunkt der Anmeldung die Verwertung der Erfindung im Inland bereits in Angriff genommen haben) tritt die Wirkung des Schutzrechts nicht ein. Sie können die Erfindung also in gewissem Umfang weiterbenutzen (§ 12 PatG, § 13 Abs. 3 GebrMG).
- Inhaber eines **positiven Benutzungsrechts** (also eines prioritätsälteren Rechts) können dem Verbietungsrecht die sog. **Einrede des älteren (besseren) Rechts** entgegenhalten.
- Überdies sind die in § 11 Nrn. 1–3 PatG und § 12 Nr. 1 und 2 GebrMG aufgezählten Benutzungshandlungen erlaubt. Wie auch im Markenrecht fallen darunter Handlungen im **privaten Bereich** (Bedeutung kommt daneben vor allem Handlungen zu **Versuchszwecken** zu).
- Zudem gilt der Grundsatz der **Erschöpfung**, da der Erfinder zwar den vollen Lohn für seine Erfindung erhalten, aber der Verkehr nicht stärker belastet werden soll als hierfür erforderlich. Der Zweck der Benutzungsbefugnisse *an einer Sache* ist dann erfüllt, wenn diese durch den Schutzrechtsinhaber oder dessen Nachfolger endgültig in den Verkehr gebracht wird. Das anschließende Anbieten, das erneute Inverkehrbringen oder der Gebrauch durch den Erwerber sind in der Folge zulässig. Allerdings kann sich das *Schutzrecht nicht in Bezug auf die Idee selbst erschöpfen.* Die Erschöpfung kann vielmehr nur bei Sachpatenten, Gebrauchsmustern und unmittelbaren Verfahrenserzeugnissen, nicht hingegen für ein patentiertes Verfahren selbst eintreten.
- Ansprüche wegen Schutzrechtsverletzung unterliegen der **Verjährung** (§ 141 S. 1 PatG, § 24 f. S. 1 GebrMG) und **Verwirkung**.
- **Zwecke der Allgemeinheit** (öffentliche Wohlfahrt oder öffentliche Sicherheit) können bei Anordnung der Bundesregierung den Schutz entfallen lassen (§ 13 PatG, § 13 Abs. 3 GebrMG).
- Das Patentgericht kann anordnen, dass der Inhaber einem Dritten die Nutzung zu angemessenen geschäftsüblichen Bedingungen gestattet, wenn er sich erfolglos um eine Lizenz bemüht hat und öffentliche Interessen dies gebieten (**Zwangslizenz** – § 24 Abs. 1 PatG, § 20 GebrMG). Das Thema Zwangslizenzen ist im Rahmen der Corona-Pandemie wieder aktuell geworden.[16]

Beachte: Unterschiede bestehen im Hinblick auf die **Geltendmachung absoluter** 115 **Schutzhindernisse** im Patentverletzungs- und Gebrauchsmusterverletzungsprozess: Aus dem umfassenden Prüfungsumfang im Rahmen der Patenterteilung folgt eine Bindung der Gerichte, die Geltendmachung absoluter Schutzhindernisse ist deshalb ausgeschlossen. Anderes gilt wegen des beschränkten Prüfungsumfangs bei der Gebrauchsmustererteilung (vgl. zur entsprechenden Rechtslage im Markenrecht Rn. 57).

VII. Patent und Gebrauchsmuster im Rechtsverkehr

Patent- und Gebrauchsmusterrechte können als selbstständige Vermögensgegenstände 116 übertragen werden und kraft Gesetzes übergehen (§ 15 Abs. 1 PatG, § 22 Abs. 1

---

16 https://www.tagesschau.de/wirtschaft/unternehmen/patente-freigabe-corona-impfstoff-101.html.

GebrMG). Auch die Einräumung von ausschließlichen und einfachen Lizenzen ist möglich (§ 15 Abs. 2 PatG, § 22 Abs. 2 PatG). Es besteht ein weitgehender Gleichlauf mit dem Markenrecht (im Einzelnen Rn. 59).

VIII. Ende des Schutzes

117 Die Beendigung der Schutzwirkung von Patent- und Gebrauchsmusterrecht kann mit **ex nunc**- oder mit **ex tunc**-Wirkung erfolgen.

- Spätestens mit Ablauf ihrer **Höchstschutzdauer** (Patent: 20 Jahre, Gebrauchsmuster: 10 Jahre) erlöschen beide Schutzrechte ex nunc. Ein früheres Erlöschen ist bei **Nichtzahlung der Jahres-** bzw. **Aufrechterhaltungsgebühr** möglich (§§ 16, 20 Abs. 1 Nr. 2 PatG, § 23 Abs. 1, 2, 3 Nr. 2 GebrMG).
- Auch der **Verzicht** hat ex nunc-Wirkung (§ 20 Abs. 1 Nr. 1 PatG, § 23 Abs. 3 Nr. 1 GebrMG).
- Ex tunc-Wirkung kommt für das Patentrecht dem **Widerruf** durch das DPMA auf Einspruch eines Dritten (§ 59 PatG) und der **Nichtigerklärung** durch das Patentgericht auf Nichtigkeitsklage eines Dritten (§§ 81 ff. PatG) zu. Die Gründe sind abschließend in §§ 21 f. PatG geregelt. Eine entsprechende Wirkung zeitigt der **Löschungsbeschluss** des DPMA im Gebrauchsmusterrecht (§§ 15 ff. GebrMG).

IX. Folgen einer Rechtsverletzung

118 Bei einer Verletzung des Patent- und Gebrauchsmusterrechts stehen dem Rechteinhaber verschiedene zivilrechtliche Ansprüche zu. Neben **Beseitigung** (mangels gesetzlicher Regelung analog § 1004 BGB), darüber hinausgehender **Vernichtung** (§ 140a PatG, § 24a GebrMG) und **Unterlassung** (§ 139 Abs. 1 PatG, § 24 GebrMG) kann auch **Auskunft, Vorlage** und **Veröffentlichung** (§§ 140b-e PatG, §§ 24b-e GebrMG) beansprucht werden. Erfolgt die Verletzung schuldhaft, sind darüber hinaus **Schadensersatzansprüche** vorgesehen (§ 139 Abs. 2 PatG, § 24 Abs. 2 GebrMG) hinsichtlich derer eine dreifache Schadensberechnung möglich ist (vgl. iE Rn. 62 zu den weitgehend übereinstimmenden markenrechtlichen Ansprüchen).

X. Prüfungsschema § 139 Abs. 1 PatG, § 24 Abs. 1 GebrMG (Unterlassungsanspruch)

119 **A. Verletzung eines technischen Schutzrechts**

I. Bestehender Patent- oder Gebrauchsmusterrechtsschutz

1. Veröffentlichung der Patenterteilung (§§ 49 Abs. 1, 58 Abs. 1 PatG) oder Eintragung in die Gebrauchsmusterrolle (§§ 8 Abs. 1, 11 GebrMG)
2. Materielle Schutzvoraussetzungen (nicht bei Patentrecht zu prüfen – Bindungswirkung)
3. Kein Erlöschen mit Wirkung ex tunc oder ex nunc

II. Verletzender Eingriff

1. Verletzungshandlung gem. §§ 9 S. 2, 10 PatG oder § 11 GebrMG
2. Wörtliche (identische) Benutzung eines Anspruchs *oder*
3. Äquivalente Benutzung eines Anspruchs

III. Einwendungen (bei Patentrecht sehr begrenzt) und Einreden des Verletzers

(insbes. Einrede des Vorbenutzungsrechts, des besseren Rechts und der Verjährung sowie Einwand der Erschöpfung)

B. Aktivlegitimation

I. Rechteinhaber (originär oder derivativ)

II. Ausschließlicher Lizenznehmer (einfacher nur mit Ermächtigung)

C. Passivlegitimation

I. Täter, Teilnehmer

II. Störer

III. Beachte: Haftung für Organe (§§ 31, 89 BGB)

D. Wiederholungs- oder Erstbegehungsgefahr;

§ 139 Abs. 1 PatG, § 24 Abs. 1 GebrMG

Zu den weiteren Ansprüchen vgl. oben Rn. 118; Schadensersatzansprüche setzen Verschulden voraus (§ 139 Abs. 2 PatG, § 24 Abs. 2 GebrMG).

Zur Änderung des § 139 Abs. 1 PatG: Samer, Das neue Patentrecht, § 1- § 3, 2022.

§ 4 Eingetragenes Design und Gemeinschaftsgeschmacksmuster

I. Begriffe, Funktionen und Regelungsbereich

Die *Begriffe* eingetragenes **Design** und **Gemeinschaftsgeschmacksmuster** beschreiben eine Rechtsmaterie, die – ihrer *Funktion* nach – den Schutz ästhetisch-gewerblicher Leistungen, namentlich von Flächen- und Raumformen, bezweckt.

Beide gehören dem *Regelungsbereich* der ästhetischen Schutzrechte an. Wie im Rahmen der technischen Schutzrechte ist nicht die schaffende Tätigkeit selbst, sondern deren Leistungsergebnis geschützt. Auch der rechtspolitische *Zweck* der Unterschutzstellung stimmt überein: Das Ausschließlichkeitsrecht soll den Schaffenden belohnen und ihn zu weiteren ästhetisch-gewerblichen Leistungen zum Zwecke der Innovationsförderung anspornen.

Die folgenden Ausführungen beschränken sich weitgehend auf das eingetragene Design, da ein weitgehender Gleichlauf mit den wichtigsten Regelungen des unionsweit geltenden Gemeinschaftsgeschmacksmusterrechts besteht. Dessen Besonderheiten – insbes. die Anerkennung eines nicht eingetragenen, also formlosen Schutzrechts – werden am Ende des Abschnitts in Rn. 155 f. dargestellt.

II. Entwicklung, Rechtsgrundlagen, Struktur und Bezug zu anderen Schutzgesetzen

Zum 1.1.2014 wurde das deutsche Geschmacksmuster durch das eingetragene Design abgelöst. Entsprechend wurde die gesetzliche Kodifizierung in **DesignG** umbenannt. Die Anpassungen waren jedoch größtenteils sprachlicher und nicht inhaltlicher Natur, da beide Gesetze auf der GeschmMRL (RL 98/71/EG), die in allen zentralen Punkten verbindlich ist, basieren. Auf europäischer Ebene kommt neben der GeschmM-

RL insbes. der **Gemeinschaftsgeschmacksmusterverordnung** (VO [EG] Nr. 6/2002) als Grundlage des unionsweiten Schutzrechts Bedeutung zu.

125 Über den Bezug zur Ästhetik weist diese Rechtsmaterie Schnittmengen mit dem **Urheberrecht** auf, unterscheidet sich von diesem jedoch durch das Erfordernis des gewerblichen Ursprungs. Überdies hat sich infolge der Reform des damaligen Geschmacksmusterrechts im Jahr 2004 eine Entfernung vom Urheberrecht und eine Annäherung an die übrigen gewerblichen Schutzrechte vollzogen. Zwar enthält das **Markenrecht** einen Ausschlusstatbestand, gleichwohl können dreidimensionale Formgebungen nach beiden Rechtsmaterien geschützt werden (vgl. Rn. 17). Überschneidungen mit **technischen Schutzrechten** werden über § 3 Abs. 1 Nr. 1 DesignG verhindert.

III. Schutzgegenstand und materielle Schutzvoraussetzungen

Das Designgesetz hat folgende **Struktur:**

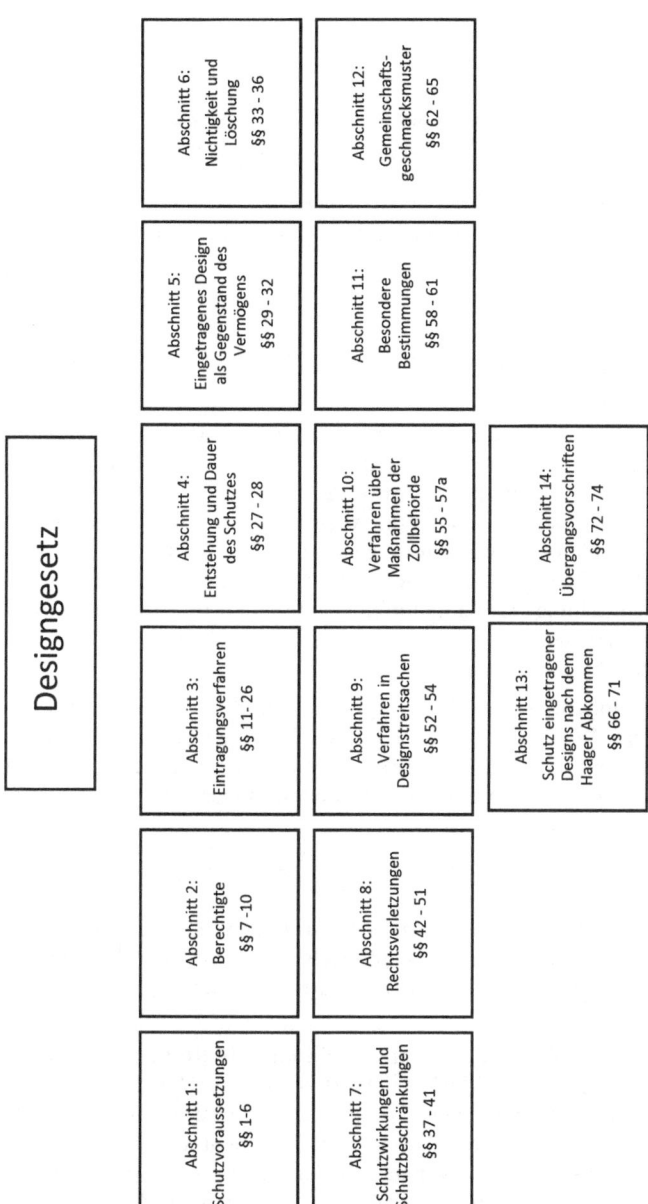

III. Schutzgegenstand und materielle Schutzvoraussetzungen

Schutzgegenstand sind diejenigen **Merkmale der Erscheinungsform des eingetragenen Designs,** die in der Anmeldung sichtbar wiedergegeben werden (§ 37 Abs. 1 DesignG). Der Schutz erstreckt sich somit **nicht** auf gewerbliche Erzeugnisse an sich.

128　Materielle Schutzvoraussetzungen sind die **Neuheit** und die **Eigenart**.

1. Eingetragenes Design

129　Das **eingetragene Design** ist

die *Gesamtheit der Merkmale der zwei- oder dreidimensionalen Erscheinungsform eines ganzen Erzeugnisses oder eines Teils davon* (§§ 37 Abs. 1, 1 Nr. 1 DesignG).

130　Ein Erzeugnis ist jeder industrielle oder handwerkliche Gegenstand, einschließlich Verpackung, Ausstattung, grafischer Symbole und typografischer Schriftzeichen mit Ausnahme von Computerprogrammen (§ 1 Nr. 2 DesignG).

2. Neuheit

131　Ein Design gilt dann als neu, wenn am Anmeldetag **kein identisches Design offenbart** worden ist (§ 2 Abs. 2 S. 1 DesignG).

132　*Identität* ist anzunehmen, wenn sich die Merkmale nicht oder nur in unwesentlichen Einzelheiten unterscheiden. Die *Offenbarung* erfordert eine Zugänglichmachung für die Öffentlichkeit und kann auch durch den Anmelder selbst erfolgen (§ 5 S. 1 Hs. 1 DesignG). Hierbei ist eine weltweite Betrachtung anzustellen. In diese dürfen jedoch solche Bekanntmachungen nicht einbezogen werden, die den in der Gemeinschaft tätigen Fachkreisen des betreffenden Sektors vor dem Anmeldetag nicht bekannt sein konnten. Eine **Vorveröffentlichung** (also eine Offenbarung vor dem Anmeldetag) steht der Neuheit dann nicht entgegen, wenn sie unter den Voraussetzungen des § 6 DesignG innerhalb der 12-monatigen Neuheitsschonfrist erfolgte.

133　Die Neuheitsprüfung ist anhand eines **Einzelvergleichs** mit dem **vorbekannten Formenschatz** durchzuführen. Wird der Gesamteindruck eines eingetragenen Designs durch eine Kombination der Merkmale bestimmt, ist es der Neuheit nicht abträglich, dass einzelne Merkmale dem vorbekannten Formenschatz angehören. In der Praxis genügen geringste Abweichungen für die Neuheit.

3. Eigenart

134　Ein Design hat Eigenart, wenn sich der **Gesamteindruck**, den es beim informierten Benutzer hervorruft, von dem Gesamteindruck **unterscheidet**, den ein anderes Design, das vor dem Anmeldetag offenbart worden ist, bei diesem Benutzer hervorruft (§ 2 Abs. 3 DesignG).

135　Der Vergleich ist warenklassenübergreifend durchzuführen. Die Recherche kann sich deshalb als sehr schwierig gestalten. Maßgeblich ist allein die Unterschiedlichkeit, nicht hingegen eine etwaige Eigentümlichkeit oder die Gestaltungshöhe. In diesem Zusammenhang kommt insbes. der Gestaltungsfreiheit große Bedeutung zu: Bei geringer Gestaltungsfreiheit – wenn also viele Merkmale aufgrund technischer oder sonstiger Erfordernisse zwingend vorgegeben sind – genügen bereits geringe Abweichungen, um einen abweichenden Gesamteindruck hervorzurufen. Besteht hingegen eine weitgehende Gestaltungsfreiheit, müssen die Unterschiede umso größer ausfallen. Auch insofern ist ein **Einzelvergleich** durchzuführen und es gilt die **Neuheitsschonfrist** des § 6 DesignG.

Zur Vertiefung:

Zur Designfähigkeit: Eichmann/Jestaedt in: Eichmann/Jestaedt/Fink/Meiser, DesignG, 6. Aufl. 2019, § 1 Rn. 27 ff.
Zu Neuheit und Eigenart: Klawitter, GRUR-Prax 2011, 337; *Hartwig*, GRUR 2020, 798–802; EuGH, GRUR Int. 2014, 494 (497) – Korkenzieher (zur Auswirkung der Gestaltungsfreiheit auf den Unterschied im Gesamteindruck); GRUR 2014, 368 (370) – Gartenpavillon (zur weltweiten Betrachtung iRd Neuheit und der Zugänglichmachung außerhalb des Unionsgebiets – allerdings in Bezug auf Gemeinschaftsgeschmacksmuster).

4. Ausschluss vom Designschutz

§ 3 DesignG regelt einen **Ausschluss vom Designschutz** für

- **ausschließlich technisch funktional bedingte** Erscheinungsmerkmale eines Erzeugnisses (Abs. 1 Nr. 1).
- Erscheinungsmerkmale von Erzeugnissen, die **zwangsläufig** in ihrer genauen Form und ihren genauen Abmessungen **nachgebildet** werden müssen, **um eine Verbindung mit einem anderen Erzeugnis herzustellen** (Abs. 1 Nr. 2). Demgegenüber ist ein Designschutz für Bauteilesysteme (sog. modulare Systeme) nicht ausgeschlossen, vorausgesetzt, die Erscheinungsmerkmale dienen dem Zweck, eine Vielzahl austauschbarer Teile des Systems zusammenzubauen oder sonst zu verbinden (sog. Lego-Klausel). Aus diesem Grund waren Legosteine einem Designschutz zugänglich.[17]
- gegen die **öffentliche Ordnung** oder die **guten Sitten** verstoßende Designs (Abs. 1 Nr. 3).
- Designs, die **Zeichen von öffentlichem Interesse missbräuchlich benutzen** (bspw. staatliche Hoheitszeichen) (Abs. 1 Nr. 4).

IV. Berechtigter

Das **Recht auf das eingetragene Design** steht dem **Entwerfer** bzw. dessen **Rechtsnachfolger** (§ 7 Abs. 1 DesignG) oder aber dessen **Arbeitgeber** (§ 7 Abs. 2 DesignG) zu. Der **Rechtsinhaber** kann die in § 9 Abs. 1 DesignG genannten Ansprüche gegen den **zu Unrecht Eingetragenen** geltend machen (Übertragung oder Einwilligung in Löschung).

Für **Verfahren** vor dem Patent- und Markenamt, die das eingetragene Design betreffen, gelten demgegenüber nach § 8 DesignG der **Anmelder** und der **Rechtsinhaber** (§ 1 Nr. 5 DesignG) als berechtigt und verpflichtet. Zweck dieser Regelung ist eine Entlastung (insbes.) des Eintragungsverfahrens von der Prüfung der Entwerfereigenschaft oder der materiellen Berechtigung.

Die Systematik der Berechtigung entspricht somit weitgehend den technischen Schutzrechten.

V. Formelle Schutzvoraussetzungen

Das eingetragene Design ist ein sog. **formelles, nicht geprüftes** Schutzrecht. Dies bedeutet, dass es erst durch die Eintragung in das Register entsteht (§ 27 Abs. 1 DesignG), das DPMA allerdings (mit wenigen Ausnahmen, vgl. § 18 DesignG) keine Prüfung der materiellen Schutzvoraussetzungen, sondern nur formeller Voraussetzungen vornimmt (vgl. § 16 DesignG).

---

17 Siehe oben § 1 Fn. 1.

141 Erforderlich ist auf Seiten des Anmelders die Einreichung einer **Anmeldung** beim DPMA, die einen **Antrag**, Angaben bzgl. der **Anmelderidentität** sowie eine **Wiedergabe des Designs** enthalten muss (§ 11 DesignG).

VI. Rechtsinhalt

1. Designerpersönlichkeitsrecht

142 Das Bestehen eines **Designerpersönlichkeitsrechts** ist anerkannt. Dieses hat zwar nur in Form des **Rechts auf Designerbenennung** (§ 10 DesignG) gesetzlichen Niederschlag gefunden. Gleichwohl können sich bei vergleichbarer Interessenlage aus den umfassenden Regelungen des UrhG (vgl. 9.Teil: Urheberrecht) Anhaltspunkte hinsichtlich seines Inhalts ergeben.

2. Benutzungsrecht (§ 38 Abs. 1 S. 1 Alt. 1, S. 2 DesignG)

143 Das eingetragene Design gewährt seinem Inhaber ein **ausschließliches Nutzungsrecht** (§ 38 Abs. 1 S. 1 Alt. 1 DesignG). Dieses umfasst die – nicht abschließend – in § 38 Abs. 1 S. 2 DesignG aufgezählten Nutzungsformen, namentlich die *Herstellung*, das *Anbieten*, das *Inverkehrbringen*, die *Einfuhr*, die *Ausfuhr*, den *Gebrauch* eines Erzeugnisses, in das das eingetragene Design aufgenommen oder bei dem es verwendet wird, und den *Besitz* eines Erzeugnisses zu den genannten Zwecken.

144 Das Benutzungsrecht ist die bedeutsamste **Auswirkung des sog. Prioritätsprinzips**. Aus diesem ergibt sich zugleich die **Hauptfunktion des Benutzungsrechts als Abwehrrecht gegenüber Ansprüchen** (iE kann auf die Darstellung bei den technischen Schutzrechten verwiesen werden, Rn. 108).

3. Verbietungsrecht (§ 38 Abs. 1 S. 1 Alt. 2 DesignG)

145 Gem. § 38 Abs. 1 S. 1 Alt. 2 DesignG kann der Rechtsinhaber einem Dritten die **Benutzung** des eingetragenen Designs grds. **verbieten**. Zur Konkretisierung des Verbietungsrechts kann auf § 38 Abs. 1 S. 2 DesignG und die spezifischen Anspruchsgrundlagen in §§ 42–47 DesignG zurückgegriffen werden.

146 Das Verbietungsrecht **besteht** grds. dann, wenn sich bei Gegenüberstellung der geschützten Erscheinungsform und der (vermeintlich) verletzenden Ausführungsform für den informierten Benutzer **kein abweichender Gesamteindruck** ergibt (vgl. die Bestimmung des Schutzumfangs nach § 38 Abs. 2 DesignG). Der Beurteilungsmaßstab entspricht somit dem für die Ermittlung der Eigenart (dazu erneut Rn. 134 f.).

147 Ebenso wie die Vergleichsbetrachtung im Rahmen der Eigenartermittlung erfolgt auch die Beurteilung einer rechtsverletzenden Benutzung **warenklassenübergreifend**. Anders als bei der markenrechtlichen Verwechslungsgefahr sind Warenidentität und -ähnlichkeit somit entbehrlich (bspw. eingetragenes Design für Kfz, Verletzung durch Gestaltung eines Spielzeugautos).

Zur Vertiefung:
Zur warenklassenübergreifenden Betrachtung: Eichmann/Jestaedt, in: Eichmann/Jestaedt/Fink/Meiser, DesignG, 6. Aufl. 2019, § 38 Rn. 16; BGH, GRUR 1996, 57 (59) – Spielzeugautos.

4. Schranken des Schutzes

Auch das Designrecht wird nicht unbeschränkt gewährt. Es besteht insofern ein weitgehender Gleichlauf mit den technischen Schutzrechten (dazu Rn. 114 f.). 148

So können **Vorbenutzungsrechte** (§ 41 DesignG) und **positive Benutzungsrechte** durch den Verletzer geltend gemacht werden. Zudem sind Benutzungshandlungen im **privaten Bereich** zulässig (§ 40 Nr. 1 DesignG). Schließlich gelten die Grundsätze der **Erschöpfung** (§ 48 DesignG), der **Verjährung** (§ 49 DesignG) und der **Verwirkung**. 149

Eine **Besonderheit** stellt die seit 1.1.2014 geltende Regelung des § 52a DesignG dar: Obwohl es sich beim eingetragenen Design um ein ungeprüftes Schutzrecht handelt, die Gerichte im **Verletzungsprozess** also grds. nicht an die vorherige Erteilung gebunden sind, kann der Verletzter die Rechtsnichtigkeit nicht einwendungshalber, sondern allein mittels Widerklage oder Antrags nach § 34 DesignG geltend machen. Dies gilt allerdings nicht für die Geltendmachung der Nichtigkeit eines eingetragenen Designs in einstweiligen Verfügungsverfahren nach den §§ 935 ff ZPO, § 52a S. 2 DesignG. 150

VII. Das eingetragene Design im Rechtsverkehr

Das eingetragene Design kann übertragen werden und übergehen, ohne dass der nachfolgenden Registereintragung konstitutive Wirkung zukommt (§ 29 Abs. 1, 3 DesignG). Auch die Einräumung ausschließlicher und einfacher Lizenzen ist möglich (§ 31 DesignG). 151

VIII. Schutzdauer

Die **Höchstschutzdauer** beträgt 25 Jahre, gerechnet ab dem Anmeldetag (§ 27 Abs. 2 DesignG). Zur Aufrechterhaltung des Schutzes ist die Zahlung einer sog. **Aufrechterhaltungsgebühr** im Fünfjahresrhythmus erforderlich (§ 28 Abs. 1 S. 1 DesignG). 152

IX. Ende des Schutzes

Der Schutz des eingetragenen Designs **endet**: 153

- durch *Ablauf der (Höchst-)Schutzdauer* mit Wirkung ex nunc (§§ 27 Abs. 2, 28 Abs. 2 DesignG), ebenso aufgrund *unanfechtbaren Beschlusses des DPMA* oder *rechtskräftigen Urteils* über die Festsetzung oder Erklärung der Nichtigkeit mit Wirkung ex tunc (§ 33 Abs. 3, 4 DesignG). Der von Amts wegen vorzunehmenden **Löschung** gem. § 36 Abs. 1 Nrn. 1 und 5 DesignG kommt in diesen Fällen **keine konstitutive Wirkung** zu.
- auf Antrag durch **konstitutive Löschung** (§ 36 Abs. 1 DesignG): Im Fall des *Verzichts* des Inhabers mit Wirkung ex nunc (§ 36 Abs. 1 Nrn. 2, 3 DesignG), im Fall der *Einwilligung in die Löschung* aus Gründen der §§ 9, 33 Abs. 2 S. 2 DesignG mit Wirkung ex tunc (§ 36 Abs. 1 Nr. 4 DesignG).

X. Folgen einer Rechtsverletzung

Die **Rechtsfolgen einer Rechtsverletzung** in Gestalt der unbefugten Benutzung gem. § 38 Abs. 1 S. 1 DesignG sind in den §§ 42 ff. DesignG geregelt. Neben **Beseitigungs- und Unterlassungsansprüchen** (§ 42 Abs. 1 DesignG) kann bei vorsätzlicher oder fahrlässiger Rechtsverletzung auch ein **Schadensersatzanspruch** bestehen, dessen Umfang auf drei verschiedene Arten berechnet werden kann (vgl. Rn. 62). Weitere Ansprüche 154 gewähren §§ 43 ff. DesignG. Die Strafbarkeit vorsätzlicher Verstöße folgt aus § 51 DesignG.

XI. Besonderheiten des Gemeinschaftsgeschmackmusters

155 Der **Antrag auf Eintragung** eines Gemeinschaftsgeschmacksmusters ist wahlweise beim DPMA oder beim Amt der Europäischen Union für Geistiges Eigentum (EUIPO), vormals Harmonisierungsamt für den Binnenmarkt (HABM) in Alicante zu stellen.

156 Das **nichteingetragene Gemeinschaftsgeschmacksmuster** entsteht, wenn die Voraussetzungen der Neuheit und der Eigenart erfüllt sind (Art. 4–6 GGV). Die Schutzdauer beträgt drei Jahre ab dem Zeitpunkt, an dem es der Öffentlichkeit innerhalb der Gemeinschaft erstmals zugänglich gemacht wird (Art. 11 Abs. 1 GGV).

XII. Prüfungsschema § 42 Abs. 1 DesignG (Unterlassungsanspruch)

157 **A. Verletzung des eingetragenen Designs**

I. Bestehender Designrechtsschutz

1. Entstehung mit Registereintragung gem. § 27 Abs. 1 DesignG
2. Kein Erlöschen mit Wirkung ex tunc oder ex nunc

II. Verletzende Benutzung gem. §§ 42 Abs. 1, 38 Abs. 1 S. 1 DesignG

III. Einwendungen und Einreden des Verletzers

Insbes. Einrede des Vorbenutzungsrechts, des besseren Rechts und der Verjährung sowie Einwand der Erschöpfung. **Nicht hingegen** Einwand des Fehlens materieller Schutzvoraussetzungen. Diese können allein mittels Widerklage oder Antrags nach § 34 DesignG geltend gemacht werden.

B. Aktivlegitimation

I. Rechteinhaber (originär oder derivativ)

II. Lizenznehmer nur eingeschränkt gem. § 31 Abs. 2 DesignG

C. Passivlegitimation

I. Täter, Teilnehmer

II. Störer

III. Beachte: Haftung für Organe (§§ 31, 89 BGB) sowie Arbeitnehmer und Beauftragte (§ 44 DesignG)

D. Wiederholungs- oder Erstbegehungsgefahr (§ 42 Abs. 1 DesignG)

Zu den weiteren Ansprüchen vgl. oben Rn. 154. Schadensersatzansprüche setzen Verschulden voraus (§ 42 Abs. 2 DesignG).

Teil 9: Urheberrecht

Angelika Moser / Klaus Vieweg

§ 1 Einleitung	363	§ 6 Verwandte Schutzrechte	388
§ 2 Schutzgegenstand: das Werk	366	§ 7 Schutzdauer	388
§ 3 Berechtigter: der Urheber	370	§ 8 Folgen einer Rechtsverletzung	388
§ 4 Inhalt und Schranken	370	§ 9 Prüfungsschema: § 97 Abs. 1	
§ 5 Das Urheberrecht im Rechtsverkehr	385	und 2 UrhG	389

§ 1 Einleitung

I. Begriff und Funktion

Der **Begriff** des Urheberrechts beschreibt eine Rechtsmaterie, die – ihrer **Funktion** nach – den **Schutz persönlicher geistiger Leistungen** bezweckt.

Diese Schutzintention liegt auch einigen der im UrhG enthaltenen sog. **verwandten Schutzrechte** zugrunde, namentlich dem Schutz der ausübenden Künstler, der Verfasser wissenschaftlicher Ausgaben und der Fotografen einfacher Lichtbilder. Die übrigen verwandten Schutzrechte bezwecken demgegenüber die **Absicherung von Investitionen** in wirtschaftliche, organisatorische und technische Leistungen (erfasst sind bspw. die Tonträger-, Film- und Datenbankherstellung sowie die Herstellung eines Presseerzeugnisses).

Von den gewerblichen Schutzrechten (Teil 8) unterscheidet sich das Urheberrecht durch die fehlende Eintragungsbedürftigkeit (es existiert kein „Urheberregister"), die fehlende Übertragungsfähigkeit und Besonderheiten hinsichtlich der zeitlichen Höchstfrist (kein Wegfall des Schutzes zu Lebzeiten).

II. Entwicklung, Rechtsgrundlagen, Struktur und Verhältnis zu anderen Schutzgesetzen

1901 traten das *Gesetz betreffend das Urheberrecht an Werken der Literatur und der Tonkunst* (LUG) und das *Gesetz über das Verlagsrecht* (VerlG) in Kraft. Zusammen mit dem *Gesetz betreffend das Urheberrecht an Werken der bildenden Künste und der Photographie* (KUG) von 1907 bildeten sie die Grundlage für das 1965 erlassene und bis heute gültige *Urheberrechtsgesetz* (UrhG). Während das LUG mit Inkrafttreten des UrhG gänzlich außer Kraft trat, behielt das KUG hinsichtlich des Bildnisschutzes Geltung. Im VerlG wurden lediglich einzelne Normen aufgehoben. Das UrhG hat seither zahlreiche Novellierungen erfahren, die häufig auf die Umsetzung europäischer Richtlinien[1] zurückzuführen waren. Nur beispielhaft seien genannt:

---

[1] Vgl. die Aufstellung bei *Rehbinder/Peukert*, Rn. 161 ff.

- 2003 – „Erster Korb" (RL 2001/29/EG): Anpassungen an die Informationsgesellschaft
- 2007 – „Zweiter Korb" (RL 2001/29/EG): weitere Anpassungen an die Informationsgesellschaft
- 2008 – Gesetz zur Verbesserung der Durchsetzung von Rechten des geistigen Eigentums (RL 2004/48/EG)

5   Da das Urheberrecht noch nicht allen Herausforderungen des Informationszeitalters gewachsen ist, wurden weitere Anpassungen durch einen umfassenden „Dritten Korb" ins Auge gefasst. Von diesem Vorhaben sind einzelne Teile umgesetzt worden, ua die viel diskutierte Schaffung eines Schutzrechts für Presseverleger. Weitere Reformen betrafen das Urhebervertragsrecht[2] und das Urheberrechts-Wissensgesellschafts-Gesetz (UrhWissG).[3] Zuletzt hat der deutsche Gesetzgeber sowohl die Richtlinie über Urheberrecht und verwandte Schutzrechte im digitalen Binnenmarkt (DSM-RL) als auch die Richtlinie zu Urheberrechten und verwandten Schutzrechten bezüglich bestimmter Online-Übertragungen von Sendeunternehmen (Online-SatCab-RL) umgesetzt,[4] sowie die Haftung von Upload-Plattformen siedelte der Gesetzgeber in ein eigenes Stammgesetz an (Urheberrechts-Diensteanbieter-Gesetz)[5]. Auf europäischer Ebene wird zudem an der weitergehenden Vereinheitlichung des Urheberrechts gearbeitet.

6   Im Bereich des Urheberrechts und der verwandten Schutzrechte sind zudem internationale Rechtsquellen bedeutsam. Während sich die EU bislang auf den Erlass von Richtlinien zur Harmonisierung einzelner Aspekte beschränkt hat, gibt es seit dem Jahr 2014 ernsthafte Bestrebungen zur Schaffung eines einheitlichen europäischen Urheberrechts. Ob dieses Vorhaben tatsächlich umgesetzt wird, bleibt abzuwarten.

7   Die folgende Grafik zeigt die **Struktur des Urheberrechtsgesetzes**.

---

2   Gesetz zur verbesserten Durchsetzung des Anspruchs der Urheber und ausübenden Künstler auf angemessene Vergütung und zur Regelung von Fragen der Verlegerbeteiligung, BGBl. I 2016, 3037; Gesetz zur Angleichung des Urheberrechts an die aktuellen Erfordernisse der Wissensgesellschaft, BGBl. I 2017, 3346.
3   Gesetz zur Angleichung des Urheberrechts an die aktuellen Erfordernisse der Wissensgesellschaft, BGBl. I 2017, 3346.
4   Gesetz zur Anpassung des Urheberrechts an die Erfordernisse des digitalen Binnenmarkts, BGBl. I 2021, 1204.
5   Urheberrechts-Diensteanbieter-Gesetz, BGBl. I 2021, 1204, 1215.

II. Entwicklung, Rechtsgrundlagen, Struktur und Verhältnis zu anderen Schutzgesetzen   Teil 9

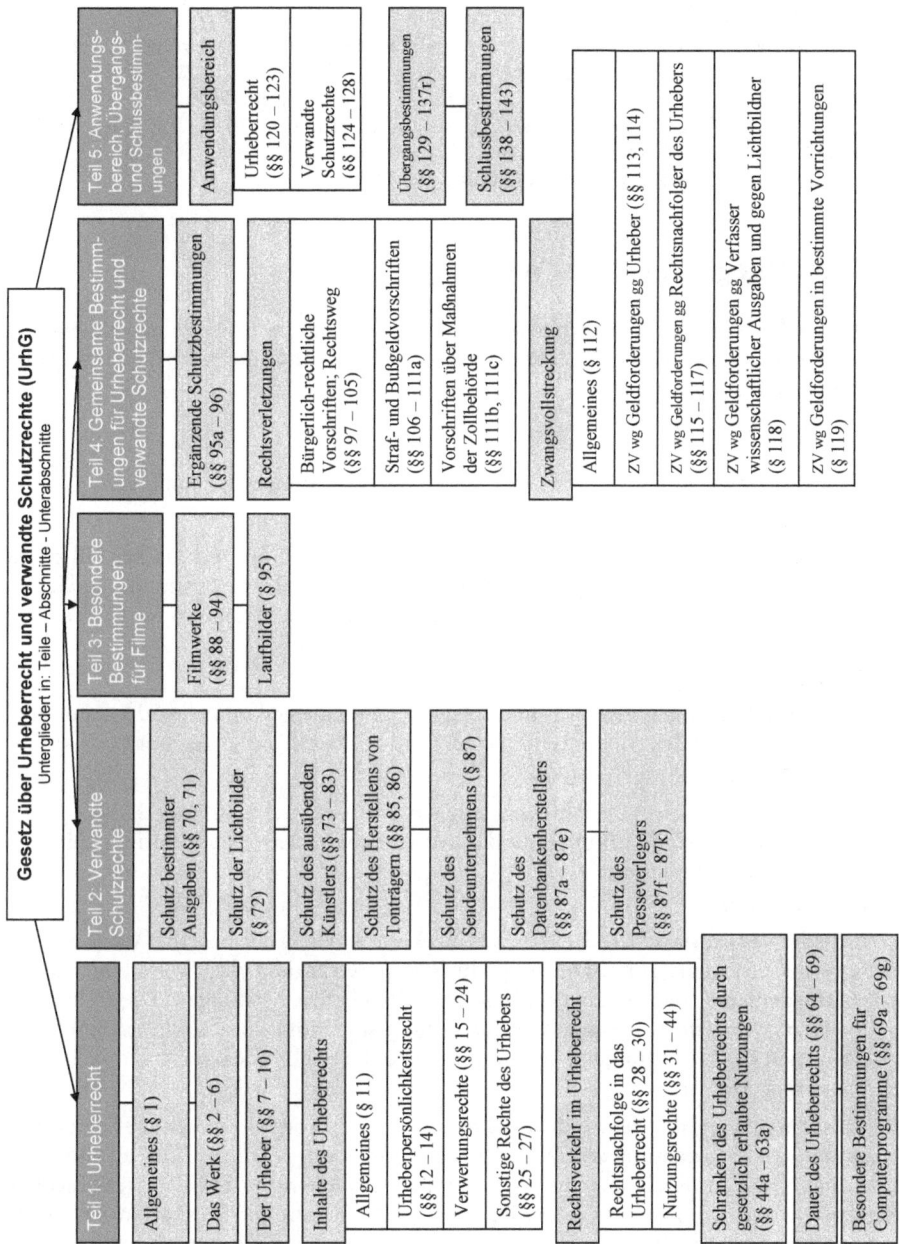

Abbildung 1: Gesamtstruktur des Urheberrechtsgesetzes

Überschneidungen des Urheberrechts sind insbes. mit dem **Designrecht** (Teil 8: § 4) möglich. Im Übrigen stehen die Ausschlussgründe für die jeweiligen gewerblichen Schutzrechte einer Kumulation weitgehend entgegen.

Zur Vertiefung (Rn. 4 ff.):
Zur historischen Entwicklung: Wandtke in: Wandtke/Ostendorff, Urheberrecht, 8. Aufl. 2021, Kapitel 1, Rn. 8 ff.; *Schack*, Urheber- und Urhebervertragsrecht, 10. Aufl. 2021, Rn. 104 ff.; *Dreier* in: Dreier/Schulze, Urheberrechtsgesetz, 7. Aufl. 2022, Einleitung Rn. 54 ff.
Zu den Rechtsquellen: Rehbinder/Peukert, Urheberrecht, 18. Aufl. 2018, Rn. 11 ff.; *Vogel* in: Schricker/Loewenheim, Urheberrecht, 6. Aufl. 2020, Einleitung Rn. 120 ff.
Zu den neueren Änderungen: *Hofmann*, GRUR 2021, 895 ff..

§ 2 Schutzgegenstand: das Werk

9   **Gegenstand** des urheberrechtlichen Schutzes ist, wie sich bereits aus der einleitenden Vorschrift des § 1 UrhG ergibt, **das Werk**. § 2 Abs. 2 UrhG definiert diesen zentralen Begriff des Urheberrechts als

persönliche geistige Schöpfung.

10 Dieser Begriffsbestimmung werden **vier Schutzvoraussetzungen** entnommen:
- **Persönliche Schöpfung:**
  Erforderlich ist das Werk eines Menschen, der sich allerdings technischer Hilfsmittel bedienen darf. Somit sind in der Natur vorkommende Gegenstände sowie von Tieren oder Maschinen geschaffene Gestaltungen keine Werke im Sinne des Urheberrechts.[6]
- **Geistiger Gehalt:**
  Das Werk muss einen geistigen Inhalt haben, also eine gedankliche oder emotionale Botschaft vermitteln. Auszugrenzen sind rein handwerkliche Erzeugnisse.
- **Wahrnehmbare Formgestaltung:**
  Das Werk muss in einer wahrnehmbaren Form Ausdruck gefunden haben. Keinen Schutz genießen somit zB bloße Gedanken eines Künstlers. Nicht nötig ist hingegen eine dauerhafte Fixierung.
- **Individualität:**
  Erforderlich ist, dass sich der Urheber im Werk verwirklicht hat, das Werk also von seinem Geist geprägt ist. Die Individualität unterscheidet das Werk von banalen, routinemäßigen, rein handwerklichen und alltäglichen Leistungen. Die Individualität setzt zwingend einen gewissen Gestaltungsspielraum voraus (dieser fehlt dann, wenn sich die Gestaltung aus der Natur der Sache ergibt oder durch Notwendigkeiten vorgegeben ist).

11 Im Zusammenhang mit dem Individualitätserfordernis kommt dem Begriff der **Gestaltungshöhe** große Bedeutung zu. Dieser beschreibt das erforderliche Maß an Individualität, das von der Rechtsprechung und Teilen der Literatur bei den verschiedenen Werkarten uneinheitlich beurteilt wird: Für die Mehrzahl der Werkarten soll bereits ein geringer Individualitätsgrad, also ein geringes Überragen des Durchschnitts ausreichen – es ist vom Schutz der sog. **kleinen Münze** die Rede. Bei anderen Werkarten wird demgegenüber ein „deutliches Überragen" gefordert; allerdings wurden die Anforderungen in den letzten Jahren verschiedentlich abgesenkt (dazu sogleich).

---

[6] Zur Frage, ob Künstliche Intelligenz als technisches Hilfsmittel oder Maschine einzuordnen ist: Ory/Sorge, NJW 2019, 710–714; Käde, Kreative Maschinen und Urheberrecht, 2021, S. 171 ff.

Zur Vertiefung:
Zur kleinen Münze: Bisges, GRUR 2015, 540 ff.

Der nicht abschließende Katalog des § 2 Abs. 1 UrhG untergliedert die gängigen Erscheinungsformen urheberrechtlicher Werke in verschiedene **Werkkategorien**. Bedeutung kommt der Einordnung eines Werkes in diese Kategorien zum einen dadurch zu, dass bei den verschiedenen Werkarten zT eine unterschiedliche Gestaltungshöhe verlangt und ein unterschiedlicher Schutzumfang gewährt wird. Zum anderen hält das UrhG für einige Werkarten besondere Vorschriften bereit. Im Einzelnen:

- **Nr. 1: Sprachwerke**

    Sprachwerke zeichnen sich durch die *Verwendung des Ausdrucksmittels Sprache zum Transport von Inhalten* aus. Schutzfähig sind auch Symbole, Zahlen und Zeichen.

    Computerprogramme werden ausdrücklich den Sprachwerken zugeordnet. Für sie gelten vorrangig vor den allgemeinen urheberrechtlichen Vorschriften die Spezialvorschriften der §§ 69a ff. UrhG. Seit der Einfügung dieser Vorschriften in Umsetzung der EG-Richtlinie (2009/24/EG) gilt im Bereich der Computerprogramme gem. § 69a Abs. 3 UrhG ebenfalls der Schutz der kleinen Münze.

- **Nr. 2: Werke der Musik**

    Erfasst werden *akustisch wahrnehmbare Werke*. Es gilt der Schutz der kleinen Münze.

- **Nr. 3: Pantomimische Werke**

    Zu dieser Gruppe zählen Werke, bei denen der *Inhalt durch die Mittel der Bewegung, Mimik und Gebärden vermittelt* wird. Mangels Gedankeninhalts handelt es sich bei sportlichen Leistungen nicht um urheberrechtliche Werke. Interpretationen von Schauspielern unterfallen dem Leistungsschutzrecht der §§ 73 ff. UrhG.

- **Nr. 4: Werke der bildenden Kunst**

    In § 2 Abs. 1 Nr. 4 UrhG wird der Begriff der bildenden Kunst als Oberbegriff für Werke der Baukunst, Werke der zweckfreien bzw. reinen Kunst und Werke der – einem Gebrauchszweck dienenden – angewandten Kunst verwendet.

    Während bei Werken der reinen Kunst und Werken der Baukunst einhellig der Schutz der „kleinen Münze" gilt, stellten Rspr. und Teile der Literatur deutlich gesteigerte Individualitätsanforderungen an Werke der angewandten Kunst. Begründet wurde dies damit, dass Werke der angewandten Kunst auch nach dem Designrecht (damals noch: Geschmacksmusterrecht) schutzfähig seien und diesem als „Unterbau" des Urheberrechts der Schutz der „kleinen Münze" überlassen bleiben müsse. Diese Auffassung sah sich seit jeher kritischen Stimmen gegenüber, die eine Gleichbehandlung aller Werke der bildenden Kunst forderten. Auch der BGH hat seine vorgenannte Rspr. zwischenzeitlich in der Geburtstagszug-Entscheidung[7] aufgegeben und damit den Schutz der „kleinen Münze" auch auf Werke der angewandten Kunst ausgedehnt. Dies begründet er insbes. mit dem Fehlen eines Stufenverhältnisses zwischen Urheber- und Designrecht.

- **Nr. 5: Lichtbildwerke**

    In der Regel wird nicht zwischen Lichtbildwerken und ähnlich wie Lichtbildwerke geschaffenen Werken unterschieden. Vielmehr soll ein zu dieser Kategorie gehören-

---

[7] BGHZ 199, 52 = NJW 2014, 469.

des Werk anzunehmen sein, wenn es sich um eine *mittels strahlender Energie geschaffene Abbildung der Wirklichkeit* handelt. Hierzu können auch die einzelnen Lichtbilder eines Films gehören. Fehlt es einem Lichtbild lediglich an Individualität, so ist es zumindest durch das Leistungsschutzrecht des § 72 UrhG geschützt.

- **Nr. 6: Filmwerke**

  Unter einem Filmwerk ist die *Aneinanderreihung von Einzelbildern mit oder ohne Tonfolge* zu verstehen. Von einem Filmwerk zu unterscheiden sind die sog. vorbestehenden Werke, die soweit sie selbst die Voraussetzungen des Werkbegriffs erfüllen, selbstständig als Werke der jeweils passenden Kategorie schutzfähig sind. Für Filmwerke gelten die besonderen Bestimmungen der §§ 88 ff. UrhG. Wird die Individualitätsschwelle der „kleinen Münze" nicht erreicht, ist an einen Leistungsschutz als „Laufbild" nach § 95 UrhG zu denken.

- **Nr. 7: Darstellungen wissenschaftlicher oder technischer Art**

  Unter Nr. 7 fallen Werke, die einen *wissenschaftlichen oder technischen Inhalt vermitteln*, bspw. die perspektivische Zeichnung einer Containerverriegelung, die schematische Darstellung einer Elektrodenfabrik sowie – im Einzelfall – Landkarten. Für sie gilt der Schutz der „kleinen Münze" (wegen des Anspruchs, einen technischen oder wissenschaftlichen Gegenstand korrekt darzustellen, ist nur ein geringes Maß an eigenschöpferischer Formgestaltung erforderlich). Schutz genießt aber immer nur die Darstellung als solche, nicht der in ihr wiedergegebene Inhalt.

- **Neue Werkkategorie**

  Diskutiert wird die Anerkennung von Multimediawerken als neue Werkkategorie im Rahmen des nicht abschließenden § 2 Abs. 1 UrhG.[8] Ein **Multimediawerk** ist ein *interaktives Gesamtwerk, das sich verschiedener Ausdrucksformen bedient* und damit eine enge Verbindung von Werken anderer Kategorien enthält. Die Behandlung solcher Multimediawerke ist im Einzelnen umstritten. Es dürfte aber jedenfalls dann kein Bedürfnis für einen Rückgriff auf diese ungeschriebene Kategorie bestehen, wenn sich das Gesamtwerk einer der geschriebenen Kategorien zuordnen lässt.[9] So werden Computerspiele meist zu den ähnlich wie Filmwerke geschaffenen Werken gezählt.

---

8 *Rehbinder/Peukert*, Rn. 183.
9 So auch *Rehbinder/Peukert*, Rn. 203 mwN.

§ 2 Schutzgegenstand: das Werk

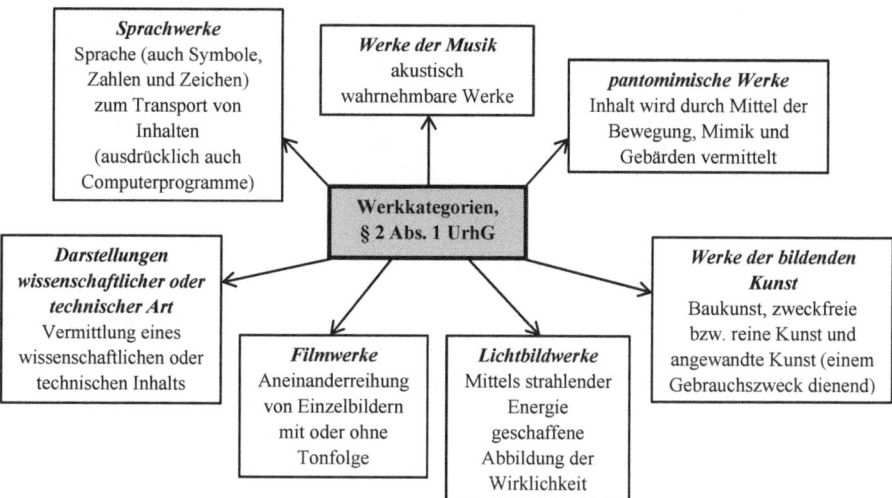

Abbildung 2: Werkkategorien

Gem. § 3 S. 1 UrhG genießen nicht nur freie Neuschöpfungen Urheberrechtsschutz, sondern auch **Bearbeitungen** dh an Werke angelehnte Schöpfungen. Voraussetzung ist aber, dass die allgemeinen Schutzvoraussetzungen des § 2 Abs. 2 UrhG vorliegen, wobei für die Beurteilung der Individualität die übernommenen Elemente außer Betracht zu lassen sind. Der Schutz ist von der Erteilung einer ggf. nach § 23 UrhG erforderlichen Genehmigung durch den Urheber des Ausgangswerkes unabhängig. Eingegrenzt wird der Begriff der Bearbeitung nach unten hin durch die bloße Vervielfältigung, nach oben hin durch die freie Benutzung (§ 24 UrhG), deren Ergebnis als selbstständiges Werk zu werten ist. In Abgrenzung zur bloßen Vervielfältigung ist eine Bearbeitung anzunehmen, wenn das umgestaltete Werk einen anderen Gesamteindruck hervorruft. Bloß geringfügige Veränderungen führen daher nicht zum Vorliegen einer Bearbeitung. Eine freie Benutzung liegt erst dann vor, wenn angesichts der Eigenart des neuen Werks die entlehnten eigenpersönlichen Züge des geschützten Werkes verblassen.

§ 4 Abs. 1 UrhG stellt auch **Sammelwerke** unter Schutz. Voraussetzung ist, dass gerade im Auswählen und Anordnen der einzelnen Elemente eine persönliche geistige Schöpfung iSd § 2 Abs. 2 UrhG zu sehen ist. Einen Unterfall der Sammelwerke bilden die in § 4 Abs. 2 UrhG geregelten **Datenbankwerke**. Unabhängig vom Vorliegen der urheberrechtlichen Schutzvoraussetzungen genießen darüber hinaus alle Datenbanken Leistungsschutz nach §§ 87a ff. UrhG.

Zur Vertiefung (Rn. 11 ff.):
Zur Gestaltungshöhe bei Werken der angewandten Kunst: Loewenheim/Leistner in: Schricker/Loewenheim, Urheberrecht, 6. Aufl. 2020, § 2 Rn. 38, 160; *Schulze*, Der Schutz der kleinen Münze im Urheberrecht, GRUR 1987, 769 ff.; *Koschtial*, Die Notwendigkeit der Absenkung der Gestaltungshöhe für Werke der angewandten Kunst im deutschen Urheberrecht GRUR 2004, 555 ff.; zur Änderung der Rspr.: BGH NJW 2014, 469 (472 ff.) – Geburtstagszug.
Zu Multimediawerken: Hoeren in: Loewenheim, Handbuch des Urheberrechts, 3. Aufl. 2021, § 9 Rn. 336 ff.; *Bullinger* in: Wandtke/Bullinger, Urheberrecht, 5. Aufl. 2019, § 2 Rn. 151 ff.; LG Köln ZUM 2008, 533 (535).

Zur Bearbeitung: Loewenheim in: Schricker/Loewenheim, Urheberrecht, 6. Aufl. 2020, § 3 Rn. 1 ff.; *Schack*, Urheber- und Urhebervertragsrecht, 10. Aufl. 2021, Rn. 279 ff.; zur Voraussetzung des Verblassens eigenpersönlicher Züge im Fall der freien Benutzung, vgl. statt vieler BGH GRUR 1994, 206 (208) – Alcolix; BGH NJW 2014, 771 (774) – Pippi Langstrumpf.
Zu Sammel- und Datenbankwerken: Dreier in: Dreier/Schulze, Urheberrechtsgesetz, 7. Aufl. 2022, § 4 Rn. 1 ff.; *Rehbinder/Peukert*, Urheberrecht, 18. Aufl. 2018, Rn. 265 ff.
Zum europäischen Werkbegriff: Haberstumpf, GRUR 2021, 1249 ff.

§ 3 Berechtigter: der Urheber

15 Gem. § 7 UrhG ist der Schöpfer eines Werks auch dessen Urheber (**Schöpfungsprinzip**). Da zu eigenpersönlichen Schöpfungen ausschließlich natürliche Personen fähig sind, können nur diese Urheber sein. So werden auch bei Schöpfungen, die im Rahmen eines Arbeits- oder Dienstverhältnisses entstehen, ausschließlich die Arbeitnehmer Urheber. Der Arbeitgeber ist dagegen auf die vertragliche Einräumung von Nutzungsrechten angewiesen, die allerdings meist bereits im Arbeitsvertrag enthalten sein wird und im Übrigen auch stillschweigend erfolgen kann.

16 § 8 UrhG regelt die Rechtsstellung von **Miturhebern** und begründet hinsichtlich der Veröffentlichung und der Verwertung des Werks eine Art Rechtsgemeinschaft der Miturheber. Miturheberschaft unterscheidet sich von der Bearbeitung durch das Zusammenwirken der Beteiligten. Nicht Miturheber, sondern lediglich Gehilfe ist, wer zwar an der Werkerstellung mitwirkt, aber keinen eigenschöpferischen Beitrag leistet. In praktischer Hinsicht ist die Vermutung relevant, die § 10 Abs. 1 UrhG zugunsten der Urheberschaft des auf dem Original oder einem Werkstück Angegebenen enthält.

Zur Vertiefung:
Zum Urheberbegriff: Rehbinder/Peukert, Urheberrecht, 18. Aufl. 2018, Rn. 277 ff.; *Wöhrn* in: Wandtke, Urheberrecht, 6. Aufl. 2017, Kapitel 3, Rn. 19 ff.

§ 4 Inhalt und Schranken

17 Gem. § 11 UrhG schützt das Urheberrecht den Urheber in seinen geistigen und persönlichen Beziehungen zum Werk und in dessen Nutzung. Es beinhaltet damit neben persönlichkeitsrechtlichen Aspekten (dazu I.) auch die Befugnis, das Werk wirtschaftlich zu verwerten (dazu II.). Darüber hinaus wird der Inhalt des Urheberrechts durch die Vorschrift des § 23 UrhG bestimmt, der den Schutz des Urhebers auf bearbeitete Formen seines Werks erstreckt. Im Interesse der Allgemeinheit oder spezifischer Personen-/Nutzergruppen formuliert das UrhG jedoch eine Reihe von Schranken (dazu III.).

I. Urheberpersönlichkeitsrecht

18 Der Schutz der geistigen und persönlichen Beziehungen des Urhebers zu seinem Werk findet sich vor allem in §§ 12–14 UrhG. Aber auch andere Bestimmungen des UrhG – zB §§ 25, 39 oder 42 UrhG – tragen dem Urheberpersönlichkeitsrecht Rechnung. Gem. § 12 UrhG gebührt dem Urheber das **Recht der Erstveröffentlichung** und der **ersten Mitteilung** des Inhalts seines Werks. § 13 UrhG sichert dem Urheber **die Aner-**

kennung seiner Urheberschaft, insbes. durch den **Anspruch auf Namensnennung.** § 14 UrhG bietet **Schutz vor Entstellung** des Werks.

Abzugrenzen ist das Urheberpersönlichkeitsrecht insbes. wegen der unterschiedlichen postmortalen Behandlung vom allgemeinen Persönlichkeitsrecht. Das Urheberpersönlichkeitsrecht ist durch seinen Werkbezug gekennzeichnet und gegenüber dem allgemeinen Persönlichkeitsrecht wegen dessen Auffangfunktion vorrangig.

II. Verwertungsrechte

Das Urheberrecht gewährt das ausschließliche Recht, das Werk zu verwerten. Dem liegt der Gedanke zu Grunde, dass dem Urheber die wirtschaftlichen Früchte seines Werks zustehen sollen.

1. Systematik

Das deutsche Urheberrecht geht von einem **umfassenden Verwertungsrecht des Urhebers** aus, das auch gesetzlich noch nicht normierte, neue Verwertungsformen erfasst. Die nicht abschließende Regelung des § 15 UrhG unterteilt die wichtigsten bekannten Verwertungsrechte in solche der **körperlichen Verwertung** des Werkes (Abs. 1) und solche der **unkörperlichen öffentlichen Wiedergabe** (Abs. 2 – zum Öffentlichkeitsbegriff: § 15 Abs. 3 UrhG).

Umstritten ist, ob es sich bei § 23 UrhG[10], der die Zustimmungsbedürftigkeit bei Bearbeitungen und sonstigen Umgestaltungen regelt, um ein besonderes Verwertungsrecht[11] oder um eine Erweiterung des Schutzbereichs des Urheberrechts handelt. Letzteres überzeugt, da die dem Gesetzgeber bekannte Bearbeitung nicht im Katalog des § 15 UrhG genannt ist.

Überdies gilt es zu beachten, dass die Verwertungsrechte durch die InfoSoc-Richtlinie (RL 2001/29/EG) vollharmonisiert wurden. Bei der Rechtsanwendung ist also auch stets die Rechtsprechung des EuGH[12], der von einem eher nutzerorientieren Verständnis der Verwertungsrechte auszugehen scheint, zu berücksichtigen.

---

10 Zur Unionskonformität: *Schulze* in Dreier/Schulze, § 23 Rn. 10 ff.
11 *Rehbinder/Peukert*, Rn. 313.
12 EuGH GRUR 2012, 156, Rn. 147–152 – Murphy.

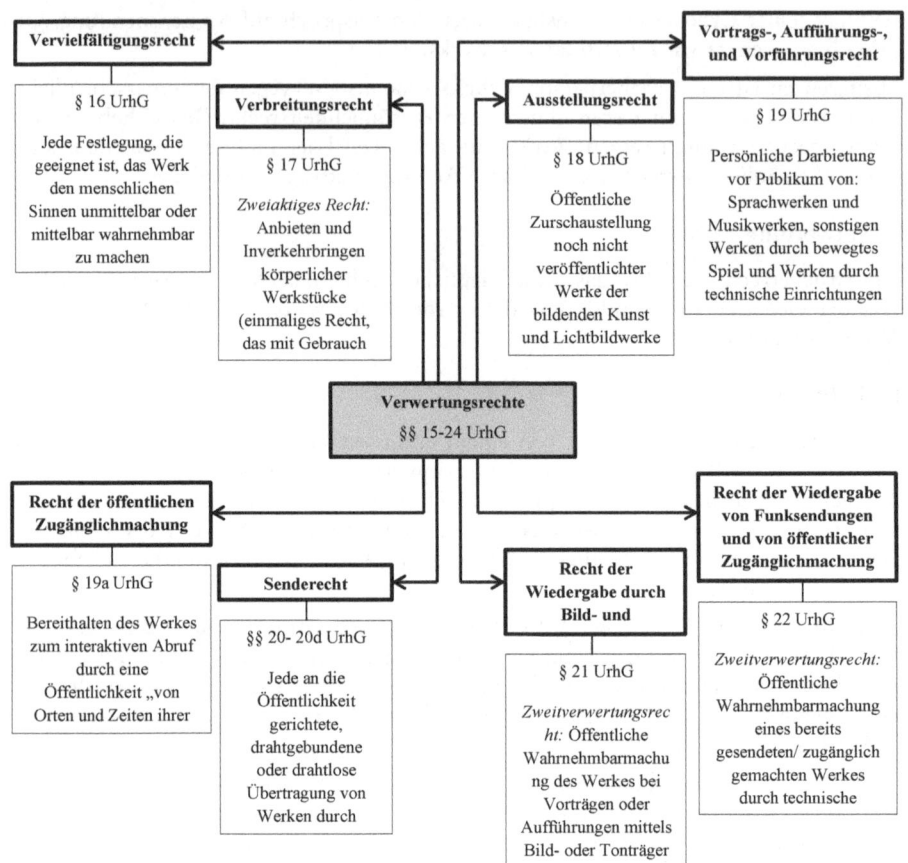

Abbildung 3: Verwertungsrechte

2. Die einzelnen Verwertungsrechte

a) Körperliche Verwertung

aa) Vervielfältigungsrecht (§§ 15 Abs. 1 Hs. 2 Nr. 1, 16 UrhG)

24 Unter einer **Vervielfältigung** ist jede

> körperliche Festlegung zu verstehen, die geeignet ist, das Werk den menschlichen Sinnen unmittelbar oder mittelbar wahrnehmbar zu machen.

25 Unter diesen Begriff fallen auch veränderte **Festlegungen** des Werks. Deshalb stellt sich die Frage nach dem Verhältnis der Vervielfältigung zu Bearbeitung und anderen Umgestaltungen iSd § 23 UrhG. Während ein Teil der Literatur[13] von einem Alternativverhältnis ausgeht, sehen andere[14] in jeder festgelegten Bearbeitung oder

---

13 Nach dem Umfang der Umgestaltung differenzierend *Schulze* in: Dreier/Schulze, Urheberrechtsgesetz, 7. Aufl. 2022, § 16 Rn. 10.
14 *Rehbinder/Peukert*, Rn. 446 f. mwN.

Umgestaltung auch eine Vervielfältigung.[15] Dies überzeugt, zumal in der Bearbeitung oder Umgestaltung das ursprüngliche Werk noch erkennbar ist und somit zumindest teilweise wahrnehmbar festgelegt wird. § 16 UrhG wird dann aber hinsichtlich der Erstfestlegung der Bearbeitung durch § 23 UrhG verdrängt, da andernfalls die dort vorgesehene Zustimmungsfreiheit der Erstherstellung einer Bearbeitung unterlaufen würde.

Ausweislich des Wortlauts des § 16 Abs. 1 UrhG sind auch bloß vorübergehende Festlegungen (einschl. der im Arbeitsspeicher eines Computers) Vervielfältigungen. Ebenso ist die Erstfixierung eines bisher unkörperlichen Werks als Vervielfältigung anzusehen. Schließlich genügt auch die Vervielfältigung von Teilen eines Werks. Diese ist aber nur dann von urheberrechtlicher Relevanz, wenn der vervielfältigte Teil selbst nach § 2 Abs. 2 UrhG schutzfähig ist.

26

Für Computerprogramme stellt § 69c UrhG eine Spezialvorschrift ggü. § 16 UrhG dar.

27

Als **Beispiele** sind zu nennen: die Speicherung bzw. Übertragung auf ein Speichermedium, bspw. das Filmen einer Theateraufführung, das Abfotografieren eines Lichtbildwerks, der Nachdruck eines Buchs, das Herunterladen von Musikwerken und das Streamen von Filmwerken oder Laufbildern.

28

bb) Verbreitungsrecht (§§ 15 Abs. 1 Hs. 2 Nr. 2, 17 UrhG)

Das Verbreitungsrecht ist allgemein in § 17 UrhG und speziell für Computerprogramme in § 69c Nr. 3 UrhG geregelt. Verbreitet werden können nur **körperliche Werkstücke** (demgegenüber fallen die Aufführung eines Theaterstücks, das Spielen nach Noten oder die Vorführung eines Films unter die Verwertung in unkörperlicher Form) (§ 15 Abs. 2 UrhG).

29

Verbreiten ist gem. § 17 Abs. 1 UrhG

30

> das Anbieten des Originals oder von Vervielfältigungsstücken in der Öffentlichkeit oder deren Inverkehrbringen.

Der Begriff des **Anbietens** ist im urheberrechtlichen Kontext wirtschaftlich und nicht im Sinne der §§ 145 ff. BGB zu verstehen. Damit fallen auch Werbemaßnahmen (als bloße invitatio ad offerendum) unter den Tatbestand des § 17 Abs. 1 UrhG. Zudem ist inzwischen anerkannt, dass das angebotene Werkstück im Angebotszeitpunkt noch nicht zu existieren braucht, sondern vielmehr auch sog. „On-Demand"-Angebote vom Verbreitungsrecht umfasst werden. Die früher vertretene gegenteilige Auffassung lässt sich angesichts der modernen Vervielfältigungsmethoden nicht mehr aufrechterhalten. Umstritten ist jedoch, worauf das Angebot gerichtet sein muss. Während einige in Anlehnung an den EuGH[16] nur eine Aufforderung zum Eigentumserwerb unter das Verbreitungsrecht subsumieren wollen, lassen andere auch ein Angebot zur zeitlich begrenzten Besitzüberlassung genügen.[17]

31

Hinsichtlich des Begriffs der **Öffentlichkeit** wird § 15 Abs. 3 UrhG (der unmittelbar die Werkverwertung in unkörperlicher Form regelt) entsprechend herangezogen. Da körperliche Werkexemplare jedoch ihrem Wesen nach nur einzeln übertagen werden können, wird hier auf das Merkmal der Personenmehrheit verzichtet. Der Anbietende

32

---

15 Vgl. auch BGH GRUR 2014, 65 = NJW 2013, 3789 (Beuys-Aktion).
16 EuGH, GRUR 2008, 604 – *Le Corbusier-Möbel*; EuGH, ZUM 2008, 508, Rn. 28 ff. – *Peek & Chloppenburg*.
17 Vgl. zum Meinungsstand *Dreier* in: Dreier/Schulze, Urheberrechtsgesetz, § 17 Rn. 14 mwN.

muss lediglich aus der internen Sphäre heraustreten und das Angebot an zumindest eine Person richten, die nicht mit ihm durch persönliche Beziehungen verbunden ist (im Gegensatz zum bloßen Verkauf an Familienmitglieder, Freunde oder Bekannte).

33 Unter **Inverkehrbringen** ist die Handlung zu verstehen, durch die ein Werkstück aus der internen Betriebssphäre der Öffentlichkeit zugeführt wird. Umstritten ist jedoch auch hier, ob die vorübergehende Überlassung der Verfügungsgewalt über das Werkstück genügt, oder ob mit dem Inverkehrbringen eine Eigentumsübertragung einhergehen muss.

34 Gem. § 17 Abs. 2 UrhG wird das Verbreitungsrecht durch die **Erschöpfung** begrenzt. Wurde ein Werkstück mit Zustimmung des Berechtigten in der EU oder im europäischen Wirtschaftsraum im Wege der Veräußerung in Verkehr gebracht, darf es fortan ohne Zustimmung des Rechteinhabers weiterverbreitet (jedoch nicht vermietet) werden. Der EuGH stellte zudem klar, dass sich das Verbreitungsrecht ausschließlich auf Vervielfältigungsstücke bezieht, die als körperliche Gegenstände in den Verkehr gebracht worden sind; nicht darunter fallen hingegen unkörperlich in den Verkehr gebrachte Werke (zB zum Download bereitgestellte Downloads), die das Recht der öffentlichen Wiedergabe betreffen. Damit solle eine klare Abgrenzung zwischen der elektronischen und der körperlichen Verbreitung von geschütztem Material erreicht werden.[18]

35 Auch das in § 17 Abs. 3 UrhG legaldefinierte **Vermietungsrecht** stellt einen Unterfall des Verbreitungsrechts dar. Eine Vermietung liegt dann vor, wenn bei wirtschaftlicher Betrachtungsweise eine zeitlich begrenzte Gebrauchsüberlassung körperlicher Werkstücke erfolgt, die Erwerbszwecken dient. Wie § 17 Abs. 2 UrhG ausdrücklich klarstellt, unterliegt die Vermietung nicht der Erschöpfung.

cc) **Ausstellungsrecht (§§ 15 Abs. 1 Hs. 2 Nr. 3, 18 UrhG)**

36 § 18 UrhG berechtigt zur **Ausstellung**, mithin

> Werke der bildenden Kunst und Lichtbildwerke in körperlicher Form öffentlich zur Schau zu stellen.

37 Dies gilt jedoch nur für Werke, die **noch nicht** im Sinne des § 6 Abs. 1 UrhG mit Zustimmung des Urhebers **veröffentlicht** wurden. Dogmatisch betrachtet handelt es sich bei dem Verwertungsrecht des § 18 UrhG daher um einen speziellen Fall des urheberpersönlichkeitsrechtlichen Verbreitungsrechts nach § 12 UrhG. Unstreitig umfasst der Anwendungsbereich des Ausstellungsrechts über § 72 Abs. 1 UrhG auch einfache Lichtbilder. Die Erstreckung auf andere Werkarten ist hingegen umstritten.[19] Ist das Zur-Schau-Stellen eines körperlichen Werkexemplars zugleich als Angebot zu dessen Erwerb zu verstehen, fällt diese Handlung nur unter das Verbreitungsrecht des § 17 Abs. 1 UrhG, nicht auch unter das Ausstellungsrecht. Zudem ist das Ausstellungsrecht immer im Zusammenhang mit § 44 Abs. 2 UrhG zu sehen, der eine Vermutung für das Bestehen eines entsprechenden Nutzungsrechts zugunsten des Eigentümers des Werkoriginals statuiert.

---

18 EuGH, WRP 2020, 185; zu weiteren Argumenten: *Eichelberger*, WRP 2020, 954, 958 f.; *Ohly*, GRUR 2020, 179 ff.; zur früheren Diskussion: *Moser*, Personal Manufacturing und Urheberrecht – „3D Druck" im privaten Umfeld, 2015, S. 251 f.
19 Vgl. *Rehbinder/Peukert*, Rn. 378 mwN.

II. Verwertungsrechte

b) Unkörperliche öffentliche Wiedergabe

aa) Vortrags-, Aufführungs- und Vorführungsrecht (§§ 15 Abs. 2 S. 2 Nr. 1, 19 UrhG)

Das in § 19 Abs. 1 UrhG geregelte **Vortragsrecht** gibt die 38

> Befugnis zur akustischen Darbietung von Sprachwerken.

Wesentliches Kriterium ist dabei, dass es sich um eine persönliche Darbietung („live") handeln muss. Zweitverwertungen werden – mit Ausnahme der in § 19 Abs. 3 UrhG ausdrücklich genannten Übertragung in einen anderen Raum – nicht vom Vortragsrecht erfasst. Eine **persönliche Darbietung** setzt voraus, dass der Werkgenuss des Publikums im Vordergrund steht. Daran fehlt es bei Handlungen, die vordergründig dem eigenen Werkgenuss dienen (Sakralhandlungen wie Gebete oder Darbietungen im Rahmen von Proben). 39

Das ähnlich ausgestaltete **Aufführungsrecht** (§ 19 Abs. 2 UrhG) berechtigt dazu, 40

> Werke der Musik durch persönliche Darbietung öffentlich zu Gehör zu bringen oder ein Werk öffentlich bühnenmäßig darzustellen.

Zu differenzieren ist zwischen der konzertmäßigen und der bühnenmäßigen Aufführung. Die Erstgenannte betrifft lediglich die akustische Darbietung von Musikwerken, während bühnenmäßige Aufführungen die Darbietung von Werken aller Art durch bewegtes Spiel im Raum in visueller und ggf. auch akustischer Weise erfasst. 41

In § 19 Abs. 4 UrhG findet sich schließlich das **Vorführungsrecht**, das 42

> die Werkwiedergabe durch technische Einrichtungen erfasst, unter Ausschluss der Funksendungen oder der öffentlichen Wiedergabe iSd § 22 UrhG.

Gemeint sind damit insbes. Vorführungen durch Projektion eines Werks auf eine Fläche. Vom Senderecht unterscheidet sich das Vorführungsrecht durch die Anwesenheit des Publikums am selben Ort. 43

bb) Recht der öffentlichen Zugänglichmachung (§§ 15 Abs. 2 S. 2 Nr. 2, 19a UrhG)

Mit § 19a UrhG wird die **interaktive online-Nutzung** von Werken den Verwertungsrechten unterstellt und systematisch der öffentlichen Wiedergabe zugeordnet. **Öffentlich zugänglich gemacht** ist ein Werk, 44

> das zum interaktiven Abruf durch eine Öffentlichkeit von Orten und zu Zeiten ihrer Wahl bereitgehalten wird, ohne dass es auf die tatsächliche Übermittlung ankäme.

Das **Bereithalten zum Abruf** erfordert dabei nicht zwingend die Möglichkeit, das Werk herunterzuladen. Vielmehr genügt bereits die Ermöglichung der Wahrnehmung. Die Abgrenzung von anderen Nutzungsrechten der öffentlichen Wiedergabe erfolgt primär über die Möglichkeit der einzelnen Mitglieder der Öffentlichkeit, Ort und Zeit des Abrufs selbst zu bestimmen. 45

Neben der Einbettung geschützter Werke in eine Homepage sind als **Beispiele** für eine öffentliche Zugänglichmachung insbes. das Bereithalten zum öffentlichen Zugriff über File-Sharing-Systeme sowie Streaming-Portale zu nennen.[20] 46

---

[20] Zum Tausch und Vertrieb virtueller Produktmodelle für „3D Drucker", *Moser* (o. Fn. 18), S. 242 ff.

cc) Senderecht (§§ 15 Abs. 2 S. 2 Nr. 3, 20 UrhG)

47 Das **Senderecht** (§§ 15 Abs. 2 S. 2 Nr. 3, 20 UrhG) erfasst

> jede an die Öffentlichkeit (§ 15 Abs. 3 UrhG) gerichtete, drahtgebundene oder drahtlose Übertragung von Werken durch elektromagnetische Wellen.

48 Die verwertungsrechtlich relevante Handlung ist die **Ausstrahlung** des Werks. Der Empfang ist demgegenüber als Werkgenuss urheberrechtlich nicht von Bedeutung, sofern mit ihm nicht eine weitere öffentliche Wiedergabehandlung einhergeht. Fraglich ist, ob eine solche **Weitersendung** vorliegt, wenn an eine Antenne mehrere Empfangsgeräte angeschlossen sind.[21] Spezialregelungen finden sich in § 20a UrhG (europäische Satellitensendungen), in § 20b UrhG (Kabelweitersendung), in § 20c UrhG (Europäischer ergänzender Online-Dienst) und in § 20d UrhG (Direkteinspeisung).

dd) Recht der Wiedergabe durch Bild- u. Tonträger (§§ 15 Abs. 2 S. 2 Nr. 4, 21 UrhG)

49 Bei dem in § 21 UrhG geregelten Recht der öffentlichen Wiedergabe durch Bild- oder Tonträger handelt es sich um ein **Zweitverwertungsrecht**. Dieses knüpft mit den Begriffen Vorträge oder Aufführungen an § 19 Abs. 1 und 2 UrhG an; demgemäß kann nur die Wiedergabe von Sprachwerken, Musikwerken und pantomimischen Werken von § 21 UrhG erfasst sein. Die Vorführung eines Filmwerks fällt dagegen stets unter § 19 Abs. 4 UrhG.

ee) Recht der Wiedergabe von Funksendungen und von öffentlicher Zugänglichmachung (§§ 15 Abs. 2 S. 2 Nr. 5, 22 UrhG)

50 Auch § 22 UrhG enthält ein **Zweitverwertungsrecht**. Dieses knüpft an die Werkverwertung in Form der Funksendung oder öffentlichen Zugänglichmachung an. Von § 22 UrhG werden all die öffentlichen Wiedergaben erfasst, die von jemandem vorgenommen werden, der nicht selbst sendet oder öffentlich zugänglich macht, sondern ein zugänglich gemachtes Werk durch technische Einrichtungen öffentlich (zB Lautsprecher, Bildschirm) für ein Publikum wahrnehmbar macht. So fällt zB die Beschallung eines Gastraums mit einer Radiosendung in den Anwendungsbereich des § 22 UrhG. Praktische Bedeutung hat dies zB für Gaststätten, Hotels und Krankenhäuser.

Zur Vertiefung:
Zur Erschöpfung nach § 17 Abs. 2 UrhG bei unkörperlicher Übertragung: EuGH NJW 2012, 2565 (2567) – UsedSoft I; BGH NJW-RR 2014, 360 (363 f.); OLG Hamm GRUR 2014, 853 (858 ff.); allg. zum „digitalen Zweitmarkt" *Kloth,* GRUR-Prax 2013, 239 ff.
Zur Konkretisierung des Begriffs der öffentlichen Wiedergabe: von Ungern-Sternberg, GRUR 2021, 1, 4 ff.

III. Schranken durch gesetzlich erlaubte Nutzungen

51 Auch das Urheberrecht wird nicht schrankenlos gewährt. Vielmehr enthält das UrhG eine Vielzahl an Schrankenbestimmungen, bei deren Anwendung stets deren Sinn und Zweck, aber auch deren Ausnahmecharakter beachtet werden muss.

52 Besonderheiten gelten für die in §§ 44a ff. UrhG vorgesehenen Schrankenregelungen. Diese gehen auf Art. 5 der InfoSoc-Richtlinie (RL 2001/29/EG) zurück und sind in de-

---

21 Vgl. *von Ungern-Sternberg,* GRUR 2021, 1, 6 ff.

III. Schranken durch gesetzlich erlaubte Nutzungen

ren Lichte auszulegen. Auslegungskriterien gibt der in Art. 5 Abs. 5 geregelte **3-Stufen-Test** vor, dem zufolge Schrankenbestimmungen nur in Sonderfällen eingreifen dürfen, in denen die normale Verwertung des Werks nicht beeinträchtigt wird und in denen die berechtigten Interessen des Rechtsinhabers nicht ungebührlich verletzt werden.

Eine spezielle Schrankenbestimmung für Computerprogramme findet sich in § 69d UrhG, eine Spezialvorschrift für Datenbankwerke in § 87c UrhG. Inwieweit neben diesen Bestimmungen noch auf die allgemeinen Schranken, insbes. auf § 44a UrhG, zurückgegriffen werden kann, ist umstritten.

Inhaltlich lassen sich die Schranken des Urheberrechts in **drei Kategorien** einordnen.

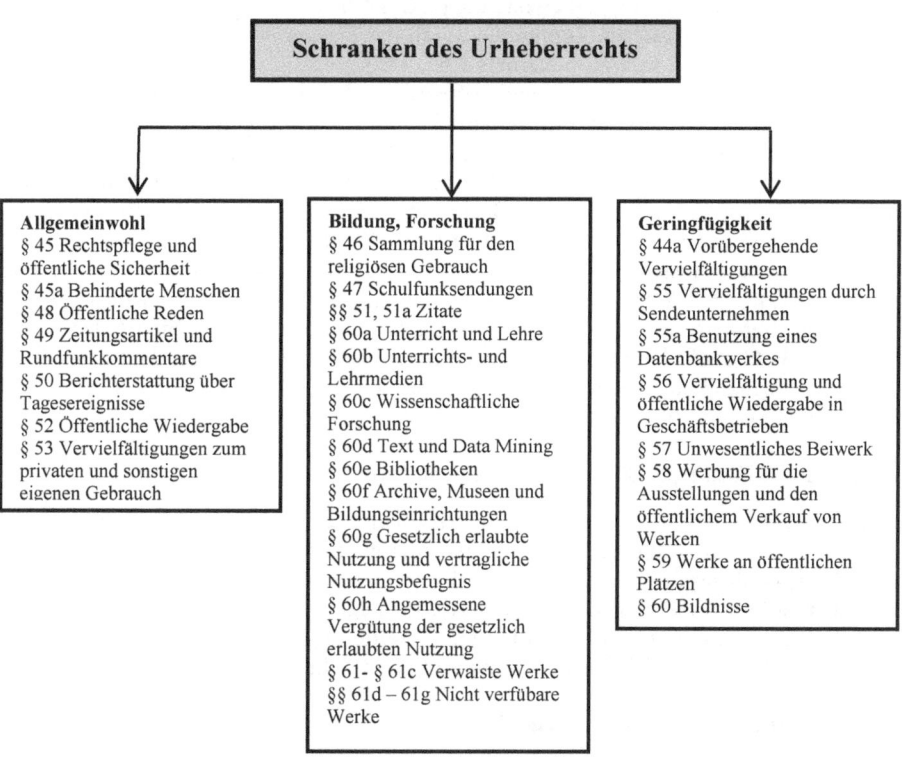

Abbildung 4: Schranken des Urheberrechts

Die einzelnen Schrankenbestimmungen werden im Folgenden in der gesetzlichen Reihenfolge – in gebotener Kürze – dargestellt:

1. § 44a UrhG (vorübergehende Vervielfältigungshandlungen)

§ 44a UrhG setzt Art. 5 Abs. 1 der InfoSoc-Richtlinie um. Er ist zur Einschränkung des weitreichenden Vervielfältigungsrechts geboten, welches auch vorübergehende Vervielfältigungen ohne eigenständige Bedeutung erfasst. Vergütungslos **zulässig** sind demnach **vorübergehende Vervielfältigungen**, die flüchtig oder begleitend sind, einen **integralen** *und* **wesentlichen Bestandteil** eines technischen Verfahrens darstellen und deren **alleiniger Zweck** es ist, eine **Werkübertragung** in einem Netz zwischen Dritten durch einen Vermittler (Nr. 1) *oder* eine **rechtmäßige Nutzung** (Nr. 2) zu ermöglichen und denen keine eigenständige Bedeutung zukommt. Die Auslegung dieser Tatbestandsmerkmale ist zT umstritten. So herrschen insbes. Meinungsverschiedenheiten darüber, was unter einer rechtmäßigen Nutzung im Sinne der Vorschrift zu verstehen ist.[22]

56 Typische Anwendungsfälle des § 44a UrhG sind vorübergehende Speicherungen im Rahmen des **Browsing** oder **Caching**.

57 Zentrale Bedeutung kommt der Schrankenregelung für das sog. **Streaming** (zeitgleiche Wiedergabe von Video- und Audiodaten bei Übertragung über ein Netzwerk) zu: Werden geschützte Inhalte unter Verstoß gegen Verwertungsrechte – namentlich das Recht der öffentlichen Zugänglichmachung iSd § 19a UrhG – auf Server hochgeladen und anschließend angesehen, könnte die durch das Streaming verwirklichte Vervielfältigung iSd § 16 UrhG (hierzu nochmals Rn. 24 ff.) zulässig sein. Eine Ansicht[23] lehnt dies dann ab, wenn die vorausgehende öffentliche Zugänglichmachung unter Verstoß gegen § 19a UrhG erfolgte. Eine Gegenansicht[24] bejaht demgegenüber die Rechtmäßigkeit des Streamings auch in diesem Fall, da das Streaming rechtswidrig hochgeladener Inhalte nicht anders beurteilt werden könne, als das Lesen eines unter Verstoß gegen das Vervielfältigungsrecht kopierten Buchs: Letzteres stelle als Werkgenuss unstreitig keinen Verstoß gegen das Urheberrecht dar (sog. Rechtmäßigkeit des Werkgenusses). Eine vermittelnde Ansicht[25] beurteilt die Rechtmäßigkeit in Anlehnung an die Wertung des § 53 Abs. 1 S. 1 UrhG danach, ob der durch das Hochladen verwirklichte Verstoß gegen Verwertungsrechte für den Nutzer offensichtlich erkennbar ist. Dass diese Meinung wohl auch der EuGH vertritt zeigt sich darin, dass er eine Haftung für Internetplattformanbieter bei Urheberrechtsverstößen in Unkenntnis der hochgeladenen Inhalte ablehnt.[26]

2. § 45 UrhG (Rechtspflege und öffentliche Sicherheit)

58 § 45 UrhG gestattet in Abs. 1 jedem an einem der genannten Verfahren Beteiligten, einzelne Vervielfältigungsstücke zur Verwendung in diesem Verfahren herzustellen. Abs. 2 erfasst dagegen nur Gerichte und Behörden und ermächtigt diese zu Vervielfältigungen, sofern diese zum Zwecke der Rechtspflege oder der öffentlichen Sicherheit erforderlich sind. Durch Abs. 3 erfolgt eine Erweiterung auf die Nutzungshandlungen der Verbreitung, öffentlichen Ausstellung und öffentlichen Wiedergabe.

3. § 45a UrhG (behinderte Menschen)

59 § 45a UrhG gestattet die Herstellung einzelner Vervielfältigungsstücke und deren Verbreitung, um behinderten Menschen den Zugang zu diesen zu ermöglichen. Die Schranke erlangt zB bei Blindenbüchereien Bedeutung. Es handelt sich um eine vergütungspflichtige gesetzliche Lizenz (§ 45a Abs. 2 UrhG).

---

22 Vgl. zum Meinungsstand *Dreier* in: Dreier/Schulze, Urheberrechtsgesetz, § 44a Rn. 8.
23 *Busch*, GRUR 2011, 496 (499 f.); *Ensthaler*, NJW 2014, 1553 (1554).
24 *Fangerow/Schulz*, GRUR 2010, 677 (681).
25 *Rehbinder/Peukert*, Rn. 491 mwN.
26 EuGH, Urt. v. 22.6.2021 – C-682/18, C-683/18, GRUR-RS 2021, 15191; Eichelberger/Wirth/Seifert, § 44a Rn. 5.

4. § 46 UrhG (Sammlungen für den religiösen Gebrauch)

Gestattet sind Vervielfältigungen, Verbreitungen und Handlungen der öffentlichen Zugänglichmachung zur **Aufnahme** von **veröffentlichten Werken** in eine **Sammlung** zum Gebrauch während religiöser Feierlichkeiten. Eine privilegierte Sammlung muss Werke einer größeren Anzahl von Urhebern vereinigen. Die Vorschrift gewährt den Herausgebern solcher Sammlungen eine vergütungspflichtige (Abs. 4) gesetzliche Lizenz.

5. § 47 UrhG (Schulfunksendungen)

§ 47 UrhG gestattet Schulen und Einrichtungen der Lehrerfortbildung, einzelne Vervielfältigungsstücke von in **Schulfunksendungen** gesendeten Werken (dies sind allein Werke, die erkennbar für den Unterricht an Schulen produziert worden sind) durch Aufzeichnung auf Bild- oder Tonträger herzustellen. Die Verwendung darf ausschließlich **für den Unterricht** erfolgen. Bei nicht rechtzeitiger Löschung entsteht gem. Abs. 2 S. 2 eine Vergütungspflicht.

6. § 48 UrhG (Öffentliche Reden)

Nach § 48 UrhG sind die Vervielfältigung, Verbreitung und öffentliche Wiedergabe von **Reden über Tagesfragen**, die bei **öffentlichen Versammlungen** *oder* im **Rundfunk** gehalten worden sind (Abs. 1 Nr. 1) und Reden, die in **öffentlichen Verhandlungen** vor staatlichen, kommunalen oder kirchlichen Organen gehalten worden sind (Abs. 1 Nr. 2), gestattet. § 48 UrhG bewirkt dabei lediglich eine urheberrechtliche Gestattung und befreit nicht etwa von der Regelung der Ton- und Filmaufnahmen in Gerichtsverhandlungen in § 169 Abs. 1 S. 2 GVG.

7. § 49 Abs. 1 UrhG (Zeitungsartikel, Rundfunkkommentare und Nachrichten)

§ 49 Abs. 1 UrhG privilegiert die Vervielfältigung, Verbreitung und öffentliche Wiedergabe von **Sprachwerken** oder von im Zusammenhang mit Artikeln veröffentlichten **Abbildungen** aus **Zeitungen** und anderen lediglich Tagesereignissen dienenden Informationsblättern. Ist ein Werk allerdings mit einem „Vorbehalt der Rechte" versehen, so greift die sog. **Pressespiegelfreiheit** nicht ein. Gestattet wird in Abs. 1 nur die **Nutzung in Informationsblättern**, dabei handelt es sich typischerweise um Pressespiegel. Die umstrittene Frage, ob unter den Begriff der Informations*blätter* auch elektronische Pressespiegel subsumiert werden können, hat der BGH[27] dahin gehend entschieden, dass diese im Wege einer extensiven Auslegung erfasst seien, sofern sie nur betriebs- oder behördenintern zugänglich sind und nur in einer Form zugänglich gemacht werden, die sich im Fall einer Speicherung nicht zu einer Volltextrecherche eignet. Diese gesetzliche Lizenz ist grds. vergütungspflichtig.

§ 49 **Abs. 2 UrhG** sieht darüber hinaus für die Vervielfältigung, Verbreitung und öffentliche Wiedergabe von Sprachwerken, die lediglich rein tatsächliche Nachrichten ohne ergänzende Kommentierungen enthalten, eine vollumfängliche Freistellung vor.

---

27 BGH ZUM 2002, 740 – *elektronische Pressespiegel.*

8. § 50 UrhG (Berichterstattung über Tagesereignisse)

65 Nach § 50 UrhG dürfen bei der Berichterstattung über Tagesereignisse Werke, die im Verlauf des Ereignisses wahrnehmbar werden, in einem durch den Zweck gebotenen Umfang vervielfältigt, verbreitet und öffentlich zugänglich gemacht werden.[28]

9. § 51 UrhG (Zitate)

66 § 51 UrhG regelt die sog. **Zitierfreiheit.** Gestattet ist die Vervielfältigung, Verbreitung und öffentliche Wiedergabe zum Zweck des Zitats, sofern die **Nutzung in ihrem Umfang durch den besonderen Zweck des Zitats gerechtfertigt** ist. Die nicht abschließende Aufzählung in S. 2 enthält in Nr. 1 das sog. Großzitat, bei dem ganze Werke übernommen werden, in Nr. 2 das sog. Kleinzitat, bei dem nur Ausschnitte eines Werks übernommen werden, und in Nr. 3 das Musikzitat. Entscheidend für die Zulässigkeit einer Werkübernahme ist der Zitatzweck. Nur wenn die Werkübernahme in ein Hauptwerk eingefügt und zum Gegenstand einer geistigen Auseinandersetzung gemacht wird, wird sie als Zitat von § 51 UrhG privilegiert. Besonders Beachtung kommt im Rahmen der Zitierfreiheit dem Änderungsverbot des § 62 UrhG und der Pflicht zur Quellenangabe (§ 63 UrhG) zu.

66a Der neu eingefügte § 51a UrhG regelt, dass die Vervielfältigung, die Verbreitung und die öffentliche Wiedergabe eines veröffentlichten Werkes zum Zweck der Karikatur, der Parodie und des Pastiches zulässig ist. Davon ist insbesondere die Befugnis umfasst, eine Abbildung oder sonstige Vervielfältigung des genutzten Werkes zu benutzen, auch wenn diese selbst durch ein Urheberrecht oder ein verwandtes Schutzrecht geschützt ist. Was unter Pastiche zu verstehen ist, ist noch unklar. Fallgruppen könnten Fan-Fiction, Remix und Memes sein. Es soll sich also um stilistische Nachahmungen handeln.[29]

10. § 52 UrhG (Öffentliche Wiedergabe)

67 § 52 UrhG gestattet die öffentliche Wiedergabe von veröffentlichten Werken, sofern diese **keinen Erwerbszwecken** dient, die Teilnehmer **weder unmittelbar noch mittelbar Eintritt** bezahlen *und* die Künstler **keine besondere Vergütung** erhalten (zB Schülerveranstaltungen). Abs. 3 nimmt hiervon jedoch Nutzungen in Gestalt der bühnenmäßigen Darstellung, der öffentlichen Zugänglichmachung gem. § 19a UrhG (anderenfalls wäre die Einstellung fremder Werke in Internet-Diskussionsforen, die Einbettung in eine Homepage sowie deren Handel über File-Sharing-Systeme privilegiert), der Funksendung sowie der öffentlichen Vorführung eines Filmwerkes aus. Abs. 1 S. 2, 3 ist zu entnehmen, in welchen Fällen eine Vergütungspflicht besteht. Der weit gefasste und zT sogar vergütungslose § 52 UrhG ist sowohl hinsichtlich der verfassungsrechtlichen Eigentumsgarantie als auch im Hinblick auf Art. 5 InfoSoc-Richtlinie (RL 2001/29/EG) problematisch. Dies gilt es durch eine besonders restriktive Auslegung zu kompensieren.

---

28 Vgl. *Eichelberger*, WRP 2020, 954, 960 ff.
29 Kritisch: *Schack*, Urheber- und Urhebervertragsrecht, Rn. 594.

11. § 53 UrhG (Vervielfältigungen zum privaten und sonstigen eigenen Gebrauch)

§ 53 UrhG regelt die sog. **Privatkopierfreiheit.** Grundgedanke dieser Schranke ist nicht etwa die urheberrechtliche Irrelevanz privater Nutzungshandlungen, sondern vielmehr die fehlende Durchsetzbarkeit urheberrechtlicher Verbote im privaten Bereich sowie die Förderung gleicher Teilhabe am kulturellen Leben.

Gem. **Abs. 1** dürfen Vervielfältigungen **zum privaten Gebrauch** hergestellt werden. Dies ist dann der Fall, wenn mit den Vervielfältigungen *lediglich eigene persönliche Bedürfnisse oder die Bedürfnisse nahestehender Personen befriedigt werden sollen.* Gestattet sind **nur einzelne Vervielfältigungen.** Während einige Stimmen insofern ein zweckorientiertes Verständnis befürworten, gehen andere von einer festen Obergrenze aus, die bei drei bis sieben Vervielfältigungsstücken verortet wird.[30] Um der wachsenden Bedeutung von Internettauschbörsen Herr zu werden, wurde schließlich die Voraussetzung, dass keine offensichtlich rechtswidrig hergestellte oder öffentlich zugänglich gemachte Vervielfältigungsvorlage verwendet werden darf, in das Gesetz eingefügt. Offensichtlichkeit ist dann gegeben, wenn für jedermann, ohne weitere Nachforschungen erkennbar ist, dass die Vorlage rechtswidrig hergestellt oder öffentlich zugänglich gemacht wurde. Abs. 1 S. 2 gestattet es dem Werknutzer auch, sich zur Herstellung der Vervielfältigungen eines Dritten zu bedienen, vorausgesetzt dieser nimmt die Vervielfältigungen unentgeltlich vor oder es handelt sich um Vervielfältigungen auf analogen Trägern.

Abs. 2 gestattet, einzelne Vervielfältigungen **zum eigenen Gebrauch** herzustellen oder herstellen zu lassen, sofern einer der **abschließend aufgezählten Nutzungszwecke** gegeben ist. Während somit der umfasste Personenkreis weiter ist als bei Abs. 1 (auch juristische Personen), sind die privilegierten Gebrauchszwecke wesentlich enger.

Einschränkungen und Ausnahmen finden sich in den Abs. 4, 5 und 7. Abs. 6 stellt klar, dass ein zu einem privilegierten Zweck rechtmäßig hergestelltes Vervielfältigungsexemplar auch fortan nicht verbreitet oder zu einer öffentlichen Wiedergabe genutzt werden darf. Umfassende Vergütungspflichteten finden sich in §§ 54 ff. UrhG.

12. § 55 UrhG (Vervielfältigung durch Sendeunternehmen)

§ 55 UrhG gestattet dem Sendeunternehmer – als Annex zum Senderecht –, nicht auf Dauer angelegte, sog. ephemere Vervielfältigungen herzustellen. Diese sind spätestens einen Monat nach der ersten Funksendung zu löschen.

13. § 55a UrhG (Benutzung eines Datenbankwerkes)

Mit § 55a UrhG wird Art. 6 Abs. 1 der Datenbankrichtlinie (RL 96/9/EG) umgesetzt. Er gestattet dem berechtigten Inhaber eines Vervielfältigungsstücks eines Datenbankwerks, dieses zu vervielfältigen und zu bearbeiten, soweit dies für den Zugang zu den Elementen des Datenbankwerks und für dessen übliche Benutzung erforderlich ist.

14. § 56 UrhG (Vervielfältigung und öffentliche Wiedergabe in Geschäftsbetrieben)

§ 56 UrhG enthält die sog. **Ladenklausel.** Er gestattet **Geschäftsbetrieben** die Übertragung, die öffentliche Wahrnehmbarmachung sowie die öffentliche Zugänglichmachung

---

30 BGH ZUM 1978, 344 (Vervielfältigungsstücke); näher hierzu *Moser* (o. Fn. 18), S. 242 ff.

von Werken in der näher beschriebenen Art und Weise, soweit diese **notwendig** sind, um bestimmte **Geräte** (solche zur Herstellung oder Wiedergabe von Bild- oder Tonträgern, zum Empfang von Funksendungen oder zur elektronische Datenverarbeitung) den **Kunden vorzuführen** oder **instand zu setzen**. Klassischer Anwendungsfall sind Fernsehgeräte, auf denen während eines Verkaufsgesprächs eine Sendung läuft. Die Programmwiedergabe mittels „Dauerberieselung" durch eine Vielzahl von Fernsehgeräten in Elektronikfachmärkten ist mangels konkreten Kundenbezugs hingegen nicht von der Schranke umfasst.

15. § 57 UrhG (unwesentliches Beiwerk)

75 § 57 UrhG gestattet die Vervielfältigung, Verbreitung und öffentliche Wiedergabe von Werken, sofern sich diese aus Sicht eines objektiven Betrachters als unwesentliches Beiwerk darstellt. Dem privilegierten Nutzer muss es dabei auf die Vervielfältigung, Verbreitung oder Wiedergabe eines anderen Gegenstands ankommen, wohingegen das Werk nur eine untergeordnete Rolle spielt, also auch ausgetauscht oder ganz weggelassen werden könnte (zB im Hintergrund zufällig laufende Musik bei einer TV-Berichterstattung).

16. § 58 UrhG (Werbung für die Ausstellung und den öffentlichen Verkauf von Werken)

76 § 58 UrhG enthält die sog. **Katalogbildfreiheit**. Zulässig ist nach Abs. 1 die Vervielfältigung, Verbreitung und öffentliche Zugänglichmachung von **öffentlich ausgestellten** oder **zur öffentlichen Ausstellung** oder **zum öffentlichen Verkauf bestimmten** Werken der bildenden Künste und Lichtbildwerken **zu Werbezwecken zugunsten des Veranstalters**. Ob der Begriff der bildenden Künste wie in § 2 Abs. 1 Nr. 4 UrhG weit zu verstehen ist und damit neben den Werken der reinen Kunst auch solche der angewandten Kunst und der Baukunst erfasst sind, ist umstritten. Auch wird die Erstreckung der Katalogbildfreiheit auf wissenschaftliche/technische Darstellungen diskutiert. Die Privilegierung greift aber immer nur dann ein, wenn die Nutzungshandlung der Förderung der Veranstaltung und nicht etwa der Vermittlung des Werkgenusses dient. Aus diesem Grund ist zB ausstellungsbegleitenden Kunstbildbänden die Privilegierung zu versagen.

17. § 59 UrhG (Werke an öffentlichen Plätzen)

77 Die **Panoramafreiheit** nach § 59 UrhG gestattet es, Werke, die sich **bleibend im öffentlichen Raum** befinden, mit Mitteln der **Malerei** oder **Grafik**, durch **Lichtbild** oder durch **Film** zu vervielfältigen, zu verbreiten und öffentlich wiederzugeben. Die Befugnis erstreckt sich nur auf Werkteile und Ansichten, die **vom öffentlichen Raum aus** wahrgenommen werden können. Der beispielhaften Aufzählung der Wiedergabemethoden wird verallgemeinernd entnommen, dass es sich um eine **zweidimensionale Werkwiedergabe** handeln muss (ein plastischer Nachbau ist somit nicht privilegiert). Für die Frage nach der Dauerhaftigkeit kommt es nur auf die Intention des Urhebers an, sein Werk auf Dauer und nicht nur zeitlich begrenzt der öffentlichen Wahrnehmung preiszugeben. Unschädlich ist daher auch eine kurze Lebensdauer des Werkes.

III. Schranken durch gesetzlich erlaubte Nutzungen

Die Panoramafreiheit umfasst **auch kommerzielle** Nutzungen. Eine gegenläufige Initiative, die ua eine Harmonisierung in Europa anstrebte, fand im Europäischen Parlament keine Mehrheit.

18. § 60 UrhG (Bildnisse)

Gem. § 60 UrhG dürfen der Besteller, der Abgebildete sowie die weiteren genannten Personen ein Bildnis vervielfältigen sowie unentgeltlich und zu außergewerblichen Zwecken verbreiten. Werke der bildenden Künste dürfen jedoch nur durch Lichtbild verwertet werden.

19. § 60a UrhG (Unterricht und Lehre)

Die Vorschrift regelt insbesondere sog. digitale Semesterapparate der Hochschulen.

§ 60a Abs. 1 UrhG erlaubt zur Veranschaulichung des Unterrichts und der Lehre zur nichtkommerziellen Zwecken bis zu 15 % eines veröffentlichten Werks zu vervielfältigen, zu verbreiten, öffentlich zugänglich zu machen oder in sonstiger Weise öffentlich weiterzugeben.

§ 60a Abs. 2 UrhG erlaubt die vollständige Nutzung von Abbildungen (als Zitat) sowie einzelner Artikel aus Fachzeitschriften, wissenschaftlichen Zeitschriften und sonstigen Werken geringen Umfangs.

§ 60a Abs. 3 UrhG sieht eine Aufzählung derjenigen Nutzungen vor, die nicht erlaubt sind. Dabei wird dieser Absatz durch Satz 2 eingeschränkt, demzufolge eine freie Nutzung nur dann unzulässig ist, wenn eine entsprechende Lizenz am Markt leicht erworben werden kann.

20. § 60b UrhG (Unterrichts- und Lehrmedien)

Für Unterrichts- und Lehrmedien iSv § 60b Abs. 3 UrhG dürfen deren Hersteller bis zu 10 % eines vervielfältigen Werkes vervielfältigen, verbreiten und öffentlich zugänglich machen.

21. § 60c UrhG (Wissenschaftliche Forschung)

Für Forschungsgruppen erlaubt § 60c Abs. 1 UrhG für nichtkommerzielle wissenschaftliche Forschung bis zu 15 % eines Werkes zu vervielfältigen, zu verbreiten und öffentlich zugänglich zu machen. Darüber hinaus dürfen Abbildungen (als Zitat) und einzelne Artikel aus Fachzeitschriften/wissenschaftlichen Zeitschriften sowie sonstige Werke geringen Umfangs vollständig genutzt werden.

§ 60c Abs. 2 UrhG erweitert die Erlaubnis für die eigene wissenschaftliche Forschung dahin gehend, dass 25 % eines Werkes vervielfältigt werden dürfen.

22. § 60d UrhG (Text- und Data Mining)

Zu nichtkommerziellen Zwecken erlaubt § 60d UrhG, eine Vielzahl von Werken (Ursprungsmaterial) automatisiert und systematisch zu vervielfältigen, um für wissenschaftliche Forschung eines abgegrenzten Personenkreises eine automatisierte Auswertung zu ermöglichen. Die Definition von Text- und Data Mining findet sich in § 44b Abs. 1 UrhG.

23. § 60e UrhG (Bibliotheken)

87 § 60e Abs. 1 UrhG erlaubt Bibliotheken die Vervielfältigung von Werken aus ihrem Bestand für Zwecke der Zugänglichmachung, Indexierung, Katalogisierung, Erhaltung und Restaurierung.

88 § 60e Abs. 2 bis 5 UrhG erlauben unter bestimmten Voraussetzungen die Verbreitung und Zugänglichmachung zu nicht kommerziellen Zwecken.

24. § 60f UrhG (Archive, Museen, Bildungseinrichtungen)

89 § 60f UrhG erlaubt Archiven, Museen und Bildungseinrichtungen unter bestimmten Voraussetzungen und in begrenztem Umfang die Vervielfältigung und Übermittlung von Werken.

25. §§ 60g und 60h UrhG

90 § 60g UrhG regelt das Verhältnis der gesetzlich in §§ 60a-f UrhG erlaubten Nutzungen zu vertraglichen Vereinbarungen.

91 § 60h UrhG sieht – mit wenigen Ausnahmen – für den Urheber einen Anspruch auf Zahlung einer angemessenen Vergütung vor, der allerdings nur durch eine Verwertungsgesellschaft geltend gemacht werden kann.

Zur Vertiefung:
Zum Urheberpersönlichkeitsrecht (Rn. 18): Bullinger in: Wandtke/Bullinger, Urheberrecht, 5. Aufl. 2018, Vorbem. vor §§ 12 ff. UrhG, § 12, § 13, § 14; *Rehbinder/Peukert*, Urheberrecht, 18. Aufl. 2018, Rn. 431 ff.; *Schack*, Urheber- und Urhebervertragsrecht, 10. Aufl. 2021, Rn. 44 ff.
Zur Systematik der Verwertungsrechte (Rn. 21 ff.): Schack, Urheber- und Urhebervertragsrecht, 10. Aufl. 2021, Rn. 426 ff.; *Loewenheim* in: Schricker/Loewenheim, Urheberrecht, 6. Aufl. 2020, § 23 Rn. 1; *von Ungern-Sternberg*, Urheberrechtliche Verwertungsrechte im Lichte des Unionsrechts, GRUR 2012, 1198 ff.
Zur Vervielfältigung (Rn. 24 ff.): Loewenheim in: Schricker/Loewenheim, Urheberrecht, 6. Aufl. 2020, § 16 Rn. 1 ff.
Zum Verbreitungsrecht (Rn. 29 ff.): BGH GRUR 1991, 316 – *Einzelangebot*; BGH GRUR 1999, 707 (710 f.) – *Kopienversanddienst*.
Zum Bezugspunkt des Verbreitungsrechts (Rn. 29 ff.): Schulze in: Dreier/Schulze, Urheberrechtsgesetz, 7. Aufl. 2022, § 17 Rn. 11 f.; *Loewenheim* in: Schricker/Loewenheim, Urheberrecht, 6. Aufl. 2020, § 17 Rn. 8, 14 m.w.N.; EuGH ZUM 2008, 508 – *Le Corbusier-Möbel*; BGH GRUR 2009, 840 – *Le Corbusier-Möbel II*.
Zur Erschöpfung (Rn. 34): Dreier in: Dreier/Schulze, Urheberrechtsgesetz, 7.Aufl. 2022, § 17 Rn. 31 ff.; *Haberstumpf*, CR 2012, 561.
Zur öffentlichen Zugänglichmachung (Rn. 44 ff.): v. Ungern-Sternberg in: Schricker/Loewenheim, Urheberrecht, 6.Aufl. 2020, § 19a.
Zur Weitersendung (Rn. 48): Schwarz/Reber in: Loewenheim, Handbuch des Urheberrechts, 3. Aufl. 2021, § 21 Rn. 94 ff.
Zum Anwendungsbereich des § 44a UrhG (Rn. 52 ff.): Loewenheim in: Schricker/Loewenheim, Urheberrecht, 6. Aufl. 2020, § 44a Rn. 3 mwN.
Zur rechtmäßigen Nutzung iSd § 44a UrhG (Rn. 52 ff.): Dreier in: Dreier/Schulze, Urheberrechtsgesetz, 7. Aufl. 2022, § 44a Rn. 8; *Wandtke/v. Gerlach*, GRUR 2013, 676 (679 f.).
Zu § 49 Abs. 1 UrhG und elektronischem Pressespiegel (Rn. 63): BGH GRUR 2002, 963 – *Elektronischer Pressespiegel*.
Zu § 52b UrhG (aufgehoben) (Rn. 67): Zum Vertragsvorrang: *Loewenheim* in: Schricker/Loewenheim, Urheberrecht, 4. Aufl. 2010, § 52b Rn. 10 mwN; Zu den Annex- und An-

schlussvervielfältigungen: BGH GRUR 2013, 503 ff. (elektronische Leseplätze I); EuGH NJW 2015, 766; BGH, Urt. v. 16.4.2015 – I ZR 69/11 (elektronische Leseplätze II); krit. zur BGH-Entscheidung *Dreier* NJW 2015, 1905 ff.
Zu § 53 UrhG (Rn. 68 f.): *Becker*, ZUM 2012, 643; *Dreier* in: Dreier/Schulze, Urheberrechtsgesetz, 7. Aufl. 2022, § 53 Rn. 12 ff.
Zu § 53a UrhG (aufgehoben) (Rn. 71): BGH GRUR 1999, 707 – *Kopienversanddienst*; BGH NJW 2014, 2117 (2119 f.) – *Meilensteine der Psychologie* – gegen OLG Stuttgart GRUR 2012, 718 ff.

§ 5 Das Urheberrecht im Rechtsverkehr

I. Verkehrsfähigkeit des Urheberrechts an sich

Das Urheberrecht ist gem. § 29 Abs. 1 UrhG **weder ganz noch teilweise übertragbar** und infolge dessen auch **unverzichtbar**. Dies ist Folge der Verschmelzung verwertungsrechtlicher und urheberpersönlichkeitsrechtlicher Befugnisse im einheitlichen Urheberrecht. Die Ausübung der verwertungsrechtlichen Befugnisse kann der Urheber Dritten jedoch durch Einräumung von Nutzungsrechten überlassen (§ 31 UrhG). Die Übertragung urheberpersönlichkeitsrechtlicher Befugnisse sieht das Gesetz hingegen über §§ 29 Abs. 2, 39 UrhG hinaus nicht vor.

92

Gem. § 28 Abs. 1 UrhG ist das Urheberrecht (also auch das Urheberpersönlichkeitsrecht – anders als das allgemeine Persönlichkeitsrecht) **vererblich** und geht als Ganzes auf den Erben über. Dieser hat fortan grds. dieselbe Rechtsstellung wie zuvor der Urheber (§ 30 UrhG). Gegenständliche Verfügungen, die der Urheber zu Lebzeiten über das Urheberrecht getroffen hat, muss auch der Rechtsnachfolger gegen sich gelten lassen. Für die Auseinandersetzung einer Erbengemeinschaft sieht § 29 Abs. 1 S. 1 UrhG eine Ausnahme von der Unübertragbarkeit des Urheberrechts vor.

93

II. Nutzungsrechte und Urhebervertragsrecht

Das Urhebervertragsrecht ist in §§ 31 ff. UrhG nur lückenhaft geregelt und macht daher einen Rückgriff auf die allgemeinen Bestimmungen des BGB erforderlich. Darüber hinaus finden sich spezialgesetzliche Reglungen zum Verlagsvertrag im VerlG.

94

Wie im allgemeinen Zivilrecht, gilt es auch im Urheberrecht das **Trennungs- und Abstraktionsprinzip** zu beachten. Die schuldrechtliche Verpflichtung zur Einräumung eines gegenständlichen Nutzungsrechts ist von dessen tatsächlicher Einräumung oder Übertragung zu unterscheiden und bis auf wenige spezialgesetzlich geregelte Ausnahmen (zB § 9 Abs. 1 VerlG, § 41 Abs. 5, § 42 Abs. 5 UrhG) von dessen rechtlichem Schicksal unabhängig.

95

Während die vertragstypologische Einordnung des schuldrechtlichen Kausalgeschäfts anhand der allgemeinen Vertragstypologie des BGB für jeden Einzelfall gesondert vorzunehmen ist, findet sich mit § 31 UrhG eine spezielle Regelung zur Einräumung des gegenständlichen Nutzungsrechts.

96

Gem. § 31 Abs. 1 S. 1 UrhG kann ein Nutzungsrecht für eine, mehrere oder alle Nutzungsarten eingeräumt werden. § 31 Abs. 1 S. 2 UrhG sieht darüber hinaus die Möglichkeit vor, **einfache oder ausschließliche Nutzungsrechte** einzuräumen sowie diese räumlich, zeitlich oder inhaltlich zu beschränken. Ein einfaches Nutzungsrecht iSd § 31 Abs. 2 UrhG zeichnet sich dadurch aus, dass der Urheber auch anderen

97

Personen die Nutzung desselben Werkes gestatten kann. Demgegenüber handelt es sich gem. § 31 Abs. 3 UrhG bei dem ausschließlichen Nutzungsrecht um eine Nutzungsbefugnis unter Ausschluss aller anderer Personen. **Inhaltlich** kann das Nutzungsrecht in verschiedener Hinsicht **beschränkt** werden. Es gilt dabei jedoch zu beachten, dass gegenständliche Nutzungsrechte nur insoweit aus dem Urheberrecht abgespalten werden können, als es sich nach der Verkehrsanschauung um eine wirtschaftlich-technische und einheitlich abgrenzbare konkrete Nutzungsform handelt. Bestehen Zweifel über den Umfang der Rechtseinräumung, so findet sich – neben den speziellen Auslegungsregeln des § 37 UrhG – eine allgemeine Auslegungsregel (**Zweckübertragungslehre**) in § 31 Abs. 5 UrhG.

98 Bedeutsam sind überdies die in §§ 32 ff. und in § 69h UrhG geregelten **Vergütungsansprüche**. Gem. § 32 UrhG hat der Urheber für die Einräumung von Nutzungsrechten einen unverzichtbaren Anspruch auf angemessene Vergütung, inklusive eines Anspruchs auf nachträgliche Korrektur der Vergütungsvereinbarung (Abs. 1 S. 3). §§ 32d bis 32g UrhG enthalten Auskunfts- und Rechenschaftsansprüche.

99 Besondere **Rückrufrechte** wegen Nichtausübung oder gewandelter Überzeugung sind in §§ 41 und 42 UrhG geregelt.

100 Für Werke, die im Rahmen eines **Dienst- oder Arbeitsverhältnisses** (siehe schon oben Rn. 15) geschaffen werden, gelten gem. § 43 UrhG grds. die allgemeinen Regeln. Fehlt es an einer ausdrücklichen Nutzungsvereinbarung, so wird allerdings für Werke, die in Erfüllung der Arbeitspflicht geschaffen wurden, das Vorliegen einer stillschweigenden Nutzungsrechtseinräumung angenommen, deren Umfang nach der Zweckübertragungslehre zu bestimmen ist. Vergütungsansprüche sind dabei idR durch das Arbeitsentgelt abgegolten.

Zur Vertiefung:
Peifer, JZ 2018, 109 ff.; *Hofmann*, GRUR 2021, 895, 900 f.

III. Verwertungsgesellschaften

101 Eine besondere Form der Rechtewahrnehmung steht den Rechteinhabern in Gestalt der Verwertungsgesellschaften zur Verfügung. Rechteinhaber haben die Möglichkeit, die Ausübung ihrer verwertungsrechtlichen Befugnisse durch einen **Wahrnehmungsvertrag** an eine Verwertungsgesellschaft zu übertragen, welche fortan die Nutzung des Werkes überwacht, Nutzungswilligen einfache Nutzungsrechte einräumt und die – entsprechend festgelegter Tarife – hierfür anfallende Vergütung einzieht. Die Einnahmen werden schließlich abzüglich eines Aufwendungsersatzes entsprechend der geltenden Verteilungspläne an die Rechteinhaber ausgeschüttet. Die Pflichten der – als wirtschaftliche Vereine iSd § 22 BGB organisierten – derzeit 13 Verwertungsgesellschaften sind im **Verwertungsgesellschaftengesetz (VGG)** näher geregelt.

Die bekanntesten deutschen Verwertungsgesellschaften[31] sind die **GEMA** und die **VG Wort**.

---

31 Die Liste der Verwertungsgesellschaften ist abrufbar unter https://www.dpma.de/dpma/wir_ueber_uns/weitere_aufgaben/verwertungsges_urheberrecht/aufsicht_verwertungsges/liste_vg/index.html, abgerufen am 24.6.2022.

III. Verwertungsgesellschaften

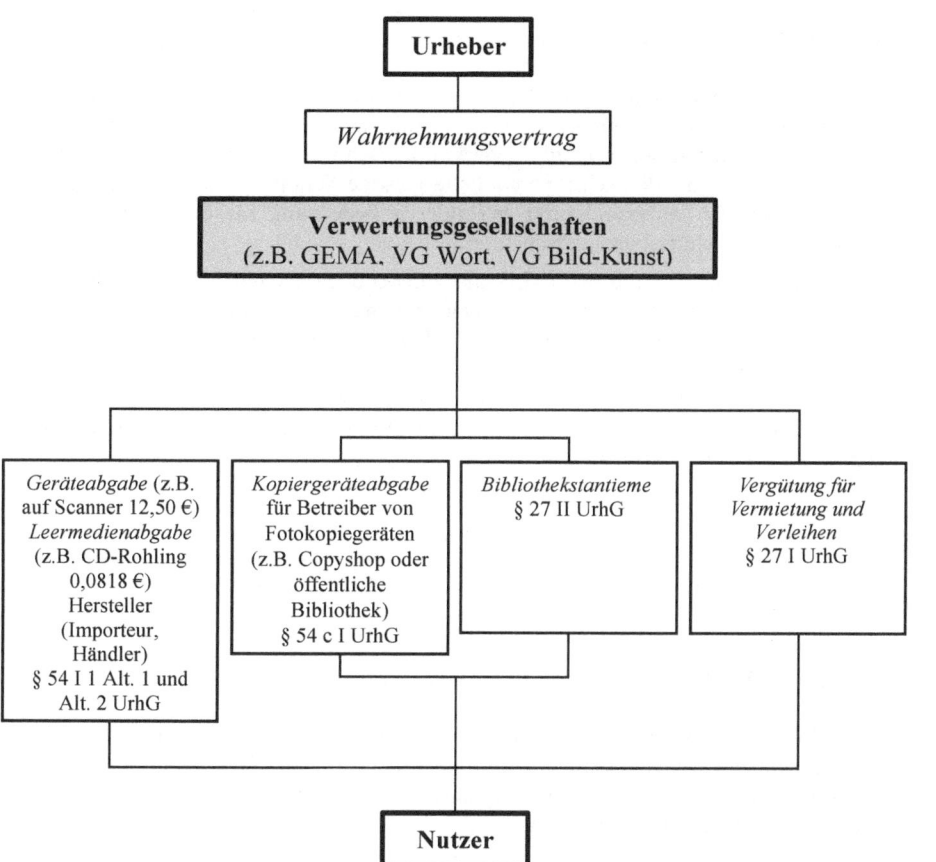

Abbildung 5: Verwertungsgesellschaften

Neben der Einräumung einfacher Nutzungsrechte können kollektive Lizenzen mit einfacher Wirkung eingeführt werden. Dadurch erhalten Werknutzer unter Minimierung von Transaktionskosten von der Verwertungsgesellschaft umfassende Lizenzen. Die allgemeinen Vorschriften finden sich in den §§ 51 ff. VGG, die Voraussetzungen für die Wirksamkeit der Rechtseinräumung regelt § 51a VGG. Hinsichtlich nicht verfügbarer Werke (Definition: § 52b I VGG) sind die §§ 52 ff. VGG anwendbar.

Zur Vertiefung (Rn. 92 ff.):

Zur Überlassung urheberpersönlichkeitsrechtlicher Befugnisse: Rehbinder/Peukert, Urheberrecht, 18. Aufl. 2018, Rn. 440.
Zum Nutzungsrecht und Urhebervertragsrecht: Schack, Urheber- und Urhebervertragsrecht, 10. Aufl. 2021, Rn. 648 ff., 1176 ff.
Zu den kollektiven Lizenzen mit erweiterter Wirkung: Hofmann, GRUR 2021, 895, 900 ff.

§ 6 Verwandte Schutzrechte

103 Neben dem Urheberrecht regelt das UrhG mit den **Leistungsschutzrechten** weitere dem Urheberrecht verwandte Schutzrechte. Diese haben im digitalen Zeitalter erhebliche praktische Bedeutung erlangt.[32] Verwandte Schutzrechte gewährt das UrhG für kulturelle Leistungen, die keine persönliche geistige Schöpfung iSd § 2 Abs. 2 UrhG darstellen, die aber aufgrund ihrer besonderen Bedeutung für die Werkvermittlung dennoch ähnlich schutzwürdig erscheinen.

104 Die in §§ 70–87k, 94 und 95 UrhG abschließend geregelten Leistungsschutzrechte knüpfen den Schutz dabei meist an eine besondere persönliche Leistung an (zB §§ 73 ff. UrhG – ausübender Künstler, § 70 UrhG – Verfasser wissenschaftlicher Ausgaben) oder an eine wirtschaftliche, technische und organisatorische Leistung (zB § 81 UrhG, §§ 94, 95 UrhG). Die konkreten Schutzrechtsvoraussetzungen sowie die Anwendbarkeit der urheberrechtlichen Vorschriften sind den Bestimmungen der jeweiligen Leistungsschutzrechte zu entnehmen.

Zur Vertiefung:
Zu verwandten Schutzrechten im Allgemeinen: Schack, Urheber- und Urhebervertragsrecht, 10. Aufl. 2021, Rn. 721 ff.; *Rehbinder/Peukert*, Urheberrecht, 18. Aufl. 2018, Rn. 748 ff.
Zum Leistungsschutzrecht für Presseverleger: Wandtke, ZUM 2014 Rn. 748 ff.

§ 7 Schutzdauer

105 Vorschriften zur Dauer des Urheberrechts finden sich in §§ 64 ff. UrhG. Gem. § 64 UrhG erlischt das Urheberrecht 70 Jahre nach dem Tod des Urhebers, das Werk wird **gemeinfrei**. Gem. § 69 UrhG beginnt diese Frist mit Ablauf des Kalenderjahres in welchem der Urheber verstorben ist.

§ 8 Folgen einer Rechtsverletzung

106 Wird das Urheberrecht oder ein verwandtes Leistungsschutzrecht verletzt, so stehen dem Urheber und dem Inhaber eines absoluten Nutzungsrechts diverse zivilrechtliche Ansprüche offen (siehe Abbildung 6).[33] Zentrale Anspruchsgrundlage zur Geltendmachung von **Schadensersatzansprüchen** ist § 97 Abs. 2 S. 1 UrhG. Dieser sieht in seinen einzelnen Sätzen **drei Möglichkeiten der Schadensberechnung** vor: Naturalrestitution (S. 1), Gewinnherausgabe (S. 2) und Kosten einer fiktiven Lizenz (S. 3). Daneben kann über § 102a UrhG aber auch der Anspruch aus § 823 Abs. 2 BGB iVm § 95a Abs. 3 UrhG von Bedeutung sein, wenn gegen den Schutz technischer Maßnahmen verstoßen wurde. **Beseitigungs- und Unterlassungsansprüche** ergeben sich vor allem aus § 97 Abs. 1 UrhG. Soll der Anspruch gegen einen bloß mittelbar an der Rechtsverletzung Beteiligten gerichtet werden, so kommt insbesondere der von der Rechtsprechung für Immaterialgüterrechtsverletzungen bevorzugten Figur der **Störerhaftung** (entsprechend der Praxis bei § 1004 BGB) große Bedeutung zu. Weitere Anspruchsgrundlagen sind

---

32 *Rehbinder/Peukert* Rn. 748 ff.
33 Zur Haftung von „Upload-Plattformen" nach dem UrhDaG: Hofmann, GRUR 2021, 901 ff.

in §§ 98, 101 und 101a UrhG geregelt. Gem. § 102a UrhG ist darüber hinaus ein Rückgriff auf andere Anspruchsgrundlagen, also vor allem auf die des BGB, möglich.
Außerdem stellt die Verletzung urheberrechtlicher Befugnisse unter den Voraussetzungen der §§ 107 ff. UrhG eine Straftat und in den Fällen des § 111a UrhG eine Ordnungswidrigkeit dar.

107

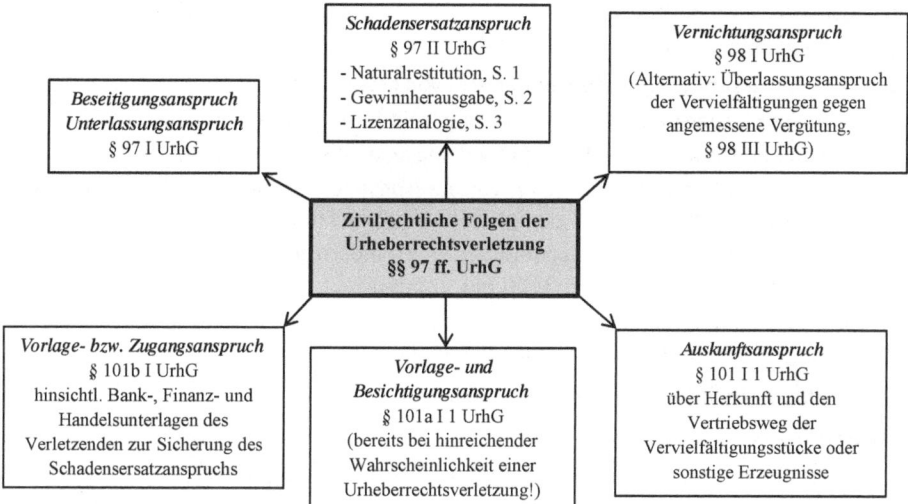

Abbildung 6: Zivilrechtliche Folgen der Urheberrechtsverletzung

§ 9 Prüfungsschema: § 97 Abs. 1 und 2 UrhG

A. Anspruchsgrundlage

108

– Beseitigungs-/Unterlassungsanspruch: § 97 Abs. 1 UrhG iVm der verletzten Norm (Verwertungs-/Urheberpersönlichkeitsrecht)
– Schadensersatzanspruch: § 97 Abs. 2 UrhG iVm der verletzten Norm (Verwertungs-/Urheberpersönlichkeitsrecht)

B. Voraussetzungen

I. Rechtswidrige Verletzung eines geschützten Rechts

1. Urheberpersönlichkeitsrecht §§ 12–14 UrhG
2. Verwertungsrecht
3. Rechtswidrige Verletzung
   a) Nutzungshandlung §§ 15 ff. UrhG
   b) Keine rechtsgeschäftliche Gestattung (Nutzungsrecht) §§ 31 ff. UrhG
   c) Keine gesetzliche Erlaubnis (Schranke) §§ 44a ff. UrhG
   d) Alternativ: Verstoß gegen ein Verwertungsverbot §§ 95a-96 UrhG
4. Sonstiges Leistungsschutzrecht §§ 70 ff. UrhG

II. Aktivlegitimation: Rechtsinhaber

1. Originär: Urheber § 7 UrhG oder Inhaber eines sonstigen Leistungsschutzrechts §§ 70 ff. UrhG
2. Derivativ: Inhaber eines ausschließlichen Nutzungsrechts (§ 31 Abs. 1, 2 UrhG), bei einfachem Nutzungsrecht gewillkürte Prozessstandschaft

III. Passivlegitimation: Verletzer

1. Täter oder Teilnehmer
2. Störer (im gesamten Immaterialgüterrecht von großer Bedeutung)
   a) Bloße Hilfsperson bei Rechtsverletzung (kein Täter oder Teilnehmer)
   b) Adäquat kausale, willentliche Mitwirkung an der Beeinträchtigung
   c) Willentlichkeit erfordert keinen Vorsatz (sonst Teilnehmer) hinsichtlich der Verletzungshandlung. Vielmehr genügt die willentliche Eröffnung der Gefahrenquelle
   d) Die Rechtsverletzung muss zumutbar zu verhindern gewesen sein
   e) Verletzung der zumutbaren Prüfungspflichten

   Die Beurteilung erfolgt anhand einer umfassenden, einzelfallbezogenen Interessenabwägung. Die Prüfpflicht entsteht idR erst mit Kenntnis von der Verletzung.

IV. Keine Einreden (insbes. Verjährung, § 102 UrhG)

V. Zusätzliche Voraussetzungen

1. Unterlassungsanspruch: Wiederholungs- oder Erstbegehungsgefahr
2. Schadensersatzanspruch (auch bzgl. Gewinnherausgabe): Verschulden (fehlt beim Störer)

C. Rechtsfolge

I. Beseitigung und Unterlassung (§ 97 Abs. 1 UrhG)

II. Schadensersatz (§ 97 Abs. 2 UrhG)

Möglichkeit dreifacher Schadensberechnung:

1. Naturalrestitution (S. 1)
2. Gewinnherausgabe (S. 2)
3. Kosten einer fiktiven Lizenz (S. 3)

Zur Vertiefung:

Zur Störerhaftung: Specht-Riemenschneider in: Dreier/Schulze, Urheberrechtsgesetz, 7. Aufl. 2022, § 97 Rn. 28 ff.; BGH GRUR 2010, 633 (634) – Sommer unseres Lebens (zur Nichthaftung auf Schadensersatz); GRUR 2013, 1229 (1231 f.) – Kinderhochstühle im Internet II (zur Berücksichtigungsfähigkeit des TMG und zu den allg. Störervoraussetzungen).

Zur Prüfpflicht von Eltern/Anschlussinhabern: BGH GRUR 2014, 657 (659) – BearShare (Verletzungshandlung durch volljähriges Kind); LG München GRUR Int. 2014, 1166 ff. – Offenes WLAN und Filesharing (Vorlage an EuGH zur Verantwortlichkeit für offene W-LAN-Netze); allg. zur Haftung des Internetanschlussinhabers für Urheberrechtsverletzung durch Dritte *Borges*, NJW 2014, 2305 ff.

Teil 10: Europäisches Wirtschaftsrecht

Sigrid Lorz

§ 1 Grundlagen 391
§ 2 Europäische Grundfreiheiten 394
§ 3 Europäisches Wettbewerbsrecht 399
§ 4 Rechtsangleichung im europäischen Binnenmarkt 404
§ 5 Gemeinsame Handelspolitik 406
§ 6 Europäische Wirtschafts- und Währungsunion 409

§ 1 Grundlagen

Im Wege der fortschreitenden Globalisierung ist der deutsche Markt vernetzt mit den Märkten der anderen 26 Mitgliedstaaten der Europäischen Union, die zusammen einen gemeinsamen und zugleich den weltweit größten Markt bilden. So besteht auch das in Deutschland geltende Wirtschaftsrecht längst nicht mehr nur aus nationalen Regelungen. Vielmehr bestimmt das Europäische Wirtschaftsrecht maßgeblich die Rechtsbeziehungen der am europäischen Wirtschaftsleben beteiligten Akteure.

I. Die Idee des europäischen Binnenmarktes

Seine **Wurzeln** hat das Europäische Wirtschaftsrecht in der 1951 gegründeten Europäischen Gemeinschaft für Kohle und Stahl und in der 1957 gegründeten Europäischen Wirtschaftsgemeinschaft. Damit legten die Gründungsstaaten Belgien, Deutschland, Frankreich, Italien, Luxemburg und die Niederlande den Grundstein für die Entstehung eines europäischen Wirtschaftsraums mit einem Gemeinsamen Markt. In diesem sollten Handelshemmnisse abgebaut und ein gemeinsamer Zolltarif im Verhältnis zu Drittstaaten sollte eingeführt werden.

In der 1986 unterzeichneten Einheitlichen Europäischen Akte erklärten dann die Mitgliedstaaten die Schaffung eines europäischen Binnenmarktes zu ihrem zentralen Ziel, das nunmehr in Art. 3 Abs. 3 UAbs. 1 S. 1 des Vertrags über die Europäische Union (EUV) und in Art. 26 Abs. 1 des Vertrags über die Arbeitsweise der Europäischen Union (AEUV) verankert ist. Der Binnenmarkt ist nach der in Art. 26 Abs. 2 AEUV enthaltenen **Legaldefinition** ein Raum ohne Binnengrenzen, in dem der freie Verkehr von Waren, Personen, Dienstleistungen und Kapital gewährleistet ist. Hierbei erlässt die Europäische Union alle erforderlichen Maßnahmen, um den Binnenmarkt zu verwirklichen und sein Funktionieren zu gewährleisten.

Ein funktionierender Binnenmarkt erfordert die Beseitigung von Handelshemmnissen und von Wettbewerbsverfälschungen zwischen den Mitgliedstaaten. Daher setzt die Verwirklichung des Binnenmarktes in einem ersten Schritt voraus, dass für alle Wirtschaftsgüter eines Mitgliedstaates der **ungehinderte Zugang zu den Märkten** der anderen EU-Mitgliedstaaten gewährleistet wird. Ist der Marktzugang gesichert, müssen in einem zweiten Schritt für alle Wirtschaftsgüter unabhängig von ihrer Herkunft **gleiche Wettbewerbsbedingungen** geschaffen werden.

II. Gegenstand des Europäischen Wirtschaftsrechts

5 Das Europäische Wirtschaftsrecht enthält die Rahmenbedingungen für die Verwirklichung des europäischen Binnenmarktes. Es umfasst alle unionsrechtlichen Regelungen zu wirtschaftlichen Sachverhalten mit grenzüberschreitendem Bezug, die zur Effizienzsteigerung des Binnenmarktes beitragen sollen. Es besteht insbesondere aus den Grundfreiheiten, dem Wettbewerbsrecht, dem harmonisierten Recht, der gemeinsamen Handelspolitik und den Regelungen zur Wirtschafts- und Währungsunion.

6 Die **Grundfreiheiten** (Art. 28 ff. AEUV) ermöglichen den Wettbewerb innerhalb des europäischen Binnenmarktes, indem sie den grenzüberschreitenden Verkehr von Produkten (Waren und Dienstleistungen) und Produktionsfaktoren (Personen und Kapital) gewährleisten. Als Mittel der negativen Integration verbieten sie den Mitgliedstaaten Eingriffe in die Freiheit, grenzüberschreitende Transaktionen durchzuführen. Das **Wettbewerbsrecht** (Art. 101 ff. AEUV) schützt den Wettbewerb innerhalb des europäischen Binnenmarktes vor Beeinträchtigungen und Verfälschungen von privater oder staatlicher Seite. Hierzu gehören insbesondere das Kartellrecht, das Recht der staatlichen Beihilfen und das Vergaberecht.

7 Darüber hinaus wird das Binnenmarktziel durch die **Angleichung nationaler Rechtsvorschriften** (Art. 114 f. AEUV) als Mittel der positiven Integration verwirklicht. Harmonisierte Regelungen, die für alle Mitgliedstaaten gelten, wurden insbesondere im Arbeitsrecht, im Finanzmarktrecht, im Gesellschaftsrecht, im Handelsrecht, im Urheberrecht und im Zivilprozessrecht geschaffen.

8 Die **gemeinsame Handelspolitik** (Art. 206 ff. AEUV) erfasst dagegen den Außenhandel der Europäischen Union und ihrer Mitgliedstaaten mit Drittstaaten. Ihre Regelungen werden daher auch als externes Binnenmarktrecht bezeichnet. Die Vorschriften zur **Wirtschafts- und Währungsunion** (Art. 119 ff. AEUV) ergänzen das Binnenmarktkonzept. Sie gewähren dem europäischen Binnenmarkt einen stabilen Rahmen, indem sie eine enge Koordinierung der Wirtschaftspolitiken der Mitgliedstaaten und eine einheitliche Währung mit dem Ziel der Preisstabilität vorsehen.

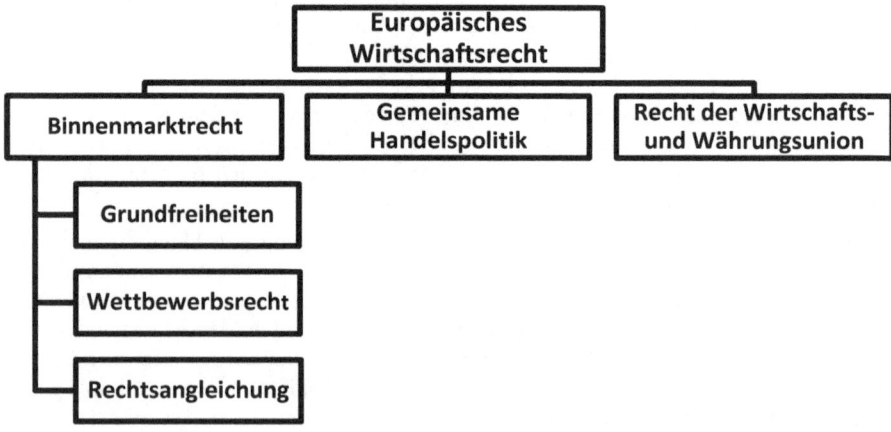

Abbildung 1: Rechtsgebiete des Europäischen Wirtschaftsrechts

III. Akteure im Europäischen Wirtschaftsrecht

Zu den Hauptakteuren im Europäischen Wirtschaftsrecht gehören die Europäische Union, ihre Mitgliedstaaten, Unternehmen und Individuen.

Die **Europäische Union** gestaltet das Europäische Wirtschaftsrecht und überwacht seine Einhaltung. Hierbei legt der Rat der Union (Art. 16 EUV) die Politik fest und koordiniert sie. Zusammen mit dem Europäischen Parlament (Art. 14 EUV) beschließt er als Gesetzgeber die Regeln des Europäischen Wirtschaftsrechts. Der Kommission (Art. 17 EUV) kommt eine Koordinierungs- und Verwaltungsfunktion zu, indem sie vor allem die Einhaltung der europarechtlichen Regeln überwacht.

Der Gerichtshof der Europäischen Union (Art. 19 EUV) sichert die Wahrung des Europäischen Wirtschaftsrechts bei der Auslegung und Anwendung der Unionsverträge. Der Europäische Rat (Art. 15 EUV), der sich aus den Staats- und Regierungschefs der Mitgliedstaaten, dem Präsidenten des Rates der Union und dem Präsidenten der Kommission zusammensetzt, gibt Impulse und legt politische Zielvorstellungen für die Weiterentwicklung der Union fest. Weitere Organe der Europäischen Union sind die Europäische Zentralbank (Art. 13 EUV), welche die Ausgabe der Euro-Banknoten genehmigt, und der Rechnungshof (Art. 285 AEUV), der die Einnahmen und Ausgaben der Union prüft.

Die **EU-Mitgliedstaaten** sind die Hauptadressaten der Regelungen zum Europäischen Wirtschaftsrecht. Als Staaten haben sie prinzipiell die Möglichkeit, durch Handelshemmnisse die heimische Wirtschaft zu schützen oder sie durch Subventionen zu fördern und damit in den unionsweiten Wettbewerb einzugreifen. Zugleich können sie sich auch selbst als Akteure, zum Beispiel durch den Ankauf von Waren oder in Form von staatlichen Unternehmen, am europäischen Wirtschaftsleben beteiligen.

Aber auch **Unternehmen** sind unabhängig von ihrer Rechtsform und der Art ihrer Finanzierung Adressaten der Regelungen zum Europäischen Wirtschaftsrecht. Insbesondere die Vorschriften über den Wettbewerb gem. Art. 101 ff. AEUV finden auf sie unmittelbare Anwendung. Kennzeichnend für ein Unternehmen ist die Ausübung einer auf Gewinnerzielung gerichteten Tätigkeit, so dass zum Beispiel staatliche Träger einer Kranken- oder Rentenversicherung keine Unternehmen, sondern Solidargemeinschaften sind.

Die zahlenmäßig größten Akteure des Europäischen Wirtschaftsrechts sind schließlich die **Unionsbürger**, also gem. Art. 20 Abs. 2 S. 1 AEUV natürliche Personen mit der Staatsangehörigkeit eines Mitgliedstaates. Als Verbraucher, Arbeitnehmer, Aktionäre oder auch Inhaber von Schutzrechten nehmen sie ebenfalls am grenzüberschreitenden Wirtschaftsverkehr teil.

Zur Vertiefung:
Kilian/Wendt, Europäisches Wirtschaftsrecht, 8. Aufl. 2022, Kap. C, D; *Pache/Knauff* in: dies. (Hrsg.), Fallhandbuch Europäisches Wirtschaftsrecht, 2. Aufl. 2010, § 1; *Sonder*, Europäisches Wirtschaftsrecht, 2012, S. 1 ff.; *Wendt*, Einführung in das Europäische Wirtschaftsrecht, JURA 2015, 1275 ff.; *Zerres/Zerres*, Europäisches Wirtschaftsrecht, 2015, S. 88 f.

§ 2 Europäische Grundfreiheiten

15 Eckpfeiler für die Verwirklichung des europäischen Binnenmarktes sind die vier Grundfreiheiten, die auch als Marktfreiheiten bezeichnet werden. Hierzu gehören die Warenverkehrsfreiheit, die Personenverkehrsfreiheit bestehend aus der Arbeitnehmerfreizügigkeit und der Niederlassungsfreiheit, die Dienstleistungsfreiheit sowie die Kapital- und Zahlungsverkehrsfreiheit.

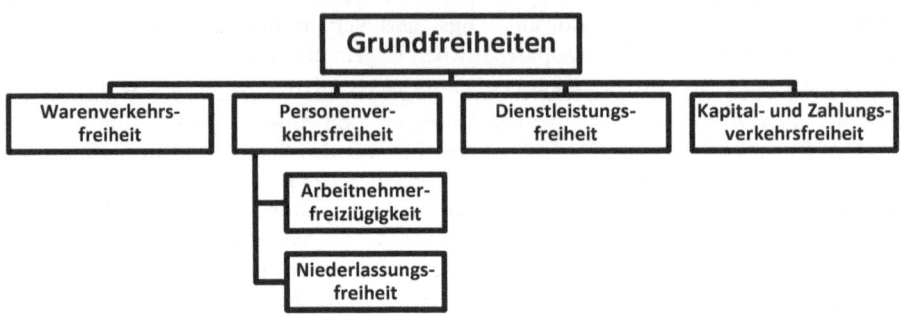

Abbildung 2: Grundfreiheiten

I. Überblick

16 Die europäischen Grundfreiheiten dienen dem Abbau von Handelshemmnissen im europäischen Binnenmarkt. Dazu verleihen sie den Unionsbürgern **subjektive Rechte**. Die Niederlassungsfreiheit und die Dienstleistungsfreiheit schützen nach Art. 54 (iVm Art. 62) AEUV auch Gesellschaften, die ihren satzungsmäßigen Sitz, ihre Hauptverwaltung oder ihre Hauptniederlassung im Unionsgebiet haben. Darüber hinaus gilt die Warenverkehrsfreiheit und die Kapital- und Zahlungsverkehrsfreiheit nach Art. 28 Abs. 2 bzw. Art. 63 AEUV auch für Angehörige von Drittstaaten.

17 **Adressaten** der Grundfreiheiten sind in erster Linie die Mitgliedstaaten, zu denen auch ihre staatlichen Untergliederungen wie zum Beispiel Bundesländer und Gemeinden zählen. Darüber hinaus können sie auch sog intermediäre Gewalten binden, denen wegen ihrer Befugnis zur einseitig zwingenden Regelsetzung eine staatsähnliche Qualität zugeschrieben wird. Hierzu gehören etwa Sportverbände oder Gewerkschaften. So entschied der EuGH im Fall des belgischen Fußballprofis Bosman, dass die Arbeitnehmerfreizügigkeit auch auf kollektive Regeln von Sportverbänden wie die der UEFA Anwendung findet (EuGH, Slg 1995, I-4921 – Bosman).

18 Die Grundfreiheiten verbieten eine **Diskriminierung** von Waren, Personen, Dienstleistungen und Kapital aus anderen Mitgliedstaaten. Erfasst sind sowohl offene Diskriminierungen, die ausdrücklich an die Herkunft oder die Staatsangehörigkeit anknüpfen, als auch versteckte Diskriminierungen, die faktisch zu einer Ungleichbehandlung von inländischen und ausländischen Wirtschaftsgütern oder Personen führen. Darüber hinaus enthalten die Grundfreiheiten ein **umfassendes Verbot von Handelsbeschränkungen**, die den grenzüberschreitenden Zugang zu den Märkten der anderen Mitgliedstaaten erschweren. Dagegen finden sie keine Anwendung auf innerstaatliche Sachverhalte, die keinen grenzüberschreitenden Bezug aufweisen. Sie schützen nicht vor einer Inländerdiskriminierung, bei der inländische Wirtschaftsgüter oder Personen gegenüber ausländischen Wirtschaftsgütern oder Personen benachteiligt werden.

Ist der persönliche und sachliche Schutzbereich einer Grundfreiheit eröffnet, so darf sie nur dann durch eine nationale Regelung oder Maßnahme eingeschränkt werden, wenn der Eingriff **gerechtfertigt** ist. Dies kann durch einen geschriebenen Rechtfertigungsgrund wie den Schutz der öffentlichen Sittlichkeit, Ordnung oder Sicherheit erfolgen. Eine nicht diskriminierende Beschränkung kann aber auch aus einem ungeschriebenen Rechtfertigungsgrund zulässig sein. Dazu muss sie zum Schutz zwingender Erfordernisse des allgemeinen Interesses geeignet sein, das mit ihr verfolgte Ziel zu gewährleisten, und sie darf nicht darüber hinausgehen, was zur Erreichung dieses Ziels erforderlich ist (EuGH, Slg 1979, 649 – Cassis de Dijon). Hierbei nimmt der EuGH regelmäßig bereits im Rahmen der Erforderlichkeitsprüfung eine Abwägung widerstreitender Rechtsgüter vor, ohne auf die im deutschen Verfassungsrecht bekannte Angemessenheitsprüfung einzugehen.

II. Warenverkehrsfreiheit

Eine der zentralen Grundfreiheiten stellt die in Art. 28 ff. AEUV geregelte Warenverkehrsfreiheit dar. Waren sind alle Erzeugnisse, die einen Geldwert haben und daher Gegenstand von Handelsgeschäften sein können. Hierzu zählen auch Abfälle, Software, Gas und Strom. Den freien Warenverkehr gewährleistet zum einen die **Zollunion** gem. Art. 28 AEUV. Diese umfasst sowohl das Verbot, zwischen den Mitgliedstaaten Ein- und Ausfuhrzölle und Abgaben gleicher Wirkung zu erheben, als auch die Einführung eines gemeinsamen Zolltarifs gegenüber Drittstaaten. Durch einen gemeinsamen Außenzoll unterscheidet sich die Zollunion von einer bloßen Freihandelszone.

Neben der Zollunion wird der freie Warenverkehr durch das in Art. 34 AEUV geregelte **Verbot von Einfuhrbeschränkungen** und das in Art. 35 AEUV geregelte **Verbot von Ausfuhrbeschränkungen** gewährleistet. Beide Regelungen erfassen sowohl mengenmäßige Beschränkungen, welche die Einfuhr bzw. Ausfuhr von Waren der Anzahl oder dem Wert nach beschränken, als auch alle Maßnahmen gleicher Wirkung. Hierunter fallen nicht nur offene und versteckte Diskriminierungen, die nach der Herkunft einer Ware differenzieren. Vielmehr erweiterte der EuGH erstmals in seiner Entscheidung Dassonville, bei der ein französischer Händler bei der Einfuhr von Scotch Whisky von Frankreich nach Belgien keine Herkunftsbescheinigung der britischen Behörden vorlegen konnte, den Begriff der Maßnahme gleicher Wirkung. Erfasst ist jede Regelung der Mitgliedstaaten, die geeignet ist, den innergemeinschaftlichen Handel unmittelbar oder mittelbar, tatsächlich oder potenziell zu behindern (EuGH, Slg 1974, 837 – Dassonville). Zu diesen nichttarifären Handelshemmnissen gehören insbesondere bürokratische Hürden und technische Normen.

Ausgenommen sind nationale Bestimmungen, die Verkaufsmodalitäten beschränken oder verbieten, wenn sie für alle betroffenen Wirtschaftsteilnehmer gelten, die ihre Tätigkeit im Inland ausüben, und die den Absatz der inländischen und der ausländischen Erzeugnisse rechtlich und tatsächlich in gleicher Weise berühren. So hielt der EuGH das französische Verbot, Waren unter ihrem Einkaufspreis zu verkaufen, nur für eine Verkaufsmodalität und somit nicht für eine Maßnahme gleicher Wirkung (EuGH, Slg 1993, I-6097 – Keck und Mithouard). Im Unterschied zu Verkaufsmodalitäten, also vertriebsbezogenen Regelungen, werden **Produktmodalitäten**, deren Regelungsgehalt sich unmittelbar auf ein Produkt selbst bezieht, vom Verbot der Maßnahmen gleicher Wirkung erfasst.

23 Nach Art. 36 AEUV können sowohl diskriminierende als auch nicht diskriminierende Eingriffe in die Warenverkehrsfreiheit aus den darin genannten Gründen **gerechtfertigt** sein. Hierzu gehören die öffentliche Sittlichkeit, Ordnung und Sicherheit, der Schutz der Gesundheit und des Lebens von Menschen, Tieren und Pflanzen, der Schutz nationalen Kulturguts sowie der Schutz gewerblichen und kommerziellen Eigentums. Auch wenn ein Mitgliedstaat mit einer Beschränkung der Warenverkehrsfreiheit ein legitimes Ziel verfolgt, so darf dieses weder ein Mittel zur willkürlichen Diskriminierung noch eine verschleierte Handelsbeschränkung darstellen.

24 Darüber hinaus können nicht diskriminierende Maßnahmen durch **zwingende Erfordernisse des allgemeinen Interesses** gerechtfertigt sein, die der EuGH häufig auch als tatbestandsimmanente Schranken qualifiziert. Hierzu gehören insbesondere eine wirksame steuerliche Kontrolle, der Schutz der öffentlichen Gesundheit, die Lauterkeit des Handelsverkehrs und der Verbraucherschutz. Ferner sind als zwingende Allgemeinwohlinteressen der Umweltschutz, die Kulturpolitik, die Aufrechterhaltung der Medienvielfalt, der Arbeitnehmerschutz und die Verkehrssicherheit, nicht aber rein wirtschaftliche Gründe anerkannt.

25 Den Schutz der öffentlichen Gesundheit ließ der EuGH allerdings nicht als zwingendes Erfordernis für eine Regelung im deutschen Branntweinmonopolgesetz gelten, nach der Fruchtsaftlikör nur mit einem Mindestalkoholgehalt von 25 Prozent in den Verkehr gebracht werden durfte. Demzufolge verstieß ein entsprechendes Verbot der Bundesmonopolverwaltung für Branntwein, den Likör „Cassis de Dijon" mit einem geringeren Alkoholgehalt aus Frankreich nach Deutschland zu importieren, gegen die Warenverkehrsfreiheit (EuGH, Slg 1979, 649 – Cassis de Dijon).

26 Vielmehr darf nach dem **Herkunftslandprinzip** eine Ware, die in einem Mitgliedstaat rechtmäßig auf den Markt gebracht worden ist, auch auf die Märkte der anderen Mitgliedstaaten gebracht werden. Dies gilt auch für die Einfuhr von Bier, das in Frankreich nicht nach dem deutschen Reinheitsgebot gebraut ist, nach Deutschland unter der Bezeichnung „Bier". Der EuGH sah eine solche Beschränkung nicht durch zwingende Erfordernisse des Verbraucherschutzes gerechtfertigt, da Kennzeichnungsregelungen ausreichend seien (EuGH, Slg 1987, 1227 – Reinheitsgebot für Bier).

III. Arbeitnehmerfreizügigkeit

27 Die in Art. 45 ff. AEUV geregelte Arbeitnehmerfreizügigkeit gewährleistet die Mobilität des Produktionsfaktors Arbeit als Grundvoraussetzung für einen funktionierenden Binnenmarkt. Arbeitnehmer ist jede Person, die Staatsangehöriger eines Mitgliedstaates ist und in einem anderen Mitgliedstaat während einer bestimmten Zeit für einen anderen nach dessen Weisungen Leistungen erbringt, für die sie als Gegenleistung eine Vergütung erhält. Zu diesen **Wanderarbeitnehmern** zählen auch Auszubildende und Referendare. Nicht erfasst sind dagegen nach Art. 45 Abs. 4 AEUV Beschäftigte in der öffentlichen Verwaltung.

28 Neben der allgemeinen Gewährleistung der Arbeitnehmerfreizügigkeit in Art. 45 Abs. 1 AEUV enthält Art. 45 Abs. 2 AEUV ein umfassendes Diskriminierungsverbot, das sowohl auf offene als auch auf versteckte Ungleichbehandlungen Anwendung findet. Es erfasst jede auf der Staatsangehörigkeit beruhende unterschiedliche Behandlung der Arbeitnehmer der Mitgliedstaaten in Bezug auf ihre Beschäftigung, ihre Entlohnung und ihre sonstigen Arbeitsbedingungen. Darüber hinaus verbietet die Arbeitnehmerfreizügigkeit auch unterschiedslos geltende Beschränkungen des Zugangs zu einer

Beschäftigung, sofern sie nicht durch zwingende allgemeine Interessen gerechtfertigt sind. So hielt der EuGH die Transferregeln der Sportverbände im Profifußball, nach denen bei einem Vereinswechsel eines Spielers nach Vertragsende eine Ablösesumme zu zahlen war, für unzulässig (EuGH, Slg 1995, I-4921 – Bosman).

Art. 45 Abs. 3 AEUV gewährt den Arbeitnehmern auch das Recht auf Einreise, das Recht auf freie Bewegung in einem Mitgliedstaat zwecks der Bewerbung um eine Stelle, das Recht auf Aufenthalt während der Beschäftigung und ein Bleiberecht nach deren Beendigung. Ein Eingriff in diese Rechte kann aus Gründen der öffentlichen Ordnung, Sicherheit oder Gesundheit gerechtfertigt sein. Schließlich sind die einzelnen Konturen der Arbeitnehmerfreizügigkeit in zahlreichen Richtlinien, zum Beispiel in der Richtlinie 2004/38/EG über das Recht der Unionsbürger und ihrer Familienangehörigen, sich im Hoheitsgebiet der Mitgliedstaaten frei zu bewegen und aufzuhalten, näher bestimmt.

IV. Niederlassungsfreiheit

Neben der Arbeitnehmerfreizügigkeit gewährleistet auch die Niederlassungsfreiheit gem. Art. 49 ff. AEUV den freien Personenverkehr. Bei einer Niederlassung handelt es sich um eine tatsächliche Ausübung einer wirtschaftlichen Tätigkeit mittels einer festen Einrichtung in einem anderen Mitgliedstaat auf unbestimmte Zeit. Die Niederlassungsfreiheit erfasst nach Art. 49 Abs. 2 AEUV die Aufnahme und die Ausübung selbstständiger Erwerbstätigkeiten sowie die Gründung und Leitung von Unternehmen. Im Unterschied zur Arbeitnehmerfreizügigkeit garantiert sie die **Freizügigkeit von nicht weisungsabhängigen Personen**. Sie findet nach Art. 51 Abs. 1 AEUV keine Anwendung auf Tätigkeiten, die mit der Ausübung öffentlicher Gewalt verbunden sind.

Die Niederlassungsfreiheit gilt nicht nur für natürliche Personen, die einer selbstständigen Tätigkeit nachgehen. Nach Art. 54 AEUV erstreckt sie sich auch auf nach den Rechtsvorschriften eines Mitgliedstaates gegründete **Gesellschaften**, die ihren satzungsmäßigen Sitz, ihre Hauptverwaltung oder ihre Hauptniederlassung innerhalb der Europäischen Union haben. Die Rechtsfähigkeit einer Gesellschaft bestimmt sich hierbei nach dem Recht des Gründungsstaates.

Die Niederlassungsfreiheit erfasst insbesondere das Recht, in einem anderen Mitgliedstaat Zweigniederlassungen und Tochtergesellschaften zu gründen. Dieser Staat muss die Zweigniederlassung unabhängig von ihrer Rechtsform anerkennen. Dagegen gewährt sie einem Unternehmen nicht das Recht, seinen Sitz in einen anderen Mitgliedstaat zu verlegen. So entschied der EuGH, dass die britischen Finanzbehörden dem britischen Zeitungsverlag „Daily Mail" untersagen durften, seinen Verwaltungssitz in die Niederlande zu verlegen (EuGH, Slg 1988, 5483 – Daily Mail). In den Folgeentscheidungen Centros (EuGH, Slg 1999, I-1459), Überseering (EuGH, Slg 2002, I-9919) und Inspire Art (EuGH, Slg 2003, I-10515) konkretisierte der EuGH, inwiefern die Niederlassungsfreiheit den Zuzug von Gesellschaften erfasst.

Art. 49 AEUV verbietet sowohl Diskriminierungen, die unmittelbar nach der Staatsangehörigkeit differenzieren, als auch mittelbare Diskriminierungen, die faktisch Ausländer im besonderen Maße treffen. Darüber hinaus enthält diese Regelung ein umfassendes Beschränkungsverbot für sämtliche Hindernisse, welche die Errichtung einer Niederlassung oder die Ausübung einer selbstständigen Tätigkeit in einem anderen Mitgliedstaat betreffen. Diskriminierende Eingriffe in die Niederlassungsfreiheit können nach Art. 52 Abs. 1 AEUV zum Schutz der öffentlichen Ordnung, Sicherheit oder Gesundheit gerechtfertigt sein. Dagegen können nicht diskriminierende Eingriffe wiederum in Anlehnung an die Cassis de Dijon-Rechtsprechung zulässig sein, wenn zwingende Gründe des Allgemeinwohls dies erfordern.

V. Dienstleistungsfreiheit

34 Die in Art. 56 ff. AEUV geregelte Dienstleistungsfreiheit gewährleistet die Erbringung grenzüberschreitender Dienstleistungen im europäischen Binnenmarkt. Eine Dienstleistung ist nach der in Art. 57 Abs. 1 AEUV enthaltenen Definition eine **Leistung, die in der Regel gegen Entgelt erbracht wird**, soweit nicht die anderen Grundfreiheiten einschlägig sind. Hierzu gehören nach Abs. 2 insbesondere gewerbliche, kaufmännische, handwerkliche und freiberufliche Tätigkeiten. Charakteristisch für eine Dienstleistung ist, dass es sich um eine selbstständige Tätigkeit handelt, die vorübergehend in einem anderen Mitgliedstaat erbracht wird. Die Dienstleistungsfreiheit findet nach Art. 62 iVm Art. 51 AEUV keine Anwendung auf Tätigkeiten, die mit der Ausübung öffentlicher Gewalt verbunden sind.

35 Es lassen sich **vier Arten** der Dienstleistungserbringung unterscheiden: (1) Der Dienstleistungserbringer begibt sich von einem Mitgliedstaat zum Dienstleistungsempfänger in einen anderen Mitgliedstaat (aktive Dienstleistung); (2) der Empfänger begibt sich von einem Mitgliedstaat zum Erbringer in einen anderen Mitgliedstaat (passive Dienstleistung); (3) die Dienstleistung selbst wird von einem Mitgliedstaat in einen anderen übermittelt (Korrespondenzdienstleistung); (4) Erbringer und Empfänger begeben sich beide in einen anderen Mitgliedstaat, in dem die Dienstleistung erbracht wird (externe Dienstleistung).

36 Art. 56 Abs. 1 AEUV verbietet sowohl Beschränkungen der Dienstleistungsfreiheit, die an die Staatsangehörigkeit anknüpfen, als auch unterschiedslos geltende Beschränkungen. Nicht erfasst sind – parallel zur Warenverkehrsfreiheit – diskriminierungsfreie Beschränkungen, die nicht den Zugang der Dienstleistung, sondern nur die Modalitäten der Dienstleistungserbringung betreffen. Nach Art. 62 iVm Art. 52 Abs. 1 AEUV können diskriminierende Beschränkungen aus Gründen der öffentlichen Ordnung, Sicherheit oder Gesundheit **gerechtfertigt** sein. Beschränkungen, die nicht an die Staatsangehörigkeit anknüpfen, können dagegen wiederum wegen zwingender Erfordernisse des Allgemeinwohls zulässig sein. So darf der Betrieb eines Laserdroms, bei dem mit Laserpistolen das Töten von Mitspielern simuliert wird, verboten werden, um die Menschenwürde zu schützen (EuGH, Slg 2004, I-9609 – Omega).

VI. Kapital- und Zahlungsverkehrsfreiheit

37 Art. 63 ff. AEUV gewährleisten die Freiheit des Kapital- und Zahlungsverkehrs. Der **Kapitalverkehr** erfasst die grenzüberschreitende Übertragung von Geld oder Sachkapital zu Anlage- oder Investitionszwecken. Dagegen erfasst der **Zahlungsverkehr** die grenzüberschreitende Übertragung von geldwerten Mitteln als Gegenleistung für eine Transaktion. Beide Grundfreiheiten erfassen auch Transaktionen zwischen den Mitgliedstaaten und Drittstaaten. Die Kapital- und Zahlungsverkehrsfreiheit schützt wiederum nicht nur vor offenen und versteckten Diskriminierungen. Vielmehr enthält Art. 63 AEUV ein umfassendes Beschränkungsverbot. Dieses verbietet auch, dass sich ein Staat bei der Umwandlung eines staatlichen Unternehmens in eine Aktiengesellschaft Vorrechte zulasten der privaten Aktionäre einräumt (EuGH, Slg 2007, I-8995 – VW-Gesetz).

Eingriffe können nach Art. 65 Abs. 1 AEUV **gerechtfertigt** sein, wenn das nationale Steuerrecht Steuerpflichtige mit unterschiedlichem Wohnort oder Kapitalanlageort unterschiedlich behandelt. Zudem können die Mitgliedstaaten unerlässliche Maßnahmen treffen, um Zuwiderhandlungen gegen innerstaatliche Vorschriften, insbesondere auf dem Gebiet des Steuerrechts und der Aufsicht über Finanzinstitute, zu verhindern. Diese Maßnahmen dürfen jedoch nach Art. 65 Abs. 3 AEUV weder ein Mittel zur willkürlichen Diskriminierung noch eine verschleierte Beschränkung des freien Kapital- und Zahlungsverkehrs darstellen. Schließlich können wie auch bei den anderen Grundfreiheiten – als ungeschriebener Rechtfertigungsgrund – nicht diskriminierende Eingriffe aus zwingenden Erfordernissen des Allgemeininteresses gerechtfertigt sein.

Zur Vertiefung:

Cremer, Die Grundfreiheiten des Europäischen Unionsrechts, JURA 2015, 39 ff.; *Kilian/Wendt*, Europäisches Wirtschaftsrecht, 8. Aufl. 2022, Kap. F Rn. 33 ff.; *Ruffert/Grischek/Schramm*, Europarecht im Examen – Die Grundfreiheiten, JuS 2021, 407 ff.; *Sonder*, Europäisches Wirtschaftsrecht, 2012, S. 16 ff., 30 ff.; *Zerres/Zerres*, Europäisches Wirtschaftsrecht, 2015, S. 99 ff.

§ 3 Europäisches Wettbewerbsrecht

Das Europäische Wirtschaftsrecht beruht nach Art. 119 Abs. 1, 120 AEUV auf dem Grundsatz einer offenen Marktwirtschaft mit freiem Wettbewerb. Der Wettbewerb **sichert die Handlungsfreiheit der wirtschaftlichen Akteure** und dadurch die Funktionsfähigkeit des europäischen Binnenmarktes. Damit es nicht zu Verzerrungen und Verfälschungen des Wettbewerbs kommt, bedarf es eines rechtlichen Rahmens in Form des europäischen Wettbewerbsrechts. Dieses koordiniert einerseits das Verhalten der privaten Marktteilnehmer, indem sie unter gleichen Bedingungen an einem transparenten und fairen Wettbewerb teilnehmen. Andererseits verhindert es aber auch Verfälschungen des Wettbewerbs durch die Mitgliedstaaten, indem es vor staatlicher Begünstigung einzelner Marktteilnehmer schützt. Geregelt ist das europäische Wettbewerbsrecht in Art. 101 bis 109 AEUV sowie in verschiedenen Richtlinien und Verordnungen. Es besteht insbesondere aus dem Kartellrecht, dem Beihilferecht und dem Vergaberecht.

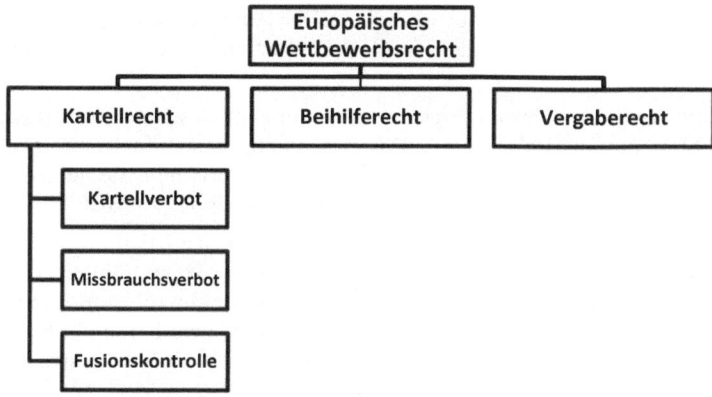

Abbildung 3: Europäisches Wettbewerbsrecht

I. Kartellrecht

40 Das europäische Kartellrecht, das primärrechtlich in Art. 101 bis 105 AEUV geregelt ist, enthält zwei grundlegende Verbote: das Kartellverbot und das Verbot des Missbrauchs einer marktbeherrschenden Stellung. Außerdem gehört zum europäischen Kartellrecht die Kontrolle von Unternehmenszusammenschlüssen (Fusionskontrolle). Diese Teilrechtsgebiete enthält auch das deutsche Kartellrecht, das auf Kartelle ohne Bedeutung für den Handel zwischen den EU-Mitgliedstaaten Anwendung findet.

41 Der **Verbotstatbestand** des Art. 101 Abs. 1 AEUV untersagt Vereinbarungen zwischen Unternehmen, Beschlüsse von Unternehmensvereinigungen und aufeinander abgestimmte Verhaltensweisen, die den Handel zwischen den Mitgliedstaaten beeinträchtigen können. Erfasst sind einerseits horizontale Absprachen zwischen konkurrierenden Unternehmen wie Absprachen über Preise, Kunden, Mengen und Gebiete. So stellte beispielsweise die Kommission 2016 fest, dass mehrere Lkw-Hersteller 14 Jahre lang ihre Verkaufspreise für Lastkraftwagen abgesprochen und die mit der Einhaltung von Emissionsvorschriften verbundenen Kosten in abgestimmter Form an ihre Kunden weitergegeben haben. Andererseits unterfallen dem Kartellverbot auch vertikale Absprachen zwischen Unternehmen innerhalb eines Absatzsystems, mit denen zum Beispiel Vertragspartner nachgeordneter Handelsstufen an Preise und Vertragsbedingungen gebunden werden.

42 Die erfassten Verhaltensweisen müssen eine Verhinderung, Einschränkung oder Verfälschung des Wettbewerbs innerhalb des europäischen Binnenmarktes bezwecken oder bewirken. Dieser Eingriff in den Wettbewerb muss nach der De-minimis-Regel spürbar sein. Die **Spürbarkeitsschwelle** beginnt nach der Bagatell-Bekanntmachung der Kommission bei horizontalen Absprachen ab einem Marktanteil der beteiligten Unternehmen von 10 Prozent und bei vertikalen Absprachen ab einem Marktanteil von 15 Prozent.

43 Art. 101 Abs. 3 AEUV enthält **Ausnahmen** vom Kartellverbot für Absprachen, die zur Verbesserung der Warenerzeugung oder -verteilung oder zur Förderung des technischen oder wirtschaftlichen Fortschritts beitragen und den Verbraucher am entstehenden Gewinn angemessen beteiligen. Diese an sich wettbewerbsbeschränkenden Vereinbarungen sind vom Kartellverbot freigestellt, weil sie positive Auswirkungen auf den Wettbewerb und für die Verbraucher haben. Der Anwendungsbereich dieser Ausnahmevorschrift wird durch Gruppenfreistellungsverordnungen der Kommission konkretisiert.

44 Ist eine Vereinbarung vom Kartellverbot erfasst, ohne freigestellt zu sein, so ist sie nach Art. 101 Abs. 2 AEUV automatisch nichtig. Darüber hinaus kann die Kommission Sanktionen wie Zwangsgelder und Bußgelder verhängen. So verhängte sie gegen die Unternehmen des Lkw-Kartells insgesamt eine Geldbuße iHv knapp 2,93 Mrd. Euro.

45 Der **Missbrauchstatbestand** des Art. 102 Abs. 1 AEUV verbietet den Missbrauch einer marktbeherrschenden Stellung, um Wettbewerbsverzerrungen zu verhindern. Eine marktbeherrschende Stellung setzt eine wirtschaftliche Machtstellung voraus, durch die ein Unternehmen in der Lage ist, einen wirksamen Wettbewerb innerhalb des europäischen Binnenmarktes zu verhindern. Es muss die Möglichkeit haben, sich von seinen Wettbewerbern, Abnehmern und Verbrauchern im erheblichen Maße unabhängig zu verhalten.

I. Kartellrecht

Für die **Bestimmung des relevanten Marktes** sind in sachlicher Hinsicht alle Erzeugnisse und Dienstleistungen von Bedeutung, die von den Verbrauchern hinsichtlich ihrer Eigenschaften, ihrer Preise und ihres Verwendungszwecks als austauschbar angesehen werden. In räumlicher Hinsicht ist das Gebiet maßgebend, in dem die beteiligten Unternehmen ihre relevanten Produkte oder Dienstleistungen anbieten und in dem die Wettbewerbsbedingungen hinreichend homogen sind. Dabei kommt es nicht auf den Sitz eines Unternehmens an, sondern darauf, dass es innerhalb des europäischen Binnenmarktes eine beherrschende Stellung einnimmt. So bejahte beispielsweise das Europäische Gericht einen Verstoß des US-amerikanischen Unternehmens Microsoft gegen das Missbrauchsverbot, weil es innerhalb der Europäischen Union anderen Unternehmen keinen Zugang zu seinem Betriebssystem gewährte (EuG, Slg 2007, II-3601 – Microsoft).

Art. 102 Abs. 2 AEUV enthält einen nicht abschließenden Katalog von Regelbeispielen. Danach liegt eine missbräuchliche Ausnutzung einer marktbeherrschenden Stellung insbesondere dann vor, wenn das Verhalten eines marktbeherrschenden Unternehmens geeignet ist, die Aufrechterhaltung des noch bestehenden Wettbewerbs zu behindern, und es dabei zu einer Abweichung vom normalen Produkt- und Dienstleistungswettbewerb kommt. Zu diesem **Behinderungsmissbrauch** gehören etwa eine Kampfpreisunterbietung und eine willkürliche Verweigerung der Belieferung bestimmter Unternehmen. Die Kommission verhängte zum Beispiel 2017 gegen den Internetkonzern Google eine Geldbuße iHv 2,42 Mrd. Euro, da er seine marktbeherrschende Stellung als Suchmaschinenanbieter ausnutzte. Er schränkte insbesondere die Möglichkeit von Unternehmen ein, auf ihren Websites Suchmaschinenwerbung von seinen Wettbewerbern anzuzeigen (EuG, Rs. T-612/17, ECLI:EU:T:2021:763 – Google Shopping).

Die Kommission kann ein Unternehmen, das den Missbrauchstatbestand erfüllt, verpflichten, eine festgestellte Zuwiderhandlung abzustellen, sowie Zwangsgelder und Bußgelder verhängen.

Die **Fusionskontrolle** schützt vor Wettbewerbsbeeinträchtigungen, die durch den Zusammenschluss von Unternehmen und die damit verbundene Konzentration unternehmerischer Marktstärke entstehen können. Sie ist geregelt in der Verordnung (EG) Nr. 139/2004 über die Kontrolle von Unternehmenszusammenschlüssen (FKVO), die ihre Grundlage in Art. 103 AEUV hat. Ein Zusammenschluss liegt nach Art. 3 Abs. 1 FKVO immer dann vor, wenn zwei oder mehr bisher voneinander unabhängige Unternehmen oder Unternehmensteile fusionieren. Dies gilt auch dann, wenn Personen, die bereits ein Unternehmen kontrollieren, oder Unternehmen durch den Erwerb von Anteilsrechten (share deal) oder von Vermögenswerten (asset deal), durch Vertrag oder in sonstiger Weise die Kontrolle über ein anderes Unternehmen erwerben.

Nach Art. 4 FKVO muss eine geplante Unternehmensfusion bei der Kommission **angemeldet** werden. Dies gilt nach Art. 1 Abs. 1 FKVO aber nur, wenn ihr unionsweite Bedeutung zukommt, weil die beteiligten Unternehmen bestimmte Umsatzschwellenwerte überschreiten. So unterliegen nach Art. 1 Abs. 2 FKVO Zusammenschlüsse der Fusionskontrolle, wenn die beteiligten Unternehmen einen weltweiten Gesamtumsatz von mehr als 5 Mrd. Euro erzielen, mindestens zwei beteiligte Unternehmen einen gemeinschaftsweiten Umsatz von mehr als 250 Mio. Euro erzielen und die beteiligten Unternehmen nicht jeweils mehr als zwei Drittel ihres gemeinschaftsweiten Umsatzes in ein und demselben Mitgliedstaat erzielen.

51 Die Kommission prüft nach Art. 2 Abs. 2 FKVO, ob ein geplanter Zusammenschluss zu einer Beeinträchtigung des Wettbewerbs führen würde. Dies kann insbesondere durch die Begründung oder die Verstärkung einer marktbeherrschenden Stellung erfolgen. In diesem Fall untersagt die Kommission nach Art. 2 Abs. 3 FKVO die beabsichtigte Unternehmensfusion. Ist die Kommission dagegen der Auffassung, dass diese zu keiner Wettbewerbsbeeinträchtigung führen wird, so erklärt sie deren Freigabe. Erst dann darf der Unternehmenszusammenschluss vollzogen werden.

II. Recht der staatlichen Beihilfen

52 Nicht nur Unternehmen, sondern auch die Mitgliedstaaten können den Wettbewerb innerhalb des europäischen Binnenmarktes beeinträchtigen. Daher soll das in Art. 107 bis 109 AEUV geregelte Beihilferecht sicherstellen, dass ein Wirtschaftsteilnehmer durch **staatliche Unterstützung (Subvention)** nicht in wettbewerbsverzerrender Weise gegenüber anderen Wirtschaftsteilnehmern begünstigt wird. So sind nach Art. 107 Abs. 1 AEUV staatliche oder aus staatlichen Mitteln gewährte Beihilfen, die durch die Begünstigung bestimmter Unternehmen oder Produktionszweige den Wettbewerb verfälschen oder zu verfälschen drohen, mit dem Binnenmarkt unvereinbar, soweit sie den Handel zwischen den Mitgliedstaaten beeinträchtigen.

53 Voraussetzung für das Beihilfeverbot ist also eine **Begünstigung**, die ein Mitgliedstaat, seine Untergliederungen oder eine private Einrichtung in einer dem Staat zurechenbaren Weise gewährt. Zuwendungsempfänger sind einzelne Unternehmen oder Produktionszweige, nicht aber private Haushalte. Zulässig sind dagegen Vergünstigungen allgemeiner Art, die unter gleichförmigen Bedingungen jedem Unternehmen gewährt werden. Charakteristisch für eine Begünstigung ist die Gewährung einer Leistung ohne angemessene und marktübliche Gegenleistung. Hierzu zählen Investitionszuschüsse, vergünstigte Darlehen, Steuernachlässe, ein Forderungsverzicht oder auch Bürgschaften. Ist kein konkreter Marktpreis für eine Gegenleistung ermittelbar, so ist sie nach dem Private-Investor-Test nur dann marktüblich, wenn auch ein vergleichbarer privater Investor die Leistung unter marktüblichen Bedingungen erbracht hätte.

54 Darüber hinaus muss die Gewährung der Beihilfe zu einer tatsächlichen Verfälschung des Wettbewerbs führen oder eine solche muss zumindest drohen, also konkret bevorstehen. Eine **Wettbewerbsverfälschung** liegt dann vor, wenn ein begünstigtes Unternehmen seine Situation im Wettbewerb tatsächlich oder potenziell verbessert. Die Bejahung einer Wettbewerbsverfälschung bedarf keiner Marktanalyse, sondern es genügt eine summarische Prüfung. Nicht erfasst werden nach der De-minimis-Regel nicht spürbare Beihilfen, die binnen drei Jahren den Gesamtbetrag von 200.000 Euro nicht überschreiten. Außerdem muss der gewährte Vorteil den Handel zwischen den Mitgliedstaaten beeinträchtigen.

55 Von dem Beihilfeverbot bestehen nach Art. 107 Abs. 2 AEUV **Ausnahmen** für diskriminierungsfreie Beihilfen sozialer Art an einzelne Verbraucher, für Beihilfen zur Beseitigung von durch Naturkatastrophen verursachten Schäden und für Beihilfen im Rahmen der deutschen Wiedervereinigung. Diese Legalausnahmen sind automatisch mit dem Binnenmarkt vereinbar. Darüber hinaus enthält Art. 107 Abs. 3 AEUV Ausnahmen, bei deren Überprüfung der Kommission ein Ermessen zusteht. Hierzu gehören insbesondere die Regionalförderung, Beihilfen zur Behebung einer beträchtlichen Störung im Wirtschaftsleben eines Mitgliedstaates und Beihilfen zur Kulturförderung.

III. Vergaberecht

Die Kommission hat ihr Ermessen in verschiedenen Leitlinien, Gemeinschaftsrahmen und Freistellungsverordnungen konkretisiert.

Auch wenn keine Ausnahme vorliegt, kann die Gewährung einer Beihilfe nach Art. 106 Abs. 2 AEUV **gerechtfertigt** sein. Dies setzt voraus, dass ein Unternehmen, das eine Dienstleistung von allgemeinem wirtschaftlichen Interesse (Daseinsvorsorge) erbringt, als Kompensation einen finanziellen Ausgleich erhält. So gewährte der Landkreis Stendal der Altmark Trans GmbH Zuschüsse zum Betrieb des öffentlichen Personennahverkehrs. Der EuGH entschied, dass unter vier Voraussetzungen eine zulässige Begünstigung vorliegt: (1) Die Dienstleistung muss von allgemeinem wirtschaftlichen Interesse sein; (2) die Voraussetzungen für die Gewährung des Ausgleichs müssen transparent erkennbar und der Ausgleich muss anhand objektiver Kriterien berechenbar sein; (3) er darf nicht darüber hinausgehen, was zur Erfüllung der Dienstleistung erforderlich ist, und (4) die Höhe des Ausgleichs ist anhand der Kosten eines wirtschaftlich und durchschnittlich gut geführten Unternehmens zu bestimmen (EuGH, Slg 2003, I-7747 – Altmark Trans). Da das vierte Kriterium nur schwer zu erfüllen ist, hielt es die Kommission 2005 im Maßnahmenpaket zum europäischen Beihilferecht (Monti-Paket) für entbehrlich. 56

Alle Beihilfen müssen nach Art. 108 Abs. 3 AEUV bei der Kommission **angemeldet** werden, und zwar unabhängig davon, ob ein Ausnahme- oder ein Rechtfertigungstatbestand erfüllt ist. Von dieser Notifizierungspflicht ausgenommen sind die De-minimis-Beihilfen bis zu 200.000 Euro binnen drei Jahren. Ein Verstoß gegen die Notifizierungspflicht führt automatisch zur Rechtswidrigkeit der Beihilfe. Während der Prüfung der Beihilfe durch die Kommission gilt das Stand-Still-Gebot, so dass bis zu einem positiven Notifizierungsbescheid die Beihilfe nicht gewährt werden darf. Unionsrechtswidrig gewährte Beihilfen müssen nach § 48 VwVfG zurückgefordert werden. Hierbei können weder der Vertrauensschutz des Beihilfeempfängers noch nationale Fristenregelungen eine Rückforderung ausschließen, da Art. 4 Abs. 3 AEUV die praktische Wirksamkeit des Unionsrechts (effet utile) verlangt. 57

III. Vergaberecht

Das europäische Vergaberecht regelt das Verfahren zur Vergabe von Aufträgen der öffentlichen Hand an Unternehmen über die entgeltliche Beschaffung von Bauleistungen, Lieferungen und Dienstleistungen. Dadurch soll ein freier und gleichberechtigter Zugang zu öffentlichen Aufträgen für alle europäischen Unternehmen sowie eine möglichst transparente Auftragsvergabe gewährleistet werden. 58

Geregelt ist das europäische Vergaberecht in verschiedenen Richtlinien und Verordnungen. Hierzu gehören insbesondere die Richtlinie 2014/23/EU über die Konzessionsvergabe (Konzessionsrichtlinie), die Richtlinie 2014/24/EU über die Vergabe öffentlicher Aufträge (Vergaberichtlinie) und die Richtlinie 2014/25/EU über die Vergabe von Aufträgen durch Auftraggeber im Bereich der Wasser-, Energie- und Verkehrsversorgung sowie der Postdienste (Sektorenrichtlinie). Diese Richtlinien sind mit Wirkung zum 18.4.2016 vor allem durch §§ 97 ff. des Gesetzes gegen Wettbewerbsbeschränkungen (GWB) und die Vergabeverordnung (VgV) in deutsches Recht umgesetzt worden. 59

Diese Vorschriften des sog Kartellvergaberechts finden erst bei Erreichen bestimmter **Schwellenwerte** Anwendung. Die regelmäßig aktualisierten Schwellenwerte betragen seit dem 1.1.2022 nach der Delegierten Verordnung (EU) Nr. 2021/1953 für 60

Liefer- und Dienstleistungsaufträge grundsätzlich 431.000 Euro und für Bauaufträge 5.382.000 Euro. Unterhalb dieser Schwellenwerte richtet sich die Vergabe öffentlicher Aufträge nach dem Haushaltsrecht des Bundes und der Länder.

61 Die Vergabe eines öffentlichen Auftrags beginnt mit der **europaweiten Ausschreibung**, also der Bekanntmachung der zur vergebenden Leistung. Art. 22 Vergaberichtlinie sieht die Pflicht zur sog e-Vergabe vor. Danach muss das Vergabeverfahren über eine elektronische Vergabeplattform durchgeführt werden. Im Regelfall erfolgt die Ausschreibung nach Art. 27 Vergaberichtlinie im offenen Verfahren, das sich an einen unbeschränkten Bieterkreis richtet. Inhaltlich müssen die geforderte Leistung, die Eignungskriterien für den Auftragnehmer und die Vergabekriterien eindeutig und neutral beschrieben werden. Dabei ist auf das Verständnis eines potenziellen Bieters abzustellen. Der Ausschreibung beizufügen ist ein Leistungsverzeichnis.

62 Der Ausschreibung folgt das eigentliche **Vergabeverfahren**, in dem zunächst nach Art. 56 ff. Vergaberichtlinie die abgegebenen Angebote geprüft werden. Angebote, die Fehler enthalten, etwa weil sie verfristet eingereicht wurden, werden ausgeschlossen. Sodann wird die eigentliche Vergabeentscheidung getroffen. Ein wesentliches Entscheidungskriterium ist die Eignung des Bieters. Hierzu gehören insbesondere seine Fachkunde, seine Leistungsfähigkeit, seine Gesetzestreue, seine Zuverlässigkeit sowie seine technischen und wirtschaftlichen Kapazitäten. Hierzu hat jeder Bieter nach Art. 59 Vergaberichtlinie über ein elektronisch erstelltes Standardformular eine „Einheitliche Europäische Eigenerklärung" abzugeben.

63 Den **Zuschlag** enthält nach Art. 67 Vergaberichtlinie das wirtschaftlich günstigste Angebot, also das Angebot mit dem besten Preis-Leistungs-Verhältnis. Hierbei können auch qualitative, umweltbezogene und soziale Aspekte berücksichtigt werden, wenn sie zu dem Auftragsgegenstand in Verbindung stehen. Ebenso dürfen die Ästhetik, die Zweckmäßigkeit, die Zugänglichkeit, die Organisation, die Qualität des eingesetzten Personals, der Kundendienst und die Lieferbedingungen Berücksichtigung finden. Anschließend werden die unterlegenen Bieter unterrichtet. Erst nach Ablauf einer Wartefrist darf der Auftraggeber dem obsiegenden Bieter den Zuschlag erteilen. Die unterlegenen Bieter können im Nachprüfungsverfahren gem. §§ 160 ff. GWB die Vergabeentscheidung durch die Vergabekammer des zuständigen Landgerichts überprüfen lassen.

Zur Vertiefung:
Herdegen, Europarecht, 23. Aufl. 2021, § 22; *Kilian/Wendt*, Europäisches Wirtschaftsrecht, 8. Aufl. 2022, Kap. G Rn. 20 ff. S. 177; *Streinz*, Europarecht, 11. Aufl. 2019, § 14; *Volmar/Kranz*, Einführung ins Kartellrecht unter Berücksichtigung der 9. GWB-Novelle, JuS 2018, 14 ff.; *Zerres/Zerres*, Europäisches Wirtschaftsrecht, 2015, S. 91 ff.

§ 4 Rechtsangleichung im europäischen Binnenmarkt

64 Neben den Grundfreiheiten und dem Wettbewerbsrecht wird das Binnenmarktziel auch durch Angleichung der Rechtsordnungen der Mitgliedstaaten als Mittel der positiven Integration verwirklicht. Durch die Harmonisierung der Rechtsvorschriften sollen in jedem Mitgliedstaat **annähernd gleiche rechtliche Rahmenbedingungen** gelten, indem eine einheitliche europäische Rechtsordnung angestrebt wird. Demzufolge hat die Europäische Union nach Art. 114 f. AEUV die Kompetenz zum Erlass von

sekundärem Unionsrecht zur Angleichung der Rechts- und Verwaltungsvorschriften der Mitgliedstaaten, die sich unmittelbar auf die Errichtung und das Funktionieren des Binnenmarktes auswirken. Darüber hinaus gibt es spezielle Ermächtigungsgrundlagen für bestimmte Sektoren wie zum Beispiel Art. 43 AEUV für die Landwirtschaft und Art. 46 AEUV für die Arbeitnehmerfreizügigkeit.

Trotz ihrer allgemeinen Harmonisierungskompetenz für den Binnenmarkt ist die Europäische Union nicht befugt, jegliche Unterschiede zwischen nationalen Rechtsvorschriften unter abstrakter Berufung auf eine mögliche Gefährdung der Grundfreiheiten und denkbare Wettbewerbsverzerrungen zu nivellieren. Dies stellte der EuGH in seiner Entscheidung zum Werbeverbot für Tabakprodukte klar. Er erklärte eine Richtlinie über Werbung und Sponsoring von Erzeugnissen für nichtig, da sie ein umfassendes Verbot von Werbung und Sponsoring zugunsten von Tabakprodukten vorsah und auch Werbeträger erfasste, die nicht Gegenstand grenzüberschreitenden Handels waren. Vielmehr setzt die Rechtsangleichung voraus, dass durch sie spürbare Wettbewerbsverzerrungen, die auf unterschiedlichen Rechtsvorschriften der Mitgliedstaaten beruhen, beseitigt werden sollen (EuGH, Slg 2000, I-8419 – Tabakwerbeverbot). 65

Es lassen sich **drei verschiedene Stufen** der Rechtsangleichung unterscheiden: Bei der Vollharmonisierung wird eine Materie vom Unionsgesetzgeber abschließend geregelt, ohne dass die Mitgliedstaaten abweichende Regelungen erlassen dürfen. Bei der Teilharmonisierung erfolgt die Rechtsangleichung für einen Teil eines Regelungsgegenstandes, während sich der nicht harmonisierte Teil nach nationalem Recht richtet. Bei der Mindestharmonisierung sind Mindeststandards vorgegeben, denen gegenüber die Mitgliedstaaten strengere Vorschriften erlassen dürfen. 66

Die Harmonisierung der Rechtsordnungen der Mitgliedstaaten wird insbesondere durch Verordnungen und Richtlinien realisiert. Eine **Verordnung** stellt nach Art. 288 Abs. 2 AEUV eine abstrakt generelle Regelung dar, die in allen ihren Teilen verbindlich ist und unmittelbar in jedem Mitgliedstaat gilt. Dagegen ist eine **Richtlinie** nach Art. 288 Abs. 3 AEUV nur hinsichtlich ihres Ziels für die Mitgliedstaaten verbindlich, ihnen verbleibt aber bei der Art und Weise der Umsetzung in nationales Recht ein Spielraum. Richtlinien entfalten im Unterschied zu Verordnungen grundsätzlich keine unmittelbare Wirkung. 67

Richtlinien können auch nur Rahmenvorgaben enthalten und durch eine dynamische Verweisung auf technische Normen, also Vorschriften zur Festlegung von Produkteigenschaften oder Verfahren, Bezug nehmen. Die Normen werden von Normungsgremien, vor allem dem Europäischen Komitee für Normung (CEN), dem Europäischen Komitee für elektrotechnische Normung (CENELEC) und dem Europäischen Institut für Telekommunikationsnormen (ETSI), im Einzelnen ausgearbeitet. Dadurch lassen sich die Anforderungen an die Produktsicherheit, die Qualitätskontrolle und die Produktbeschreibung vereinheitlichen, aber auch flexibel dem sich ändernden Stand von Wissenschaft und Technik anpassen. 68

Die Harmonisierung durch Sekundärrecht ist facettenreich. Sie betrifft etwa das Agrarmarktrecht, das Arbeitsrecht, das Bank- und Börsenrecht, das Gesellschaftsrecht, den gewerblichen Rechtsschutz, das Handelsrecht, das Kommunikationstechnologierecht, die Produkthaftung, das Urheberrecht, das Zivilprozessrecht, aber auch das Verbraucherrecht. So wurden zahlreiche verbraucherschützende Richtlinien erlassen, um dem in Art. 169 Abs. 1 AEUV formulierten Ziel eines hohen Verbraucherschutzniveaus in allen Mitgliedstaaten Rechnung zu tragen. Durch die Erleichterung grenzüberschrei- 69 tender Verbrauchertransaktionen soll der Binnenmarkt effizienter gestaltet werden. Diese Richtlinien, die Eingang in die nationalen Rechtsordnungen gefunden haben, betreffen etwa Allgemeine Geschäftsbedingungen, Fernabsatzgeschäfte, den Verbrauchsgüterkauf und das Verbraucherdarlehen.

70 Die Rechtsangleichung kann nicht nur durch die Vereinheitlichung des Sachrechts, sondern auch durch die **gegenseitige Anerkennung nationaler Vorschriften** als gleichwertig erfolgen. So sieht zum Beispiel Art. 53 Abs. 1 AEUV die gegenseitige Anerkennung von Diplomen, Zeugnissen und sonstigen Befähigungsnachweisen nach Maßgabe von Richtlinien vor. Aber auch Produkte und Dienstleistungen, die in einem Mitgliedstaat rechtmäßig auf den Markt gekommen sind, dürfen seit der Cassis de Dijon-Entscheidung des EuGH prinzipiell nicht mehr verboten werden. Dieses Herkunftslandprinzip impliziert eine faktische Anerkennung ausländischer Rechtsvorschriften. Schließlich können völkerrechtliche Verträge zwischen den Mitgliedstaaten, beispielsweise Doppelbesteuerungsabkommen, zur Rechtsangleichung beitragen.

Zur Vertiefung:
Herdegen, Europarecht, 23. Aufl. 2021, § 19; *Kilian/Wendt*, Europäisches Wirtschaftsrecht, 8. Aufl. 2022, Kap. F Rn. 163 ff.; *Sonder*, Europäisches Wirtschaftsrecht, 2012, S. 145; *Zerres/Zerres*, Europäisches Wirtschaftsrecht, 2015, S. 90 f.

§ 5 Gemeinsame Handelspolitik

71 Die gemeinsame Handelspolitik der Europäischen Union erfasst alle Maßnahmen zur Regelung und Steuerung des Außenhandels mit Drittstaaten. Sie stellt das Spiegelbild zum Binnenmarktkonzept im Innenverhältnis dar.

I. Grundlagen

72 Die **Ziele** der gemeinsamen Handelspolitik sind in Art. 206 AEUV niedergelegt. Danach trägt die Europäische Union durch die Schaffung einer Zollunion im gemeinsamen Interesse zur harmonischen Entwicklung des Welthandels, zur schrittweisen Beseitigung der Beschränkungen im internationalen Handelsverkehr und bei ausländischen Direktinvestitionen sowie zum Abbau der Zollschranken und anderer Schranken bei. Die gemeinsame Handelspolitik gegenüber Drittstaaten ist durch eine liberale Ausrichtung gekennzeichnet, ohne dass ihr eine Verpflichtung zur vollständigen Marktöffnung entnommen werden kann.

73 Sie erfasst nach Art. 207 Abs. 1 S. 1 AEUV insbesondere die Änderung von Zollsätzen, den Abschluss von Zoll- und Handelsabkommen, Handelsaspekte des geistigen Eigentums, ausländische Direktinvestitionen, die Vereinheitlichung von Liberalisierungsmaßnahmen, die Ausfuhrpolitik und handelspolitische Schutzmaßnahmen.

74 Im Rahmen der gemeinsamen Handelspolitik steuert die Europäische Union den Handelsverkehr mit Drittstaaten durch einen **gemeinsamen Zolltarif** gem. Art. 28 Abs. 1 AEUV. Durch Regelungen zur Einfuhr und Ausfuhr von Gütern werden unerwünschte Importe in die Europäische Union durch Einfuhrkontingente begrenzt. Umgekehrt werden sowohl unerwünschte Ausfuhren etwa von Dual-use-Gütern, die zu zivilen und zu militärischen Zwecken eingesetzt werden können, und von Kulturgütern beschränkt, als auch erwünschte Ausfuhren durch Exportsubventionen gefördert. Zu-

gleich hat sich die Europäische Union in Art. 206 AEUV den Abbau von Zollschranken im internationalen Handelsverkehr zum Ziel gesetzt.

In Fortschreibung der **Handelsstrategie** „Europa 2020" von 2010 verfolgte die Kommission ab 2015 die Handelsstrategie „Handel für alle". Hierbei lag der Fokus auf Dienstleistungen, dem digitalen Handel und mittelständischen Unternehmen. Zugleich sollte die Handelspolitik transparenter gestaltet werden und Nachhaltigkeits-, Menschenrechts- und Demokratiestandards sollten größere Beachtung finden. Seit 2021 setzt die Kommission auf eine offene, nachhaltige und entschlossene Handelspolitik, mit der sie eine wirtschaftliche Erholung nach der Coronapandemie, verbesserten Klimaschutz, eine Reform der WTO-Regeln und eine effektivere Durchsetzung eigener Interessen anstrebt. 75

II. Abschluss von Handels- und Investitionsschutzabkommen

Die gemeinsame Handelspolitik erfasst nach Art. 207 Abs. 1 S. 1 AEUV auch den Abschluss von **Handelsabkommen**, die den Handel mit Waren und Dienstleistungen betreffen. Die Europäische Union hat hierfür nach Art. 216 Abs. 1 AEUV nicht nur eine Vertragsschlusskompetenz, sondern seit dem Lissabonner Vertrag nach Art. 3 Abs. 1 lit. e) AEUV auch die ausschließliche Kompetenz, so dass den Mitgliedstaaten der Abschluss von Handelsabkommen verwehrt ist. 76

Anders verhält sich die Vertragsschlusskompetenz bei **gemischten Abkommen**, die neben handelsrechtlichen Aspekten auch andere Inhalte aufweisen, für welche die Mitgliedstaaten zumindest auch zuständig sind. Im Fall der geteilten Zuständigkeit iSv Art. 2 Abs. 2 AEUV müssen sowohl die Europäische Union als auch die einzelnen Mitgliedstaaten zustimmen. So qualifizierte beispielsweise der EuGH 1994 das Allgemeine Abkommen über den Handel mit Dienstleistungen (GATS), das als multilaterales Abkommen grenzüberschreitende Dienstleistungen im Rahmen des Welthandels erfasst, als gemischtes Abkommen. Bei denjenigen Dienstleistungen, bei denen ein Grenzübertritt natürlicher Personen stattfinde, liege der Schwerpunkt nicht auf dem Handel, sondern auf anderen Politikbereichen (EuGH, Slg 1994, I-5267 – WTO). Da der Europäischen Union mit dem Lissabonner Vertrag die ausschließliche Kompetenz für alle Handelsabkommen, die den Handel mit Dienstleistungen betreffen, eingeräumt wurde, wäre sie nunmehr allein zuständig. 77

Die Europäische Union hat nach Art. 207 Abs. 1 S. 1 iVm Art. 3 Abs. 1 lit. e) AEUV auch die ausschließliche Kompetenz für den Abschluss von **Investitionsschutzabkommen**. Investitionsschutzabkommen gewähren einem ausländischen Investor gegenüber einem Gaststaat Rechte zur Förderung und zum Schutz seiner Auslandsinvestitionen. Die ausschließliche Zuständigkeit gilt allerdings nur für ausländische Direktinvestitionen, mittels derer sich ein Investor durch den Aufbau oder die Übernahme einer Produktionsstätte im Gaststaat wirtschaftlich betätigt. Für Portfolioinvestitionen, durch die er sich an einem ausländischen Unternehmen bloß in Form von Aktien oder anderen Wertpapieren beteiligt, verbleibt es dagegen bei der geteilten Zuständigkeit iSv Art. 2 Abs. 2 AEUV. 78

Das zwischen der Europäischen Union und Kanada ausgehandelte Umfassende Wirtschafts- und Handelsabkommen (Comprehensive Economic and Trade Agreement, CETA) ist zum Beispiel ein gemischtes Abkommen, da es neben Regelungen zum Freihandel und zum Schutz von Direktinvestitionen auch Regelungen zu Portfolioinvestitionen enthält. Mit Singapur hat die Europäische Union hingegen ein Freihandels- 79 abkommen (European Union Singapore Free Trade Agreement, EUSFTA) und ein separates Investitionsschutzabkommen (European Union Singapore Investment Protection Agreement, EUSIPA) geschlossen, da nur Letzteres auch in die Zuständigkeit der Mitgliedstaaten fällt.

III. Handelspolitische Schutzinstrumente gegen Dumping und Subventionen

80 Die gemeinsame Handelspolitik der Europäischen Union erfasst nach Art. 207 Abs. 1 S. 1 AEUV auch handelspolitische Schutzinstrumente. Hierzu zählt insbesondere die Eindämmung von Dumping und Subventionen, da die Einfuhr von gedumpten oder subventionierten Waren in die Europäische Union zu einer Verfälschung des Wettbewerbs führen kann. Daher ermächtigen die Verordnung (EU) Nr. 2016/1036 über den Schutz gegen gedumpte Einfuhren aus nicht zur Europäischen Union gehörenden Ländern (AD-VO) und die Verordnung (EU) Nr. 2016/1037 über den Schutz gegen subventionierte Einfuhren aus nicht zur Europäischen Union gehörenden Ländern (AS-VO) die Kommission zur Ergreifung von Schutzmaßnahmen.

81 Eine Ware aus einem Drittstaat gilt nach Art. 1 Abs. 2 AD-VO als **gedumpt**, wenn ihr Preis bei der Ausfuhr in die Europäische Union niedriger ist als der vergleichbare Preis einer zum Verbrauch im Ausfuhrland bestimmten gleichartigen Ware im normalen Handelsverkehr. Verursacht ihre Einfuhr in die Europäische Union nach Art. 3 AD-VO eine Schädigung eines Wirtschaftszweiges, droht eine solche Schädigung oder wird die Errichtung eines Wirtschaftszweiges erheblich verzögert, so kann die Kommission nach Art. 1 Abs. 1 iVm Art. 9 AD-VO einen **Antidumpingzoll** verhängen. Dieser darf die Dumpingspanne – die Differenz zwischen Normalpreis im Ausfuhrstaat und Ausfuhrpreis in der Europäischen Union – nicht übersteigen. Er kann aber niedriger sein, wenn er ausreicht, um die Schädigung eines Wirtschaftszweiges zu beseitigen. Anstelle der Verhängung eines Antidumpingzolls kann sich der Exporteur nach Art. 8 AD-VO auch verpflichten, seine Preise zu ändern oder die Ausfuhr aus dem Drittstaat zu Dumpingpreisen zu unterlassen.

82 Niedrige Preise können nicht nur durch Unternehmen festgesetzt, sondern auch durch staatliche Subventionen erzielt werden. Eine **Subvention** liegt nach Art. 2 lit. b) iVm Art. 3 AS-VO vor, wenn die Regierung des Ursprungsstaates oder des Ausfuhrstaates einem Unternehmen oder einem Wirtschaftszweig spezifisch für die Herstellung, die Produktion, die Ausfuhr oder die Beförderung einer Ware eine finanzielle Beihilfe leistet und diesem dadurch einen Vorteil gewährt. Die finanzielle Beihilfe kann zum Beispiel durch eine direkte Zahlung, durch eine Kreditbürgschaft, durch Steueranreize oder durch die Bereitstellung von Waren erfolgen.

83 Darüber hinaus muss eine Subvention nach Art. 1 Abs. 1 iVm Art. 2 lit. d) AS-VO zu einer bedeutenden (drohenden) Schädigung eines Wirtschaftszweiges führen oder die Errichtung eines Wirtschaftszweiges erheblich verzögern. Unter diesen Voraussetzungen kann die Kommission nach Art. 15 AS-VO einen **Ausgleichszoll** für subventionierte Waren verhängen, der die Gesamthöhe der gewährten Subventionen nicht übersteigt. Er soll niedriger sein, wenn er ausreicht, um die Schädigung des Wirtschaftszweiges zu beseitigen. Alternativ kann sich der Ursprungsstaat bzw. der Ausfuhrstaat nach Art. 13 AS-VO gegenüber der Kommission verpflichten, eine Subvention zu begrenzen oder zu beseitigen. Auch der Exporteur kann sich verpflichten, seine Preise zu ändern oder die Einfuhr in die Europäische Union zu unterlassen.

I. Wirtschaftsunion

Zur Vertiefung:
Herdegen, Europarecht, 23. Aufl. 2021, § 27; *Rösch* in: Pache/Knauff (Hrsg.), Fallhandbuch Europäisches Wirtschaftsrecht, 2. Aufl. 2010, § 14; *Sonder*, Europäisches Wirtschaftsrecht, 2012, S. 145 ff.; *Streinz*, Europarecht, 11. Aufl. 2019, § 19.

§ 6 Europäische Wirtschafts- und Währungsunion

Ergänzend zur Errichtung und Verwirklichung des europäischen Binnenmarktes hat es sich die Europäische Union nach Art. 3 Abs. 4 EUV zum Ziel gesetzt, eine Wirtschafts- und Währungsunion zu errichten.

84

I. Wirtschaftsunion

Art. 119 Abs. 1 AEUV enthält als Grundsatznorm die Konzeption der europäischen Wirtschaftsverfassung, also aller Normen, die sich mit dem Funktionieren der europäischen Wirtschaft beschäftigen. Danach umfasst die Tätigkeit der Europäischen Union und ihrer Mitgliedstaaten die Einführung einer Wirtschaftspolitik, die auf einer engen Koordinierung der Wirtschaftspolitik der Mitgliedstaaten, dem Binnenmarkt und der Festlegung gemeinsamer Ziele beruht. Diese Wirtschaftspolitik ist dem Grundsatz einer **offenen Marktwirtschaft mit freiem Wettbewerb** verpflichtet. Hinter dieser Grundausrichtung steht die Erkenntnis, dass sich ohne die beiden Grundpfeiler der offenen Marktwirtschaft und des freien Wettbewerbs ein Zusammenwachsen der Märkte und damit eine wirtschaftliche Integration nicht verwirklichen ließen.

85

Die in Art. 120 ff. AEUV näher geregelte Wirtschaftspolitik zeichnet sich durch **Koordinierung** aus. So legen zwar die Mitgliedstaaten ihre Wirtschaftspolitik weitgehend selbst fest, sind aber gehalten, sich im Rat der Europäischen Union abzustimmen. Die Koordinierung der Wirtschaftspolitik erfolgt insbesondere durch eine multilaterale Überwachung nach Art. 121 AEUV. Hierzu erarbeitet der Rat Empfehlungen, in denen er die Grundzüge der Wirtschaftspolitik der Europäischen Union und der Mitgliedstaaten festlegt.

86

Art. 126 AEUV verpflichtet die Mitgliedstaaten, ein übermäßiges Haushaltdefizit zu vermeiden und Haushaltsdisziplin zu üben. Insbesondere müssen sie zwei **Konvergenzkriterien** einhalten: Das Haushaltsdefizit darf maximal 3 Prozent des Bruttoinlandsproduktes und die Gesamtverschuldung darf maximal 60 Prozent des Bruttoinlandsproduktes betragen. Erfüllt ein Mitgliedstaat diese Kriterien nicht, so erstellt die Kommission hierzu einen Bericht. Der Rat richtet Empfehlungen an den betreffenden Mitgliedstaat mit dem Ziel, dem übermäßigen Haushaltsdefizit innerhalb einer bestimmten Frist abzuhelfen. Kommt ein Mitgliedstaat, der den Euro als Währung eingeführt hat, den Empfehlungen nicht nach, kann der Rat insbesondere die Hinterlegung einer unverzinslichen Einlage bei der Europäischen Union verlangen oder auch Geldbußen verhängen.

87

Die **Gewährung finanzieller Hilfen** der Mitgliedstaaten untereinander oder seitens der Europäischen Union an die Mitgliedstaaten ist nur in einem engen Rahmen erlaubt. Vielmehr soll vorrangig jeder Mitgliedstaat selbst durch die Einhaltung der Konvergenzkriterien für eine stabile Volkswirtschaft sorgen. Insbesondere dürfen nach Art. 123 Abs. 1 AEUV weder die Europäische Zentralbank noch die nationalen Zentralbanken den Mitgliedstaaten Kredite gewähren oder von ihnen unmittelbar Staats-

88

anleihen erwerben. Nichtsdestotrotz kauft die Europäische Zentralbank seit der Finanzkrise 2010 Staatsanleihen von hoch verschuldeten Mitgliedstaaten auf. Hierbei legt sie diese Bestimmung so aus, dass ein mittelbarer Erwerb der Staatsanleihen auf dem privaten Kapitalmarkt möglich sei. Der EuGH hat diese Outright Monetary Transactions gebilligt (EuGH, Rs. C-62/14, ECLI:EU:C:2015:400 – Gauweiler). Dies gilt auch für den Ankauf von Wertpapieren des öffentlichen Sektors (EuGH, Rs. C-493/17, ECLI:EU:C:2018:1000 – Weiss).

89 Darüber hinaus ist nach der **No-Bail-Out-Klausel** (Nichtbeistandsklausel) gem. Art. 125 AEUV eine Haftung der Europäischen Union und der einzelnen Mitgliedstaaten für die Verbindlichkeiten anderer Mitgliedstaaten ausgeschlossen. Kein Mitgliedstaat soll sich zulasten der anderen Mitgliedstaaten verschulden können. Daher wäre auch die politisch diskutierte Einführung von EU-Anleihen („Eurobonds") unzulässig. Die Mitgliedstaaten würden diese Anleihen am Kapitalmarkt gemeinsam ausgeben, die dadurch zufließenden Gelder aufteilen und gesamtschuldnerisch für Rückzahlung und Zinsen haften.

90 Eine **Ausnahme** vom Verbot finanzieller Unterstützung besteht nach Art. 122 Abs. 2 AEUV bei Schwierigkeiten in Folge von Naturkatastrophen oder außergewöhnlichen Ereignissen, die sich der Kontrolle des betroffenen Mitgliedstaates entziehen. In diesem Fall kann der Rat auf Vorschlag der Kommission beschließen, dass die Europäische Union ihm finanziellen Beistand leistet. Auf dieser Grundlage wurde 2010 infolge der drohenden Staatsinsolvenz Griechenlands der Europäische Finanzstabilisierungsmechanismus mit einem Volumen von 60 Mrd. Euro geschaffen, der die Vergabe von Darlehen aus EU-Haushaltsmitteln an notleidende Mitgliedstaaten ermöglicht. Hierbei wird nicht zu Unrecht angezweifelt, ob ein außergewöhnliches Ereignis auch dann vorliegt, wenn ein Staat selbstverschuldet in eine Finanzkrise gerät.

II. Währungsunion

91 Die europäische Wirtschaftspolitik wird ergänzt durch die europäische Währungspolitik. Diese umfasst nach Art. 119 Abs. 2 AEUV den **Euro** als einheitliche Währung sowie die Festlegung und Durchführung einer einheitlichen Geld- und Wechselkurspolitik.

92 Derzeit haben allerdings nur 19 Mitgliedstaaten den Euro als Währung eingeführt, so dass ein „**Europa der zwei Geschwindigkeiten**" besteht. Hierzu gehören Belgien, Deutschland, Estland, Finnland, Frankreich, Griechenland, Irland, Italien, Lettland, Litauen, Luxemburg, Malta, die Niederlande, Österreich, Portugal, die Slowakei, Slowenien, Spanien und Zypern. Die Eurostaaten müssen die in Art. 119 Abs. 3 AEUV richtungsweisenden Grundsätze einhalten, nämlich stabile Preise, gesunde öffentliche Finanzen, monetäre Rahmenbedingungen sowie eine tragfähige Zahlungsbilanz.

93 Zwar sind prinzipiell alle Mitgliedstaaten zur Einführung des Euro als Währung verpflichtet. Die verbleibenden 8 Staaten haben jedoch entweder eine Ausstiegsoption (Dänemark), erfüllen die Konvergenzkriterien noch nicht (Bulgarien, Kroatien, Polen, Rumänien, Tschechien, Ungarn) oder lehnen gleichwohl eine Teilnahme ab (Schweden). Zu den nach Art. 140 AEUV zu erfüllenden Konvergenzkriterien gehören die Preisstabilität, die Stabilität der öffentlichen Haushalte, die Wechselkursstabilität und langfristige Zinssätze. Dadurch sollen die nationalen Volkswirtschaften dauerhaft stabilisiert werden, um ein gesamtwirtschaftliches Gleichgewicht innerhalb der Europäischen Union zu gewährleisten.

Im Unterschied zur Wirtschaftspolitik haben die Euro-Staaten der Europäischen Union nach Art. 3 Abs. 1 lit. c) AEUV die ausschließliche Kompetenz für die in Art. 127 ff. AEUV näher geregelte Währungspolitik eingeräumt. Betrieben wird die Währungspolitik nach Art. 282 Abs. 1 AEUV von der Europäischen Zentralbank (EZB) mit Sitz in Frankfurt am Main und den Zentralbanken der Mitgliedstaaten, deren Währung der Euro ist. Diese bilden zusammen nach Art. 129 Abs. 1 AEUV das **Europäische System der Zentralbanken (ESZB)**. Sowohl die EZB also auch die nationalen Zentralbanken sind nach Art. 130 AEUV bei der Wahrnehmung ihrer Aufgaben und Befugnisse von den Organen der Union und von den Regierungen der Mitgliedstaaten unabhängig.

Vorrangiges Ziel des ESZB ist nach Art. 127 Abs. 1 AEUV die Gewährleistung der **Preisstabilität**, dh einer möglichst geringen Inflation. Darüber hinaus unterstützt das ESZB die gemeinsame Wirtschaftspolitik, auch um zur Verwirklichung des in Art. 3 Abs. 3 S. 1 EUV erklärten Binnenmarktziels beizutragen, soweit dies ohne Beeinträchtigung des Ziels der Preisstabilität möglich ist. Dagegen sind nach Art. 139 Abs. 2 lit. c) AEUV die Zentralbanken der Staaten, die den Euro nicht eingeführt haben, nicht dem Ziel der Preisstabilität verpflichtet.

Zu den grundlegenden Aufgaben der EZB gehören nach Art. 127 Abs. 2 AEUV die Festlegung und Ausführung der Geldpolitik, die Durchführung von Devisengeschäften, das Halten und Verwalten der offiziellen Währungsreserven der Mitgliedstaaten und die Förderung des reibungslosen Funktionierens der Zahlungssysteme. Nach Art. 128 AEUV hat sie das alleinige Recht, die Ausgabe von Euro-Banknoten und Euro-Münzen zu genehmigen. Die Euro-Staaten legen nach Art. 138 AEUV im Rat für Wirtschaft und Finanzen gemeinsame Positionen fest, die sie in Internationalen Organisationen und auf internationalen Konferenzen vertreten. Hierbei kommt der EZB ein Anhörungsrecht zu.

Zur Vertiefung:
Herdegen, Europarecht, 23. Aufl. 2021, § 23; *Streinz*, Europarecht, 11. Aufl. 2019, § 15; *Zerres/Zerres*, Europäisches Wirtschaftsrecht, 2015, S. 98.

Teil 11: Internationales Wirtschaftsrecht

Sigrid Lorz

§ 1 Grundlagen 413
§ 2 Welthandelsrecht 417
§ 3 Internationales Investitionsschutzrecht .. 423
§ 4 Internationales Währungs- und Finanzrecht 427

§ 1 Grundlagen

Im Völkerrecht genießt jeder Staat als Ausfluss seiner Souveränität die Freiheit, seine Wirtschaftsordnung und seine wirtschaftlichen Beziehungen eigenständig zu bestimmen. Allerdings sind die nationalen Wirtschaftsräume vernetzt. Insbesondere durch die Entwicklung moderner Kommunikations- und Transportmittel, flankiert durch den Abbau von Handelshemmnissen und die Schaffung eines internationalen Währungssystems, erfährt die Globalisierung der Wirtschaft großen Aufschwung. Zugleich belebt die Verflechtung nationaler Märkte und die Mobilität von Sach- und Geldkapital den internationalen Wettbewerb und fördert so ausländische Investitionen.

I. Begriff des Internationalen Wirtschaftsrechts

Der internationale Wirtschaftsverkehr ist in ein Geflecht von Regelungen eingebettet, die aus dem Völkerrecht, dem Europarecht und den nationalen Rechtsordnungen bestehen. Diese unter dem Begriff des Internationalen Wirtschaftsrechts zusammengefassten Regelungen ordnen die Wirtschaftsbeziehungen zwischen Staaten, internationalen Organisationen und Unternehmen, wenn es um den grenzüberschreitenden Transfer von Waren, Personen, Dienstleistungen, Kapital und Zahlungsmitteln geht. Die Vorschriften des Internationalen Wirtschaftsrechts regeln das Verhältnis von Staaten und von Privatrechtssubjekten untereinander sowie die Beziehungen zwischen beiden Akteuren.

II. Rechtsquellen des Internationalen Wirtschaftsrechts

Das Internationale Wirtschaftsrecht setzt sich zusammen aus Regelungen des Völkerrechts, des Europarechts sowie des nationalen Rechts. Darüber hinaus beeinflussen internationale Handelsbräuche den internationalen Wirtschaftsverkehr.

Die Hauptrechtsquelle des Internationalen Wirtschaftsrechts ist das **Völkerrecht**, das die Rechtsbeziehungen von Staaten und anderen Völkerrechtssubjekten regelt. Zum Völkerrecht gehören nach Art. 38 Abs. 1 lit. a) bis c) des Statutes des Internationalen Gerichtshofs völkerrechtliche Verträge, das Völkergewohnheitsrecht und allgemeine Rechtsgrundsätze.

Bislang gibt es im Völkervertragsrecht kein Übereinkommen, das die facettenreichen Beziehungen im internationalen Wirtschaftsverkehr umfassend regelt. Vielmehr erfassen die vielfältigen universellen und regionalen, multilateralen und bilateralen Übereinkommen jeweils nur Teilaspekte. Von zentraler Bedeutung sind hierbei insbesondere die **völkerrechtlichen Verträge** zum Welthandelsrecht wie das Allgemeine Zoll- und Handelsabkommen (GATT), das Allgemeine Abkommen über den Handel mit

Dienstleistungen (GATS) und das Übereinkommen über handelsbezogene Aspekte der Rechte des geistigen Eigentums (TRIPS). Darüber hinaus existieren Verträge über die Schaffung von Freihandelszonen wie das Übereinkommen zur Errichtung der Europäischen Freihandelsassoziation (EFTA), das Nordamerikanische Freihandelsabkommen (NAFTA) und für die asiatisch-pazifische Region die Regionale umfassende Wirtschaftspartnerschaft (RCEP).

6 Zahlreiche bilaterale Verträge regeln den internationalen Investitionsschutz, der verfahrensrechtlich durch das Übereinkommen zur Beilegung von Investitionsstreitigkeiten zwischen Staaten und Angehörigen anderer Staaten (ICSID-Übereinkommen) abgesichert wird. Regeln für den Rechtsverkehr zwischen privaten Wirtschaftssubjekten enthalten die Abkommen zum internationalen Einheitsrecht. Hierzu zählen zum Beispiel im internationalen Kaufrecht das Übereinkommen der Vereinten Nationen über Verträge über den internationalen Warenkauf (CISG) und für den internationalen Straßengüterverkehr die Internationale Vereinbarung über Beförderungsverträge auf Straßen (CMR).

Abkürzung	englische/französische Bezeichnung	deutsche Bezeichnung
GATT	General Agreement on Tariffs and Trade	Allgemeines Zoll- und Handelsabkommen
GATS	General Agreement on Trade in Services	Allgemeines Abkommen über den Handel mit Dienstleistungen
TRIPS	General Agreement on Trade-Related Aspects of Intellectual Property Rights	Übereinkommen über handelsbezogene Aspekte der Rechte des geistigen Eigentums
EFTA	European Free Trade Association	Europäische Freihandelsassoziation
NAFTA	North American Free Trade Agreement	Nordamerikanisches Freihandelsabkommen
ICSID-Übereinkommen	Convention on the Settlement of Investment Disputes between States and Nationals of Other States	Übereinkommen zur Beilegung von Investitionsstreitigkeiten zwischen Staaten und Angehörigen anderer Staaten
CISG	United Nations Convention on Contracts for the International Sale of Goods	Übereinkommen der Vereinten Nationen über Verträge über den internationalen Warenkauf
CMR	Convention relative au contrat de transport international de marchandises par route	Internationale Vereinbarung über Beförderungsverträge auf Straßen

Abbildung 1: Völkerrechtliche Übereinkommen

III. Akteure im Internationalen Wirtschaftsrecht

Das **Völkergewohnheitsrecht** – bestehend aus einer regelmäßigen Übung der Staaten (consuetudo) und ihrer Überzeugung, zu dieser Staatenpraxis verpflichtet zu sein (opinio iuris) – verleiht dem Internationalen Wirtschaftsrecht durch grundlegende Prinzipien seine Konturen. Dazu gehören die Grundsätze der souveränen Gleichheit der Staaten, der Staatenimmunität und des diplomatischen Schutzes. Die allgemeinen Rechtsgrundsätze, also die in allen großen Rechtsordnungen nachzuweisenden Normen, runden das Internationale Wirtschaftsrecht ab. Beispielhaft genannt seien das Verbot des Rechtsmissbrauchs, das Prinzip der Verwirkung und die Grundsätze der ungerechtfertigten Bereicherung.

Im **Europarecht** dienen die Grundfreiheiten des Warenverkehrs, des Personenverkehrs, des Dienstleistungsverkehrs und des Kapital- und Zahlungsverkehrs gem. Art. 26 AEUV der Verwirklichung des Binnenmarktes als zentralem wirtschaftlichen Ziel der Europäischen Union. Da es im grenzüberschreitenden Wirtschaftsverkehr zu Kollisionen der nationalen Wirtschaftsordnungen kommen kann, sind die EU-Mitgliedstaaten bestrebt, die Bewertung von Sachverhalten mit Auslandsberührung durch Sekundärrecht insbesondere in Form von Richtlinien und Verordnungen zu harmonisieren. Die Beziehungen der Europäischen Union zu Drittstaaten regelt gem. Art. 206 f. AEUV die gemeinsame Handelspolitik.

Neben dem Völkerrecht und dem Europarecht bestimmen die jeweiligen **nationalen Rechtsordnungen** den internationalen Wirtschaftsverkehr. Hierzu gehören das Wirtschaftsprivatrecht, vor allem bestehend aus dem Schuld-, Sachen-, Handels- und Gesellschaftsrecht, das Steuerrecht, aber auch das Außenwirtschaftsrecht. Beim Außenwirtschaftsrecht handelt es sich um eine Spezialmaterie des Wirtschaftsverwaltungsrechts, das im Außenwirtschaftsgesetz und in der Außenwirtschaftsverordnung geregelt ist. Mit Zöllen, Ein- und Ausfuhrbeschränkungen sowie Subventionen steuert es den grenzüberschreitenden Verkehr von Waren und Kapital und dient damit vorrangig nationalen Interessen. Die Frage, welche Rechtsordnung auf einen Sachverhalt mit Auslandsbezug Anwendung findet, regelt das Internationale Privatrecht. Dieses schöpft sich ebenso wie das Internationale Wirtschaftsrecht selbst aus einer Vielzahl von Quellen, insbesondere aus dem EGBGB, aus den Rom I- und Rom II-Verordnungen und aus völkerrechtlichen Verträgen.

Über diese rechtlichen Regelungen hinaus bestimmen **internationale Handelsbräuche** den internationalen Wirtschaftsverkehr. Diese haben sich als „transnationales Recht" zu einer lex mercatoria verdichtet. Hierbei handelt es sich nicht um Recht im formellen Sinn, sondern um aus der Praxis des internationalen Wirtschaftsverkehrs entwickelte Regeln. Hierzu zählen etwa die von der Internationalen Handelskammer in Paris entwickelten Vertragsbedingungen International Commercial Terms (INCOTERMS), auf die Unternehmen in ihren Verträgen Bezug nehmen.

III. Akteure im Internationalen Wirtschaftsrecht

Zu den Hauptakteuren im Internationalen Wirtschaftsrecht zählen Staaten, Internationale Organisationen und Unternehmen.

Den **Staaten** kommt hierbei eine doppelte Funktion zu, indem sie als Rechtssetzungssubjekte und als Wirtschaftssubjekte agieren. Sie formulieren als originäre Völkerrechtssubjekte die Regeln des Internationalen Wirtschaftsrechts und nehmen zugleich durch ihre privatwirtschaftliche Betätigung wie den Verkauf von Rohstoffen und die Emission von Staatsanleihen am internationalen Wirtschaftsverkehr teil. Darüber hinaus koordinieren die G7-Staaten (Deutschland, Frankreich, Italien, Japan, Kanada, USA und Vereinigtes Königreich) ihre Wirtschafts- und Währungspolitik bei regelmäßigen Gipfeltreffen.

13 **Internationale Organisationen** spielen im Internationalen Wirtschaftsrecht ebenfalls eine maßgebliche Rolle. Sie dienen als Forum für zwischenstaatliche Konsultation und Koordination, formulieren für ihre Mitglieder verbindliche Regelungen und betätigen sich im internationalen Wirtschaftsverkehr. Beispielsweise genannt seien die Vereinten Nationen (UN), die Welthandelsorganisation (WTO), der Internationale Währungsfonds (IWF), die Weltbankgruppe, die Weltorganisation für geistiges Eigentum (WIPO) und die Organisation für wirtschaftliche Zusammenarbeit und Entwicklung (OECD).

14 Die Europäische Union (EU) nimmt als supranationale Organisation eine Sonderstellung ein, da ihre Mitgliedstaaten auf sie Hoheitsrechte übertragen und ihr hierbei weitreichende Kompetenzen eingeräumt haben. So fällt insbesondere die gemeinsame Handelspolitik nach Art. 3 Abs. 1 lit. e) AEUV in die ausschließliche Zuständigkeit der EU. Auch Nichtregierungsorganisationen (NGOs) wie die Internationale Handelskammer oder Greenpeace können auf internationale Wirtschaftsbeziehungen Einfluss nehmen, indem sie zu Internationalen Organisationen förmliche Kontakte pflegen.

15 Im Internationalen Wirtschaftsrecht nicht wegzudenkende Akteure sind schließlich **Unternehmen** einschließlich Banken, unabhängig von ihrer jeweiligen Rechtsform. Dies gilt insbesondere für trans- und multinationale Unternehmen, die sich mit ihrem Verwaltungssitz, ihren Zweigniederlassungen oder ihren Tochterunternehmen in mehreren Staaten am internationalen Wirtschaftsverkehr beteiligen und sich durch eine beachtliche Wirtschaftskraft auszeichnen. Darüber hinaus können Staaten am internationalen Wirtschaftsverkehr auch durch Staatsunternehmen teilnehmen, an denen sie sich finanziell beteiligen und/oder über die sie eine gesteigerte Kontrolle ausüben.

IV. Leitprinzipien der internationalen Wirtschaftsordnung

16 Zu den wesentlichen Leitprinzipien des Völkerrechts und damit auch des Internationalen Wirtschaftsrechts gehört der in Art. 2 Nr. 1 UN-Charta verankerte **Grundsatz der souveränen Gleichheit der Staaten**. Diese können als souveräne und gleichwertige Völkerrechtssubjekte die rechtlichen Rahmenbedingungen ihrer Wirtschaftsordnung frei gestalten. Zugleich gewähren Staaten den Privatrechtssubjekten Freiraum für die Etablierung einer autonomen Privatrechtsordnung. So haben sich internationale Handelsbräuche herauskristallisiert und internationale Schiedsgerichte als Alternative zu staatlichen Gerichten etabliert.

17 Die Staatengemeinschaft hat sich für eine Weltwirtschaftsordnung entschieden, die auf eine **Liberalisierung des grenzüberschreitenden Wirtschaftsverkehrs** durch den Abbau von Handelshemmnissen und anderen Beschränkungen des Zugangs zu nationalen Märkten zielt. Dahinter steht der Grundgedanke, dass der Außenhandel über die damit verbundene Arbeitsteilung den beteiligten Volkswirtschaften Vorteile bringt. Dadurch soll ein hohes Beschäftigungsniveau gesichert, das Realeinkommen gesteigert und der Lebensstandard insgesamt erhöht werden. Hierbei dient der Grundsatz der Nichtdiskriminierung dem möglichst effizienten Austausch von Waren, Dienstleistungen und Kapital sowie der Vermeidung von Wettbewerbsverzerrungen. Neben der optimalen Allokation der Ressourcen tritt der Gedanke der Solidarität gegenüber wirtschaftlich schwächeren Staaten durch günstige Kredite oder eine anderweitige Vorzugsbehandlung.

Zur Vertiefung:
Gramlich, Internationales Wirtschaftsrecht, 2004, S. 1 ff.; *Herdegen*, Internationales Wirtschaftsrecht, 12. Aufl. 2020, §§ 1–4; *Krajewski*, Wirtschaftsvölkerrecht, 5. Aufl. 2021, Rn. 1 ff.; *Schöbener/Herbst/Perkams*, Internationales Wirtschaftsrecht, 2010, §§ 2, 4.

§ 2 Welthandelsrecht

Die Regelungen zum Welthandel gehören zum Kern des Internationalen Wirtschaftsrechts. Die Hauptrechtsquelle bildet hierbei das Recht der Welthandelsorganisation.

I. Das System der WTO

Die Welthandelsorganisation (World Trade Organization, WTO) wurde 1994 in Marrakesch im Rahmen der Uruguay-Runde als Internationale Organisation mit Sitz in Genf gegründet. Sie beruht auf dem Welthandelssystem, das sich nach dem Zweiten Weltkrieg auf Grundlage des Allgemeinen Zoll- und Handelsabkommens von 1947 (GATT 1947) etablierte. Das Übereinkommen zur Errichtung der Welthandelsorganisation (WTO-Übereinkommen) ist ein Rahmenübereinkommen und enthält institutionelle Vorschriften über das Welthandelssystem. Die materiellrechtlichen Regelungen zum Welthandel sind hingegen in gesonderten Übereinkommen niedergelegt.

Die WTO hat mittlerweile **164 Mitglieder** (Stand: Mai 2022), darunter die Bundesrepublik Deutschland. Zu ihren Mitgliedern gehört nach Art. XI Abs. 1 WTO-Übereinkommen auch die Europäische Union, da ihre Mitgliedstaaten ihr für den Außenhandel die ausschließliche Kompetenz eingeräumt haben. Der WTO kommt als Internationaler Organisation nach Art. VIII WTO-Übereinkommen Völkerrechtspersönlichkeit zu. Die Vertragsstaaten haben ihr hierbei Vorrechte und Immunitäten eingeräumt, die zur Wahrung ihrer Aufgaben erforderlich sind.

Oberstes **Organ** der WTO ist die mindestens alle zwei Jahre tagende Ministerkonferenz, die sich aus den Wirtschafts- oder Handelsministern der Mitgliedstaaten zusammensetzt. Sie koordiniert die Entwicklung des Welthandels und entscheidet über die Auslegung und Abänderung des WTO-Rechts sowie über die Befreiung einzelner Mitglieder von Verpflichtungen. Die Leitung der Ministerkonferenz obliegt dem Generaldirektor, der dem Sekretariat der WTO vorsteht. Zwischen den Ministerkonferenzen tagt einmal monatlich der Allgemeine Rat als ständiges Gremium aller Mitgliedstaaten. Er betreut den Beitritt neuer Mitglieder, überprüft die einzelnen Handelspolitiken der Mitgliedstaaten und genehmigt den Jahreshaushalt. Daneben existieren weitere spezielle Räte, Ausschüsse und Arbeitsgruppen. Der Dispute Settlement Body (DSB) sichert als oberstes Streitschlichtungsorgan die Durchsetzung des WTO-Rechts.

Ziel der WTO ist ausweislich der Präambel zum WTO-Übereinkommen der Abbau von Handelshemmnissen und damit die Liberalisierung des Welthandels. Der internationale Warenaustausch soll möglichst ungehindert von staatlicher Einflussnahme nach den Gesetzen des Marktes ablaufen, um eine optimale Verteilung der wirtschaftlichen Ressourcen zu erreichen. Die WTO ist die **Dachorganisation** für multilaterale und plurilaterale Handelsabkommen, insbesondere für das Allgemeine Zoll- und Handelsabkommen (GATT), das Allgemeine Abkommen über den Handel mit Dienstleistungen (GATS) und das Übereinkommen über handelsbezogene Aspekte der Rechte des geistigen Eigentums (TRIPS). Darüber hinaus existieren weitere Übereinkommen über den Warenhandel in speziellen Sektoren und zur Überprüfung der Handelspolitik.

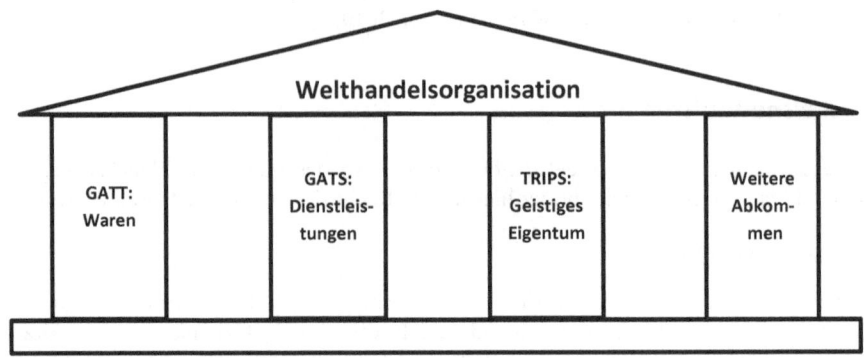

Abbildung 2: Aufbau des WTO-Systems

II. Warenhandel unter dem GATT

23 Die Liberalisierung des Warenhandels wird vor allem durch das Allgemeine Zoll- und Handelsabkommen (General Agreement on Tariffs and Trade, GATT) befördert. Im GATT sind vier Grundprinzipien niedergelegt: das Prinzip der Meistbegünstigung, das Prinzip der Inländerbehandlung, das Prinzip des Verbots mengenmäßiger Beschränkungen und das Prinzip der Zollbindung.

24 Art. I GATT regelt das **Prinzip der Meistbegünstigung.** Danach hat ein Mitgliedstaat einen Handelsvorteil, den er für eine ausländische Ware gewährt, unverzüglich und bedingungslos auch für alle gleichartigen Waren zu gewähren, die aus einem anderen Mitgliedstaat stammen. Der Grundsatz der Meistbegünstigung zielt also nicht auf die universelle Angleichung der Standards für alle Mitgliedstaaten des GATT, sondern nur auf ihre Gleichbehandlung, um gleiche Wettbewerbsbedingungen im internationalen Handel zu schaffen. Verboten sind sowohl formale als auch faktische Diskriminierungen. Entscheidend für die Gleichartigkeit der Waren ist das Bestehen eines Wettbewerbsverhältnisses zwischen den Produkten. Kriterien sind die Produkteigenschaften, die Gebrauchsmöglichkeiten, die Vorlieben und Gewohnheiten der Verbraucher sowie die internationale Klassifizierung der Produkte in Zolltarifklassen.

25 So verstieß beispielsweise Spanien gegen das Meistbegünstigungsprinzip, indem sein Zollrecht für die Einfuhr verschiedener Sorten ungerösteter Kaffeebohnen unterschiedliche Zolltarife vorsah. Nach Auffassung eines Panels der WTO bestanden zwischen den verschiedenen Kaffeesorten nur Lohnunterschiede im Anbaugebiet, in der Anpflanzung und in den Herstellungsmethoden, so dass es sich bei den verschiedenen Kaffeebohnen um gleichartige Waren handelte. Kaffee werde üblicherweise als Mischung unterschiedlicher Sorten an den Endverbraucher abgegeben und dieser sehe Kaffee als ein Produkt an (Spain – Unroasted Coffee, L/5135 – 28S/102).

26 Das Prinzip der Meistbegünstigung gilt nicht uneingeschränkt. So können sich nach Art. XXIV GATT die Mitgliedstaaten, die sich in einer Freihandelszone oder in einer Zollunion wie zum Beispiel der Europäischen Union zusammengeschlossen haben, untereinander Vergünstigungen gewähren, die sie anderen Mitgliedstaaten des GATT

nicht gewähren müssen. Eine weitere ungeschriebene Ausnahme vom Meistbegünstigungsprinzip stellt die „enabling clause" dar. Danach kann ein Mitgliedstaat einem wirtschaftlich schwächeren Mitgliedstaat eine günstigere Behandlung einräumen, ohne diese allen Mitgliedstaaten gewähren zu müssen.

In Art. III GATT ist das **Prinzip der Inländerbehandlung** verankert. Danach dürfen Waren aus einem anderen Mitgliedstaat nicht schlechter behandelt werden als inländische Waren. Dadurch sollen gleiche Wettbewerbsbedingungen geschaffen und Protektionismus verhindert werden. Das Prinzip der Inländerbehandlung hat verschiedene Ausprägungen: So darf insbesondere aus einem Mitgliedstaat importierte Ware gegenüber einer gleichartigen inländischen Ware nicht höher besteuert werden (Art. III Abs. 2 S. 1 GATT). Ebenso wenig darf eine aus einem Mitgliedstaat eingeführte Ware durch Veränderung der Wettbewerbsbedingungen ungünstiger behandelt werden als eine gleichartige Ware inländischen Ursprungs (Art. III Abs. 4 GATT). 27

Art. XI GATT regelt – ähnlich Art. 34 ff. AEUV – das **Verbot mengenmäßiger Beschränkungen**. Dieses stellt gegenüber den beiden soeben angesprochenen Grundprinzipien einen Auffangtatbestand für alle anderen Maßnahmen dar, die den Handel beeinträchtigen können. Danach dürfen die Mitgliedstaaten weder Waren aus einem anderen Mitgliedstaat bei deren Einfuhr, noch inländische Waren bei deren Ausfuhr in einen anderen Mitgliedstaat mengenmäßig durch Kontingente oder Einfuhr- bzw. Ausfuhrbewilligungen beschränken. Dagegen erstreckt sich das Verbot nicht auf nationale Vorschriften, die inländische und ausländische Waren gleichermaßen betreffen. 28

Art. II GATT enthält das **Prinzip der Zollbindung**. Zwar dürfen die Mitgliedstaaten Zölle als Handelsbeschränkungen beibehalten, sie müssen diese aber als Maximalzölle festlegen. Diese Maximalzölle werden in Listen eingetragen, die als Anhang zum GATT rechtsverbindlich sind. Zugleich haben es sich die Mitgliedstaaten zum Ziel gesetzt, die in den Listen angegebenen Maximalzölle in Verhandlungsrunden schrittweise zu verringern. 29

Die Grundprinzipien des GATT zur Liberalisierung des Welthandels gelten nicht ausnahmslos. Neben den bereits erwähnten speziellen Ausnahmen sieht das GATT **allgemeine Ausnahmen** vor, die für alle vier Grundprinzipien gelten. So enthält Art. XX GATT einen umfangreichen Ausnahmenkatalog zum Schutz wichtiger Gemeinschaftsgüter. Hierzu gehören insbesondere Maßnahmen zum Schutz des Lebens und der Gesundheit von Menschen, Tieren und Pflanzen, zum Schutz des nationalen Kulturgutes sowie zur Erhaltung erschöpflicher Naturschätze. Zu diesen Naturschätzen zählen auch vom Aussterben bedrohte Tiere wie zum Beispiel Meeresschildkröten. Daher verfolgten die USA mit einem Importverbot für Garnelen, die in Netzen ohne Ausstiegsklappen für Schildkröten gefangen wurden, ein legitimes Ziel, das eine Rechtfertigung des Verstoßes gegen das Verbot mengenmäßiger Beschränkungen prinzipiell zuließ. 30

Aber auch wenn eine Maßnahme dem Schutz wichtiger Gemeinschaftsgüter dient, darf sie nicht zu einer willkürlichen und ungerechtfertigten Diskriminierung oder zu einer verschleierten Handelsbeschränkung führen. So hielt es der Appellate Body der WTO für diskriminierend, dass die USA mit lateinamerikanischen Importstaaten ein Abkommen zur technischen Unterstützung bei der Änderung der Fangmethoden geschlossen, darüber aber nicht mit asiatischen Importstaaten verhandelt hatten. Folglich war das Importverbot von Garnelen aus den asiatischen Staaten zum Schutz der Meeresschildkröten unvereinbar mit dem Verbot mengenmäßiger Beschränkungen (United States – Shrimp, WT/DS58/AB/R). 31

Sigrid Lorz

32 Nach der „escape clause" gem. Art. XIX Abs. 3 GATT kann ein Vertragsstaat in einer Notstandssituation die anderen Vertragsparteien gewährten Zugeständnisse selbst außer Kraft setzen und damit aus den übernommenen vertraglichen Verpflichtungen „fliehen". Art. XXI GATT lässt eine Abweichung für Maßnahmen zum Schutz wesentlicher Sicherheitsinteressen zu. Art. VI GATT enthält eine Ausnahme für Maßnahmen zur Bekämpfung von Dumping und Art. XVI GATT sieht eine Ausnahme zur Bekämpfung von Subventionen vor. Außerdem können die WTO-Mitglieder nach Art. XXV Abs. 5 GATT mit einer 2/3-Mehrheit ein Mitglied von seinen Pflichten nach dem GATT befreien.

III. Dienstleistungshandel unter dem GATS

33 Das Allgemeine Abkommen über den Handel mit Dienstleistungen (General Agreement on Trade in Services, GATS) regelt den internationalen Verkehr von Dienstleistungen, sofern sie nicht in Ausübung hoheitlicher Gewalt erbracht werden. Dienstleistungen sind **Wertschöpfungen, die nicht dauerhaft verkörpert sind**. Hierzu zählen zum Beispiel Finanzdienstleistungen, private Bildung, Telekommunikation, Tourismus, Verkehr und Werbung. Handel mit Dienstleistungen wird nach Art. I Abs. 2 GATS dann betrieben, wenn eine Dienstleistung auf eine der folgenden Arten erbracht, dh produziert, vertrieben, vermarktet, verkauft oder bereitgestellt wird: Zu diesen vier Arten gehören die grenzüberschreitende Erbringung der Dienstleistung, der Konsum der Dienstleistung durch einen Dienstleistungsempfänger im Ausland, die kommerzielle Präsenz des Dienstleistungserbringers im Ausland und die Präsenz natürlicher Personen als Dienstleistungserbringer im Ausland.

34 Ein zentraler Bestandteil des GATS ist – wie bereits im GATT – das in Art. II GATS geregelte **Prinzip der Meistbegünstigung**. Danach gewährt jeder Mitgliedstaat den Dienstleistungen und Dienstleistungserbringern eines anderen Mitgliedstaates sofort und bedingungslos eine Behandlung, die nicht ungünstiger ist als diejenige, die er gleichartigen Dienstleistungen und Dienstleistungserbringern eines dritten Staates gewährt. Für die Bestimmung der Gleichartigkeit kommt es insbesondere auf die Vorlieben und Erwartungen der Verbraucher sowie auf den tatsächlichen Gebrauch der Dienstleistung an. Wiederum werden sowohl formale als auch faktische Diskriminierungen erfasst.

35 Neben dem Meistbegünstigungsgrundsatz als allgemeiner Pflicht enthält das GATS spezifische Pflichten, sofern und soweit sich der jeweilige Mitgliedstaat ihnen ausdrücklich unterworfen hat. Der Umfang der jeweiligen Zugeständnisse ergibt sich aus Länderlisten, die nach Sektoren und Teilsektoren unterteilt sind. Zu den spezifischen Pflichten gehört das **Prinzip des Marktzugangs** nach Art. XVI GATS. Danach gewährt jeder Mitgliedstaat den Dienstleistungen und den Dienstleistungserbringern der anderen Mitgliedstaaten eine Behandlung, die nicht weniger günstig ist als die in den Listen festgelegte Behandlung.

36 Darüber hinaus darf ein Mitgliedstaat keine quantitativen und qualitativen Beschränkungen des Dienstleistungsverkehrs aufrechterhalten. Hierzu gehören etwa Monopole, zahlenmäßige Quoten, Bedürfnisprüfungen und die Beschränkung auf bestimmte Unternehmensformen. Erfasst sind auch sog Nullquoten, bei denen die Erbringung einer Dienstleistung vollständig verboten wird. Daher verstieß ein in den USA geltendes Verbot, Wett- und Glücksspielleistungen über das Internet anzubieten, gegen das Prinzip des Marktzugangs, da es die Anbieter von Internet-Casinos und Internet-Sportwetten

im Staat Antigua und Barbuda trotz der Aufführung dieser Dienstleistungen in der entsprechenden Liste vom US-amerikanischen Markt ausschloss (United States – Gambling and Betting, WT/DS285/AB/R).

In Art. XVII GATS ist das **Prinzip der Inländerbehandlung** als weitere spezifische Pflicht verankert. Eine ausländische Dienstleistung oder ein ausländischer Dienstleistungserbringer darf nicht weniger günstig behandelt werden als eine gleichartige inländische Dienstleistung bzw. ein inländischer Dienstleistungserbringer. Erfasst werden wiederum formale und faktische Diskriminierungen. Entscheidend ist, ob die Maßnahme die Wettbewerbsbedingungen zugunsten der inländischen Dienstleistung bzw. des inländischen Dienstleistungserbringers verändert.

Art. XIV GATS enthält – vergleichbar mit Art. XX GATT – **Ausnahmen** von den soeben aufgeführten Grundprinzipien. Hierzu gehören insbesondere die erforderlichen Maßnahmen zur Aufrechterhaltung der öffentlichen Moral oder der öffentlichen Ordnung sowie zum Schutz des Lebens und der Gesundheit von Menschen, Tieren und Pflanzen. Wiederum dürfen diese Maßnahmen nicht zu einer willkürlichen oder unberechtigten Diskriminierung oder zu einer verdeckten Beschränkung des Handels mit Dienstleistungen führen. Daneben bestehen weitere Ausnahmeregelungen, zum Beispiel nach Art. XIVbis GATS für Maßnahmen zur Wahrung der Sicherheit.

IV. Geistiges Eigentum unter dem TRIPS

Das Übereinkommen über handelsbezogene Aspekte der Rechte des geistigen Eigentums (General Agreement on Trade-Related Aspects of Intellectual Property Rights, TRIPS) enthält Regelungen zum Schutz von Immaterialgüterrechten. Hierzu gehören nach Art. 1 Abs. 2 TRIPS insbesondere Urheberrechte, Marken, geographische Angaben, gewerbliche Muster und Modelle, Patente und Geschäftsgeheimnisse. Das TRIPS dient dem Schutz vor Fälschungen von Originalprodukten in Staaten, in denen es keine oder keine hinreichenden nationalen Regelungen zum Schutz von Immaterialgüterrechten gibt. Schutzstandards von Immaterialgüterrechten sollen auf universeller Ebene harmonisiert werden. Hierzu sieht das TRIPS **Mindeststandards** für die nationalen Rechtsordnungen vor, ohne dass diese selbst zu Handelshemmnissen werden. Zu diesen Mindeststandards gehört zum Beispiel, dass die Schutzdauer von Urheberrechten nach Art. 12 TRIPS mindestens 50 Jahre, beginnend mit dem Ende des Kalenderjahres der gestatteten Veröffentlichung, beträgt.

Art. 4 TRIPS sieht – wie bereits das GATT und das GATS – das **Prinzip der Meistbegünstigung** vor. Danach gewährt ein Mitgliedstaat im Hinblick auf den Schutz geistigen Eigentums die Vorteile, die es den Angehörigen eines Staates gewährt, sofort und bedingungslos auch den Angehörigen aller anderen Mitgliedstaaten. Art. 3 TRIPS regelt das **Prinzip der Inländerbehandlung**. Wiederum dürfen die Mitgliedstaaten den Angehörigen anderer Mitgliedstaaten keine Behandlung gewähren, die ungünstiger ist als die ihren eigenen Angehörigen in Bezug auf den Schutz des geistigen Eigentums gewährte Behandlung. Art. 41 ff. TRIPS enthält detaillierte Verpflichtungen zur Durchsetzung der Immaterialgüterrechte. So müssen die Mitgliedstaaten Rechteinhabern ein zivilprozessuales Verfahren zur Durchsetzung ihrer Rechte zur Verfügung stellen, das den rechtsstaatlichen Grundsätzen eines fairen und gerechten Verfahrens entspricht.

V. Streitbeilegung in der WTO

41 Das Welthandelsrecht der WTO erzeugt für Privatpersonen vor nationalen Gerichten keine unmittelbare Rechtswirkung. Vielmehr kann **nur ihr Heimatstaat** gegenüber einem anderen Staat eine Rechtsverletzung nach dem WTO-Streitschlichtungsverfahren geltend machen. Hierbei haben sich die Mitglieder der WTO auf eine obligatorische und ausschließliche Streitbeilegung nach der Vereinbarung über Regeln und Verfahren zur Beilegung von Streitigkeiten (Understanding on Rules and Procedures Governing the Settlement of Disputes, DSU) geeinigt. Es gewährt den Mitgliedstaaten die Möglichkeit, im Interesse privater Wirtschaftssubjekte Verstöße gegen das Welthandelsrecht geltend zu machen und zu sanktionieren.

42 Zuständig für die Streitbeilegung sind **ad hoc eingesetzte Panels,** die einen Rechtsstreit in tatsächlicher und rechtlicher Hinsicht umfassend würdigen und diese Prüfung spätestens nach sechs Monaten mit Empfehlungen abschließen. Bevor allerdings ein Panel eingesetzt wird, müssen sich die Streitparteien um eine gütliche Einigung bemühen. Die Auswahl der drei Mitglieder eines Panels erfolgt durch die Streitparteien auf Vorschlag des WTO-Sekretariats. Das Panel stellt den Sachverhalt fest und prüft seine Vereinbarkeit mit dem Welthandelsrecht. Den Streitparteien steht es hierbei frei, den Appellate Body anzurufen, um die von einem Panel vorgenommene rechtliche Würdigung der Streitfragen überprüfen zu lassen.

43 Die Panels entscheiden einen Streitfall nicht abschließend, sondern legen ihren Bericht mit Empfehlungen dem **Dispute Settlement Body** (DSB) als oberstem Streitschlichtungsorgan vor, dessen Mitglieder mit denen des Allgemeinen Rates identisch sind. Der Bericht gilt als von ihm angenommen, wenn er nicht innerhalb von 30 Tagen einstimmig abgelehnt wird. Hat einem angenommenen Bericht zufolge ein Mitgliedstaat gegen WTO-Recht verstoßen, so muss er die entsprechende Maßnahme zurücknehmen. Kommt er dem nicht nach, so können sich die Streitparteien entweder auf Entschädigungszahlungen einigen oder der obsiegende Mitgliedstaat kann Gegenmaßnahmen ergreifen, indem er Handelszugeständnisse aussetzt.

VI. Internationales Kaufrecht

44 Im Internationalen Wirtschaftsrecht sind die Bestrebungen, den Wirtschaftsverkehr auch zwischen Privatrechtssubjekten zu harmonisieren, von zentraler Bedeutung. Nationale Vorschriften sind den Vertragsparteien häufig nicht hinreichend bekannt und tragen den Erfordernissen des internationalen Handels nicht angemessen Rechnung. Daher hat die Kommission der Vereinten Nationen für Internationales Handelsrecht (UNICITRAL) **Modellgesetze,** beispielsweise zum elektronischen Geschäftsverkehr, zu elektronischen Signaturen und zur internationalen Handelsschiedsgerichtsbarkeit, entworfen.

45 Vor allem aber hat sie das Übereinkommen der Vereinten Nationen über Verträge über den internationalen Warenkauf (United Nations Convention on Contracts for the International Sale of Goods, CISG) formuliert, das die rechtlichen Rahmenbedingungen für grenzüberschreitende Kaufverträge regelt. Diesem seit 1980 zur Unterzeichnung aufgelegten Übereinkommen – auch **UN-Kaufrecht** genannt – gehören mittlerweile 92 Staaten (Stand: Mai 2022) einschließlich der Bundesrepublik Deutschland an.

46 Das CISG findet nach Art. 1 Abs. 1 und Art. 3 Abs. 1 CSIG Anwendung auf Kauf- und Werklieferungsverträge über Waren zwischen gewerblichen Verkäufern aus verschiede-

nen Vertragsstaaten und verdrängt insoweit das BGB und das HGB. Ebenso gelangt es zur Anwendung, wenn die Regeln des internationalen Privatrechts auf das Recht eines Vertragsstaates verweisen. Das CISG ist nach Art. 59 Abs. 2 S. 1 GG iVm dem deutschen Zustimmungsgesetz integraler Bestandteil der deutschen Rechtsordnung, so dass es auch bei der vereinbarten Wahl deutschen Rechts anwendbar ist, sofern es nicht nach Art. 6 CISG gesondert ausgeschlossen wird.

Das CISG regelt nicht umfassend die Rechtsbeziehungen zwischen den Vertragsparteien, sondern nach Art. 4 CISG nur den Vertragsschluss sowie die sich daraus ergebenden Rechte und Pflichten von Verkäufer und Käufer. Demzufolge findet auf Fragen der Gültigkeit eines Vertrags, der Geschäftsfähigkeit, der Stellvertretung und der Verjährung nationales Recht Anwendung. Teils entsprechen die Regelungen des CISG denen des BGB bzw. des HGB, teils enthalten sie Abweichungen. Beispielsweise verlangt Art. 39 Abs. 1 CISG im Unterschied zu § 377 Abs. 1 HGB keine unverzügliche Mängelanzeige, sondern nur die Wahrung einer angemessenen Frist, binnen derer aber der Käufer die Mängel konkret bezeichnen muss. Während die Pflicht zur Kaufpreiszahlung nach §§ 270 Abs. 1, 4, 269 Abs. 1 BGB eine qualifizierte Schickschuld darstellt, ist nach Art. 57 Abs. 1 lit. a) CISG der Kaufpreis am Ort der Niederlassung des Verkäufers zu entrichten.

47

Die Modalitäten des Warentransports werden im internationalen Handelsverkehr durch die Verwendung von **International Commercial Terms (INCOTERMS)** konkretisiert. Hierbei handelt es sich um Standardklauseln, welche die Internationale Handelskammer regelmäßig aktualisiert und deren Bedeutung sie näher erläutert. So steht etwa die Klausel EXW für Ex Works (Ab Werk) und die Klausel CFR für Cost and Freight (Kosten und Fracht).

48

Zur Vertiefung:

zur WTO: Enders, Grundzüge des Internationalen Wirtschaftsrechts, 3. Aufl. 2021, S. 141 ff.; *Herdegen*, Internationales Wirtschaftsrecht, 12. Aufl. 2020, § 10; *Krajewski*, Wirtschaftsvölkerrecht, 5. Aufl. 2021, Rn. 136 ff.; *Schöbener/Herbst/Perkams*, Internationales Wirtschaftsrecht, 2010, §§ 10–13.
zum CISG: Enders, Grundzüge des Internationalen Wirtschaftsrechts, 3. Aufl. 2021, S. 158 ff.; *Gruber* in: Tietje/Nowrot (Hrsg.), Internationales Wirtschaftsrecht, 3. Aufl. 2022, § 16; *Herdegen*, Internationales Wirtschaftsrecht, 12. Aufl. 2020, § 13.

§ 3 Internationales Investitionsschutzrecht

Ausländische Investitionen können auf unterschiedlichen Wegen getätigt werden: Zum einen kann ein Investor eine ausländische Direktinvestition vornehmen, indem er sich für einen bestimmten Zeitraum durch den Aufbau oder die Übernahme einer Produktionsstätte wirtschaftlich im Gaststaat betätigt. Zum anderen kann er eine Portfolioinvestition tätigen, bei der er sich an einem ausländischen Unternehmen in Form von Aktien oder anderen Wertpapieren beteiligt.

49

I. Rechtsgrundlagen des Investitionsschutzes

Die politischen Interessen eines Gaststaates können mit den wirtschaftlichen Interessen eines Investors konfligieren. Während sich Rentabilitätsberechnungen eines Investors über 30 bis 40 Jahre erstrecken, kann ein zunächst willkommenes Investitionsprojekt

50

nach einem Regierungswechsel oder Änderungen des Wirtschaftssystems unerwünscht werden. Daher bedarf es Regelungen zum Schutz ausländischer Investitionen, die sich aus dem völkergewohnheitsrechtlichen Fremdenrecht, aus bilateralen oder regionalen Übereinkommen des Heimatstaates des Investors mit dem Gaststaat und aus Verträgen des Investors mit dem Gaststaat ergeben können.

51 Das **völkergewohnheitsrechtliche Fremdenrecht** sieht für die Enteignung von Ausländern Mindeststandards vor. Zwar bleibt es einem Gaststaat als Ausfluss seiner staatlichen Souveränität unbenommen, einen ausländischen Investor zu enteignen. Jedoch muss die Enteignung einem öffentlichen Zweck dienen, sie darf keinen diskriminierenden Charakter haben und sie muss mit einer angemessenen Entschädigung verbunden sein. Nach der sog Hull-Formel hat die Entschädigung prompt, adäquat und effektiv zu erfolgen. Nur der Heimatstaat, nicht aber der Investor kann einen gewohnheitsrechtlich begründeten Entschädigungsanspruch im Wege des diplomatischen Schutzes gegenüber dem Gaststaat geltend machen, sofern der Investor zuvor erfolglos alle zumutbaren innerstaatlichen Rechtsbehelfe ausgeschöpft hat.

52 Außerdem bestehen zahlreiche bilaterale **Investitionsschutzabkommen**, die dem Investor – im Unterschied zum Fremdenrecht – gegenüber dem Gaststaat eigene Rechtspositionen zur Förderung und zum Schutz seiner Auslandsinvestitionen einräumen. Eine Vorreiterrolle nehmen Deutschland und Pakistan ein, die 1959 den ersten Investitionsschutzvertrag geschlossen haben. Weltweit sind derzeit 2.227 bilaterale Investitionsschutzverträge in Kraft (Stand: Mai 2022). Seit dem Vertrag von Lissabon ist die Europäische Union nach Art. 207 Abs. 1 AEUV für ausländische Direktinvestitionen zuständig, so dass seitdem gemischte Abkommen, die auch Portfolioinvestitionen zum Gegenstand haben, nur noch zwischen der Europäischen Union, ihren Mitgliedstaaten und dem jeweiligen Drittstaat geschlossen werden.

53 Darüber hinaus enthalten regionale Abkommen wie das Nordamerikanische Freihandelsabkommen (North American Free Trade Agreement, NAFTA) und der Vertrag über die Energiecharta Regelungen zum Investitionsschutz. Auch das Übereinkommen über handelsbezogene Investitionsmaßnahmen (Agreement on Trade-Related Investment Measures, TRIMS) als ein WTO-Übereinkommen und das zwischen der Europäischen Union und Kanada ausgehandelte Umfassende Wirtschafts- und Handelsabkommen (Comprehensive Economic and Trade Agreement, CETA) sehen Schutzstandards zugunsten ausländischer Investoren vor. Dagegen existiert im Unterschied zum Welthandelsrecht bislang kein universelles Übereinkommen zum internationalen Investitionsschutz.

54 Investitionsschutzverträge können auch zwischen einem ausländischen Investor und seinem Gaststaat geschlossen werden. Diese **Investor-Staat-Verträge** gewähren dem Investor Schutz vor staatlichen Eingriffen. Regelmäßig enthalten sie Stabilisierungsklauseln, nach denen der Gaststaat die rechtlichen Rahmenbedingungen nicht zulasten des Investors verändern darf.

II. Schutzstandards in Investitionsschutzabkommen

55 Investitionsschutzabkommen schützen die Investitionen eines ausländischen Investors. Hierzu zählen nach Art. 1 Nr. 1 des deutschen Mustervertrags insbesondere das Eigentum, beschränkt dingliche Rechte, Gesellschaftsanteile, Zahlungsansprüche, Rechte an geistigem Eigentum und Konzessionen. Erfasst werden prinzipiell sowohl Direktinvestitionen als auch Portfolioinvestitionen, sofern der Anwendungsbereich vor allem eini-

II. Schutzstandards in Investitionsschutzabkommen

ger älterer Investitionsschutzabkommen nicht auf die erste Kategorie von Investitionen beschränkt ist. Folgende Schutzstandards haben sich herausgebildet:

- Schutz vor unrechtmäßiger Enteignung (protection from unlawful expropriation) 56

Ein ausländischer Investor wird insbesondere vor unrechtmäßigen Enteignungen geschützt. Dadurch ist er nicht darauf angewiesen, dass sein Heimatstaat diplomatischen Schutz gegenüber dem Gaststaat geltend macht, sondern er kann selbst gegen diesen vorgehen. Geschützt ist nur der Wert des Eigentums, nicht aber sein Bestand. Investitionsschutzabkommen verbieten also nicht die Enteignung durch den Gaststaat, sondern sie knüpfen an die Voraussetzungen des völkergewohnheitsrechtlichen Fremdenrechts an: Die Enteignung muss im öffentlichen Interesse erfolgen, einen nichtdiskriminierenden Charakter haben und die Zahlung einer prompten, adäquaten und effektiven Entschädigung vorsehen.

- Meistbegünstigung (most favoured nations treatment) 57

Im Investitionsschutzrecht gilt ebenso wie im WTO-Recht der Grundsatz der Meistbegünstigung. Ein ausländischer Investor kann sich nicht nur auf das Investitionsschutzabkommen berufen, das sein Heimatstaat mit dem Gaststaat geschlossen hat. Vielmehr kann er aus allen Investitionsschutzabkommen, die der Gaststaat mit anderen Staaten geschlossen hat, die für ihn günstigsten Schutzstandards in Anspruch nehmen. Daher konnte sich die Siemens AG in einem Investitionsstreit mit Argentinien auf eine Regelung im argentinisch-chilenischen Investitionsschutzabkommen berufen, nach der die Erschöpfung des innerstaatlichen Rechtswegs im Unterschied zum deutsch-argentinischen Abkommen keine Voraussetzung für die Anrufung eines Schiedsgerichts nach dem ICSID-Übereinkommen war (Siemens AG v. Argentine Republik, ICSID Case No. ARB/02/8).

- Inländerbehandlung (national treatment) 58

Zum Investitionsschutz gehört auch das aus dem WTO-Recht bekannte Prinzip der Inländerbehandlung. Ein ausländischer Investor darf gegenüber inländischen Investoren in vergleichbaren Situationen nicht schlechter behandelt werden. Verboten sind sowohl rechtliche als auch faktische Ungleichbehandlungen.

- Gerechte und billige Behandlung (fair and equitable treatment) 59

Der Standard der gerechten und billigen Behandlung gewährleistet, dass der Gaststaat berechtigte Erwartungen eines Investors nicht enttäuscht, indem er sich zu einer diesem gegenüber gemachten Zusicherung widersprüchlich verhält. Ausprägungen dieses Schutzstandards sind das Transparenzgebot, der Vertrauensschutz und ein Mindestmaß an Rechtssicherheit. Die Verletzung dieses Standards wird in Investitionsschutzverfahren häufig geltend gemacht. So erhob beispielsweise das schwedische Energieunternehmen Vattenfall Schiedsklage gegen die Bundesrepublik Deutschland vor einem Schiedsgericht nach dem ICSID-Übereinkommen wegen der nachträglichen Verschärfung von Umweltauflagen beim Bau des Kohlekraftwerks Hamburg-Moorburg (Vattenfall AB and others v. Federal Republic of Germany, ICSID Case No. ARB/09/6). Das Schiedsverfahren endet mit einem Vergleich.

60 ▪ Umfassender Schutz und Sicherheit (full protection and security)

Die Gewährleistung von umfassendem Schutz und Sicherheit soll Lücken schließen, die von den bereits erwähnten Schutzstandards nicht erfasst werden. Solche Schutzlücken können entstehen, wenn nicht der Gaststaat selbst, sondern andere Personengruppen – zum Beispiel Aufständische – ausländische Investitionen beeinträchtigen. Jedoch verpflichtet dieser Standard den Gaststaat nur zu den ihm möglichen und zumutbaren Handlungen.

61 ▪ Gewinntransfer (transfer of funds)

Soll sich eine ausländische Investition rentieren, so muss ein Investor das mit seinen Investitionen im Zusammenhang stehende Kapital frei transferieren können. Der Standard des Gewinntransfers soll verhindern, dass der Gaststaat eine ausländische Investition an die Bedingung knüpft, den dadurch erzielten Gewinn im Gaststaat zu belassen.

62 ▪ Schirmklauseln (umbrella clauses)

Durch eine Schirmklausel verpflichtet sich der Gaststaat, dass er sämtliche Verpflichtungen, die er gegenüber einem Investor eingegangen ist, einhalten wird. Dies umfasst Verpflichtungen aus Investor-Staat-Verträgen oder aus sonstigen Zusicherungen. Mithilfe einer Schirmklausel kann der Investor diese Verpflichtungen vor einem internationalen Schiedsgericht geltend machen, sofern das Investitionsschutzabkommen zwischen seinem Heimatstaat und dem Gaststaat diese Möglichkeit vorsieht.

III. Streitbeilegung durch internationale Schiedsgerichte

63 Investitionsschutzabkommen enthalten regelmäßig Bestimmungen, nach denen Streitigkeiten zwischen einem ausländischen Investor und seinem Gaststaat durch internationale Schiedsgerichte beigelegt werden. Diese gewähren dem Investor – im Unterschied zur Ausübung diplomatischen Schutzes – ein **eigenes Klagerecht**, dem zufolge er die Verletzung von Schutzstandards unabhängig von seinem Heimatstaat und dessen außenpolitischen Interessen geltend machen kann. Zuständig sind entweder institutionelle Schiedsgerichte oder ad hoc gebildete Schiedsgerichte.

64 Besondere Bedeutung kommt hierbei dem **Internationalen Zentrum zur Beilegung von Investitionsstreitigkeiten** (International Centre for Settlement of Investment Disputes, ICSID) zu, das 1965 von der Weltbankgruppe mit Sitz in Washington D. C. ins Leben gerufen wurde. Es unterstützt die Beilegung von Streitigkeiten zwischen Investoren und Staaten im Rahmen von Investitionsschutzabkommen, indem es ihnen Verfahrensregeln, Räumlichkeiten und administrative Unterstützung bietet. Dem ICSID-Übereinkommen sind mittlerweile 156 Staaten (Stand: Mai 2022) einschließlich der Bundesrepublik Deutschland beigetreten, so dass es für die Beilegung von Investitionsstreitigkeiten einen multilateralen Rahmen von globaler Bedeutung bildet.

65 Investitionsschutzverträge enthalten häufig Gabelungsklauseln, nach denen ein Investor entweder den innerstaatlichen Rechtsweg beschreiten oder ein internationales Schiedsgericht anrufen kann. Demzufolge muss er sich entscheiden, ob er vor einem staatlichen Gericht oder vor einem Schiedsgericht die Verletzung von Investitionsschutzstandards geltend macht. Zudem gilt nach Art. 26 Abs. 1 ICSID-Übereinkommen die Zustimmung der Parteien zum ICSID-Schiedsverfahren als Verzicht auf andere Rechtsbehelfe, so dass auch die Gewährung diplomatischen Schutzes durch den Heimatstaat des Investors ausgeschlossen ist.

Ein ICSID-Schiedsspruch kann einen Ausspruch zur Rechtswidrigkeit einer staatlichen Maßnahme, zu Schadensersatz oder auch zu einer Entschädigungszahlung enthalten. Nach Art. 53 Abs. 1 ICSID-Übereinkommen sind die Schiedssprüche für die Parteien eines Investitionsschutzabkommens bindend. Aus ihnen kann nach Art. 54 ICSID-Übereinkommen in jedem Vertragsstaat vollstreckt werden, ohne dass sie einer inhaltlichen Nachprüfung durch die staatlichen Gerichte unterliegen. 66

Darüber hinaus kann ein ausländischer Investor seine nichtkommerziellen Risiken versichern. Hierzu wurde 1985 die **Multilaterale Investitions-Garantie-Agentur** (Multilateral Investment Guarantee Agency, MIGA) geschaffen, die finanzielle Verluste infolge von Enteignungen, Beschränkungen des Devisentransfers, Vertragsverletzungen durch die Regierung des Gaststaates sowie Kriege und Bürgerkriegsunruhen absichern soll. Darüber hinaus gewährt die Bundesrepublik Deutschland aus Mitteln des Bundeshaushalts Garantien für ausländische Direktinvestitionen. Mit der Schadensliquidation erwirbt der deutsche Staat die Ansprüche des Investors gegen den Gaststaat, die er sodann auf völkerrechtlicher Ebene geltend machen kann. 67

Zur Vertiefung:

Herdegen, Internationales Wirtschaftsrecht, 12. Aufl. 2020, § 23; *Kläger*, Einführung in das internationale Enteignungs- und Investitionsrecht, JuS 2008, 969 ff.; *Krajewski*, Wirtschaftsvölkerrecht, 5. Aufl. 2021, Rn. 532 ff.; *Reinisch* in: Tietje/Nowrot (Hrsg.), Internationales Wirtschaftsrecht, 3. Aufl. 2022, § 9; *Schöbener/Herbst/Perkams*, Internationales Wirtschaftsrecht, 2010, §§ 14–21.

§ 4 Internationales Währungs- und Finanzrecht

Das Funktionieren der internationalen Wirtschaftsordnung hängt maßgeblich von einem funktionierenden Kapital- und Zahlungsverkehr ab. Hierzu wurden 1944 auf der Konferenz von Bretton Woods in den USA der Internationale Währungsfonds und die Weltbank gegründet. 68

I. Der Internationale Währungsfonds

Der Internationale Währungsfonds (International Monetary Fund, IWF/IMF) ist eine Sonderorganisation der Vereinten Nationen mit Sitz in Washington D. C. Er wurde anlässlich des Zusammenbruchs des Weltwährungssystems während des Zweiten Weltkriegs gegründet und besteht mittlerweile aus 190 Mitgliedstaaten (Stand: Mai 2022). 69

Zur Kernaufgabe des IWF zählt die **Vergabe von Krediten an seine Mitglieder**. Hierzu hat er verschiedene Kreditinstrumente entwickelt. Die in der Praxis am häufigsten vergebenen Kredite sind sog Stand-By-Arrangements, die mit einer maximalen Laufzeit von 36 Monaten der Überbrückung kurzfristiger Zahlungsbilanzprobleme dienen. Darüber hinaus vergibt der IWF auch spezielle Kredite an hochverschuldete Staaten. Die Inanspruchnahme eines Kredits ist an Bedingungen in Form von Strukturanpassungsprogrammen geknüpft. Diese können die Kürzung von Staatsausgaben, die Liberalisierung des Bankwesens oder auch die Privatisierung öffentlicher Einrichtungen vorsehen. Erfüllt ein Mitgliedstaat diese Bedingungen nicht, kann er von der Vergabe künftiger Kredite ausgeschlossen werden. 70

Außerdem überwacht der IWF die Wirtschafts- und Finanzpolitik seiner Mitglieder. Jeder Mitgliedstaat muss durch geeignete Maßnahmen dafür Sorge tragen, dass sich 71 seine Währung im Verhältnis zu den Währungen der anderen Mitglieder innerhalb enger Margen bewegt. Dadurch sollen staatliche Währungsmanipulationen vermieden werden, die nationalen Wirtschaftsräumen Wettbewerbsvorteile verschaffen. Hierzu erstellt der IWF regelmäßig Berichte, in denen er die von den Mitgliedstaaten ergriffenen arbeits- und sozialpolitischen Maßnahmen einschätzt und ihnen Verbesserungsvorschläge unterbreitet. Allerdings verfügt der IWF über keine wirksamen Sanktionsmechanismen.

72 Jeder Mitgliedstaat zahlt bei seinem Beitritt an den IWF als Einlageverpflichtung einen bestimmten Geldbetrag, die sog **Quote**. Diese bemisst sich nach seiner volkswirtschaftlichen Leistungsfähigkeit und bestimmt seine Anteile am Fonds als gemeinsamem Währungspool. Diese Quoten werden regelmäßig überprüft und gegebenenfalls angepasst. Die größten Quoten halten derzeit die USA mit 17,43 Prozent, Japan mit 6,47 Prozent, China mit 6,40 Prozent und Deutschland mit 5,59 Prozent (Stand: Mai 2022). Die Zuteilung der Quoten wird in Sonderziehungsrechten (SZR) ausgedrückt. Als Recheneinheit dient ein Korb von Leitwährungen, nämlich der US-Dollar, der Euro, der japanische Yen, das britische Pfund Sterling und der chinesische Renminbi. Der tagesaktuelle Wert eines SZR beruht auf den Umtauschraten dieser Leitwährungen. Beispielsweise entsprach am 10.5.2022 ein SZR 1,2554 Euro.

73 Die Quoten bestimmen auch die Stimmrechte im **Gouverneursrat** als oberstem Organ des IWF, in den jeder Mitgliedstaat einen Gouverneur und einen Stellvertreter entsendet. Diese sind in der Regel der Präsident der Notenbank und der Finanzminister. Der einmal jährlich tagende Gouverneursrat entscheidet über die Aufnahme neuer Mitglieder, setzt die Quote jedes Mitgliedstaates im gemeinsamen Währungspool fest und teilt Sonderziehungsrechte zu. Indem sich die Stimmen nach Quoten richten, haben finanzstarke Staaten einen größeren Einfluss auf die Politik des IWF. Weiteres Organ des IWF ist das aus 24 Mitgliedern bestehende Exekutivdirektorium, dem der geschäftsführende Direktor vorsteht. Es ist für die Geschäftsführung des IWF verantwortlich und übt die ihm durch den Gouverneursrat übertragenen Befugnisse aus.

II. Die Weltbankgruppe

74 Die Weltbankgruppe besteht aus **fünf folgenden Organisationen**, denen jeweils eigene Rechtspersönlichkeit zukommt: der Internationalen Bank für Wiederaufbau und Entwicklung, der Internationalen Finanzkorporation, der Internationalen Entwicklungsorganisation, dem Internationalen Zentrum für die Beilegung von Investitionsstreitigkeiten und der Multilateralen Investitions-Garantie-Agentur. Diese Organisationen der Weltbankgruppe sind durch einen gemeinsamen Präsidenten und durch verwaltungsmäßige Verflechtungen verbunden. Ihre gemeinsame Aufgabe besteht in der Förderung und der wirtschaftlichen Entwicklung von weniger entwickelten Mitgliedstaaten durch finanzielle und technische Hilfen.

II. Die Weltbankgruppe

Abbildung 3: Aufbau der Weltbankgruppe

Die ebenso wie der IWF 1944 auf der Konferenz von Bretton Woods gegründete Internationale Bank für Wiederaufbau und Entwicklung (International Bank for Reconstruction and Development, IBRD) ist die **eigentliche Weltbank**. Mitglieder können nur solche Staaten sein, die zugleich Mitglieder des IWF sind. Die Weltbank ist eine multinationale Entwicklungsbank und hatte ursprünglich den Zweck, den Wiederaufbau der vom Zweiten Weltkrieg in Mitleidenschaft gezogenen Staaten zu finanzieren. Nunmehr stellt sie für ihre Mitglieder Finanzierungsinstrumente für langfristige staatliche Entwicklungs- und Aufbauprojekte bereit. Die Förderungsschwerpunkte liegen im Transportsektor, in der Land- und Forstwirtschaft und im allgemeinen industriellen Aufbau. Die Finanzierung der Weltbank erfolgt über Kapitalanlagen der Mitgliedstaaten und über die internationalen Kapitalmärkte.

Dagegen hat die 1956 gegründete Internationale Finanzkorporation (International Finance Corporation, IFC) die Aufgabe, private Entwicklungsvorhaben zu finanzieren, was der Weltbank selbst verboten ist. Die 1960 gegründete Internationale Entwicklungsorganisation (International Development Association, IDA) gewährt Kredite an finanziell sehr schwache Entwicklungsländer, die auf dem Kapitalmarkt oder zu den üblichen Bedingungen der Weltbank keine Kredite aufnehmen können. Die Kredite der IDA sind unverzinslich und haben eine Laufzeit von 50 Jahren. Dadurch soll die Bevölkerung mit Nahrungsmitteln und Medikamenten grundversorgt werden.

Das bereits erwähnte Internationale Zentrum zur Beilegung von Investitionsstreitigkeiten (International Centre for Settlement of Investment Disputes, ICSID), gegründet 1966, unterstützt die Beilegung von Streitigkeiten zwischen Investoren und Staaten im Rahmen von Investitionsschutzabkommen. Die 1985 gegründete Multilaterale Investitions-Garantie-Agentur (Multilateral Investment Guarantee Agency, MIGA) fördert private Investitionen in Entwicklungsländern durch Versicherungen und sonstige Risikoübernahmeverträge.

Zur Vertiefung:
Gramlich, Internationales Wirtschaftsrecht, 2004, S. 249 ff.; *Herdegen*, Internationales Wirtschaftsrecht, 12. Aufl. 2020, § 26; *Krajewski*, Wirtschaftsvölkerrecht, 5. Aufl. 2021, Rn. 740 ff.; *Schlemmer-Schulte/Pohlmann* in: Tietje/Nowrot (Hrsg.), Internationales Wirtschaftsrecht, 3. Aufl. 2022, § 10.

Teil 12: Unternehmenssteuerrecht

Michael Fischer

§ 1 Vielsteuersystem des Steuerstaates 431
§ 2 Besteuerung des Einzelunternehmers 444
§ 3 Besteuerung der Körperschaften, insbes. Kapitalgesellschaften 450
§ 4 Die Besteuerung der Personen(handels)gesellschaft und ihrer Gesellschafter 463
§ 5 Gewerbesteuer 472

§ 1 Vielsteuersystem des Steuerstaates

I. Einleitung

Der Staat benötigt Finanzmittel zur Bewältigung seiner vielfältigen Aufgaben. Dazu kann er Abgaben (Steuern, Beiträge, Gebühren) erheben, sich selbst erwerbswirtschaftlich betätigen, Kredite aufnehmen oder Geld schöpfen. In einem marktwirtschaftlichen System sind Steuern die wichtigste Form der Staatsfinanzierung. Steuern sind von einem öffentlich-rechtlichen Gemeinwesen als Geldleistungen erhobene Zwangsabgaben, die keinen Anspruch auf eine Gegenleistung auslösen. Die Bundesrepublik Deutschland ist vor diesem Hintergrund ein **Steuerstaat**, dh die staatlichen Bedürfnisse werden größtenteils[1] durch Steuern gedeckt.[2] 2021 lagen die kassenmäßigen Steuereinnahmen bei ca. 833 Mrd. EUR (2017: 734 Mrd. EUR; 2010: 530 Mrd. EUR). In den steigenden Steuereinnahmen lässt sich erkennen, dass die Grundidee des geltenden Steuerrechts einem marktwirtschaftlichen System verhaftet ist: Je mehr die Steuerbürger erwirtschaften und damit verdienen und im Anschluss konsumieren können, desto höher sind die Staatseinnahmen.

Die Höhe des staatlichen Finanzbedarfs hängt von der Ausgabenseite ab, dh vom Umfang der staatlich zu bewältigenden Aufgaben. Welche Aufgaben der Staat als „seine" definiert, wird in einer pluralistischen Demokratie von den politischen Mehrheitsverhältnissen bestimmt. Da auch demokratische Politiker ökonomischem Denken folgen,[3] namentlich wiedergewählt werden wollen, besteht die Tendenz, dass höhere Einnahmen zu höheren Ausgaben (zB in Form von Wahlkampfgeschenken an die jeweilige Wählerklientel) führen.

Aus Sicht des einzelnen Steuerbürgers sind Steuern ein Eingriff in seine Freiheitsbetätigung. Steuerrecht ist damit **Eingriffsrecht**. Jede wirtschaftliche Betätigung des Steuerbürgers, ob Investieren, Sparen oder Konsumieren, wird von der Besteuerung beeinflusst, ihr Umfang hängt von der Höhe der Gesamtsteuerbelastung ab. Je weiter der Staat eingreift, desto totalitärer wird das System. Nur wenn der Staat auf der Ausgabenseite spart, eröffnen sich Spielräume für eine steuerliche Entlastung der Steuerbürger.

Als für den Steuereingriff geeignete Steuergüter haben sich die dynamischen Stromgrößen „Einkommen" (Vermögenszugang) und „Konsum" (Güterverbrauch) etabliert. Die mit Abstand aufkommensstärksten Steuern sind die Einkommen- und die Um-

---

[1] Die wichtigsten nichtsteuerlichen Abgaben sind die Sozialversicherungsbeiträge, die sich 2021 auf ca. 774 Mrd. EUR summierten.
[2] Seer, in: Tipke/Lang, Steuerrecht, Kap. 1 Rn. 1.5 mwN.
[3] Vgl. zur Theorie des sog Public Choice Brennan, FA 1999, 67 ff.

satzsteuer, die knapp 2/3 zum Gesamtsteueraufkommen beitragen. Das Vermögen als statische Besteuerungsgröße wird gegenwärtig nur partiell besteuert, etwa mit der Grundsteuer, oder im Zusammenhang mit sog Großerwerben (> 26 Mio. EUR) von Betriebsvermögen bei der Erbschaftsteuer, weil die sog Verschonungsbedarfsprüfung nach § 28a ErbStG auch dem Erwerber bereits gehörendes Vermögen berücksichtigt. Eine allgemeine Vermögensteuer wird zurzeit nicht erhoben, ist aber Gegenstand der gegenwärtigen rechtspolitischen (Umverteilungs-)Debatte.

5 Gegenwärtig gibt es in der Bundesrepublik über 30 verschiedene **Steuerarten**. Für die hohe Anzahl ist ursächlich, dass der Steuergesetzgeber verstärkt spezielle Verbrauch- und Aufwandsteuern eingeführt hat, die neben der Umsatzsteuer als allgemeiner Verbrauchsteuer auf das konsumierbare Einkommen abzielen. Fiskalisch besonders bedeutsam sind die Energie-, Tabak- und Stromsteuer, deren Ertrag dem Bund zusteht. Weitere Verbrauchsteuern des Bundes sind die Kaffee-, Alkopop-, Schaumwein- und Zwischenerzeugnissteuer. Den Bundesländern steht die Biersteuer zu, die Gemeinden können örtliche Verbrauch- und Aufwandsteuern (zB Hundesteuer, Jagd- und Fischereisteuer, Zweitwohnungssteuer) erheben. Schließlich sind noch spezielle Verkehrssteuern zu erwähnen, welche die nicht konsumtive Vermögensumschichtung betreffen (zB Versicherungssteuer, Grunderwerbsteuer, Kfz-Steuer, Luftverkehrsteuer).

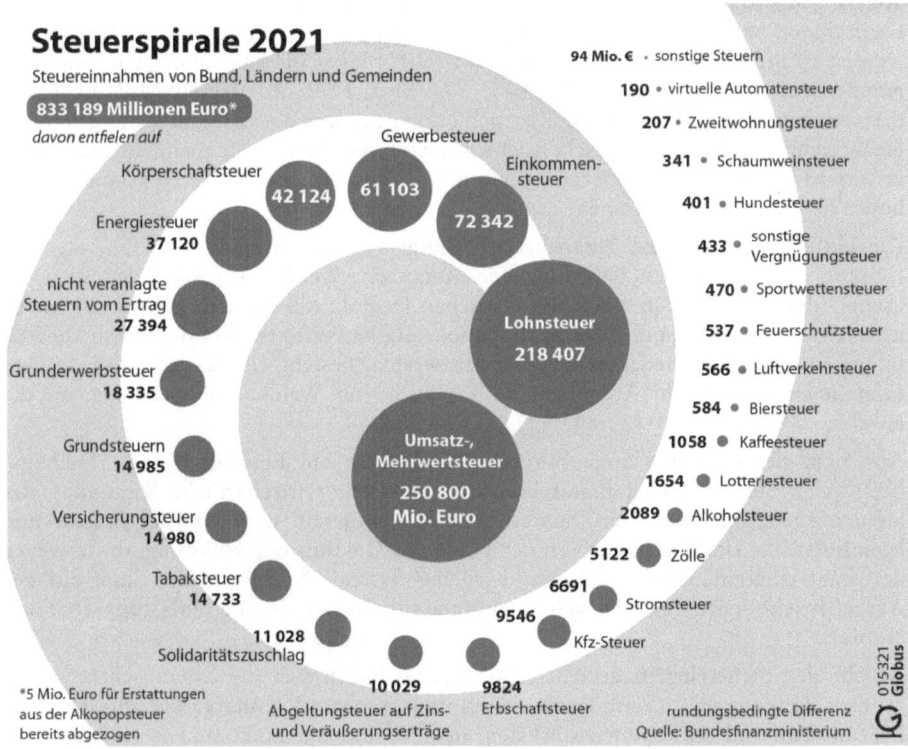

II. Rechtsquellen

Zu den Rechtsquellen des (Unternehmens-)Steuerrechts gehören die Finanzverfassung des Grundgesetzes, Parlamentsgesetze und Rechtsverordnungen, Völkerrecht, namentlich völkerrechtliche Verträge (sog Doppelbesteuerungsabkommen), supranationales Recht und kommunale Satzungen.

6

Die steuerrechtlichen Eingriffstatbestände sind in den Einzelsteuergesetzen geregelt (zB EStG, KStG, GewStG, ErbStG). Man spricht von dem sog besonderen Steuerrecht, das vom **allgemeinen Steuerrecht**, also Steuernormen, die für alle Steuergebiete gelten, ergänzt wird. Zu letzterem zählen etwa die Abgaben- und Finanzgerichtsordnung. In der Abgabenordnung (AO) wird namentlich die Ermittlung des relevanten Sachverhalts, die Steuerfestsetzung, die Steuererhebung und deren zwangsweise Durchsetzung durch die Finanzbehörden geregelt. Dort finden sich auch die einschlägigen Straftatbestände der Steuerhinterziehung. Es handelt sich um formelle Gesetze des Bundes (auch wenn die Ertragshoheit bei den Ländern liegt), wobei die meisten Einzelsteuergesetze durch Rechtsverordnungen ergänzt werden (zB EStDV, KStDV, GewStDV, ErbStDV).

7

Die **Einzelsteuergesetze des besonderen Steuerrechts** sind eingebettet in die Finanzverfassung des Grundgesetzes (Art. 104 ff. GG). Dort finden sich neben der Gesetzgebungshoheit auch Regelungen über die sog Ertragshoheit von Bund, Ländern und Gemeinden, und die Verwaltungshoheit. Die aufkommensstärksten Steuern (Einkommen- und Umsatzsteuer) sind sog Gemeinschaftssteuern, dh deren Steueraufkommen (ca. 2/3 des Gesamtsteueraufkommens) stehen Bund, Ländern und Gemeinden nach einem Verteilungsschlüssel gemeinsam zu. Daraus folgt für die Gesetzgebungshoheit, dass die entsprechenden Bundesgesetze vom Bundestag nur mit Zustimmung des Bundesrates geändert werden dürfen. Wenn die politischen Mehrheiten im Bundesrat von denjenigen im Bundestag abweichen, kann der Bundesrat beschlossene Steuererhöhungen bzw. Steuersenkungen blockieren. Erst recht wird es vor diesem Hintergrund schwierig, grundlegende Reformen des Steuersystems anzugehen. Über die Abschaffung der Gewerbesteuer mag sich die Wissenschaft seit einem halben Jahrhundert überwiegend einig sein, allein politisch dürfte dies auch für die nächsten Jahrzehnte nicht mehrheitsfähig sein.

8

Für Deutschland als Exportnation spielt die (zusätzliche) **Besteuerung durch ausländische Staaten** eine zentrale Rolle (Konstellation der sog Outbound-Besteuerung). Aufgrund des Umstandes, dass die Bundesrepublik für jeden in Deutschland wohnhaften Unternehmer (vgl. § 8 AO) und für jede Kapitalgesellschaft mit Satzungssitz (vgl. § 11 AO) oder Geschäftsleitung (vgl. § 10 AO) im Inland die Besteuerung von dessen Welteinkommen beansprucht, stellt sich das Problem der (doppelten) Besteuerung derselben Einkünfte durch zwei Staaten bereits dann, wenn der ausländische Staat das Tätigwerden von in Deutschland unbeschränkt steuerpflichtigen Unternehmern zum Anlass für eine Besteuerung der im ausländischen Staat erzielten Einkünfte nimmt. Die deutschen Steuergesetze reagieren darauf zunächst unilateral, indem unter besonderen Voraussetzungen eine Anrechnung der im Ausland gezahlten Steuer auf die deutsche Steuer in Betracht kommt (vgl. § 34c EStG, § 26 KStG). Mit den allermeisten Staaten (außer sog Steueroasen) hat die Bundesrepublik aber ergänzend sog **Doppelbesteuerungsabkommen (DBA)** abgeschlossen. Es handelt sich dabei um völkerrechtliche Verträge zwischen zwei Völkerrechtssubjekten, welche die Aufteilung des Steueraufkommens zwischen den beiden Staaten zum Gegenstand haben. OECD-Staaten orientieren sich dabei am OECD-Musterabkommen. Wenn Staaten nicht der OECD angehören

9

(zB die sog BRIC-Staaten Brasilien, Russland, Indien, China), werden die Angelegenheiten komplizierter. Mit Brasilien besteht seit mehreren Jahren kein DBA mehr, weil man sich über die allgemeinen Prinzipien nicht einigen kann.

10 Wenn es im sog Outbound-Fall zu einer Besteuerung durch den ausländischen Staat kommt, stellt sich für den in Deutschland unbeschränkt steuerpflichtigen Unternehmer die Frage, ob bei einer niedrigeren Besteuerung im Ausland eine ergänzende inländische Besteuerung im Wege der Anrechnung der ausländischen Steuer auf die deutsche Steuer stattfindet (sog Anrechnungsmethode) oder ob die ausländischen Einkünfte von einer weiteren deutschen Steuerbelastung freigestellt werden (sog Freistellungsmethode). In letzterem Fall spricht man von sog Kapitalimportneutralität, weil die Besteuerung (ausschließlich) zu den am Ort der wirtschaftlichen Betätigung geltenden steuerlichen Bedingungen erfolgt. Ob die Anrechnungs- oder Freistellungsmethode für im Ausland steuerpflichtige sog Betriebsstättengewinne vollständig oder teilweise gilt, wird in den einzelnen DBA konkret und teils unterschiedlich geregelt. Erfolgt die unternehmerische Investition im Ausland über eine ausländische (nicht unbeschränkt steuerpflichtige) Körperschaft iSd § 1 Abs. 1 KStG, werden die ausländischen Gewinne in dem ausländischen Steuersubjekt (vorbehaltlich der sog Hinzurechnungsregelungen der §§ 7 ff. AStG) vor dem Zugriff des deutschen Fiskus abgeschirmt. Im Falle einer späteren „Repatriierung" durch Dividendenausschüttung an eine unbeschränkt steuerpflichtige Mutter-Kapitalgesellschaft sind die Gewinne regelmäßig zu 95 % steuerfrei (vgl. § 8b Abs. 1, Abs. 5 KStG, § 9 Nr. 7 GewStG), bei natürlichen Personen kommt das sog Teileinkünfteverfahren nach § 3 Nr. 40 EStG zum Zuge, wonach 40 % der Ausschüttung steuerfrei sind.

11 Im Fokus der gegenwärtigen Diskussion steht die Ausweitung bzw. partielle Ersetzung des traditionellen Betriebsstättenbegriffs, damit ausländische Staaten überhaupt bzw. mehr an der Wertschöpfung in Deutschland (auf Kosten des deutschen Fiskus) partizipieren können.[4] Umgekehrt erhofft sich der deutsche Fiskus, an der Wertschöpfung ausländischer Unternehmer zu profitieren (Konstellation der sog Inbound-Besteuerung ausländischer Unternehmen über deren beschränkte Steuerpflicht in der Bundesrepublik). Unter dem Stichwort „Base Erosion and Profit Shifting" (BEPS) – der Gewinnverkürzung und Gewinnverlagerung durch gezielte Steuergestaltung – wurde zB über eine „digitale" Betriebsstätte diskutiert, mit der man namentlich digitale Dienstleistungen von US-Unternehmen wie Alphabet mit Google, Amazon, Apple, Facebook, Paypal, Netflix, usw direkt besteuern möchte.[5] Bereits im Jahr 2016 erfolgte in diesem Zusammenhang die Gründung des sog "Inclusive Framework on BEPS", in dessen Rahmen mehr als 140 Staaten in einem konsensualen und koordinierten Verfahren an der Ausgestaltung eines Aktionsplans zur Vermeidung der gezielten Gewinnverkürzungen und Gewinnverlagerungen arbeiten.[6] Wesentliche Zwischenergebnisse dieser Bemühungen sind die sog. „Säule 1" bzw. „Pillar One" sowie die angestrebte Implementierung einer Globalen Mindestbesteuerung als sog. „Säule 2" bzw. „Pillar Two". Die seit Ende 2021 durch den „Inclusive Framework" verabschiedete „Pillar One" zielt auf eine Neuordnung der internationalen Besteuerungsrechte zugunsten der Markt- bzw. Kundenstaaten ab. Bei multinationalen Unternehmen mit einem Umsatz

---

4 Vgl. etwa für Besteuerung sog technischer Dienstleistungen mithilfe einer indischen Quellensteuer näher Ruh/Bairagra, IWB 2018, 24 ff.
5 Zum Richtlinienvorschlag der EU v. 21.3.2018 vgl. Haase, Ubg. 2018, 259 ff.
6 Schön, IStR 2022, 181, 183.

von mehr als 20 Mrd. Euro, deren Umsatzrendite 10 % übersteigt, soll künftig ein Viertel des über diese Umsatzrendite hinausgehende Mehrgewinns in den Sitzstaaten der Kunden versteuert werden. Eine Beschränkung des Anwendungsbereichs auf Unternehmen mit digitalen Dienstleistungen ist hingegen nicht (mehr) vorgesehen.[7] Noch deutlich weitreichender sind die ebenfalls seit Ende 2021 vorliegenden Vorschläge für die sog. „Pillar Two" zur Einführung einer globalen Mindeststeuer in Höhe von 15 % für alle Gewinne von international tätigen Unternehmen, die eine Umsatzschwelle von 750 Mio. Euro überschreiten.[8] Werden Unternehmensgewinne in einem Staat danach nicht oder nicht in ausreichender Höhe besteuert, sollen den anderen beteiligten Staaten Besteuerungsrechte zugewiesen werden.[9] Im Ergebnis soll durch verschiedene Besteuerungstechniken – insbesondere durch die sog. „Income Inclusion Rule (IIR) – die Berechnung und Zuordnung einer zusätzlichen Steuer (sog. „Top-Up Tax") dergestalt erfolgen, dass primär auf Ebene der Konzernobergesellschaft ein zusätzlicher Steuerbetrag in Höhe der Differenz zwischen der niedrigen effektiven Steuerbelastung einer Konzerngesellschaft und dem angestrebten Mindeststeuersatz zu entrichten ist.[10]

Eine letzte wichtige Rechtsquelle bildet das **EU-Recht.** Im Grundsatz existiert auf dem Gebiet der direkten (Unternehmens-)Steuern ein Wettbewerb zwischen den Unionsstaaten, der sich unter anderem in niedrigeren Steuersätzen in den meisten EU-Staaten widerspiegelt. Es gibt also – anders als im Bereich der (indirekten) Verbrauchsteuern – keinen Harmonisierungsauftrag im Unionsvertrag, weswegen Sekundärrecht nur punktuell – unter der Voraussetzung der Einstimmigkeit aller Unionsstaaten – in Form von Richtlinien vorhanden ist (zB Amtshilfe und Informationsaustausch,[11] Meldepflicht für grenzüberschreitende Gestaltungen,[12] Bekämpfung von Steuervermeidungspraktiken mit unmittelbaren Auswirkungen auf das Funktionieren des Binnenmarktes,[13] Mutter-Tochter-Richtlinie,[14] Lizenz-Richtlinie).[15] Deutschland setzt sich seit Jahren besonders für eine Richtlinie zur gemeinsamen konsolidierten Körperschaftsteuer-Bemessungsgrundlage (GKKB)[16] ein.[17] Andere (kleinere) Unionsstaaten sehen den Steuerwettbewerb mit niedrigen Steuersätzen allerdings als einen Vorteil im Standort-Wettbewerb um ausländische Investoren. Dennoch hat die EU-Kommission im Dezember 2021 einen Richtlinienvorschlag zur einheitlichen und verpflichtenden Umsetzung der globalen Mindestbesteuerung nach „Pillar Two" in der Europäischen Union vorgelegt[18] und weitere Maßnahmen auch im Hinblick auf „Pillar One" angekündigt.[19]

Keine Rechtsquelle sind die weit **über 40.000 Verwaltungsanweisungen der Finanzverwaltung** in Form von Richtlinien (zB EStR, KStR, GewStR), Erlassen und Schreiben des Bundesfinanzministeriums (BMF-Schreiben), Erlassen der Bundesländer sowie übergeordneter Finanzbehörden. Verwaltungsanweisungen geben das Verständnis der

---

7 Schön, IStR 2022, 181, 187.
8 Schön, IStR 2022, 181, 188, Wünnemann, IStR 2021, 73, 77.
9 Wünnemann, IStR 2021, 73, 77.
10 Schön, IStR 2022, 181, 188, Wünnemann, IStR 2021, 73, 77.
11 RL 2016/881/EU v. 25.6.2016.
12 RL 2018/822/EU v. 25.5.2018.
13 RL 2016/1164 v. 12.7.2016 (Anti-Tax-Avoidance Directive I: „ATAD I") sowie RL 2017/952/EU v. 29.5.17 ("ATAD II").
14 RL 2011/96/EU v. 30.11.2011.
15 RL 2003/49/EG v. 3.6.2003.
16 EU-Kommission, Vorschlag v. 25.10.2016, COM/2016/685 final (2016/0337(CNS)).
17 Vgl. Spengel/Stutzenberger, IStR 2018, 37.
18 EU-Kommission, Vorschlag v. 22.12.2021, COM/2021/823 final (2021/0433(CNS)).
19 Kritisch hierzu Schön, IStR 2022, 181, 183 f.

Verwaltung zur Auslegung des Gesetzes wider. Sie sind keine Rechtsquelle und für Gerichte nicht verbindlich. Nichtsdestoweniger kommt ihnen für die Praxis der Rechtsanwendung überragende Bedeutung zu. Der Steuerpflichtige, dessen Rechtsverständnis im Einklang mit den Verwaltungsanweisungen steht, wird sich gegenüber der Finanzverwaltung faktisch auf deren Verbindlichkeit für die Verwaltung berufen können. Widerspricht sein Rechtsverständnis demjenigen der Finanzverwaltung, ist im Regelfall der langwierige, kostspielige und für das Ergebnis ungewisse Weg zum Finanzgericht und gegebenenfalls zum BFH als Revisionsinstanz vorprogrammiert. Überdies muss der Steuerpflichtige bei Steuererklärungen zur Vermeidung einer Steuerstraftat den Sachverhalt offenlegen, den er rechtlich abweichend von der Finanzverwaltung würdigt, um der Finanzbehörde eine eigene Beurteilung zu ermöglichen.[20]

III. Tatbestandsmäßigkeit der Besteuerung

1. Steueranspruch des Einzelsteuergesetzes

14 Der Grundsatz der Tatbestandsmäßigkeit der Besteuerung bringt zum Ausdruck, dass für die Erhebung einer Steuer eine Rechtsnorm als Ermächtigungsgrundlage erforderlich ist, welche die Voraussetzungen für die Begründung der Steuerpflicht im Einzelnen regelt. Der Grundsatz beruht auf dem verfassungsrechtlichen Gesetzesvorbehalt (vgl. Art. 20 Abs. 3 GG), der verlangt, dass jede steuerliche Eingriffsnorm letztlich auf ein formelles, von der Volksvertretung, der die Gesetzgebungskompetenz zusteht, verabschiedetes Gesetz zurückzuführen ist. Einer förmlichen Legitimation durch Gesetz bedarf es schon deshalb, weil das Steuerrecht – wie es das BVerfG[21] formuliert hat – von der Idee der „primären Entscheidung des Gesetzgebers über die Steuerwürdigkeit bestimmter generell bezeichneter Sachverhalte" getragen werde und dementsprechend „aus dem Diktum des Gesetzgebers" lebe.

15 Der vermögensrechtliche Steueranspruch auf Geldleistungen aus den Einzelsteuergesetzen (EStG, KStG, GewStG, etc) ist der zentrale Gegenstand des Steuerschuldverhältnisses, das in den §§ 33 bis 77 AO – wenn auch nur unvollständig – geregelt ist. Die Ansprüche aus dem Steuerschuldverhältnis entstehen, soweit der jeweilige Tatbestand verwirklicht wird, an den das Gesetz die Leistungspflicht knüpft (§ 38 AO). Der Steueranspruch ist Kehrseite der Schuld. Er ist der abstrakte Anspruch des Steuergläubigers gegen den Steuerschuldner auf die Zahlung der Steuer iSd § 3 Abs. 1 AO. Steuergläubiger ist der Inhaber der Ertragshoheit. Die Steuerschuldnerschaft richtet sich nach den Bestimmungen der Einzelsteuergesetze.

2. Tatbestandsmerkmale

16 Der Steuertatbestand der Einzelsteuergesetze ist der Inbegriff der Tatbestandsmerkmale, die das Entstehen des Steueranspruchs begründen. Die Steuertatbestände sind durchweg überaus kompliziert und setzen sich regelmäßig aus zahlreichen positiven (steuerbegründenden, steuererhöhenden) und negativen (steuermindernden) Elementen zusammen. Hinzu kommen zahlreiche Ausnahmebestimmungen. Jedes Einzelsteuergesetz muss aber Steuersubjekt, Steuerobjekt, Bemessungsgrundlage und Tarif festlegen.

---

20 BGH, Urt. v. 10.11.1999 – 5 StR 221/99, wistra 2000, 137.
21 BVerfG v. 24.1.1962, BVerfGE 13, 318, 328.

III. Tatbestandsmäßigkeit der Besteuerung

Steuerschuldner ist das **Rechtssubjekt eines Steuergesetzes** (Steuersubjekt), dem das Steuerobjekt (Steuergegenstand) dieses Gesetzes kraft gesetzlicher Anordnung zugerechnet wird. Regelmäßig ist das die Person, die den Tatbestand verwirklicht, an den das Gesetz die Leistungspflicht knüpft. Die sog Steuerrechtsfähigkeit[22] des Steuersubjekts ist eine von der zivilrechtlichen Rechtsfähigkeit unabhängige[23] Sonder-Rechtsfähigkeit, die je nach Steuerart verschieden sein kann.

Beispiel:
Zivilrechtliche Rechtssubjekte sind natürliche und juristische Personen. Natürliche Personen sind aber kein Steuersubjekt des KStG (sondern des EStG) und umgekehrt sind juristische Personen kein Steuersubjekt des EStG (sondern des KStG). (Rechtsfähige) Personengesellschaften sind de lege lata keine juristischen und keine natürlichen Personen. Sie fallen nicht in den subjektiven Anwendungsbereich des KStG oder des EStG.

Werden aus der allgemeinen Bestimmung des Kreises der Steuerschuldner bestimmte Steuerschuldner ausgenommen, so dass ihnen das Steuerobjekt nicht zugerechnet wird und folglich die angeordnete Rechtsfolge für sie (ausnahmsweise) nicht eintritt, so spricht man von subjektiver oder persönlicher Steuerbefreiung (vgl. zB § 5 KStG; § 3 GewStG).

Die **Bestimmung des Steuergläubigers** gehört zwar zum Steuertatbestand iwS, denn ohne Gläubiger kann es keinen Anspruch und keine Schuld geben. Wer Steuergläubiger (Steuerberechtigter oder Inhaber der Ertragshoheit) ist, wird jedoch nicht in den Einzelsteuergesetzen geregelt, sondern in der Finanzverfassung.

Das **Steuerobjekt** (= Steuergegenstand) erfasst das Steuergut (oder Besteuerungsgut), das der Gesetzgeber als besteuerungswürdig erkannt und rechtlich normiert hat. Durch die rechtliche Normierung wird das Steuergut zum Steuerobjekt. Steuerobjekt (oder Steuergegenstand) ist das Steuergut mit dem Inhalt und Umfang der Tatbestandsverwirklichung. Zum Steuerobjekt stellt sich die Frage: Was ist steuerbar? Erst danach folgt die Frage: Was ist steuerpflichtig? Steuerpflichtig ist das Steuerobjekt, soweit keine sachliche Steuerbefreiung Platz greift. Werden aus dem Grundtatbestand ieS besondere Tatbestände eliminiert, so dass die angeordnete Rechtsfolge für einen Teil des Steuerobjekts (ausnahmsweise) nicht eintritt, so spricht man von objektiver oder sachlicher Steuerbefreiung (zB §§ 3 ff. EStG; §§ 4 ff. UStG). Zum Steuerobjekt gehören auch Bestimmungen, die bei periodischen Steuern das Steuergut zeitlich abgrenzen.

Das Steuerobjekt ist mit dem Steuergut nicht zwingend deckungsgleich. So bleibt das auf sieben Einkunftsarten begrenzte Steuerobjekt „Einkommen" hinter dem Steuergut „Einkommen" zurück (zB unterliegen Schenkungen dem ErbStG; Lottogewinne sind beim Empfänger überhaupt nicht steuerbar). Steuerobjekt und Steuergut können aus technischen Gründen auch ganz auseinanderfallen. So ist Steuergut der Umsatzsteuer der Verbrauch oder Aufwand durch Nichtunternehmer. Steuerobjekt ist aber der Umsatz der Unternehmer. Tatbestandstechnisch wird das Steuergut in ganz unterschiedlicher Weise erfasst, als Vorgänge wie zB das Einkommen, der Erwerb von Todes wegen, die Schenkung, der Umsatz oder als körperliche Gegenstände wie das Vermögen, der Grundbesitz, Güter des Verbrauchs wie Mineralöle, Strom, Tabakwaren, Bier etc oder als Handlungen wie das Halten eines Kraftfahrzeuges, eines Hundes, einer Zweitwohnung, die Benutzung von Spielautomaten, Tanzveranstaltungen ua Vergnügungen.

---

22 Drüen, in: Tipke/Kruse, AO/FGO, § 33 AO Rn. 25, 33; Seer, in: Tipke/Lang, Kap. 6 Rn. 6.30 f.
23 BFH, Urt. v. 10.5.1961 – V 50/59, HFR 1962, 45.

21 Das quantifizierte Steuerobjekt ist die **Steuerbemessungsgrundlage**. Quantifizierte Berechnungsgrundlagen von Teilen des Steuerobjekts bezeichnet man auch als Besteuerungsgrundlagen (Beispiele: Einkünfte bei der Einkommensteuer, aber auch Einnahmen, Werbungskosten, Sonderausgaben; Gewerbeertrag bei der Gewerbesteuer). Der numerische Charakter der Steuer setzt voraus, dass das, was zu besteuern ist, in einer Zahl ausgedrückt werden kann. Unterscheiden lassen sich Steuerbemessungsgrundlagen, die an den Wert des Merkmals eines Steuerobjekts anknüpfen (Wert, Entgelt, Gegenleistung), und technische Bemessungsgrundlagen (Stückzahl, Menge, Gewicht, Hohlmaß, Flächenmaß).

22 Durch die **Zurechnung** wird festgelegt, welchem Steuerschuldner das Steuerobjekt zuzuordnen ist. Durchweg ergibt sich die Zurechnung aus oder in Zusammenhang mit der Bestimmung des Steuerschuldners selbst, die Bestimmung des Steuerschuldners wiederum orientiert sich idR am Steuerobjekt. Allerdings kann es zu **Divergenzen mit dem Zivilrecht** kommen. So wird zB ein unentgeltlich bestellter Zuwendungsnießbrauch an Wertpapieren von der Praxis einkommensteuerrechtlich nicht anerkannt.[24] Allgemeine Zurechnungsnormen sind § 39 AO und bestimmte Vorschriften des Bewertungsgesetzes.

23 **Steuersatz bzw. Tarif** ist diejenige Größe, aus der sich der Steuerbetrag in Bezug auf die Steuerbemessungsgrundlage ergibt. Er ist die funktionelle Beziehung zwischen Steuerbemessungsgrundlage und Steuerbetrag. Der Steuersatz kann proportional (Durchschnittssteuersatz gleichbleibend, linear), progressiv (Durchschnittssteuersatz steigt mit wachsender Bemessungsgrundlage) oder regressiv (Durchschnittssteuersatz fällt mit wachsender Bemessungsgrundlage) sein. Diese Tariftypen können auch kombiniert werden. Die Einzelsteuergesetze sind unterschiedlich angelegt. Die Einkommensteuer ist progressiv (15 %-45 %),[25] die Körperschaftsteuer proportional (15 %), bei der Gewerbesteuer besteht die Besonderheit, dass sich deren Höhe nach dem jeweiligen Hebesatz der Gemeinde richtet, mit dem der Gewerbesteuermessbetrag multipliziert wird.

Beispiel:
Die X-GmbH zahlt auf ihr körperschaftsteuerpflichtiges Einkommen (zB 100.000 Euro) eine Steuer von 15 %. Für Zwecke der Gewerbesteuer ermittelt das Finanzamt einen Gewerbesteuermessbetrag von 4.200 Euro. Beträgt der Hebesatz in der Gemeinde, in der die X-GmbH tätig wird, 300 %, dann beträgt die Gewerbesteuer 12.600 Euro, bei einem Hebesatz von 500 % beträgt sie 21.000 Euro.

IV. Gegenstand des Unternehmenssteuerrechts

24 Für Unternehmer (Einzelunternehmer, Personengesellschaft oder Kapitalgesellschaft) spielen die Steuern auf das Einkommen (Einkommensteuer, Körperschaftsteuer, Gewerbesteuer, Erbschaftsteuer) die zentrale Rolle. Die unternehmerische Tätigkeit natürlicher Personen (dh Einzelunternehmer) wird nach dem EStG in land- und forstwirtschaftliche Tätigkeit (§ 13 EStG), gewerbliche Tätigkeit (§ 15 Abs. 1 Nr. 1, Abs. 2 EStG) und selbstständige Arbeit (§ 18 EStG), namentlich sog freiberufliche Tätigkeit (§ 18 Abs. 1 Nr. 1 EStG), unterteilt. Die relevante Einkommensgröße ist der sog Gewinn (§ 2 Abs. 2 S. 1 Nr. 1, §§ 4 ff. EStG). Die maßgebliche Größe des relevanten

---

24 Levedag, in: Schmidt, EStG, § 20 Rn. 17; Hambacher/Dahm, in: Korn, EStG, § 20 Rn. 99–101 mwN.
25 Im Bereich des Grundfreibetrags wird keine Einkommensteuer geschuldet.

IV. Gegenstand des Unternehmenssteuerrechts

Einkommens beruht auf der Reinvermögenszugangstheorie. Allerdings unterliegen nur Einkünfte aus Gewerbebetrieb der Gewerbesteuer (vgl. § 2 Abs. 2 S. 2 GewStG). Kaufleute iSd HGB müssen eine Handelsbilanz aufstellen (§§ 238 ff. HGB), die nach dem Grundsatz der Maßgeblichkeit der Handelsbilanz für die Steuerbilanz gem. § 5 Abs. 1 EStG den Ausgangspunkt für die steuerliche Gewinnermittlung bildet. Freiberufliche Tätigkeiten, wie etwa die Tätigkeit als selbstständiger Arzt oder Rechtsanwalt, werden regelmäßig nicht als Handelsgewerbe nach § 1 HGB zu qualifizieren sein. Sie können deshalb ihren laufenden Gewinn durch die Berechnung von Zahlungsströmen nach dem Prinzip der Kassenzurechnung (Betriebseinnahmen im Zeitpunkt des Zuflusses abzüglich Betriebsausgaben im Zeitpunkt des Abflusses) ermitteln (vgl. § 4 Abs. 3 EStG). Es handelt sich allerdings nur um eine vereinfachte Gewinnermittlung, der Totalgewinn muss aber bei allen unternehmerischen Tätigkeiten methodenunabhängig derselbe sein (sog Gesamtgewinngleichheit). Spätestens im Falle der Veräußerung des Betriebs muss der Gewinn durch einen sog Betriebsvermögensvergleich ermittelt werden (vgl. § 16 Abs. 2 S. 2 EStG).

Kapitalgesellschaften (GmbH, AG, KGaA) sind ein Steuersubjekt des KStG. Handelt es sich um deutsche Kapitalgesellschaften (Satzungssitz im Inland), erzielen sie – unabhängig davon, ob sie tatsächlich eine gewerbliche Tätigkeit ausüben – immer Einkünfte aus Gewerbebetrieb (vgl. § 8 Abs. 2 KStG). Da deutsche Kapitalgesellschaften sog Formkaufleute nach § 5 HGB sind, müssen sie – unabhängig davon, ob sie tatsächlich ein Handelsgewerbe ausüben – immer einen Jahresabschluss erstellen. Deswegen bildet bei allen deutschen Kapitalgesellschaften die Handelsbilanz den Ausgangspunkt für die steuerliche Gewinnermittlung (§ 8 Abs. 1 KStG iVm § 5 Abs. 1 EStG). Des Weiteren fingiert § 2 Abs. 2 S. 1 GewStG, dass deren Tätigkeit stets und in vollem Umfang als Gewerbebetrieb gilt.

BEISPIEL:
Frau A ist erfolgreich als selbstständige Rechtsanwältin tätig (Einzelpraxis). Sie erzielt Einkünfte aus freiberuflicher Tätigkeit, die nicht der Gewerbesteuer unterliegen. Ihre Tätigkeit stellt kein Handelsgewerbe dar. Deswegen wird sie regelmäßig ihren Gewinn nach der Methode des § 4 Abs. 3 EStG ermitteln. Würde Frau F stattdessen eine Rechtsanwalts-GmbH gründen, deren alleinige Gesellschafterin und Geschäftsführerin sie ist, wäre die GmbH ein eigenständiges Steuersubjekt mit eigenem Einkommen. Sie besäße Einkünfte aus Gewerbebetrieb, deren Höhe (Gewinn) auf der Grundlage einer Handelsbilanz zu ermitteln wären. Überdies wäre der Gewinn gewerbesteuerpflichtig.

Die Arbeitnehmer, die der Unternehmer beschäftigt, sind ihrerseits einkommensteuerpflichtig. Sie erzielen Einkünfte aus sog nichtselbstständiger Arbeit (vgl. § 19 EStG), die im Wege des Lohnsteuerverfahrens nach §§ 38 ff. EStG erhoben wird. Die Lohnsteuer ist also keine eigenständige Steuerart, sondern nur eine besondere Erhebungsform der Einkommensteuer auf Einkünfte aus nichtselbstständiger Arbeit. Schuldner der Einkommensteuer bleibt – von Ausnahmefällen abgesehen – der Arbeitnehmer. Die Einkünfte aus nichtselbstständiger Arbeit (als eine der sieben Einkunftsarten des EStG) sind eine der Haupteinnahmequellen des Steuerstaates. Der Arbeitgeber ist verpflichtet, jene Einkommensteuer zu berechnen, vom Lohn einzubehalten und die Lohnsteuer an das Finanzamt abzuführen. Erfüllt er diese Verpflichtungen nicht ordnungsgemäß, haftet er für die fremde Steuerschuld des Arbeitnehmers (§ 42d EStG).

Bei der Umsatzsteuer ist der leistende Unternehmer zwar regelmäßig der Steuerschuldner, die Steuerlast soll aber der private Verbraucher tragen, indem der Unternehmer die

Umsatzsteuerbelastung über den Preis auf den privaten Verbraucher abwälzt. Gelingt ihm das nicht (zB weil er Umsatzsteuer irrtümlich nicht berechnet), wird die Umsatzsteuer zur Definitivbelastung für den Unternehmer. Die Umsatzsteuer ist vor diesem Hintergrund zwar keine klassische Unternehmenssteuer, hat aber für den Unternehmer insofern überragende Praxisbedeutung als eine Definitivbelastung möglichst vermieden werden muss. Auch Energie- und Stromsteuer sind von dem Verbrauchsteuergedanken geprägt, dass sich die Steuer auf den privaten Verbraucher abwälzen ließe. Das scheitert aber, wenn energieintensive Branchen im internationalen Wettbewerb stehen. Der Steuergesetzgeber reagiert hier mit Steuerbefreiungen bzw. Steuerermäßigungen. Keine klassische Unternehmenssteuer, aber trotzdem für Unternehmen relevant ist schließlich die Grunderwerbsteuer. Steuerbar ist nicht allein die unmittelbare Übertragung von Grundstücken, sondern auch die mittelbare, wenn mittels Anteilsübertragungen Gesellschaften mit Grundbesitz den Inhaber wechseln. Deswegen können auch Umstrukturierungen im Konzern Grunderwerbsteuer auslösen.

V. Dualismus des Unternehmenssteuerrechts

28 Das geltende Unternehmenssteuerrecht ist von der zivilrechtlichen Rechtsform des Unternehmensträgers abhängig. Körperschaften werden dem Regelstatut des KStG zugeordnet, während Personengesellschaften weder ein Subjekt des KStG noch des EStG sind. Besteuert werden vielmehr die hinter der Personengesellschaft stehenden Gesellschafter, die als natürliche Personen nach dem EStG und als Körperschaften nach dem KStG subjektiv steuerpflichtig sind. Eine Sonderstellung nimmt in diesem Zusammenhang die durch das Gesetz zur Modernisierung des Körperschaftsteuerrechts (KöMoG)[26] eingeführte Option zur Körperschaftsbesteuerung des § 1a KStG ein, die es Personenhandelsgesellschaften ermöglicht, auf Antrag ertragsteuerlich wie eine Kapitalgesellschaft und ihren Gesellschaftern wie die nicht persönlich haftenden Gesellschafter der Kapitalgesellschaft besteuert zu werden.[27] Bei Kapitalgesellschaften kommt es zu einer wirtschaftlichen Doppelbelastung des auf Gesellschaftsebene bereits versteuerten Gewinnes bei Ausschüttung an den Gesellschafter. Es herrscht traditionell ein Dualismus der Unternehmensbesteuerung in Gestalt einer transparenten Besteuerung von Personengesellschaften und dem Trennungsprinzip bei Kapitalgesellschaften.

BEISPIEL:
Frau F ist an der X-GmbH zu 100 % beteiligt. Sie hält die Anteile im Privatvermögen. Zugleich ist sie Kommanditistin der Y-GmbH & Co. KG. Mitte 2021 wird jeweils die Hälfte des Gewinns an Frau F ausgeschüttet. Frau F hat die Beteiligungen fremdfinanziert und zahlt Darlehenszinsen von je 10.000 EUR p. a.

29 Die X-GmbH ist ein eigenständiges Steuersubjekt des KStG und des GewStG. Bei Frau F als natürliche Person, die ihre Anteile an der X-GmbH im Privatvermögen hält, unterliegen die Dividenden, die zu Einkünften aus Kapitalvermögen (§ 20 Abs. 1 Nr. 1 EStG) führen, der sog Abgeltungsteuer (§ 32d Abs. 1 EStG). Es handelt sich dabei technisch um eine Einnahmenbesteuerung in Höhe von 26,375 % (25 % ESt. zuzüglich SolZ). Der Abzug tatsächlicher Werbungskosten – im Beispielsfall der Finanzierungskosten – ist ausgeschlossen, es wird lediglich ein Sparerpauschbetrag i. H. von 801 EUR (1.602 EUR bei zusammenveranlagten Ehegatten) gewährt (vgl. § 20 Abs. 9

---

26 Gesetz v. 25.6.2021, BGBl. I 2021, 2050.
27 Ausführlich zur optierenden Gesellschaft Rn. 72.

S. 1 EStG). Allerdings eröffnet § 32d Abs. 2 Nr. 3 EStG bei Beteiligungen über 25 % oder wenn der Gesellschafter zu mehr als 1 % beteiligt und für die Kapitalgesellschaft beruflich tätig ist, ein Optionsrecht zum Teileinkünfteverfahren. Dann können die Finanzierungskosten zu 60 % geltend gemacht werden. Bei Personengesellschaften wie der Y-GmbH & Co. KG sind die Gewinnanteile den Gesellschaftern unabhängig von einer Gewinnausschüttung einkommen- bzw. körperschaftsteuerrechtlich bereits für das Jahr 2020 unmittelbar zuzurechnen, sog Transparenzprinzip. Die Komplementär-GmbH muss ihren Gewinnanteil (regelmäßig eine Haftungsprämie) nach dem KStG versteuern, Frau F muss den gesamten ihr zugerechneten Gewinn nach § 15 Abs. 1 S. 1 Nr. 2 Hs. 1 EStG versteuern. Die (teilweise) Entnahme im Jahr 2021 hat keine Bedeutung für die Besteuerung. Aus diesem System ergeben sich Belastungsunterschiede in der Gewinnsituation (Grenzsteuersatz 42 % bzw. 45 %), aber auch bei der Verlustverrechnung. Finanzierungskosten der Beteiligung sind als Sonderbetriebsausgaben in voller Höhe abzugsfähig.

Die Unterschiede bei der Unternehmensbesteuerung werden durch die verschiedenartige Besteuerung von Leistungsvergütungen zwischen Gesellschaft und Gesellschafter verschärft.

Beispiel:
Frau F ist nicht nur Gesellschafterin, sondern zugleich auch Geschäftsführerin der X-GmbH und bezieht ein (angemessenes) Gehalt. Die X-GmbH kann die Gehaltszahlung als Betriebsausgaben geltend machen, was zu einer Reduzierung der Bemessungsgrundlage bei der Körperschaft- und Gewerbesteuer führt. Frau F erzielt als Geschäftsführerin Einkünfte aus nichtselbstständiger Tätigkeit (§ 19 EStG). Wenn Frau F aber neben ihrer Stellung als Kommanditistin etwa auf dienstvertraglicher Ebene für die Y-GmbH & Co. KG tätig wird, dann erzielt sie keine Einkünfte aus § 19 EStG, sondern aus Gewerbebetrieb, weil dies § 15 Abs. 1 S. 1 Nr. 2 Hs. 2 EStG ausdrücklich anordnet. Die Einkünfte sind in die Bemessungsgrundlage der Gewerbesteuer mit einzubeziehen.

Besonders bedeutsam sind die **Querbezüge zur Gewerbesteuer.**

Für **Kapitalgesellschaften** hat sich die Gewerbesteuer, die nicht als Betriebsausgabe bei der Körperschaftsteuer abgezogen werden darf (vgl. § 8 Abs. 1 KStG i. V. mit § 4 Abs. 5b EStG), zur dominierenden Unternehmenssteuer entwickelt. Bei niedrigen gewerbesteuerlichen Hebesätzen, dessen Mindestbetrag nach § 16 Abs. 4 S. 2 GewStG 200 % betragen muss, ergeben sich für Kapitalgesellschaften vergleichsweise geringe nominelle Steuersätze. Die Mindeststeuerbelastung liegt bei 22,83 %. Geht man von einem durchschnittlichen Hebesatz von 420 % aus, setzt sich die Gesamtsteuerbelastung nominell ca. zur Hälfte aus Gewerbe- und Körperschaftsteuer zusammen. Andererseits ist zu beachten, dass der für die Berechnung der Körperschaftsteuer maßgebliche Gewerbeertrag in Folge gewerbesteuerlicher Hinzurechnungstatbestände (vgl. § 8 Nr. 1 Buchst. a bis f. GewStG) regelmäßig höher als das für die Körperschaftsteuer maßgebliche Einkommen liegen wird. Demzufolge kann die Steuerbelastung der Gewerbesteuer diejenige der Körperschaftsteuer auch dann überschreiten, wenn der Hebesatz deutlich unter 420 % liegt.

Gesamtsteuerbelastung bei Kapitalgesellschaften					
Gewerbesteuerhebesatz	200 %	300 %	400 %	420 %	490 %
Gewinn	100,00	100,00	100,00	100,00	100,00
Gewerbesteuer	- 7,00	- 10,50	- 14,00	- 14,70	- 17,15
Körperschaftsteuer	- 15,00	- 15,00	- 15,00	- 15,00	- 15,00
Solidaritätszuschlag	- 0,83	- 0,83	- 0,83	- 0,83	- 0,83
Gesamtsteuerbelastung	22,83 %	26,33 %	29,83 %	30,53 %	32,98 %

32 Auch bei (gewerblich tätigen) **Personengesellschaften** ist die Gewerbesteuer ab Veranlagungszeitraum 2008 nicht mehr als Betriebsausgabe abzugsfähig. Im Gegenzug wurde das pauschalierende Anrechnungsverfahren nach § 35 EStG ursprünglich dahingehend abgeändert, dass auf die Einkommensteuer das 3,8-fache des Gewerbesteuer-Messbetrages pauschal anrechenbar ist. Zugleich wurde auch für Personengesellschaften die Gewerbesteuermesszahl von 5 % auf 3,5 % reduziert, andererseits der frühere Staffeltarif (vgl. § 11 Abs. 2 GewStG aF) gestrichen. Durch das sog. Zweite Corona-Steuerhilfegesetz vom 30.6.2020[28] wurde der Anrechnungsfaktor ab dem VZ 2020 auf das Vierfache des Gewerbesteuer-Messbetrages erhöht. Die maximale Anrechnung beträgt demzufolge (4 x 3,5 % =) 14 % des Gewerbeertrages. Nach der geltenden Fassung des § 35 EStG ist die Anrechnung allerdings nicht mehr unabhängig von der Höhe der tatsächlich gezahlten Gewerbesteuer, sondern wird auf die tatsächlich gezahlte Gewerbesteuer begrenzt. Somit kann – bezogen auf einen Gewerbeertrag von 100.000 EUR – bei dem gesetzlichen Mindesthebesatz von 200 % nicht mehr der sich eigentlich ergebende rechnerische Wert von 14.000 EUR, sondern nur die tatsächlich gezahlte Gewerbesteuer in Höhe von 7.000 EUR (3,5 x 200 %) angerechnet werden. Dies hat zur Konsequenz, dass bei Personengesellschaften niedrige Hebesätze zu keiner einkommensteuerrechtlichen Entlastung der Gesellschafter führen. Bei Hebesätzen über 400 % kann die Gewerbesteuer aufgrund des pauschalierenden Anrechnungshöchstbetrages von 14 % nicht mehr in vollem Umfang angerechnet werden. Demzufolge führen Hebesätze von über 400 % zu einem Anstieg der Gesamtsteuerbelastung. Ab dieser Schwelle wirken sich auch gewerbesteuerliche Hinzurechnungen (vgl. § 8 Nr. 1 Buchst. a bis f. GewStG) für Personengesellschaften negativ aus.

33 Der auf die Einkommensteuer nach § 35 EStG anzurechnende Steuerermäßigungsbetrag führt auch zu einer Minderung des Solidaritätszuschlags (5,5 % der festgesetzten Einkommensteuer; vgl. § 3 Abs. 1 Nr. 1 SolZG). Die Höhe des Solidaritätszuschlages ist umso geringer, je höher die anrechenbare Gewerbesteuer ist. Daraus ergibt sich bei steigenden Hebesätzen sogar ein gegenläufiger Entlastungseffekt, weil bis zu einem Hebesatz von 400 % einer steigenden Belastung der Personengesellschaft mit Gewerbesteuer eine entsprechend höhere Anrechnung auf Gesellschafterebene gegenübersteht und damit zugleich die festgesetzte Einkommensteuer verringert wird. Sondereffekte aufgrund des Solidaritätszuschlages und die nicht anrechenbare Gewerbesteuer heben sich bei einem kritischen Hebesatz von 422 % auf, so dass hier die Gesamtbelastung

---

28 BGBl. I 2020, 1512.

gewerblicher und nicht gewerblicher Einkünfte gleich hoch ist.[29] Im Vergleich zu Einkommensteuerpflichtigen ohne gewerbesteuerpflichtige Einkünfte kommt es also zu einer geringfügigen Besserstellung bei Hebesätzen bis zu 422 % und zu einer Verschlechterung der Gesamtsteuerbelastung bei Hebesätzen, die über 422 % liegen.

Die vorstehenden Ausführungen zur Personengesellschaft stehen allerdings unter dem einschränkenden Vorbehalt, dass im Bereich des § 35 EStG eine vollständige Anrechnung der Gewerbesteuer auf die Einkommensteuer gewährleistet ist, indem sog Anrechnungsüberhänge vermieden werden. Wegen des Wegfalls der Gewerbesteuer als abzugsfähiger Betriebsausgabe und der erhöhten Anrechnungsmöglichkeit nach § 35 EStG wirken sich die Unzulänglichkeiten der gesetzlichen Regelung, die zu für den Gesellschafter nicht verwertbaren Anrechnungsüberhängen führen, seit 2009 noch gravierender zu seinen Lasten aus. Geht die Anrechnungsmöglichkeit nach § 35 EStG im Einzelfall ins Leere, folgt daraus im ungünstigsten Fall – bezogen auf die gewerblichen Einkünfte – eine Gesamtsteuerbelastung in Höhe von 60,744 %.[30]

Zusammenfassend ist zu konstatieren: Die unterschiedlichen Besteuerungsfolgen bei Personen- und Kapitalgesellschaft führen zu im Einzelfall erheblichen Belastungsunterschieden, weswegen das Steuerrecht weiterhin zu den wesentlichen Entscheidungsfaktoren bei der Rechtsformwahl gehört. Die Gewerbesteuer hat seit der Unternehmenssteuerreform 2008 einen veränderten Stellenwert erlangt. Während bei Personengesellschaften niedrige Hebesätze in Folge der Begrenzung der Anrechnung auf die tatsächlich gezahlte Steuer bei den Gesellschaftern zu keiner Entlastung führen, sondern im Vergleich zum früheren Recht sogar eine Mehrbelastung auslösen, bewirken sie auf Ebene der Kapitalgesellschaft eine nachhaltige Senkung der nominellen Gesamtsteuerbelastung.

VI. Unternehmenssteuerrecht und Steuerpolitik

Da der Staat Kostgänger der Steuerbürger und namentlich der Unternehmer ist, der wiederum für lohnsteuerrelevante Arbeitsplätze sorgt, liegt ein unternehmerfreundliches Steuerrecht letztlich im ureigenen Interesse des Fiskalstaates. Eine der zentralen Schwächen der gegenwärtigen Steuerpolitik besteht darin, dass sie sich statt nachhaltiger Steigerung des Steueraufkommens auf die kurzfristigen (haushaltsrelevanten) Auswirkungen von Gesetzesänderungen fokussiert. Gesetzesänderungen, die qualitativ als „Reform" bezeichnet werden könnten, sind damit – solange das Steueraufkommen konjunkturbedingt „von selbst" weiter steigt – praktisch ausgeschlossen.

Die Frage nach der Unternehmerfreundlichkeit des deutschen Steuerrechts zu stellen mag dem einen oder anderen schon im Ansatz verfehlt erscheinen. Denn ihr liegt die Ausgangswertung zugrunde, dass Unternehmertum in unserem Staat erwünscht und förderungswürdig sei. Dabei liegt die Betonung auf der Person des Unternehmers und nicht des Unternehmens. Diese Konsequenz stört viele Steuerpolitiker, bedeutet sie doch, dem Steuerstaat Grenzen zu setzen und den ungebremsten Zugriff des Fiskus zu beschränken. Daher verwundert es nicht, dass sich heute auch eine ganz andere Sichtweise Bahn bricht, die aber in letzter Konsequenz weder unserer Verfassungs- noch unserer Werteordnung entspricht. Für den Steuergesetzgeber scheint oftmals „das

---

29 Korn, DStR 2020, 1345, 1347.
30 Förster, DB 2007, 760, 761; Weber, NWB 2007, Fach 18 S. 4509, 4513.

Unternehmen" gut zu sein, aber „der Unternehmer" böse.[31] Hinter diesem Gegensatz zwischen dem guten Unternehmen und dem vermeintlich bösen Unternehmer verbergen sich letztendlich grundlegend unterschiedliche ideologische Welten. Für die einen ist die Kategorisierung eines Unternehmers als „böse" bereits im Ansatz verfehlt, weil (auch) der Unternehmer eine Person ist, die wie jede Person von ihrer Handlungsfreiheit Gebrauch macht. Deren Sichtweise hängt vielleicht auch damit zusammen, dass die zivilrechtliche Wissenschaft das Steuerrecht aus der Perspektive des Zivilrechts betrachtet. Für den ganz überwiegenden Teil der zivilrechtlichen Wissenschaft ist nämlich die Privatautonomie ein grundlegendes Prinzip, bei dem nicht dessen Geltung, sondern dessen Einschränkung der Rechtfertigung bedarf. Am Anfang ist die Freiheit, und nicht der Staat. Das spiegelt sich auch in der allgemeinen Handlungsfreiheit des Art. 2 Abs. 1 GG wider, und in der Prämisse, dass Steuerrecht zuvörderst Eingriffsrecht seitens des Staates ist.[32]

38 Für die anderen ist der Freiheitsgedanke des Bürgers gegenüber dem Staat heutzutage – in einer fortschrittlichen demokratischen Gesellschaft – von untergeordneter Bedeutung. Der Eingriffscharakter des Steuerrechts wird relativiert, indem man das Ausnutzen von vermeintlichen „Lücken" in den Steuergesetzen nicht mehr zuvörderst als privatautonomes, freiheitliches Handeln ansieht, sondern als in der demokratischen Gesellschaft unmoralisch brandmarkt. Das spiegelt sich nicht zuletzt auch in der stetigen Verschärfung der Steuerstrafgesetze und der Maßstäbe in der Rspr. des BGH wider.

§ 2 Besteuerung des Einzelunternehmers

I. Einleitung

39 Ausgangspunkt für die Besteuerung jeder einzelunternehmerischen Tätigkeit iSd §§ 13, 15 und 18 EStG ist § 15 Abs. 2 EStG. Er enthält die **Legaldefinition des Gewerbebetriebs**, auf die für die anderen Gewinneinkunftsarten durch § 18 Abs. 4 S. 2 EStG sowie durch § 13 Abs. 7 EStG verwiesen wird. Gleichzeitig ergibt sich aus § 15 Abs. 2 EStG auch der Auffangcharakter der Einkünfte aus Gewerbebetrieb, die nur dann vorliegen, wenn die natürliche Person keine spezielleren Einkünfte aus den §§ 13 oder 18 EStG erzielen. Man könnte also auch sagen, dass man als Einzelunternehmer jede selbstständig tätige „unternehmerische" Person mit Gewinnerzielungsabsicht bezeichnet, unabhängig davon, ob sie ein Gewerbe betreibt oder eine freiberufliche Tätigkeit ausübt oder als Land- oder Forstwirt tätig ist.

40 Die „unternehmerische" Tätigkeit der natürlichen Person ist von der rein privat vermögensverwaltenden Tätigkeit abgrenzen (vgl. § 14 S. 3 AO). Steuersystematisch verbirgt sich dahinter der sog Dualismus der Einkunftsarten („unternehmerische" Gewinneinkünfte; private Überschusseinkünfte). Die Einkünfte aus privater Vermögensverwaltung, namentlich die Einkünfte aus Vermietung und Verpachtung gem. § 21

---

31 Crezelius, ZEV 2012, 1: „Führt man sich nämlich die Idee des Steuerstaates vor Augen, also den Umstand, dass das Steuerrecht im Grundsatz nur private Ergebnisse abschöpft, dann kann auch eine gutgemeinte Begünstigung unternehmerischen Vermögens nicht dazu führen, dass im Wege des Steuerrechts Kategorien in die private Güterverteilung eingezogen werden, die Wertungen als ‚gutes und böses Vermögen' beinhalten. Volkswirtschaftlich gesehen ist zB auch die Einlage bei einem Kreditinstitut ‚produktiv', weil sie als Kredit an Unternehmen zur Verfügung gestellt werden kann.".

32 Crezelius, Steuerrecht II, Rn. 1, 8.

II. Gewinneinkünfte, insbesondere gewerbliche Einkünfte

EStG, erfassen als relevantes Einkommen nur die Fruchtziehung,[33] woraus im Grundsatz der Begriff des sog nicht steuerbaren Privatvermögens (im Gegensatz zum umfassend steuerbaren Betriebsvermögen) folgt.[34] Des Weiteren stellt sich das Problem, dass die betriebliche von der privaten Sphäre des Steuerpflichtigen abzugrenzen ist.

Der Tatbestand des § 15 Abs. 2 EStG ist für Einzelunternehmer im Übrigen ausschlaggebend dafür, ob eine Gewerbesteuerpflicht des Unternehmens besteht. § 2 Abs. 1 S. 2 GewStG knüpft nämlich an den Begriff des gewerblichen Unternehmens des EStG an. 41

Ob eine Tätigkeit einer natürlichen Person als **unternehmerische Tätigkeit** iS der §§ 13, 15, 18 EStG einzuordnen ist, bestimmt sich demzufolge nach den Tatbestandsmerkmalen des § 15 Abs. 2 EStG. 42

II. Gewinneinkünfte, insbesondere gewerbliche Einkünfte

Die positiven Abgrenzungsmerkmale des § 15 Abs. 2 EStG (Selbstständigkeit, Nachhaltigkeit, Teilnahme am allgemeinen wirtschaftlichen Verkehr und Gewinnerzielungsabsicht) sind allen einzelunternehmerischen Tätigkeiten gemein. Von hoher praktischer Bedeutung sind dabei die Merkmale Selbstständigkeit und Gewinnerzielungsabsicht. Umgekehrt folgt als negatives Tatbestandsmerkmal des § 15 Abs. 2 EStG aus der Systematik des EStG, dass rein vermögensverwaltende Tätigkeiten für sich betrachtet keine unternehmerische/gewerbliche Tätigkeiten sind. 43

1. Selbstständigkeit

Voraussetzung für die Annahme eines Gewerbebetriebs ist die Selbstständigkeit der Tätigkeit, dh die Tätigkeit muss „auf eigene Rechnung" (Unternehmerrisiko) und „auf eigene Verantwortung" (Unternehmerinitiative) ausgeübt werden.[35] Der Selbstständige muss das wirtschaftliche Risiko, den Erfolg und Misserfolg, seiner Betätigung tragen. Wer nicht selbstständig tätig wird, erzielt Einkünfte aus § 19 EStG. Unmaßgeblich ist, wer nach außen als Inhaber des Betriebs auftritt. Entscheidend ist, wer wirtschaftlich die Geschäfte tatsächlich auf eigenes Risiko betreibt. Für die Selbstständigkeit spricht zB, dass die Höhe der Einnahmen weitgehend von der eigenen Aktivität abhängt, dass der Beauftragte über die Zeit, den Ort und den Umfang seiner Tätigkeit im Wesentlichen selbst bestimmen kann oder dass er die geschuldete Tätigkeit delegieren, insbesondere selbst wieder Arbeitnehmer zur Ausführung der Tätigkeit beschäftigen kann. Auf die Art der Tätigkeit kommt es nicht an. Maßgeblich ist das Gesamtbild der Verhältnisse.[36] 44

2. Gewinnerzielungsabsicht

Gewinnerzielungsabsicht ist die Absicht, eine Mehrung des Betriebsvermögens zu erzielen. Sie wird dann relevant, wenn der Unternehmer Verluste erwirtschaftet. Dem Steuerpflichtigen geht es darum, die Verluste entweder im Wege des horizontalen Verlustausgleichs (mit Gewinnen derselben Einkunftsart) oder im Wege des vertikalen Verlustausgleichs (mit positiven Einkünfte aus anderen Einkunftsarten) zu verrechnen, 45

---

33 Vgl. zur Quellentheorie Birk/Desens/Tappe, Rn. 602.
34 Zum Dualismus der Einkunftsarten siehe Rn. 28 ff.; zur Vertiefung Birk/Desens/Tappe, Rn. 599 ff.
35 BFH, Urt. v. 24.10.1995 – VIII R 2/92, BFH/NV 1996, 325.
36 Instruktiv mit Kriterienkatalog: BFH, Urt. v. 22.2.2012 – X R 14/10, BStBl. II 2012, 511.

um dadurch seine einkommensteuerliche Belastung zu reduzieren.[37] Fehlt es an der Gewinnerzielungsabsicht, liegen keine unternehmerischen Einkünfte vor und der Verlust wird der nicht steuerbaren Privatsphäre zugeordnet, mit der Folge, dass er einkommensteuerrechtlich irrelevant ist.[38] Die durch die Betätigung verursachte Einkommensteuerersparnis darf bei der Beurteilung der Frage, ob Gewinnerzielungsabsicht vorliegt, nicht berücksichtigt werden (§ 15 Abs. 2 S. 2 EStG). Ausreichend ist das Streben nach einer Betriebsvermögensmehrung in der Form eines Totalgewinns in der Totalperiode, dh eines positiven Gesamtergebnisses des Betriebs in der Zeit der Gründung bis zur Veräußerung oder Aufgabe.[39] Es wird also nicht auf einzelne Periodenergebnisse abgestellt. Veräußerungsgewinne nach § 16 EStG sind bei der Beurteilung zu berücksichtigen, da sie in den Totalgewinn eingehen. Die auf Gewinnerzielung gerichtete Absicht ist ein rein subjektives Tatbestandsmerkmal, auf dessen Vorliegen oder Fehlen jedoch nur anhand äußerlich erkennbarer, objektiver Umständen geschlossen werden kann, wobei einzelne Umstände einen Anscheinsbeweis liefern können.[40] Erforderlich ist daher eine in die Zukunft gerichtete langfristige Beurteilung, für die die Verhältnisse der Vergangenheit Anhaltspunkte bieten können. Beweisanzeichen für das Vorliegen einer Gewinnerzielungsabsicht ist ein Betrieb, der nach seiner Wesensart und nach der Lebenserfahrung objektiv geeignet ist, einen Totalgewinn zu erwirtschaften (Abgrenzung zur sog Liebhaberei). Es reicht aus, wenn die Gewinnerzielungsabsicht Nebenzweck der Tätigkeit ist (§ 15 Abs. 2 S. 3 EStG). Auch sprechen Anlaufverluste noch nicht generell für Liebhaberei.

46 Die Besonderheit des Merkmals der Gewinnerzielungsabsicht liegt darin, dass Sie **gemeinsames Merkmale aller Einkunftsarten** ist.[41] Neben der erwähnten Subjektivität macht sie dies auch zu einem problematischen Tatbestandsmerkmal. Zwar reicht nach § 15 Abs. 2 S. 3 EStG die Begleitabsicht zur Gewinnerzielungsabsicht aus, doch ergeben sich im Einzelnen offene Fragen bezüglich der Abgrenzung zur **Liebhaberei**. Bei der Liebhaberei handelt es sich spiegelbildlich um eine Tätigkeit, bei deren Ausübung die Gewinnerzielungsabsicht fehlt, die also zB aus reiner Neigung als Hobby stattfindet.[42]

3. Ausnahme: Private Vermögensverwaltung

47 Da auch die private Vermögensverwaltung eine selbstständige nachhaltige und von Gewinnerzielungsabsicht getragene Teilnahme am allgemeinen wirtschaftlichen Verkehr sein kann, ist negatives Tatbestandsmerkmal eines Gewerbebetriebs, dass die Betätigung den Rahmen privater Vermögensverwaltung überschreitet. Beim sog *gewerblichen Grundstückshandel* liegt keine private Vermögensverwaltung, sondern ein Ge-

---

37 Zum sog synthetischen Einkommensbegriff vgl. Hey, in: Tipke/Lang, Kap. 8 Rn. 8.1.
38 Innerhalb des Verlustausgleichssystems des EStG gibt es einkunftsartbezogene Verlustausgleichsbeschränkungen (vgl. zB § 15 Abs. 4 EStG für Verluste aus gewerblichen Differenzgeschäften und stillen Beteiligungen) und einkunftsartunabhängige Verlustausgleichsbeschränkungen (§ 2a Abs. 1 EStG für negative ausländische Einkünfte); ausführlich zum Verlustausgleichssystem Fehrenbacher, § 3 Rn. 22 ff.
39 BFH, Beschl. v. 25.6.1984 – GrS 4/82, BStBl. II 1984, 751.
40 Eine Liste von Anhaltspunkten mit Entscheidungen findet sich bei Krumm, in: Kirchhof/Seer, EStG, § 15 Rn. 43 f.
41 BFH, Urt. V. 14.3.1985 – IV R 8/84, BStBl. II 1985, 424; BFH, Beschl. v. 25.6.1984 – GrS 4/82, BStBl. II 1984, 751; BFH, Urt. v. 19.7.1990 – IV R 82/89, BStBl. II 1991, 333.
42 Hey, in: Tipke/Lang, Kap. 8 Rn. 8.133 mwN und zahlreichen Beispielen.

werbebetrieb vor. Das gleiche gilt, wenn *GmbH-Geschäftsanteile* gehandelt werden.[43] Beim *Wertpapier-„Handel"* gehört die Umschichtung des Portfolios zur vermögensverwaltenden Tätigkeit, es wird deshalb danach differenziert, ob besondere Umstände für eine gewerbliche Tätigkeit (zB überwiegend Handeln auf fremde Rechnung) vorliegen.[44] Abweichend von der zivilrechtlichen Sichtweise soll nach der ständigen Rspr. des BFH die Vermietung einer wesentlichen Betriebsgrundlage (namentlich einer Immobilie) seitens des (Allein-)Gesellschafters einer GmbH zu einer gewerblichen Tätigkeit führen (sog Betriebsaufspaltung).[45] Aus der Gesellschafterstellung folge die sog personelle, aus der Nutzungsüberlassung des Grundstücks die sachliche Verflechtung. Der Grund und Boden, das Gebäude und die GmbH-Beteiligung werden demzufolge als Betriebsvermögen qualifiziert, die Mieteinnahmen und Dividendenausschüttungen sind gewerbliche Einnahmen, wobei letztere im sog Teileinkünfteverfahren zu erfassen sind (vgl. §§ 3 Nr. 40 Buchst. d, 3c EStG).

4. Gewinnermittlung und steuerrechtlicher Gewinnbegriff

Steuerobjekt der einzelunternehmerischen Tätigkeit ist der Gewinn als Nettogröße. Bei den Gewinneinkunftsarten existieren grundsätzlich **zwei Arten der Gewinnermittlung:**[46]

48

- Gewinnermittlung durch Betriebsvermögensvergleich als Regelfall (§ 4 Abs. 1 und § 5 EStG)
- Gegenüberstellung der Betriebseinnahmen und Betriebsausgaben (§ 4 Abs. 3 EStG)

Bei den Gewinneinkunftsarten werden **Veräußerungsgewinne und -verluste** aus der Veräußerung des der Einkunftsquelle zuzurechnenden Vermögens – sog Betriebsvermögen – steuerrechtlich erfasst. Im Gegensatz dazu bleiben Vermögensumschichtungen im privaten Bereich grundsätzlich als relevantes Einkommen außer Betracht. Ausnahmen gelten für Einkünfte aus Kapitalvermögen (§ 20 Abs. 2 EStG), für private Veräußerungsgeschäfte innerhalb bestimmter Fristen (§ 23 EStG) und bei der Veräußerung von Kapitalgesellschaftsbeteiligungen, sofern eine bestimmte Beteiligungsschwelle ($\geq 1\%$) überschritten ist (§ 17 EStG).

49

Soweit es sich um Einkünfte nach § 2 Abs. 2 Nr. 1 EStG handelt, ist regelmäßig ein **Betriebsvermögensvergleich** nach §§ 4 Abs. 1, 5 Abs. 1 EStG durchzuführen. Dabei ist mit Betriebsvermögen nicht der Gegensatz zum Privatvermögen gemeint, vielmehr kommt es auf das Betriebsreinvermögen, mithin auf das Eigenkapital an.

50

Die **Ermittlung des Betriebsreinvermögens** oder Eigenkapitals geschieht durch eine **Bilanz**, die im Anwendungsbereich des **Maßgeblichkeitsgrundsatzes** des § 5 Abs. 1 S. 1 aus der Handelsbilanz des Kaufmanns (vgl. §§ 238 HGB ff.) zu entwickeln ist.[47] Gem. § 4 Abs. 1 EStG ist Gewinn der **Unterschiedsbetrag** zwischen dem (Wert des) Betriebsvermögen(s). am Schluss des Wirtschaftsjahres und dem (Wert des) Betriebsvermögen(s). am Schluss des vorangegangenen Wirtschaftsjahres, vermehrt um den Wert der Entnahmen und vermindert um den Wert der Einlagen. Unter Betriebsvermö-

51

---

43 BFH, Urt. v. 25.7.2001 – X R 55/97, BB 2001, 2202 – im konkreten Fall Gründung von elf GmbH, Ausstattung mit Güterfernverkehrsgenehmigungen und anschließende Veräußerung.
44 Krumm, in: Kirchhof/Seer, EStG, § 15 Rn. 131 ff.
45 BFH v. 8.11.1971 – GrS 2/71, BStBl. II 1972, 63; eingehend Wacker, in: Schmidt, EStG, § 15 Rn. 800 ff.
46 Im Rahmen der Einkünfte aus Land- und Forstwirtschaft erfolgt zB eine Gewinnermittlung nach Durchschnittssätzen, § 13a EStG.
47 Vgl. Rn. 24 ff.

gen ist hier das Betriebsreinvermögen (Eigenkapital) zu verstehen und nicht wie in § 6 Abs. 1 EStG die Gesamtheit aller Wirtschaftsgüter, die zu einem Betrieb gehören. Zu vergleichen sind demnach zwei Eigenkapitalgrößen, deren Differenz um Entnahmen und Einlagen zu korrigieren ist, weil diese Vermögensveränderungen nicht durch den Betrieb erwirtschaftet sind. Das Eigenkapital bildet den (Buch-)Wert des Unternehmens ab und ergibt sich aus der Differenz zwischen Fremdkapital und Bilanzsumme.

52 Für Zwecke des Betriebsvermögensvergleichs dürfen aber nicht alle Wirtschaftsgüter, die dem Steuerpflichtigen (zivilrechtlich) gehören, in die Bilanz aufgenommen werden, sondern nur die Wirtschaftsgüter, die einkommensteuerrechtlich seinem Betriebsvermögen zuzurechnen sind. Es ist daher zwischen notwendigem und gewillkürtem Betriebsvermögen einerseits und (notwendigem) Privatvermögen andererseits zu unterscheiden. Namentlich gehören zum sog notwendigen Betriebsvermögen alle Wirtschaftsgüter, die ausschließlich und unmittelbar den Zwecken des eigentlichen Betriebes dienen, dh dass der Betrieb ohne sie nicht bestehen könnte. Gegenstände die zwar überwiegend privat, aber zwischen 10 und 50 % betrieblich genutzt werden, können durch Willensakt (zB Aufnahme in die Bilanz) konstitutiv zu sog gewillkürtem Betriebsvermögen erklärt werden. Notwendiges Privatvermögen ist bei einer betrieblichen Mitbenutzung von max. 10 % anzunehmen.

53 Zu den im Rahmen des Betriebsvermögens zu berücksichtigenden Positionen gehören auch (die für den Betriebserfolg neutralen) Entnahmen und Einlagen. **Entnahmen** sind alle Wirtschaftsgüter (Barentnahmen, Waren, Erzeugnisse, Nutzungen oder Leistungen), die der Steuerpflichtige dem Betrieb für sich selbst, für seinen Haushalt oder andere betriebsfremde Zwecke im Laufe des Wirtschaftsjahres entnimmt (§ 4 Abs. 1 S. 2 EStG). Diese gesetzliche Definition erfasst die Entnahmen von Nutzungen oder Leistungen nur unvollkommen: Dabei geht es nicht um die Entnahme von Wirtschaftsgütern (Substanzentnahmen), sondern um die Korrektur des Betriebsergebnisses um Kosten, die nicht für betriebliche, sondern für betriebsfremde Zwecke aufgewendet worden sind. **Entnahmen** und **Einlagen** (auch bei der Eröffnung eines Betriebes) sind grundsätzlich mit dem *Teilwert* anzusetzen (§ 6 Abs. 1 Nrn. 4, 5 und 6 EStG). Insbesondere im Bereich von Terminologie (zB Zeitwert und gemeiner Wert) und Bewertung (vgl. § 5 Abs. 6 EStG i. V. mit den §§ 6 bis 7k EStG) gibt es zahlreiche Unterschiede zwischen Handels- und Steuerbilanzrecht, die an dieser Stelle nicht weiter beleuchtet werden sollen.[48]

5. Nichtabziehbare Betriebsausgaben

54 Nicht alle Ausgaben, die begrifflich Betriebsausgaben sind, können auch bei der Gewinnermittlung berücksichtigt werden. Das Gesetz unterscheidet vielmehr zwischen abziehbaren Betriebsausgaben (§ 4 Abs. 4 EStG) und nichtabziehbaren Betriebsausgaben (§ 4 Abs. 5, 5b, 6 und 7). Auch ist der Betriebsausgabenabzug für Zinsaufwendungen (Zinsschranke, § 4h EStG) seit dem Unternehmensteuerreformgesetz 2008[49] nur noch eingeschränkt möglich. Ähnliches gilt gem. § 4j EStG seit 2018 für Aufwendungen für Überlassung von Rechten (sog Lizenzschranke).

55 Die Motive, die der Gesetzgeber mit der Nichtabziehbarkeit verfolgt, sind ganz unterschiedlich. Nach dem Unternehmensteuerreformgesetz 2008 sind die Gewerbesteuer

---

48 Zu den Unterschieden von Handels- und Steuerbilanz vgl. Ertel/Rosnitschek/Schanz, DStR 2017, 2068 ff.
49 BGBl. I 2007, 1912.

und die darauf entfallenden Nebenleistungen nicht mehr als Betriebsausgabe abziehbar, was unter anderem mit einer Erleichterung der Gewinnberechnung begründet wird. Bei der Zins- und Lizenzschranke geht es vor allem um die Bekämpfung von aus Sicht des deutschen Fiskus schädlichen Steuerpraktiken. Bei dem Katalog des § 4 Abs. 5 EStG geht es typologisch um solche Betriebsausgaben, die letztlich die Lebensführung des Steuerpflichtigen oder anderer Personen berühren und zwar insoweit, als sie unter Berücksichtigung der Verkehrsauffassung als unangemessen anzusehen sind. Es handelt sich zwar um Ausgaben, die betrieblich veranlasst sind, aber an der Grenze zwischen betrieblicher Sphäre und privater Lebenshaltung liegen. Nicht erforderlich ist, dass die Aufwendungen ausschließlich der privaten Lebenshaltung des Steuerpflichtigen dienen, es genügt vielmehr ein Zusammenhang mit der Lebensführung anderer Personen, zB von Geschäftsfreunden.

Aufwendungen iSd § 4 Abs. 5 EStG „berühren" zwar die Lebensführung, sind jedoch keine Lebensführungskosten, sondern Betriebsausgaben und dürfen daher auch nicht mit den sog „gemischten Aufwendungen" iSd § 12 Nr. 1 S. 2 Hs. 2 EStG verwechselt werden, die teilweise betrieblich/beruflich und teilweise privat veranlasst sind und daher grundsätzlich in voller Höhe dem Abzugsverbot des § 12 Nr. 1 EStG unterliegen. Systematisch hat das Abzugsverbot des § 12 EStG Vorrang vor § 4 Abs. 5 EStG.[50]

Nach § 4 Abs. 5 EStG dürfen insbesondere nicht bzw. sehr eingeschränkt abgezogen werden, Aufwendungen für Geschenke, die Bewirtung für Geschäftsfreunde (soweit unangemessen bzw. nicht betrieblich veranlasst), für Gästehäuser, für Jagd, Fischerei und Jachten, für Mehraufwendungen für Verpflegung, soweit sie bestimmte Pauschalbeträge übersteigen, für ein häusliches Arbeitszimmer, für Schmiergelder, für Geldbußen und ähnliche Sanktionen, für sonstige die Lebensführung berührende Aufwendungen, soweit sie unangemessen sind, und für Zinsen auf hinterzogene Steuern nach § 235 der AO.

III. Betriebsveräußerung und Betriebsaufgabe

§ 16 EStG bestimmt in seinem Abs. 1, dass auch Veräußerungsgewinne gewerbliche Einkünfte darstellen. Dieser wird durch Abs. 3 ergänzt, der einen Aufgabegewinn der Veräußerung gleichstellt. Das auch bei der Aufgabe ein Gewinn entsteht, ist eigentlich selbstverständlich, da der Steuerpflichtige sämtliche Wirtschaftsgüter vom Betriebs- in das Privatvermögen überführt und damit die stillen Reserven aufdeckt. Die Vorschrift ist daher im Zusammenhang mit dem Freibetrag des § 16 Abs. 4 EStG und den Tarifbegünstigungen nach § 34 EStG zu sehen.

Eine Ausnahme vom Regime des § 16 EStG sieht § 6 Abs. 3 EStG für den Fall einer unentgeltlichen Übertragung vor. Durch die angeordnete Buchwertverknüpfung bleiben die stillen Reserven beim Erwerber steuerverstrickt, weil dieser die Buchwerte des Übertragenden fortzuführen hat.

1. Betriebsveräußerung (§ 16 Abs. 1 S. 1 Nr. 1 EStG)

Veräußerungsgewinne werden nach § 16 Abs. 1 Nr. 1 EStG besteuert, wenn ein Betrieb oder Teilbetrieb (organisch geschlossener Teil eines Gesamtbetriebs) „als selbstständiger Organismus des Wirtschaftslebens" auf den Erwerber entgeltlich übertragen

---

50 BFH, Urt. v. 12.12.1991 – IV R 58/88, BStBl. II 1992, 524.

wird. Veräußerungsgewinne gehören grundsätzlich nicht zum Gewerbeertrag des § 7 GewStG.[51] Sie unterliegen der Tarifermäßigung des § 34 EStG. § 34 Abs. 1 EStG umfasst eine Regelung, die lediglich zu einer Milderung der Progression für die außerordentlichen Einkünfte iSd § 34 Abs. 2 EStG auf unwiderruflichen Antrag führt. Das Gesetz bedient sich folgender Technik: Zunächst ist die Einkommensteuer auf das um die außerordentlichen Einkünfte geminderte zu versteuernde Einkommen zu ermitteln. Dem geminderten zu versteuernden Einkommen ist ein Fünftel der außerordentlichen Einkünfte hinzuzurechnen. Auf die sich danach ergebende Summe ist die Einkommensteuer zu ermitteln. Von diesem Steuerbetrag ist die Einkommensteuer auf das geminderte zu versteuernde Einkommen abzuziehen. Durch Multiplikation dieses Saldos mit fünf ergibt sich die Einkommensteuer auf die außerordentlichen Einkünfte, die zur Ermittlung der Einkommensteuerschuld der Einkommensteuer auf das geminderte zu versteuernde Einkommen hinzuzurechnen ist.

61 Neben der Tarifermäßigung sieht § 16 Abs. 4 EStG einen Freibetrag iHv bis zu 45.000 EUR vor. Der Freibetrag setzt ebenso voraus, dass der Steuerpflichtige das 55. Lebensjahr vollendet hat oder dauernd berufsunfähig ist; er wird dem Steuerpflichtigen nur einmal im Leben gewährt. Der Freibetrag von 45.000 EUR ermäßigt sich allerdings um den Betrag, um den der erzielte Veräußerungsgewinn 136.000 EUR übersteigt.

2. Betriebsaufgabe (§ 16 Abs. 3 EStG)

62 Eine Aufgabe des Gewerbebetriebs iSd § 16 Abs. 3 EStG liegt vor, wenn aufgrund eines Entschlusses des Steuerpflichtigen, den Betrieb aufzugeben, die bisher vom Steuerpflichtigen in diesem Betrieb entfaltete gewerbliche Tätigkeit endgültig eingestellt wird, alle wesentlichen Betriebsgrundlagen in einem einheitlichen Vorgang, dh innerhalb kurzer Zeit, entweder eindeutig in das Privatvermögen überführt werden oder insgesamt einzeln veräußert oder teils veräußert und teils in das Privatvermögen überführt werden und dadurch der Betrieb „als selbstständiger Organismus des Wirtschaftslebens" zu bestehen aufhört.[52] Die Betriebsaufgabe ist damit als Sonderform der Entnahme, als sog Totalentnahme, einzuordnen. Bemessungsgrundlage ist der Aufgabegewinn (gemeiner Wert der in das Privatvermögen überführten Wirtschaftsgüter abzüglich Buchwerte).

§ 3 Besteuerung der Körperschaften, insbes. Kapitalgesellschaften

I. Prinzipien der Körperschaftsteuer und Körperschaftsteuersystem

63 Das Körperschaftsteuergesetz erfasst im Wesentlichen (vgl. aber § 1 Abs. 1 Nrn. 4, 5 KStG) die sog juristischen Personen, namentlich die Kapitalgesellschaften (vgl. § 1 Abs. 1 Nr. 1 KStG). Im Gegensatz dazu regelt das Einkommensteuergesetz die Besteuerung der natürlichen Personen. Im Körperschaftsteuerrecht herrscht das Trennungsprinzip, dh, das von der juristischen Person erwirtschaftete Einkommen unterliegt der Körperschaftsteuer, die juristische Person selbst ist Körperschaftsteuersubjekt. Ist das

---

51 Vgl. zB BFH, Beschl. v. 21.1.1982 – VIII B 94/79, BStBl. II 1982, 307; Crezelius, Steuerrecht II, § 18 Rn. 2; ausführlich zur Gewerbesteuer Rn. 133 ff.
52 Wacker, in: Schmidt, EStG, § 16 Rn. 150 mwN.

Einkommen negativ, wird es ausschließlich dem Körperschaftsteuersubjekt zugerechnet. Die Anteilseignersphäre wird erst dann steuerrechtlich berührt, wenn Ausschüttungen an die Gesellschafter erfolgen. Verluste können nur ausnahmsweise nach den Vorschriften der Organschaft (vgl. §§ 14 ff. KStG) dem Gesellschafter zugerechnet werden.

Nach § 8 Abs. 3 S. 1 KStG ist es für die Ermittlung des Einkommens ohne Bedeutung, ob das Einkommen verteilt wird. Der Steuer unterliegt der Bereich der Erzielung des Einkommens. Auf die Höhe der Bemessungsgrundlage derselben hat es deshalb keinen Einfluss, wie das Einkommen verwendet wird. Daraus folgt, dass eine Gewinnausschüttung – als die klassische Form der Einkommensverwendung – die steuerliche Belastung der Kapitalgesellschaft nicht mindern darf. Die Höhe des Einkommens ist unabhängig davon, ob und in welcher Höhe die Kapitalgesellschaft eine Ausschüttung vornimmt oder nicht. Wie § 8 Abs. 3 S. 2 KStG erkennen lässt, regelt die Satz 1 ergänzende Vorschrift nicht nur Gewinnausschüttungen im engeren Sinne, sondern jede Form der Verteilung des Einkommens auf die Gesellschafter. Nicht abziehbar ist daher jede Form der Vermögensübertragung auf die Gesellschafter, die nicht Ausfluss von schuldrechtlichen Lieferungs- und Leistungsbeziehungen ist, sondern ihren Rechtsgrund in dem Gesellschaftsverhältnis hat. Dies betrifft sowohl die sog offenen Gewinnausschüttungen, bei denen die gesellschaftsrechtliche Grundlage durch einen Gewinnverteilungsbeschluss offengelegt wird, als auch sog verdeckte Gewinnausschüttungen, bei denen dies nicht der Fall ist und schließlich Vorgänge, die überhaupt keine Gewinnausschüttung mehr sind, weil die Auskehrung des Vermögens an die Gesellschafter im Rahmen einer Liquidation erfolgt.

64

Da aus dem rechtlichen Trennungsprinzip im Falle der Ausschüttung eine zweifache Besteuerung zunächst auf Ebene der Körperschaft und dann auf Ebene des Anteilseigners eintritt, stellt sich im Hinblick auf das Körperschaftssteuersystem die Frage, ob es bei diesem „klassischen System" der Körperschaftssteuer, bei der die Doppelbesteuerung nicht gemildert wird, verbleiben soll oder ob aus betriebs- und finanzwissenschaftlichen Gründen eine Abmilderung der wirtschaftlichen Doppelbesteuerung und damit der Gesamtbelastung von Körperschaft und Anteilseigner notwendig erscheint. Von den unterschiedlich diskutierten KSt-Systemen sollen hier nur die nach der geltenden Rechtslage relevanten Systeme kurz dargestellt werden. Das in der Bundesrepublik Deutschland nach der Unternehmensteuerreform 2001 ab 2002 herrschende System ist ein „klassisches System", weil es die Doppelbesteuerung als Besteuerung der Gewinne auf der Ebene der Körperschaft und als Dividendenbesteuerung auf der Ebene der Anteilseigner im Prinzip aufrechterhält.

65

Nach dem Freistellungsverfahren bleibt die Besteuerung auf der Ebene der Körperschaft bestehen und setzt die Milderung der Doppelbesteuerung auf der Ebene des Anteilseigners an. Die Dividende wird auf der Ebene des Anteilseigners von der Besteuerung ausgenommen, bleibt also bei dem Anteilseigner steuerfrei. Nach dem Halbeinkünfte- bzw. Teileinkünfteverfahren, das ebenfalls auf der Ebene des Anteilseigners eingreift, wird die Gewinnausschüttung nur zur Hälfte in das steuerpflichtige Einkommen einbezogen („Halbeinkünfteverfahren") bzw. beim seit 2009 geltenden Teileinkünfteverfahren zu 60 %.

66

BEISPIEL:
Frau F ist an der X-GmbH zu 100 % beteiligt, die ihrerseits zu 100 % an der Y-GmbH beteiligt ist.

67 Eine Gewinnausschüttung der Y-GmbH an die X-GmbH führt zwar zu einem Gewinn, der jedoch außerhalb der Steuerbilanz nach der in § 8b Abs. 1 KStG verwirklichten sog Freistellungsmethode zu korrigieren ist. Da zugleich 5 % der Dividendenausschüttung gem. § 8b Abs. 5 KStG als nicht abzugsfähige Betriebsausgaben gelten, werden in der Summe 95 % der Dividendenzahlung freigestellt. Wäre die Y-GmbH sog Organgesellschaft der X-GmbH als Organträgerin, würde ihr Einkommen der X-GmbH zugerechnet, so dass – mangels Ausschüttung – auch keine nichtabzugsfähigen Betriebsausgaben nach § 8b Abs. 5 KStG anfielen.

68 Bei der Ausschüttung der X-GmbH an Frau F ist zu differenzieren: Soweit Frau F ihre Anteile an der X-GmbH im Privatvermögen hält, unterliegen die Dividenden, die zu sog Einkünften aus Kapitalvermögen (§ 20 Abs. 1 Nr. 1 EStG) führen, der sog Abgeltungsteuer (§ 32d Abs. 1 EStG). Es handelt sich dabei um eine Einnahmenbesteuerung in Höhe von 26,375 % (25 % ESt. zuzüglich SolZ). Soweit die Anteile von Frau F ihrem Betriebsvermögen zuzurechnen sind (zB weil zwischen Frau F und der X-GmbH eine sog Betriebsaufspaltung besteht), kommt das Teileinkünfteverfahren zur Anwendung (vgl. §§ 3 Nr. 40, 3c EStG). Danach werden die Dividenden zu 40 % von der Steuer freigestellt, sodass im Ergebnis 60 % der Dividenden dem persönlichen Steuersatz des jeweiligen Gesellschafters unterliegen. Korrespondierend hierzu können Werbungskosten, die in wirtschaftlichem Zusammenhang stehen, zu 60 % steuermindernd berücksichtigt werden (§ 3c Abs. 2 EStG). Das Teileinkünfteverfahren ist ebenso anzuwenden, wenn die Anteile veräußert oder aus dem Betriebsvermögen entnommen werden. Die Abgeltungsteuer ist nicht einschlägig.

II. Steuerpflicht

69 Die §§ 1, 1a und 2 KStG regeln die Körperschaftsteuerpflicht. In ihnen wird abschließend aufgeführt, welcher Personenkreis körperschaftsteuerpflichtig ist.

70 Der Körperschaftsteuer unterliegen gem. § 1 KStG als Steuersubjekte die folgenden Körperschaften, Personenvereinigungen und Vermögensmassen:
1. Kapitalgesellschaften (insbesondere SE, Aktiengesellschaften, Kommanditgesellschaften auf Aktien, Gesellschaften mit beschränkter Haftung und ausländische Kapitalgesellschaften)
2. Genossenschaften einschließlich der Europäischen Genossenschaften
3. Versicherungsvereine auf Gegenseitigkeit
4. sonstige juristische Personen des privaten Rechts
5. nichtrechtsfähige Vereine, Anstalten, Stiftungen und andere Zweckvermögen des privaten Rechts
6. Betriebe gewerblicher Art von juristischen Personen des öffentlichen Rechts.

71 Unbeschränkt steuerpflichtig sind die og juristischen Personen, die ihre Geschäftsleitung (§ 10 AO) oder ihren Sitz (§ 11 AO) im Inland haben. Unbeschränkte Steuerpflicht bedeutet, dass sowohl die inländischen als auch die ausländischen Einkünfte, soweit nicht eine Befreiungsvorschrift eines Doppelbesteuerungsabkommens[53] greift, der deutschen Körperschaftsteuer unterliegen. Da jede in Deutschland gegründete GmbH oder AG in ein deutsches Handelsregister eingetragen werden muss, unterliegt jede GmbH nach dem GmbHG sowie jede AG nach dem AktG mit ihrem Weltein-

---

53 Zum Begriff s. o. Rn. 9.

kommen der Besteuerung. Auf die Frage der Geschäftsleitung kommt es nur bei ausländischen Kapitalgesellschaften (zB der nach englischem Recht gegründeten Private Limited Company) an.

Durch das Gesetz zur Modernisierung des Körperschaftsteuerrechts (KöMoG),[54] wurde in § 1a KStG für Personenhandels- und Partnerschaftsgesellschaften eine Option zur Körperschaftsbesteuerung eingeführt, wodurch die Gesellschaften auf Antrag ertragsteuerlich wie eine Kapitalgesellschaft und ihre Gesellschafter wie die nicht persönlich haftenden Gesellschafter der Kapitalgesellschaft besteuert werden.[55] Der unwiderrufliche Antrag ist von der Gesellschaft bei dem für die gesonderte und einheitliche Feststellung der Einkünfte nach § 180 AO zuständigen Finanzamt bis spätestens einen Monat vor Beginn des Wirtschaftsjahres zu stellen, ab dem die Besteuerung wie eine Kapitalgesellschaft gelten soll. Aufgrund des Verweises auf § 217 UmwG in § 1a Abs. 1 S. 1 Hs. 2 KStG ist grundsätzlich ein einstimmiger Beschluss der Gesellschafter über die Antragstellung erforderlich, soweit nicht die Satzung eine Mehrheitsentscheidung zulässt. Die Mehrheit muss auch in diesem Fall drei Viertel der abgegebenen Stimmen betragen. Die optierende Gesellschaft ändert ihr zivilrechtliches und gesellschaftsrechtliches Rechtsstatut durch die Ausübung der Option nicht.[56] Der Übergang zur Körperschaftsbesteuerung gilt lediglich als Formwechsel im Sinne des § 1 Abs. 3 Nr. 3 UmwStG. Durch die entsprechende Anwendung der §§ 1 und 25 UmwStG gemäß § 1a Abs. 2 S. 2 KStG ist eine Übertragung zu Buchwerten nach § 20 Abs. 2 S. 2 UmwStG möglich.[57] Rechtsfolge der Optionsausübung ist die Besteuerung der optierenden Gesellschaft für Zwecke der Besteuerung nach dem Einkommen wie eine Kapitalgesellschaft, § 1a Abs. 1 S. 1 KStG. Nach Ausübung der Option gilt die Beteiligung an der optierenden Gesellschaft gemäß § 1a Abs. 3 S. 1 KStG für Zwecke der Besteuerung nach dem Einkommen – und nach § 2 Abs. 8 GewStG auch für Zwecke der Gewerbesteuer – als Beteiligung eines nicht persönlich haftenden Gesellschafters an einer Kapitalgesellschaft. Für die ertragsteuerliche Beurteilung von Leistungsbeziehungen zwischen der optierenden Gesellschaft und ihren Gesellschaftern sind die für Kapitalgesellschaften geltenden Grundsätze maßgeblich.[58] Die konkreten Besteuerungsfolgen für die Gesellschafter sind in § 1a Abs. 3 S. 2–6 KStG aufgeführt.

Der beschränkten Körperschaftsteuerpflicht unterliegen Körperschaften, Personenvereinigungen und Vermögensmassen, die im Inland weder ihren Sitz noch ihre Geschäftsleitung haben, mit ihren inländischen Einkünften sowie sonstige Körperschaften, Personenvereinigungen und Vermögensmassen, die nicht unbeschränkt steuerpflichtig sind, mit ihren inländischen Einkünften, von denen ein Steuerabzug vorzunehmen ist. Ausländische Kapitalgesellschaften, deren Geschäftsleitung im Ausland liegt, sind nur beschränkt steuerpflichtig mit den inländischen Einkünften (vgl. § 8 Abs. 1 KStG iVm §§ 49 ff. EStG).

§ 5 KStG zählt abschließend die Befreiungen von der Körperschaftsteuer auf. Die dort genannten Körperschaften unterliegen bei subjektiven Steuerbefreiungen mit ihren gesamten Einkünften, bei partiellen Steuerbefreiungen mit Teilbereichen ihrer Tätigkeit von vornherein nicht der Körperschaftsteuer. Die praktisch bedeutsamste (partielle)

---

[54] Gesetz v. 25.6.2021, BGBl. I 2021, 2050.
[55] Instruktiv Weitemeyer/Maciejewski, Rn. 911 ff.
[56] BMF v. 10.11.2021, BStBl. I 2021, 2212, Tz. 49.
[57] Weitemeyer/Maciejewski, Rn. 916.
[58] BMF v. 10.11.2021, BStBl. I 2021, 2212, Tz. 67.

Steuerbefreiung für die Praxis stellt § 5 Abs. 1 Nr. 9 KStG, die gemeinnützige Körperschaft iSd §§ 51–68 AO, dar.

75 Die Steuerpflicht ist an die rechtliche Existenz des Steuersubjekts gebunden und entsteht grundsätzlich spätestens mit der Erlangung der Rechtsfähigkeit. Juristische Personen entstehen idR durch Eintragung in ein Register (Handels-, Genossenschafts-, Vereinsregister) oder durch staatliche Genehmigung des Geschäftsbetriebes. Bei Kapitalgesellschaften ist im Gründungsstadium vor der Registereintragung zwischen der Vorgründungsgesellschaft und der Vorgesellschaft zu unterscheiden. Von einer Vorgründungsgesellschaft spricht man solange bis der Gesellschaftsvertrag notariell beurkundet ist. Eine Vorgesellschaft liegt in der Zeit zwischen Abschluss des notariellen Gesellschaftsvertrags und der Registereintragung vor. Die Körperschaftsteuerpflicht tritt mit Abschluss des notariell beurkundeten Gesellschaftsvertrags ein.[59] Die persönliche Steuerpflicht endet nach Ablauf eines Sperrjahres nach der Registerlöschung bzw. Rücknahme der staatlichen Genehmigung.[60]

III. Einkommensermittlung

76 Die Höhe der Körperschaftsteuer bemisst sich gem. § 7 Abs. 1 KStG nach dem „zu versteuernden Einkommen". Das KStG knüpft somit auch an den Einkommensbegriff des EStG an, der jedoch durch die Besonderheiten einer Körperschaft im Vergleich zu natürlichen Personen und die auf die Körperschaften zugeschnittenen Sondervorschriften des KStG modifiziert ist. Nach § 7 Abs. 2 KStG ist das zu versteuernde Einkommen das Einkommen iSd § 8 Abs. 1 KStG um die Freibeträge der §§ 24 und 25 KStG vermindert. Wie dieses zu ermitteln ist, bestimmen die §§ 7–22 KStG.

77 Was als Einkommen gilt, und wie das Einkommen zu ermitteln ist, bestimmt sich nach den Vorschriften des Einkommen- und des Körperschaftsteuergesetzes (§ 8 Abs. 1 KStG). Vorschriften des EStG, die ausschließlich auf natürliche Personen zugeschnitten sind, wie zB Sonderausgaben, Freibeträge, außergewöhnliche Belastungen usw sind dabei jedoch nicht anwendbar. Auch im Körperschaftsteuerrecht sind die erzielten Einkünfte grundsätzlich der jeweiligen Einkunftsart iSd § 2 Abs. 1 EStG zuzuordnen. Einkünfte aus nichtselbstständiger Arbeit sind nicht möglich, da diese das Vorhandensein einer natürlichen Person voraussetzen.[61] Auch Einkünfte aus selbstständiger Arbeit können bei Körperschaften nicht in Betracht kommen.[62] In welche der fünf übrigen Einkunftsarten die Einkünfte einer Körperschaft einzuordnen sind (soweit nicht § 8 Abs. 2 KStG anzuwenden ist), bestimmt sich nach den Vorschriften der §§ 13 bis 24 EStG.

78 Bei unbeschränkt Steuerpflichtigen iSd § 1 Abs. 1 Nr. 1. bis 3 KStG, also neben jeder deutschen Kapitalgesellschaft (GmbH, AG, KGaA) ua auch für ausländische Kapitalgesellschaften mit Geschäftsleitung im Inland (zB eine englische PLC), sind nach § 8 Abs. 2 KStG alle Einkünfte als Einkünfte aus Gewerbebetrieb zu behandeln.

79 Grundsätzlich ist das Einkommen iSd § 8 Abs. 1 KStG, das nach den Vorschriften des EStG und den Sondervorschriften des KStG zu ermitteln ist, Bemessungsgrundlage für die Körperschaftsteuer. Ein wesentlicher Unterschied zum EStG besteht darin,

---

59 So auch Fehrenbacher, § 4 Rn. 19; BGH, Urt. v. 16.3.1992 – II ZB 17/91, BGHZ 117, 323; BFH, Urt. v. 20.10.1982 – I R 118/78, BStBl. II 1983, 247.
60 Birk/Desens/Tappe, Rn. 1230.
61 BFH, Urt. v. 30.11.1966 – I 215/64, BStBl. III 1967, 400.
62 BFH, Urt. v. 20.2.1974 – I R 217/71, BStBl. II 1974, 511; Urt. v. 1.12.1982 – I R 238/81, BStBl. II 1983, 213.

dass eine Kapitalgesellschaft keine Privatsphäre hat.[63] Entgegen seiner früheren Rspr.[64] lehnt der BFH eine außerbetriebliche Sphäre für Kapitalgesellschaften ab.[65] Dies hat für die Frage der Zuordnung von Vermögensänderungen außerhalb der Einkunftsarten des § 2 Abs. 1 EStG Bedeutung, insbesondere bei der Beurteilung verlustbezogener Tätigkeiten, die ohne Einkünfteerzielungsabsicht aus privaten Motiven der Gesellschafter ausgeübt werden.[66] Es erfolgt außerhalb der Steuerbilanz eine Einkommenskorrektur über den Tatbestand der verdeckten Gewinnausschüttung.

Einer Kapitalgesellschaft sind alle die Einkünfte zuzurechnen, die sie erzielt.[67] Sie erzielt gewerbliche Einkünfte, wenn die sie auslösende Tätigkeit im Namen und für Rechnung der Gesellschaft ausgeübt wird. Bei der Gewinnermittlung insbes. von GmbH können sich Schwierigkeiten in der Frage ergeben, wem die Einkünfte zuzurechnen sind, wenn der Gesellschafter-Geschäftsführer neben dieser Tätigkeit auch als selbstständiger Einzelunternehmer tätig ist. Besondere Zweifel können sich dann ergeben, wenn der Gesellschafter-Geschäftsführer auf demselben Gebiet tätig ist wie die von ihm vertretene GmbH, ohne dass vertragliche Vereinbarungen über eine klare und eindeutige Aufgabenabgrenzung beider Unternehmen bestehen. 80

Die Körperschaftsteuer ist eine Jahressteuer. Der sog Veranlagungszeitraum ist somit gem. § 7 Abs. 3 KStG das Kalenderjahr. Für dieses sind die Besteuerungsgrundlagen zu ermitteln. Dieser Ermittlungszeitraum kann sich verkürzen, wenn die Steuerpflicht nicht während des gesamten Kalenderjahres bestanden hat. Bei Steuerpflichtigen, die zur Buchführung verpflichtet sind, ist das Wirtschaftsjahr der maßgebende Ermittlungszeitraum. Bei einem abweichenden Wirtschaftsjahr gilt der Gewinn in dem Kalenderjahr als bezogen, in dem das Wirtschaftsjahr endet. 81

Über § 8 Abs. 1 KStG gelten die im Einkommensteuergesetz geregelten Abzugsverbote (insbesondere nicht abzugsfähige Betriebsausgaben nach den § 4 Abs. 5, Abs. 5b, § 4j EStG und die Zinsschranke nach § 4h EStG, die von § 8a KStG ergänzt wird) auch für die Körperschaftsbesteuerung. Darüber hinaus enthält § 10 KStG spezielle körperschaftsteuerliche Abzugsverbote. 82

Schematisch kann die **Ermittlung des zu versteuernden Einkommens** einer Kapitalgesellschaft wie folgt dargestellt werden: 83

Handelsrechtliches Ergebnis (Jahresüberschuss/Jahresfehlbetrag)

+/- Korrekturen zur Anpassung an die Steuerbilanz

= Steuerbilanzergebnis

+ verdeckte Gewinnausschüttungen (§ 8 Abs. 3 S. 2 KStG)

+ nichtabziehbare Aufwendungen (zB §§ 4 Abs. 5 EStG, 8a, 8b Abs. 3 und 5, 10 KStG)

---

63 Vgl. Bode, in: Kirchhof/Seer, EStG, § 4 Rn. 64; BFH, Urt. v. 4.12.1996 – I R 54/95, BFHE 182, 123.
64 BFH, Urt. v. 2.11.1965 – I 221/62 S, BStBl. III 1966, 255; Urt. v. 4.3.1970 – I R 123/68, BStBl. II, 1970, 470.
65 BFH, Urt. v. 4.12.1996 – I R 54/95, BFHE 182, 123; Urt. v. 8.7.1998 – I R 123/97, BFH/NV 1999, 269; Urt. v. 6.12.2016 – I R 50/16, BStBl. II 2017, 324.
66 Zur Problemlage und Rechtsentwicklung vgl. Hey/Isler/Janetzko/Meier/Pfirrmann/Schallmoser/Semelka/Wilk, in: Herrmann/Heuer/Raupach, EStG/KStG § 8 KStG Rn. 73 ff.
67 BFH v. 13.12.1989 – I R 98/86, BStBl. II 1990, 468; Urt. v. 6.12.2016 – I R 50/16, BStBl. II 2017, 324.

– abziehbare Aufwendungen nach § 9 Abs. 1 Nr. 1 EStG

+ sämtliche Spenden

- nicht der Körperschaftsteuer unterliegende Vermögensmehrungen, zB Investitionszulage, Bezüge und Gewinne iSd § 8b Abs. 1 und Abs. 2 KStG

- verdeckte Einlagen (§ 8 Abs. 3 Sätze 3 ff. KStG)

-/+ vereinnahmte Gewinnabführung/übernommener Verlust aus Organschaft

= Summe der Einkünfte

- abziehbare Spenden, § 9 Abs. 1 Nr. 2 KStG

- ausländische Steuern vom Einkommen

+/- zuzurechnendes Einkommen der Organgesellschaft

= Gesamtbetrag der Einkünfte

- Verlustabzug nach § 10d EStG iVm § 8 Abs. 1 KStG

= Einkommen

- Freibetrag nach §§ 24, 25 KStG

= zu versteuerndes Einkommen iSd § 7 Abs. 1 KStG

IV. Körperschaftsteuertarif

84 Im Rahmen der Unternehmensteuerreform 2008 wurde der bisher geltende Körperschaftsteuersatz von 25 % auf das zu versteuernde Einkommen abgesenkt. Seit dem Veranlagungszeitraum 2008 beträgt die Körperschaftsteuer gem. § 23 KStG 15 % des zu versteuernden Einkommens. Durch die Senkung des Körperschaftsteuersatzes, die Reduzierung der Gewerbesteuermesszahl von 5 % auf 3,5 % (§ 11 Abs. 2 GewStG nF) und im Gegenzug die Nichtabsetzbarkeit der Gewerbesteuer als Betriebsausgabe (§ 4 Abs. 5b EStG nF) ergibt sich eine steuerliche Gesamtbelastung für Kapitalgesellschaften in Höhe von 29,83 %.

BEISPIEL:

Gewinn vor Steuern:	100
Gewerbesteuer: 100 x 3,5 % x 400 % =	14
Körperschaftsteuer: 100 x 15 % =	15
Solidaritätszuschlag: 15 x 5,5 % =	0,83
Gewerbesteuer, Körperschaftsteuer, Solidaritätszuschlag insgesamt:	29,83

85 Die Modellrechnung geht von einem Gewerbesteuerhebesatz von 400 % aus. Außerdem wird unterstellt, dass die gewerbesteuerliche Bemessungsgrundlage (Gewerbeertrag) dem Gewinn entspricht. Die tatsächliche Steuerbelastung hängt insbesondere

vom jeweiligen Hebesatz der Kommune ab.[68] Bei besonders hohen Hebesätzen wie beispielsweise in München (z. Z. 490 %) kann dies zu tariflichen Belastungen von bis zu 33 % führen.

V. Bezüge und Gewinne iSd § 8b KStG[69]

§ 8b Abs. 1 KStG normiert eine Dividendenfreistellung für Beteiligungserträge. Die Norm als solche setzte ursprünglich (anders als etwa § 8 Nr. 5 GewStG oder die DBA-Schachtelprivilegien) weder eine Mindestbeteiligungsquote noch eine Mindestbehaltefrist voraus.[70] Inzwischen verlangt § 8b Abs. 4 KStG zu Beginn des Kalenderjahrs eine unmittelbare Beteiligung von mindestens 10 % des Stamm- oder Grundkapitals. § 8b KStG kennt grundsätzlich auch keinen Aktivitätsvorbehalt oder das Erfordernis bestimmter steuerlicher Vorbelastungen.[71] Letzteres galt bis zur Einführung von § 8b Abs. 1 Sätze 2 bis 4 KStG[72] auch für vGA und war in § 8b KStG bis dahin als „Grundsatz der steuerlichen Vorbelastung" nicht angelegt.[73] *Kapitalertragsteuer* ist trotz Steuerfreiheit einzubehalten (vgl. § 43 Abs. 1 S. 3 EStG). § 8b Abs. 5 KStG bestimmt, dass 5 % der Bezüge (Dividenden, verdeckte Gewinnausschüttungen) pauschal als Betriebsausgaben gelten, die nicht als Betriebsausgaben abgezogen werden dürfen. Die Versagung des Betriebsausgabenabzugs führt in Zusammenhang mit den Beteiligungserträgen im Ergebnis zumindest zu einer partiellen Steuerpflicht der Dividenden iHv 5 %. Weitere Konsequenz ist, dass trotz der „Steuerfreiheit" der Dividenden die damit zusammenhängenden tatsächlichen Betriebsausgaben (insbes. Finanzierungskosten), soweit sie die 5 %-Grenze überschreiten, in vollem Umfang abgezogen werden können, weil nach § 8b Abs. 5 S. 2 KStG die Abzugsbeschränkung des § 3c Abs. 1 EStG nicht anzuwenden ist. Die Begründung von Organschaftsverhältnissen besitzt besondere Bedeutung, da es in diesen Fällen nicht zur Versagung des pauschalen 5 %igen Betriebsausgabenabzugs kommt. Des Weiteren entfällt die Liquiditätsbelastung mit Kapitalertragsteuer.

§ 8b Abs. 2 KStG bestimmt, dass Gewinne aus der Veräußerung von Anteilen an in- und ausländischen Kapitalgesellschaften bei der Einkommensermittlung außer Ansatz bleiben. Konsequenz der Steuerfreiheit der Veräußerungsgewinne ist im Umkehrschluss, dass Teilwertabschreibungen und Veräußerungsverluste den Gewinn der Kapitalgesellschaft nicht mindern dürfen (§ 8b Abs. 3 S. 3 KStG). Einzelheiten finden sich in § 8b Abs. 3 S. 4 bis 8 KStG. Dort findet sich auch eine systemwidrige Gleichstellung des Abzugsverbots der Beteiligungsfinanzierung mit der Fremdfinanzierung in Form sog eigenkapitalersetzender Finanzierungen.

---

68 Abrufbar unter: https://www.gewerbesteuer.de/gewerbesteuerhebesatz.
69 Zu Zweifelsfragen des § 8b KStG vgl. BMF v. 28.4.2003, GmbHR 2003, 603 ff.; ausführlich Dötsch/Pung, DB 2003, 1016 ff.
70 BMF v. 28.4.2003 – IV A 2 – S 2750a – 7/03, BStBl. I 2003, 292 Rn. 4; Pung, in: Dötsch/Pung/Möhlenbrock, KStG, § 8b Rn. 27; Schnitger, in: Schnitger/Fehrenbacher, KStG, § 8b Rn. 137; Gosch, in: Gosch, KStG, § 8b Rn. 100.
71 Gosch, in: Gosch, KStG § 8b Rn. 100; Schnitger, in: Schnitger/Fehrenbacher, KStG, § 8b Rn. 133; zur gesetzlich unterstellten Vorbelastung auch Bruschke, DStZ 2012, 813 (814).
72 Gosch, in: FS Herzig, 64.
73 Ebenso Gröbl/Adrian, in: Erle/Sauter, KStG § 8b Rn. 44 mwN.

Nach § 8b KStG steuerfrei sind insbesondere		
■ Gewinnanteile (Dividenden) ■ Ausbeuten ■ Sonstige Bezüge	Verdeckte Gewinnausschüttung, wenn diese das Einkommen der leistenden Gesellschaft nicht gemindert hat	Gewinne aus ■ Anteilsveräußerungen ■ Auflösungen ■ Kapitalherabsetzungen
Jedoch: 5 % der steuerfreien Bezüge gelten als nichtabziehbare Betriebsausgaben		

VI. Verdeckte Gewinnausschüttung und verdeckte Einlage

88 Bei der Kapitalgesellschaftsbesteuerung gilt das sog Trennungsprinzip, mit der Konsequenz, dass auch Verträge zwischen der Kapitalgesellschaft als selbstständigem Rechtssubjekt und ihren Gesellschaftern steuerrechtlich grundsätzlich vollumfänglich anerkannt werden. Eine Grenze findet diese steuerrechtliche Anerkennung dort, wo die Verträge nicht dem entsprechen, was unter fremden Dritten üblich ist. Für diese Konstellationen kennt das Körperschaftsteuerrecht die Begriffe „verdeckte Gewinnausschüttung" und „verdeckte Einlage". „Verdeckt" deshalb, weil das zugrundeliegende Rechtsgeschäft in Wahrheit eine Gewinnausschüttung bzw. Einlage verdeckt. Für die Ermittlung des Einkommens der Gesellschaft ist es nämlich ohne Bedeutung, ob das Einkommen verteilt wird (§ 8 Abs. 3 S. 1 KStG). Verdeckte Gewinnausschüttungen mindern deshalb das Einkommen der Körperschaft nicht, verdeckte Einlagen erhöhen es nicht.

1. Verdeckte Gewinnausschüttung (vGA)

89 Eine vGA iSd Körperschaftsteuerrechts ist eine Vermögensminderung oder verhinderte Vermögensmehrung, die durch das Gesellschaftsverhältnis veranlasst ist, sich auf die Höhe des Unterschiedsbetrages gem. § 4 Abs. 1 S. 1 EStG iVm § 8 Abs. 1 KStG auswirkt und nicht auf einem den gesellschaftsrechtlichen Vorschriften entsprechenden Gewinnverteilungsbeschluss beruht.[74] Nach der Rechtsprechung des BFH muss diese außerdem durch Organe der Gesellschaft verursacht werden und geeignet sein, beim Gesellschafter einen sonstigen Bezug im Sinne von § 20 I Nr. 1 S. 2 EStG auszulösen.[75]

90 Eine **Veranlassung durch das Gesellschaftsverhältnis** ist dann gegeben, wenn ein ordentlicher und gewissenhafter Geschäftsleiter die Vermögensminderung oder verhinderte Vermögensmehrung gegenüber einer Person, die nicht Gesellschafter ist, unter sonst gleichen Umständen nicht hingenommen hätte. Nach der umfangreichen Rspr. des BFH sind grds. zwei Gruppen der vGA zu unterscheiden:[76] (a) Ein ordentlicher und gewissenhafter Geschäftsleiter hätte eine solche Zuwendung nicht gemacht. (b) Es liegen keine im Voraus getroffenen klaren und eindeutigen Vereinbarungen der Kapitalgesellschaft mit ihrem beherrschenden Gesellschafter vor.

---

[74] BFH, Urt. v. 22.2.1989 – I R 98/86, BStBl. II 1989, 475.
[75] Vgl. BFH, Urt. v. 7.8.2002 – I R 2/02, BStBl. II 2004, 131.
[76] Vgl. BFH, Urt. v. 8.11.1989 – I R 88/85, BStBl. II 1990, 244.

Der **Fremdvergleich** gehört als Unterprinzip zum **Veranlassungsprinzip**. Die Denkfigur des ordentlichen und gewissenhaften Geschäftsleiters ist jedoch nicht der alleinige Maßstab, wenn es sich um Vereinbarungen handelt, die ausschließlich mit dem Gesellschafter getroffen werden können, und keine Vergleichsmöglichkeiten mit Dritten bestehen, dh die per se die „societatis causa" zum Inhalt haben.[77] In diesem Fall ist im Rahmen eines außerbetrieblichen Vergleichs darauf abzustellen, was andere Firmen derselben Branche in derselben Situation ihren Gesellschaftern gegenüber aufwenden. Beispielsweise werden die Zuführungen zur Pensionsrückstellung in voller Höhe als verdeckte Gewinnausschüttungen betrachtet, wenn die Gesellschaft ihrem Gesellschafter-Geschäftsführer nur eine Pension, aber kein Bargehalt zusagt.[78]

91

Ein Sonderfall ergibt sich beim sog **beherrschenden Gesellschafter**. Zahlungen an einen Gesellschafter mit beherrschendem Einfluss auf die Kapitalgesellschaft sind unabhängig von der Angemessenheit vGA, wenn die Zahlungen nicht von Anfang an klar und eindeutig vereinbart worden sind, da der Gesellschafter mittels seines beherrschenden Einflusses die Möglichkeit hat, für seine Leistung an die Kapitalgesellschaft einen gesellschaftsrechtlichen oder schuldrechtlichen Ausgleich zu suchen.[79] Wegen des fehlenden Interessengegensatzes bestünde sonst die Möglichkeit, den Gewinn so zu beeinflussen, wie es bei Gesamtbetrachtung der Einkommen der Kapitalgesellschaft und des Gesellschafters jeweils am günstigsten wäre.[80] Problematisch sind insbesondere mündlich abgeschlossene Vereinbarungen.[81] Beherrschende Stellung (maßgebend: Vertragsabschluss) setzt mehr als 50 % der Stimmrechte voraus. Bei einer Beteiligung unter 50 % kann unter besonderen Umständen, zB wegen gleichgerichteter Interessen mehrerer gemeinsam handelnder Personen, eine Nachzahlung ebenfalls als vGA angesehen werden. Ehegattenbeteiligungen dürfen nicht ohne Weiteres zusammengerechnet werden.[82]

92

Eine verdeckte Gewinnausschüttung ist auch dann anzunehmen, wenn die Vorteilsziehung nicht unmittelbar durch den Gesellschafter, sondern durch eine ihm nahestehende Person erfolgt. Voraussetzung ist aber stets, dass der Gesellschafter (mittelbar) selbst einen Vorteil hat.[83] Als nahestehende Personen sind zunächst sämtliche Angehörige nach § 15 AO anzusehen (Beweis des ersten Anscheins insbes. bei Ehegatten).[84] Beim sog beherrschenden Gesellschafter ist wiederum eine im Voraus getroffene klare Vereinbarung erforderlich.[85] Wendet eine Kapitalgesellschaft einer anderen Kapitalgesellschaft einen Vermögensvorteil zu und sind an beiden Kapitalgesellschaften dieselben Personen beteiligt, ist darin ebenfalls ein Näheverhältnis zu sehen. Auch Personengesellschaften können als nahestehende Personen in Betracht kommen.[86]

93

Eine vGA setzt nicht voraus, dass die Vermögensminderung oder verhinderte Vermögensmehrung auf einer Rechtshandlung der Organe der Kapitalgesellschaft beruht. Auch tatsächliche Handlungen können den Tatbestand der vGA erfüllen (zB der Griff

94

---

77 BFH, Urt. v. 17.4.1984 – I R 22/79, BStBl. II 1985, 69; Janssen, vGA, S. 5250.
78 Vgl. Unzulässigkeit der „Nur-Pension", BFH, Urt. v. 17.5.1995 – I R 147/93, BStBl. II 1996, 204.
79 BFH, Urt. v. 2.3.1988 – I R 63/82, BStBl. II 1988, 590.
80 BFH, Urt. v. 14.3.1989 – I R 8/85, BStBl. II 1989, 633.
81 Vgl. BFH, Urt. v. 12.4.1989 – I R 142–143/85, BStBl. II 1989, 636; Urt. v. 24.1. 1990 – I R 157/86, BStBl. II 1990, 645.
82 BVerfG v. 12.3.1985 – 1 BvR 571/81, 1 BvR 494/82, 1 BvR 47/83, BStBl. II 1985, 475.
83 BFH, Urt. v. 22.2.1989 – I R 9/85, BStBl. II 1989, 631.
84 BFH, Urt. v. 29.9.1981 – VIII R 8/77, BStBl. II 1982, 248.
85 BFH, Urt. v. 29.4.1987 – I R 192/82, BStBl. II 1987, 797.
86 BFH, Urt. v. 1.10.1986 – I R 54/83, BStBl. II 1987, 459; Janssen, vGA, S. 5245.

in die Gesellschaftskasse). Für die Entscheidung, ob eine Vermögensminderung auf einer Handlung beruht, die steuerrechtlich der Kapitalgesellschaft zuzurechnen ist, kommt es nicht auf Handlungen der Organe der Kapitalgesellschaft an, wenn diese – durch Tun oder Unterlassen – einem Gesellschafter oder einer ihm nahestehenden Person die Möglichkeit verschafft haben, über Gesellschaftsvermögen zu disponieren.[87]

95   Folgende Beispiele sind **typische Fälle einer verdeckten Gewinnausschüttung**:

- Ein Gesellschafter erhält für seine Tätigkeit im Dienste der Gesellschaft ein unangemessen hohes Gehalt (also ein Gehalt über der am Markt üblichen Bandbreite).
- Ein Gesellschafter erhält von der Gesellschaft ein zinsloses oder im Marktvergleich besonders zinsgünstiges Darlehen.
- Ein Gesellschafter gibt seiner Gesellschaft ein Darlehen zu einem besonders hohen Zinssatz.
- Ein Gesellschafter veräußert an die Gesellschaft Wirtschaftsgüter zu einem unangemessen hohen Preis bzw. erhält von der Gesellschaft Wirtschaftsgüter zu einem unangemessen niedrigen Preis.
- Die Gesellschaft übernimmt ohne werthaltigen Regressanspruch eine Schuld oder sonstige Verpflichtung des Gesellschafters.
- Umsatztantieme oder überhöhte Gewinntantieme eines Minderheitsgesellschafters in der Anlaufphase der GmbH.[88]

96   Nach § 8 Abs. 3 S. 2 KStG dürfen vGA das Einkommen der Gesellschaft nicht mindern. Die unangemessenen Teile der Vergütung, die handels- und steuerbilanziell als Aufwand erfasst wurden, sind für steuerliche Zwecke dem Einkommen der Kapitalgesellschaft wieder hinzuzurechnen. Sie unterliegen somit sowohl der Körperschaftsteuer als auch der Gewerbesteuer.

Beispiel:
Eine Gesellschaft zahlt an einen (Minderheits-)Gesellschafter für die Überlassung eines betrieblich genutzten Grundstücks eine Vergütung, die 75.000 EUR über der angemessenen Marktmiete liegt.

97   Ohne Annahme einer vGA würde die Miete als Betriebsausgabe in dieser Höhe den Gewinn der Gesellschaft mindern. Der Gesellschafter als Vermieter erzielte bei den Einkünften aus § 21 EStG eine zusätzliche Mieteinnahme, die bei einem angenommen ESt-Spitzensteuersatz von 42 % in Höhe von 31.500 EUR mit Steuern belastet wäre. Mangels personeller Verflechtung liegt keine Betriebsaufspaltung vor. Wegen des Vorliegens einer vGA erhöhen die 75.000 EUR die Bemessungsgrundlage von Gewerbe- und Körperschaftsteuer. Auf Gesellschafterebene sind die Einkünfte aus Vermietung und Verpachtung in Einkünfte aus Kapitalvermögen (§ 20 Abs. 1 Nr. 1 EStG) umzuqualifizieren und unterliegen der Abgeltungsteuer.

2. Verdeckte Einlage (§ 8 Abs. 3 Sätze 3 bis 6 KStG)

98   Eine verdeckte Einlage liegt vor, wenn ein Gesellschafter oder eine ihm nahestehende Person der Kapitalgesellschaft einen einlagefähigen Vermögensvorteil zuwendet und diese Zuwendung durch das Gesellschaftsverhältnis veranlasst ist. Einlagefähig sind nur Vermögensvorteile, die zu einer Erhöhung der Aktiva oder Verminderung der

---
[87] BFH, Urt. v. 14.10.1992 – I R 17/92, BStBl. II 1993, 352.
[88] BFH, Urt. v. 15.3.2000 – I R 74/99, BStBl. II 2000, 547.

Schulden führen. Eine schlichte Gebrauchs- oder Nutzungsüberlassung kann somit nicht Gegenstand einer verdeckten Einlage sein. Da der handelsrechtliche Gewinn der Kapitalgesellschaft durch diesen Vermögensvorteil erhöht worden sein kann (der Ausweis in der Kapitalrücklage gem. § 272 Abs. 2 Nr. 4 HGB ist nicht zwingend), die Gewinnerhöhung aber nicht von der Kapitalgesellschaft erwirtschaftet wurde, sondern auf einem gesellschaftsrechtlichen Vorgang beruht, ist das zu versteuernde Einkommen der Gesellschaft um den entsprechenden Betrag zu kürzen. Beim Gesellschafter stellt diese Zuwendung nachträgliche Anschaffungskosten auf seine Beteiligung dar.

VII. Verlustabzug und § 8c KStG

Da Körperschaften mit ihrem Einkommen dem KStG unterliegen, ergibt sich im Falle von Verlusten[89] auch die Möglichkeit eines sog körperschaftsteuerlichen Verlustvortrages (§ 8 Abs. 1 KStG iVm § 10d EStG). Entsprechendes gilt im Bereich des Gewerbesteuerrechts für einen gewerbesteuerlichen Fehlbetrag (vgl. § 10a GewStG). Der Verlustvortrag bleibt so lange erhalten wie die Körperschaft zivilrechtlich existiert. Die zivilrechtliche Existenz endet entweder nach abgeschlossener Liquidation und Austragung aus dem entsprechenden Register oder bei Umwandlungsfällen für den sog übertragenden Rechtsträger (zB durch Verschmelzung bzw. Aufspaltung). Bei einer natürlichen Person endet die Rechtsfähigkeit mit deren Tod. Nach einer Entscheidung des Großen Senats des BFH[90] ist ein Verlustabzug nach § 10d EStG nicht (mehr) vererblich. Da Körperschaften eines natürlichen Todes nicht sterben können, bleiben Verlustvorträge grundsätzlich auch dann erhalten, wenn die Körperschaft ihren Geschäftsbetrieb bzw. ihre Tätigkeit eingestellt hat. So ist es aus Sicht eines Steuerpflichtigen interessant, einen entsprechenden Verlustmantel (Kapitalgesellschaft mit Verlustvortrag) zu erwerben, weil dann, nach einer entsprechenden Aktivierung des „Mantels" und dem Erzielen von Gewinnen, ein steuerpflichtiges Einkommen erst nach Verrechnung der Gewinne mit dem Verlustvortrag entstünde. Dem will der Gesetzgeber mit der Regelung des § 8c KStG entgegenwirken, die allerdings zu pauschal an einen Anteilserwerb von mehr als 50 % (§ 8c Abs. 1 S. 1 KStG) anknüpft. Das BVerfG hat mit Beschluss vom 29.3.2017[91] offen gelassen, ob bereits ein mehr als 50 %-iger Anteilserwerb ausreicht, um den Untergang des gesamten Verlustvortrags zu rechtfertigen, während es den ursprünglich in § 8c Abs. 1 S. 1 KStG geregelten anteilige Verlustuntergang bei einem Anteilserwerb von mehr als 25 % in allen bis zum Veranlagungszeitraum 2016 bestehenden Formen für verfassungswidrig erklärte.

VIII. Organschaft

Eine Kapitalgesellschaft kann Organgesellschaft einer körperschaftsteuerlichen (§ 14 Abs. 1 S. 1 KStG, § 17 KStG) und gewerbesteuerlichen (§ 2 Abs. 2 S. 2 GewStG) Organschaft[92] sein. Dadurch lässt sich die Zurechnung des Einkommens zum Organträger erreichen. Die praktische Bedeutung der Organschaft für das Konzernsteuerrecht besteht darin, dass auf Ebene des Organträgers eigene Verluste mit (vollständig) zu-

---

89 Ausführlich zum Verlustabzug und zu § 8c KStG Suchanek/Rüsch, DStZ 2014, 419.
90 BFH, Beschl. v. 17.12.2007 – GrS 2/04, DStR 2008, 545.
91 BVerfG, Beschl. v. 29.3.2017 – 2 BvL 6/11, BStBl. II 2017, 1082; siehe auch Hey, in: Tipke/Lang, Kap. 11 Rn. 11.59 ff.
92 Instruktiv zur Organschaft Fehrenbacher, § 4 Rn. 74; Birk/Desens/Tappe, Rn. 1238.

101 Zur Begründung einer Organschaft muss der Organträger zunächst den Anforderungen des § 14 Abs. 1 S. 1 Nr. 2 S. 1 KStG entsprechen. Seit dem Veranlagungszeitraum 2001 (bei vom Kalenderjahr abweichenden Wirtschaftsjahr entsprechend später) sind die Voraussetzungen der körperschaftsteuerlichen Organschaft durch das StSenkG[93] vereinfacht worden. Danach genügt die finanzielle Eingliederung und das Bestehen eines Ergebnisabführungsvertrages.[94] Zur finanziellen Eingliederung (§ 14 Abs. 1 S. 1 Nr. 1 KStG) muss dem Organträger vom Beginn des Wirtschaftsjahres der Organgesellschaft an ununterbrochen die Mehrheit der Stimmrechte aus den Anteilen zustehen. Der Ergebnisabführungsvertrag muss mindestens für die Dauer von 5 Jahren geschlossen sein (§ 14 Abs. 1 S. 1 Nr. 3 S. 1 KStG) und vor allem während der gesamten Laufzeit tatsächlich durchgeführt werden.

Der Beginn des Absatzes lautet: gerechneten Gewinnen bzw. eigene Gewinne mit zugerechneten Verlusten verrechnet werden können. Dadurch sinkt die Gesamtsteuerquote des Konzerns.

Voraussetzungen der körperschaftsteuerlichen Organschaft		
Gewinnabführungsvertrag (§ 14 Abs. 1 KStG, § 291 Abs. 1 AktG) ■ auf mindestens fünf Jahre ■ durchgehend tatsächlich durchgeführt		
Finanzielle Eingliederung (Mehrheit der Stimmrechte) (§ 14 Abs. 1 Nr. 1 KStG)		
Organträger (§ 14 Abs. 1 S. 1 Nr. 2 KStG) muss sein		
natürliche Person	nicht steuerbefreiter Rechtsträger nach § 1 KStG	Personengesellschaft (Mitunternehmerschaft) mit gewerblichen Einkünften
jeweils mit Sitz oder Geschäftsleitung im Inland oder mit Beteiligung der Organgesellschaft in inländischer Betriebsstätte		
Organgesellschaft kann sein		
■ AG ■ KGaA (§ 14 Abs. 1 KStG)	Andere Kapitalgesellschaft z. B. GmbH (§ 17 KStG)	
jeweils mit Geschäftsleitung im Inland und Sitz im Inland oder der EU/EWR		

102 Ist wirksam eine Organschaft begründet, wird das Einkommen der Organgesellschaft dem Organträger zugerechnet (§ 14 Abs. 1 S. 2 KStG). Bei grenzüberschreitenden Organschaften ist die Nichtberücksichtigung negativer Einkünfte bei deren Berücksichtigung im Ausland zu beachten (vgl. § 14 Abs. 1 Nr. 5 KStG).

---

93 Steuersenkungsgesetz (StSenkG), v. 23.10.2000, BGBl. I 2000, 1433.
94 Neu/Brandenburg, GmBH-StB, 2001, 30, 31.

§ 4 Die Besteuerung der Personen(handels)gesellschaft und ihrer Gesellschafter

I. Einleitung

Das geltende Unternehmenssteuerrecht hängt von der zivilrechtlichen Rechtsform des Unternehmens ab. Personengesellschaften sind regelmäßig gesamthänderisch konstruiert. Die BGB-Gesellschaft (§§ 705 ff. BGB) bildet die Grundform der Personenhandelsgesellschaften (OHG und KG), die also solche üblicherweise unternehmerisch tätig werden und am Rechtsverkehr teilnehmen. Auch wenn die Personenhandelsgesellschaften (gem. § 124 HGB) und auch die Außen-GbR rechtsfähig sind, so sind Personengesellschaften keine juristischen Personen. Daneben gibt es die Stille Gesellschaft und die sog BGB-Innengesellschaft, die nicht rechtsfähig und auch nicht gesamthänderisch verfasst sind.

Für die Besteuerung der Personengesellschaft bedeutet dies, dass sie nicht dem Regelstatut des KStG zuzuordnen ist und damit – vorbehaltlich der Ausübung der Option zur Körperschaftsbesteuerung nach § 1a KStG[95] – nicht Subjekt der Körperschaftsteuer ist.[96] Aber auch das EStG erfasst nach dessen § 1 Abs. 1 nur natürliche Personen, weshalb die Personengesellschaft selbst weder Subjekt des EStG noch des KStG ist. Besteuert werden vielmehr die hinter der Personengesellschaft stehenden Gesellschafter, die als natürliche Personen nach dem EStG und als Körperschaften nach dem KStG subjektiv steuerpflichtig sind. Das zeigt sich für den zentralen Bereich der Gewinneinkunftsarten am Mitunternehmerschaftskonzept des § 15 Abs. 1 S. 1 Nr. 2 EStG, auf den §§ 13 Abs. 7, 18 Abs. 4 S. 2 EStG verweisen. Für die mitunternehmerschaftlichen Personenunternehmen gilt das in § 15 Abs. 1 S. 1 Nr. 2 S. 1 Hs. 1 EStG gesetzlich verankerte Transparenz- bzw. Durchgriffsprinzip.

II. Transparenzprinzip

Aus dem Umstand, dass zivilrechtlich die Personenhandelsgesellschaft Trägerin des gesamthänderischen Vermögens ist und am Rechtsverkehr teilnimmt (vgl. § 124 Abs. 1 HGB), müsste in der Konsequenz ertragsteuerrechtlich folgen, dass die Gesellschaft selbst den Tatbestand der Einkunftserzielung gem. § 2 Abs. 1 EStG verwirklicht und den Gesellschaftern über die dann als Zurechnungsnorm zu qualifizierende Vorschrift des § 15 Abs. 1 S. 1 Nr. 2 EStG die Gewinneinkünfte anteilig zugerechnet werden.[97] Die hM[98] beharrt selbst nach Aufgabe der sog Bilanzbündeltheorie[99] demgegenüber auf dem Standpunkt, dass die Träger des Gewerbebetriebs die Gesellschafter selbst seien und der Steuerbilanzgewinn bzw. -verlust den Gesellschaftern unmittelbar als originäre eigene Einkünfte zugerechnet werden.

Das Steuerrecht löst sich vom Zivilrecht dabei in mehrfacher Hinsicht. Im Ausgangspunkt ist es bereits unerheblich, ob handelsbilanzrechtlich überhaupt ein Gewinn

---

95 Vgl. Rn. 72.
96 Vgl. Rn. 63 ff.
97 Überzeugend Hüttemann, DStJG Bd. 34, S. 291, 294 ff. mwN.
98 BFH, Beschl. v. 3.7.1995 – GrS 1/93, BStBl. II 1995, 617; Pinkernell, Einkünftezurechnung bei Personengesellschaften, 2001, passim; Krumm, in: Kirchhof/Seer, EStG, § 15 Rn. 162 ff.
99 Seit dem BFH-Beschluss vom 25.6.1984 – GrS 4/82, BStBl. II 1984, 751 = DB 1984 S. 2383, wird die Personenhandelsgesellschaft in Übereinstimmung mit dem Handelsrecht als Subjekt der Gewinnerzielung, Gewinnermittlung und Einkünftequalifikation anerkannt.

entsteht. Denn das EStG knüpft an den steuerlichen Gewinn an, der zwar bei Personenhandelsgesellschaften entsprechend dem Maßgeblichkeitsgrundsatz des § 5 Abs. 1 EStG aus dem Handelsbilanzergebnis entwickelt wird, der aber wegen der Vielzahl abweichender steuerrechtlicher Ansatz-, Bewertungs- und Folgebewertungsvorschriften sowie nicht abzugsfähiger Betriebsausgaben nicht mit dem steuerbilanziellen Ergebnis übereinstimmt. Deshalb ist es auch möglich, dass einkommensteuerrechtlich den Gesellschaftern ein Gewinn zugerechnet wird, obwohl handelsrechtlich für das Wirtschaftsjahr kein Gewinn entstanden ist („steuerlicher Mehrgewinn").[100] Wenn es für den Besteuerungszweck schon unerheblich ist, ob Gewinnansprüche handelsrechtlich entstanden sind, dann spielt es erst recht keine Rolle, zu welchem Zeitpunkt der handelsrechtliche Entnahmeanspruch gesellschaftsrechtlich entsteht oder dem einzelnen Gesellschafter der handelsrechtliche Gewinnanteil iSd § 11 EStG zufließt. Im Ergebnis ging es aus Sicht des Ertragsteuerrechts schon immer darum sicherzustellen, dass nicht ein Teil des Gesellschaftseinkommens mangels Steuersubjektivität der Gesellschaft (zumindest vorläufig) unversteuert bleibt.[101] Dogmatisch hat man sich deshalb nicht an der aktuellen „Ist"-Leistungsfähigkeit des Gesellschafters als Steuerschuldner orientiert, sondern nach dem Grundgedanken der sog Bilanzbündeltheorie die zivilrechtliche Existenz der Personengesellschaft zunächst vollends negiert. Auch wenn die Bilanzbündeltheorie inzwischen überholt ist, hat sich an dem Ziel, die sofortige und vollständige Besteuerung des Gesellschaftseinkommens bei den Gesellschaftern sicherzustellen, nichts geändert. Zur Begründung verweist man zum einen auf die sog Gleichstellungsthese,[102] wonach das Gesetz die Gleichstellung des Mitunternehmers mit dem Einzelunternehmer verlange, und zum anderen darauf, dass die Gesellschafter selbst den Einkünftetatbestand verwirklichen.[103]

III. Mitunternehmerschaft

107 Bisher wurden die Begriffe Personengesellschaft und Mitunternehmerschaft synonym verwendet. Tatsächlich ist aber nicht jede Personengesellschaft eine Mitunternehmerschaft.

1. Abgrenzung zur vermögensverwaltenden Personengesellschaft

108 Zur Mitunternehmerschaft wird eine Personengesellschaft gem. § 15 Abs. 1 Nr. 2 S. 1 EStG erst, wenn ihre Gesellschafter Mitunternehmer sind, sie also originär gewerblich tätig ist (§ 15 Abs. 1 S. 1 Nr. 1 Abs. 2 EStG), Einkünfte aus Gewerbebetrieb fingiert werden (§ 15 Abs. 3 EStG) oder gewerbliche Einkünfte kraft Verweisung (§ 18 Abs. 4 S. 2 EStG, § 13 Abs. 7 EStG) vorliegen.

109 Erzielt eine Personengesellschaft darüber hinaus keine originär mitunternehmerischen Einkünfte iSd §§ 13, 15, und 18 EStG, ist sie originär keine Mitunternehmerschaft und damit vermögensverwaltende Personengesellschaft.[104]

---

100 Hier zeigen sich die gesellschaftsrechtlichen Brüche, die durch die Loslösung der steuerlichen Gewinnermittlung von der Handelsbilanz verursacht werden.
101 RFH, Urt. v. 25.4.1933 – VI A 434/30, RStBl. 1933, 955; dazu Becker, StuW 1933 Sp. 1138 ff., 1158 ff.
102 BFH, Urt. v. 24.8.2000 – IV R 51/98, BStBl. II 2005 S. 173; Wacker, in: Schmidt, EStG, § 15 Rn. 161 mwN.
103 Hennrichs, in: Tipke/Lang, Kap. 10 Rn. 10.30 ff. mwN.
104 Zur gewerblich geprägten Personengesellschaft unten, Rn. 122.

… III. Mitunternehmerschaft

2. Begriff des Mitunternehmers

Nicht jeder Gesellschafter einer Personengesellschaft ist automatisch Mitunternehmer iSd § 15 Abs. 1 S. 1 Nr. 2 S. 1 EStG. Mitunternehmer sind nämlich nur solche Gesellschafter, die **Mitunternehmerrisiko** tragen und **Mitunternehmerinitiative** entfalten. Beide Voraussetzungen müssen dabei kumulativ vorliegen. Der Umfang ist dabei nicht entscheidend. Eine nur sehr schwach ausgeprägte Mitunternehmerinitiative kann durch ein stärker ausgeprägtes Mitunternehmerrisiko ausgeglichen werden.

Mitunternehmerrisiko trägt, wer an Erfolg und Misserfolg, sowie den stillen Reserven der Gesellschaft beteiligt ist. Letzteres äußert sich meist dahingehend, dass dem Gesellschafter ein Abfindungs- oder Auseinandersetzungsanspruch für den Fall des Ausscheidens aus der Gesellschaft zusteht.

Am plastischsten werden die Voraussetzungen, wenn man die typisch Stille Beteiligung (§ 230 ff. HGB) betrachtet. Diese vermittelt im Auseinandersetzungsfall nur einen Anspruch auf Rückgewähr der Einlage (§ 235 Abs. 1 HGB), weshalb keine mitunternehmerischen Einkünfte, sondern Einkünfte aus Kapitalvermögen erzielt werden (§ 20 Abs. 1 Nr. 4 EStG).

Mitunternehmerinitiative entfaltet, wer zur Teilhabe an unternehmerischen Entscheidungen berechtigt ist, also wem Geschäftsführungs- und Vertretungsbefugnisse sowie Stimmrechte eingeräumt sind.

Da § 15 Abs. 1 S. 1 Nr. 2 EStG die KG als Mitunternehmerschaft ansieht, reichen die nach dem gesetzlichen Leitbild der §§ 164 ff. HGB einem Kommanditisten zustehenden Stimm- und Kontrollrechte aus, um eine hinreichende Mitunternehmerinitiative zu bejahen.

Reichen die Möglichkeiten eines Gesellschafters nicht aus, um Mitunternehmerinitiative zu entfalten und können diese Defizite auch nicht durch ein ungleich größeres Mitunternehmerrisiko ausgeglichen werden, so erzielt der Gesellschafter regelmäßig Einkünfte aus Kapitalvermögen.

3. Erzielung gewerblicher Einkünfte

Der Tatbestand der Mitunternehmerschaft ist, wie bereits gezeigt, nur dann erfüllt, wenn gewerbliche Einkünfte erzielt werden bzw. eine andere Gewinneinkunftsart verwirklicht wird, die entsprechend auf § 15 Abs. 1 S. 1 Nr. 2 EStG verweist.[105] Die Mitunternehmerschaft erzielt dann aber weiterhin Einkünfte aus der jeweiligen Einkunftsart.

a) Originär gewerbliche Tätigkeit (§ 15 Abs. 1 S. 1 Nr. 2, Abs. 2 EStG)

Dass die Personengesellschaft grundsätzlich eine gewerbliche Tätigkeit iS von § 15 Abs. 1 S. 1 Nr. 1 ausüben muss, ergibt sich zwar nicht unmittelbar aus Abs. 1 S. 1 Nr. 2, aber aus dem Umkehrschluss zu § 15 Abs. 3 Nr. 1 EStG („wenn die Gesellschaft *auch* eine Tätigkeit iSd Abs. 1 S. 1 Nr. 1 ausübt").[106]

---

[105] Dazu oben Rn. 107 ff.
[106] Zu den Merkmalen des Gewerbebetriebs vgl. Besteuerung des Einzelunternehmers Rn. 39 ff.

Michael Fischer

b) Teilweise gewerbliche Einkünfte (§ 15 Abs. 3 Nr. 1 EStG)

118 Durch § 15 Abs. 3 Nr. 1 S. 1 EStG wird der Kreis der Mitunternehmerschaften für die Fälle erweitert, in denen die Gesellschaft selbst nicht in vollem Umfang, aber entweder teilweise (Alt. 1) oder zB durch Einkünfte aus einer Beteiligung an einer gewerblich tätigen Personengesellschaft, gewerbliche Einkünfte bezieht (Alt. 2).

119 Ist der Tatbestand erfüllt, kommt es zur sog **Abfärbung** oder auch Infektion, was zur einheitlichen Qualifikation aller Einkünfte der Gesellschaft als Einkünfte aus Gewerbebetrieb führt.

BEISPIEL:
A und B betreiben gemeinschaftlich eine Hautarztpraxis in der (gewerblich) Kosmetikbehandlungen durchgeführt werden und Kosmetikprodukte verkauft werden.[107]

120 Bei gewerblichen Tätigkeiten in äußerst geringfügigem Umfang sollen aus Gründen der Verhältnismäßigkeit die Rechtsfolgen des § 15 Abs. 3 Nr. 1 S. 1 Alt. 1 EStG nach Auffassung der BFH nicht eintreten. Die Geringfügigkeitsgrenze sieht der BFH in Anlehnung an § 11 Abs. 1 S. 3 Nr. 1 GewStG bei 24.500 EUR im Veranlagungszeitraum, sofern die gewerblichen Nettoumsatzerlöse nicht mehr als 3 % des Gesamtumsatzes ausmachen.[108] Auch negative Einkünfte aus einer gewerblichen Tätigkeit sollten nach der neueren Rechtsprechung des BFH nicht zu einer Abfärbung führen.[109] Der Gesetzgeber reagierte hierauf im Jahressteuergesetz 2019[110] mit der Ergänzung des § 15 Abs. 3 Nr. 1 S. 2 EStG, wodurch nunmehr auch die Erzielung eines Verlustes aus der gewerblichen Tätigkeit zur Umqualifizierung der Einkünfte führt. Bezüglich der Beteiligungseinkünfte gemäß § 15 Abs. 3 Nr. 1 S. 1 Alt. 2 EStG geht der BFH davon aus, dass keine Geringfügigkeitsgrenze zu beachten ist. Aufgrund einer verfassungskonformen Auslegung des § 2 Abs. 1 S. 2 GewStG soll eine Gesellschaft, die einkommensteuerrechtlich nur aufgrund der Regelung des § 15 Abs. 3 Nr. 1 S. 1 Alt. 2 EStG als Gewerbebetrieb gilt, jedoch nicht der Gewerbesteuer unterliegen.[111]

121 Die Praxis entgeht der Infektion dadurch, dass die gewerbliche Tätigkeit durch eine (beteiligungsidentische) Schwesterpersonengesellschaft ausgeübt wird und der gewerbliche und freiberufliche Betrieb klar getrennt werden.

c) Gewerblich geprägte Personengesellschaft (§ 15 Abs. 3 Nr. 2 EStG)

122 Aber auch eine Personengesellschaft, die nicht originär gewerbliche Einkünfte aus Gewerbebetrieb erzielt und deren Einkünfte auch nicht infiziert sind, kann durch die gewerbliche Prägung qua Fiktion des § 15 Abs. 3 Nr. 2 EStG gewerbliche Einkünfte erzielen und damit Mitunternehmerschaft sein. Voraussetzung dafür ist, dass nur eine oder mehrere Kapitalgesellschaften persönlich haftende Gesellschafter sind und nur diese oder Nichtgesellschafter zur Geschäftsführung befugt sind. § 15 Abs. 3 Nr. 2 S. 2 EStG statuiert darüber hinaus, dass auch eine in diesem Sinne geprägte Personengesellschaft als persönlich haftende Gesellschafterin zur gewerblichen Prägung führt.

---

[107] Vgl. zur Abfärbung zB BFH, Urt. v. 30.8.2001 – IV R 43/00, BStBl. II 2002, 152; Urt. V. 18.5.1995 – IV R 31/94, BStBl. II 1995, 718.
[108] BFH, Urt. v. 27.8.2014 – VIII R 6/12, BStBl. II 2015, 1002; Urt. V. 27.8.2014 – VIII R 41/11, BStBl. II 2015, 999; Urt. v. 27.8.2014 – VIII R 16/11, BStBl. II 2015, 996.
[109] BFH, Urt. v. 12.4.2018 – IV R 5/15, BStBl. II 2020, 118.
[110] V. 12.12.2019, BGBl. I 2019, 2451.
[111] BFH, Urt. v. 6.6.2019 – IV R 30/16, BStBl. II 2020, 649.

Hauptanwendungsfall ist damit die GmbH & Co. KG, die in ihrer Grundstruktur eine gewerblich geprägte Personengesellschaft ist. Die Gesellschafter können die Tatbestandsvoraussetzungen der gewerblichen Prägung nach Belieben herbeiführen oder vermeiden. So kann etwa, in Abweichung vom Regelstatut des § 164 S. 1 HGB, ein Kommanditist mit Geschäftsführungsbefugnissen ausgestattet werden und damit die gewerbliche Prägung ausgeschlossen werden. Eine GbR ist wegen der unbeschränkten Haftung ihrer Gesellschafter (analog § 128 HGB) einer gewerblichen Prägung unzugänglich.

4. Gewinnermittlung und Bestandteile der Einkünfte der Mitunternehmerschaft

Wie bereits gezeigt, sieht das EStG keine besonderen Vorschriften für die Ermittlung des Einkommens von Mitunternehmerschaften vor. Vielmehr führt das Transparenzprinzip dazu, dass die Einkünfte der Gesellschaft den Gesellschaftern zugerechnet werden.[112] Bei Mitunternehmerschaften ist aus (handels-)bilanzrechtlicher[113] Sicht aber der Gewinn für die Gesellschaft selbst und nicht für die einzelnen Mitunternehmer zu ermitteln (vgl. §§ 6, 120 f., 167 f., 242 HGB). Die Handelsbilanz einer Personengesellschaft unterscheidet sich jedoch prinzipiell nicht von der Bilanz eines Einzelunternehmers. Allerdings muss deutlich gemacht werden, dass am Eigenkapital mehrere Personen beteiligt sind.

BEISPIEL FÜR EINE OHG MIT DEN GESELLSCHAFTERN A, B UND C:

Aktivseite	Passivseite	
A. Anlagevermögen	A.	Eigenkapital
	I.	Kapital A
	II.	Kapital B
	III.	Kapital C
B. Umlaufvermögen	B.	Rückstellungen
	C.	Verbindlichkeiten
C. Rechnungsabgrenzungsposten	D.	Rechnungsabgrenzungsposten

Ebenso wie bei der Aufstellung der Steuerbilanz des Einzelunternehmers, sind bei der Ermittlung des steuerrechtlich maßgebenden Anteils des einzelnen Mitunternehmers am Gesamtgewinn der Gesellschaft, die die Maßgeblichkeit des Handelsbilanzrechts durchbrechenden Vorschriften des Steuerrechts zu berücksichtigen.

Wenn sich Wertdifferenzen zwischen den Ansätzen in der Gesellschaftsbilanz und den für den einzelnen Mitunternehmer zutreffenden Ansätzen ergeben (zB beim entgeltlichen Erwerb eines Mitunternehmeranteils oder bei der Einbringung eines Betriebs, Teilbetriebs oder Mitunternehmeranteils in eine Personengesellschaft oder bei personenbezogenen Steuervergünstigungen), sind diese Differenzen in einer **Ergänzungsbilanz**[114] des einzelnen Gesellschafters auszuweisen.

Grundlegende Aussagen über die Besteuerung der Gesellschafter/Mitunternehmer einer gewerblich tätigen Personengesellschaft enthält die Vorschrift des § 15 Abs. 1 S. 1 Nr. 2

---
112 Zum Transparenzprinzip s. o. Rn. 105 ff.
113 Vgl. Teil 4 (Handelsbilanzrecht), Rn. 29 ff.
114 Dazu sogleich unten Rn. 129.

EStG. Hiernach rechnen zu den gewerblichen Einkünften „die Gewinnanteile der Gesellschafter ... und die Vergütungen, die der Gesellschafter von der Gesellschaft für seine Tätigkeit im Dienst der Gesellschaft oder für die Hingabe von Darlehen oder für die Überlassung von Wirtschaftsgütern bezogen hat". Damit sollen die Mitunternehmer einer Personengesellschaft dem Einzelunternehmer angenähert werden. Dieser kann keine Verträge mit sich selbst schließen und demgemäß seinen gewerblichen Gewinn auch nicht durch Gehaltsbezüge oder durch Pachtzinsen für ihm gehörende betrieblich genutzte Grundstücke mindern.

Die Gewinnermittlung stellt sich demnach wie folgt dar:

127 Auf einer **ersten Stufe** ist der **Gewinn der Personengesellschaft** selbst zu ermitteln. Maßgebend dafür ist die durch die §§ 4 ff. EStG modifizierte Handelsbilanz der Gesellschaft. Schuldrechtliche Beziehungen zwischen Gesellschaft und Gesellschafter werden hier anerkannt. Erst auf einer **zweiten Gewinnermittlungsstufe** werden die in § 15 Abs. 1 S. 1 Nr. 2 EStG erwähnten **Sondervergütungen und Sonderbetriebsausgaben**[115] erfasst.

Für die Ermittlung dieser Einkünfte gilt im Einzelnen Folgendes:

128 ▪ *Gewinnanteile der Gesellschafter:*

Unter „Gewinnanteilen" iSd § 15 Abs. 1 Nr. 2 EStG sind die Anteile der Gesellschafter am Gewinn (oder Verlust) der Gesellschaft zu verstehen. Um diesen Anteil festzustellen, ist zunächst der **Gewinn (Verlust) der Gesellschaft** zu ermitteln. Dies geschieht bei Personenhandelsgesellschaften durch einen Betriebsvermögensvergleich gem. § 5 Abs. 1 EStG. Der Gewinn der Personengesellschaft, der nach den handels- und einkommensteuerrechtlichen Gewinnermittlungsvorschriften ermittelt worden ist, wird grds. aufgrund des handelsrechtlichen **Gewinnverteilungsschlüssels** auf die Gesellschafter aufgeteilt. Die Anteile der Gesellschafter am Gewinn und Verlust sind idR im Gesellschaftsvertrag bestimmt (§§ 120, 167 HGB) – sog **Gewinnermittlung erster Stufe**.

BEISPIEL:
Die aus den Gesellschaftern A und B bestehende A & B OHG hat im Jahr 01 einen Gewinn von 400.000 EUR erzielt. Nach dem Gesellschaftsvertrag betragen die Gewinnanteile von A 60 % (= 240.000 EUR), von B 40 % (= 160.000 EUR).

129 ▪ *Ergänzungsbilanzen:*

Auf dieser ersten Stufe der Gewinnermittlung ist auch das Ergebnis aus etwaigen Ergänzungsbilanzen für die einzelnen Mitunternehmer zu berücksichtigen. In Ergänzungsbilanzen werden **Wertkorrekturen** zu den Ansätzen in der Steuerbilanz der Gesellschaft erfasst. Durch positive und negative Ergänzungsbilanzen von Mitunternehmern werden individuelle Anschaffungskosten einzelner Gesellschafter sowie personenbezogene Steuervergünstigungen, die sich in der Gesellschaftsbilanz nicht auswirken, berücksichtigt und fortgeführt. Ergänzungsbilanzen enthalten keine Wirtschaftsgüter, sondern nur Korrekturposten zu den Ansätzen in der Steuerbilanz der Gesellschaft (Steuerbilanz erster Stufe). Sie sind keine Handelsbilanzen, sondern stellen eine rein steuerliche Korrekturbilanz dar.

---

115 Dazu sogleich Rn. 130 f.

III. Mitunternehmerschaft

Die Notwendigkeit für die Erstellung von Ergänzungsbilanzen beschränkt sich im Wesentlichen auf zwei Sachbereiche:
- Entgeltlicher Erwerb eines Mitunternehmeranteils
- Einbringungsvorgang gegen Gewährung von Gesellschaftsrechten.

- **Beispiel:**
Gesellschafter K hat seinen Mitunternehmeranteil von V für 80.000 EUR erworben. Das Kapitalkonto des V betrug 50.000 EUR. Den Mehrpreis hat K gezahlt, weil in dem zum Anlagevermögen der Gesellschaft gehörenden Grundstück sowie in den Gebäuden und Warenvorräten stille Reserven iHv je 10.000 EUR vorhanden waren. Das Kapitalkonto des K lautet in der Bilanz der Gesellschaft – wie bei V – auf 50.000 EUR. Die um 30.000 EUR höheren Anschaffungskosten weist K in einer Ergänzungsbilanz aus:

Ergänzungsbilanz K			
Mehrwert Grund und Boden	10.000 EUR	Mehrkapital	30.000 EUR
Mehrwert Gebäude	10.000 EUR		
Mehrwert Waren	10.000 EUR		
	30.000 EUR		30.000 EUR

- *Sondervergütungen:*

Auf die Ermittlung des Gewinns (Verlusts) der ersten Stufe folgt die Ermittlung der sog Sondereinkünfte der Gesellschafter – sog **Gewinnermittlung zweiter Stufe**.

Bei der Ermittlung der Sondereinkünfte ist zunächst davon auszugehen, dass eine Personengesellschaft zivilrechtlich zu ihren Gesellschaftern auch andere als gesellschaftsrechtliche Beziehungen haben kann. Eine OHG kann mit ihren Gesellschaftern Darlehens-, Miet- oder Pachtverträge sowie Arbeitsverträge abschließen. Bei der steuerrechtlichen Gewinnermittlung erster Stufe werden allgemein-schuldrechtliche Beziehungen zwischen Gesellschaft und Gesellschafter anerkannt. Das ist ein wesentlicher Unterschied zur früheren Bilanzbündeltheorie. Wenn sie aufgrund solcher Rechtsverhältnisse Vergütungen an die Gesellschafter zahlt, wirkt sich dies bei der Ermittlung des Gesellschaftsergebnisses gewinnmindernd aus. Diese an die Gesellschafter gezahlten (und bei der Gesellschaft gewinnmindernd berücksichtigten) Vergütungen (Geschäftsführergehalt, Mietvergütung, Darlehenszinsen) sind nach § 15 Abs. 1 S. 1 Nr. 2 Hs. 2 EStG bei der Einkünfteermittlung den jeweiligen Gewinnanteilen der Gesellschafter wieder hinzuzurechnen. Das geschieht in der Weise, dass die Vergütungen als gewerbliche Einkünfte der Gesellschafter umqualifiziert werden, obwohl sie ihrer Art nach Einkünfte aus nichtselbstständiger Arbeit (§ 19 EStG), aus Vermietung und Verpachtung (§ 21 EStG) oder aus Kapitalvermögen (§ 20 EStG) darstellen.

- *Sonderbilanz, Sonderbetriebsvermögen:*

Bei der **Ermittlung der Sondereinkünfte** sind die **allgemeinen Gewinnermittlungsvorschriften** anzuwenden. Parallel zur Ermittlung des Gewinns der Personengesellschaft durch Betriebsvermögensvergleich, findet auch bei der Ermittlung der Sondereinkünfte ein (Sonder-) Betriebsvermögensvergleich statt.

Zum Sonderbetriebsvermögen eines Gesellschafters gehören Wirtschaftsgüter, die im **Eigentum des Gesellschafters** stehen, und die dem Betrieb der Gesellschaft **unmittel-**

bar dienen. Darunter fallen insbesondere Wirtschaftsgüter, die ein Gesellschafter der Gesellschaft zur betrieblichen Nutzung überlässt sowie Forderungen eines Gesellschafters aus der Gewährung von Darlehen an die Gesellschaft. Gleichgültig ist, ob das Wirtschaftsgut der Gesellschaft entgeltlich oder unentgeltlich, freiwillig oder auf Vereinbarung im Gesellschaftsvertrag, schuldrechtlich (Miete, Pacht, Leihe) oder dinglich gesichert (Erbbaurecht, Nießbrauch) zur Verfügung gestellt wird. Diese Wirtschaftsgüter werden als **Sonderbetriebsvermögen I** bezeichnet. Zum Sonderbetriebsvermögen gehören außerdem Wirtschaftsgüter, die unmittelbar der **Begründung oder Stärkung der Beteiligung des Gesellschafters** an der Gesellschaft dienen (**Sonderbetriebsvermögen II**). Dazu rechnen vor allem die Anteile der Kommanditisten einer GmbH & Co. KG an der Komplementär-GmbH. Die Wirtschaftsgüter des Sonderbetriebsvermögens sind in der Sonderbilanz des Gesellschafters zu erfassen. Gehören Gegenstände des Sonderbetriebsvermögens zu einem eigenen Gewerbebetrieb des Gesellschafters, so ist zu entscheiden, wo das Sonderbetriebsvermögen zu erfassen ist. Nach der BFH-Rechtsprechung[116] gilt im Grundsatz ein Vorrang desjenigen Betriebs, in dem die Gegenstände eingesetzt werden; der Eigenbetrieb des Gesellschafters tritt also zurück. Anders verhält es sich nach der BFH-Rspr.[117] in der Konstellation einer sog **mitunternehmerischen Betriebsaufspaltung** oder bei **personenidentischen Mitunternehmerschaften**.

Im Rahmen der Ermittlung der Sondereinkünfte werden den Sonderbetriebseinnahmen (Arbeitsvergütungen, Mietzahlungen) die **Sonderbetriebsausgaben** gegenübergestellt. Sonderbetriebsausgaben sind Aufwendungen des Gesellschafters, die durch seine Sondervergütungen oder sein Sonderbetriebsvermögen oder seine Beteiligung an der Gesellschaft veranlasst sind, zB Fahrtkosten, Abschreibungen auf Wirtschaftsgüter des SBV, Fremdkapitalzinsen zur Finanzierung seiner Beteiligung.

132 ▪ *Gesamtgewinn der Gesellschaft:*

Aus den vorangegangenen Ausführungen ergibt sich, dass sich die Einkünfte eines Gesellschafters (Mitunternehmers) gemäß § 15 Abs. 1 Nr. 2 EStG aus mehreren Bestandteilen zusammensetzen. Das Ergebnis ist der Anteil des Gesellschafters (Mitunternehmers) am Gesamtgewinn der Mitunternehmerschaft. Nach Auffassung des BFH[118] führt die geschilderte zweistufige Gewinnermittlung der Mitunternehmerschaft nicht zu einer Gesamtbilanz im technischen Sinne, ausreichend sei eine **additive Gewinnermittlung**. Die von § 15 Abs. 1 S. 1 Nr. 2 EStG zu erfassenden mitunternehmerischen Einkünfte seien die Summe der Ergebnisse der Steuerbilanz der Personengesellschaft als solcher zuzüglich der Sonderbilanzen der einzelnen Mitunternehmer. Der Anteil des Gesellschafters am „Gesamtgewinn der Mitunternehmerschaft" umfasst außer dem Anteil des Gesellschafters am Gewinn (Verlust) der Gesellschaft auch das Ergebnis einer etwaigen Ergänzungsbilanz des Gesellschafters. Im Rahmen der Gewinnermittlung zweiter Stufe kommen die Sondereinkünfte hinzu. Schließlich werden als gewerbliche Einkünfte des Gesellschafters auch noch etwaige Gewinne (Verluste) aus der Veräußerung des Mitunternehmeranteils erfasst. Diese durch **Addition** zusammenzufügenden Berechnungsgrößen ergeben insgesamt die gewerblichen Einkünfte der Gesellschafter (Mitunternehmer).

---

116 BFH, Urt. v. 18.5.1983 – I R 5/82, BStBl. II 1983, S. 771.
117 BFH, Urt. v. 23.4.1996 – VIII R 13/95, BStBl. II 1998, 325.
118 BFH, Urt. v. 14.11.1985 – IV R 63/83, BStBl. II 1986, S. 58.

III. Mitunternehmerschaft

BEISPIEL FÜR DIE ERMITTLUNG DER EINKÜNFTE BEI EINER PERSONENGESELLSCHAFT:

An der A-KG sind die Gesellschafter A, B und C beteiligt. A mit einer Einlage von EUR 200.000 und B und C mit einer Einlage je von EUR 150.000. Der Handelsbilanzgewinn der Gesellschaft beträgt EUR 240.000. Im Gesellschaftsvertrag ist vereinbart, dass A für seine persönliche Haftung 10 % vom Handelsbilanzgewinn erhalten soll. Die Privatkonten sollten mit 8 % verzinst werden. Hiernach stehen A EUR 4.000, B und C je EUR 6.000 zu. Der Restgewinn soll wie folgt verteilt werden: A 40 %, B und C je 30 %.

Mit A ist ein Anstellungsvertrag geschlossen, nach dem A ein Geschäftsführergehalt von EUR 90.000 erhalten soll, das auch ausgezahlt wurde. Außerdem hat er der Gesellschaft ein Patent überlassen, wofür er in 01 eine Gebühr von EUR 45.000 erhalten hat (in 02 ausgezahlt).

B hat der Gesellschaft ein Darlehen in Höhe von EUR 200.000 gegeben, das mit 9 % zu verzinsen ist. Die Zinsen wurden in 02 gezahlt.

C hat der Gesellschaft ein unbebautes Grundstück zu einer Jahresmiete von EUR 9.000 überlassen, Grundstückskosten von EUR 1.000.

Das Geschäftsführergehalt, die Lizenzgebühr und die Grundstücksmiete wurden von der KG als Aufwand gebucht.

Gesamtgewinnermittlung der Mitunternehmerschaft:

		gesamt	A	B	C
1. Stufe:	Vorweggewinn lt. Gesellschaftsvertrag				
	Haftungsvergütung	24.000	24.000		
	Kapitalkontenverzinsung	16.000	4.000	6.000	6.000
		40.000	28.000	6000	6000
Restgewinn (240.000 – 40.000)		200.000	80.000	60.000	60.000
Korrekturen Steuerbilanz		0			
Gewinn/ Verlust aus Ergänzungsbilanzen		0			
Steuerbilanzgewinn auf der 1. Stufe		240.000	108.000	66.000	66.000
2. Stufe:	Sondergewinne				
	Geschäftsführergehalt	90.000	90.000		
	Lizenzerträge	45.000	45.000		
	Zinserträge	18.000		18.000	
	Grundstückseinnahmen	9.000			9.000
	Grundstücksausgaben	-1.000			-1.000
Gesamtgewinn 01		401.000	243.000	84.000	74.000

§ 5 Gewerbesteuer

I. Einleitung

133 Der Gewerbesteuer unterliegen die **gewerblichen** Unternehmen, soweit sie **im Inland** eine **Betriebsstätte** unterhalten. Das GewStG unterscheidet zwischen (a) Gewerbebetrieben kraft **Betätigung**, (b) Gewerbebetrieben kraft **Rechtsform** und (c) Gewerbebetrieben kraft **wirtschaftlichen Geschäftsbetriebs**.

- Zur ersten Gruppe (Gewerbebetriebe kraft Betätigung) führt die Tätigkeit, die die **Bedingungen des § 15 Abs. 2 EStG** erfüllt (§ 2 Abs. 2 S. 2 GewStG). Damit unterliegen (Mit)Unternehmer, die Einkünfte aus Land- und Forstwirtschaft oder selbstständige Einkünfte erzielen, nicht der Gewerbesteuer. Regelmäßig ist also mit der Feststellung, dass eine Person Einkünfte aus Gewerbebetrieb bezieht, dann zugleich ein Gewerbebetrieb im Sinne des GewStG anzunehmen, wenn dafür im Inland eine Betriebsstätte existiert.

- Zu den Gewerbebetrieben kraft Rechtsform gehören alle **Kapitalgesellschaften**, Erwerbs- und Wirtschaftsgenossenschaften sowie Versicherungsvereine auf Gegenseitigkeit, soweit sie selbstständig sind, dh nicht als Organgesellschaft eines anderen Unternehmens anzusehen sind (§ 2 Abs. 2 S. 1 GewStG).

- Schließlich sind diejenigen juristischen Personen des privaten Rechts, die nicht schon kraft Rechtsform als Gewerbebetriebe gelten, insoweit gewerbesteuerpflichtig, als sie einen wirtschaftlichen Geschäftsbetrieb im Sinne des § 14 AO (mit Ausnahme der Land- und Forstwirtschaft) unterhalten, desgleichen die nicht rechtsfähigen Vereine mit einer entsprechenden Tätigkeit; die Gewerbesteuerpflicht bei diesen Gebilden beschränkt sich aber auf den wirtschaftlichen Geschäftsbetrieb (§ 2 Abs. 3 GewStG).

134 Die Gewerbesteuer knüpft als Realsteuer (§ 3 Abs. 2 AO) an den Gewerbebetrieb und seine Ertragskraft, losgelöst von der Person des Unternehmers, dh des Rechtsträgers, an. Wegen des Charakters der Gewerbesteuer als **Objektsteuer**, kommt es weder auf die persönlichen Verhältnisse des Unternehmensinhabers noch auf die Art und Weise der Finanzierungen des Betriebsvermögens an. Das GewStG erklärt allerdings nicht die Erträge gewerblicher Unternehmen zum Steuerobjekt, sondern den Gewerbebetrieb selbst (§§ 2, 35a GewStG). Aus dem Objektsteuercharakter ergibt sich insbesondere, dass die auf das Objekt „Gewerbebetrieb" bezogenen gewerbesteuerlichen Rechtsverhältnisse grundsätzlich nur vom **Beginn bis zum Ende des Objekts** bestehen. Daraus wird zB der allgemeine Grundsatz abgeleitet, dass Erträge oder Verluste aus der Vorlaufzeit oder der Nachlaufzeit bei der Besteuerung nach dem GewStG unbeachtlich sind.

II. Gegenstand der Gewerbesteuer

135 § 2 GewStG regelt den **Steuergegenstand.** Steuergegenstand der Gewerbesteuer ist neben dem Reisegewerbebetrieb (§ 35a GewStG) der stehende Gewerbebetrieb, soweit er im Inland betrieben wird (§ 2 Abs. 1 S. 1 GewStG). Personengesellschaften sind – im Gegensatz zu Kapitalgesellschaften und anderen Gesellschaften iSd § 2 Abs. 2 S. 1 GewStG – nicht in jedem Fall kraft Gesetzes Gewerbebetrieb. Deshalb gilt die Grundregelung des § 2 Abs. 1 S. 2 GewStG, wonach unter „Gewerbebetrieb" ein **gewerbliches Unternehmen iSd EStG** zu verstehen ist. Dies richtet sich nach § 15

Abs. 2 EStG. Bei Personengesellschaften ist ergänzend namentlich auf die Ausdehnung der Gewerbesteuerpflicht durch die Fiktionen nach § 15 Abs. 3 Nr. 1 EStG und § 15 Abs. 3 Nr. 2 EStG hinzuweisen. Nach § 15 Abs. 3 Nr. 2 EStG gilt als Gewerbebetrieb in vollem Umfang die mit Einkünfteerzielungsabsicht unternommene Tätigkeit einer sog gewerblich geprägten Personengesellschaft, die keinerlei gewerbliche Tätigkeit iSd § 15 Abs. 1 S. 1 Nr. 1 und Abs. 2 EStG ausübt. Wenn die Tätigkeit einer Personengesellschaft als Gewerbebetrieb zu qualifizieren ist, dann ist die Gesellschaft selbst Steuerschuldnerin (§ 5 Abs. 1 S. 3 GewStG). Obgleich die einzelnen Gesellschafter als Unternehmensträger angesehen werden, sind sie nicht zusätzlich Steuerschuldner einer derartigen Personengesellschaft, sondern lediglich Haftungsschuldner, die nach § 191 AO in Anspruch genommen werden können.

III. Bemessungsgrundlage

Sachlich steuerpflichtig ist der **Gewerbebetrieb**. Bemessungsgrundlage für die Gewerbesteuer ist der Gewerbeertrag. Gewerbeertrag ist der nach den Vorschriften des EStG zu ermittelnde Gewinn aus Gewerbebetrieb, der bei der Ermittlung des Einkommens für den dem Erhebungszeitraum der Gewerbesteuer (§ 14 Abs. 2 GewStG) entsprechende Veranlagungszeitraum zu berücksichtigen ist, vermehrt und vermindert um die in den §§ 8, 9 GewStG bezeichneten Beträge (§ 7 GewStG). Diese Hinzurechnungen und Kürzungen sollen dafür sorgen, dass der Objektsteuercharakter der Gewerbesteuer erhalten bleibt. So werden zB bestimmte Finanzierungsaufwendungen (§ 8 Nr. 1 GewStG) oder Verluste (§ 8 Nr. 8 GewStG) hinzugerechnet und teilweise korrespondierend Kürzungen vorgenommen (vgl. zB § 9 Nr. 2 GewStG).[119]

136

Der Gewerbeertrag wird nach **Abzug eines Freibetrages** in Höhe von 5.000 EUR bzw. 24.500 EUR (natürliche Personen/Personengesellschaften, § 11 Abs. 1 S. 3 GewStG) mit der sog **Steuermesszahl** multipliziert; diese beträgt einheitlich 3,5 % (§ 11 Abs. 2 Nr. 2 GewStG). Das Ergebnis ergibt den **GewSt-Messbetrag** und wird vom Finanzamt festgesetzt (vgl. § 14 S. 1 GewStG). Erstreckt sich ein Gewerbebetrieb über mehrere Gemeinden oder unterhält er Betriebsstätten in mehreren Gemeinden, so wird der **Steuermessbetrag zerlegt**; in diesem Fall ist der Zerlegungsbetrag Anknüpfungspunkt für die Gewerbesteuer der jeweiligen Gemeinde. Auf diesen Messbetrag wenden die Gemeinden ihren **Hebesatz** an, um die Gewerbesteuerschuld durch gemeindlichen Steuerbescheid festzusetzen.

137

Des Weiteren ist gem. § 35 Abs. 3 S. 1 EStG der Betrag des GewSt-Messbetrags und der auf die einzelnen Mitunternehmer entfallenden Anteile gesondert und einheitlich festzustellen, um eine einheitliche Ermittlung und Aufteilung der für die **Anrechnung gem. § 35 EStG erforderlichen Grundlagen** sicherzustellen. Der Feststellungsbescheid ist gem. § 35 Abs. 4 S. 3 EStG Grundlagenbescheid für die Ermittlung der Ermäßigung auf Gesellschafterebene.

138

Bei **Personengesellschaften** ist nach hM[120] nicht der Gewinn der Gesellschaft, wie er sich aufgrund der nach §§ 5 ff. EStG aufgestellten Gesellschaftsbilanz ergibt, die Ausgangsgröße, sondern das Ergebnis der aus der Gesellschaftsbilanz und den Sonderbilanzen der Gesellschafter zusammengefassten **Gesamtbilanz der Mitunternehmerschaft**. Obschon das GewStG bei der Ermittlung des Gewerbeertrags der Personen-

139

---

119 Ausführungen hierzu Hey, in: Tipke/Lang, Kap. 12 Rn. 12.40 ff.; Fehrenbacher, § 5 Rn. 26 ff.
120 Hey, in: Tipke/Lang, Kap. 12 Rn. 12.36 mwN.

gesellschaft an die Gewinnermittlungsvorschriften des EStG anknüpft, kommt es **verfahrensrechtlich** nicht auf den tatsächlich der Einkommensbesteuerung zugrunde gelegten Gewinn an. Der Gewinn aus Gewerbebetrieb ist im Rahmen der Gewerbesteuer-Messbetragsfestsetzung zwar nach den materiellrechtlichen Vorschriften des EStG, jedoch **verfahrensrechtlich selbstständig** zu ermitteln. Dem Gewinnfeststellungsbescheid kommt damit keine Bindungswirkung im Gewerbesteuer-Messverfahren zu. Er ist kein Grundlagenbescheid[121] mit Bindungswirkung, da es sich beim Gewerbesteuermessverfahren um ein selbstständiges Verfahren handelt, welches unabhängig von der Ermittlung des Gewinns aus Gewerbebetrieb die Ermittlung des Gewerbeertrags zum Gegenstand hat. Soweit der Steuerpflichtige die Ansicht vertritt, der Gewinn der Personengesellschaft sei unzutreffend ermittelt, hat er sich sowohl gegen den Gewinnfeststellungsbescheid als auch gegen den Gewerbesteuer-Messbescheid zu richten. Der Gewerbesteuer-Messbescheid ist seinerseits Grundlagenbescheid für die Folgebescheide Zerlegungs- und Zuteilungsbescheid und den Gewerbesteuerbescheid.

IV. Verlustverrechnung

140 Die Gewerbeverlustverrechnung ist in § 10a GewStG geregelt. Nach § 10a S. 1 GewStG wird der maßgebende Gewerbeertrag um die Fehlbeträge gekürzt, die sich bei der Ermittlung des maßgebenden Gewerbeertrags für die vorangegangenen Erhebungszeiträume nach den Vorschriften der §§ 7 ff. GewStG ergeben haben, soweit die Fehlbeträge nicht bei der Ermittlung des Gewerbeertrags für die vorangegangenen Erhebungszeiträume berücksichtigt worden sind. Zwar kennt das Gewerbesteuerrecht – anders als das EStG (vgl. § 10d EStG) – nur einen Verlustvortrag und keinen Verlustrücktrag, doch hat sich der Gesetzgeber immerhin dazu entschlossen, die Härten der abschnittsweisen Besteuerung nach dem Gewerbeertrag durch die Verlustverrechnung unter den Voraussetzungen des § 10a GewStG zuzulassen. Eine Verrechnung des Verlustvortrags ist nicht uneingeschränkt möglich. Uneingeschränkt verrechnungsfähig ist ein Betrag bis zu 1 Mio. EUR (§ 10a S. 1 GewStG). Ist nach diesem ersten Schritt der Verrechnung sowohl ein positiver Gewerbeertrag als auch ein noch nicht verbrauchter Verlustvortrag aus den Vorjahren übrig, kann der Verlust mit einem Anteil von 60 % des 1 Mio. EUR übersteigenden Teils des Gewerbeertrages verrechnet werden (§ 10a S. 2 GewStG). Der verbleibende Rest des Verlustvortrages aus den Vorjahren kann in künftige Erhebungszeiträume vorgetragen werden. Bezweckt wird also eine Mindestgewinnbesteuerung.

141 Ein Gewerbeverlust ist eigenständig zu ermitteln und nicht mit den Verlustanteilen der (Mit-)Unternehmer nach dem EStG zu verwechseln. Ein Gewinn iSd EStG bedeutet also nicht zwangsläufig einen Gewerbeertrag und ein einkommensteuerrechtlicher Gewerbeverlust nicht notwendig einen gewerbesteuerrechtlichen Fehlbetrag. Das hat seinen Grund darin, dass der Fehlbetrag (negativer Gewerbeertrag) aufgrund der Hinzurechnungen des § 8 GewStG und der Kürzungen nach § 9 GewStG nicht mit den (uU negativen) Einkünften aus Gewerbebetrieb identisch ist. Deshalb ist auch die Höhe der vortragsfähigen Fehlbeträge verfahrensmäßig gesondert festzustellen (§ 10a S. 6 GewStG); über die Höhe der vortragsfähigen Verluste ist damit schon im Entstehungsjahr und nicht erst im Abzugsjahr des Fehlbetrages zu entscheiden. Der Gewerbeverlust muss in den folgenden Erhebungszeiträumen von dem positiven Gewerbeertrag zwingend in der zulässigen Höhe abgezogen werden. Die Gesellschaft kann also weder

---

121 Zur Begrifflichkeit und zur AO allgemein Birk/Desens/Tappe, Rn. 537; Fehrenbacher, § 8 Rn. 118.

unter Ausnutzung der Freibetragsgrenze des § 11 Abs. 1 S. 3 Nr. 1 GewStG nur einen Teilbetrag abziehen noch den gesamten Fehlbetrag einem späteren Erhebungszeitraum zeitlich zuordnen. Die Geltendmachung des Verlustabzuges nach § 10a GewStG setzt nach ständiger Rspr.[122] Unternehmensgleichheit und Unternehmergleichheit voraus.[123]

V. Gewerbesteueranrechnung gem. § 35 EStG

Werden gewerbliche Einkünfte iSd § 15 EStG erzielt, hat dies zu Folge, dass neben der Einkommensteuer auch Gewerbesteuer anfällt. Der einkommensteuerlich ermittelte Gewinn ist Ausgangsgröße zur Ermittlung des Gewerbeertrages nach den §§ 7, 8, 9 GewStG.

142

Durch die Senkung des Körperschaftsteuersatzes von 25 % auf 15 % (§ 23 Abs. 1 KStG) ab 2008, die Reduzierung der Gewerbesteuermesszahl von 5 % auf 3,5 % (§ 11 Abs. 2 GewStG) und im Gegenzug die Nichtabsetzbarkeit der Gewerbesteuer als Betriebsausgabe (§ 4 Abs. 5b EStG) ergibt sich eine (durchschnittliche) steuerliche Gesamtbelastung für Kapitalgesellschaften in Höhe von 29,83 %.

143

Um die Gesamtertragsteuerbelastung von Personengesellschaften und Kapitalgesellschaften im Thesaurierungsfall zu nivellieren und die zumindest ordnungspolitisch problematische Ungleichbehandlung zu den Kapitalgesellschaften abzumildern, wurde durch das Steuersenkungsgesetz vom 23.10.2000[124] in § 35 EStG ein pauschaliertes Anrechnungsverfahren der Gewerbesteuer auf die Einkommensteuer eingeführt. Es wird nicht auf die tatsächlich eingetretene Gewerbesteuerbelastung abgestellt, die Anrechnung beträgt vielmehr seit dem sog. Zweiten Corona-Steuerhilfegesetz vom 30.6.2020[125] das Vierfache des festgesetzten Gewerbesteuer-Messbetrages nach § 14 GewStG (§ 35 Abs. 1 S. 1 EStG). Die Steuerermäßigung wird durch den Höchstbetrag des § 35 Abs. 1 S. 2 EStG begrenzt.

144

Literatur:

Becker, Zur Rechtsprechung – Allgemeines Steuerrecht, Einkommensteuerrecht, StuW 1933, 1137–1168; *Birk/Desens/Tappe*, Steuerrecht, 24. Aufl. 2021; *Brennan*, Public Choice and Public Finance: the Place of ‚Tax Reform Advocacy', FA 1999, 67–86; *Bruschke*, Die Anwendung des § 8b KStG bei Beteiligungserträgen, DStZ 2012, 813–821; *Crezelius*, Steuerrecht II, 2. Aufl. 1994; *Crezelius*, Verfassungswidrigkeit des reformierten Erbschaft- und Schenkungsteuergesetzes?, ZEV 2012, 1–6; *Dötsch/Pung*, § 8b Abs. 1–6 KStG: Das Einführungsschreiben des Bundesfinanzministeriums, DB 2003, 1016–1027; *Dötsch/Pung/Möhlenbrock*, Kommentar zum KStG, (106. Aktualisierung) 2022; *Erle/Sauter*, Körperschaftsteuergesetz, 3. Aufl. 2010; *Ertel/Rosnitschek/Schanz*, Abweichungen zwischen Handelsbilanz und Steuerbilanz vor und nach dem BilMoG, DStR 2017, 2068–2075; *Fehrenbacher*, Steuerrecht, 7. Aufl. 2019; *Förster*, Anrechnung der Gewerbesteuer auf die Einkommensteuer nach der Unternehmensteuerreform 2008, DB 2007, 760–765; *Gosch*, Kommentar KStG, 4. Aufl. 2020; *Haase*, Der EU-Richtlinienvorschlag zur Besteuerung einer signifikanten digitalen Präsenz, Ubg 2018, 259–264; *Herrmann/Heuer/Raupach*, EStG/KStG, (310. Aktualisierung) 2022; *Hüttemann*, Einkünfteermittlung bei Gesellschaften, DStJG 2011 Bd. 34, 291–320; *Jannsen*, Verdeckte Gewinnausschüttung, 10. Aufl. 2010; *Kirchhof/Seer*, EStG, 21. Aufl. 2022; *Kessler/Förster/Watrin*, Festschrift für Norbert Herzig zum 65. Geburtstag, 2010; *Korn*, EStG-Kommentar, (137. Aktualisierung) 2022; *Korn*, Das Zweite Corona-Steuerhilfegesetz im Überblick, DStR 2020, 1345–1350; *Neu/Brandenburg*, Beherrschungs-

---

122 ZB BFH, Urt. v. 19.12.1984 – I R 165/80, BStBl. II 1985, 403.
123 Dazu Birk/Desens/Tappe, Rn. 1406 ff.; Hey, in: Tipke/Lang, Kap. 12 Rn. 12.62.
124 BGBl. I 2000, 1433.
125 BGBl. I 2020, 1512.

und Gewinnabführungvertrag – Neue Steuergestaltungsmöglichkeiten nach der Unternehmensteuerreform, GmbH-StB 2001, 30–32; *Pinkernell*, Einkünftezurechnung bei Personengesellschaften, 2001; *Rödder/Herlinghaus/Neumann*, KStG Kommentar, 2015; *Ruh/Bairagra*, Neues zur indischen Quellenbesteuerung auf Dienstleistungen – Wegfall der PAN, Umfang umfasster Dienstleistungen, Equalization Levy und Steueranrechnung, IWB 2018, 24–35; *Schiffers*, Die mittelständische GmbH & Co. KG im Rechtsformvergleich nach der Unternehmensteuerreform 2008, GmbHR 2007, 505–513; *Schmidt*, EStG, 41. Aufl. 2022; *Schnitger/Fehrenbacher*, Körperschaftsteuer, 2. Aufl. 2018; *Schön*, Internationale Steuerpolitik zwischen Steuerwettbewerb, Steuerkoordinierung und dem Kampf gegen Steuervermeidung, IStR 2022, 181–191; *Spengel/Stutzenberger*, Widersprüche zwischen Anti-Tax Avoidance Directive (ATAD), länderbezogenem Berichtswesen (CbCR) und Wiederauflage einer Gemeinsamen (Konsolidierten) Körperschaftsteuer-Bemessungsgrundlage (GK(K)B), IStR 2018, 37–45; *Suchanek/Rüsch*, Verlustabzugsbeschränkungen für Körperschaften, DStZ 2014, 419–427; *Tipke/Kruse*, AO/FGO, (170. Aktualisierung) 2022; *Tipke/Lang*, Steuerrecht, 24. Aufl. 2021; *Weber*, Rechtsformwahl – Auswirkungen der Unternehmensteuerreform 2008, NWB 2007, Fach 18, 4509–4514; *Weitemeyer/Maciejewski*, Unternehmensteuerrecht, 1. Aufl. 2021; *Wünnemann*, Neue Weltsteuerordnung für Unternehmensgewinne, IStR 2021, 73–79.

Stichwortverzeichnis

Die Angaben verweisen auf die Teile des Buches (*kursive Zahlen*), die Paragrafen (**fette Zahlen**) sowie die Randnummern innerhalb der einzelnen Paragrafen (magere Zahlen).
Beispiel: Teil 1 § 9 Rn. 10 = *1* **9** 10

Abfärbetheorie *12* **4** 118 f.
Abgeltungsteuer *12* **3** 68
Abkommen
– gemischtes *10* **5** 77
– Handel *10* **5** 76; *11* **2** 22 ff.
– Investitionsschutz *10* **5** 78 f.; *11* **3** 52 ff.
– Überblick *11* **1** 6
Abrechnung *2* **5** 94
– Fixpreis *2* **5** 94
– Flatfee *2* **5** 94
– pay as you go *2* **5** 94
– pay per use *2* **5** 94
– up front payment *2* **5** 109
Abschlagsverteilung *7* **9** 163
Abschreibung
– außerplanmäßig *4* **6** 155 f.
– planmäßig *4* **6** 154 f.
Absichtserklärung *2* **3** 24
– Bindungswirkung *2* **3** 26
– Regelungsinhalt *2* **3** 25
Absonderung *7* **9** 167
– konkurrierende Zwangsverwertungsbefugnis *7* **9** 168
Absonderungsberechtigte *7* **5** 69, 75
Absorptionstheorie *2* **2** 10
Abtretungskonstruktion *2* **5** 66
Abtretungsverbot *2* **3** 39
Abwerbeverbot *2* **3** 39
Abzugsverbot *12* **2** 56 f.
Ad-hov-Mitteilungen *3* **4** 220 ff.
Aggressive geschäftliche Handlung *6* **3** 42
– Ausübungsmittel *6* **3** 45
– Auswirkungskriterium *6* **3** 43
– Belästigung *6* **3** 46
– Beurteilungskriterien *6* **3** 47
– Einwirkungskriterium *6* **3** 44
– europäisches Verbraucherleitbild *6* **3** 47

– Nötigung *6* **3** 46
– unzulässige Beeinflussung *6* **3** 46
Aktien
– Inhaberaktien *3* **3** 123
– Namensaktien *3* **3** 123
– Nennbetragsaktien *3* **3** 123
– Stammaktien *3* **3** 123
– stimmrechtslose *3* **3** 170
– Stückaktien *3* **3** 123
– Übertragung *3* **3** 141
– Vorzugsaktien *3* **3** 170
Aktiengesellschaft
– Aktienbuch *3* **3** 123
– Aktionärspflichten *3* **3** 142 ff.
– Aktionärsrechte *3* **3** 143 ff.
– Anfechtungsklage *3* **3** 173
– Gesellschafterpflichten *3* **3** 146 ff.
– Grundlagenentscheidungen *3* **3** 168
– Gründung *3* **3** 118 ff.
– Gründungsmängel *3* **3** 137
– Hauptversammlung *3* **3** 167 ff.
– Liquidation *3* **3** 197
– Mitverwaltungsrechte *3* **3** 145
– Organe *3* **3** 151 ff.
– Publikumsgesellschaft *3* **3** 115
– Satzungsstrenge *3* **3** 116, 121
– Vermögensrechte *3* **3** 144 ff.
– Vertretung *3* **3** 154
– Weisungsrecht (fehlendes) *3* **3** 154
Aktivierungswahlrecht *4* **4** 25
Allgemeine Leasing Bedingungen (ALB) *2* **5** 72
Allokationsfunktion *3* **4** 204
Altrechte *2* **5** 116
Amortisation *2* **5** 62
Anbieterwechsel *2* **5** 85
Anerkennung, gegenseitige *10* **4** 70
Anhang
– Funktion *4* **6** 177
Anlagevermögen *4* **3** 11

Stichwortverzeichnis

Anschaffungskosten *4* 6 159 ff.
- Anschaffungsnebenkosten *4* 6 162 f.
- Anschaffungspreis *4* 6 160

Anschaffungsnahe Aufwendung *4* 6 169

Anschaffungswertprinzip *4* 6 57

Anschlussvertrag *2* 5 78

Anschwärzung, Nichterweislichkeit *6* 3 33

Anstellungsvertrag
- Aktiengesellschaft *3* 3 155
- GmbH *3* 2 87

Arbeitnehmerfreizügigkeit *10* 2 27 ff.

Archive *9* 4 89 ff.

Aschenputtelgesellschaft *3* 2 74

Asset deal *2* 4 55

Aufführungsrecht *9* 4 40 ff.

Aufklärungspflichten *2* 3 34

Aufsichtsrat
- Aktiengesellschaft *3* 3 160 ff.
- fakultativer *3* 2 95
- GmbH *3* 2 95
- obligatorischer *3* 2 96, 3 160

Auftrag *2* 5 109

Ausschüttungsbemessungsfunktion *4* 5 31

Aussenden *2* 5 76

Außensteuerrecht
- Anrechnungsmethode *12* 1 10
- Digitale Betriebsstätte *12* 1 9
- Doppelbesteuerungsabkommen *12* 1 9
- Freistellungsmethode *12* 1 10
- OECD-Musterabkommen *12* 1 9

Außenwirtschaftsrecht *11* 1 9

Aussonderung *7* 9 165

Aussonderungsberechtigte *7* 5 69, 71

Ausstellungsrecht *9* 4 36 f.

Bargeschäftsprivileg *7* 8 154
- inkongruente Geschäfte *7* 8 157
- Kongruenzanfechtung *7* 8 159
- Unentgeltlichkeit *7* 8 157
- Unlauterkeit *7* 8 156

- unmittelbare Gläubigerbenachteiligung *7* 8 157
- Vorsatzanfechtung *7* 8 159

Bargründung *3* 2 22

Bauvertrag *2* 4 57

Bearbeitung *9* 2 13, 4 22

Behinderte Menschen *9* 4 59

Beihilfeverbot *10* 3 52 ff.

Beistellungspflicht *2* 5 95

Beiwerk, unwesentliches *9* 4 75

Benutzungsmarke, Verkehrsdurchsetzung *8* 2 31

Berichterstattung *9* 4 65

Berichtstermin *7* 6 96, 9 162

Betriebsaufgabe *12* 2 58 ff., 62

Betriebsaufspaltung *12* 2 47

Betriebsausgaben, nichtabziehbar *12* 2 54 ff.

Betriebsgeheimnisse *2* 5 113

Betriebsveräußerung *12* 2 58 ff., 60 ff.
- Freibetrag *12* 2 61
- Tarifermäßigung *12* 2 60

Betriebszeit *2* 5 93

Bewertungsgrundsätze *4* 6 151 ff.
- going concern *4* 6 152 f.
- Grundsatz der Unternehmensfortführung *4* 6 152 f.

Bibliotheken *9* 4 87 f.

Bilanz
- Begriff *4* 3 10 ff.
- Bilanzierungsanlässe *4* 4 23 ff.
- Inhalt *4* 3 10 f.
- vereinfachte *4* 5 36
- Wahlrecht *4* 5 36

Bilanzansatz
- aktive Rechnungsabgrenzungsposten *4* 6 93 ff.
- Firmenwert *4* 6 96
- Geschäftswert *4* 6 96 ff.
- Gesellschafterdarlehen *4* 6 104
- Korrekturposten *4* 6 99 f.
- passive Rechnungsabgrenzungsposten *4* 6 118 ff.
- Rückstellungen *4* 6 102, 105 ff.
- transitorische Posten *4* 6 120

Stichwortverzeichnis

- Verbindlichkeiten *4* 6 101 ff.
- Vermögensgegenstand *4* 6 85 f.
- Vermögensgegenstand, immateriell *4* 6 88 ff.
- Vorschriften *4* 6 85 ff.
- Vorsichtsprinzip *4* 6 87

Bilanzbündeltheorie *12* 4 106
Bilanzgewinn *4* 6 150
Bilanzierung, Zweck *4* 1 2 f., 4 24 f.
Bilanzklarheit, Grundsatz *4* 6 55
Bilanzkontinuität *4* 6 56
Bilanzrecht *4* 1 1 ff., 4 16 ff.
- Rechtsnatur *4* 1 3
- Rechtsquellen *4* 2 5 ff.
- Systematik *4* 5 33
Bilanzrichtliniengesetz *4* 2 7
Bilanzvergleich *4* 3 13
Bilanzwahrheit, Grundsatz *4* 6 54
Bildnisse *9* 4 79
Bildungseinrichtungen *9* 4 89 ff.
Binnenmarkt *10* 1 2 ff., 4 64
- digital *2* 1 4
Bitcoins *2* 3 52
Blockchain *2* 1 5
broad network access *2* 5 92
Browsing *9* 4 56
Brüssel Ia-VO *2* 3 46
Buchführung
- Aktivkonto *4* 5 40
- Aufwandskonto *4* 5 41
- Bestandskonto *4* 5 40
- Buchungssatz *4* 5 39
- Erfolgskonto *4* 5 41 ff.
- Ertragskonto *4* 5 41
- GuV-Konto *4* 5 41
- Passivkonto *4* 5 40
- Privatkonto *4* 5 42
- Schlussbilanz *4* 5 43
- Vorgang *4* 5 38
- Zweck *4* 5 37 ff.
Buchführungspflicht *4* 4 26, 5 45 ff.
- Beginn *4* 5 47
- bei der Kapitalgesellschaft *4* 5 45 ff.
- bei der Personengesellschaft *4* 5 45 ff.

- beim Einzelkaufmann *4* 5 45 ff.
- Ende *4* 5 48
Buchführungsverstoß, Sanktionen *4* 5 49
Bundesdatenschutzgesetz (BDSG) *2* 5 96
Bundeskartellamt *5* 5 26
Business-judgement-rule *3* 3 158
Business Networks *2* 2 11
Business to Business (B2B) *2* 2 14; 6 2 8
Business-to-Consumer *2* 2 14; 6 2 8
Caching *9* 4 56
call-by-call *2* 5 75
CEN *2* 5 112
CENELEC *2* 5 112
Change Management *2* 5 100
Chinese walls *3* 4 213
CISG *11* 2 45 ff.; 2 2 9
Clayton Act *5* 3 17
Closed period *3* 4 218
Code of Conduct / Ethics *2* 5 111
Compliance *2* 5 111
Corporate-Governance-Kodex *3* 3 153
Datenbankwerk *9* 4 73
Datenschutz *2* 5 96
- Privacy Shield *2* 5 96
- Safe-Harbor *2* 5 96
Datenschutz-Grundverordnung (DSGVO) *2* 5 96
Datenverarbeitung *2* 5 103
- Auftragsdatenverarbeitung *2* 5 103
- Ort *2* 5 103
Dauerschuldverhältnis *2* 5 85
Debt-Equity-Swap *7* 2 3
Deckungsanfechtung *7* 8 134
- Inkongruenzanfechtung *7* 8 136, 139
- Kongruenzanfechtung *7* 8 136, 137
Deployment Models
- Community Cloud *2* 5 92
- Hybrid Cloud *2* 5 92
- Private Cloud *2* 5 92

– Public Cloud *2* **5** 92
Derivate *3* **4** 202
Design, eingetragenes
– Begriff *8* **4** 121, 129
– Funktion *8* **4** 121
Designgesetz *8* **4** 124 ff.
– Struktur *8* **4** 126
Designschutz *8* **4** 142 ff.
– Ansprüche bei Rechtsverletzung *8* **4** 154
– Prüfungsschema *8* **4** 157
– Schranken *8* **4** 148 ff.
Dienstleistungsfreiheit *10* **2** 34 ff.
Dienstleistungshandel *11* **2** 33 ff.
DIN *2* **5** 93, 112
Directors's dealings *3* **4** 215
Disagio *4* **6** 95
Dividende *3* **3** 195
Drei-Stufen-Test *9* **4** 52
Drohende Zahlungsunfähigkeit *7* **4** 29
– Zukunftsprognose *7* **4** 31
Dualismus der Einkunftsarten *12* **2** 40
Dumping *10* **5** 80 f.

E-Commerce-RL *6* **3** 74
EGBGB *2* **3** 43
Eigenkapital *4* **3** 11
– Begriff *4* **6** 121 ff.
– bei Kapitalgesellschaften *4* **6** 136 f.
– beim Einzelkaufmann *4* **6** 122 f.
– bei Personenhandelsgesellschaften *4* **6** 124 ff.
– Gliederung *4* **6** 133 f.
– Kapitalgesellschaften, Bestandteile *4* **6** 140 ff.
– Rücklagen *4* **6** 143
Eigenverwaltung *7* **13** 198
– Anordnung *7* **13** 202
– Verbraucherinsolvenzen *7* **13** 201
– vorzeitige Aufhebung *7* **13** 203
Einkünfte
– aus Gewerbebetrieb *12* **4** 116 ff.
– aus nichtselbstständiger Arbeit *12* **1** 26

Einlage *4* **4** 22
– verdeckte *12* **3** 98
Einmalzahlungen *2* **5** 109
Ein-Mann-GmbH *3* **2** 10
Einzelabschluss
– Zweck *4* **5** 29 ff.
Einzelunternehmer
– Besteuerung *12* **2** 39 ff.
– Bilanzierungspflicht *4* **5** 30
Einzelverbindungsnachweis *2* **5** 80
Empfängerhorizont *2* **3** 26
Enteignung *11* **3** 51, 56
Entgelt *2* **5** 78
Enthaftungserklärung *7* **7** 122
Entnahme *4* **4** 22
Entschädigung *2* **5** 81
Entstörzeit *2* **5** 93, 104
Entwicklungserfolg *2* **5** 109
Erfindung *8* **3** 83 ff.
– Arbeitnehmererfindung *8* **3** 78
Ermächtigungslösung *2* **5** 66
Eröffnung Insolvenzverfahren *7* **4** 10
Eröffnungsbeschluss *7* **4** 46
Eröffnungsgrund, Insolvenzverfahren *7* **4** 23
Ersetzungsklausel *2* **3** 51
Erstattung *2* **5** 81
Eskalationsverfahren *2* **5** 104
essentialia negotii *2* **3** 33
ESUG *7* **2** 3
EuG *5* **5** 33
EuGH *5* **5** 33
EuGVVO *2* **3** 46
Euro *10* **6** 91 ff.
Europäische Kommission *5* **5** 29
Europäisches System der Zentralbanken *10* **6** 94 f.
Europäisches Wettbewerbsrecht *10* **3** 39 ff.
Europäisches Wirtschaftsrecht *10* **1** 1 ff.
– Akteure *10* **1** 9 ff.
– Gegenstand *10* **1** 5 ff.

Europäische Zentralbank *10* 6 94, 96
Existenzvernichtungshaftung *3* 2 74
Exitmanagement *2* 5 101
Exklusivität *2* 3 39

Fair trade law *6* 1 2
Faktische Zahlungseinstellung *7* 4 27
Fehlerbehebungszeit *2* 5 104
Fehlerhafte Beschlüsse
– GmbH *3* 2 94
Finanzierungsleasing *2* 5 62
Finanzverwaltung, Verwaltungsanweisungen *12* 1 13
Force majeur *2* 3 35
Formfreiheit *2* 2 18
Formvorschrift *2* 2 18
– gewillkürt *2* 3 50
Formzwang *2* 2 19
Forschung, wissenschaftliche *9* 4 84 f.
Forschungsleistung *2* 5 109
Forschungsplan *2* 5 117
Fortführungsgrundsatz *4* 6 57
Freigabe von Massegegenständen *7* 5 79
Fremdenrecht *11* 3 51
Fremdkapital *4* 3 11
Fungibilität *3* 3 115, 4 200
Funksendung *9* 4 50
Fusionskontrolle *10* 3 49 ff.; *5* 2 15, *9* 178
– Abgrenzung *5* 9 182
– Aufgreiftatbestand *5* 9 186
– Bagatellmarktklausel *5* 9 211
– deutsche *5* 9 203
– Eingriffstatbestand *5* 9 193
– europäische *5* 9 185
– gemeinschaftsweite Bedeutung *5* 9 183, 190
– Ministererlaubnis *5* 9 214
– Pressesanierungsklausel *5* 9 211
– SIEC-Test *5* 9 208
– Umsatzziffern *5* 9 205
– Verfahren *5* 9 199, 213
– Wettbewerbsbehinderung *5* 9 194
– Zusammenschluss *5* 9 188

GATS *10* 5 77; *11* 2 33 ff.
GATT *11* 2 23 ff.
Gebrauchsmuster, Begriff *8* 3 76
Gebrauchsmusterfähigkeit *8* 3 94
Gebrauchsmusterrecht, Entwicklung *8* 3 78
Geheimhaltungsklausel *2* 5 98
Geheimhaltungspflicht *2* 3 39, 5 113
Geistiges Eigentum *11* 2 39 ff.
– Begriff *8* 1 1
Gemeinnützige GmbH *3* 2 109
Generalklausel *6* 3 89
– große *6* 3 89
– kleine *6* 3 90
Genussrechte *3* 4 201
Gerichtsstand
– allgemeiner *2* 3 45
– ausschließlicher *2* 3 45
– besonderer *2* 3 45
Gesamtvollstreckung *7* 2 4
Gesamtvollstreckungsordnung *7* 3 6
Geschäftliche Handlung *6* 3 13
Geschäftsführer, GmbH *3* 2 83 ff.
Geschäftsgeheimnisse *2* 5 113
Geschäftsvorfälle, erfolgsneutral *4* 4 17 ff.
– Aktivtausch *4* 4 18
– Bilanzverkürzung *4* 4 18
– Bilanzverlängerung *4* 4 18
– Passivtausch *4* 4 18
Geschäftsvorfälle, erfolgswirksam *4* 4 19 ff.
Geschäftszeit *2* 5 93
Gesellschaften, Statistiken *3* 1 6
Gesellschafterdarlehen *3* 2 101
Gesellschaftsformen *3* 1 1
– Auswahlkriterien *3* 1 4 f.
Gewährleistung *2* 5 97
– dienstvertraglich *2* 5 112
– kaufvertraglich *2* 5 66
– mietvertraglich *2* 5 66
– werkvertraglich *2* 5 112
Gewerbebetrieb
– Begriff *12* 2 44 ff.

Stichwortverzeichnis

- Einkünfte aus *12* 2 43 ff.
- Gewinnerzielungsabsicht *12* 2 45 f.
- Selbstständigkeit *12* 2 44

Gewerbesteuer *12* 5 133 ff.
- Anrechenbarkeit *12* 5 142 ff.
- Anrechnung *12* 1 34
- Anrechnungsverfahren *12* 5 144
- bei Kapitalgesellschaften *12* 1 31
- bei Personengesellschaften *12* 1 32, 5 139
- Bemessungsgrundlage *12* 5 136 ff.
- Charakter *12* 5 134
- Hebesatz *12* 1 32, 5 137
- Messbetrag *12* 5 137
- Steuergegenstand *12* 5 135
- Verlustverrechnung *12* 5 140 f.

Gewerblicher Rechtsschutz, Begriff *8* 1 1

Gewinn
- Betriebsvermögensvergleich *12* 2 50 ff.
- Einkünfte *12* 2 49
- Einlage *12* 2 53
- Entnahme *12* 2 53

Gewinn-/Verlustrechnung *4* 6 170 ff.
- Gesamtkostenverfahren *4* 6 174
- Gliederung *4* 6 171 f.
- Staffelform *4* 6 173
- Umsatzkostenverfahren *4* 6 174

Gewinnausschüttung, verdeckte *12* 3 88 ff.
- Begriff *12* 3 89
- nahestehende Person *12* 3 93

Gewinnermittlung *4* 5 31
- Arten *12* 2 48

Gewinnerzielungsabsicht *12* 2 45 f.

Gewinnrealisierung *4* 6 78 ff.
- Dauerschuldverhältnis *4* 6 82
- langfristige Fertigung *4* 6 84
- Tausch *4* 6 83
- Verbrauchsgüterkaufrecht *4* 6 80

Gewinnrücklage *4* 6 146

Gewinntransfer *11* 3 61

Gewinnvortrag *4* 6 149

Gezielte Behinderung, Verdrängungsabsicht *6* 3 41

gGmbH *3* 2 109

Gläubigerantrag, Insolvenzverfahren *7* 4 19
- rechtliches Interesse *7* 4 21

Gläubigerausschuss *7* 5 65

Gläubigergleichbehandlung *7* 8 129

Gläubigergleichbehandlungsgrundsatz *7* 2 4

Gläubigerversammlung *7* 5 65

Gläubigerverzeichnis *7* 6 94

Gleichstellungsthese *12* 4 106

GmbH
- Ablehnung der Insolvenzeröffnung mangels Masse *3* 2 110
- Anteilsübertragung *3* 2 67 ff.
- Auflösungsklage *3* 2 110
- Ausschluss von Gesellschaftern *3* 2 79
- Außenhaftung *3* 2 74
- Auszahlungsverbot *3* 2 99
- Durchgriffshaftung *3* 2 74
- Ein-Mann-GmbH *3* 2 10
- Einziehung von Anteilen *3* 2 78
- fehlerhafte Beschlüsse *3* 2 94
- gemeinnützige *3* 2 109
- Geschäftsführer *3* 2 83 ff.
- Geschäftsführerhaftung *3* 2 89
- Gesellschafterliste *3* 2 68
- Gesellschafterpflichten *3* 2 73
- Gesellschafterversammlung *3* 2 90 ff.
- Gesellschaftszwecke *3* 2 15
- Gestaltungsfreiheit *3* 2 16
- Gründung *3* 2 12 ff.
- Gründungsmängel *3* 2 65
- Insolvenzeröffnung *3* 2 110
- Kaduzierung *3* 2 77
- Kapitalerhöhung *3* 2 105 ff.
- Kapitalherabsetzung *3* 2 107
- Liquidation *3* 2 110 f.
- Löschung wegen Vermögenslosigkeit *3* 2 111
- Mitverwaltungsrechte *3* 2 72
- Nachtragsliquidation *3* 2 111
- Nichtigkeitsklage *3* 2 110
- Organe *3* 2 81 ff.
- Stammkapital *3* 2 98

Stichwortverzeichnis

- Unterbilanz *3* 2 103
- Vermögenslosigkeit *3* 2 111
- Vermögensrechte *3* 2 71
- Vertretung *3* 2 88
- Vollbeendigung *3* 2 111
- Weisungsrecht *3* 2 93

Going-Concern *4* 6 57
Grenzüberschreitung *2* 3 41
Grundfreiheiten *10* 2 15 ff.
Grundmietzeit *2* 5 63
Grundsätze ordnungsgemäßer Buchführung (GoB) *4* 5 50 ff.
- formell *4* 5 50
- materiell *4* 5 50
- Prinzipien *4* 6 53
- Systematik *4* 5 51 f.

Gründungsmängel
- Aktiengesellschaft *3* 3 137
- GmbH *3* 2 65

Haftung *2* 5 69
- GmbH-Geschäftsführer *3* 2 89

Haftungsfreistellung *2* 5 99
Haftungshöchstgrenzen *2* 5 83
Halbleiterschutzgesetz *8* 1 4
Handelndenhaftung
- Aktiengesellschaft *3* 3 136
- GmbH *3* 2 50 ff.
- Rechtsfolge *3* 2 54 f.

Handelsabkommen *10* 5 76 f.; *11* 2 22 ff.
Handelspolitik *10* 5 71 ff.
Handelspolitische Schutzinstrumente *10* 5 80 ff.
Handelsstrategie *10* 5 75
Harmonisierung *10* 4 64 ff.
Hauptleistungspflichten *2* 3 32
Herkunftslandprinzip *10* 2 26, 4 70
Herstellungskosten *4* 6 165 ff.
- Begriff *4* 6 165
- Erhaltungsaufwand *4* 6 169
- Herstellungsaufwand *4* 6 169
- Vertriebskosten *4* 6 168

Hinweispflichten *2* 3 34
Höchstlaufzeit *2* 5 84

IAS/IFRS *4* 2 8 f.
ICSID *11* 3 64 ff., 4 77
Immaterialgüterrecht, Begriff *8* 1 1
Imparitätsprinzip *4* 6 64, 112
INCOTERMS *11* 2 48
Industrie 4.0 *2* 1 3
Informationspflichten *2* 5 110
Inhaberschuldverschreibung *3* 4 201
Inländerbehandlung *11* 2 27, 37, 40, 3 58
Innovationsgrad *2* 5 105
Insider *3* 4 212
Insiderinformation *3* 4 208 ff.
Insolvenzanfechtung *7* 8 129
- allgemeine Voraussetzungen *7* 8 132
- Deckungsanfechtung *7* 8 134
- Krisenanfechtung *7* 8 135
- Rückzahlung an Gesellschafter *7* 8 152
- Schenkungsanfechtung *7* 8 150
- unmittelbar benachteiligende Rechtshandlungen *7* 8 142
- vorsätzliche Benachteiligung *7* 8 145

Insolvenzantrag
- Abweisung mangels Masse *7* 4 22
- Begründetheit *7* 4 22

Insolvenzantragspflicht
- Schadensersatzansprüche *7* 4 18
- Strafbewehrung *7* 4 18

Insolvenzfähigkeit *7* 4 13
Insolvenzfestigkeit
- Anwartschaftsrecht *7* 7 116
- Vormerkung *7* 7 117

Insolvenzforderung
- Anmeldung *7* 9 161
- Feststellung *7* 9 161

Insolvenzgeld *7* 7 126
Insolvenzgläubiger *7* 5 62
Insolvenzmasse *7* 5 77
- Anreicherung *7* 8 128
- Bereinigung *7* 8 128, 160
- Verteilung *7* 9 162
- Verwertung *7* 9 162

Insolvenzplan 7 12 184
- Annahme 7 12 193
- Bestätigung 7 12 193
- darstellender Teil 7 12 190
- gestaltender Teil 7 12 191
- Gruppenbildung 7 12 192
- Nachhaftung 7 12 196
- Obstruktionsverbot 7 12 194
- Planvorlage 7 12 188
- Rechtskraft 7 12 196

Insolvenzplanverfahren 7 2 3

Insolvenzrecht, Begriff und Funktion 7 2 2

Insolvenzrisiko 3 4 201

Insolvenzschuldner
- Auflösung 7 6 82
- Auskunftspflichten 7 6 80
- berufsrechtliche Beschränkungen 7 6 81
- Mitwirkungspflichten 7 6 80
- Übergang Verwaltungs- und Verfügungsbefugnis 7 6 84
- vermögensrechtliche Auswirkungen 7 6 83

Insolvenzverfahren
- Antragsberechtigung 7 4 15
- Antragsrechte und -pflichten 7 4 16
- Aufhebung 7 10 171

Insolvenzverfahrenseröffnung
- Aufrechnung 7 6 93
- Einzelzwangsvollstreckung 7 6 90
- Prozessführungsbefugnis 7 6 89
- Rückschlagsperre 7 6 92
- schwebende Rechtsgeschäfte 7 7 99

Insolvenzverwalter 7 5 51
- Auswechslung 7 5 54
- Ernennung 7 5 53
- Haftung 7 5 56
- Partei kraft Amtes 7 5 52
- Überwachung 7 5 55
- Vorauswahllisten 7 5 53

Instruktionspflicht 2 5 95

Internationaler Währungsfonds 11 4 68 ff.

Internationales Insolvenzrecht
- COMI 7 3 8
- EuInsVO 7 3 8

- forum shopping 7 3 8
- Insolvenzkollisionsrecht 7 3 8
- Insolvenzverfahrensrecht 7 3 8

Internationales Kaufrecht 11 2 44 ff.; 2 3 42

Internationales Privatrecht 2 3 43

Internationales Wirtschaftsrecht 11 1 1 ff.
- Akteure 11 1 11 ff.
- Begriff 11 1 2
- Leitprinzipien 11 1 16 f.
- Rechtsquellen 11 1 3 ff.

internet-by-call 2 5 75

Inventur, Zweck 4 5 44

Investitionsrisiko 2 5 65

Investitionsschutz 11 3 49 ff.

Investitionsschutzabkommen 10 5 78 f.; 11 3 52 ff.

Irreführung durch Unterlassen
- Einzelfallklausel 6 3 65
- geschäftliche Relevanz 6 3 68
- Informationsbeschaffungspflicht 6 3 65
- Verschweigen einer Tatsache 6 3 61–62
- Vorenthalten wesentlicher Informationen 6 3 63
- Wesentlichkeit 6 3 66

Irreführungsverbot 6 3 49
- Angabe 6 3 52
- geschäftliche Handlung 6 3 50
- irreführende Angabe 6 3 53
- irreführende vergleichende Werbung 6 3 59
- Irreführungsquote 6 3 56
- Relevanzkriterium 6 3 55
- unwahre Angaben 6 3 51
- Werbung mit Preisherabsetzung 6 3 60
- wettbewerbsrechtlicher Verwechslungsschutz 6 3 58
- zur Täuschung geeignete Angaben 6 3 51

ISO 2 5 112

IT-Sicherheit 2 5 96

Stichwortverzeichnis

Jahresabschluss
- Anhang *4* 6 176 ff.
- bei Kapitalgesellschaften *4* 5 34 ff.
- bei Personengesellschaften *4* 5 34 f.
- Pflichtangabenkatalog *4* 6 178

Kaduzierung, GmbH *3* 2 77
Kapitalerhöhung *3* 3 182 ff.
- Aktiengesellschaft *3* 3 183 ff.
- Bezugsrecht *3* 2 106
- genehmigtes Kapital *3* 2 106, 3 188
- GmbH *3* 2 105 ff.

Kapitalgesellschaft
- Besteuerung *12* 1 25
- Merkmale *3* 1 2 ff.

Kapitalherabsetzung *3* 3 190 ff.
- GmbH *3* 2 107

Kapitalkonten, Abgrenzung *4* 6 128 f.
Kapitalkonto I *4* 6 126 f.
Kapitalkonto II *4* 6 126 f.
Kapitalrücklage *4* 6 145 f.
Kapitalverkehrsfreiheit *10* 2 37 f.
Kartellrecht *10* 3 40 ff.; *2* 5 116; *5* 2 8
- deutsches, Rechtsgrundlagen *5* 4 23
- drei Säulen *5* 2 15
- Entwicklung *5* 3 17
- europäisches, Rechtsgrundlagen *5* 4 24
- zuständige Gerichte *5* 5 32

Kartellverbot *10* 3 41 ff.; *5* 2 15
- abgestimmte Verhaltensweise *5* 7 83
- Adressaten, Unternehmen *5* 7 74
- Adressaten, Unternehmensvereinigungen *5* 7 77
- Ausnahme, ungeschrieben *5* 7 113
- Beschlüsse *5* 7 85
- bewirkte Wettbewerbsbeschränkung *5* 7 93
- bezweckte Wettbewerbsbeschränkung *5* 7 90
- De-Minimis-Regel *5* 7 95
- Einzelfreistellungen *5* 7 105
- faktisches Parallelverhalten *5* 7 84
- Gruppenfreistellungen *5* 7 105
- hardcore-Kartelle *5* 7 89
- Immanenztheorie *5* 7 116
- Konfliktfall *5* 7 72
- Legalausnahme *5* 7 103
- Mittelstandskartelle *5* 7 120
- Rechtsfolgen, Verstoß *5* 7 121
- Vereinbarungen *5* 7 81
- Verfahren *5* 7 122
- Wettbewerbsbeschränkung *5* 7 86
- Zwischenstaatlichkeitsklausel *5* 7 69, 98

Kartellverordnung *5* 3 18
Katalogbildfreiheit *9* 4 76
Kaufoption *2* 5 68
Kautelarpraxis *2* 2 8
Kennzeichenrecht
- Begriff *8* 2 11
- Funktion *8* 2 11

KGaA *3* 3 199
Know-how *2* 5 116
Kodifikation *2* 2 10
Kodifizierte GoB *4* 6 54 ff.
- Anschaffungswertprinzip *4* 6 57
- Bilanzkontinuität *4* 6 56
- Fortführungsgrundsatz *4* 6 57
- Grundsatz der Bilanzklarheit *4* 6 55
- Grundsatz der Bilanzwahrheit *4* 6 54
- Grundsatz der Periodenabgrenzung *4* 6 63
- Imparitätsprinzip *4* 6 64
- Niederstwertprinzip *4* 6 62
- Realisationsprinzip *4* 6 61
- Saldierungsverbot *4* 6 66 f.
- Stichtagsprinzip *4* 6 58
- Vorsichtsprinzip *4* 6 60
- Wertaufhellungsprinzip *4* 6 59

Kombinationstheorie *2* 2 10
Kommanditgesellschaft auf Aktien *3* 3 199
Konkursordnung *7* 3 6
Konvergenzkriterien *10* 6 87
Konzentrationswirkung *7* 2 4
Konzerninsolvenzen
- Kooperationspflicht *7* 4 14
- Verfahrenskonzentration *7* 4 14
- Verfahrenskoordinator *7* 4 14

Konzernrechnungslegung *4* 1 4
Kooperation *2* 5 109
Körperschaftsteuer
- Abzugsverbote *12* 3 82
- Befreiung *12* 3 74
- Bezüge *12* 3 86 ff.
- Einkommensermittlung *12* 3 76 ff.
- Gewinnausschüttung *12* 3 64, 67 f.
- Gewinne *12* 3 86 ff.
- Prinzipien *12* 3 63 ff.
- Steuerpflicht *12* 3 69 ff.
- Steuersubjekt *12* 3 70 ff.
- Tarif *12* 3 84 ff.
- Teileinkünfteverfahren *12* 3 66
- Veranlagungszeitraum *12* 3 81
Kreditsicherheiten *2* 3 37
Kronzeugenregelung *5* 1 3
Kryptowährung *2* 3 52
Kundenschutz *2* 5 80
- Informationspflicht *2* 5 80
- Vertragszusammenfassung *2* 5 80
Kündigung *2* 5 85
Kündigungsgrund *2* 5 106, 117a
Kündigungsrecht
- außerordentlich *2* 5 71
- ordentlich *2* 5 71
Kündigungssperre *7* 7 123

Ladenklausel *9* 4 74
Landeskartellbehörden *5* 5 26
Lauterkeitsrecht *5* 2 8; *6* 1 1
Leasingdreieck *2* 5 61
Leasinggeber *2* 5 61
Leasingnehmer *2* 5 61
Leasingraten *2* 5 63
Lehre *9* 4 80 ff.
Leistungsschutzrecht *9* 6 103 f.
Leistungstreuepflichten *2* 3 34
Letter of Intent (LoI) *2* 3 24
lex mercatoria *11* 1 10
Liberalisierung des Welthandels *11* 1 17, 2 22
Liebhaberei *12* 2 45
Lieferkette *2* 2 12

Liquidation *7* 2 3
- Aktiengesellschaft *3* 3 197 f.
- GmbH *3* 2 110 f.
Liquiditätsbilanz *7* 4 25
Liquiditätslücke *7* 4 26
Lizenzen *2* 5 99
Lizenzvereinbarungen *2* 5 116
Lohnsteuer *12* 1 26

Makler- und Bauträgerverordnung (MaBV) *2* 4 59
Mantelgründung *3* 2 61 ff., 3 135
Marke
- absolute Schutzhindernisse *8* 2 26
- Arten *8* 2 19
- Bestimmung des Schutzgegenstands *8* 2 28
- formelle Schutzvoraussetzungen *8* 2 33
- Gewährleistungsmarke *8* 2 72
- graphische Darstellbarkeit *8* 2 28
- Markenfähigkeit *8* 2 23
- relative Schutzhindernisse *8* 2 32
Markengesetz, Struktur *8* 2 16
Markenmäßigkeit *8* 2 47 ff.
- Bekanntheitsschutz *8* 2 48
- Identitätsschutz *8* 2 48
- Verwechslungsschutz *8* 2 48
Markenrecht
- Begriff *8* 2 12
- Funktion *8* 2 12
- Rechtsgrundlagen *8* 2 15
Markenschutz
- Ansprüche bei Verletzung *8* 2 69
- Benutzungsrecht *8* 2 58
- geographische Herkunftsangaben *8* 2 70
- Prüfungsschema *8* 2 73
- Schranken *8* 2 56
- Verbietungsrecht *8* 2 41 ff.
Markt *5* 2 10
Marktmachtmissbrauch *5* 8 125
- Adressaten *5* 8 134
- Ausbeutungs- und Behinderungsmissbrauch *5* 8 148
- Diskriminierung *5* 8 174

Stichwortverzeichnis

- Diskriminierungs- und Behinderungsverbot 5 8 171
- essential-facilities-Doktrin 5 8 159
- kollektive Marktbeherrschung 5 8 142
- Konzerne 5 8 143
- markbeherrschende Stellung 5 8 136
- Marktstrukturanalyse 5 8 138
- Marktzutrittsschranken 5 8 139
- missbräuchliche Ausnutzung 5 8 146
- Monopol 5 8 165
- nationale Regelungen 5 8 164
- Oligopol 5 8 142
- Oligopolbeherrschung 5 8 168
- potenzieller Wettbewerb 5 8 139
- Quasi-Monopol 5 8 165
- Rechtfertigung 5 8 161
- Rechtsfolgen 5 8 175
- relative Marktmacht 5 8 171
- überlegene Marktmacht 5 8 171
- überragende Marktstellung 5 8 165
- unbillige Behinderung 5 8 174
- Unternehmensstrukturanalyse 5 8 140
- Verfahren 5 8 176
- Zwischenstaatlichkeitsklausel 5 8 130, 160

Marktmanipulation 3 4 224

Marktwirtschaftliche Ordnung 5 2 9

Marktzugang 11 2 35

Massegläubiger 7 5 66
- Befriedigung 7 9 170

Maßgeblichkeitsgrundsatz 12 4 106

measured service 2 5 92

Mediation 2 3 49

Mehrwertdienst 2 5 75

Meistbegünstigung 11 2 24 ff., 34, 40, 3 57

Memorandum of Understanding (MoU) 2 3 24

Mergers & Acquisitions (M&A) 2 4 55

Messgrößen 2 5 77

Mietvertrag 2 5 63
- atypisch 2 5 63

Mietzinsanpassung 2 5 70

MIGA 11 3 67, 4 77

Milestone 2 5 109, 114

Minderungspauschale 2 5 104

Mindestabnahmegarantie 2 3 39

Mining 9 4 86

Missbrauch einer marktbeherrschenden Stellung 10 3 45 ff.

Missbrauchskontrolle 5 2 15

Mitbestimmung 3 2 96

Mitbewerberschutz 6 3 27
- Anschwärzung 6 3 32
- gezielte Behinderung 6 3 40
- Herabsetzung und Verunglimpfung 6 3 29
- Nachahmungsschutz, ergänzender lauterkeitsrechtlicher Leistungsschutz 6 3 35
- wettbewerbliche Eigenart 6 3 38

Mitteilungspflicht 2 5 80

Mitunternehmer
- Begriff 12 4 110 ff.
- Initiative 12 4 113 ff.
- Risiko 12 4 111 f.

Mitunternehmerschaft 12 4 107 ff.
- Gewinnermittlung 12 4 123 ff.

Mitverwaltungsrechte
- Aktiengesellschaft 3 3 145
- GmbH 3 2 72

Mitwirkungspflichten 2 3 34, 5 79, 95, 110

Mobiliarzwangsvollstreckung
- einstweilige Einstellung 7 4 42
- Untersagung 7 4 42

Multi-Tenancy 2 5 96

Multi-Tenant-Modell 2 5 92

Museen 9 4 89 ff.

Nachahmungsschutz
- Grundsatz der Nachahmungsfreiheit 6 3 35
- Nachahmung 6 3 37

Nachhaftung 7 10 172

487

Nachrangige Insolvenzgläubiger 7 5 64
Nachrichten 9 4 63 f.
Nachschusspflichten 2 5 110
Nachtragsliquidation, GmbH 3 2 111
National Institute of Standards and Technology (NIST) 2 5 89
Nebenleistungspflichten 2 3 34
Negatives Eigenkapital 4 3 14 f.
Netzabschlusspunkt 2 5 78
Neugläubiger 7 5 63
Nicht kodifizierte GoB
– Gewinnrealisierung 4 6 78 ff.
– schwebende Geschäfte 4 6 76 f.
– Systematik 4 6 69 ff.
– Zurechnung von Vermögensgegenständen 4 6 70 ff.
Niederlassungsfreiheit 10 2 30 ff.
Niederstwertprinzip 4 6 62, 164
No-Bail-Out-Klausel 10 6 89
Nobelpreis 2 1 3
Non Disclosure Agreement (NDA) 2 3 39
Normenhierarchie 2 5 103
Notfallmanagement 2 5 97
Notifizierungspflicht 10 3 57
Notorisch bekannte Marke 8 2 39
Nullquoten 11 2 36
Nutzungsrecht 2 5 99; 9 5 96 ff.

Öffentliche Sicherheit 9 4 58
Öffentliche Wiedergabe 9 4 67
– Recht 9 4 49
Öffentlich zugänglich machen, Recht 9 4 44 ff.
on-demand self-service 2 5 92
Operating Leasing 2 5 62
Organschaft 12 3 100 ff.
– Begründung 12 3 101 f.
Originierung 2 5 78

Panoramafreiheit 9 4 77 f.
par conditio creditorum 7 6 90

Patent
– Begriff 8 3 76
– Funktion 8 3 77
– Übertragbarkeit 8 3 116
Patentfähigkeit 8 3 85, 87 ff.
– erfinderische Tätigkeit 8 3 91 f.
– gewerbliche Anwendbarkeit 8 3 93
– Neuheit 8 3 88 ff.
Patentgesetz, Struktur 8 3 80
Patentrecht
– Entwicklung 8 3 78
– Rechtsgrundlagen 8 3 78 f.
Patentschutz, Prüfungsschema 8 3 120
Patentstreitigkeit 2 5 115
Patentverletzung, Ansprüche bei 8 3 118
Periodenabgrenzung, Grundsatz 4 6 63
Personalistische Struktur 3 2 9
Personengesellschaft(en)
– Besteuerung 12 4 103 ff.
– gewerblich geprägt 12 4 122
– Vermögensverwaltend 12 4 108 f.
post-paid 2 5 78
Preisklauselgesetz (PreisklauselG) 2 5 70
pre-paid 2 5 78
Preselection 2 5 75
Pressespiegelfreiheit 9 4 63 f.
Primärinsider 3 4 212
Privatautonomie 2 2 9
Privatkopierfreiheit 9 4 68 ff.
Prorogation Gerichtszuständigkeit 2 3 44

rapid elasticity 2 5 92
Räumlich begrenzte Märkte 5 6 60
Reaktionszeit 2 5 93, 104
Realisationsprinzip 4 6 61
Rechnungslegung
– Lagebericht 4 6 180
– Zweck 4 1 2 f.
Recht
– abdingbar 2 2 9
– zwingend 2 2 9

Rechtsangleichung *10* 4 64 ff.
Rechtsbruchtatbestand *6* 3 88
Rechtspflege *9* 4 58
Rechtswahl *2* 3 41
Reden, öffentliche *9* 4 62
Regelinsolvenzverfahren *7* 2 3
Registermarke *8* 2 27
Reinvermögenszugangstheorie *12* 1 24
Relevanter Markt *5* 6 35
- räumlich *5* 6 46
- sachlich *5* 6 39
- zeitlich *5* 6 48
Religiöser Gebrauch *9* 4 60
Research & Development (R&D) *2* 5 105
resource pooling *2* 5 92
Restschuldbefreiung *7* 10 173, 11 174
- Abtretung *7* 11 177
- Eingangsentscheidung *7* 11 178
- Erwerbsobliegenheit *7* 11 180
- Obliegenheiten *7* 11 178
- Wohlverhaltensphase *7* 11 180
Richtlinien *10* 4 67 ff.
Risikotragung *2* 5 64
Roaming *2* 5 75, 78
Rom II-Verordnung *2* 5 102
Rom I-Verordnung *2* 3 43, 5 102
- Verbraucher *2* 3 43
Routerwahlfreiheit *2* 5 78
Rückrufrecht *9* 5 99
Rückstellungen
- Absatzgeschäft *4* 6 116
- Beschaffungsgeschäft *4* 6 116
- für Drohverluste *4* 6 112 ff.
- Garantierückstellungen *4* 6 111
- Systematik *4* 6 105 ff.
- Verbindlichkeitsrückstellungen *4* 6 107 ff.
Rundfunkkommentare *9* 4 63 f.
Sacheinlage, verdeckte *3* 2 24 ff., 3 133 f.
Sacherhaltungspflicht *2* 5 64
Sachgründung *3* 2 23

Sachkauf *2* 4 54
Sachlich relevanter Markt
- Angebotsmarkt *5* 6 40
- Angebotsmarkt, Beispiele *5* 6 50
- Bedarfsmarktkonzept *5* 6 39
- Kreuzpreiselastizität *5* 6 42
- Nachfragemarkt *5* 6 43
- Nachfragemarkt, Beispiele *5* 6 58
- SSNIP-Test *5* 6 42
Sachrisiko *2* 5 69
Sachwalter *7* 13 198
Saldierungsverbot *4* 6 66 f.
Sale and lease back *2* 5 62
Sammelwerke *9* 2 14
Sammlungen *9* 4 60
Sanierung *7* 2 3
Satzung *3* 2 9
- Aktiengesellschaft *3* 3 116
- Form *3* 2 18
Schenkungsanfechtung *7* 8 150
- Unentgeltlichkeit *7* 8 151
Schiedsabrede *2* 3 47
Schiedsgerichte, internationale *11* 3 63 ff.
Schiedsklausel *2* 3 47
Schiedsrichterfunktion *6* 3 42
Schirmklauseln *11* 3 62
Schlechtleistung *2* 5 104
Schleichwerbung *6* 3 77
- Relevanzkriterium *6* 3 80
Schlichtungsverfahren *2* 5 86
Schlusstermin *7* 9 163
Schlussverteilung *7* 9 163
Schranken *9* 4 51 ff.
Schriftformklausel
- doppelt *2* 3 50
- qualifiziert *2* 3 50
Schuldnerverzeichnis *7* 4 34
Schuldrechtliche Verschaffungsansprüche *7* 5 72
Schulfunksendungen *9* 4 61
Schutzrechte *2* 5 99, 113
Schutzschirmverfahren *7* 13 206

Schutzstandards *11* 3 55 ff.
Schutzzwecktrias *6* 1 3
Schwarze Liste *6* 3 21
– aggressive Geschäftsprakti-
 ken *6* 3 22
– irreführende Geschäftsprakti-
 ken *6* 3 22
Sekundärinsider *3* 4 212
Senderecht *9* 4 47 f.
Sendeunternehmer *9* 4 72
Separates Rücklagenkonto *4* 6 127
Service Credits *2* 5 104
Service Level *2* 5 93
Service Level Agreement (SLA) *2* 5 78, 88, 94, 104
Service Models
– Infrastructure as a Service (IaaS) *2* 5 92
– Platform as a Service (PaaS) *2* 5 92
– Software as a Service (SaaS) *2* 5 92
Share deal *2* 4 55
Sherman Antitrust Act *5* 3 17
Sicherungsinstrumente *2* 3 38
Signalempfang *2* 5 76
Signalübermittlung *2* 5 76
Signing *2* 2 21
Single-Tenancy *2* 5 96
Skalierbarkeit *2* 5 92
Smart contracts *2* 1 5, 5 67
Solidaritätszuschlag *12* 1 33
Sonderbilanz *4* 4 27
Sonderziehungsrechte *11* 4 72
Sonstige Kennzeichen *8* 2 63
– geschützte Unternehmenskennzei-
 chen *8* 2 65 f.
– Schutz geschäftlicher Bezeichnun-
 gen *8* 2 64
– Werktitel *8* 2 67 f.
Sortenschutzgesetz *8* 1 3
Soziale Marktwirtschaft *5* 2 14
Sperre *2* 5 82
Squeeze-Out *3* 3 150
Stammkapital, GmbH *3* 2 98

Steuer
– Arten *12* 1 5
– Begriff *12* 1 1 ff.
– Politik *12* 1 2 ff., 36 ff.
– Rechtsquellen *12* 1 6 ff.
Steueranspruch *12* 1 14 ff.
– Entstehung *12* 1 15
Steueraufkommen *12* 1 4 f.
Steuerliche Gewinnermitt-
 lung *12* 4 127
– Ergänzungsbilanz *12* 4 129
– Gesamtgewinn *12* 4 132
– Gewinnanteile der Gesellschaf-
 ter *12* 4 128
– Sonderbetriebsvermögen *12* 4 131
– Sonderbilanz *12* 4 131
– Sondervergütungen *12* 4 130
Steuerrecht *2* 5 68
– aktuelle Diskussion *12* 1 11
– allgemeines *12* 1 7
– besonderes *12* 1 7
– Europarecht *12* 1 12
– Verfassungsrecht *12* 1 8, 37 f.
Steuertatbestand *12* 1 16 ff.
– Steuerbemessungsgrundlage *12* 1 21 ff.
– Steuergläubiger *12* 1 18
– Steuerobjekt *12* 1 19 ff.
– Steuerschuldner *12* 1 17
– Steuertarif *12* 1 23
– Zurechnung *12* 1 22
Stichtagsprinzip *4* 6 58
Stimmverbot *3* 2 92
Streaming *9* 4 57
Streitbeilegung
– außergerichtlich *2* 3 47
– durch Schiedsgerichte *11* 3 63 ff.
– in der WTO *11* 2 41 ff.
– Vorteile *2* 3 47
Strohmanngeschäfte *3* 2 74
Subvention *10* 3 52 ff., 5 80, 82 f.
System der Legalausnahme *5* 7 106
Systemverfügbarkeit *2* 5 96
Technologietransfervereinbarun-
 gen *2* 5 116

Stichwortverzeichnis

Telekommunikation
- Leitungsgebundenheit *2* 5 74
- Liberalisierung *2* 5 73
- Monopol *2* 5 73
- Netzgebundenheit *2* 5 74

Telekommunikationsgesetz (TKG) *2* 5 74

Telekommunikationsvertrag
- Vertragstypen *2* 5 78

Telemediengesetz *2* 5 76; *6* 3 74

Terminierung *2* 5 78

Term Sheets *2* 3 24

Territorialitätsprinzip *8* 1 7

Tranzparenzprinzip *12* 4 105

Trennungsprinzip *12* 3 63

Trennungs- und Abstraktionsprinzip *9* 5 95 ff.

TRIPS *11* 2 39 ff.

Übereinkommen der Vereinten Nationen über Verträge über den internationalen Warenkauf *2* 2 9, 3 42

Überschuldung *7* 4 32
- Fortführungsprognose *7* 4 33
- rechnerische *4* 3 14 f.
- Überschuldungsbilanz *7* 4 33

Überschuldungsbilanz *4* 4 27

UG (haftungsbeschränkt) *3* 2 17, 112 f.

UGP-RL *6* 2 8

Umlaufvermögen *4* 3 11

Umsatzsteuer *12* 1 27

UNIDROIT *2* 3 47

Unionsmarke *8* 2 71

Universaldienstleistung *2* 5 74

UN-Kaufrecht *2* 2 9, 3 42

Unlauterkeit *6* 3 20
- Beispieltatbestände *6* 3 26
- Definition *6* 3 24

Unterbilanzhaftung *3* 2 57 ff.

Unterkapitalisierung *3* 2 74

Unternehmensbezug *6* 3 14

Unternehmenskauf *2* 4 55

Unternehmenssteuerrecht *12* 1 24 ff.
- Tranzparenzprinzip *12* 1 28 f.
- Trennungsprinzip *12* 1 28 f.

Unterricht *9* 4 80 ff.

Unterrichtungspflicht *2* 5 95

Unzulässigkeit *6* 3 20

Unzumutbare Belästigung
- Fax-/E-Mail-Werbung *6* 3 94
- Flyerwerbung *6* 3 94
- Normstruktur *6* 3 92
- slamming *6* 3 94
- Zweck *6* 3 91

Urheber
- Miturheber *9* 3 16
- Schöpfungsprinzip *9* 3 15

Urheberpersönlichkeitsrecht *9* 4 17 ff.

Urheberrecht *2* 5 99
- Begriff *9* 1 1
- Dauer *9* 7 105
- Entwicklung *9* 1 4 ff.
- Rechtsverletzung *9* 8 106 ff.
- Verkehrsfähigkeit *9* 5 92 f.

Variabler Kapitalanteil *4* 6 125

Veranlassungsprinzip
- beherrschender Gesellschafter *12* 3 92
- Fremdvergleich *12* 3 91

Verbindungsvertrag *2* 5 78

Verbot mengenmäßiger Beschränkungen *10* 2 21; *11* 2 28

Verbraucherinsolvenzverfahren *7* 13 208
- außergerichtliches Schuldenbereinigungsverfahren *7* 13 212
- gerichtliches Schuldenbereinigungsverfahren *7* 13 214
- Restschuldbefreiung *7* 13 209
- Schuldenbereinigung *7* 13 209
- Schuldenbereinigungsplan *7* 13 214

Verbraucherleitbild *6* 1 4

Verbreitungsrecht *9* 4 29 ff.
- Anbieten *9* 4 31
- Erschöpfung *9* 4 34
- Inverkehrbringen *9* 4 33
- Öffentlichkeit *9* 4 32

Verdeckte Sacheinlage
- Aktiengesellschaft *3* 3 133 f.
- GmbH *3* 2 24 ff.

Verfahrenskostenstundung *7* 4 35

Verfügbarkeit *2* 5 104

Vergaberecht *10* 3 58 ff.

Vergabe- und Vertragsordnung für Bauleistungen (VOB) *2* 4 59

Vergleichende Werbung *6* 3 81
- Erkennbarkeit *6* 3 84
- Unlauterkeit *6* 3 85
- vergleichend *6* 3 82
- Werbung *6* 3 83

Vergütungsanspruch *9* 5 98

Verhandlungsstrategie *2* 2 21

Verlängerungsoption *2* 5 68

Verlustausgleich
- horizontaler *12* 2 45
- vertikaler *12* 2 45

Verlustdeckungshaftung *3* 2 44 ff.
- Aktiengesellschaft *3* 3 136
- Begriff *3* 2 44
- Rechtsfolge *3* 2 45

Verluste *12* 3 99 ff.
- Abzug *12* 3 99
- Vortrag *12* 3 99

Verlustvortragskonto *4* 6 127

Vermietungsrecht *9* 4 35

Vermögensgegenstände, Zurechnung
- Eigentumsvorbehalt *4* 6 72
- Factoring *4* 6 74
- Leasing *4* 6 73a
- Mietzins *4* 6 73
- Nießbrauch *4* 6 75

Vermögensrechte, GmbH *3* 2 71

Vermögensübersicht *7* 6 94

Vermögensvermischung *3* 2 74

Vermögensverwaltung, privat *12* 2 47

Verschwiegenheitspflicht *2* 3 39

Versicherungspflicht *2* 5 65
- Kfz-Kaskoversicherung *2* 5 65

Verteilungsverzeichnis *7* 9 163

Vertragsautonomie *2* 2 9

Vertragscontrolling *2* 2 22

Vertragsdurchführung *2* 2 22

Vertragserfindungen *2* 5 116

Vertragserfüllung
- Ablehnung Insolvenzverwalter *7* 7 106
- Dienst- und Arbeitsverhältnisses *7* 7 124
- Eigentumsvorbehalt *7* 7 113
- Erfüllungswahl Insolvenzverwalter *7* 7 109
- Miet- und Pachtverträge *7* 7 118
- Wahlrechtsbeschränkung *7* 7 112

Vertragsgegenstand
- Dienstleistung *2* 3 29
- Sachüberlassung *2* 3 29

Vertragsgestaltung
- Beteiligte *2* 2 13
- Informationsstand *2* 2 13
- Schutzbedürftigkeit *2* 2 13
- Verbraucher *2* 2 14

Vertragsinhalt, Reihenfolge *2* 2 17

Vertragslaufzeit *2* 3 40

Vertragsstatut *2* 3 43

Vertragsstrafe *2* 3 39

Vertragstyp
- atypisch *2* 2 9
- typengemischt *2* 2 9
- typisch *2* 2 9

Vertragsverhältnisse, bilaterale *2* 2 12

Vervielfältigungen, vorübergehende *9* 4 55 ff.

Vervielfältigungsrecht *9* 4 24 ff.

Verwandte Schutzrechte *9* 6 103 f.
- Begriff *9* 1 2 f.

Verwertungsgesellschaften *9* 5 101 f.

Verwertungsgesellschaftsgesetz *9* 5 101 f.

Verwertungsrechte, Systematik *9* 4 20 ff.

Verzeichnis Massegegenstände *7* 6 94

Völkerrecht *11* 1 4 ff.

Vorbelastungshaftung *3* 2 57 ff.
- Aktiengesellschaft *3* 3 136

Vorführungsrecht *9* 4 42 f.

Vor-GmbH *3* 2 39 ff.
- Identität *3* 2 40
Vorgründungsgesellschaft *3* 2 34 ff.
Vorläufige Eigenverwaltung *7* 4 45
Vorläufiger Gläubigerausschuss *7* 4 44
Vorläufiger Insolvenzverwalter *7* 4 39
- schwacher *7* 4 41
- starker *7* 4 40
Vorläufige Sicherungsmaßnahmen *7* 4 36
Vorratsgründung *3* 2 61 ff., 3 135
Vorsatzanfechtung *7* 8 145
- Benachteiligungsvorsatz *7* 8 147
Vorsichtsprinzip *4* 1 3, 6 60
Vorstand, Haftung *3* 3 158
Vortragsrecht *9* 4 38 f.

Wahrnehmungsvertrag *9* 5 101 f.
Währung *10* 6 91 ff.; *11* 4 71
Währungsunion *10* 6 91 ff.
Warenhandel *11* 2 23 ff.
Warenverkehrsfreiheit *10* 2 20 ff.
Wartungszeit *2* 5 93, 104
Weisungsrecht, GmbH *3* 2 93
Weltbank *11* 4 75
Weltbankgruppe *11* 4 74 ff.
Welthandelsorganisation *11* 2 19 ff.
Welthandelsrecht *11* 2 18 ff.
Werk
- Begriff *9* 2 9 ff.
- Darstellungen wissenschaftlicher und technischer Art *9* 2 12
- Filmwerke *9* 2 12
- geistiger Gehalt *9* 2 10
- Gestaltungshöhe *9* 2 11
- Individualität *9* 2 10 f.
- Lichtbildwerke *9* 2 12
- Multimediawerk *9* 2 12
- pantomimische Werke *9* 2 12
- persönliche Schöpfung *9* 2 10
- Sprachwerk *9* 2 12
- Wahrnehmbarkeit *9* 2 10
- Werke der bildenden Kunst *9* 2 12
- Werke der Musik *9* 2 12
Werkvertrag, HGB *2* 4 58

Wertaufhellungsprinzip *4* 6 59
Wertaufholungsgebot *4* 6 157
Wettbewerb *10* 3 39
Wettbewerbliche Eigenart, Wechselwirkung *6* 3 39
Wettbewerbsbezug *6* 3 16
Wettbewerbsrecht ieS *6* 1 1
Wettbewerbsrecht iwS *6* 1 1
Wettbewerbsverbot *2* 3 39
Wettbewerbsverstoß, Rechtsfolgen *6* 4 96
Wiener Kaufrecht *2* 3 42
Wirtschaftspolitik *10* 6 85 f.
Wirtschaftsrecht
- Begriff *1* 1 1 ff.
- Funktionen *1* 4 10 ff.
- Kennzeichen *1* 6 22 ff.
- öffentliches *2* 5 74
- Rechtsgebiete *1* 2 5 f.
- Regelungsgeber *1* 3 7 ff.
- Systeme und Modelle *1* 5 16 ff.
Wirtschaftsunion *10* 6 84 ff.
Wirtschaftsvertrag
- Interessenausgleich *2* 2 8
- Interessenlage *2* 1 6
- Leistungsbeschreibung *2* 3 32
- Parteiwille *2* 2 10
- Störfallvorsorge *2* 2 8
- Vertragscontrolling *2* 2 8
Wirtschaftsverträge *2* 1 1

Zahlungsstockung *7* 4 26
Zahlungsunfähigkeit *7* 4 24
Zahlungsverkehrsfreiheit *10* 2 37 f.
Zahlungsverzug *2* 5 67
Zeitplan *2* 5 114
Zeitungsartikel *9* 4 63 f.
Zertifizierung *2* 5 96
Zitierfreiheit *9* 4 66a, 66
Zivilprozessordnung (ZPO) *2* 3 44
Zollbindung *11* 2 29
Zollunion *10* 2 20, 5 72
Zuständiges Gericht *7* 4 11
Zweckübertragungslehre *9* 5 97